D1874054

Undercover

Olaf Stieglitz ist Privatdozent am Historischen Institut der Universität zu Köln, im Wintersemester 2012/2013 vertritt er die Professur für Nordamerikanische Geschichte an der FU Berlin. Bei Campus erschien von ihm in der Reihe »Historische Einführungen« der Band »Geschichte der Männlichkeiten« (zusammen mit Jürgen Martschukat), ausgezeichnet 2009 als Historisches Lehrbuch des Jahres bei H-Soz-u-Kult (2. Platz).

Olaf Stieglitz

Undercover

Die Kultur der Denunziation in den USA

Campus Verlag
Frankfurt/New York

Gedruckt mit freundlicher Unterstützung der Geschwister Boehringer Ingelheim Stiftung für Geisteswissenschaften in Ingelheim am Rhein

MIX
Papier aus verantwortungsvollen Quellen
FSC® C008492
FSC
www.fsc.org

Bibliografische Information der Deutschen Nationalbibliothek:
Die Deutsche Nationalbibliothek verzeichnet diese Publikation in der Deutschen Nationalbibliografie. Detaillierte bibliografische Daten sind im Internet über http://dnb.d-nb.de abrufbar.
ISBN 978-3-593-39845-7

Das Werk einschließlich aller seiner Teile ist urheberrechtlich geschützt. Jede Verwertung ist ohne Zustimmung des Verlags unzulässig. Das gilt insbesondere für Vervielfältigungen, Übersetzungen, Mikroverfilmungen und die Einspeicherung und Verarbeitung in elektronischen Systemen.
Copyright © 2013 Campus Verlag GmbH, Frankfurt am Main
Umschlaggestaltung: Guido Klütsch, Köln
Umschlagmotiv: © Dashiell Hammett und Joseph R. McCarthy. Hank Walker für Time & Life Pictures, GettyImages.
Satz: Campus Verlag GmbH, Frankfurt am Main
Druck und Bindung: Beltz Druckpartner, Hemsbach
Printed in Germany

Dieses Buch ist auch als E-Book erschienen.
www.campus.de

Inhalt

Einleitung: Die Kultur der Denunziation in den modernen USA

Die Menschen, so soll Julius Caesar gesagt haben, lieben den Verrat, aber sie verachten den Verräter. In dieser Annahme einer Ambivalenz von Neugier, Interesse und emotionaler Zustimmung einerseits sowie Ablehnung, Personifizierung und Abscheu andererseits liegt vielleicht einer der Gründe, warum über das Denunzieren als einer spezifischen, sehr persönlichen, sehr ›nahen‹ Form des Verrats so gern und ausführlich Geschichten erzählt werden. Die Nähe ist es, die das beste, umfassendste, vertraulichste Wissen schafft, das verraten werden könnte. So hat auch die Kulturwissenschaftlerin Eva Horn bemerkt: »Nur als Freund kann der Verräter zum Feind werden; nur als Freund trifft er den empfindlichsten Punkt und hat er das sorgsam gehütete Wissen.«[1] Doch ist dieses offenbarte Wissen selten eindeutig. Gerade weil es dem Verborgenen entrissen werden soll, bedarf es einer Erzählung, die Sinn und Plausibilität stiftet. So entstandene Geschichten, das fällt auf, drehen sich zumeist ganz wesentlich um die Figur des Denunzianten oder der Denunziantin selbst, dieser augenscheinlich ebenso faszinierenden wie abstoßenden Person. Neben dem Wissen stehen mithin häufig Motivation und Rechtfertigung im Zentrum des Interesses, nicht selten geht es auch darum, die Handlungsweisen einer Person zu charakterisieren – als falsch oder richtig, als Denunziation oder aber als etwas anderes, weniger Anstößiges, weniger Niederträchtiges, womöglich gar Ehrenhaftes. Derlei Erzählungen lassen sich für die Geschichte der Vereinigten Staaten von Amerika während des 20. Jahrhunderts leicht identifizieren.

So zum Beispiel die Erzählung über Linda Tripp. Während der 1990er Jahre arbeitete sie als Büroangestellte und Public-Relations-Fachkraft für mehrere Dienststellen der US-Bundesregierung in Washington, D.C.; 1996 für das Pentagon. Dort lernte die zu diesem Zeitpunkt 48-Jährige eine junge Kollegin kennen, die gerade vom Weißen Haus in das Verteidigungsministerium gewechselt war. Die beiden Frauen wurden Freundinnen, und die junge Kollegin erzählte Tripp unter dem Vorbehalt der Verschwiegenheit auch einige private Dinge, so etwa über ihre Liebesbeziehung zu einem hochrangigen Vorgesetzten im Weißen Haus. Irgendwann begann Linda Tripp damit, Notizen dieser Gespräche anzufertigen, und nicht viel später, im Herbst 1997, nahm sie Telefonate mit dieser Freundin auf Band auf. Über ihre Motive wurde später ausgiebig spekuliert, von Geltungssucht war die Rede, ebenso von Geld oder von juristischem Druck, dem sie ausgesetzt gewesen sei. Aber auch Verantwortungsbewusstsein sowie Patriotismus wurden als mögliche Gründe angeführt, denn gegen besagten Vorgesetzten liefen zu dieser Zeit umfangreiche Untersuchungen wegen Korruptionsverdachts. Sicher ist indes, dass Tripp ihre Aufzeichnungen Anfang 1998 den in dieser Sache ermittelnden Behörden und Ausschüssen zur Verfügung stellte und diesen kurz danach sogar die Gelegenheit gab, ein Gespräch der beiden Frauen über das prekäre Thema mitzuhören. Die Untersuchungsinstanzen machten ihre Erkenntnisse rasch publik, und aus einer privaten Affäre war ein politischer Skandal geworden, der die USA (und den Rest der Welt) über Monate beschäftigen sollte – begierig, immer neue, schmutzige Details zu erfahren, doch stets verbunden mit einer Geringschätzung der vorgeblichen Denunziantin und ihre Komplizen. Die junge Kollegin übrigens, deren Vertrauen Linda Tripp täuschte, hieß Monica Lewinsky und ihr Vorgesetzter war Bill Clinton, der Präsident der Vereinigten Staaten.[2]

Denunziantinnen und Denunzianten hintergehen, so das gängige Urteil, Vertrauensverhältnisse, üben Verrat trotz scheinbar enger Bande von Loyalität, zersetzen Familienverbände, Freundschaften, berufliche Kollegialität und politische Solidarität. Wie stark und mächtig allein der Vorwurf des Verrats wirken kann, das vermag eine andere Begebenheit zu verdeutlichen. William Albertson war Kommunist aus Überzeugung, ein angesehenes Mitglied der Kommunistischen Partei der Vereinigten Staaten (CPUSA) und in der Spitze ihrer New Yorker Vertretung. 1953, auf dem Höhepunkt der Welle antikommunistischer Repression, die man *McCarthyism* nennt, wurde er zu 60 Tagen Gefängnis wegen Missachtung des Gerichts verurteilt, denn er hatte sich geweigert, in einem Gerichtsverfahren die Namen weiterer Parteimitglieder zu nennen. William Albertson war standhaft geblieben, er hatte sich dem seinerzeit so oft geforderten Charaktertest des Verrats verweigert. Dennoch, im Juli 1964 konnte man in der Parteizeitung *The Worker* über ihn lesen:

»Gefühllos und in boshafter Absicht verletzte er das in ihn gesetzte Vertrauen und spielte die Rolle eines Spitzels und Verräters gegenüber seinen Genossen, seinen

Freunden, Frauen und Männern, allesamt überzeugte Verfechter von Frieden, Freiheit und Gerechtigkeit.

Albertson führte ein Doppelleben, das er dem Verrat gewidmet hatte – er gab sich als überzeugter Verteidiger der Interessen der Arbeiter, während er sie in Wahrheit heimtückisch betrog. Die Kommunistische Partei des Staates New York hat ihn aus ihren Reihen ausgeschlossen.«[3]

Was war geschehen? Einige Zeit vor dem Parteiausschluss Albertsons hatten Genossen ein Dokument entdeckt, offenbar in seiner Handschrift verfasst und mit ›Bill‹ unterzeichnet, bei dem es sich in den Augen der Parteifunktionäre eindeutig um den Bericht eines Informanten an das *Federal Bureau of Investigation* (FBI) handelte. Der Beschuldigte beteuerte vor den Parteigremien immer wieder seine Unschuld, auch noch nach seinem Ausschluss und bis zu seinem Tod im Jahr 1972. Er selbst und seine Familie verloren jede Unterstützung aus den ›linken Kreisen‹ New Yorks, in denen sie sich immer bewegt hatten.

Doch 1975, also drei Jahre nach Albertsons Tod, tauchte Material des FBI auf, welches ein gänzlich anderes Licht auf die Angelegenheit warf. In einem Bericht aus dem Jahr 1965 war zu lesen, es sei den Methoden und Bemühungen der lokalen FBI-Agenten geschuldet, dass kurz zuvor ein besonders aktives, führendes Mitglied der CPUSA durch ein Parteiverfahren ausgeschlossen worden sei. William Albertson war also gar kein Informant gewesen, sondern Opfer einer Unterwanderungstaktik, eines verdeckt, *undercover* ermittelnden Agenten, der falsche Beweise produzierte, um eine Person innerhalb der observierten Gruppe als Spitzel zu verleumden.[4]

Denunziationen sind also nicht allein eine Bedrohung für vertrauensvolle Beziehungen, sondern auch eine gefährliche und vielfältig einsetzbare Waffe. Um sie als solche wirksam werden zu lassen, ist der Vorwurf oder der bloße Verdacht mitunter ebenso bedeutsam wie die Anzeige selbst. Doch bleibt die Denunziation auch eine sehr heikle Handlung, denn sie erfordert eine kluge Einschätzung von ›Angebot und Nachfrage‹ und kann sich nicht selten auch gegen die Person wenden, die sie benutzt. Der denunziatorische Akt richtet sich an eine Autorität, an eine Institution, deren Sanktionsmacht in Anspruch genommen werden soll. Die Kenntnis darüber, welche Interessen diese Autorität zum Zeitpunkt der Klage verfolgt, ist für deren Verlauf und ›Erfolg‹ von einiger Bedeutung. Dies zeigt folgende kurze Geschichte.

Im Juni 1915 betrat ein junger Mann die Außenstelle des *Bureau of Investigation* (so der Name des FBI bis in die 1930er Jahre hinein) in Spokane im Bundesstaat Washington, um seine Partnerin wegen eines Vergehens gegen den *White Slave Traffic Act* (oder *Mann Act*) anzuzeigen. Dieses Bundesgesetz aus dem Jahre 1910 stellte es unter Strafe, Frauen und Mädchen zum Zwecke der Prostitution oder anderer unmoralischer Absichten über die Grenzen der Einzelstaaten zu bringen und begegnete so einer weit verbreiteten Angst vor der so genannten *white slavery*, die als eine elementare Bedrohung der Grundfeste der Vereinigten Staaten angesehen wurde. Die sehr allgemeine und uneindeutige Formulierung des Gesetzes erlaubte es, Sexualität und Moral bei anderen in den Blick zu nehmen, und im Zusammenhang mit der gesellschaftlichen Aufregung konnte es zur Anzeige von abweichendem Verhalten stimulieren. Man musste das Gesetz noch nicht einmal verstehen: Seine Partnerin, so notierte der Polizeiagent in Spokane die Aussage des jungen Mannes, habe ihn betrogen, und zwar mit »einer sexuellen Beziehung zu ihrem Vater«. Hierauf musste der Denunziant freilich erfahren, dass dies sicher unmoralisch sei und auch gegen die Gesetze des Staates Washington verstoße, aber keineswegs unter den *Mann Act* und somit auch nicht in die Zuständigkeit des *Bureaus* falle. Die Anzeige ging fehl, zumindest war sie falsch adressiert. Interessant für den Bundespolizisten war ein anderer Umstand, nämlich die Tatsache, dass der junge Mann erst kürzlich mit seiner Freundin aus dem angrenzenden Idaho nach Washington gekommen war – und dies konnte man sehr wohl als einen Akt von *white slavery* betrachten. Doch blieb dem offenbar betrogenen Liebhaber diese komplette Wendung seiner Denunziation/Anzeige erspart.[5]

Das Tabu der Denunziation in den USA

Der Journalist und Publizist Victor Navasky verfasste vor einigen Jahren eine umfangreiche Studie über die Anhörungen des *House Committee on Un-American Activities* (gemeinhin HUAC abgekürzt) zum Einfluss des Kommunismus in Hollywoods Filmindustrie zu Anfang der 1950er Jahre. Darin stellte er fest: »Playing the informer runs against the American grain«.[6] Wie scheinbar überall und zu jeder Zeit, zumindest in der jüdisch-christlichen Kultur des ›Westens‹, unterliegt die als Denunziation begriffene Form des Verrats auch in den USA einem hoch aufgeladenen, moralischen Tabu. Während dem Spion noch so etwas wie eine dem Krieg geschuldete Berechtigung zugesprochen und diese Figur ja auch immer wieder verklärt und glorifiziert wird, ist die Denunziation negativ besetzt. Die Anzeige gegen einen Freund oder ein Familienmitglied, gegen einen Menschen, zu dem man ein enges Band von Loyalität unterhält, ›gehört sich nicht‹ und ist selbst dann noch anrüchig, wenn sie berechtigt oder notwendig scheint. »Der größte Lump im ganzen Land, das ist und bleibt der Denunziant« – Hoffmann von Fallerslebens Ausspruch aus dem Vormärz verweist auf die negativen Assoziationen, die seinerzeit und noch heute Kulturen übergreifend mit Spitzeln und Denunzianten verbunden werden. Und der Satz des Schriftstellers E. M. Forster: »If I had to choose between betraying my country and betraying my friend, I hope I should have the guts to betray my country«, unterstreicht diese Einschätzung nicht nur, sondern führt darüber hinaus unterschiedliche Ebenen von Loyalität ein, die miteinander in Konflikt treten können.[7] Diese pejorative Bedeutungsdimension bezieht sich auf eine weit zurückreichende und tiefwirkende kulturelle Tradition, in der um die Unterscheidung zwischen einer legitimen Anzeige als staatsbürgerlicher Pflicht und einer verwerflichen, womöglich aus einer bestimmten Gesinnung heraus motivierten Denunziation gestritten wurde und wird. Dabei spielt der Verweis auf die Gestalt des Judas Ischariot und dessen ›Ur-Verrat‹ an Jesus von Nazareth eine beständig wiederkehrende Rolle.[8]

Ihm wird im Kontext der Vereinigten Staaten eine weitere Figur und ein weiterer ›Ur-Moment‹ zur Seite gestellt: Benedict Arnold, ein Offizier der Kontinentalarmee während der Amerikanischen Revolution, der sein Wissen 1780 an den britischen Feind verraten wollte und seitdem wie selbstverständlich als Referenz für die scheinbar unleugbare Niedertracht des Verrats benutzt wird. In seiner Person und seiner Geschichte verbindet sich ein beinahe anthropologisiertes Tabu mit der Herleitung einer besonderen angelsächsischen Tradition des politischen Widerstands in den USA. Seit Arnold gilt der Verrat nicht nur als miltärischer Schaden, sondern als undemokratisch und im Nachklang der revolutionären Loslösung von der britischen Krone als geradezu unamerikanisch. Die Vorstellung, es gäbe ein nationales Band der Loyalität, machte aus diesem Landesverrat eine Denunziation am Kollektiv. Der Rückbezug auf eine tief verwurzelte antidenunziatorische Tradition in den USA prägt viele Kommentare, und zwar im gesamten politischen Spektrum. So erscheinen etwa die *Alien and Sedition Acts* unter Präsident John Adams Ende des 18. Jahrhunderts vielen Autorinnen und Autoren als ein erster manipulativer Versuch, diesen Konsens aufzuweichen und die politisch motivierte oder unmoralische Anzeige zu rechtfertigen und zu etablieren. Ihnen seien im weiteren Verlauf der Nationalgeschichte zahlreiche Gesetze und Maßnahmen gefolgt, in denen sich die Autoritäten an der antidenunziatorischen Tradition versündigten: die Institution der Sklaverei insgesamt und mit ihr die Überwachung einer ganzen Bevölkerungsgruppe, oder Abraham Lincolns Aussetzung der *Habeas Corpus*-Regelung während des Bürgerkriegs, oder auch das einer demokratischen Kontrolle oftmals entzogene FBI und dessen scheinbar allgegenwärtiges Netz von Informanten – die Liste ließe sich um ein Vielfaches ergänzen, und auf ihr rücken der Undercover-Agent und der Denunziant ganz eng zusammen.[9]

Der Verweis auf eine antidenunziatorische und folglich wesentlich demokratische Tradition findet sich aber in gleicher Weise in den zahlreichen Stellungnahmen etwa von Seiten sehr konservativer, sehr patriotischer Gruppen. Ihnen ist daran gelegen, den Akt der Denunziation zum Merkmal des politischen Gegners oder des kulturellen Anderen zu erklären; die Figur des Denunzianten wird zur Personifizierung des Feindes. Auch diese Version der gleichen Erzählung beginnt mit Benedict Arnold, seinem Überlaufen zur despotischen, inzwischen ›fremden‹ britischen Krone und dem Geld, das er für seine (erfolglosen) Dienste erhalten haben soll. Denunziation und Verrat werden zu einem bestimmenden Merkmal der Feindschaft, der Fremdheit, und das Denunzieren wird immer wieder zum Charakteristikum des notwendigen Anderen. Dabei werden die Strukturen und Pathologien der eigenen Gesellschaft auf diesen Anderen projiziert. Die Denunziation wird so als unamerikanisch charakterisiert.[10]

Es darf sie nicht geben, und dennoch: Die Denunziation ist in aller Munde, sie wird ausgesprochen und verübt, über sie wird geredet, sie wird eingeschätzt und bewertet, sie wird verachtet oder auch als patriotische Pflicht gewürdigt – dies zeigen unter anderem die beinahe 500 Seiten in Navaskys Buch über das HUAC, dies unterstreichen die Vorwürfe, die zahlreiche Autorinnen und Autoren an das FBI, ›die Regierung‹, ihre Agenten und andere Instanzen richten, dies verdeutlichen die drei kurzen und eher zufällig ausgewählten Geschichten, die dieser Einleitung voranstehen. Denunziationen sind unamerikanisch, doch sie finden sich in Justiz- und Strafverfolgungsakten, sie werden in Lehrbüchern und Zeitschriften der Rechtswissenschaften wie der Kriminologie diskutiert, man thematisiert sie in Leitfäden zum richtigen Staatsbürgertum und in Schulbüchern, sie sind vielfältig repräsentiert in fiktionalen Texten und Filmen. Sie gehören in den Kern des modernen US-amerikanischen Gemeinwesens. Dieser scheinbare Widerspruch ist es auch, der das Anfangsinteresse meiner Studie ausmacht und begründet: Wenn aber die Denunziation ein Tabu ist, warum ist sie so präsent in der Kultur der Vereinigten Staaten?

Dieses Buch widmet sich den vielfältigen und widersprüchlichen Formen und Wirkungsweisen von Denunziationen in der Geschichte der USA im 20. Jahrhundert. Denunziationen wurden in den letzten Jahren sowohl in der Geschichtswissenschaft als auch als Erscheinungsform des sozialen Lebens verstärkt diskutiert. Zu diesem gesteigerten Interesse führten vor allem zwei Ereignisse: erstens der Zusammenbruch des real existierenden Staatssozialismus in Osteuropa und mit ihm die Möglichkeit, wesentlich auf Bespitzelung bauende Gesellschaften auch historisch zu untersuchen, sowie zweitens die Anschläge auf die Vereinigten Staaten vom 11. September 2001 und deren Folgen, welche die Auseinandersetzungen darüber, in welches Verhältnis Sicherheit und Bürgerrechte zueinander zu setzen sind, weltweit intensiviert haben. An diese Debatten schließe ich an und frage nach der historischen Stellung des Denunzierens und der Figur des Denunzianten innerhalb der Kultur der Vereinigten Staaten.

Warum beschränke ich meine Studie auf die Zeit von etwa 1880 bis in die jüngere Vergangenheit hinein? Verrat und Denunziation erscheinen auf den ersten Blick als überzeitlich wirksam und relevant, gleichsam als anthropologische Konstante. Und wie die bereits erwähnten Beispiele – Arnolds Überlaufen, die Aufregung um die *Alien and Sedition Acts*, das Kontrollsystem der Sklaverei mit seinen *patrols* und *wanted-ads* in Zeitungen – verdeutlichen, ließe sich das Thema Denunziation ohne weiteres auch für die frühere US-amerikanische Geschichte in den Blick nehmen. Doch scheint dem Verrat und der Denunziation als seiner ›nahen‹ Gestalt in der Moderne eine besondere Tragweite und Bedeutung zuzukommen. Mehr als einmal wurde der Verrat zur Signatur des 20. Jahrhunderts erklärt, welches – umgekehrt formuliert – »als Epoche unklarer und unhaltbarer Loyalitätsbindungen, als Zeitalter des geradezu unausweichlichen Seitenwechsels« charakterisiert wurde.[11] Dies war zumeist in einem engeren Sinne auf Politik und Staat gemünzt, doch die ›Flüchtigkeit‹ der Moderne (Zygmunt Bauman) unterläuft gesellschaftliche wie kulturelle Stabilitäten insgesamt und erschwert selbst eine vage Vorstellung von Eindeutigkeit.[12] Die Expertendiskurse der neuen Wissenschaften produzierten neue Wahrheiten und mit ihnen neue ›Typen‹ und ›Gestalten‹, die es einzuschätzen und zu ›bereden‹ galt – die Geschichte der Sexualität und darin das *outing* der ›Perversen‹ bietet eine Fülle von Beispielen für diesen durchaus als denunziatorisch zu bezeichnenden Zusammenhang. Die mehr und mehr die Grenzen des Privaten aufbrechenden Formen von Sozialfürsorge und die dabei produzierten Gutachten und Kontrollmechanismen sind ein weiteres Beispiel. In zunehmend heterogeneren und mobileren Gesellschaften wurden Bande von Gemeinschaft und Loyalität prekärer, solche des Bürgers zum Staat ebenso wie solche privater Natur. In der Konstellation der Moderne – in ihrer Unüberschaubarkeit, Abstraktion und Intransparenz[13] und in ihrer beschleunigten Dynamik – liegt einer der Gründe für die gesteigerte Wichtigkeit einer binären Logik des Entweder-oder. Zu dieser schließlich gehört das Phantasma des Verrats ebenso wie Abscheu oder Faszination gegenüber der Figur des Denunzianten.

Zu dieser kulturellen Figuration kommen weitere Aspekte hinzu, die eine Geschichte des Denunzierens im 20. Jahrhundert besonders relevant erscheinen lassen. Hier ist das Entstehen polizeiwissenschaftlicher und kriminologischer Diskurse zu nennen, die für die Ausbildung eines machtvollen Wissens über ›den Denunzianten‹ sehr wichtig waren und sind.[14] Begleitend entstehen moderne, bürokratische Polizeiapparate, in denen nicht nur theoretisches Wissen umgesetzt, sondern auch praktisches Wissen produziert und zur kulturellen Bedeutungsstiftung bereitgestellt wird. Dazu gehören auch diejenigen, deren Aufgabe es ist, Staatsfeinde, Sicherheitsrisiken (oder das, was man dafür hält) im Inneren des Gemeinwesens zu entdecken, zu überwachen und zu bekämpfen. Auch das 18. und das 19. Jahrhundert kannten Polizeispitzel, doch sowohl quantitativ wie qualitativ erwuchs der Polizeitaktik der Unterwanderung und der Rolle des Undercover-Agenten seit dem frühen 20. Jahrhundert und insbesondere seit dem Ersten Weltkrieg ein neuer Stellenwert. Beide Bereiche, die wissenschaftlichen Diskurse wie die Arbeit der verschiedenen Polizeibehörden, sind Teil einer sich seit dem ausgehenden 19. Jahrhundert voll entfaltenden gouvernementalen Regierungstechnik. Dabei spielten die verschiedenen Ausgestaltungen der Denunziation eine besondere Rolle, indem sie das Offenlegen (geheimen) Wissens und den Nachweis von Loyalität produktiv aneinander banden. Diese neue Wertigkeit denunziatorischen Handelns im Rahmen liberalen Regierens begründet also auch die hier vorgenommene zeitliche Fokussierung.

Ein weiteres Argument für eine eingehende und konzentrierte Analyse des Denunzierens im 20. Jahrhundert ist die enorm ausgeweitete Relevanz des Visuellen für die Moderne. Parallel zur kulturellen Vieldeutigkeit und Unsicherheit der Epoche entstanden erst mit der Fotografie und dann vor allem mit dem Film Techniken, die Authentizität, Eindeutigkeit und letztlich auch Sicherheit versprachen und suggerierten. Und weil das, was nicht erkennbar ist, gerade eines besonderen Aufwands an Bildgebung bedarf,[15] sind das Geheimnis und der Verrat, der Verräter und der Denunziant so oft und so vielfältig in der immensen Bilderproduktion des 20. Jahrhunderts repräsentiert worden. Dies hatte keineswegs allein illustrativen Wert, es war und ist vielmehr wesentlicher Baustein sozio-kultureller Vorstellungen von Sicherheit, vom Selbst wie vom Anderen. Im Anschluss an Michel Foucaults Verknüpfung von Machtkonstellationen mit Vorstellungen über Sichtbarkeit und Sichtbarmachung argumentiere ich, dass dem Sehen, dem Erkennen eine zentrale Bedeutung für den Akt der Denunziation zukommt, dass der Verbildlichung des Anderen bereits ein denunziatorischer Charakter zuzusprechen ist.[16]

Für die europäische Geschichte liegen umfangreiche Studien zu Denunziationen vor. Mein erstes Ziel ist es, darin entwickelte Fragen auf die Vereinigten Staaten anzuwenden und ihre Hypothesen zu überprüfen. Ich möchte mithin »die Denunziationsforschung interkulturell und intrakulturell [...] forcieren«, wie dies Gerhard Paul gefordert hat.[17] Eine solche Verschiebung des Untersuchungsraums erscheint umso ertragreicher, als die Geschichte der Vereinigten Staaten einerseits tief und auf vielfache Weise mit europäischen kulturellen Traditionen verbunden ist. Andererseits verhinderte das stabile und akzeptierte politische System der USA mit seiner dezentralen Struktur, namentlich auch in der Strafverfolgung, die Ausbildung einer regelrechten ›Denunziationskultur‹, die für die europäische Geschichte häufig ausgemacht wurde. An die von Navasky getroffene Aussage, Denunziationen gingen den US-Amerikanern ›gegen den Strich‹, schließt sich die interessante Frage an, wieso und in welcher Weise Denunziationen trotz weit verbreiteter und größerer Skepsis gegenüber staatlichen Autoritäten immer wieder wirkungsmächtig wurden. Welche Rolle spielen gesellschaftlich-kulturelle Verschiebungen und Wandel beim verstärkten Auftauchen solcher Phänomene, wie und wann wird eine Denunziation zur zivilgesellschaftlich wünschenswerten Anzeige umgedeutet und von wem, und welche Bedrohungsszenarien werden dabei wirkungsmächtig? Wie wird gesellschaftlich über Denunziationen geredet? Welche Rolle spielt das Etikett des Denunzierens, die Zuschreibung, bei der Charakterisierung des Anderen? Diese und andere in der europäischen historischen Denunziationsforschung angesprochene Fragen sollen hier mit Blick auf die US-Geschichte erkenntnisleitend sein.

Doch soll es nicht bei diesem etablierten, sozialhistorisch grundierten Rahmen bleiben. Ziel ist darüber hinaus und vor allem eine ausdrückliche kulturhistorische Erweiterung bzw. Verschiebung der Perspektive. Das Denunzieren verstehe ich als einen Akt, der umfassend in den von Michel Foucault angebotenen Begriffen und Konzepten zu verorten ist. Diskurs, Macht, Wissen, das Regieren und das Subjekt – diese zentralen Achsen Foucaultschen Denkens finden einerseits beim Denunzieren eine Verdichtung und ermöglichen es andererseits, denunziatorisches Verhalten in all seinen sehr unterschiedlichen Ausprägungen zu erfassen und zu verstehen. Meine Arbeit ist daher einem diskursanalytischen Vorgehen verpflichtet und setzt den schlichten Befund des Denunzierens sowie ihre Repräsentationsformen an den Anfang der Betrachtung.

Ich begreife das Denunzieren als ein wesentlich uneindeutiges, definitorisch nicht zu reduzierendes Phänomen. Das, was als Denunziation wahrgenommen und verstanden wird, bleibt auf einen weit gesteckten semantischen Rahmen verwiesen, der auch Begriffe von Verrat, Loyalität, Vertrauen, Sicherheit, Kontrolle, Staatsbürgerschaft und weitere mehr umfasst. Als Denunziationen gekennzeichnete Handlungen und Sprechakte sind notwendig in einem weiten Netz von Diskursen und Praktiken verankert, in dem sie Sinn erhalten und in dem Loyalitätsbeziehungen, Stabilität und Ordnung innerhalb eines Gemeinwesens und zwischen seinen verschiedenen Gliedern verhandelt werden. Denunziationen sind also keineswegs nur ›negativ‹, im Sinne von zerstörend und zersetzend. Diese Einschätzung ist ohne Zweifel bedeutsam und unter politischen wie moralischen Gesichtspunkten auch aufrechtzuerhalten. Doch analytisch ist es wichtig, den produktiven Charakter des Denunzierens zu unterstreichen. Welche Bedeutungen, so wäre zu fragen, kommen Denunziationen bei der Konstitution von Normalität und Differenz zu? Welche Rolle spielen sie im Geschlechtersystem, bei der Konstruktion von Männlichkeiten und Weiblichkeiten sowie bei der Wahrnehmung geschlechtlich codierten Handelns? Wie funktionieren Vorstellungen des Denunzierens bzw. des Denunzianten im Zusammenhang mit anderen gesellschaftlichen Strukturkategorien wie etwa *race* und *class*? Wie greift das Denunziatorische ein in Auseinandersetzungen um Ressourcen und Hegemonie? Wie strukturiert die Figur des Denunzianten, die tatsächliche oder imaginierte Anwesenheit eines *undercover* tätigen Menschens, die Erinnerung der Betroffenen? Wie, um es zusammenfassend mit Michel Foucault zu formulieren, wirken Denunziationen und ihre Repräsentationen als Wissens-, Macht- und Subjektivierungsstrategien?

Ein weiterer Fragenkomplex kreist um die Rolle des Denunzierens bei der Regierung des US-amerikanischen Gemeinwesens – wie wird durch das Denunzieren und mit ihm regiert? Begreift man Regierung in einem umfassenden Sinne, wie wird der denunziatorische Akt, das Tabu, zu einer gewollten oder gar wahrscheinlichen Handlung? Wann und auf welche Weise wird die Denunziation zur Regierungstechnik, wann und auf welche Art wird sie als Technologie des Selbst verinnerlicht? Wie entsteht die Figur des Denunzianten als Subjektposition, wie diejenigen des Verweigeres, des Opfers, des Staatsbürgers? Wann, unter welchen Voraussetzungen und auf welche Weise gelingt es, Denunziationen als staatsbürgerlich korrektes Handeln und Reden wahrscheinlich werden zu lassen? Und dies alles im Rahmen einer liberalen Demokratie, in der Fragen nach Aneignung und Machtausübung anders als in diktatorischen Systemen zu stellen sind.

Historische Denunziationsforschung in Europa und den USA

Denunziationen sind etwa seit Ende der 1980er Jahre als Gegenstand der Geschichtswissenschaft systematisch thematisiert worden. Dabei haben sich mit Blick auf die europäische Geschichte drei Forschungsschwerpunkte herausgebildet. Studien zu vormodernen Gesellschaften thematisieren denunziatorisches Handeln unter anderem im Zusammenhang kirchenrechtlicher Fragen von Ketzerei und Häresie.[18] Methoden der Historischen Anthropologie werden von Historikerinnen und Historikern nutzbar gemacht, um etwa Aspekte der frühneuzeitlichen Hexenverfolgungen neu zu konzeptionalisieren; dabei wird analysiert, wie nah Denunziationen, Gerüchte oder scheinbar absichtloses Gerede beieinander liegen und wie die Verfolgungen in lokale Alltagspraktiken eingebunden sind.[19]

Als ein weiterer Schwerpunkt dieser neuen Denunziationsforschung können Arbeiten gelten, die zeitlich an der Wende vom 18. zum 19. Jahrhundert angesiedelt sind. Um Funktionsweisen von Herrschaft freizulegen, wird untersucht, »wie sich im Zuge von Bespitzelung, Denunziation, Gerede und Gerüchtestreuung neue Vorstellungen von obrigkeitlich erwünschtem Verhalten herausbildeten und wie die Erfahrungen von Spitzeln, Denunzianten und Denunzierten auf politische Handlungen der freiwillig oder unfreiwillig an diesem Szenario beteiligten Menschen zurückwirkten«.[20] Es werden mithin Probleme von Loyalität und ihrer Durchsetzung in der Folge von Nationenwerdungsprozessen und dem Aufbau von Polizeiapparaten thematisiert.[21] Der Wortgebrauch verliert in dieser Zeit seine vergleichsweise ›neutralen‹ kirchenrechtlichen Implikationen und nimmt nun zunehmend die negative, pejorative und an ungerechtfertigte Verfolgung geknüpfte Aufladung an, mit der er heute im Allgemeinen verbunden wird.[22]

Schließlich werden Denunziationen, und das ist der dritte Schwerpunkt der neueren Forschung zur europäischen Geschichte, auch und vor allem mit Blick auf diktatorische Systeme des 20. Jahrhunderts betrachtet. Hier hat die gegenwärtige historische Denunziationsforschung auch ihren Anfang genommen, und nicht wenige der konzeptionellen Muster, die auch in Arbeiten zu Themenbereichen vor dem 20. Jahrhundert ihre Verwendung finden, wurden im Kontext der Diktaturenforschung entwickelt. Dabei stand die Auseinandersetzung mit dem nationalsozialistischen Deutschland im Mittelpunkt, doch auch Untersuchungen zur stalinistischen Sowjetunion, zu den realsozialistischen Staaten Osteuropas einschließlich der DDR, zur spanischen Franco-Diktatur sowie zu Vichy-Frankreich sind durchgeführt worden.[23]

Die Forschung zu Denunziationen im Nationalsozialismus ist für meine Studie besonders wichtig, sie sei daher hier zumindest in aller Kürze skizziert. Bedingt durch den sozial- und alltagshistorischen Paradigmenwechsel in der Historiografie zur NS-Geschichte wurden Fragen von Dissens, Akzeptanz sowie Zwang, und damit das Verhältnis von Herrschaft und Gesellschaft, neu buchstabiert. Hiermit wurden nicht zuletzt Denunziationen und ihr Stellenwert für das Funktionieren des Nationalsozialismus interessant.[24] In den frühen 1990er Jahren häuften sich dann Beiträge, die in Denunziationen einen wesentlichen Transmissionsriemen zum Funktionieren des NS-Staats erkannten.[25] Diesen grundlegenden Arbeiten folgten zahlreiche weitere Studien, welche Denunziationen und diverse mit ihnen verbundene Aspekte von der Peripherie des Interesses in das Zentrum der NS-Forschung rückten. So wurde etwa dem Klischee der Denunziation als ›typisch weibliches Verhalten‹ eine ernsthafte geschlechterhistorische Perspektive entgegengestellt.[26] Andere Studien widmeten sich eher bestimmten Maßnahmen und Gesetzen des nationalsozialistischen Staats und beleuchteten deren denunziatorische Auswirkungen, fragten nach den Konsequenzen für einzelne Bevölkerungsgruppen oder stellten rechtshistorische Grundsatzüberlegungen an.[27]

Insgesamt erwies sich diese forcierte Betrachtung denunziatorischen Verhaltens im nationalsozialistischen Deutschland als fruchtbare Bereicherung der alltags- und sozialhistorischen Forschungslandschaft.[28] Einen qualitativen Sprung nahm sie durch Vergleiche, etwa zwischen dem Nationalsozialismus und seinen deutschen Nachfolgestaaten. Dies brachte mehrere vorteilhafte Blickwechsel mit sich. So konnte erstens eine Form des Diktaturenvergleichs vermieden werden, die das Denunzieren und das Bespitzeln zu rasch zu einem allgemeinen Merkmal totalitärer Regime erklärt und somit einer eigentlichen Historisierung und Kontextualisierung entzogen hätte.[29] Zweitens wurde die lange zurückgedrängte Frage nach den Kontinuitäten der deutschen Geschichte und damit nach dem Vorkommen von Denunziationen und Überwachung in Demokratien westlichen Musters gestellt.[30] Drittens schließlich fand man so Anschluss an die nach der politischen Wende von 1989 ebenso breit wie emotional geführte öffentliche Diskussion in der wiedervereinigten Bundesrepublik über die informellen Mitarbeiterinnen und Mitarbeiter des Ministeriums für Staatssicherheit der DDR. Auch die gesellschaftlichen wie politischen Konstellationen in der Sowjetischen Besatzungszone bzw. in der frühen DDR wurden nachgezeichnet.[31]

In methodischer und theoretischer Hinsicht orientiert sich die europäische sozialhistorische Denunziationsforschung an einem Modell kommunikativer Interaktion zwischen Herrschaft und Gesellschaft, wie es in Anlehnung an Michel Foucaults Entwurf der ›Mikrophysik der Macht‹ insbesondere von Alf Lüdtke für die Alltagsgeschichte des Nationalsozialismus neu formuliert worden war.[32] Denunziationen lassen sich im Anschluss daran sowohl auf ihren Nutzen bei der Befriedigung herrschaftlichen Informationsinteresses als auch als Formen ›kreativer‹ Teilhabe der Beherrschten lesen. Vor diesem Hintergrund entwickelten Robert Gellately und Sheila Fitzpatrick eine Definition des Begriffs Denunziation, der zum Ausgangspunkt zahlreicher weiterer Studien wurde. Sie sahen in solchem Handeln »spontane Kommunikationen individueller Bürger mit dem Staat (oder einer anderen Autorität, wie der Kirche), die Informationen über ein Fehlverhalten anderer Bürger oder Funktionäre enthalten und direkt oder indirekt Sanktionen fordern«.[33] Wirksam wurde ein solches Handeln in einer Struktur von Angeboten und Anreizen seitens der Autoritäten, die zur Anzeige aufforderten.[34]

Diese Geschichtsschreibung zu Denunziationsphänomenen steht bislang in keinem engen Austauschverhältnis zur US-Forschung. Zwar hat sich in den Studien zum 20. Jahrhundert der Verweis auf die antikommunistische Repressionswelle in den USA seit den späten 1940er Jahren fest etabliert, um die Durchsetzung bestimmter Ordnungsvorstellungen mittels zweifelhaften Anzeigeverhaltens auch in Demokratien aufzuzeigen.[35] *McCarthyism* oder auch das HUAC fungieren dabei indes nur als dankbare und akzeptierte Metaphern für eine plausible Erweiterung der Perspektive auf denunziatorisches Verhalten außerhalb von Diktaturen.[36]

In der Forschung zu Überwachung und Denunziationsphänomenen in den Vereinigten Staaten lassen sich drei miteinander verwobene Felder identifizieren: Erstens existieren Darstellungen zu Entstehung, Ausbildung und

Funktionieren eines Systems von polizeilicher und geheimdienstlicher *domestic intelligence* insgesamt. Sie betonen die Ausformung eines immer umfassenderen Überwachungsstaats und dessen zunehmende Technisierung. Damit hängt zweitens die Geschichte des FBI und der von dieser Institution praktizierten Überwachungs- und Bespitzelungsformen eng zusammen. Viele der Studien in diesem Sektor formulieren einen Standpunkt, der das *Bureau* zur zentralen Agentur des US-Überwachungsstaats und zu dessen gefährlichstem Vertreter erklärt. Drittens schließlich liegt der zeitliche Schwerpunkt der geschichtswissenschaftlichen Literatur zum Denunzieren in den USA auf den Jahren des *McCarthyism* sowie dessen Ausläufern in den 1960er und frühen 1970er Jahren.

Die kritische Geschichte der Ausbildung polizeilicher Überwachung und politischer Kontrolle in den Vereinigten Staaten verbindet sich im Wesentlichen mit den Namen einiger einflussreicher Autoren, die dieses Feld mit ihren Arbeiten deutlich geprägt haben und deren Einfluss nach wie vor beträchtlich ist. Dies gilt zunächst für Robert J. Goldstein, dessen Überblicksdarstellung aus dem Jahre 1978 nicht die erste ihrer Art war, heute jedoch als Ausgangsreferenz für weiterführende Studien angesehen werden kann.[37] Darin beschrieb Goldstein politische Repression in den USA als einen kontinuierlichen Prozess im Gegensatz zu Annahmen, die sie als – mehr oder weniger häufige, mehr oder weniger regelmäßige – periodische Abweichung von einem grundsätzlich funktionierenden, liberalen politischen System ansahen.[38] Den Einsatz von *informers*, *infiltrators* oder *agents provocateurs* betrachtete der Autor dabei als zentrales Instrument, dem er immer wieder seine Aufmerksamkeit widmete.

Frank Donners Buch *The Age of Surveillance* bot gleichfalls eine breite Gesamtschau über staatliche Kontrolle als wesentliche Regierungsform;[39] seine Schilderungen dokumentierte er sehr umfassend mit Quellen. Darüber hinaus verortete Donner das System der Überwachung politischer Dissidenz in den USA historisch eng in der politischen Kultur des Landes und bot somit eine Erklärung, die an spätere kulturhistorische Überlegungen anschlussfähig war. Im Hinblick auf Denunziationen widmete sich auch Donner nicht so sehr dem *casual informant* oder dem *tipster*, sondern orientierte sich eher am Modell des Undercover-Agenten. Insgesamt wies er dem Phänomen eine zentrale Rolle in seiner Vorstellung von politischer Überwachung zu, gerade im Zusammenhang mit dem FBI.[40] 1990 legte Donner eine weitere wichtige Studie vor, die den Fokus seiner Betrachtungen sowohl regional als auch institutionell zuspitzte. *Protectors of Privilege* widmete sich den Aktivitäten von so genannten *Red Squads* in den Polizeibehörden einiger ausgewählter Großstädte.[41] Donner konnte zeigen, wie Undercover-Polizeiarbeit gegen ›Subversive‹ in den einzelnen Dienststellen organisiert und praktiziert wurde.

Ebenfalls seit den 1970er Jahren beschäftigt sich der Soziologe Gary Marx mit verdeckter Polizeiarbeit.[42] Marx benutzte Akten von Polizeibehörden ebenso wie Parlamentsberichte und Interviews, um in erster Linie Fragen nach ethischer Zulässigkeit und demokratischer Kontrolle zu beantworten. Seitdem sind seine Thesen immer wieder intensiv debattiert und in eine international vergleichende Perspektive integriert worden.[43] Interessant an den Arbeiten von Marx sowie an Donners Betonung lokaler Polizeidienststellen ist nicht zuletzt, dass sie einen wichtigen Kontrapunkt zur großen Fülle an Literatur bieten, die sich dem FBI als bedeutendstem Akteur auf dem Feld der *domestic intelligence* widmen. Diese Wertung hat aber ohne Frage ihre Berechtigung, und es sind namentlich die zahlreichen Arbeiten von Athan Theoharis, welche Ausmaß und Umsetzung der Überwachungstätigkeiten des *Bureaus* immer wieder deutlich machten. Seine Bücher gehörten zu den ersten, die in größerem Umfang Dokumente des FBI verwenden konnten, die durch Gesetzesänderungen im Kongress zur Verwendung frei gegeben wurden.[44] Seitdem hat der Autor sich allen wichtigen Aspekten der FBI-Geschichte zugewandt, so auch dem Einsatz von freiwilligen wie verpflichteten Denunziantinnen und Denunzianten.[45] Die kürzlich veröffentlichte, populäre Gesamtdarstellung des *Bureaus* durch den *New York Times*-Journalisten Tim Weiner verdeutlicht die Dichte des inzwischen zur Verfügung stehenden Quellenmaterials, das er darüber hinaus um Interviews erweitert, die insbesondere für die 1970er Jahre sehr aufschlussreich sind.[46]

Die antikommunistische Periode des *McCarthyism* ist der bedeutendste Zeitraum der US-Geschichte, für den die Denunziation historisch beleuchtet wurde. Dabei konzentrieren sich die Studien vor allem auf öffentliche Aussagen von ›freundlichen Zeugen‹ vor den unterschiedlichen Ausschüssen und Gerichten, also auf hochgradig institutionalisierte und formalisierte Verfahren. Hierzu liegen seit langem zahlreiche, zumeist aus einer Opferperspektive heraus argumentierende Texte vor, die sich vor allem darum bemühen, möglichst viele und möglichst prominente Täterinnen und Täter bekannt zu machen. Die ausführlichste Darstellung zu diesem Komplex stellt das bereits angesprochene Buch von Victor Navasky dar, das eine umfassende Diskussion der HUAC-Untersuchungen zum kommunistischen Einfluss in der Filmindustrie bietet. Mit seiner Formulierung vom *informer principle* drückt Navasky aus, dass die gesamte Epoche auf Denunziation gestützt war.[47] Große Aufmerksamkeit ist jenen Personen zuteil geworden, die als so genannte ›professionelle Zeugen‹ in Gerichtsverfahren und Ausschussanhörungen immer wieder auftraten und damit zeitweise ihren Lebensunterhalt verdienten.[48] Ein vergleichbares Interesse ist auch dem Spionage-Fall um den Regierungsbeamten Alger Hiss zuteil geworden, wobei der ›Denunziant‹ Whittaker Chambers – *Time*-Chefredakteur und selbst ehemaliger Kommunist – aufgrund seiner Rechtfertigungsschrift *Witness* eine besonders schillernde Rolle spielt. Diese und weitere Arbeiten zum *McCarthyism* identifizieren ein ausgeprägtes System organisierter Denunziation. Es war durch ein Netzwerk unterschiedlicher Protagonisten und Institutionen entstanden und schränkte Ausmaß wie Umfang möglicher politischer Partizipation ein. Außerdem sanktionierte es (zumeist zeitlich zurückliegendes) Fehlverhalten juristisch, ökonomisch oder sozial.[49]

Das Ausmaß freiwilliger und spontaner Denunziationen der McCarthy-Ära ist bislang noch nicht systematisch untersucht worden, zumal wenn man als mögliche Adressaten nicht allein die Bundespolizei bzw. die Untersuchungsausschüsse, sondern auch andere behördliche und private Instanzen mit berücksichtigt. Die scheinbare Allmacht des FBI sowie eine verkürzte Sicht auf spektakuläre Fälle und prominente Namen haben eine Geschichte denunziatorischer Praktiken, die insgesamt in den McCarthy-Jahren zu finden waren, bislang behindert.[50]

Zum Aufbau des Buches

Im Folgenden wird es weniger um konkrete Fälle von Denunziation oder darum gehen, aufregende neue Indizien zu finden, mit denen weitere Täter oder Opfer zu benennen wären. Mein Anliegen zielt weder auf Enthüllung noch auf Apologie. Im Sinne der Neuen Kulturgeschichte frage ich weniger nach ›den Dingen an sich‹, sondern nach den Bedeutungen, die diese Dinge erhalten, sie tragen und reproduzieren und somit erst wahrnehmbar machen. Es geht hier also nicht um die Geschichte eines moralischen ›Werteverfalls‹, der sich in einem zunehmend undemokratischeren Überwachungsstaat manifestiert, und ebenso wenig um die ›Erfolgsgeschichte‹ beständigen Widerstands gegen Bespitzelung und Repression. Ich will zeigen, wie der Begriff und die Vorstellung vom Denunzieren und die Figur des Denunzianten kreiert, mit Sinn besetzt, verhandelt, umkämpft und repräsentiert worden sind; es geht also darum, historisch-kulturelle Wirkungsweisen zu analysieren.

Daher wird zunächst ein kulturwissenschaftlicher Theorie- und Methodenrahmen aufgezeigt, der die sozialhistorische Denunziationsforschung erweitert und einen Perspektivenwechsel vorschlägt. Dieses Kapitel ist etwas komplexer angelegt – Leserinnen und Leser, die weniger Wert auf die theoretischen Fragen legen, können direkt beim zweiten Kapitel in die Lektüre einsteigen.

Das zweite Kapitel markiert dann den Einstieg in die inhaltliche Auseinandersetzung. In den Fokus kommen an erster Stelle die Strafverfolgungsinstanzen und ihre ›vertraulichen Quellen‹, also die Arbeit von Justiz und Polizeibehörden. Ein erster Teil des Kapitels widmet sich den widersprüchlichen und changierenden Diskursen aus Rechtswissenschaft und Kriminologie, in denen ›theoretisch‹ über das Denunzieren und die Figur des Denunzianten geredet wird. Diese Vorstellungen und Entwürfe dessen, was als Denunziation (und was als legitime Anzeige) wahrgenommen und bestimmt wird, werden in einem weiteren Schritt mit polizeiwissenschaftlichen Überlegungen ›konkretisiert‹; es wird also das tatsächliche polizeiliche Eingreifen und Handeln geschildert. Dabei geht es um die Relevanz von Insider-Informationen für Fahndungserfolge, aber auch um Probleme, Pannen und vielfache Konflikte. Schließlich gerät mit der Polizeiarbeit selbst auch der Sonderfall des FBI in das Blickfeld, dem sich der letzte Teil dieses Kapitels zuwenden wird.

Im nächsten Kapitel werden einzelne Kriegs- und Krisenmomente der US-Geschichte im beginnenden 20. Jahrhundert thematisiert und dargelegt, inwieweit sie markante Momente zur Aktualisierung und Dynamisierung denunziatorischer Rede und denunziatorischen Handelns darstellten. Dabei widmet sich ein erster Abschnitt der *moral panic* rund um die so genannte *white slavery* zu Beginn des Jahrhunderts; Moral und Sexualität als Objekte denunziatorischen Handelns werden hier bedeutsam. Auch Politik und Propaganda vor allem des Ersten Weltkriegs werden thematisiert und dabei die Heimatfrontpropaganda sowie das Auftreten konservativer, patriotischer Organisationen in den Blick genommen.

Ein weiteres Kapitel kreist um den *McCarthyism*. Dabei wird das Denunzieren auf drei markante Elemente des politischen Gemeinwesens der USA bezogen: Das erste ist der private Raum und dessen kulturelle Repräsentation, die amerikanische Familie, die zu dieser Zeit als von Denunziationen freier Rückzugsort bedroht wird. Das zweite sind die zivilreligiösen Komponenten der amerikanischen politischen Kultur, die durch die rituelle ›Beichte‹ und das ›Glaubensbekenntnis‹ in HUAC-Anhörungen aktualisiert und auch modifiziert wurden. Darüber hinaus wird drittens das außergewöhnliche Auftreten von Rechtfertigungstexten während dieser Zeit angesprochen und damit das Verhältnis von Individuum und Gemeinwesen.

Im darauffolgenden Kapitel wird die Wahrnehmung von ›Denunziationsopfern‹ thematisiert, es werden Spuren der Erinnerung an Bespitzelung, Unterwanderung und Verrat verfolgt. Behandelt werden Gruppen und Bewegungen, die im Verlauf der US-Geschichte des 20. Jahrhunderts ins Visier des Sicherheitsdispositivs gerieten, mit denunziatorischen Praktiken von außen oder innen konfrontiert waren (oder dies annahmen) und Strategien entwickelten, diesen Bedrohungen sinnvoll, das heißt mit einem Prozess von Bedeutungsstiftung, zu begegnen. Ein erster Teil des Kapitels fragt insbesondere nach der Erinnerungspolitik der *Black Panther Party*. Ein zweiter Abschnitt nimmt Gefängnisinsassen in den Blick und widmet sich den Spannungen zwischen sozialwissenschaftlichen Einschätzungen denunziatorischen Verhaltens in Strafanstalten einerseits und autobiografischen Romanen andererseits. Die US-amerikanische Arbeiterbewegung steht im Zentrum des letzten Teils dieses Kapitels, der danach fragt, wie das beständige Vorkommen von *company spies* in der Folklore, in Songtexten, repräsentiert ist.

Das letzte Kapitel bezieht die angebotene historische Dimension auf die aktuelle kulturelle und politische Situation der Vereinigten Staaten. Inwieweit, so wird zu fragen sein, funktioniert das, was gegenwärtig von kritischer Seite als *snitch culture* charakterisiert wird, neu oder anders als die hier analysierten historischen Repräsentationsformen des Denunzierens? Wie bleibt das Tabu der Denunziation aufgeladen, wie wird es politisch eingesetzt? Welchen Stellenwert hat die Figur des Denunzianten in der US-amerikanischen Kultur heute, und macht es für die Beantwortung dieser Frage Sinn, historisch zu argumentieren? Zu diesem Zweck werden die gegenwärtigen Diskussionen um das *whistleblowing* ebenso thematisiert wie die Kontroverse um die ›Enthüllungsplattform‹ WikiLeaks und die anhaltende Präsenz von Denunziantenfiguren und Undercover-Agenten in der Populärkultur.

1. Denunziatorisches Reden und Handeln – Ein Perspektivwechsel in der historischen Denunziationsforschung

»Alle Begriffe, in denen sich ein ganzer Prozess semiotisch zusammenfasst, entziehen sich der Definition«, schreibt Friedrich Nietzsche in *Zur Genealogie der Moral*, »definierbar ist nur Das, was keine Geschichte hat«.[1] Nietzsches Satz bildet eine gute Brücke zur Theorie Michel Foucaults, die in diesem Buch als wichtigstes Werkzeug zur kulturhistorischen Analyse des Denunzierens in den Vereinigten Staaten des 20. Jahrhunderts dient. Foucault hat Nietzsches genealogische Methode adaptiert und damit die Einsicht in die Notwendigkeit einer radikalen, voraussetzungslosen Historizität übernommen. Diese sucht in der Geschichte gerade nicht nach den definierten Dingen und Begriffen, nach etwas Gegebenem, sondern betrachtet das Werden und Wirken dieser Dinge und Begriffe und der diskursiv an sie geknüpften Definitionen kritisch als von Macht erfüllte Effekte.[2] Mit einer solchen Geschichtsschreibung entsteht keine neue Wahrheit, die sich dann wieder als Definition einhegen ließe, keine neue, die Welt erklärende Metaerzählung. Betont werden Heterogenität und Differenz; es entsteht ein Bewusstsein für Veränderungen und Brüche in der Geschichte. In diesem Sinne ist dieses Buch auch Teil einer Geschichte der Gegenwart im Sinne Foucaults.[3]

Hieran schließt sich unmittelbar ein zweiter, ganz konkreter Gedanke an. Der Begriff der Denunziation ist in hohem Maße perspektivgebunden, er ist umstritten und umkämpft, und dies nicht nur in den historischen Quellen und unter den historisch handelnden Menschen, sondern auch in den historiografischen Interpretationen. Gerade in den jüngeren Arbeiten zu diesem Thema hat sich gezeigt, dass das, was Menschen in unterschiedlichen Kontexten, Kulturen und Epochen mit dem Begriff Denunziation bezeichnet haben, eine enorme Vielzahl unterschiedlicher Praktiken umfasst.[4] Dies kann man als Problem begreifen, als Vagheit oder Unschärfe, die man nur mit definitorischen Anstrengungen ›in den Griff‹ bekommen kann. Damit würde man auf einen wissenschaftlichen Modus zurückgreifen, der die produktiven Verästelungen des Werdens und Wirkens (sowie des Wieder-Verschwindens) dieses Phänomens, seine semantische Tiefe wie sein stets changierendes Auftauchen nicht wahrzunehmen vermag und damit negiert. Ich verstehe die Umkämpftheit und Uneindeutigkeit des Begriffs Denunziation nicht als erkenntnishemmendes Problem, sondern als Chance, die vielfältigen Bedeutungsebenen und Wirkungsweisen denunziatorischen Redens und Handelns gerade in ihrer Heterogenität und Widersprüchlichkeit zu analysieren. Damit will ich auch dem Umstand Rechnung tragen, dass die historiografische Textproduktion selbst einen Anteil am Entstehen und Sichtbar-Werden von Denunziationen hat, den Begriff und seine Verwendung also aktiv mit gestaltet.

Meine Studie orientiert sich also nicht allein an der etablierten, vorwiegend sozialhistorischen Denunziationsforschung. Diese ist ohne Frage zu wichtigen und grundlegenden Ergebnissen gelangt, auf die ich mich auch immer wieder beziehen werde. Darüber hinaus aber fühle ich mich den *Cultural Studies* verpflichtet. In ihnen artikuliert sich jene Ausweitung der semantischen Ebene von Denunzieren in Richtung Geheimnis, Gerücht, Verrat, Wahrheit und weiteren angrenzenden Begriffen und Phänomenen, die mir für eine Akzentverschiebung bedeutsam erscheinen. Mit ihrer Hilfe, so möchte ich zeigen, wird es besser möglich sein, denunziatorisches Reden und Handeln jenseits von Einzeltäterinnen und -tätern zu untersuchen und auch andere Erscheinungsformen anzusprechen als die anonyme Anzeige bei der Polizei einerseits oder die hochgradig formalisierte Aussage vor Untersuchungsausschüssen andererseits.

Denunziation und ihre Thematisierung in den *Cultural Studies*

Betrayals – Fragen des Loyalitätsbruchs

Denunziationen bilden eine Sonderform des Verrats, und die unterschiedlichen Formen solcher Verletzungen von Vertrauen und Loyalität sind vielfach in kulturalistischen Studien verschiedener Disziplinen thematisiert worden. Die Umrisse dieser Debatten hat die Kulturwissenschaftlerin Eva Horn sinnvoll nachgezeichnet; der nachfolgende Überblick orientiert sich daher an ihren Ausführungen.[5]

Die Rede vom Verrat als ›Signatur des 20. Jahrhunderts‹ kam in den Jahren des Kalten Kriegs auf. Der Publizistin Margret Boveri lag in ihrem vierbändigen Werk aus der zweiten Hälfte der 1950er Jahre daran, den Verrat als ein Wesensmerkmal der ›Katastrophen des 20. Jahrhunderts‹ zu beschreiben.[6] Sie unternahm darin eine »Diagnose der politischen Transformationsprozesse, deren endemisches Symptom der Verrat ist«.[7] Dies ist bei ihr vor allem eine Geschichte des Verlusts von stabilen Loyalitätsbezügen, die allesamt den Ideologien des 20. Jahrhunderts zum Opfer fallen. Dabei treten spezifische Figuren hervor – Abtrünnige, Dissidenten, Überläufer, Kollaborateure –, die für Boveri allesamt ein ›zwischen den Fronten stehen‹ in einem andauernden Krieg ausmachen, der Stabilität, Tradition und Heimat zunichtemacht. *Verrat im XX. Jahrhundert* steht dabei für die deutsche Ausprägung eines internationalen Trends in der Politikwissenschaft, der sich nach den Weltkriegen und im Verlauf des Kalten Kriegs herausbildete.

Über diesen Diskurs der politischen Theorie der fünfziger und sechziger Jahre hinausgehend entstanden in der Folge wegweisende wissenschaftliche Untersuchungen, etwa in der Soziologie. So legte Malin Åkerström eine Studie vor, in der er sich vor allem mit den Sozialbeziehungen von Gefängnisinsassen in Schweden auseinandersetzte; auf dieser Grundlage stellte er umfangreiche Überlegungen an zu den Funktionen von Geheimnis und Verrat für moderne Gesellschaften.[8] Ausgehend von Georg Simmels Gedanken über die Faszination des Verrats und über das Geheimnis als zentrale Kulturleistung[9] skizziert Åkerström zunächst die immense Bedeutung von Geheimnissen bei den Konstruktionsprozessen von Gruppen und Gemeinschaften. Diese zeigt sich zum einen in der Etablierung und Naturalisierung von binären Ein- und Ausschlüssen, zum anderen aber auch in der ambivalenten Spannung zwischen dem Bewahren-Sollen und dem Erzählen-Wollen. Im Anschluss greift er auf eine Reihe von Beispielen der (jüngeren) Geschichte zurück und entwirft eine Typologie des Verräters, wobei er nicht allein das Übertreten des Schweigegebots, sondern auch etwa das Streikbrechen als verräterische Handlungen in den Blick nimmt. Deutlich wird dabei, dass eindeutige ›Wir – sie‹-Zuschreibungen in modernen Gesellschaften zunehmend schwieriger zu konstruieren sind und stabile Loyalitäten in einem dauernd changierenden gesellschaftlichen Umfeld prekär werden. Åkerström kommt so zu einem sehr dynamischen Modell von Geheimnis und Verrat als tragende Elemente moderner Gesellschaften, in dem die vermeintlich eindeutige Festlegung von ›Tätern‹ einerseits (Verräterinnen und Verräter) und ihren ›Opfern‹ andererseits stets unzulänglich bleibt und politisch bzw.

moralisch, das heißt eben durch machtvolle Bedeutungsaushandlungen, entschieden werden muss.

Nachman Ben-Yehuda hat die Anstöße Åkerströms aufgenommen und fortgeführt.[10] Auch seine Darstellung führt Leserinnen und Leser in das breite Bedeutungs- und Handlungsfeld des Verrats und bietet umfangreiche historische wie systematische Konzeptionalisierungen. Anders als Åkerström arbeitet Ben-Yehuda stärker den Begriff des Vertrauens heraus und beschreibt den Verrat in erster Linie als gewollte Verletzung dieser Stabilität versprechenden Kategorie. Ben-Yehuda bezieht seine Beispiele weniger aus innergesellschaftlichen Konflikten, sondern spricht ›große Fälle‹ der internationalen Politik an; folglich taucht der Verrat in Ben-Yehudas Buch vor allem in Form des politischen Hochverrats auf. Eine solche Ausrichtung dürfte den Bedürfnissen eines breiteren Lesepublikums entgegenkommen und hat eine Fülle von (populär-)wissenschaftlicher Literatur hervorgebracht.[11] Durch diese Konkretisierung gelangt Ben-Yehuda allerdings zu einer weit weniger grundsätzlichen Auseinandersetzung mit dem Vertrauensbegriff als etwa Niklas Luhmann, der sich mit der Frage beschäftigt hat, welche Rolle Vertrauen als notwendiger Mechanismus der Komplexitätsreduktion in modernen, pluralen Gesellschaften spielt.[12]

Für die weitere kulturwissenschaftliche Forschung hat sich jedoch der von Åkerström angestoßene Bezug auf das Geheime und davon abgeleiteten Formen des Redens und Schweigens als produktiver erwiesen. Auch dabei ist eine der Systemtheorie verbundene Argumentationslinie erkennbar, in der Kommunikation auf ihren Gegenbegriff, die Inkommunikabilität, hin untersucht wird. Schweigen wird so ebenfalls Bestandteil gesellschaftlicher Kommunikation, indem »in einer Gesellschaft nie alles zur Kommunikation freigegeben ist, sondern […] das Gesagte stets vor einem Hintergrund des Ungesagten zu veranschlagen ist«.[13] Es waren zum einen die Differenz zwischen Gesagtem und Ungesagtem sowie zum anderen die damit eng verbundenen Begriffe wie Geheimnis, Tabu, Privatheit, Öffentlichkeit, Aufklärung, Offenbarung, Neugier oder eben auch Verrat, die zahlreiche Studien anregten.[14]

Gerade im Nachklang der Attentate vom 11. September 2001 haben auch die *Cultural Studies* im engeren Sinne eine intensive Debatte um das Geheime aufgenommen. Horns bereits erwähnte Studie mag hier als wichtigstes deutschsprachiges Beispiel gelten: eine Analytik moderner Macht, die in ihrer Auffassung »in fundamentaler Weise auf Geheimnissen und Geheimhaltung, auf Ausspähung, Täuschung, Desinformation und Verrat« beruht.[15] Sie unterstreicht insbesondere die kulturelle Notwendigkeit, diese Wissensproduktionen immer wieder in nachvollziehbare Narrative zu überführen, in Fiktionen als »die luzideste Möglichkeit, in der Moderne über das politische Geheimnis zu sprechen«.[16] Es geht Horn mithin nicht so sehr darum, dem Geheimen und dem Verrat mit Fakten beizukommen, sondern sie als diskursiv konstituiert vorzustellen, als Effekte kulturellen Austausches in Rede und Schweigen.

Dies mag auf den ersten Blick eher wenig mit einer kulturhistorischen Analyse des Denunzierens in den Vereinigten Staaten zu tun haben. Doch sind denunziatorische Rede und Handlungen auf dieses kulturelle Spannungsverhältnis von Geheimnis und Verrat einerseits sowie Loyalität und Vertrauen andererseits angewiesen. Sinn und Bedeutung einer Anzeige oder eines Anzeigenappells müssen sich an diesen je spezifischen sozio-kulturellen Aushandlungsprozessen orientieren. Und der Akt der Denunziation ist in besonderem Maße und über einen langen Zeitraum hinweg sowohl religiös als auch anthropologisch zum Tabu geworden.[17]

Fear & Surveillance – Angst vor dem Loyalitätsbruch

Tatsächliche oder imaginierte Gefahren von Geheimnisverlust und/oder Loyalitätsbruch provozieren Ängste sowie den Aufbau von Kontroll- und Sanktionsinstrumenten, darauf verweist eine weitere Richtung kulturwissenschaftlicher Forschungsliteratur. Von besonderer Bedeutung ist dabei der Begriff der so genannten *moral panics*, mit dem die *Cultural Studies* seit langem Fragen nach der sozialen Konstruktion von Devianz sowie der Rationalität kollektiven Handelns ansprechen. Obgleich es in der sozialwissenschaftlichen Forschung eine längere Tradition gibt, die sich mit ›Massen‹ und deren Aktionen beschäftigt, gehört *moral panic* zu denjenigen Vokabeln, die erst mit der Etablierung der *Cultural Studies* aufkamen.[18] Dabei werden zumeist populäre Gefahrenannahmen und deren kontrollierende, regulierende sowie sanktionierende Konsequenzen mit einem ›tatsächlichen‹, zumeist eher als gering eingeschätzten Gefahrenpotenzial analytisch abgeglichen.[19]

Seitdem ist das Konzept der *moral panic* häufig in unterschiedlichen Disziplinen getestet und weiterentwickelt worden; der Begriff avancierte zudem zu einer verbreiteten rhetorischen Figur innerhalb politischer Auseinandersetzungen.[20] Vor allem zwei Aspekte lassen ihn für eine Geschichte des Denunzierens sinnvoll erscheinen. Zum einen operieren solche Studien sehr häufig mit der eng an *moral panic*-Vorstellungen gekoppelten Figur des *folk devil*. Diese ist hinsichtlich des Denunzianten/der Denunziantin doppeldeutig, denn sie ruft gleichermaßen das zu denunzierende Andere wie auch das tabuisierte Kollektivsymbol des Denunzianten selbst auf. Diese ›Zielscheiben‹ gesellschaftlicher Empörung und kollektiver Ausgrenzung geraten selten zufällig in den Fokus der Aufmerksamkeit und wurden immer wieder selbst zum Objekt wissenschaftlicher Untersuchungen. Zum anderen untersuchen Studien zu *moral panics*, wie diese medial konstruiert werden, und thematisieren damit die diskursiven Rahmen, in denen auch das Denunziatorische jeweils spezifisch Sinn ergibt.[21]

Diese Aspekte stoßen jedoch an Grenzen. Der Begriff *moral panic* ist inzwischen nicht mehr allein ein analytisches Werkzeug, sondern Strategie in sozial- und kulturpolitischen Kämpfen geworden.[22] Doch auch auf der analytischen Ebene wurde Kritik laut. So bleibt die Konzeption der *moral panic* zu sehr einer ideologiekritischen Ausrichtung verpflichtet. Sie vergleicht Inszenierung und ›Realität‹ während die Produktivität und damit die wahrheitstiftende Funktion der Diskurse eher gering geschätzt werden. Kritisiert wird außerdem der Hang, den Begriff der *moral panic* zu anthropologisieren, sowie der Umstand, dass die Bezeichnung ›Panik‹ den Blick auf sozio-kulturelle Rationalitäten versperre.[23]

In den letzten Jahren sind Vorstellungen von Angst und gesellschaftlicher Sorge zunehmend weiter gefasst worden. Die *Cultural Studies* ›entdeckten‹ die Emotionen, Geschichtswissenschaft und Soziologie folgten rasch nach, und der ›Angst‹ erwuchs eine besondere Bedeutung.[24] Dabei unterscheiden sich die methodischen Zugänge sehr, doch insgesamt bereicherten und präzisierten diese Studien die Erforschung oft diffuser sozio-kultureller Konstellationen.[25] Für die US-amerikanische Geschichte hat Peter Stearns kürzlich eine Gesamtdarstellung vorgelegt, in der er nach den historischen ›Wurzeln‹ jener Angst sucht, welche die Vereinigten Staaten nach den Anschlägen von 2001 seiner Ansicht nach fest im Griff hält.[26] Andere Autorinnen und Autoren gehen eher den Weg empirischer Detailstudien und fragen dabei nach konkreten politischen, ökonomischen, sozialen oder kulturellen Ursachen von ganz unterschiedlichen Angstzuständen.[27] Damit rückten nicht zuletzt diejenigen Aspekte in den Blickpunkt, die eine soziale Panik als moralisch begründet erscheinen lassen. So hat James Morone verschiedene solcher historischer Phasen untersucht (etwa den Abolitionismus oder die Temperenzbewegung), in denen Angst und Besorgnis an ausdrückliche Vorstellungen von Moral und Religiosität geknüpft waren. Seine Hauptfrage war dabei, wie es gelang, mit Hilfe dieser Koppelung einen traditionell eher limitierten und nicht-interventionistischen Staat kontrollierend aktiv werden zu lassen.[28]

Besondere Konjunktur hatten zuletzt Studien, welche die staatliche Instrumentalisierung von Angst und damit vor allem Fragen von Kontrolle und Überwachung thematisieren. Dietmar Kammerer etwa beschäftigt sich aus historischer, soziologischer und mediengeschichtlicher Perspektive mit der alltäglichen Präsenz von Überwachungskameras vor allem in Großbritannien und Deutschland und unterstreicht die zentrale Bedeutung des Visuellen für Operationen des Erkennens, Deutens, Überwachens und schließlich Anklagens.[29] Ähnlich wie Horn geht es Kammerer dabei mindestens so sehr um das Imaginäre der so entstehenden Bilder, den ihnen innewohnenden »Traum der Vollständigkeit des Wissens und der Eindeutigkeit des kriminellen Zeichens«, die im Realen wirken.[30] Mit seiner theoretischen Ausrichtung unterscheidet sich Kammerer positiv von zahlreichen nordamerikanischen Autorinnen und Autoren, die eine Beschreibung und Analyse des expandierenden Überwachungsstaats vorgelegt haben. William Staples' bereits in den 1990er Jahren publizierte Untersuchungen orientieren sich an historisch ausgeformten Blickregimen als Grundlage (post-)moderner Überwachung und übernehmen so eine an Michel Foucault angelegte Argumentation.[31] Christian Parenti hebt in seiner Historisierung nicht zuletzt die auf menschliche Körper bezogenen, materiellen Artefakte der Überwachung hervor, die auch für eine Analyse des Denunziatorischen bedeutsam sind: das Fahndungsplakat, die biometrische Identifizierung, das ärztliche oder fürsorgliche Dossier.[32] In ähnlicher Weise argumentiert Jim Redden, der darüber hinaus schon im Titel seines Buchs *Snitch Culture* die in die Überwachung eingewobene Aufforderung zu aktiver Teilnahme der Bürgerinnen und Bürger an der Denunziation anspricht.[33]

Schon seit langem wird staatliche Überwachung in den USA im Rahmen von Verschwörungstheorien interpretiert, es ist daher kein Zufall, dass entsprechende Bücher im Trend liegen. Dies ist nichts anderes als eine Komplexitätsreduktion, und sie spielt eine zentrale Rolle, wenn Wachsamkeit und Kontrolle gefordert werden. Verschwörungstheorien können Handlungen anleiten und bedürfen daher einer eingehenden Analyse.[34] Phantasmen des Verrats und als denunziatorisch gekennzeichnete Figuren spielen darin nicht selten eine prominente Rolle.[35]

Others – Figurationen des Loyalitätsbruchs

Die Rede vom Verrat ist aufs Engste mit der Figur des Verräters gekoppelt, die »Gestalt des Verräters ist die menschliche Figuration einer Struktur, die sich gerade durch ihre Unüberschaubarkeit, Abstraktion und Intransparenz auszeichnet«.[36] Diesen Verkörperungen des Verrats sowie anderen, verwandten bzw. benachbarten Figurationen hat sich seit einiger Zeit nicht zuletzt die soziologische Schule der *Cultural Criminology*, die Medien- und Kriminalitätsanalyse verknüpft. Ihr geht es vor allem darum offenzulegen, inwieweit durch den öffentlichen Umgang mit Kriminalität und als kriminell angesehenen Menschen regiert wird. Viele dieser Arbeiten stehen mithin in der Tradition von Gouvernementalitätsstudien, wie sie im Anschluss an Foucault entwickelt wurden.[37] Gerade das Kriminelle und die Kriminalisierung, so eines der zentralen Argumente, lassen sich machtanalytisch auf die Entstehung bestimmter Subjektformen, auf ihre Subjektivierung hin untersuchen. Subjekte sind mithin nicht einfach vorhanden, sie werden konstruiert, und Diskurse der Kriminalität sind dabei außerordentlich produktiv.[38]

Namentlich Täter- und Opferfigurationen sind auf diese Weise interpretiert worden, und im Zusammenhang mit der Figur des Täters hat sich die Metapher vom Monster als besonders aufschlussreich erwiesen.[39] Mit ihr lässt sich auch die Figur des Verräters sowie deren Sonderform – die Figur des Denunzianten – beschreiben: als das Böse, eine Maske des Schreckens, als Projektionsfläche und Verkörperung einer spezifischen Form des *othering*, welches in vielfältiger Weise produktiv an Kultur und Gesellschaft rückgebunden bleibt. Zu den angesprochenen verwandten oder auch benachbarten Figuren gehört neben dem Geständigen auch der Zeuge; im Zusammenhang mit der Verifizierung unsicheren, ehemals verborgenen Wissens ist gerade dieser Figur jüngst vermehrt Aufmerksamkeit gewidmet worden.[40]

Die historischen Beiträge zur Denunziation werden durch diese den *Cultural Studies* entstammenden Untersuchungen um wichtige Aspekte ergänzt und erweitert. Der Verweis auf die Debatten innerhalb der *Cultural Studies* wirft aber auch die Frage auf, wie eine ausdrückliche Kulturgeschichte der Denunziation gedacht werden kann.

»Das ganze zweifelhafte Gemurmel ...« – Das Denunzieren im Denken Michel Foucaults

Der folgende Abschnitt ist der Frage gewidmet, wie sehr das mit Vorstellungen vom Denunzieren verbundene Begriffsfeld – es umfasst Verrat und Loyalität, Vertrauen und Misstrauen, Sicherheit und deren Kontrolle, Wachsamkeit und Paranoia, Teilhabe und Ausschluss, Geständnis und Aussage, eine Melange aus Reden und Schweigen, Offenheit und Geheimnis, Beobachten und Wegsehen – Teil Foucaultschen Denkens ist; und zwar werde ich dies anhand der Einschätzung seines ›Werks‹ zeigen, welche dessen inneren Zusammenhang betont. Wie es Norbert Finzsch formuliert hat, offenbart die »oft postulierte Einteilung in Phasen [...] eher das Bedürfnis der Leserinnen und Leser Foucaults, seiner Vielschichtigkeit und Komplexität durch die Einführung parzellierender Formprinzipien eine Handhabbarkeit zu geben«.[41] Eine solche ›Zerstückelung‹ ist problematisch, denn mit ihr droht aus einer auf die Gegenwart hin ausgerichteten Machtanalyse lediglich eine wissenschaftstheoretische Mode zu werden. Gerade die Vielzahl der verstreut oder posthum publizierten Beiträge Foucaults, seine Interviews und Vorträge, vor allem aber die Mitschriften seiner Vorlesungen, lassen trotz oftmals zu konstatierenden Überraschungen ein Gefüge entstehen, in dem Gedanken aufeinander aufbauen, einander als Kritik oder Ergänzung oder Perspektivwechsel folgen.[42] Archäologie/Genealogie, Diskurs/Dispositiv, Macht/Wissen und Subjekt/Regierung sind komplementäre Bausteine einer einzigen Machttheorie, die sich in Foucaults Projekt einer Geschichte der Gegenwart bündeln. Gerade die Hinwendung zu Fragen der Subjektwerdung in seinen Texten zur Sexualität, zur Gouvernementalität und zur Biopolitik wurde darüber hinaus nicht selten zum Anlass genommen, den ›frühen Foucault‹ gegen den ›späten‹ auszuspielen und damit seine Theorie insgesamt zu entradikalisieren. Stattdessen sind diese vermeintliche Wiederentdeckung des Subjekts und damit auch die Fragen nach Widerstand und Wandel in der Geschichte als Fluchtpunkt in Foucaults Machtanalyse angelegt: »Vielmehr stellen sich letztlich alle Versatzstücke einer kulturwissenschaftlichen Analytik, die Foucault in seinen verschiedenen Arbeiten liefert, als Anläufe heraus, eine Rekonstruktion bestimmter moderner [...] Formen des Subjekts, von Modi des ›assujettissement‹, zu liefern.«[43] Mit Blick auf die Geschichte der Sexualität hat Foucault selbst dies veranschaulicht, indem er drei Achsen der Betrachtung unterschied: Eine erste untersucht die »Formierung des Wissen« durch eine Analyse der Diskurse, eine zweite nimmt die »Machtsysteme, die ihre Ausübung regeln« in den Blick, und die dritte Betrachtungsachse bilden die »Formen, in denen sich die Individuen als Subjekte dieser Sexualität anerkennen können und müssen«.[44] Bei meiner Einordnung des Denunzierens mit Hilfe des Foucaultschen Denkens stütze ich mich auf diese drei eng aufeinander bezogenen, miteinander verbundenen und hier lediglich analytisch voneinander geschiedenen Achsen.

Diskurse/Dispositive

Meinen Ausgangspunkt bildet die Analyse der Diskurse, die das Denunzieren und die Figur des Denunzianten definieren, klassifizieren und damit erst historisch hervorbringen. Für Foucault stellen Diskurse historisch spezifische, geordnete Aussagesysteme des jeweils Denkbaren und Sagbaren dar, die »systematisch die Gegenstände bilden, von denen sie sprechen«.[45] Dabei sind für Foucaults Erkenntnisinteressen weniger die Diskurse und ihre Regeln an sich bedeutsam, sondern ihre von Macht erfüllten Effekte, eben ihre Klassifikationen und Hervorbringungen, die von ihnen geschaffenen ›Wahrheiten‹. Diese Perspektive wird noch dadurch unterstrichen, dass Diskurse stets in hohem Maße mit nicht-diskursiven Praktiken verbunden sind. Ein derart charakterisiertes Dispositiv als Gesamtheit von Diskursen, Institutionen und Praktiken vollzieht den notwendigen und historiografisch so wesentlichen Schritt Foucaults von der Archäologie zur Genealogie, indem es Wissenssysteme und Machttechnologien strategisch aneinanderkoppelt.

Aus diesem Verständnis heraus erscheint für eine Geschichte des Denunzierens ein diskursanalytisches Vorgehen geradezu prädestiniert, es begründet sich in der angesprochenen Unschärfe und nicht auflösbaren Problematik des Begriffs. Unter diesen Vorzeichen bildet die scheinbare Vagheit keine epistemologische Schwierigkeit, sondern lässt eine Grundbedingung zur historischen Diskursanalyse in den Vordergrund treten. Nimmt man das Postulat von der Produktivität von Diskursen ernst, dann verliert die ewig junge Frage, was denn nun eigentlich genau eine Denunziation sei, viel von ihrer Bedeutung. Eine Denunziation ist das, was innerhalb eines Diskurses sowie zwischen unterschiedlichen Diskursen durch eine dichte und regelmäßige Anrufung als solche gekennzeichnet wird – wobei gerade auch der Blick auf die Repräsentationen der berechtigten Anzeige Rückschlüsse auf das Denunzieren erlaubt. Auch eine Unterscheidung zwischen verdecktem Ermittler (ein Angestellter des ›Staats‹), Spitzel (eine regelmäßige, organisierte Zuträgerschaft) und Denunziant (eine freiwillige, spontane Anzeige) wird so hinfällig, denn sie verschwimmt im Reden über die Handlungen: In der Perspektive der Angezeigten wird aus dem Polizeispitzel nicht selten ein gemeiner Denunziant oder eine Denunziantin; beide bewegen sich im selben semantischen Bezugsrahmen. Meine Überlegungen zum Denunzieren beginnen also entschieden nicht mit einer Begriffsdefinition, sondern mit der Beschreibung von Aussagen und Praktiken, die durch ihre Dichte und Regelmäßigkeit das Objekt der Denunziation und die Figur des Denunzianten immer wieder neu entstehen lassen. Dies ist zum Beispiel stets dann der Fall, wenn infolge von konkurrierenden Loyalitäten die Frage aufgeworfen wird, welche Sprechakte und Handlungen von wem als Denunziation oder eben gerade nicht als Denunziation benannt werden. Dazu kann es in politischen Debatten über Loyalität innerhalb der Bevölkerung während eines militärischen Konflikts ebenso kommen wie in einem Gefängnis bei der Suche nach dem *agent provocateur*.

Untersucht werden also bestimmte Felder wie Rechtswissenschaft und Kriminologie, Polizeiwissenschaft und Politik, praktische Strafverfolgung, Populärkultur und Alltagskommunikation bestimmter Gruppen, zwischen denen das Denunzieren bzw. der Denunziant oder die Denunziantin als interdiskursive, vermittelnde, verbindende Elemente entstehen und funktionieren.[46] Gerade die Figur des Denunzianten, diese personifizierte Verdichtung von vielfach abgelagerten Attributen, Bildern, Stereotypen und anderen Mustern kann hier im Sinne Jürgen Links als interdiskursives Kollektivsymbol analysiert werden, das die notwendige Übersetzungsarbeit zwischen den wissenschaftlichen Spezialdiskursen, ihren machttechnologischen Umsetzungen sowie den alltäglichen wie medialen Repräsentationen bewerkstelligt.[47]

Macht/Wissen

In den Diskursen verbinden sich Regime des Wissens mit Technologien der Macht, und damit ist die nächste Betrachtungsachse angesprochen, an der entlang das Phänomen des Denunzierens zu analysieren ist. An ihr setzen diejenigen historischen Studien an, die sich bislang im Rückgriff auf Foucault mit dem Denunzieren befasst haben, also für den europäischen Kontext des 20. Jahrhunderts vor allem die Arbeiten Robert Gellatelys, Sheila Fitzpatricks, Alf Lüdtkes sowie Christoph Thonfelds. Ihnen gemeinsam ist die Verwendung eines von Foucault übernommenen oder von ihm inspirierten Machtbegriffs. Macht ist bei Foucault »keine Substanz, nicht Besitz einer zentralen Instanz oder eines Subjekts, sondern nur bestimmbar in Relationen und Positionen«.[48] Diese dezentrale, relationale Vorstellung von Macht stand auch im Vordergrund, als Foucault selbst, zusammen mit Arlette Farge, die denunziatorischen Praktiken rund um die *lettres de cachet* im vorrevolutionären Frankreich in den Blick nahm.[49] Farge und Foucault beschrieben die Anzeigen als Scharniere zwischen individuellem Verhalten und den Überwachungs- bzw. Sanktionsinstanzen des Staates. Herrschaftsansprüche drangen auf diese Weise bis auf die private Ebene der sozialen Beziehungen durch. Sie betonten gleichermaßen die im Austausch mit der Macht befindlichen Wechselbeziehungen zwischen Bevölkerung und Staat wie die in der alltäglichen Praxis entwickelten Handlungsspielräume der Aneignung. Politik verwebt sich demnach mit dem Geflecht der sozialen Routinen, und im Effekt wird ein System erkennbar, in welchem keineswegs der König allein Macht ausübte, sondern das sich durch ein komplexes Kräfteverhältnis unterschiedlicher Akteure auszeichnete.[50] In dieser Herrschaftsausübung wird die Macht »gleichzeitig das Objekt von Begehrlichkeit und das Objekt von Verführung«, denn »jeder kann, wenn er das Spiel zu spielen weiß, für den anderen ein schrecklicher und übergesetzlicher Monarch werden«.[51] Im Resultat werden dadurch private Zugehörigkeits- und Abhängigkeitsverhältnisse auf die administrativen und politischen Kontrollen hin geöffnet, mithin einerseits dem normierenden Blick der Allgemeinheit zugänglich gemacht, andererseits aber auch mit Handlungsoptionen versehen, mittels derer man sich diese Konstellation zu Nutze machen konnte.

Es war eben diese auf den Machtbegriff zugespitzte Lektüre Foucaults, die seit Ende der 1980er Jahre die Betrachtungen zeithistorischer Denunziationsphänomene in Europa zentral beeinflusst hat, namentlich durch die Arbeiten Robert Gellatelys. Gellately charakterisierte das nationalsozialistische Deutschland als eine radikale Version einer sich selbst überwachenden Gesellschaft.[52] Er problematisierte damit den gebräuchlichen Begriff des Polizeistaats, der sowohl der Polizei als auch dem Staat zu viel Macht zuschreibe und gleichzeitig den Eindruck erwecke, als könnten beide unabhängig von der Gesellschaft funktionieren. Daneben wurde der NSDAP, der SA, der Hitler-Jugend und anderen NS-Organisationen eine praktische Bedeutung für den Bereich der Überwachung und Selbstüberwachung innerhalb des nationalsozialistischen Systems zugeschrieben. Die Organisationen bzw. ihre Träger strukturierten je nach ihrer hierarchischen Stellung als Denunzianten,

Hilfspolizisten, Informationsübermittler, Anlaufstelle, Verfolgungs- oder Sanktionsinstanz ein Denunziationsangebot, trugen zu seinem Funktionieren bei oder verschafften ihm gesellschaftliche Geltung.[53]

Die Analyse Gellatelys kann jedoch kritisiert und ergänzt werden. Die Fixierung auf Kontrolle, auf Staat oder andere Autoritäten als Adressaten und auf einzelne, in diesem Feld individuell handelnde Menschen verstellt den Blick darauf, dass diese Denunziationen notwendig in ein weit größeres Netz von Diskursen und Praktiken eingebunden sind, in dem Loyalitätsbeziehungen, Werte und Normen, Stabilität und Ordnung innerhalb eines Gemeinwesens immer wieder neu verhandelt werden. Foucaults nicht-substanzieller, dezentraler Machtbegriff funktioniert nicht ohne Rückbezug auf die historisch spezifischen Diskurse, in denen die Macht zum Tragen kommt, ohne die Macht einzubetten in das »ganze zweifelhafte Gemurmel [...], das jeden wie eine Wolke umgibt«.[54] Um Denunziationen als kulturelles Phänomen einordnen und analysieren zu können, darf man das Denunziatorische nicht definitorisch auf bestimmte Formen des Anzeigeverhaltens verkürzen, sondern muss das Bezugsfeld öffnen, Redeweisen und Praktiken mitberücksichtigen, die im Vorfeld oder auch im Nachklang zu den Anzeigen platziert sind oder insgesamt den Rahmen abstecken, in denen ein denunziatorischer Akt sinnvoll erscheint. Statt einzig den unleugbaren repressiven Charakter von Denunziationen zu unterstreichen, wären im Sinne Foucaults eben auch deren positive, produktive Seiten bei Homogenisierung, Reproduktion sowie Wandel eines Kollektivs zu beachten, denn die Macht »macht handeln und sprechen.«[55]

Dieser Aspekt ist in den Arbeiten von Lüdtke und Thonfeld deutlicher präsent. Beide Autoren beziehen den diskursiven Rahmen weit stärker in ihre Analysen ein, und beide stehen ausdrücklich für eine kulturalistisch erweiterte Sozialgeschichte. Das mit Alf Lüdtke verbundene Konzept von Herrschaft als sozialer Praxis und die darin enthaltene Vorstellung, dass sich Akteure die innerhalb eines gesellschaftlichen Kräftefeldes zur Verfügung stehende Macht eigen-sinnig – das heißt quer zur obrigkeitlichen Intention – aneignen können, verweist vor allem auf die vielfältigen und selten eindeutigen Verlaufsformen von sozialen Positionskämpfen, in denen dem Denunzieren eine wesentliche Rolle zukommen kann.[56] Lüdtke diskutiert zum einen das Denunzieren als ›kreatives Mitmachen‹, zum anderen betont er dessen Emotionalität, in welcher sich eine »Zuwendung für das ›große Ganze‹, für seine Repräsentanten und Symbole« ausdrücke.[57] Beides bezieht sich notwendig auf diskursiv gedachte Kontexte. Thonfeld begreift »Denunziation als gesellschaftliche Redeweise« und betont so deren kommunikativen wie diskursiven Charakter.[58] Dennoch ist festzuhalten, dass auch diese Studien primär auf einer Logik fußen, in der Erkenntnisinteressen dominieren, welche den Fokus auf Denunziationen als Sozialkontrolle und Herrschaftsinstrument richten. Fragen, welche die Wahrnehmung, Sinnstiftung und (Selbst-)Deutung der Subjekte in den Blick nehmen, bleiben sekundär. Denunziationen dürfen aber nicht nur als Teil eines diskursiven Rahmens betrachtet werden, sondern sie müssen als *originäre Effekte* von Diskursen analysiert werden. Meine Blickrichtung ist mithin eine andere: Es werden keine Handlungen in einen diskursiven Kontext gestellt, sondern ein Verständnis von Denunziationen erscheint erst im und durch den Diskurs. Darüber hinaus will ich neben den entstehenden Machteffekten besonders deren subjektbildende Aspekte und Facetten sowie deren Repräsentationsformen hervorheben.

Subjekt/Regierung

Als dritte Analyseachse sind Fragen des historischen Subjektseins anzusprechen und mit ihnen solche des liberalen Regierens. Sie sind wichtig, um insbesondere Denunziationsphänomene in den Vereinigten Staaten des 20. Jahrhunderts im Gegensatz zu diktatorischen Systemen zu kontextualisieren. In einem Aufsatz über Subjekt und Macht unterstreicht Foucault nachdrücklich, wie zentral sein Interesse an Fragen der Subjektivierung für sein Projekt insgesamt ist.[59] Subjekte sind den Diskursen und der Macht nicht vorgängig, sie werden durch sie erst hervorgebracht. Im Mittelpunkt steht daher die Frage, wie genau Menschen zu Subjekten gemacht werden und wie sie sich selbst als Subjekte begreifen.[60] Aus der dezentralen, agonistischen Vorstellung von Macht entspringen kulturelle Konflikte, Kämpfe um die ›richtige‹ Subjektivierung. In der Macht und mit ihr entsteht Handlungsvermögen, ein produktives »Macht-Können, das neue Wirklichkeiten herstellt«.[61]

Freiheits- und Unterwerfungspraktiken bleiben im Subjekt aneinandergekoppelt, und dieser Gedanke liegt Foucaults Verständnis gouvernementalen Regierens zugrunde, dem hier ebenfalls eine tragende Rolle bei der Analyse denunziatorischen Redens und Handelns zukommen soll. Zu meinen Erkenntnisinteressen gehört es, die subjektkonstituierende Bedeutung von Denunziationen zu beleuchten – die Subjektivierung des loyalen Staatsbürgers als patriotischer Denunziant, des Undercover-Agenten als ein unverzichtbares ›Werkzeug‹, diejenige des kulturell Anderen, des Feindes als gemeiner Denunziant, die (Selbst-)Charakterisierung des Bespitzelten als Opfer, um nur einige zu nennen. Derlei Subjektwahrnehmungen sind Machteffekte in Diskursen von Loyalität und Sicherheit, und sie sind an Ideen einer liberalen Regierung gebunden.

Nachdem der Begriff der Gouvernementalität bereits in Soziologie und Kriminologie sowie in den Wirtschaftswissenschaften seinen Platz gefunden hat,[62] beginnt nun auch die Geschichtswissenschaft, dieser Weiterführung Foucaultscher Machtanalyse Aufmerksamkeit zu schenken.[63] In seinen Texten zur Gouvernementalität entwirft Foucault eine Geschichte und Theorie der liberalen Regierung, wobei ›regieren‹ darin umfassend als Ensemble unterschiedlicher Formen der Menschenführung verstanden wird. Diese Beschreibung der Genese des modernen Staates ist dabei untrennbar mit der Genealogie des modernen Subjekts verbunden,[64] indem die liberale Regierung ebenso auf Zwang wie auf Freiheit setzt und diese Doppelung für das Auftauchen des modernen Subjekts bedeutsam werden lässt: »In der weiten Bedeutung des Wortes ist Regierung nicht eine Weise, Menschen zu zwingen, das zu tun, was der Regierende will; vielmehr ist sie ein bewegliches Gleichgewicht mit Ergänzungen und Konflikten zwischen Techniken, die Zwang sicherstellen und Prozessen, durch die das Selbst durch sich selbst konstruiert oder modifiziert wird.«[65] Liberales Regieren versucht, den ›freien Handlungen‹ von Menschen eine gewünschte Richtung zu geben, und baut auf rationale Einsicht in die Richtigkeit von Handeln, auf das Erschaffen von Wahrscheinlichkeiten. Fremdführung wird dabei durch Techniken der Selbstführung ergänzt, welche es Menschen erlauben, »selbst eine Reihe von Operationen mit ihrem Körper, ihrer Seele, ihren Gedanken, ihrem Verhalten vorzunehmen, sie auf diese Weise zu verwandeln oder zu verändern und einen bestimmten Zustand der Vollkommenheit, des Glücks, der Reinheit oder der übernatürlichen Macht zu erreichen«.[66]

Denunziationen sind so gesehen nicht allein Herrschaftstechniken und Mechanismen der Sozialkontrolle, sondern in bestimmten Konstellationen auch Techniken der Selbstführung und Teil liberaler Regierung. Dies ist umso bedeutender, wenn es wie hier um denunziatorisches Verhalten in einer liberalen Demokratie geht. Gerade in diesem Rahmen kommen »unterhalb von Zwang, Gewalt, Anreiz und Interesse die Selbstdisziplinierungen und -stilisierungen der Subjekte in den Blick, die sich selbst erst zu dem formen, was sie im Machtgefüge jeweils sind: Herrscher und Beherrschte, Funktionäre, Bürger, Untergebene, zivilgesellschaftliche Akteure«.[67] Im Aushandeln von Loyalität, im Akt der Anzeige bzw. der Denunziation entstehen historisch wahrnehmbare und historiografisch in ihrem kulturellen Bezugsrahmen ›lesbare‹ Subjekte. Es sind dies Konstellationen, so die Soziologin Susanne Krasmann, »in denen Menschen zu Subjekten gemacht werden und sich selbst als Subjekte begreifen; in denen das Vermögen der Menschen geformt und aktiviert wird und in denen sie als Subjekte dazu angeleitet werden, sich in bestimmter Weise selbst zu regieren [...]«.[68]

Im Begriff der Denunziation und in der Figur des Denunzianten sind also verschiedene bedeutsame Aspekte miteinander verwoben, die in hohem Maße anschlussfähig an Foucaultsche Theorie sind. Dem denunziatorischen (Sprech-)Akt gehen notwendig Wahrnehmungen und Beobachtungen voraus, in welchen das Handeln oder auch das bloße Auftauchen anderer als Verletzung von zu akzeptierenden Normen interpretiert werden. Es lohnt sich, an dieser Stelle Foucaults enge Verknüpfung der Wahrheitsproduktion mit Vorstellungen der Sichtbarkeit und der Sichtbarmachung in Erinnerung zu rufen.[69] Dieses Kräftefeld der Macht wird dabei genauso von der polizeilichen Überwachung des Raumes wie von der Wachsamkeit des Einzelnen für das Andere immer wieder neu produziert und konfiguriert. In diesem Sinne ist jede denkbare Form von Denunziation, seien es die zweifelhafte Anzeige, der versteckte Fingerzeig oder die öffentliche Diffamierung, eine Art des Sehens und eine Weise des Sagens. Denunziantinnen und Denunzianten erblicken, erkennen und benennen das jeweils Andere, sie zeigen mit ihren Fingern auf sie. Sie stellen ihre Opfer in das beobachtende und sanktionierende Licht der Öffentlichkeit.[70] Denunziantinnen und Denunzianten interpretieren die Worte oder Handlungen ihrer Opfer als ›falsch‹ oder ›fremd‹, wozu sie sich auf einen vorgegebenen Ordnungsrahmen beziehen (müssen) und diesen performativ stets neu hervorbringen – diesen Aspekt werde ich etwas später noch vertiefen.

Doch es ist nicht allein die Subjektwerdung und Klassifizierung des Anderen, die durch den denunziatorischen (Sprech-)Akt sichtbar wird. Denunziantinnen und Denunzianten füllen in ihrem Auftreten selbst eine Subjektposition aus, die sie historiografisch untersuchbar werden lässt. Die Ermächtigung in der Denunziation verweist nicht nur auf Spielräume wie Manövriermöglichkeiten im Kräftefeld der Macht sowie auf die vielfältigen Bezüge zwischen den unterschiedlichen Teilen in den Dispositiven. Sie erlaubt einerseits auch Rückschlüsse auf ein komplexes Netz von Motiven und deren gesellschaftlich gestatteter Legitimation. Andererseits gewährt die Machtaneignung durch Denunziation Einblicke in Rechtfertigungsstrategien entlang eines kulturell aufgeladenen Tabus. Dabei rückt nicht zuletzt die Frage in den Blick, wie und wann Denunziationen möglich, sinnvoll und auch wahrscheinlich werden können. Wenn es eine leitende Perspektive der (kulturalistisch erweiterten) Sozialgeschichtsschreibung zur Denunziation war und ist, die Funktion solcher Anzeigen als Sozialkontrolle und Herrschaftsinstrument zu analysieren, dann stellt sich dies mit Foucault und unter Mitberücksichtigung von Gouvernementalitätsansätzen ein wenig anders dar. Instanzen, die zu Denunziationen aufrufen, bieten eine ›Angebotsstruktur‹ – Gesetze, Verordnungen, Aufrufe und Fahndungsplakate –; daneben gelangen zwei weitere Aspekte in den Blick: zum einen die selbsttechnische Arbeit einzelner Individuen oder Gruppen, diesen Vorgaben entweder möglichst gut zu entsprechen oder sich ihnen möglichst umfassend zu entziehen. Und zum anderen das Bedürfnis, das Begehren, diese Handlungsfreiheit zu dokumentieren und zu kommunizieren, sie gerade in einem liberalen System des Aushandelns als freiheitlichen Akt einzuschreiben.

Denunziatorische Praktiken – Sprechakttheorie, Performanz und Ritual

Der *performative turn* in den verschiedenen kulturwissenschaftlichen Disziplinen lenkt »die Aufmerksamkeit auf die Ausdrucksdimension von Handlungen und Handlungsereignissen bis hin zur sozialen Inszenierungskultur«.[71] Diese Ausrichtung ist für viele Debatten in den Theater- und Medienwissenschaften, in der Ethnologie sowie in den *Gender* und *Queer Studies* überaus wichtig geworden, und sie findet sich inzwischen auch in der Geschichtswissenschaft.[72]

Wie die Kulturwissenschaftlerin Doris Bachmann-Medick erläutert hat, wurde im Verlauf des *linguistic turn* eine Fixierung auf die Struktur von Sprache (*langue*) zunehmend zugunsten einer Hinwendung zu Sprachereignis, aktueller Rede, Kommunikation und Performanz (*parole*) aufgegeben.[73] In diesem Sinne stellt der *performative turn* (oder neue Handlungstheorie) eben keine Abwendung von Texten oder Sprachlichkeit dar, sondern eine Erweiterung und ein Perspektivwechsel hin zum Sprachgebrauch. Jürgen Martschukat und Steffen Patzold unterstreichen die Wurzeln dieser Akzentverschiebung auf menschliches Handeln in Sprechakttheorie, *Gender Studies*, Ritualtheorie und Theaterwissenschaften.[74]

Denunziationen sind performative Sprechakte – sie stehen in einem kommunikativen Zusammenhang und richten sich appellativ an eine zur Sanktion des angezeigten Verhaltens berechtigten oder sich als berechtigt ermächtigenden Institution, sei es die Polizei, die anerkannte Führung einer Gruppe, die Öffentlichkeit. Der Sprechakt der Denunziation schafft Handeln, es sind dies Worte, die Untersuchungen nach sich ziehen, Verfahren anlaufen lassen, zur Flucht veranlassen. Auf eine Denunziation folgen Verachtung, Hass oder auch Anerkennung, dies wird durch den Sprechakt angestoßen. In diesem Sinne spreche ich neben der denunziatorischen Rede auch stets vom denunziatorischen Handeln.

Judith Butler hat die Sprechakttheorie John L. Austins an verschiedenen Stellen aufgegriffen und weitergedacht.[75] Hier ist in erster Linie an ihre geschlechtertheoretischen Arbeiten zu denken, in denen ein bestimmtes Verständnis von Performanz zentral ist. Performative Handlungen bewirken den Eindruck der Natürlichkeit von Geschlecht, was aber stattdessen ein Diskurseffekt ist, eine »sedimentierte Wirkung einer andauernd wiederholenden oder rituellen Praxis«.[76] Dieser Ansatz ist für die Geschlechter- und Körpergeschichte zentral und häufig ausgebreitet geworden. In ihrem Essay über die rassistischen *hate crimes* in den USA der 1990er Jahre und deren juristische Verarbeitung hat Butler darüber hinaus ihren Rückbezug auf die Sprechakttheorie weiter ausgeführt.[77] Deutlich wird dabei ihre Nähe sowohl zu Austin und der Verortung von Sprechakten in Konventionen und Kommunikationssituationen als auch die Einbettung ihrer Analysen in Foucaultsches Denken über Diskurse. Sie teilt die Ansicht vom Diskurs als »privilegiertem Ort der Konstruktion sozialer Wirklichkeit«.[78] Diskurse erzeugen die Dinge, die in ihnen verhandelt werden, in diesem Sinne sind sie eben auch performativ. Butler weist dabei zum einen auf die Bedeutung individueller Sprecherpositionen im Diskurs hin – nicht unbedeutend, wenn es eben, wie etwa bei den *hate crimes* (oder dem Denunzieren), auch um so etwas wie ›Schuld‹ geht. Vor allem aber unterstreicht sie eine lange chronologische Dimension von sprachlichen und kommunikativen Zusammenhängen. In der Rede materialisiert sich der Diskurs. Ein solcher Vorgang entzieht sich, obgleich er von der Sprecherposition einzelner Menschen abhängt, einer vollständigen Kontrolle, denn jeder Sprechakt ist notwendig immer ein Zitat:

»Wenn eine performative Äußerung vorläufig erfolgreich ist (und ich schlage vor, dass ›Erfolg‹ immer nur vorläufig ist), dann […] nur deswegen, weil die (Sprech-)Handlung frühere (Sprech-)Handlungen echogleich wiedergibt und die *Kraft der*

Autorität durch die Wiederholungen oder durch das Zitieren einer Reihe vorgängiger autoritativer Praktiken akkumuliert.«[79]

Erzielt, so könnte man im Anschluss fragen, eine Denunziation ihre Wirkung nicht vor allem daraus, weil »in [ihr] frühere Sprachhandlungen nachhallen und sie sich mit autoritativer Kraft anreicher[t], indem sie vorgängige autoritative Praktiken wiederholt bzw. zitiert«?[80] Butlers Auffassung von Performanz ist besonders interessant, denn sie erlaubt es, weniger einzelne Aussagen einzelner ›Täterinnen‹ oder ›Täter‹ in den Fokus der Untersuchung zu rücken, sondern ihre gerade auch zeitliche Verwobenheit mit anderen, vorgängigen wie parallelen Sprechakten. Es entsteht so ein Bedeutungsgewebe nicht nur aus und zwischen Texten, sondern es entfaltet sich zugleich aus und zwischen denunziatorischen Handlungen. Und in Übertragung der Butlerschen Geschlechtertheorie ließe sich sagen, dass die scheinbare ›Natürlichkeit‹ des Denunzierens, das, was als anthropologische Konstante erscheinen mag, eben auch ein sedimentierter Effekt einer andauernd wiederholenden oder rituellen Praxis ist, der strategisch einsetzbar, aber auch zu unterlaufen ist.

Mit dem Stichwort Ritual ist ein letzter Punkt der gegenwärtigen Diskussion um den Performanzbegriff angesprochen.[81] Hinweise auf die gemeinschaftsbildenden wie gemeinschaftsstabilisierenden Aspekte ritueller Handlungen finden sich seit langem in der soziologischen wie ethnologischen Literatur.[82] Dabei bleibt das Ritual in den Zusammenhang des Sakralen im engen Wortsinn eingebettet. Durch die jüngere Forschung wurde dieser Punkt modifiziert, und es wurden Vorstellungen vom Sakralen gerade auch in sehr weltlichen Konstrukten wie Weltanschauungen oder Verfassungen ausgemacht. Auch diese Vorstellungen werden in rituellen Akten, Zeremonien, Feiern und Ähnlichem »vorgeführt […] wie auf der Bühne«.[83] Solche rituellen Performanzen vollziehen sich zumeist in strengen, institutionalisierten Rahmen – und im Zusammenhang mit dem Thema dieser Arbeit denkt man unwillkürlich an die bereits erwähnten Verfahren und Anhörungen der späten 1940er und 1950er Jahre vor den Kongressausschüssen gegen ›Unamerikanische Umtriebe‹. Eine Betrachtung und Analyse dieser besonderen denunziatorischen Redesituationen als Inszenierung, als Performanz, liegt außerordentlich nahe und erscheint nicht allein deshalb gewinnbringend, weil bereits andere Autorinnen und Autoren auf den Zusammenhang hingewiesen haben.[84] In diesen Verfahren wurde nicht allein Gesellschaft (re-)stabilisiert, sondern es kam zu echten rituellen Schwellenüberschreitungen, in denen etwa ›Amerikanismus‹ für veränderte historische Kontexte neu definiert wurde oder aber gänzlich neue Subjektpositionen wie diejenigen des patriotischen Denunzianten bzw. des Opfers legitimierter Aussagen entstanden. Die Nähe solcher Sprechakte zum christlichen Beichtgeheimnis kann als Ausweis jener sakralen Dimension dienen, die für ihre Kennzeichnung rituell relevant sind. Und dies gilt auch jenseits der festgeschriebenen Spielregeln von Kongressanhörungen, denn Aspekte von Inszenierung und Ritual lassen sich auch in weit weniger formalisierten Abläufen finden, in denen über Denunziationen und die Figur des Denunzianten verhandelt wird – denn gerade die Modi des ›Verfahrens‹ sowie des ›Geständnisses‹ oder der ›Beichte‹ durchziehen etwa auch politische Parteien oder Gruppierungen.

Mit der Erweiterung des Theorie- und Methodenrahmens um Sprechakttheorie und Performanz verbinden sich also mehrere Anliegen. Erstens sind in einem kulturwissenschaftlichen Feld Fragen danach zentral, wie Sprache Handlungen auslösen kann, wie Wirklichkeit handelnd produziert und in Szene gesetzt wird. Auch die kulturalistische Geschichtswissenschaft sucht inzwischen mehr und mehr nach der »bedeutungsprägende[n] Kraft menschlicher Handlungweisen«[85] und überschreitet somit die oftmals dominante Textorientierung, ohne diese freilich gänzlich für obsolet zu erklären – der Hinweis auf die Filterfunktion von Texten und Sprache bleibt gerade für die Geschichtswissenschaft zentral.[86] Zweitens erlaubt die systematische Mitbetonung des Handlungscharakters von Denunziationen genau jene Öffnung, die eine diskursanalytische Vorgehensweise zu diesem Thema so ertragreich erscheinen lässt. Denunziationen als performative Sprechakte zitieren einen kulturellen Code, der sie sinnvoll und rational erscheinen lässt, sie bringen ihn dadurch aber auch immer wieder neu und modifiziert hervor. Denunziatorische Handlungen bewirken Folgehandlungen, nicht nur bei den direkten Adressaten, etwa formale Instanzen wie die Polizei, sondern auch in weiteren kommunikativ eingebundenen Bereichen, wie etwa einer sanktionierenden Öffentlichkeit. Auf diese Weise konzeptionalisiert, wird das dichte Gewebe von Texten und Handlungen auch jenseits der eigentlichen Anzeige erkennbar, und in ihm wird immer wieder neu über das Denunzieren und seinen Charakter verhandelt und gestritten.

Denunziatorische Texte – Die Quellen und ihr Vokabular

Fragen hinsichtlich der Quellenauswahl sind seit jeher zentraler Bestandteil historiografisch-methodischer Reflexion, und in der Neuen Kulturgeschichte und gerade in deren diskursanalytischen Varianten umso mehr.[87] Daher bilden den Abschluss dieses Kapitels einige kurze Ausführungen zur Auswahl und zum Charakter des Materials, das den Kern der Untersuchung ausmacht.

Meine Quellenauswahl orientiert sich an Grundannahmen, die zum einen aus der bisherigen historiografischen Behandlung des Themas Denunziation stammen und sich zum anderen aus den Überlegungen ableiten, die auf ihre kulturalistische Erweiterung zielen. Ich unterscheide hier drei unterschiedliche Funktionsebenen: ›wissenschaftliche‹, ›operationale‹ sowie ›perspektivisch-lebensweltliche‹ Materialien, wobei diese Titel allein schon veranschaulichen, wie unzureichend die einzelnen Ebenen sauber voneinander zu trennen sind. In diesem Dreischritt bilden sich jene Betrachtungsachsen ab, die Foucault für sein Vorgehen selbst skizziert hat: die Formierung des Wissens, sein Ausdruck in regulierenden Machtsystemen sowie die dadurch angestoßenen Subjektivierungsweisen. Dabei können und dürfen die genannten Ebenen und die Quellen nicht als strikt getrennt angesehen werden, viele Materialien sind durchaus mehreren Ebenen zuzuordnen. In ihnen und nicht zuletzt zwischen ihnen, in ihren intertextuellen Austausch-, Verweis- und Zitierweisen,[88] wird das Denunzieren sowie die Figur des Denunzianten repräsentiert, somit stets neu hergestellt und kulturell mit wechselndem Sinn versehen – ganz unabhängig davon, ob man das Material als faktisch oder fiktional bewerten mag.[89]

Die ›wissenschaftlichen‹ Quellen entstammen den Diskursen der Rechtswissenschaften sowie der Kriminologie (bzw. der Soziologie). Es handelt sich um Text- und Lehrbücher, um Aufsätze und Diskussionsbeiträge in Zeitschriften und Sammelbänden, darüber hinaus auch um Urteile und Kommentare zu Urteilen. In und zwischen diesen Texten entstehen Definitionen des Denunzierens, Erläuterungen über den ›richtigen‹ Umgang mit denunziatorischen Aussagen und denunziatorischem Verhalten, Einschätzungen und Bewertungen. Zu den ›operationalen‹ Quellen sind vorwiegend jene zu zählen, die im polizeilichen wie politischen Kontext entstehen und denunziatorische Rede und denunziatorisches Handeln im Blick der dortigen Institutionen und Personen repräsentieren. Dabei handelt sich auf der Polizeiebene um Anweisungen zum Umgang mit Denunziationen einerseits und mit

Denunziantinnen und Denunzianten andererseits. Richtlinien zur Überwachung von Personen oder Gruppen mit Hilfe von Agentinnen oder Agenten sind hier zu finden, Debatten über Nutzen und ethische Grenzen solcher Operationen sowie nicht zuletzt Protokolle und Verfahrensnotizen über konkrete Fälle. Im Feld der Politik sollen hier vor allem Gesetze und Verordnungen, politische Debatten und Regierungstechniken daraufhin beleuchtet werden, wie sie Denunziationen sowie Denunziantinnen und Denunzianten regeln, provozieren, abwenden, einschätzen. Die dritte Ebene der ›perspektivisch-lebensweltlichen‹ Materialien umfasst die meisten, vielfältigsten und auch widersprüchlichsten Quellen. In ihnen eröffnet sich eine Perspektive auf das Denunzieren aus dem Blickwickel von ›Tätern‹ und ›Opfern‹, wobei sich diese Unterscheidung allerdings oftmals aufhebt. In und zwischen diesen Texten, Bildern, Filmen usw. entstehen Denunziationen sowie Reaktionen darauf an ihren spezifischen Orten, in ihren spezifischen Kontexten, in ihren jeweils spezifischen Verwobenheiten von Angeboten, Regulierungen, Motiven, Hoffnungen und Ängsten. Sie öffnen einen Blick in kollektive Bedeutungskonstruktionen sowie individuelle Subjektwerdungsprozesse. Als Quellen dienen Memoiren und Rechtfertigungsschriften, Romane und Filme, Gutachten und Zeugenaussagen.

Zum Abschluss bedarf es einiger Hinweise zu den Begriffen ›Denunzieren‹ bzw. ›Denunziant‹ und ihrer Verwendung in einem Text, der sich in deutscher Sprache einem Phänomen der US-amerikanischen Geschichte widmet. Solche Überlegungen führen unmittelbar zu der Perspektivgebundenheit und Umkämpftheit des Phänomens, die aufgrund zweier unterschiedlicher Sprachverwendungen besonders ins Auge fällt. Die Wörter ›Denunziation‹ und ›denunzieren‹ besitzen im Deutschen im Wesentlichen zwei Bedeutungen, die durch die Häufigkeit ihrer Verwendungen gewichtet sind: Die Wortbedeutung von ›unberechtigter, aus niederen Beweggründen erstatteten Anzeige‹ dominiert gegenüber derjenigen der ›öffentlichen Anklage skandalöser Verhältnisse‹. Zugleich verweisen beide auf die so zentrale Konstellation des Offenlegens geheimen oder unsicheren Wissens, sie gehören mithin in das gleiche semantische Feld. Auch im Englischen existieren beide Bedeutungen des Wortes ›to denounce‹, allerdings ist die Gewichtung umgekehrt, was bedeutsame Implikationen mit sich bringt: Während der Begriff sehr häufig für Anklage oder Anprangern im öffentlichen Raum, etwa in einer Rede oder in einem publizierten Text benutzt wird, findet man es im Zusammenhang mit Anzeigen an eine sanktionierende Instanz nur selten. Die hier verwendete Vokabel ist eher ›to inform‹ oder ›to name names‹. Die hochaufgeladene Figur des Denunzianten ist entsprechend ›the informer‹. ›To denounce‹ im Sinne von ›unberechtigter, aus niederen Beweggründen erstatteten Anzeige‹ findet sich interessanterweise vor allem im Zusammenhang mit diktatorischen Systemen wie dem Nationalsozialismus oder dem Stalinismus – eine wichtige Beobachtung, wenn man sich das gesellschaftliche Selbstverständnis der USA als demokratisch vor Augen ruft.

Zwei Aspekte dieses Exkurses werden meine Untersuchung begleiten: zum einen der erneute Hinweis darauf, dass eben nicht von vornherein feststeht, was eine Denunziation ›eigentlich‹ ist – ihr ›Wesen‹ ist kulturell und historisch kontingent und wird immer wieder neu politisch ausgehandelt. Und zum anderen verweist die Sprachwendung der Begriffe darauf, das sie umgebende semantische Feld aktiv bei der Analyse mit einzubeziehen. Eine Analyse des Denunziatorischen hat vor allem dann Sinn, wenn man es auf größere Zusammenhänge und Begriffe bezieht, etwa das Geheime und seinen Verrat, die Loyalität und das Vertrauen in sie, die Sicherheit und ihre Kontrolle, das Subjekt und seine Stellung im Kollektiv.

2. *Informants & Undercover Agents* – Die Strafverfolgungsinstanzen und ihre vertraulichen Quellen

Denunziantinnen oder Denunzianten gelten selten als Sympathieträger, doch Moe Williams ist eine Ausnahme. Dass die New Yorker Polizei ihr Expertinnenwissen über die Tatmuster und genauen Techniken von Taschendieben schätzt und nutzt und Moe Williams deshalb in ihren Büros als gern gesehene Besucherin gilt, ist allein noch nicht verwunderlich. Darüber hinaus aber genießt die alte Frau auch unter den Kleinkriminellen hohes Ansehen. Skip McCoy, den sie gerade wieder einmal an das Raubdezernat verraten hat, sagt über sie: »Wieviel hat Moe aus euch herausgeholt? Wenn ich sie richtig einschätze, musstet ihr so ungefähr 50 Dollar hinblättern, um mich zu finden […] Ach, Moe ist schon in Ordnung, sie muss auch etwas zum essen haben.« Es sind nicht allein Moe Williams' Sprachwitz und die Art, wie sie den Verkauf von Krawatten zur Tarnung ihrer eigentlichen Spitzeltätigkeit nutzt, welche die Denunziantin so sympathisch machen. Sie nimmt obendrein eine Position zwischen Strafverfolgungsbehörden und ›Unterwelt‹ ein, die ihre Dienste für beide Seiten immens wertvoll macht. Moe Williams wird gebraucht, sie ist unverzichtbarer Teil des nie endenden Konflikts zwischen Gesetz und Verbrechen. Moe weiß das ebenso, wie es auch alle anderen Beteiligten wissen. Informationsweitergabe ist ihr Beruf: »Schaut mal, einige Leute handeln mit Lammkeulen, Äpfeln, Holz […] Ich handle mit Informationen.«

Moe Williams (gespielt von der Schauspielerin Thelma Ritter) ist lediglich eine Nebenfigur in dem Spielfilm *Pickup on South Street* (1953),[1] doch ohne ihre Dienste könnte sich der Plot nicht entwickeln, und sie muss sterben, als sie ihren verräterischen Service gegenüber den ›echten‹ Verbrechern des Films verweigert: »Was glaubt ihr, was ich bin, etwa ein gemeiner Spitzel?«[2] Im Zentrum steht vielmehr der rebellische Taschendieb Skip McCoy (Richard Widmark), der das Interesse der Bundesbehörden erregt: Der von ihm zufällig gestohlene Mikrofilm entpuppt sich als Objekt eines Spionage-Deals. Der Handel mit unterschiedlichen Waren wird zum Leitmotiv des

Films; zwischen allen beteiligten Gruppen (McCoy, Williams, den Spionen, der Polizei, dem FBI) geht es um Angebot und Nachfrage, um Preise und Rabatte, um Geld ebenso wie um Dienstleistungen oder Entgegenkommen. Der Vorschlag des FBI ist großzügig: Als Gegenleistung für die Herausgabe des Mikrofilms soll McCoys komplettes Strafregister getilgt werden. Sollte er darauf jedoch nicht eingehen, würde man dafür sorgen, dass man ihn für seinen nächsten Coup lebenslänglich einsperrt. Vor diese Wahl gestellt, hört sich McCoy zunächst auch das Angebot der Gegenseite an …

Einerseits ist die Figur des Denunzianten für die Praxis der Strafverfolgung zentral; andererseits ist es üblich, diese Figur mit Hilfe von Anreizen oder Druck immer wieder aufs Neue zu kreieren – beides sind wesentliche Merkmale für den juristischen und polizeilichen Umgang mit dem Vorgang des Denunzierens. Die Rechtswissenschaftlerin Alexandra Natapoff hat dies so formuliert: Der Gebrauch von Informanten ist im US-Rechtswesen allgegenwärtig; von der Überwachung bis hin zu den Festnahmen bestimmt er die Polizeiarbeit. Und von der Anklage bis zum Urteil und der Festlegung des Strafmaßes durchzieht der Handel mit Informationen im Austausch gegen Vergünstigungen den Justizprozess.[3]

Das Phänomen der Denunziation hat politische, soziale und kulturelle Dimensionen, seine Grundlage findet sich jedoch im System der Strafverfolgung. Aus Sicht der Strafverfolgungsbehörden – der Polizei, des FBI, der Staatsanwaltschaft, des Justizministeriums – sind Informantinnen und Informanten verschiedenster Art ein wichtiges Instrument zur erfolgreichen Durchführung ihrer Aufgaben. Sie können Informationen liefern, die auf anderen Wegen nur schwer zu bekommen sind, und mit ihrer Hilfe lassen sich Banden, konspirative Gruppen oder auch Unternehmen infiltrieren und gegebenenfalls manipulieren. Oft scheint das Versprechen der Strafverschonung ein Mittel zu sein, von einfachen Mitgliedern Informationen zu erhalten über die Praktiken und Pläne der Köpfe der als kriminell eingeschätzten Gruppen. Zusammen mit den freiwilligen, spontanen und unregelmäßigen Tipps von unbeteiligten Bürgerinnen und Bürgern scheinen polizeiliche Maßnahmen bei der Aufklärung von Straftaten aller Art auf Zuträgerschaft angewiesen zu sein; heute dringt diese Erkenntnis in den Vereinigten Staaten vor allem im Zusammenhang mit Drogendelikten und dem *War on Terror* ins Bewusstsein. Es ist gerade die Flexibilität des Denunziatorischen, die es als ›Waffe‹ so allgegenwärtig werden ließ: Die Figur des Denunzianten existiert in unterschiedlichen Erscheinungsformen – als Spitzel, als V-Mann, als besorgte Bürgerin –, und man kann sie über jeweils nützlich erscheinende

Mechanismen steuern: mit Zwang, mit Geld, mit Versprechungen, mit Anerkennung. Insgesamt, so Natapoff, ist »der taktische Einsatz von Spitzeln nicht allein eine Form der Strafverfolgung, er ist ein einflussreicher Teil unserer Art, die Bevölkerung zu regieren«.[4]

Neben diesen scheinbar so offensichtlichen Vorzügen der Denunziation für das System der Strafverfolgung bringt die Praxis jedoch auch einige seiner kontroversen Merkmale zum Vorschein. Sie vollzieht sich zumeist im Verborgenen und unterliegt nur wenigen formellen Regeln, und diese ›Vorzüge‹ schlagen leicht in ›Probleme‹ um: Ungenauigkeit, mangelnde Verlässlichkeit und die Gefahr, neue kriminelle Handlungen zu begehen, um vorherige aufzudecken. Das Prinzip, wonach die Höhe des Strafmaßes mit der Schwere der Straftat zunimmt, wird durch die verbreitete Praxis des *plea bargaining* – Strafmilderung bzw. ein Verzicht auf Strafverfolgung als Ausgleich für gelieferte Informationen – in Frage gestellt. Zudem ist das System kostspielig, denn lokale Polizeibehörden, das FBI sowie Staatsanwaltschaften unterhalten heute millionenschwere Kassen, um Informantinnen und Informanten zu bezahlen. Dass dies zu Fällen von Korruption führen kann, liegt auf der Hand.[5] Andererseits sind diese Kosten gering gegen jene, welche die elektronische Überwachung mit sich bringt; das Equipment, seine Installation und Wartung, die Arbeitsstunden für Abhören, Transkription, Auswertung, all das belastet die Budgets in hohem Maße.[6]

Judicial Control – Der changierende Entwurf des Informanten im juristischen Diskurs

Muss ein US-Marshall einer Anzeige gegen Personen nachgehen, gegen die er gar nicht ermitteln will? 1894 beschuldigte ein gewisser Henry Worley aus Georgia zwei Mitbürger, gegen Gesetze des Bundes verstoßen zu haben, denn sie hätten Alkohol zum Kauf angeboten, der nicht die erforderliche Steuerbanderole getragen habe. Der zuständige Marshall weigerte sich, der Sache nachzugehen, stattdessen setzte er den Anzeigenden unter Druck, auch gewaltsam. Die Angelegenheit wurde vor Gericht verhandelt, abschließend gar vor dem *Supreme Court*. Zwar ging es primär um einen Fall lokaler Korruption und um Amtsmissbrauch, doch verdeutlichten die obersten Richter der Vereinigten Staaten in ihrer Urteilsbegründung auch ihre Einschätzung des Verhältnisses zwischen dem Mitteilungsbedürfnis einzelner

Bürgerinnen und Bürger hinsichtlich ihres Wissens über Gesetzesverstöße einerseits und andererseits dem Auftrag der Strafverfolgungsbehörden, für die Einhaltung der Gesetze zu sorgen.[7] Während in diesem Fall ausdrücklich das Recht artikuliert wurde, eine Anzeige offiziell zu Protokoll zu geben und so eine Untersuchung auf den Weg zu bringen, hat der Oberste Gerichtshof seitdem immer wieder vor allem die Verpflichtung unterstrichen, die damit einhergehe.[8] Diese Spannung zwischen Recht und Verpflichtung zielt auf den Kern der Problematik, welche Rolle der Person des Anzeigenden in juristischen Verfahren generell zukomme. Sie verschärft sich dann, wenn es sich beim Informationsgeber nicht um eine besorgte Bürgerin oder einen alarmierten Bürger, sondern um einen Undercover-Agenten oder eine bezahlte Informantin handelt, die im Auftrag oder in enger Kooperation mit einer Strafverfolgungsbehörde operieren. 1964 äußerte *Supreme Court Justice* Byron White seinen Wunsch, dass »weder der einfache Bürger noch der geständige Kriminelle davon abgehalten werden sollte, sein Wissen und seine Hilfe den zuständigen Autoritäten bei ihrer Suche nach Beweisen zur Verfügung zu stellen«.[9] Juristische Verfahren vor und während ordentlicher Gerichtsprozesse zielen einerseits darauf, Anzeigen dritter Personen überhaupt erst für die Rechtsprechung zuzulassen, aber sie sind andererseits darüber hinaus daran beteiligt, die Rechtmäßigkeit von Anzeigen im Zuge eines formalen Beweissicherungsprozesses herzustellen. Vor Gericht erlangt die Aussage/Anzeige eine Funktion, in der ihre Richtigkeit bewiesen werden muss, und an diese Konstellation ist eine Reihe von Schwierigkeiten geknüpft. Wie verlässlich ist die Schuld eines Angeklagten, wenn eine Verurteilung auf nichts anderem als der Aussage eines Zeugen oder einer Zeugin beruht? Wie viele und welche Beweise müssen erbracht werden? Ist jede Anzeige gleich wertvoll, egal von wem sie gestellt wurde? Welche Rolle ist dem Leumund des Anzeigenden zuzuschreiben? Wann wird aus Gerüchten und Hörensagen verlässliches Wissen? Ist eine Zeugenaussage von Wert, wenn der Zeugin Geld für ihre Aussage gezahlt oder ihr eine Reduzierung ihres eigenen Strafmaßes in Aussicht gestellt wurde? Darf ein Zeuge anonym bleiben, weil seine Rolle als Undercover-Ermittler nicht gefährdet werden darf? Wie ist damit umzugehen, wenn Aussagen solcher Zeuginnen oder Zeugen nur deshalb zustande kommen, weil sie selbst an der kriminellen Handlung beteiligt waren oder diese womöglich gar selbst geplant oder in Auftrag gegeben hatten?

Eine prägnante Antwort wird in einem Aufsatz in einer juristischen Fachzeitschrift gegeben: »Trotz solch euphemistischer Bezeichnungen wie ›vertraulicher Zeuge‹ oder ›spezieller Mitarbeiter‹ begegnet man Denunzianten,

Spitzeln, V-Leuten oder einem *agent provocateur* nach wie vor im Allgemeinen mit Abscheu und Verachtung.«[10] Die Gerichte in den USA und namentlich der Oberste Gerichtshof haben dieser pejorativen Vorannahme in verschiedener Hinsicht Rechnung getragen und für einige Aspekte Richtlinien entwickelt, die aber in aller Regel kurz nach ihrer Einsetzung zu langfristigen Kontroversen führten.

Die grundsätzliche Zulässigkeit von angeheuerten Spitzeln wurde erst vergleichsweise spät, nämlich im Jahr 1966, vom Obersten Gerichtshof im berühmten Verfahren gegen den Gewerkschaftsführer James »Jimmy« Hoffa begründet.[11] Die ursprüngliche Verurteilung beruhte auf der Aussage eines Bekannten Hoffas, der in einem Hotelzimmer ein Gespräch des Gewerkschafters mit Mitgliedern der Mafia belauscht und die darin gefallenen Bestechungsversuche dem FBI angezeigt hatte. Hoffa klagte gegen die Verwendung dieser im privaten Raum gemachten Äußerung bis vor den *Supreme Court*; dieser hielt in seinem Grundsatzurteil fest, dass ein jeder Mensch in dem Moment, in dem er einem anderen etwas mitteilt, damit rechnen müsse, auch von einer dritten Person gehört zu werden.[12] Das Gericht hatte also die Rechtmäßigkeit einer Anzeige/Denunziation wegen ihres Charakters als beinahe natürlicher, immer zu antizipierender Sprechakt bestätigt und sie als Beweismittel vor einem ordentlichen Gericht gebilligt, doch blieben viele Details noch zu klären.

Der klassische Zusammenhang, in dem solche und ähnliche Fragen im US-amerikanischen Kontext in einer grundsätzlichen Weise verhandelt wurden und werden, ist der *Fourth Amendment*, der Vierte Zusatzartikel zur Verfassung der Vereinigten Staaten, ein Teil der *Bill of Rights* aus dem Jahre 1791:

> »The right of the people to be secure in their persons, houses, papers, and effects, against unreasonable searches and seizures, shall not be violated, and no Warrants shall issue, but upon probable cause, supported by Oath or affirmation, and particularly describing the place to be searched, and the persons or things to be seized.«[13]

Der Weg entlang der Fahnenwörter dieser Formulierung führt in das Feld der Anzeige und zur Frage, ob sie berechtigt oder – aus Sicht der Justiz – denunziatorisch war. Es geht um die Sicherheit der Privatsphäre einzelner Personen vor Durchsuchungen und Beschlagnahme von Gegenständen; beide Maßnahmen erfordern zwingend eine Vollmacht, also einen Durchsuchungsbefehl, der nur aufgrund der wahrscheinlichen Annahme (*probable cause*) einer Straftat ausgestellt werden darf. Diese Annahme muss sich auf eine möglichst unter Eid gemachte Aussage sowie auf detaillierte Angaben über die zu suchenden Gegenstände oder Personen berufen.

Die Formulierung des *Fourth Amendment* war Anlass, die Grenze zwischen den legitimen Anliegen der Strafverfolgungsbehörden nach Handhabe gegen Verbrechen einerseits und dem Recht der Bürgerinnen und Bürger auf Privatheit und ihrem Schutz vor unbegründeter Strafverfolgung andererseits zu hinterfragen. 1933 bestimmte der Oberste Gerichtshof, dass ein Verdacht allein nicht ausreiche, um einen Durchsuchungsbefehl (bzw. einen Haftbefehl) auszustellen, sondern dass der *probable cause* auf einem Mehr an Beweisen beruhen müsse.[14] Wie dieses Mehr qualitativ wie quantitativ zu bestimmen sei, war seitdem immer wieder Gegenstand von Debatten. Im Mittelpunkt stand dabei die Auseinandersetzung darüber, wie die Verlässlichkeit und der Leumund derjenigen dritten Person einzuschätzen sei, auf deren Aussage sich der Antrag der Polizei auf einen Durchsuchungsbefehl stützte.[15] Dabei mache es, so die lange vorherrschende juristische Ansicht, formal keinen Unterschied, ob eine Anzeige/Aussage von einem Unbeteiligten oder von einem für die Polizei tätigen Menschen gemacht worden sei – was im Fall des bezahlten Informanten aus den Kreisen der ›Unterwelt‹ oft sehr problematisch war.[16] Der Oberste Gerichtshof setzte sein Vertrauen in die Mittlerfunktion desjenigen Richters oder derjenigen Richterin, die den Antrag der Polizei auf ein *warrant* zu entscheiden hatte. In diesem Amt und seiner Rolle, so die führende Meinung, sei ein Korrektiv zu sehen, welches im Einzelfall die Güte der Anzeige/Aussage angemessen einschätzen könne.

Doch blieb diese Ansicht nicht ohne Widerspruch. Das Gericht hatte immer wieder Verhaftungen und Durchsuchungen *ohne* eine richterliche Genehmigung für statthaft erklärt, vor allem in dringenden, akuten Fällen. 1959, in der Verhandlung *Draper v. United States*, fällte es eine solche Entscheidung auf Basis dessen, was juristisch als ›Hörensagen‹ eingeschätzt wurde: Ein erfahrener Beamter der Drogenfahndung hatte von einem Spitzel, der bislang stets zuverlässige Informationen geliefert hatte, den Tipp bekommen, dass ein dem Polizisten unbekannter Drogenhändler mitsamt Ware in einem Zug unterwegs sei. Allein auf Basis der Personenbeschreibung hatte der Polizist den Täter ohne Haftbefehl festgenommen, durchsucht und dabei die vermuteten Drogen auch gefunden. Der Festgenommene klagte gegen diese aus seiner Sicht nicht hinreichend begründete Durchsuchung, wurde aber vom Obersten Gerichtshof in letzter Instanz abgewiesen – die Aussage des Informanten sei verlässlich genug gewesen, und die Situation hätte einen Zugriff ohne Durchsuchungsbefehl erlaubt. Doch das Urteil hatte die Frage nach dem Stellenwert von Zeugenaussagen, die durch keine weiteren

Beweise gestützt wurden, weiter zugespitzt; es markiert den Beginn fester Regelungen für solche Fälle.[17]

Ein weiteres Drogenvergehen war wenige Jahre später der Anlass, solche stabilen Richtlinien zu etablieren. Zwei Polizeibeamte aus Houston erschienen vor einem lokalen Friedensrichter und beantragten einen Durchsuchungsbefehl.[18] Dem Antrag wurde stattgegeben, und die Durchsuchung brachte das aus Sicht der Polizei erhoffte Resultat, doch erregte dieses Mal der juristische Einspruch des verurteilten Täters bei den Richtern des *Supreme Court* größere Aufmerksamkeit. Richter Arthur Goldberg formulierte in seinem Mehrheitsvotum einen zweigliedrigen Test, der von nun an von den lokalen Richterinnen und Richtern vor Gewährung eines *warrant* durchzuführen und als Maßstab zur Evaluierung von unbewiesenen Anzeigen/Aussagen anzulegen sei:

»Obwohl ein Antrag auf einen Durchsuchungsbefehl durchaus auf Hörensagen beruhen kann und nicht zwingend direkte Beobachtungen des Antragstellers zu reflektieren braucht, muss der zuständige Richter doch mit Informationen versorgt werden, die zum einen den Hintergrund des Informanten deutlich machen und zum anderen veranschaulichen, warum der Antragsteller den Informanten für vertrauenswürdig erachtet.«[19]

Zusammen mit einem weiteren Urteil aus dem Jahre 1969, *Spinelli v. United States*, etablierte dieses Votum den so genannten Aguilar-Spinelli-Test, der bis in die 1980er Jahre hinein den Umgang mit unbestätigten Anzeigen/Aussagen bei der Beantragung von Durchsuchungs- oder Haftbefehlen regelte.[20] Im Kern ging es also um die Formulierung des Antrags. Dieser musste nun den Kontext, welcher auch die Aussage des Informanten oder der Informantin und das Vorwissen der Polizei umfasste, ausdrücklich beschreiben, um es dem Richter oder der Richterin zu ermöglichen, sich ein Bild von der Angemessenheit der Verdachtsmomente zu machen. Seitens der Praktiker aus den Strafverfolgungsbehörden ist der Aguilar-Spinelli-Test in den Jahren nach seiner Etablierung immer wieder als zu mechanisch und vor allem als gänzlich untauglich für den Polizeialltag kritisiert worden. Einerseits sei eine umfassende Schilderung der Umstände, die zu einem *warrant*-Antrag führten, oftmals aus Zeitgründen nicht möglich. Zum anderen würde die Einschätzung von Informantinnen und Informanten auf Basis vorheriger Erfahrungen rasch an ihre Grenzen stoßen, denn Anzeigen von Personen, die nur einmal und womöglich zufällig einen Sachverhalt vorbrächten, seien mithin wertlos, da ihre Reputation aufgrund fehlender Erfahrungswerte nicht zu überprüfen sei. Seit Mitte der 1980er Jahren findet der Aguilar-Spinelli-Test daher keine Anwendung mehr und man ist zu einer Praxis übergegangen, die den Anzeigen/Aussagen Dritter grundsätzlich einen Vertrauensvorschuss gewährt.[21] Diese erneut betonte Wertschätzung der Informationen Dritter führte nach Ansicht Natapoffs zu einem Rückzug der Justiz aus Fragen der Strafverfolgungspraxis – und damit einhergehend eine deutliche Schwäche des US-amerikanischen Systems im internationalen Vergleich.[22]

Nicht nur der Vierte Verfassungszusatz limitiert und regelt die Verwendung von belastenden Anzeigen/Aussagen, hier greifen auch die Verfassungszusätze Fünf und Sechs, die das Zeugnisverweigerungsrecht einer beschuldigten Person bzw. ihren Anspruch auf Rechtsbeistand regeln. Diese Rechte stellen einen starken Schutz gegen unbegründete Anschuldigungen dar. Doch ist zu berücksichtigen, dass sie ihrem juristischen Anspruch nach vor allem offizielle Verfahren kontrollieren sollen: Die *Bill of Rights* soll einen tyrannischen Staat unmöglich machen. Im Zusammenhang mit Informantinnen und Informanten ist der Bezug auf die Verfassungszusätze nicht immer eindeutig zu klären, denn es könnte sich um rein private Kontakte und eben nicht staatlicherseits eingeleitete Prozesse handeln. Informantinnen und Informanten besitzen mitunter einen weit größeren Handlungsspielraum als Angehörige von Behörden, und diese Grauzone eröffnet einen breiten Raum für Auslegungen.

In ähnlicher Weise in einem Komplex von juristischen Normen und polizeilichen Ansprüchen verwoben verliefen die Debatten um einen anderen wichtigen Aspekt: die Frage nach der Zulässigkeit von Täuschungen und Ermittlungsfallen, die Verdächtige dazu bringen, konkrete Straftaten zu planen und durchzuführen. Die Frage, ob es einer demokratischen Gesellschaft zustünde, zum Zwecke der Informationsgewinnung oder zur Überführung von Straftätern selbst falsche Tatsachen vorzuspielen und ein Verbrechen überhaupt erst zu initiieren, war seit der ›Erfindung des Agenten‹ in der zweiten Hälfte des 19. Jahrhunderts immer wieder aufgeworfen worden.[23] 1915 wurde im Fall *Woo Wai v. United States* erstmals von einem Bundesgericht zugunsten eines Angeklagten entschieden, der gegen die Falle eines verdeckt operierenden Agenten geklagt hatte. Insbesondere zur Zeit der Prohibition in den 1920er Jahren hatten immer wieder Undercover-Agenten als treibende Kräfte hinter den Anzeigen und Verurteilungen gestanden.[24] Im Jahr 1932 lag dem *Supreme Court* ein Verfahren vor, an dem er die Gegebenheit grundsätzlich aufarbeiten konnte: Ein Agent des *Bureau of Prohibition* aus North Carolina hatte einen bislang nicht als Alkohollieferanten aufgefallenen Mann in seinem Haus aufgesucht und ein freundliches Gespräch mit ihm angefangen, in dessen Verlauf er ihn mehrfach fragte, ob er nicht Alkohol von ihm bekommen könne. Der Mann hatte schließlich eine Flasche Whisky geholt und dem Agenten verkauft. Daraufhin zeigte dieser den hilfsbereiten Gastgeber wegen eines Verstoßes gegen den *Volstead Act* an und erwirkte in der Folge eine Verurteilung, obgleich im Verfahren keine weiteren Beweise vorgebracht werden konnten, die eine irgendwie geartete Verwicklung des Angeklagten in illegalen Alkoholhandel nahelegten. Konfrontiert mit dieser Situation entschied die Mehrheit der Richter, dass es sich um einem Fall von unzulässigem *entrapment* handele, denn obgleich der *Volstead Act* als Durchführungsgesetz zur Prohibition den Verkauf von Alkohol unter Strafe stelle, sei dem Geiste der Verordnung ein Fallenstellen zuwider.[25]

Doch blieben die beteiligten Richter uneins. Was waren die Motive des Agenten, diese Falle eben diesem Bürger zu stellen? Wenn Täuschung vorlag, war sie in diesem Fall womöglich zu rechtfertigen, weil durch das Gesetz ein schwerwiegender Anlass vorgegeben wurde? In den Jahren nach der Entscheidung des Obersten Gerichtshofs sind solche Fragen in anderen Kontexten immer wieder diskutiert worden.[26] Mittelbares Ergebnis war die *genesis of intent*-Formel, nach welcher die Anklage beweisen musste, dass die verdächtige Person die Straftat bereits zu begehen beabsichtigte, *bevor* er oder sie von einem Polizisten oder einer Informantin dazu gebracht wurde.[27] Doch ganz ähnlich wie beim Aguilar-Spinelli-Test trat die Tendenz, Täuschung und aktives Vorantreiben einer Verwicklung in Straftaten zu verurteilen, langsam, aber sicher hinter den *common sense*-Argumenten zurück, die von Seiten der Praktiker vorgebracht wurden. Doch sollten die Vorwürfe der ethischen Unrechtmäßigkeit und Unverhältnismäßigkeit eines solchen Vorgehens spätestens im Verlauf der 1970er Jahre und unter Bezug auf die Kultur der Post-Watergate- und Post-Vietnam-Krise wieder an die Oberfläche kommen, insbesondere im Kontext politischer Überwachungsmaßnahmen.[28]

Auch zur Frage, ob Informantinnen und Informanten Geld für ihre Dienste zugebilligt werden könne, haben sich Bundesgerichte der Vereinigten Staaten geäußert, allerdings in eingeschränkter Weise: Erstens blieb ihre Zuständigkeit nur unzureichend geklärt, denn schließlich operierten die Polizeibehörden in der überwiegenden Zahl der Fälle unter dem Recht der Einzelstaaten, und Bundesgerichte konnten nicht über den Einsatz dort verwalteter Budgets verfügen. Zweitens sahen sie sich einem breiten Konsens in der Bevölkerung gegenüber, der Belohnungen für Aussagen grundsätzlich befürwortete. Diese Stimmung drückte sich in einer Initiative aus, die der republikanische Kongressabgeordnete und spätere Richter am Obersten Gerichtshof des Staates New York, Henry J. Latham, 1951 im Repräsentantenhaus auf den Weg brachte. Sie sollte die Bundesbehörden ermächtigen, in Fällen organisierten Drogenhandels eine Summe von 500 Dollar für ermittlungsdienliche Hinweise auszuloben. »Belohnungen haben in der amerikanischen Geschichte immer gut funktioniert, wenn es darum ging, eine Gemeinde von Wölfen, Kojoten, Schlangen oder anderen Feinden zu befreien«, stellte Latham seinen Vorschlag in eine historische Tradition.[29] Die Verbindung einer Aufforderung zur Anzeige/Aussage mit einem finanziellen Anreiz ist tief in die Geschichte der US-Strafverfolgung eingeschrieben, das hat zuletzt auch Rachel Hall in ihrer Geschichte des Fahndungsplakats unterstrichen.[30]

Gerade im Bereich der organisierten Drogenkriminalität (über die Grenzen der Einzelstaaten hinweg und somit im Zuständigkeitsbereich des Bundes) haben Bundesgerichte dieser Konstellation auch Rechnung getragen. In einer Entscheidung aus dem Jahr 1946 etwa autorisierte ein Gericht die Drogenbehörden ausdrücklich, Informantinnen und Informanten mit angemessenen Summen aus Budgets zu entlohnen, die mit beschlagnahmten Geldern Verurteilter zu füllen seien.[31]

Aus diesen und anderen richterlichen Entscheidungen folgte, dass Strafverfolgungsbehörden mit Bundeskompetenzen, also vor allem das FBI und die 1973 gegründete *Drug Enforcement Administration* (DEA), die etablierte Praxis lokaler Polizeitruppen übernahmen und spezielle Etats zur Bezahlung von *informants* und *tipsters* einrichteten. Das grundsätzliche Problem hat sich für die Richterinnen und Richter aber dadurch nicht geändert, die gängigen Praktiken werden als gegeben akzeptiert, doch das ethische Dilemma bleibt bestehen.

Ein letzter Punkt, der bei Gerichtsverfahren von zentraler Bedeutung ist, betrifft die Anonymität der *informants*. Das Recht des oder der Angeklagten auf ein Kreuzverhör von Zeugen ist im Sechsten Verfassungszusatz unzweideutig formuliert, doch wenn die Anzeige/Aussage von individuellen Bürgerinnen und Bürgern zu einem Recht und zugleich zu einer Verpflichtung erklärt wird, dann ist dies umso erfolgreicher, je besser den Zuträgerinnen und Zuträgern Vertraulichkeit und Anonymität zugesichert werden kann. Daher haben Bundesgerichte es auch in der Regel für statthaft erklärt, die Identität von Informantinnen und Informanten geheim zu halten, grundsätzlich im Jahr 1895.[32] Als Ausnahmeregelung fand diese Haltung ihre Begründung in britischen Rechtstraditionen, bereits in der Frühen Neuzeit wurde so genannten *approvers* Anonymität zugesichert.[33] Dieses ausdrückliche Privileg der Regierung wurde aufrechterhalten, allerdings mit wesentlichen Einschränkungen: Grundsätzlich *kann* ein Gericht unter Berücksichtigung der Umstände die Preisgabe der Identität von Zeuginnen und Zeugen fordern, und es sollte dies auch immer dann tun, wenn der im Vierten Verfassungszusatz geforderte *probable cause* für einen Durchsuchungs- bzw. Haftbefehl unzureichend erscheint.[34] Doch zeigen diese Kann-Bestimmungen nur, dass auch in diesem Punkt die Strenge juristischer Regeln hinter die Praktikabilität in der Strafverfolgung zurücktritt.

Our Most Valuable Tool – Polizei, Polizeiwissenschaften und die Figur des Denunzianten

»Informer. One who is all copper; badge man; bad man; ballplayer; bat-carrier; buzzman; beefer; belcher; canary; cheese-eater; con P.K.; copper; one who is copper-hearted; creep; crimp; crump; Dep's man; dumper; finger; fingerman; fink; flea; fleabag; one who is frail; geepo; g-man; gumfoot-Gus; gunzel; heel; one who is hundred percent wrong; knock-man; leech; ghee who has a license; one who louses himself up; mouse, muzzler; nose; note-dropper; penman; P.K.'s man; plant; rat; shit-heel; shit-heeler; snake; snitch; snitcher; stool; stoolie; stoolo; stool-pigeon; twenty-two-fifty man; two-way ghee; warden's man; wrong ghee; wrongo; yelper; yentzer. (See also Person, contemptible)«[35]

Der Denunziant, so dieser Eintrag in einem Wörterbuch der amerikanischen Unterweltsprache, gehört zur Spezies der verachtenswerten Personen. *Informer* trägt bereits eine zutiefst negative Bewertung in sich, und die lange Liste von Umschreibungen verbindet die Figur vor allem mit den Milieus des Verbrechens und des Gefängnisses. Die Sprache ist unzweifelhaft vor allem männlich geprägt, doch zeigen einige der Ausdrücke, dass dem Akt der Denunziation eine Markierung als weiblich zugeschrieben werden kann. Auffällig ist die Prominenz der Assoziationen mit der Tierwelt, durch welche der Denunziant entmenschlicht wird; sein Handeln steht außerhalb der Konventionen der Gemeinschaft. Verfolgt man die genannten Begriffe weiter, so ergibt sich aus den Einträgen zahlreicher etymologischer Wörterbücher, wissenschaftlicher Fachlexika oder auch skurriler Sammlungen von Alltagsvokabeln ein verschwommenes Bild, zusammengesetzt in etwa gleichen Teilen aus Abscheu, Neugier und Faszination. Ursprünglich, so kann man zum Beispiel erfahren, sei ein *stool pigeon* eine echte Taube gewesen, die, als Köder angebunden, Raubvögel anlocken sollte; der Ausdruck sei dann im

19. Jahrhundert von der Polizei als Bezeichnung für Denunzianten aufgegriffen worden.[36] Das Verb *to squeal*, liest man, passe sehr gut zusammen »with the image of an informer as a *mouse* or a RAT«.[37] In US-Gefängnissen, heißt es an anderer Stelle, »ist es eine Tatsache, dass Spitzel die meistgehassten Insassen« seien.[38]

Wie kann man mit dieser schillernden Begriffswelt und ihren zahlreichen scheinbar sicheren Festschreibungen umgehen? Auch Polizei und Polizeiwissenschaften kämpfen um die zu verwendenden Wörter und Begriffe, auch sie arbeiten sich an der kulturell, historisch, politisch und emotional aufgeladenen sprachlichen Dimension der Figur des Denunzianten immer wieder ab. In einem kriminologischen Lexikon zum Beispiel heißt es beinahe verwundert, dass Informantinnen und Informanten nach wie vor, trotz ihrer großen Wichtigkeit bei der Aufklärung von Verbrechen, mit so negativen Begriffen wie *fink*, *rat*, *snitch* oder *stool pigeon* belegt seien.[39] Weil diese Unschärfe erstens nicht zu handhaben ist und zweitens die wertvolle Ressource und das dienliche Werkzeug in einem schlechten Licht erscheinen lässt, bemüht sich der gleiche Autor zu Beginn seines Eintrags um Klärung. Dabei unterstreicht er zum einen den hohen Nutzen von *informants*, dann aber auch die vielen wohl durchdachten Regeln, mit denen ihre Aussagen im Verlauf der polizeilichen Untersuchungen reguliert und kontrolliert würden.[40]

Der Frage, wie die als Ressource gedachte Figur des Denunzianten innerhalb der Vorstellungen und Planungen von US-Strafverfolgungsbehörden funktioniert hat und weiterhin funktioniert, werde ich im Folgenden nachgehen. Praxis und Theorie waren zumeist aufs Engste miteinander verbunden, Polizei und Kriminologie entwickelten ihr Wissen über das Denunziatorische zusammen und aufeinander bezogen. Und für beide blieb die begriffliche Unschärfe des Phänomens und seine oftmals pejorative Charakterisierung zugleich Problem und Herausforderung.

»Traitors of the criminal class« – Die Figur des Denunzianten in der kritischen Kriminologie

Zu Beginn der 1960er Jahre führte der Jurist und Kriminologe Jerome Skolnick an der US-Westküste ein Forschungsprojekt durch, in dessen Verlauf er mehrere Monate aktiv am Polizeidienst in einer mittelgroßen Stadt teilnahm, die er in dem Buch, das seine Forschung dokumentierte, ›Westville‹ nannte.[41] Skolnick fuhr mit dem Streifenwagen durch die nächtliche Stadt, beobachtete und nahm an Ermittlungen, Verhaftungen und Verhören teil, und er sprach mit Polizisten verschiedenster Dienstgrade. Er untersuchte dabei auch, wie die Polizei mit ihren Informantinnen und Informanten umging: ein seiner Meinung nach so zentraler Aspekt, dass er ihm in seinem Buch ein eigenes, ausgesprochen kritisches Kapitel widmete. Auf ihren eigenen Vorteil bedacht, denn ohne ihre Spitzel würde die Verbrechensaufklärungsrate deutlich sinken, habe sich im Verhältnis der Polizeibehörde insgesamt und einiger Beamter im Besonderen eine Art Komplizenschaft entwickelt: »[...] vor allem anderen gibt es eine stillschweigende Übereinkunft zwischen dem Polizeibeamten und dem Informanten, dass der Informant in seinem Status geschützt werden muss.«[42] Die Polizei, so das Fazit, mache sich nicht allein eines ethischen Versagens schuldig, wenn sie die Verbrechen einzelner, von ihr protegierter Informantinnen und Informanten dulde, um diejenigen weniger kooperationsbereiter Menschen umso sicherer aufzuklären. Die Konsequenzen dieser Praxis hätten darüber hinaus auch fatale Folgen für das Rechtssystem insgesamt, denn die Polizei würde so über kurz oder lang die Verlässlichkeit von Gerichten sowie die Bedeutung von Gesetzen untergraben.[43]

Skolnicks kritischer Blick auf die Tippgeber aus der kriminellen ›Unterwelt‹ stand in einer langen Tradition der modernen Kriminologie.[44] Zwar erschien die Denunziantenfigur in den Lehr- und Handbüchern nur selten und dann auch oft nur am Rande, doch fungierte sie zumeist als ein Relikt der ›alten‹ Zeit, die es nunmehr, gestützt auf Erkenntnisse der modernen Sozialwissenschaften, zu überwinden gelte. Es waren im Wesentlichen drei Kontexte, in denen das Denunziatorische in diesen Texten verhandelt wurde: im Zusammenhang mit polizeilichen Ermittlungen, beim Umgang mit Zeugen vor Gericht sowie als ein Phänomen der modernen Strafanstalt.

Ein Anliegen vieler kriminologischer Lehr- und Handbücher war es, die Arbeit der Polizei auf eine wissenschaftliche Grundlage zu stellen. Professionalisierung war das Stichwort, unter dem viele miteinander verbundene Aspekte zusammengefasst waren. Dazu gehörten: eine sorgfältige, an Qualitätsmerkmalen ausgerichtete Auswahl und Rekrutierung des Personals (statt Patronage); eine effiziente Ausbildung der Beamten entlang neuester wissenschaftlicher Erkenntnisse; die Ausstattung der Truppen mit modernen technischen Hilfsmitteln in den Bereichen der Forensik und der Kommunikation; eine Ausdifferenzierung von Zuständigkeitsbereichen innerhalb der Polizeibehörden; eine engere Verzahnung von lokalen, regionalen sowie bundesweit tätigen Polizeidienststellen mit der Perspektive, auch die internationale Kooperation auszubauen; und schließlich die Einführung eines Kontrollsystems, welches Korruption ausschließen oder erschweren sollte.[45] »Um Kriminellen erfolgreich habhaft zu werden, muss nicht allein der Prozess der Strafverfolgung verwissenschaftlicht werden, diese neuen Erkenntnisse müssen in den einzelnen Polizeibehörden auch praktisch umgesetzt werden«, und genau hier sei ein Manko auszumachen, so sahen es die Handbuchautoren Harry Elmer Barnes und Negley Teeters.[46] In diesem übergeordneten Rahmen kamen die kriminologischen Texte auf die Figur des Denunzianten zu sprechen, die hier in aller Regel nicht so sehr als nützliches Werkzeug auftauchte, sondern als Nachweis diente, dass die Polizei nicht bereit sei, über die Einführung wirklich effizienter Methoden nachzudenken: »Besonders an diesem Punkt wird deutlich, dass das Detektivwesen in den amerikanischen Städten versagt«, meinte Edwin Sutherland, einer der führenden Vertreter seines Fachs, in einem Lehrbuch aus dem Jahre 1939, und nach dem Zweiten Weltkrieg stellte Ruth Cavan fest, dass es vielen Polizisten sowohl an ethischen Standards wie einer professionellen Berufsauffassung mangele.[47] Die in den Polizeitruppen geschaffene und von den Printmedien geschürte Konkurrenz zwischen nicht-uniformierten *detectives* einerseits und ›normalen‹ Streifenpolizisten andererseits führe dazu, Ermittlungserfolge um jeden, womöglich auch einen juristisch oder moralisch zu hohen Preis erzielen zu wollen. Dabei sei die Denunziation ein althergebrachtes und erfolgversprechendes, aber keineswegs den modernen Zeiten angemessenes Mittel.[48] Und diese Kollaboration mit der ›Unterwelt‹ war laut Sutherland und anderen gerade kein Vorteil, sondern eben ein Teil des Problems der modernen, besonders der großstädtischen Polizei.

Einzig Fred Haynes sprach sich in seinem Lehrbuch eindeutig für Undercover-Methoden aus und lobte sie gar als innovativ. Dabei referierte er ausführlich über die Rolle August Vollmers, eines bekannten Polizei-Reformers, der als Polizeichef von Berkeley und von Los Angeles während der 1910er und 1920er Jahre als Prototyp der Modernisierer und Anhänger einer beschleunigten Professionalisierung galt.[49] Neben der Einführung moderner Kommunikationstechnik sei für Vollmer, so Haynes, auch eine zielgerichtete Unterwanderung lokaler krimineller Gruppen Teil einer zeitgemäßen Fahndungsarbeit gewesen.[50] Vollmer wird auch in anderen Texten als Modellpolizist gepriesen, doch allein Haynes verknüpft technische Innovationen mit der Strategie der Camouflage. Für andere Autorinnen und Autoren barg dieser Ansatz deutlich mehr Risiken als Nutzen, er galt ihnen bestenfalls als notwendiges Übel.

In ländlichen Gegenden, so diese Kritikerinnen und Kritiker, seien die Wachsamkeit und gegenseitige Beobachtung durchaus problematisch und Relikte einer ›vorwissenschaftlichen‹ Zeit.[51] Eine Kultur der Verdächtigung greife dort nach wie vor zu rasch um sich, und die örtliche Polizei sei noch so weit von einer Professionalisierung entfernt, dass sich aus Gerüchten heraus nicht selten eine Spirale von Selbstjustiz entwickle, welche die Polizei oft nicht zu unterbinden in der Lage sei. Insbesondere vor dem Hintergrund der ›Rassenpolitik‹ vieler Südstaaten stelle dies ein ernstes Problem dar, dem zu viele afroamerikanische Menschen zum Opfer fielen.[52]

Freilich seien die Polizeieinheiten nicht allein für die schlechte Situation verantwortlich zu machen. Auch die Rolle der Öffentlichkeit wurde zumeist kritisch gesehen. Es sei zunächst eine unerwünschte Nebenerscheinung der Professionalisierung, dass die Bürgerinnen und Bürger sich, zumindest in den Städten, offenbar für diesen so wesentlichen Bestandteil ihrer gemeinschaftlichen Sorge nicht mehr zuständig fühlten. Dies sollte durch eine veränderte Ansprache revidiert werden.[53] Die Ächtung des *criminal informant* ging also keineswegs damit einher, das Konzept der staatsbürgerlich verantwortlichen Anzeige eines beobachteten Verbrechens aufzugeben. ›Polizei‹ sollte in den Augen der Autorinnen und Autoren dieser Lehr- und Handbücher eine kommunale Gemeinschaftsaufgabe bleiben, eine umfassende und nicht allein von Offiziellen zu regelnde ›Führung der Führungen‹, und zu dieser gehöre eben auch die Verpflichtung der Bürgerinnen und Bürger zur verantwortlichen Anzeige.

Vor diesem Hintergrund fällt auf, wie offensiv diese Texte die Idee und Praxis privater Polizeibehörden kritisieren.[54] Das Anheuern privater Detektive wie etwa der *Pinkerton*-Agentur sei allenfalls in Ausnahmefällen zu rechtfertigen, und ihr Wirken als *agents provocateurs*, wie es gerade in Arbeitskämpfen immer wieder zu beobachten gewesen sei, mit der Ethik einer modernen Polizei nicht länger vereinbar.

Die spezifische Situation in einem gerichtlichen Strafverfahren transportierte die aus der Strafverfolgung stammenden Probleme auf eine weitere Ebene. Hier kritisieren die Lehrbücher die Macht der Staatsanwälte, denen in diesem System eine eigene Ermittlungsfunktion zukomme und die weniger an Aufklärung denn an einem für sie erfolgreichen und womöglich politisch hilfreichen Verhandlungsergebnis interessiert seien.[55] Auch die Staatsanwälte griffen auf das scheinbar so verlässliche Instrument des Informanten zurück, den sie sich von der Polizei quasi ›ausliehen‹. Oftmals jedoch sei die Beweisführung auf solcher Grundlage aus mindestens zwei Gründen anzuzweifeln:

Zunächst ergaben Untersuchungen, dass die Aussagen dieser Zeuginnen und Zeugen oft nicht mehr als Gefälligkeiten seien. Statistiken zu Meineidfällen zeigten, so Sutherland, dass viele gerichtliche Aussagen von Informantinnen und Informanten im Nachhinein unter Verdacht gerieten, unter Eid getätigte Falschaussagen gewesen zu sein.[56] Barnes und Teeters fanden deutliche Worte für diese zweifelhaften Zeuginnen und Zeugen: »Sie gehören nicht selten zur Gruppe jener unerwünschten Bürger einer Gemeinde, denen man auch unter Eid vermutlich nirgendwo Glauben schenken würde.«[57] Darüber hinaus führe zweitens der Aushandlungscharakter bei Strafverfahren zu gefährlichen Konstellationen. In zunehmend mehr Fällen sei zu beobachten, dass zu einer Aussage bereite Verdächtige einen erheblichen Straferlass erhielten, wenn sie sich als Informantinnen und Informanten zur Verfügung stellten. Dieses System führe beinahe zwangsläufig zu Korruption.[58]

Wie im Fall der Zusammenarbeit mit der Polizei verweisen viele Autorinnen und Autoren auch hier auf die ›eigentliche‹, den Zeuginnen und Zeugen vom Rechtssystem her zugedachte Rolle, um die Funktion der Aufklärung von Verbrechen vor den Gerichten wieder zu stärken. Sie kritisieren die mangelnde Bereitschaft vieler Bürgerinnen und Bürger, Aussagen zu machen und diese dann vor Gericht auch zu vertreten. Würden nicht so viele von ihnen aus Desinteresse (oder aber aus Angst) den Verhandlungen fernbleiben, dann wäre man in der Strafverfolgung weit weniger auf kaum vertrauenswürdige *informants* angewiesen.[59]

Schließlich begegnet die Figur des Denunzianten in den Lehr- und Handbüchern der Kriminologie auch in einem dritten Themenkomplex, nämlich im Rahmen der Diskussion um das moderne Gefängnis. Das Gefängnis, diese Institution, der im Verlauf der Geschichte der Vereinigten Staaten immer wieder auch ein ausdrücklicher bürgerlicher Reform- und Erziehungswillen zugeschrieben wurde, war während der ersten Hälfte des 20. Jahrhunderts in eine tiefe Krise geraten, und daher verwundert es auch nicht, dass sich kriminologische Standardwerke in langen, kritischen Abschnitten dem Strafvollzug widmeten.[60]

Zwar sei insgesamt eine sehr positive Entwicklung festzustellen und das moderne Gefängnis sei längst nicht mehr so von Verwahrlosung, Gewalt und Korruption gekennzeichnet wie im 19. Jahrhundert.[61] Doch festzuhalten sei auch, dass die Strafanstalten weiterhin ein eklatant antisoziales Verhalten sowohl von Wärtern wie Gefangenen förderten, das einem Anspruch auf Resozialisierung gänzlich konträr laufe. Dies sei systemisch angelegt, so Sutherland, denn bei dem Gefängnis handle es sich um einen Ort, an dem selbst sonst ›anständige‹ Menschen beinahe zwangsläufig antisoziales Verhalten zeigten.[62]

Ein markantes Merkmal dieser antisozialen Grundkonstellation in modernen US-Gefängnissen sei die spezifische Kommunikationsform des *inmate code*, der jede direkte Kommunikation zwischen Offiziellen und Gefangenen unmittelbar unter einen Denunziationsverdacht stelle – der Raum des Gefängnisses sei ein Kommunikationsraum ohne Vertrauen, und das würde sich auf die ehemals inhaftierte Person auch nach ihrer Entlassung auswirken.[63] Die schlecht (weil häufig aufgrund von Patronage) ausgewählten und zumeist inadäquat ausgebildeten Wärter hätten oft gar keine andere Wahl und auch keine andere Vorstellung von Menschenführung, als sich ein Netz von *informants* zuzulegen.[64] Dies zeige ein Fallbeispiel: »Der Aufseher war korpulent und sehr von sich und seiner Rolle eingenommen, und er war voll und ganz von ›Ratten‹ abhängig, die ihn über alle Aktivitäten der Gefangenen wie der Wärter informierten.«[65] Ruth Cavan betonte insbesondere die Rolle leitender Wärter (*warden*) als eine personale Institution, in der sich diese am *inmate code* ausgerichtete Form der Kommunikation bündelte: »[The warden] must not allow himself to be surprised.«[66] Nur ein informierter Aufseher kann nicht überrascht werden; auch aus diesem Grunde sei ein Denunziantensystem in Strafanstalten nicht nur zu erwarten, sondern beinahe selbstverständlich.

Lehr- und Handbücher der Kriminologie argumentierten aus einer doppelten Distanz heraus: Zum einen verorteten sich die Autorinnen und Autoren in einem Feld der kritischen Sozialwissenschaften mit einem gesellschaftlichen Reformimpetus. Ihr Schreiben über Verbrechen, Polizei und Strafe sollte einen in ihrer Sicht rationaleren, effektiveren und auch humaneren Umgang in diesen Fragen anregen. Die neuere kriminologische Spezialforschung steht in dieser reformerischen Tradition. Zweitens waren und sind diese Autorinnen und Autoren keine ›Praktiker‹. Sie mochten, wie Skolnick, Feldforschungen in Polizeidienststellen betrieben haben oder, wie Haynes, begeistert auf die Arbeit von Modellpolizisten wie August Vollmer verweisen, aber als Wissenschaftlerinnen und Wissenschaftler standen sie doch abseits. Ihr Sichtweise, obgleich im Austausch mit der sozialen Umwelt angelegt, wich notwendigerweise von derjenigen der Polizei ab.

»Stool pigeon's the word« – Ahistorizität und Wandel im Umgang mit der Figur des Denunzianten bei der Polizei

Nordamerikanische Polizeibeamte beschrieben ihre Meinung über den Nutzen ihrer *informants* oft in klaren, eindringlichen Worten. So erklärte etwa der stellvertretende Polizeichef von Toronto im Jahre 1909 auf einer Konferenz: »Es gibt unterschiedliche Meinungen über das Verhältnis zwischen der Polizei und ihren halbkriminellen Zuträgern, den so genannten *stool pigeons*. Doch obwohl solche engen Verhältnisse nicht wünschenswert sind, haben sie bisweilen einen wesentlichen Wert für den Krieg gegen die gesetzlosen Elemente.«[67] Und noch pointierter formulierte es 1930 ein einflussreicher New Yorker Polizist: »It makes me tired to hear those bulls in the books solve mysteries with their deductions. In the honest to God story of how the detective gets his man, stool pigeon's the word.«[68]

Vermutlich bezog sich diese zuletzt zitierte Aussage auf zeitgenössische Kriminalromane und nicht auf kriminologische Abhandlungen, dennoch zeigt sie, dass aus polizeilicher Perspektive eine Diskrepanz zwischen der eigenen Arbeit und dem praxisfernen ›Bücherwissen‹ bestand. Autorinnen und Autoren mit einem solchen Praxisbezug thematisierten die Figur des Denunzianten sehr viel häufiger und sehr viel wohlwollender, als dies in der kritischen Sozialwissenschaft der Kriminologie geschah. Steve Hewitt identifizierte in seiner kurzen Geschichte des modernen Polizeispitzels zwei wesentliche Argumente, die von Seiten der Polizei immer wieder gegen kritische Einwände bezüglich der Verwendung von *informants* ins Feld geführt wurden: Man erhalte durch Informantinnen und Informanten Detailinformationen aus Räumen und Zusammenhängen, die entweder anders nicht zu bekommen seien oder aber zunächst mühevoll aus einer großen Fülle von unspezifischem ›Rauschen‹ herausgefiltert werden müssten. Außerdem sei der Informant oder die Informantin auch der technischen Überwachung mittels Kameras oder Mikrofonen überlegen, weil die Person gelenkt und gezielt auf spezifische Fragen und auch gewollte Einflussnahme hin eingesetzt werden könne.[69]

In den Lehr- und Handbüchern, die in den US-Polizeiwissenschaften zu den Themen Informanten und Undercover-Arbeit publiziert wurden, findet man Hewitts Ansicht durchaus bestätigt.[70] Zwar distanzierten sie sich zunächst meist von ihrem Gegenstand, indem sie auf die ›Unappetitlichkeit‹ des Themas verwiesen, doch darauf folgte rasch die Betonung des herausragenden Werts solchen Vorgehens für die Ermittlungstätigkeit in der Verbrechensverfolgung. Der Ton erinnerte dabei bisweilen an die zu Beginn dieses Abschnitts zitierten Aussagen, die eine eklatante Unkenntnis und Undankbarkeit in Bezug auf Polizeiarbeit unterstellten:

»John Citizen, USA, sitzt heutzutage in seinem Ranchhouse und es gibt nicht viele Menschen, außer seiner eigenen Frau, die ihm Angst machen. Er macht sich selten Gedanken darüber, wem er seinen häuslichen Frieden zu verdanken hat, auch Dank kommt ihm dafür nicht in den Sinn. [...] Aber wenn man ihm erzählte, dass der Polizeiinformant ein bedeutender Faktor zum Schutz seines Lebens und seines Eigentums ist, würde er mit Überraschung, Schock und Abscheu reagieren!«[71]

Der Schutz von Leben und Eigentum hing, so die Argumentation, nicht zuletzt von zwei miteinander verbundenen Einsichten ab: Vertrauen gegenüber der Polizei und ihren Methoden sowie der Verpflichtung zur Kooperation, also der Bereitschaft, Informationen über kriminelle Vorkommnisse anzuzeigen:

»Bei nüchternem Nachdenken wird deutlich, dass der Bürger sowohl das Recht als auch die Pflicht hat, die Regierung über Gesetzesverstöße zu informieren. Dieses Prinzip bleibt auch dann gültig, wenn man die Tatsache berücksichtigt, dass er es zumeist erst dann erkennt, wenn es sich um sein eigenes Leben, das seiner Angehörigen oder um sein Eigentum handelt.«[72]

Die Autoren Harney und Cross argumentierten hier mit einer doppelten Verknüpfung zur Rechtfertigung der Figur des Denunzianten: Der Gedanke an den *criminal informant* mag unangenehm sein und mancherlei Bedenken hervorrufen, doch wenn man ihn als wachsamen Bürger definiert, stimmt die Polizeiarbeit wieder mit dem Demokratieverständnis überein. Und für diese Basis, so die zweite Verknüpfung, arbeite die Polizei. Daher müsse sorgsam abgewogen werden, welche Mittel zur Erreichung dieses Zwecks nötig bzw. tolerabel seien. Der Informant oder die Informantin gehörten für diese Autoren unbedingt dazu.

Doch für das eigentliche Zielpublikum dieser Veröffentlichungen waren und sind derlei Umleitungen ohnehin nicht notwendig. Lehr- und Handbücher zu den Themen Informanten und Undercover-Arbeit dienten und dienen der Unterweisung angehender oder fortzubildender Polizistinnen und Polizisten und legen ihre inhaltlichen Schwerpunkte stets auf praktische Aspekte sowie auf eine *common sense*-Logik. Das ist von großer Wichtigkeit, denn »good informants are not born, but made, and the law enforcement officer is the maker«.[73] In den Anleitungen sowie in anderen Beiträgen fanden und finden Beamte lange Kapitel über die unterschiedlichen Motive von *informants* und über die verschiedenen Bereiche der Polizeiarbeit, in denen sie für die Aufklärungstätigkeit von Nutzen sein könnten. Dies mündet dann meist in einer Typologie der jeweiligen zur Kooperation herangezogenen Menschen.

Die Liste der Motive für eine Zusammenarbeit mit den Strafverfolgungsbehörden ist lang. Vor dem Hintergrund der Notwendigkeit von Kontextsensitivität und Beweiskraft sowohl bei der Beantragung eines Durchsuchungs- oder Haftbefehls als auch später vor einem ordentlichen Gericht seien ermittelnde Personen aufgefordert, die Motive ihrer vertraulichen Quellen aufmerksam zu hinterfragen, denn womöglich stehen oder fallen mit ihnen die Erfolgsaussichten ihres Falls.[74] Zu den meistgenannten Motiven zählten Angst (entweder vor der Polizei oder aber vor denjenigen, die verraten werden), Rache, die Ausschaltung von Konkurrenz, Geld bzw. andere materielle Vorteile, der Wunsch nach Beteiligung an Polizeiarbeit, Reue sowie Dankbarkeit. Zwei vielleicht naheliegende Motivationen tauchten in diesen Listen kaum oder gar nicht auf: die staatsbürgerliche Verantwortung sowie das unmittelbare Anliegen, ein verübtes oder geplantes Verbrechen aufzuklären. Bei Harney und Cross etwa gewinnt man den Eindruck, als ob sie auch die so motivierten Aussagen auf die Initiative der ermittelnden Polizistinnen und Polizisten zurückführen wollten. Sie nannten eine Gruppe von Berufen, deren Vertreter viel von ihrer Umwelt wahrnähmen und oft bereitwillig Auskunft gäben, beispielsweise Postzustellerinnen, Ladenbesitzer, Taxifahrer, Kellnerinnen und Friseure. Es sei eine erste Pflicht, Mitglieder dieser Gruppen zu befragen.[75] Echte ›Freiwillige‹ werden im Vergleich dazu eher als Problem eingeschätzt, denn der Umgang mit deren Informationen führe zu erheblichem Mehraufwand, der zu oft ins Leere laufe.[76] Die ›klassische‹ Denunziation trägt also aus dieser Perspektive heraus eine Tendenz in sich, Polizeiarbeit dysfunktional werden zu lassen.

Die Verfasserinnen und Verfasser der verschiedenen Lehr- und Textbücher erläuterten weiterhin, dass man es oft mit einer Melange von zwei oder mehreren Motiven zu tun habe und dass es nötig sei, Motive und Aussagen in ein realistisches Verhältnis zueinander zu bringen.[77] Dies führt meist zu einer Art definitorischer Typologie und damit zu einem Versuch, Ordnung und stabiles, abrufbares Wissen herzustellen. Madinger zum Beispiel unterschied zwischen ›normalen‹ Bürgerinnen und Bürgern und dem Kleinkriminellen, der als Mitglied der Szene aktiv bereit ist, zuweilen mit den Behörden zusammenzuarbeiten. Ferner trennte er davon den Überläufer oder Aussteiger, eine besonders beim organisierten Verbrechen häufige Variante.

Und schließlich finden sich in seiner Typologie auch die *undercover* tätige Polizistin oder der V-Mann.[78]

Das Wissen über die Motivlagen und deren Kategorisierung war aber aus Sicht der Polizeiwissenschaft bei weitem nicht ausreichend. Verwertbare Informationen aus den Aussagen dieser Personen zu generieren, war erst durch ihre Führung (*handling*) durch die zuständigen Mitglieder der ermittelnden Behörde möglich.[79] Strafverfolgungsbehörden, so wird deutlich, fürchteten offenbar nichts mehr als unregulierte, ungefilterte Informationen, ein Zuviel an Information ebenso wie von ihnen selbst nicht nachgefragtes Wissen. Informantinnen und Informanten galt es bewusst einzusetzen, definierten Zielen zuzuführen, keineswegs sollten sie den Verlauf der Ermittlungen in irgendeiner Form bestimmen.[80]

Vor diesem Hintergrund erstaunt es nicht, dass man sich gegenüber populären Fernsehserien, welche die Bevölkerung zur Unterstützung bei der polizeilichen Aufklärungsarbeit zu animieren versuchten, eher verhalten bis skeptisch äußerte. Zwar wurde deren grundsätzlicher Anspruch durchaus begrüßt, ganz gleich, wo sich einzelne Formate auf einer vermeintlichen Skala zwischen ›Fiktion‹ und ›Realität‹, zwischen *Dragnet* und *America's Most Wanted* einordneten.[81] Aber die Texte warnten ihre Leserinnen und Leser davor, zu optimistisch zu sein, denn die zu antizipierende Streuung von Informationen sei hoch und der Arbeitsaufwand rechtfertige nicht immer die Ergebnisse.[82] Deutlich positiver wurden Programme bewertet, die Bürgerinnen und Bürger in ihren unmittelbaren sozialen Umwelten zu Wachsamkeit und Mitteilungsbereitschaft ermunterten, so genannte *social community policing*-Initiativen (für ›Problembezirke‹ und in enger Vernetzung mit anderen Ämtern und Behörden) oder die Einrichtung von *neighborhood watch areas* (für eher bürgerliche Wohnsiedlungen); beides wurde seit den 1970er Jahre in zahlreichen Städten getestet.[83] Hier waren lokale Polizeidienststellen bei der Planung, Initiierung und Durchführung eng beteiligt, sie konnten ihre Expertise ebenso einbringen wie ihre eigenen Vorstellungen darüber, welche Bezirke in welcher Weise zu ›betreuen‹ seien, und dabei spielte der Wunsch nach einer verbesserten Insider-Perspektive durchaus eine Rolle.

Die Vorstellung, *informants* führen zu müssen, berührte aber auch zahlreiche andere Fragen polizeilicher, juristischer und ethischer Natur.[84] Geschult werden mussten dafür ganz praktische Fertigkeiten wie die Durchführung eines Interviews mit (potenziellen) Informantinnen und Informanten oder auch die Anfertigung eines brauchbaren Berichts, den man dann in einer möglichst sinnvollen Registratur einspeiste. Darüber hinaus galt es, psychologisches Einfühlvermögen zu schulen, um Motivationslagen sicher und verlässlich einschätzen und sie wenn nötig steuernd manipulieren zu können. Eine produktive Führung musste Vertrauen aufbauen, ohne auf Druck zu verzichten. Keinesfalls durfte die Polizei oder eine andere zuständige Behörde die Kontrolle über die den Informationsfluss tangierenden Aspekte verlieren.[85] Andere Fragen waren heikler: Zwar seien die juristischen Möglichkeiten für den Einsatz von Informantinnen und Informanten weit gesteckt, doch reagierten Geschworene und auch Richterinnen und Richter bisweilen immer noch skeptisch. Fälle seien, wenn immer möglich, auf weiteren Beweissäulen als nur auf die Aussagen von *informants* zu stützen.[86] Auch seien bei einigen Personengruppen besondere Vorsichtsmaßnahmen zu treffen, bei Inhaftierten etwa oder bei Drogenabhängigen; sexuelle Beziehungen zu *informants* seien völlig tabu.[87] Minderjährige als Informantinnen oder Informanten zu verwenden, zumal gegen ihre Eltern, führe sehr häufig zu juristischen Problemen und müsse ethisch grundsätzlich überdacht werden.[88]

In einem Punkt waren sich die Autorinnen und Autoren einig: Alle warnten davor, Gesetze zu brechen, um Verbrechen aufzuklären. Offenbar waren sie sich bewusst, dass diese Grenze für die ethische Einschätzung von verdeckten Ermittlungen bei einer kritischen Öffentlichkeit strikt gezogen war. Bemerkenswert ist, dass Madinger in seinem Lehrbuch an dieser Stelle ausführlich über den ›Fall‹ Jesus Christus berichtet und seine ethischen Überlegungen zu Recht und Unrecht an der Figur Judas Ischariot erläutert. Die Art und Weise, wie Römer, Schriftgelehrte und Pharisäer damals ihren Informanten geführt hätten, sei aus heutiger Perspektive zweifelhaft, denn die Verhaftung Jesu sei eindeutig nicht rechtens gewesen. Jesus hätte keinen Rechtsbruch begangen, man hätte die Informationen des Verräters, der aus materiellen Beweggründen gehandelt habe, lediglich dazu benutzt, sich einer unliebsamen Person zu entledigen, man habe mithin mit der Denunziation durch Judas Ischariot aus politischen Interessen heraus das Recht gebrochen.

Dass Madinger gerade diesen sehr besonderen Fall wählt, ist nicht nur aufgrund seiner sehr eigenwilligen Interpretation auffällig, die zum einen ein modernes Verständnis von Recht ohne Umwege auf eine antike Situation überträgt und zum anderen jede Form von politischer oder weltanschaulicher Überwachung als jenseits jeder polizeilichen Vorstellungskraft verortet. Wichtiger erscheint eine andere Funktion dieses Verweises: Madinger und andere Autorinnen und Autoren bemühen sich, ihre Überlegungen zur polizeilichen Verwendung von Informantinnen und Informanten mit ›historischen‹ Argumenten zu unterfüttern: Praktiken des europäischen Mittelalters, die Weisheiten des chinesischen Militärstrategen Sun Tsu, die frühneuzeitliche Figur des *approvers* in England. Gerade die Gestalt des Judas Ischariot taucht in dieser Hinsicht immer wieder an prominenter Stelle auf, aus zwei Gründen: Sie ist für die meisten Menschen im christlichen Westen eindeutig negativ besetzt und eignet sich hervorragend dazu, ein Publikum in die sensiblen Aspekte des Themas einzuführen und zugleich eine bestimmte Typologie des Denunzianten als Söldner vorzustellen. Außerdem dient der Verweis auf Judas Ischariot zur Charakterisierung des Handelns der Strafverfolgungsbehörden als zeitlos und frei von Wandel.[89] Es ist dies eine zentrale Rechtfertigungskonstruktion, die aus gegenwärtigen Fragen von Recht und Ethik hinausweist – die Handlungen der Polizei stehen auf dem sicheren Boden der Geschichte, auf der Verlässlichkeit des Neuen Testaments: »Judas' Verrat erinnert uns einmal mehr daran, dass die Folgen eines Verrats – jedes Verrats – keineswegs nur die Verratenen betreffen, sie gehen oft weit darüber hinaus. Die Konsequenzen dieses Falls etwa sind noch 2.000 Jahre später in den Erinnerungen von Milliarden Menschen relevant.«[90] Den Verrat als Zivilisationsleistung zu sehen, erlaube es die Arbeit der Polizei und anderer Strafverfolgungsbehörden als einen immer gleichen Teil dieser weltgeschichtlichen Konstellation zu erachten.

Dieser Umgang mit Geschichte ist ein wesentlicher Unterschied zwischen polizeiwissenschaftlicher und gegenwärtiger kriminologischer Thematisierung der Figur des Denunzianten. Gerade Gary Marx hat in seinen Arbeiten zum Thema des (politischen) *informant* stets großen Wert auf die Feststellung gelegt, es mit einer Form der Überwachung zu tun zu haben, die einem enormen gesellschaftlichen Wandel unterliege.[91] Die Geschichte des Polizeispitzels ist keine immer gleiche Geschichte, sie ist von unterschiedlichen Institutionen, verschiedenen Personen, variierenden Aufgaben und Zielen sowie einer Vielzahl von Problemen und Konflikten durchzogen. Das wird nicht zuletzt dann deutlich, wenn man auf die Behörde schaut, die wie keine zweite für die Arbeit mit Informantinnen und Informanten in den Vereinigten Staaten steht, das *Federal Bureau of Investigation*.

G-Men – Der Sonderfall des FBI

John Dillinger, 31 Jahre alt, wurde am 22. Juli 1934 um 22:20 Uhr von Agenten des US-Justizministeriums erschossen, als er gerade das Biograph-Kino im Zentrum Chicagos verlassen hatte. Mehr als ein Jahr, zwischen Frühjahr 1933 und seiner Ermordung, hatten die Männer um Dillinger den Mittleren Westen mit einer Serie von Banküberfällen überzogen. J. Edgar Hoover, Direktor der Strafverfolgungsbehörde des Justizministeriums, die bald darauf in *Federal Bureau of Investigation* umbenannt werden sollte (1935), erklärte die Jagd auf John Dillinger zu einer Angelegenheit höchster Priorität, den *outlaw* selbst zum *Public Enemy No. One*. Doch zunächst ohne Erfolg, die Raubzüge der Bande kosteten etwa ein Dutzend Menschen das Leben und zerrütteten das öffentliche Vertrauen in die Strafverfolgungsbehörden: »[it] was one bloody road trip, and it haunted America's imagination«, wie es der Historiker Elliott Gorn formuliert.[92]

Die Fantasie der Bevölkerung wurde vor allem durch die Printmedien beflügelt; Dillinger und seine Bande machten nicht nur in den Bundesstaaten Schlagzeilen, durch die sie ihr Raubzug führte, man konnte auch in den Zeitungen der Küstenmetropolen über sie lesen. Neben der politischen Zäsur des New Deal und den Katastrophenmeldungen aus den Gebieten der damaligen Dürreperiode war es die so genannte *crime wave* im Mittleren Westen, welche die Verkaufszahlen steigen ließ. Seitdem ist die Geschichte John Dillingers immer wieder niedergeschrieben worden, in einer langen Reihe von journalistischen wie akademischen Texten, von Songs, Filmen oder Theaterstücken.[93] Eine augenscheinlich für viele Menschen faszinierende Facette von Dillingers Bandenleben sind die Frauen in seinem Umfeld. Sie werden sowohl zeitgenössisch als auch rückblickend meist als Ornamente zur Herstellung bzw. Sicherstellung einer besonders aggressiven wie erfolgreichen Variante von Männlichkeit thematisiert. In jüngster Zeit hat sich die Geschichtswissenschaft diesem Phänomen differenzierter zugewandt; die Frauen in oder um die Banden herum gehörten zu einem spezifischen, netzwerkartigen Alltag der Bandenkriminellen, in dem freilich die Zurschaustellung heterosexuell-dominanter Männlichkeit tragender Bestandteil war.[94] In der Dillinger-Saga kommt einer dieser Frauen eine entscheidende Rolle zu, der *Lady in Red*.

Dillinger hatte sich in den letzten Wochen vor seinen Tod im Sommer 1934 in Chicago versteckt gehalten, in einem Apartment, das der rumänischen Immigrantin Anna Sage gehörte. Sage war nach ihrer Ankunft in der

Stadt als Sexarbeiterin tätig und betrieb nun selbst ein Bordell. Sie war Teil des Netzwerks, das der Bande immer wieder Deckung ermöglichte – gegen angemessene Bezahlung.[95] In dem von Sage angemieteten Apartment lebte Dillinger zusammen mit seiner Partnerin Polly Hamilton. Mit ihr verbrachte der Gesuchte viel Zeit in der Wohnung, denn er hatte sich einer Gesichtsoperation unterzogen und zeigte daher noch frische Narben, die ihn hätten verraten können. Doch offenbar fühlte sich Dillinger in der Großstadt und umgeben von Vertrauten sicher, später konnte man in Zeitungen lesen, er und Hamilton seien beinahe überall in Chicago gesehen worden – in Restaurants, Tanzlokalen, Kinos oder Vergnügungsparks; Polly Hamilton hat einige Wochen nach dem Tod ihres Geliebten reale oder fiktive Geschichten über diese Unternehmungen an die Presse verkauft.[96]

Anna Sage, die Vermieterin, knüpfte währenddessen andere Kontakte. Als Bordellbetreiberin war sie es gewohnt und darauf angewiesen, zur Polizei ebenso wie zur ›Unterwelt‹ gute Beziehungen zu unterhalten. Problematisch war dabei vor allem ihr Status als lediglich geduldete Ausländerin, dieser Umstand machte sie erpressbar, und so drohte man ihr immer wieder mit Deportation. Vor diesem Hintergrund verschieben sich Sages möglichen Motive, Dillinger und seiner Bande Unterschlupf zu gewähren: Der *outlaw* konnte ihr zu einer dauerhaften Aufenthaltsgenehmigung und auf lange Sicht sogar zur US-Staatsbürgerschaft verhelfen – zudem war auf die Ergreifung des *public enemy* inzwischen eine stattliche Belohnung ausgesetzt.[97] Zu diesem Zweck bediente sie sich ihrer Freundschaft zu Martin Zarkovich, einem Angehörigen der Chicagoer Polizei, dem freilich auch ein überaus enges Verhältnis zu einigen lokalen Gangstergrößen nachgesagt wurde.[98] Sicher bekannt ist nur, dass Zarkovich sich am 21. Juli mit den für den Dillinger-Fall zuständigen Bundesbeamten traf und ihnen berichtete, Anna Sage habe ihm mitgeteilt, dass sie am kommenden Abend zusammen mit dem Bankräuber und Polly Hamilton einen Kinobesuch plane und bereit sei, kurz vorher alle notwendigen Details telefonisch weiterzugeben. Wenig später sprachen die Angehörigen des *Bureau of Investigation* auch mit Sage selbst, diese bestätigte Zarkovichs Initiative und betonte bei dieser Gelegenheit, dass es ihr vor allem um Unterstützung bei ihren Bemühungen um eine dauerhafte Aufenthaltsgenehmigung gehe. Am nächsten Abend schließlich rief sie wie ausgemacht gegen 20:30 Uhr die Polizei an, nannte das Biograph-Kino als Ziel und fügte hinzu, sie werde ein rotes Kleid und einen weißen Hut tragen, der Mann in ihrer Begleitung sei John Dillinger.

Die *Lady in Red* ist ein immer wiederkehrender Bestandteil des Dillinger-Mythos, und obgleich kaum jemand ihren Namen oder die genauen Umstände kennt, ist sie inzwischen beinahe so berühmt wie der Bankräuber selbst. Anna Sage hatte vermutlich kein Liebesverhältnis mit John Dillinger, aber die *Lady in Red* steht einerseits für das Attraktive des Gangsterlebens, für den Lohn des Verbrechens in Form von Erotik und öffentlich zur Schau gestellter aggressiv-heterosexueller Männlichkeit. Sie und andere Frauen sind Teil des Faszinosums der kriminellen Bande für ein männliches, bürgerliches, vorwiegend weißes Lese- wie Kinopublikum. Das Plakat zu einer Verfilmung der Dillinger-Geschichte aus dem Jahr 1945, an deren Entstehung das FBI maßgeblich beteiligt war, warb mit dem Slogan: »His Story is Written in Bullets, Blood and Blondes!«[99] Doch ist diese sexuelle Gratifikation des Verbrechens, und dies ist die andere Seite der Botschaft der *Lady in Red*, nicht ohne die ultimative Bedrohung des Verrats zu haben – Frauen, so will es diese Erzählung, sind zugleich die unsichersten Bestandteile des kriminellen Netzwerks, diejenigen, die dieses männlich-homosoziale Bündnis stets für einen besseren *deal* aufzukündigen bereit sind.

Die *Lady in Red* ist jedoch ebensosehr Teil der FBI-Saga. Obgleich die Strafverfolgungsbehörde des Justizministeriums älter ist und obwohl sie auch vorher schon bei ihrer Ermittlungsarbeit auf verschiedenste Formen von Informantinnen und Informanten gesetzt hatte, markiert der durch die Hilfe von Anna Sage ermöglichte Erfolg so etwas wie einen Gründungsmythos für das FBI, das 1935 den bis heute gültigen Namen angenommen hat: Die ›Verbrechenswelle‹ der frühen 1930er Jahre galt als ultimativer Test dafür, ob aus der kleinen, eher nachrangigen und weisungsgebundenen Behörde die zentrale, mächtige und sich überparteilich gebende Bundespolizei werden könne, die sich Direktor Hoover vorstellte. In einer umfangreichen und langjährigen Public-Relations-Kampagne gelang es dem FBI, die schließlich erfolgreiche Jagd auf Dillinger, Bonnie & Clyde, ›Pretty Boy‹ Floyd und andere Kriminelle dafür zu nutzen, immer größere Befugnisse und höhere Budgets zu erlangen.[100] Die *Lady in Red* ist in den FBI-Annalen der Nachweis dafür, dass man in der Lage ist, durch Insider das klandestine Netz des Verbrechens zu durchdringen.

Experts – Eine Strafverfolgung des Bundes für das *Progressive Movement*

Am 26. Juli 1908 wurde die Gründung einer eigenen Strafverfolgungsbehörde im US-Justizministerium vom damaligen *Attorney General*, Charles J. Bonaparte, angekündigt und auf den Weg gebracht.[101] Dass der Bund überhaupt eine solche Polizeitruppe unterhalten sollte, war zu diesem Zeitpunkt noch keineswegs selbstverständlich: Polizei war lange eine ausdrücklich lokale, bestenfalls regionale Aufgabe, und erst Mitte des 19. Jahrhunderts setzte sich der Gedanke durch, dass man Polizeibefugnisse gegebenenfalls über die Grenzen eines Einzelstaats hinweg ausdehnen müsse – der Ausbau des Eisenbahnnetzes spielte dabei eine entscheidende Rolle. Das *Justice Department* des Bundes wurde selbst erst 1870 etabliert, es verdankte seine Gründung jener Politik des Kongresses gegenüber der ehemaligen Konföderation, die als *Reconstruction* bekannt wurde und deren Ziel es nicht zuletzt war, bundesstaatliches Eingreifen gegenüber vermeintlichen *states' rights* durchzusetzen. So operierte mit Unterstützung durch Agenten des *Secret Service* das neue Justizministerium in den 1870er Jahren gegen das terroristische Wirken des Ku Klux Klan in den Südstaaten.[102] Auch danach kam es bisweilen zu bundesstaatlichen Ermittlungen, doch war das *Justice Department* stets darauf angewiesen, auf ›geborgtes‹ Personal zurückzugreifen, zumeist vom Finanzministerium und bis 1893 sogar manchmal auf Agenten der privaten *Pinkerton National Detective Agency*.[103]

Auslöser für die Gründung einer eigenen Strafverfolgungsbehörde im Justizministerium war ein Korruptionsskandal im Kongress.[104] Darin sah *Attorney General* Bonaparte einen Anlass, eine in seinen Augen längst notwendige Reform einzuleiten und solche Untersuchungen fortan mit eigenem Personal durchzuführen; ausdrückliche Unterstützung erhielt er bei diesem Vorhaben vom damaligen Präsidenten Theodore Roosevelt. Beide waren überzeugte *Progressives*: Zentrale Planung, durchsichtige Organisation, Professionalität und vor allem Effizienz sollten die Politik zu einer liberalen Reform des US-Gemeinwesens anleiten, und eine Strafverfolgungsbehörde unter dem Dach des Justizministeriums wäre dazu ein wesentlicher Beitrag, so ihre Ansicht.[105] Bereits im Jahresbericht von 1907 findet sich Bonapartes Forderung nach einer ihm direkt unterstellten Einheit, und in einem Brief an den Präsidenten vom Januar 1909 unterstrich er erneut, durch den Aufbau einer solchen Truppe könne man künftig über spezialisierte Experten vefügen, die sich qualitativ signifikant von den bisher eher amateurhaften

Ermittlern unterscheiden würden.[106] Bonapartes Streben nach Professionalität war nicht allein in das progressive Denken dieser Zeit eingebettet, sondern darüber hinaus auch in ein bestimmtes, verändertes Verständnis vom Nutzen und von den Aufgaben eines Ermittlers. ›Aufdeckung‹ gehörte zentral zum Selbstverständnis des *Progressive Movement*, und dessen Anhängerinnen und Anhänger wollten Korruption, Verbrechen, soziale Missstände und Unmoral offenlegen, nach durchdachten Kriterien analysieren und beseitigen. Zur Erreichung dieser Ziele spielten detektivische Formen von Ermittlung und Untersuchung eine tragende Rolle. Der Aufbau einer eigenen Truppe von Detektiven zur Verfolgung bundesstaatlicher Vergehen war in diesem Kontext ein zentralstaatliches, bundespolitisches Instrument als Teil eines Trends, den viele ›progressiv‹ gestimmte Menschen in den USA unterstützten und auf vielfache Weise vorantrieben – bei lokalen Polizeitruppen ebenso wie im investigativen Journalismus, bei patriotischen Verbänden oder bei Behörden im Gesundheitswesen.[107] Bonapartes und Roosevelts Initiative stieß also, obgleich sie auch grundsätzliche Fragen bezüglich des Charakters einer solchen Institution aufwarf, durchaus auf einen breiten Konsens in der (Wahl-)Bevölkerung. Ab März 1909 sprach man von der neuen Dienststelle offiziell als dem *Bureau of Investigation*. Bereits 1910 verfügte es über mehr Mitarbeiter (zunächst ausschließlich ›weiße‹ Männer) und auch über ein größeres Budget als der *Secret Service*.[108]

Es gehörte zu den wichtigsten Anliegen des politischen Arms des *Progressive Movement*, den Einfluss der Bundesregierung zu stärken. Dementsprechend passierten in diesen Jahren eine Reihe von Gesetzesmaßnahmen den Kongress, welche die Kompetenzen des Bundes ausweiteten. Neben den *Anti-Trust*-Gesetzen war das bekannteste und vielleicht wichtigste und folgenreichste dieser Art der *White Slave Traffic Act* (oder *Mann Act*) aus dem Jahre 1910, der auf die weit verbreitete Annahme reagierte, es gäbe in den Vereinigten Staaten einen immer weiter um sich greifenden Mädchenhandel.[109] Für das neue *Bureau* bedeutete der *Mann Act* die wichtigste Aufgabe. Folgt man dem FBI-Historiker Max Lowenthal, dann verwandelte das Gesetz »eine bescheidene Behörde, die sich mit Details bei der Umsetzung von Bundesgesetzen beschäftigte, in eine nationale Institution, die mit ihren Agenten in jedem Bundesstaat präsent war«.[110] Daraus folgte nicht allein die Einrichtung der lokalen Büros, sondern auch der Aufbau eines ersten, dezentralen Netzes von Zuträgerinnen und Zuträgern. Diese Entwicklungen bedingten einander: Die lokalen Dienststellen waren klein, die meisten bestanden aus einem, die wenigsten aus mehr als zwei *special agents*, daran sollte sich auch in den nachfolgenden Dekaden zunächst nicht viel ändern. Da diese Beamten zunächst noch keine selbstständigen Festnahmen durchführen durften (sie waren nicht einmal bewaffnet), sondern nur ermittelten, bestand ihre hauptsächliche Tätigkeit in Nachforschungen, über die sie schriftlich berichteten.[111] Ziele dieser Untersuchungen waren dabei nicht nur Orte öffentlicher Unterhaltung wie Bars, Hotels oder Bordelle sowie Personen der ›Unterwelt‹, zu den fokussierten Gegenständen zählten oft auch Aspekte privater Moralität. Zur Annäherung benötigten die lokal operierenden *Bureau*-Angehörigen Augen und Ohren mit besonderen Orts- und Personenkenntnissen, anders ausgedrückt *informants*. Hierbei stand die neue Behörde oftmals in Konkurrenz zu den Polizeieinheiten der Städte und Bezirke, und statt Kooperation und Austausch von Informationen herrschte häufig gegenseitiges Misstrauen. Um die ›Bundespolizei‹ lokal zu verankern, brauchte es einen eigenen Pool von verlässlichen Quellen, und angesichts der oft zu Recht angenommenen großen Nähe der städtischen Polizeikräfte zum Verbrechen, verließ man sich auf eigens rekrutierte Personen. Dies führte darüber hinaus mittelfristig zu einer Verzahnung der Ermittlungsinteressen mit den Interessenslagen lokaler Einflussgruppen aus Politik und Wirtschaft, was sich im Verlauf der Politisierung der Arbeit der *Bureau*-Mitarbeiter zu einer – je nachdem, welche Perspektive man einnahm – wertvollen bzw. fatalen Konstellation entwickelte.[112]

Neben dem *Mann Act* erforderten auch andere juristische Regelungen nunmehr das Eingreifen einer bundesstaatlichen Untersuchungsbehörde, beispielsweise die *Anti-Trust*-Gesetze oder Post- und Bankengesetze. Der *Narcotics Tax Act* (oder *Harrison Act*) vom Dezember 1914 verbot den Handel mit Drogen außer zu medizinischen Zwecken und eröffnete den Agenten des Justizministeriums ein weiteres Feld, für das sie in den kommenden Dekaden zuständig sein sollten. Die Überwachung des *Volstead Act*, dem Durchführungsgesetz zur nationalen Alkoholprohibition, oblag nicht unmittelbar dem Justizministerium; gegen Ende der 1920er Jahre war das *Bureau* aber auch hier engagiert. Eine zwar kurzfristige, dafür aber umso umfassendere Ausweitung von Bundeskompetenzen brachte der Erste Weltkrieg mit sich – mit weitreichenden Konsequenzen für die Arbeit des *Bureau*. Dazu gehörte ausdrücklich nicht eine Geheimdiensttätigkeit im engeren Sinne denn schon vor dem Eintritt der Vereinigten Staaten in den Krieg im April 1917 hatte sich gezeigt, dass die noch junge Ermittlungsbehörde hierzu nicht in der Lage war.[113] Doch profitierte das *Bureau* sowohl finanziell als auch personell von Kriegsvorbereitung und Krieg: Ein Zusatzetat ermöglichte, dass das

Justizministerium von nun an für das Erstellen einer Liste mit allen potenziellen *enemy aliens* zuständig war, also hauptsächlich in den USA lebende Männer mit deutscher oder österreich-ungarischer Staatsbürgerschaft. Dass dies durchaus mehr als eine bürokratische Fleißübung war, zeigte sich spätestens im Frühjahr 1917. Das *Bureau* und mit ihm viele andere Dienststellen wurden nunmehr Teil einer umfassenden inneren Mobilmachung, die mit einer Kriminalisierung nicht allein von *enemy aliens*, sondern darüber hinaus auch von politischer Opposition insgesamt einherging. Die rechtliche Grundlage für dieses Vorgehen bildete der *Espionage Act* vom Juni 1917 sowie dessen spätere Zusatzbestimmungen, worin jede Kritik an der Kriegsführung der Regierung unter Strafe gestellt wurde.[114] Für das *Bureau* bedeutete dies eine Ausweitung bzw. eine Änderung seiner Hauptzielgruppe – statt gegen Korruption, Wirtschaftskriminalität oder Mädchenhandel ermittelte man nun erstmals gegen Illoyalität. Betroffen waren Personen, die sich der Wehrpflicht zu entziehen schienen, oder solche, die unpatriotisch auftraten, etwa weil sie die Fahne nicht angemessen grüßten. Die Hauptwucht indes traf die Friedensbewegung und darin vor allem Personen, die der Sozialistischen Partei oder der Gewerkschaft der *Industrial Workers of the World* (IWW) nahestanden. Es war diese durch den Ersten Weltkrieg ausgelöste Politisierung, die für große Zeitabschnitte des 20. Jahrhunderts die Arbeit der Ermittlungsbehörde des Justizministeriums insgesamt und ihren Umgang mit vertraulichen Informationsquellen bestimmen sollte.

In einer exemplarischen Fallstudie zu Wisconsin hat William Thomas diese damaligen Tätigkeiten der *special agents* grundlegend evaluiert.[115] Er gelangte zu drei zentralen Erkenntnissen: Erstens konnte er zeigen, dass sich *Bureau*-Agenten keineswegs nur um die Loyalität vermeintlicher Radikaler kümmerten, sondern auch um diejenige zahlreicher eher unverdächtiger Bürgerinnen und Bürger, namentlich aus dem Umfeld einiger liberaler Kirchen. Zweitens wurde in der Arbeit deutlich, dass die Politisierung des Überwachungsauftrags zwar ›von oben‹ gewollt war, dieser Wunsch von den lokalen Agenten aber keineswegs uneingeschränkt geteilt wurde. So erkannte man vor Ort durchaus, dass ›ethnische Herkunft‹ und Illoyalität keineswegs notwendig einhergehen mussten, auch artikulierte man bisweilen Sympathien für Mitglieder der Arbeiterbewegung. Drittens unterstrich Thomas, wie sehr das *Bureau* in Wisconsin während des Weltkriegs auf die Unterstützung von Zuträgerinnen und Zuträgern angewiesen war. Dazu gehörten ebenso sehr dauerhaft angeheuerte Spitzel wie freiwillige Tippgeber aus Kirchen, Schulen, Behörden oder der Presse; »im Verlauf dieses Prozesses wurde das *Bureau* mit dem politischen Leben des Staats verwoben«.[116] Besondere Relevanz kam der Zusammenarbeit mit der *American Protective League* (APL) zu, der größten und einflussreichsten der zahlreichen patriotischen Gruppierungen, die es sich zur Aufgabe gemacht hatten, die Loyalität ihrer Landsleute zu überwachen und gegebenenfalls auch mit Gewalt durchzusetzen.[117]

Insgesamt gelang es der Ermittlungsbehörde des Justizministeriums während des Ersten Weltkriegs, sich als wichtigstes Untersuchungsorgan des Bundes zu etablieren, auch ohne für die eigentliche Gegenspionage zuständig zu sein. Das *Bureau* verrichtete seine Aufgaben ganz im Geiste des Progressivismus: Man interpretierte das eigene Wirken als Unterstützung der gesamtgesellschaftlichen Aufgabe, zu einem demokratisch-loyalen Verständnis von Staatsbürgerschaft anzuleiten. Die *special agents* sollten als Experten diese Auffassung gegenüber vermeintlich Andersdenkenden durchsetzen.[118] In der nachfolgenden Periode der Geschichte des *Bureau* sollte sich dies ändern, was unter anderem (aber sicher auch nicht allein) an einer Person lag, welche die nächsten Dekaden der Behörde prägen sollte: J. Edgar Hoover.

»That favorite villain of liberal America« – Das FBI unter J. Edgar Hoover

Es wäre ohne Zweifel verkürzend, würde man die Politik und das Vorgehen des FBI einzig mit seinem langjährigen Direktor Hoover (1895–1972) identifizieren, welcher der Behörde von seiner Ernennung am 10. Mai 1924 bis zu seinem Tod vorstand.[119] Doch war sein Einfluss kaum zu überschätzen, und bei einem Blick in die Fülle von Sekundärliteratur zum FBI erscheint es, als ob Hoover bewusst oft der Einfachheit halber in das Zentrum einer heftigst zu kritisierenden Geschichte platziert wurde. »That favorite villain of liberal America«, wie Jeffreys-Jones Hoovers Stellung charakterisiert, wird als Strukturgeber der FBI-Geschichte immer wieder und immer noch benötigt.[120]

Hoover arbeitete seit 1917 für das Justizministerium und trat einige Zeit später zum ersten Mal im Verlauf der berüchtigten *Palmer Raids* in Erscheinung, benannt nach dem damaligen, politisch ambitionierten *Attorney General* A. Mitchell Palmer.[121] Das Erbe der Loyalitätsüberwachung während des Weltkriegs war der prononcierte Blick auf als politisch subversiv eingestufte Gruppen und Personen, und die Revolution in Russland hatte die Sorge hinsichtlich eines ›importierten‹ Radikalismus noch verstärkt. Die von Streiks, politischen Attentaten und (häufig rassistisch motivierten) Unruhen gepräte Nachkriegszeit unterfütterte diese Befürchtung weiter. Anders als bislang zielte die Politik des *Justice Department* nunmehr nicht länger auf progressive Anleitung und Reform, sonders setzte in dieser als *Red Scare* bekannt gewordenen Periode auf Exklusion. Palmer sah seine Behörde als »ein Netz, dem kein Krimineller entkommen kann«, und sein erklärtes Ziel war es, »die Nation von fremdem Schmutz zu säubern«. Dabei setzte er darauf, dass sich »die amerikanischen Bürger freiwillig als Agenten in einer riesigen Organisation« engagierten.[122] Im August 1919 wurde eine *General Intelligence Divison* (GID oder auch *Radical Division* genannt) etabliert, die unter der Leitung des jungen J. Edgar Hoover stand. Die *Palmer Raids* vom Januar 1920 bildeten der Höhepunkt einer Verhaftungs-, Internierungs- und Deportationswelle, zu der die Überwachungsarbeit der GID und seiner 61 Agenten und 35 Informanten wesentlich beigetragen hatte.[123]

Hiermit in engem Zusammenhang stand die Überwachung eines weiteren großen Teils der Bevölkerung, nämlich der immer stärker wachsenden Gruppe von afroamerikanischen Menschen in den Städten des Nordostens.[124] Viele konservative Zeitgenossen betrachteten Afroamerikaner als potenziell von ›radikalem‹ Gedankengut beeinflusst, und namentlich die antirassistische Kampagne der IWW hatte viele in ihrer Annahme bestärkt, »[that] the Negro is ›seeing red‹«, wie es Palmer 1919 formulierte.[125] Folgerichtig dehnte das *Bureau* seinen Einsatz von Informanten (offenbar nur Männer) auf Afroamerikaner aus – sollte das vom Justizministerium entwickelte System von Überwachung bruchlos weiter funktionieren, dann galt es, aktiv ›Rassengrenzen‹ zu überschreiten und auf afroamerikanische Informanten zu vertrauen. Die Anwerbung von Schwarzen in einer Bundesbehörde, zumal an einer so sensiblen Position, war zu diesem Zeitpunkt sehr ungewöhnlich, und dass man auf diese Maßnahme zurückgriff, zeigt, wie hoch man die Notwendigkeit der Infiltration vermeintlich subversiver Gruppen einschätzte. Publik gemacht wurde dieses Vorgehen indes nicht, auch nicht, als im Verlauf der 1920er Jahre die immens einflussreiche Organisation von Marcus Garvey in das Visier der Bundesbehörden geriet.[126] Zwar genossen Garvey und seine Organisation große Popularität unter vielen afroamerikanischen Menschen, dies förderte jedoch bei ›konkurrierenden‹ Gruppierungen auch die Denunziationsbereitschaft.[127]

Die antiradikale Verfolgungswucht ebbte nach den *Palmer Raids* ab, die einsetzende Politik der *normalcy* hatte auch Konsequenzen für die Arbeit des *Bureau of Investigation*. Bedeutsamer für die folgende Entwicklung war aber, dass die Ermittlungsbehörde mittelbar in die zahlreichen Skandale involviert wurde, von denen die Regierungszeit von Präsident Warren G. Harding durchzogen war und in deren Zentrum ausgerechnet *Attorney General* Harry M. Daugherty stand. Dessen Nachfolger Harlan Fiske Stone machte es sich zur Aufgabe, eine umfassende Neuorganisation des *Bureau* auf den Weg zu bringen. Seiner Ansicht nach galt es fortan, sich wieder auf die Bekämpfung von Kriminalität zu konzentrieren und die Agenda der Radikalenüberwachung hinter sich zu lassen.[128] Stone plante eine ›saubere‹, unpolitische Polizeitruppe; im Frühjahr 1924 betraute er J. Edgar Hoover als neuen Direktor mit der Aufgabe, das *Bureau* in diesem Sinne verändert aufzustellen. Politische Undercover-Arbeit war seitens des Ministeriums ausdrücklich nicht erwünscht, doch verhinderte diese Anordnung nicht, dass auch weiterhin Informationen über vermeintliche Subversive zusammengetragen und dokumentiert wurden. Schon 1921 hatte Hoover seinem damaligen Vorgesetzten mitgeteilt, er habe sich bemüht, »in jeder wichtigen politischen Bewegung des Landes einen Informanten«[129] zu haben. Auch nach Stones Kurswechsel hielt das *Bureau* unter der Hand an dieser Zielsetzung fest, vor allem als es nach 1929 und durch die Weltwirtschaftskrise erneut zu sozialen Protesten kam, die man als von ›Radikalen gesteuert‹ brandmarken konnte. Dabei wurde der Begriff ›subversiv‹ immer öfter in einem sehr weiten Sinne verwandt und umfasste nun auch vermeintlich deviante Sexualität.[130]

Die Jahre bis zum Zweiten Weltkrieg sahen eine grundlegende Reform des *Bureau of Investigation*, die sich in den Schlagworten Professionalisierung und Zentralisierung zusammenfassen lässt. 1927 veranlasste der Direktor erstmals die Abfassung eines Handbuchs, das die Regeln für die Mitarbeiter detailliert auflistete.[131] Fortan galten hohe Rekrutierungsstandards, aber zugleich wurde das Auftreten und Verhalten insbesondere der *special agents* reglementiert; die Ermittler sollten sich als Profis signifikant von den Detektiven der privaten Organisationen abgrenzen und über jeden Verdacht der Gesetzesumgehung erhaben sein. Damit einher ging eine immense technische Aufrüstung des *Bureau*, man wollte in sämtlichen Feldern der Kriminalistik führend werden. 1932 wurden ein technisches Labor sowie die bundeseinheitliche Kartei von Fingerabdrücken eingerichtet, mit ihnen stellte sich das *Bureau* als die zentrale Strafverfolgungsbehörde der USA auf und etablierte so eine Hierarchie zwischen sich und regionalen wie lokalen Polizeitruppen.[132]

Den Verlust einer politischen Aufgabenstellung im engeren Sinne kompensierte die Behörde durch eine Imagekampagne, als deren Ergebnis sie im Verlauf der 1930er Jahre zu einer in der Öffentlichkeit überaus populären und im Ansehen politisch überparteilichen Institution wurde.[133] Als Aufhänger diente die Häufung von schweren Verbrechen, die sich zu Beginn der 1930er Jahre in den Vereinigten Staaten ereigneten – eine eher zusammenhanglose Reihe von Entführungen, Überfällen und Morden, aus denen mit Hilfe der Presse publikumswirksam eine *crime wave* gemacht wurde. Wie sehr man bei der Aufklärung auf die inzwischen etablierten Muster der verdeckten Polizeiarbeit und namentlich auf angeheuerte oder freiwillige Zuträgerinnen und Zuträger setzte, zeigt der Fall John Dillinger. Je zentraler sich das FBI im Netz polizeilicher Strafverfolgung platzierte, desto mehr galt auch für die *G-Men* das aus der Polizeiarbeit bekannte Motto: *Good informant, good case. Bad informant, bad case. No informant, no case.*[134] Die ab 1934 offiziell eingeführte *Public Enemy No. One*-Bewertung setzte genau hier an, indem sie mittels Plakaten, Radio- und Kinospots sowie einer ausgesetzten Belohnung Aufforderungen und Angebote zur Anzeige machte.[135]

Ein weiterer Aspekt dieser Reformperiode soll nicht unerwähnt bleiben: die Gründung einer Sondereinheit des FBI im Jahre 1939, die sich ausschließlich Bürgerrechtsfragen zu widmen hatte. Dies ist insofern bemerkenswert, als dadurch die Einflussnahme des Bundes im Kampf gegen rassistischen Terror im Süden der USA deutlich größer wurde. Zwar handelte es sich zunächst um eine kleine Einheit, die selbst nur wenige afroamerikanische Mitglieder aufwies und erst später größere Erfolge erzielte. Die Signalwirkung in diesem auch noch während des New Deal spannungsreichen Feld zwischen Bund und Einzelstaaten im Süden war jedoch bedeutsam.[136]

Durch den nahenden Zweiten Weltkrieg änderten sich die Rahmenbedingungen für das reformierte FBI erneut. Bereits sehr früh, noch vor Ausbruch der Kampfhandlungen in Europa im September 1939, wurde dem FBI signalisiert, dass es im Falle eines Krieges diesmal im Zentrum der US-Gegenspionage stehen würde. Nach dem japanischen Überfall auf Pearl Harbor änderten sich die Gewichtungen jedoch und Direktor Hoovers Amt musste hinter das von den Streitkräften dominierte *Joint Army and Navy Intelligence Committee* (JIC) sowie das *Office of Strategic Services* (OSS) zurücktreten.[137] Trotzdem blieb das FBI enorm einflussreich. Das galt zum einen für die primär vom *Bureau* durchgeführten Operationen zur Eindämmung der Rolle Nazi-Deutschlands in Lateinamerika.[138] Zum anderen, und das war eine Folge der Popularität des FBI sowie seines Image als professionelle *crime buster*, blieb das *Bureau* für die Bevölkerung die zentrale Anlaufstelle für alle Arten vermeintlich kriegswichtiger Beobachtungen. Bei Kriegseintritt der Vereinigten Staaten »drang die Angst vor einer Fünften Kolonne tief in die nationale Psyche ein«.[139] Wachsamkeit etablierte sich als Schlagwort gegen die antizipierte Infiltration eines Feindes im Inneren. In einer bereits vor dem Angriff auf Pearl Harbor erschienenen Publikation argumentierte Hoover gegenüber den Arbeiterinnen und Arbeitern in den kriegswichtigen Betrieben des Landes, Verräter, Saboteure und Spione agierten nicht nur im Verborgenen, sie seien darüber hinaus auch sehr gut für ihre Aufgabe ausgebildet worden. Daraus zog er zwei Schlüsse: Erstens dürfe die Aufmerksamkeit der Bevölkerung nicht nachlassen, und zweitens bedürfe es der Expertise des FBI, um der Cleverness des Gegners entgegenzutreten.[140] Und hier war die ausdrückliche Mitarbeit der Bürgerinnen und Bürger gefordert. Auf einem Plakat aus dem Jahre 1943 hieß es:

»Der Krieg gegen Spione und Saboteure verlangt nach der Hilfe eines jeden Amerikaners. Sehen Sie Beweise von Sabotage, dann informieren Sie sofort das FBI. Haben Sie den Verdacht, es seien feindliche Agenten vor Ort, gehen Sie zum FBI. Halten Sie sich fern von allen, die feindliche Propaganda verbreiten! *Wiederholen Sie keine üblen Gerüchte oder böses Geflüster!* Melden Sie es dem FBI!«[141]

Solche Aufforderungen blieben nicht ohne Folgen, das FBI erhielt zeitweise so viele Zuschriften und Anrufe, dass es den Meldungen de facto nicht mehr nachgehen konnte.[142] Das *Office of War Information*, die Koordinationsstelle für die US-Heimatfrontpropaganda im Zweiten Weltkrieg, warnte daher an anderer Stelle:

»Vorsicht: Es ist wichtig, daran zu erinnern, dass wir keine Spionage-Hysterie schüren wollen. […] Wir dürfen der Bevölkerung nicht den falschen Eindruck vermitteln, das Land sei von Saboteuren durchsetzt, die hinter jeder Hausecke stecken. Ein solcher Eindruck würde tausende von Amateurdetektiven ans Licht bringen, die der exzellenten Arbeit der Regierungsbeamten nur im Wege stehen würden.«[143]

Die Verabschiedung des *National Security Act* 1947 und die damit einhergehende Gründung der *Central Intelligence Agency* (CIA) bedeutete für das FBI nicht allein den Verlust seines ›Reichs‹ in Lateinamerika und das Auftauchen eines Rivalen. Im Nachklang dieses Gesetzes musste das *Bureau* wiederum neue Objekte ausfindig machen, um die fortgesetzte Relevanz ihrer Tätigkeiten zu untermauern, hauptsächlich gegenüber den Geldgebern im Kongress. In gewisser Weise sah sich die Behörde einem Paradox gegenüber: Einerseits genossen sowohl das FBI und namentlich Direktor Hoover nicht nur hohe Popularität in der Bevölkerung, ihre kriminalistische Arbeit galt auch qualitativ als weltweit unübertroffen. Andererseits wurde die Polizei- und Geheimdienstlandschaft in den USA immer ausdifferenzierter und komplexer, war geprägt von Kompetenzstreitigkeiten und Rivalitäten, so dass das FBI um Profil bemüht sein musste, um auch weiterhin von Bedeutung zu sein. Doch vollzog sich die neue Profilbildung gerade nicht auf dem Gebiet der Kriminalität – obgleich der Aufstieg der Mafia hier ein bedeutendes Ziel zur Verfügung gestellt hätte –, sondern durch eine forcierte Politisierung. Neben der Aufarbeitung tatsächlicher oder vermeintlicher Spionage im Weltkrieg und danach gerieten dabei mehrere große Gruppen in das Überwachungsnetz des FBI, an dessen Knotenpunkten manche Personen doppelt oder dreifach unter Verdacht gerieten: zuerst die Linke, fokussiert auf die Kommunistische Partei (CPUSA) sowie auf alle von ihr (möglicherweise) beeinflussten Gruppierungen, die so genannten *front groups*. So ausgeweitet überstieg die Anzahl der von FBI-Initiativen Betroffenen bei weitem die der eigentlichen Parteimitglieder, zumal die Verdachtsmomente häufig bis in die 1930er Jahre zurückverfolgt wurden und aufgrund der Sicherheitsgesetze, die dem einsetzenden Kalten Krieg geschuldet waren, auch bislang unauffällige Regierungsmitarbeiterinnen und -mitarbeiter (auf Bundes- wie Einzelstaatenebene) hinsichtlich ihrer politischen Überzeugungen durchleuchtet werden mussten. Doch nicht nur an der Neuauflage des *Red Scare* war das *Bureau* beteiligt, sondern federführend auch am Entstehen eines *Lavender Scare*. In dessen Verlauf wurden Homosexuelle systematisch ihrer Bürgerrechte beraubt, zumal wenn sie für Regierungsdienststellen arbeiteten und somit als Sicherheitsrisiko eingestuft werden konnten.[144] Komplettiert wurde das politische Überwachungsgeschäft des FBI von den Mitgliedern der afroamerikanischen Bürgerrechtsbewegung und ihren Sympathisantinnen und Sympathisanten.[145] In diesem Zusammenhang ist es interessant zu beobachten, dass die fortgesetzte und zu bestimmten Zeiten auch intensivierte Ermittlungsarbeit gegen weiße rassistische Organisation offenbar in keinem Widerspruch dazu stand, die afroamerikanische Bürgerrechtsbewegung und vor allem ihre Führungsköpfe als kommunistisch unterwandert und somit als notwendiges Überwachungsobjekt zu begreifen. Gerade der Umstand, dass über Martin Luther King, Jr., als der Ikone dieser Bewegung ein umfassendes Dossier angelegt wurde, führte später zu einer Diskreditierung des FBI insgesamt.[146]

Denunziatorische Rede und denunziatorisches Handeln prägten diese Überwachungspolitik in dreifacher Weise. Zum einen in einer sehr praktischen, an den Wissensbeständen von Polizeiarbeit und Geheimdiensten orientierten, beinahe ›klassischen‹ Weise. Das *Bureau* bediente sich auf allen drei miteinander zusammenhängenden Feldern Techniken der Bespitzelung, der Infiltrierung und der Zersetzung: Es arbeitete mit V-Leuten, mit angeheuerten und/oder genötigten Spitzeln und mit den Anzeigen dritter Personen. Es streute Gerüchte über vermeintliche Zuträgerinnen oder Zuträger aus dem Kreis der überwachten Personen und Gruppen und/oder verließ sich auf die Arbeit von *agents provocateurs*. All dies ist erdrückend dokumentiert, sowohl in FBI-Material selbst als auch in wissenschaftlicher wie journalistischer Literatur; all dies hat umfangreiche und kritische Debatten ausgelöst, außerhalb wie innerhalb des *Bureau*.

Zweitens war das FBI Teil einer ritualisierenden Verfestigung des Denunziatorischen, die so charakteristisch für den Zeitraum zwischen 1948 und den späten 1950er oder frühen 1960er Jahren werden sollte und die Navasky als *informer principle* beschrieben hat.[147] Die Rede über die (vermeintlichen) Vergehen anderer wurde darin zu einem Charaktertest, den es bei festgelegten Gelegenheiten (vor Untersuchungsausschüssen oder Gerichten) in einer formelhaften Weise (Schuldeingeständnis gepaart mit dem Reuenachweis Denunziation) immer wieder neu zu performieren galt. Es waren oftmals ehemalige Agentinnen/Agenten oder Zuträgerinnen/Zuträger des FBI, die als so genannte *professional witnesses* fungierten. Durch die Vielzahl ihrer Auftritte trugen sie maßgeblich dazu bei, diese spezifische Denunziationsform zu etablieren und zu verfestigen. Ferner operierte das *Bureau* auch in anderer Weise als Tippgeber für die Untersuchungsausschüsse. Das HUAC etwa war Verbündeter, aber immer auch eine Konkurrenz für das FBI, es konnte ihm Aufmerksamkeit und Ansehen entziehen. Hoover wusste dies durch einen gezielten und kontrollierten Informationsfluss zu steuern, und seine eigenen Zeuginnen und Zeugen hatten bald eine so zentrale Stellung in den Abläufen der Verfahren inne, dass man von Seiten der Politik nicht mehr auf sie verzichten konnte.[148]

Auf eine dritte Weise wirkte das FBI denunziatorisch, indem es die zusammengetragenen und verzeichneten Informationen ganz oder teilweise in der Öffentlichkeit lancierte. Dazu bediente man sich Personen aus Politik oder Medien, öfter aber verließ man sich auf die Überzeugungskraft Hoovers selbst, dessen Aussagen lange Zeit hohes Gewicht beigemessen wurden. Hoover hielt öffentliche Reden und publizierte unter seinem Namen eine große Anzahl von Büchern und Aufsätzen; die darin enthaltenen Aussagen waren zwar in aller Regel eher unkonkret, enthielten aber genug Andeutungen und waren so eng mit umlaufendem Wissen über ›un-amerikanische‹ Aktivitäten verknüpft, dass sie als Fingerzeige zu verstehen waren. Diese Wirkung gründete sich auf einer Aura des Geheimen, welche das FBI erfolgreich um sich herum aufgebaut hatte. Statt undemokratisch und somit gefährlich zu wirken, verlieh es den Tätigkeiten eine besondere Glaubwürdigkeit: Das Geheimnis wurde zum Nachweis für die Qualität des vom FBI generierten Wissens, und dass dieses nur im Bedarfsfall und lediglich gefiltert preisgegeben wurde, galt als Indiz einer überzeugenden Professionalität. Vor diesem Hintergrund erschienen die Angebote zur Mitarbeit, die das FBI den Bürgerinnen und Bürgern machte, umso vertrauenswürdiger.

Zusammengenommen bedeuteten diese drei Bereiche eine immense Ausbreitung des Denunziatorischen für die hauptsächlich betroffenen Personen sowie für die Gesellschaft insgesamt. Glaubt man den Angaben von Rhodri Jeffreys-Jones, dann hatte das FBI zu Beginn des Jahres 1953 sechs Millionen Menschen in den Vereinigten Staaten in irgendeiner Funktion durchleuchtet. Es verfügte zu diesem Zweck über 6.000 *special agents* und führte über 5.000 offiziell bezahlte Informantinnen und Informanten. Es konnte sich darüber hinaus bei der Informationsgewinnung auf Privatleute verlassen, zumal wenn sie Mitglieder von Organisationen waren, die namentlich den Antikommunismus des FBI unterstützten. Dies galt nach dem Zweiten Weltkrieg insbesondere für den Veteranenverband der *American Legion*, mit dem vor allem in den Jahren des Korea-Kriegs eng kooperiert wurde.[149]

Verfolgt man die weitere Entwicklung des FBI bis in die 1970er Jahre hinein, so begegnet man zwei Maßnahmen der Behörde, die für den Aspekt der Denunziation von einiger Wichtigkeit sind. Bedeutsam für die politische Überwachungstätigkeit waren die COINTELPRO-Programme: Mit ihnen wurden die bislang schon betriebenen Maßnahmen gegen ›Radikale‹ systematisiert, zusammengefasst sowie quantitativ wie qualitativ ausgebaut; darüber hinaus zeichneten sie sich durch den bewussten Einsatz von Aktivitäten aus, deren Legalität zweifelhaft war. COINTELPRO, das bedeutete im Einzelfall auch die Aufgabe von Begründungen für Ermittlungen. In den Programmen wurde kein spezifisches Ziel definiert – letztlich ging es um die Zerstörung der überwachten Gruppen, und das unter Zuhilfenahme teilweise fraglicher Mittel.[150] Das erste dieser Programme startete 1956 gegen die CPUSA, ein zweites 1961 gegen die kleine trotzkistische *Socialist Workers Party* (SWP).[151] Während diese beiden Maßnahmenbündel mit dem Kommunismus auf einen insgesamt kleinen und zu diesem Zeitpunkt beinahe wirkungslosen Gegner abzielten, besaß das 1967 initiierte ›Black Hate‹-COINTELPRO eine sehr viel größere Reichweite und Sprengkraft. In diesem Zusammenhang wurden die *Nation of Islam*, der *Congress of Racial Equality*, das *Student Nonviolent Coordination Committee* und auch die *Southern Christian Leadershop Conference* bespitzelt, infiltriert, öffentlich diskreditiert und kriminalisiert. Im weiteren Verlauf geriet auch die *Black Panther Party for Self-Defense* in das Visier des FBI; ihr wurde mit massiver Gewalt begegnet.[152] Mit Blick zurück auf die FBI-Geschichte ist es nicht verwunderlich, dass dieser massive Angriff auf das ›schwarze Amerika‹ von einem parallelen Programm mit dem Namen ›White Hate‹ begleitet war, welches im Sommer 1964 aufgelegt wurde. Das FBI reagierte in diesem Fall auf ›Vorschläge‹ der demokratischen Regierung von Präsident Johnsons, die COINTELPRO-Strategie doch auch gegen den wieder aktiven Ku Klux Klan bzw. andere rassistische Gruppen des Südens anzuwenden.[153] Ein letztes COINTELPRO widmetet sich der *New Left* und dabei vor allem der Studierenden-, Frauen- und Anti-Vietnamkriegsbewegung der 1960er und frühen 1970er Jahre, einmal mehr von der Annahme geleitet, deren Proteste seien kommunistisch gesteuert.[154]

Neben diesen Programmen verdient auch der Umgang des FBI mit der Mafia Erwähnung. Ab Ende 1950 hatte der US-Senat einen Untersuchungsausschuss zum organisierten Verbrechen eingesetzt, die so genannten Kefauver-Anhörungen. Die Sitzungen, die in mehreren größeren Städten stattfanden, wurden live im Fernsehen übertragen und machten den Begriff ›Mafia‹ erstmals einer größeren Öffentlichkeit bekannt.[155] Zu diesem Zeitpunkt behauptete das FBI beständig, dass es in den Vereinigten Staaten keine überregional koordiniert operierende Verbrecherorganisation gäbe, Bandenkriminalität im Zusammenhang mit Glücksspiel, Prostitution oder Drogenhandel sei eine lokale Erscheinung und das *Bureau* folglich ohne Zuständigkeit.[156] Die vom Senat angestoßene Debatte hatte indes zur Folge, dass das FBI von politischer Seite unter Druck gesetzt wurde, 1953 das *Top Hoodlum*-Programm zu initiieren, mit dem Informationen über das organisierte Verbrechen gesammelt werden sollten. Allerdings blieben große Erfolge aus, und als es Ende der 1950er Jahre erneut zu Senatsanhörungen kam, konnte das FBI nach wie vor wenig beitragen.[157] Erst als die Regierung Kennedy für viele typische Mafia-Straftatbestände die Zuständigkeit des Bundes reklamierte, engagierte sich das *Bureau* intensiver in diesen Fragen. Seitdem formen die Berichte ehemaliger FBI-Agenten, die *undercover* in der Mafia zum Einsatz kamen, beinahe ein eigenes Genre der *true crime*-Literatur.

Als in Folge von Vietnam-Krieg und Watergate-Skandal die Desillusionierung über die Politik der Bundesregierung(en) weite Teile der Bevölkerung erfasste, wurden auch der Ruf und das Ansehen des FBI in hohem Maße in Mitleidenschaft gezogen. Schon im März 1971, als eine Gruppe von Aktivistinnen und Aktivisten Akten eines FBI-Büros in Pennsylvania stahl und veröffentlichte, wurden COINTELPRO-Maßnahmen erstmals publik, aus Gerüchten waren nicht mehr zu leugnende Fakten über ungesetzliche Initiativen geworden. Nach dem Tod Hoovers im Mai 1972 fehlte die eine zentrale Gestalt, deren Verbindungen, Skrupellosigkeit und Geschick das *Bureau* in den vorangegangenen Dekaden durch die verschiedensten Krisen gelenkt hatten. Für das FBI begann eine neue Zeit der Aufdeckung, diesmal richtete sie sich vor allem gegen sich selbst und führte zu einer erneuten, tiefgreifenden Reform der Behörde. Angestoßen und beständig begleitet von der *American Civil Liberties Union* (ACLU), wurden immer neue Organisationen mit dem Ziel gegründet, die oft überzogenen und ungesetzlichen Verfahrensweisen des *Bureau* anzuprangern.[158] 1974 verabschiedete der Kongress Zusatzbestimmungen zum *Freedom of Information Act*, die es sehr viel leichter machten, in Akten des *Bureau* Einsicht zu erhalten; dies vor allem hat eine Fülle von sowohl journalistischen wie akademischen Veröffentlichungen nach sich gezogen.[159] In den zuerst von diesen Publikationen angefachten Debatten um die politischen Überwachungsprogramme des FBI spielte der Einsatz von V-Leuten und angeheuerten *informants* von Beginn an eine zentrale Rolle, zumal als sich nach und nach herausstellte, dass im Verlauf von COINTELPRO auch zentrale Verfassungsinstitutionen des Bundes selbst überwacht worden waren.[160]

Exposers – Das FBI und seine Spitzel in unterschiedlichen Textsorten der Post-Hoover-Ära

Der Watergate-Skandal und der aus ihm resultierende öffentliche Druck veranlassten den Kongress, die Sicherheitsbehörden einer gründlichen Prüfung zu unterziehen.[161] Dabei gerieten in erster Linie die CIA und deren ungesetzliche Auslandsaktivitäten unter Beschuss. Doch auch das FBI wurde zum Gegenstand von Untersuchungen und Anhörungen. Das durch sie gesammelte umfangreiche Material dokumentierte die Arbeitsweisen des *Bureau* während des Hoover-Direktoriums. Der erste und wichtigste dieser Ausschüsse war das so genannte *Church Senate Committee* aus den Jahren 1975 und 1976. Es führte über 800 Befragungen durch und publizierte schließlich insgesamt einige tausend Seiten starke Berichte und Dokumentationsbände, die zu einer ersten Basis vieler politischer wie historiografischer Studien über das Vorgehen des FBI und der US-Geheimdienste werden sollten.[162] Der Abschlussbericht beschrieb detailliert die oft illegalen Vorgehensweisen des

FBI, gerade auch im Zusammenhang mit Informationsgewinnung: geöffnete Post, Einbrüche, Abhöranlagen sowie der Rückgriff auf Informantinnen und Informanten.[163]

Der Bericht unterstrich dabei den ausufernden Einsatz von *informants*. Zum Stichtag 30. Juni 1975 habe das *Bureau* über 1.500 bezahlte Informantinnen und Informanten unterhalten, sie seien insbesondere in Fällen politischer Überwachung zum Einsatz gekommen, alles in allem in 85 Prozent aller Untersuchungen. Demgegenüber seien lediglich in fünf Prozent von ihnen Abhöranlagen installiert worden. Insgesamt (politische Überwachung und kriminelle Ermittlungen zusammen) hätten diese Personen das FBI allein im Haushaltsjahr 1976 fast zwölf Millionen Dollar gekostet.[164] Im weiteren Verlauf befasste sich der Bericht mit den Standards, nach denen der Umgang mit den vertraulichen Quellen ausgerichtet gewesen sei. Diese seien stets nur innerhalb des FBI bekannt gewesen und hätten kaum Grenzen für ihren Einsatz formuliert, Spitzel seien als eine Art »Staubsauger für Informationen« benutzt worden.[165] Diese Praxis sei erstaunlich, namentlich angesichts der umfangreichen Regelungen zum Einsatz von technischen Überwachungsmitteln. Vor dem Hintergrund dessen, was die Verfassung der USA verlange, sei dringend eine entsprechende Änderung geboten, wie der letzte Absatz des Reports zusammenfasste:

> »Die Überwachungstechnik des Informanten ist kein präzises Instrument. Von ihrer ganzen Natur her neigt sie dazu, in private, von der Verfassung geschützte Bereiche von Amerikanern einzudringen. Im Gegensatz zu Abhörmaßnahmen gibt es für Informanten kaum Standards oder externe Kontrollen. Auch aus diesem Grund steigt das Risiko, dass so Verfassungsrechte und Privatsphäre eingeschränkt werden.«[166]

Das *Church Committee* und seine Berichte eröffneten ein Feld, in welchem sich in den Jahren danach zahlreiche andere Texte zu platzieren wussten; es bot so etwas wie einen Katalog von ungesetzlichen Aktivitäten des FBI, denen Autorinnen und Autoren nun nachgehen konnten – und führte für das *Bureau* selbst dazu, dass Reformen auf den Weg gebracht wurden.[167]

Die Post-Hoover-Ära wurde von dem Drang geprägt, über das FBI und seine Überwachungstätigkeiten aufzuklären. Doch hatte es auch schon vorher kritische Perspektiven auf die Arbeit des *Bureau* gegeben, die zum Teil durchaus einen Rahmen markierten, an dem sich spätere Kritikerinnen und Kritiker orientieren konnten. Dies lag unter anderem daran, dass die Sorge, das FBI könne zu einer ernsten Gefahr für die Bürgerrechte werden, schon bei verschiedenen früheren Anlässen angebracht gewesen war. So etwa nach dem Februar 1940: In diesem Monat hatte das FBI eine Reihe von

Wohnungen in Detroit gestürmt, um Mitglieder der CPUSA sowie der Gewerkschaft der Automobilarbeiter festzunehmen. Die Festnahmen selbst waren rechtlich abgesichert, es lagen Haftbefehle gegen die Männer vor, die Gründe aber waren eindeutig politisch – man beschuldigte sie, Rekruten für die US-amerikanische Einheit der Internationalen Brigaden im Spanischen Bürgerkrieg angeworben zu haben. Neben dieser an sich schon suspekten Begründung für die Haftbefehle, die später auch revidiert werden musste, waren die Begleitumstände der Aktion zweifelhaft. Die Razzien geschahen um fünf Uhr morgens, die Beamten drangen ohne einen *search warrant* in die Wohnungen der Beschuldigten ein, und im Anschluss wurde den Festgenommenen für einige Tage Rechtsbeistand verweigert. Was folgte, war zunächst ein Aufruhr unter lokalen Liberalen sowie in der örtlichen Presse, und ein Geistlicher einer ansässigen Kirche äußerte seine Befürchtung, die Polizeibehörden glichen sich inzwischen der Gestapo oder der stalinistischen Geheimpolizei an.[168]

Hatte es bereits anlässlich der Einrichtung des *Bureau* den warnenden Hinweis auf die europäische Tradition der politischen Polizeitruppen gegeben, so war es jetzt vor allem der Vergleich mit der Gestapo, der immer wieder im Zusammenhang mit dem FBI in Politik und Medien auftauchte. Viele dieser Kommentare waren zunächst einmal parteipolitisch motiviert, sie kamen aus dem Lager der Republikanischen Partei und zielten darauf ab, die Regierung Roosevelt und den New Deal zu diskreditieren. Das eigentliche Ziel dieser Attacken war also weniger das FBI als vielmehr der *Attorney General*. Darüber hinaus rief das Vorgehen der Agenten Erinnerungen an die *Palmer Raids* wach und alarmierte die Liberalen. Selbst Eleanor Roosevelt meldete sich zu Wort. Der *Philadelphia Inquirer* fragte sogar, ob das ›G‹ in *G-Men* fortan für Gestapo stünde.[169] Jenseits der konkreten Bezugnahme auf die Detroiter Festnahmen verbanden sich mit dem Gestapo-Vergleich aber auch weiterreichende Assoziationen. Politische Polizei in Europa, das bedeutete beinahe selbstverständlich auch Denunziation, und obwohl dies mit den Vorfällen in Detroit nichts zu tun hatte, so war es doch dieser Vorwurf, der von nun an regelmäßig wiederkehrte. *The Nation*, schon vorher im Konflikt mit Hoovers Behörde, verglich den Direktor mit Heinrich Himmler und verwies auf einige seiner Reden und Artikel, in denen er die US-Bevölkerung aufgefordert hatte, das FBI bei der Beobachtung von ›Subversiven‹ zu unterstützen.[170] Der Vergleich mit europäischen politischen Polizeitruppen und deren Denunzianten sollte in den nächsten Jahren, vor dem Hintergrund größeren Detailwissens insbesondere über die Gestapo, immer wieder an das

FBI herangetragen werden. Im Herbst 1945 nahm ihn sogar Präsident Harry S. Truman auf, als er über den Umbau der Geheimdienste nachdachte.[171] Trumans Stichwortgeber könnte Max Lowenthal gewesen sein, ein Jurist und Vertrauter des Präsidenten, der bereits vor dem Weltkrieg als Experte des *Bureau* bekannt geworden war und der 1950 eine Gesamtdarstellung des FBI publizieren sollte.

Der Gestapo-Vergleich der 1940er Jahre war mit Aspekten verbunden, die auch für eine Reihe von Publikationen über das FBI aus den 1970er und 1980er Jahren leitend sind. Sie kreisen um immer gleiche Themenbündel und Fragen: Wer hat wen denunziert, wie viele waren es und was genau wurde verraten? Was waren die Motive, warum wurde denunziert? Damit ist auch die Frage nach Verantwortung gestellt: Lag sie bei den denunzierenden Personen oder bei den Strafverfolgungsbehörden? Wie standen diese Menschen zu ihren politischen Weggefährten? Welche Effekte und Auswirkungen hatten ihre Taten, politisch und persönlich? Welche Rolle spielten die Denunziationen für das jeweilige politische Projekt, was bedeuteten die Denunziationen für die Erfolgsaussichten der bespitzelten Gruppen? Die Behandlung dieser Fragebündel erfolgte in den erwähnten Texten mit unterschiedlicher Schwerpunktsetzung, oft waren die Grenzen zwischen den verschiedenen Aspekten verwischt. Trotzdem bieten sie ein Raster für die Analyse, die selbst daran ausgerichtet ist, die Sinnproduktion dieser Texte auf Basis ihrer Auseinandersetzung mit der Figur des Denunzianten auszuloten.

Die Rolle Max Lowenthals bekleidete in den 1970er Jahren Frank Donner, ein Anwalt, der bereits während der Hochphase des *McCarthyism* Menschen in ›politischen‹ Gerichtsverfahren vertreten hatte.[172] Später engagierte er sich in der ACLU und wurde Direktor des von der Bürgerrechtsorganisation eingesetzten *Project on Political Surveillance*.[173] In dieser Zeit veröffentlichte Donner eine Reihe von Artikeln, in denen er von seinem Mitwirken in Verfahren und Anhörungen berichtete und dabei Dokumente bekannt machte, die zu diesen Anlässen vorgelegt wurden. Er nutzte seinen privilegierten Zugang zu Akten von Strafverfolgungsbehörden, insbesondere des FBI, um deren Vorgehen zu dokumentieren. Auf diese Weise gelang es Donner, in bisher noch nicht gekannter Dichte Kritik mit Belegen zu verknüpfen. 1980 publizierte er mit *Age of Surveillance* eine zugespitzte Zusammenfassung seiner vorherigen Beiträge, bislang eher nebeneinander stehende Betrachtungen und Analysen werden in dem Buch zu einem einheitlichen Gefüge gruppiert. Darin machte das FBI nur einen, aber doch den entscheidenden Protagonisten aus, es war seiner Auffassung nach im Zentrum eines weit gespannten Netzes platziert. Donner wandte sich im Verlauf seiner Analyse intensiv dem Informantensystem des *Bureau* zu. Dabei führte er gleich zu Beginn eine für ihn ganz wesentliche Unterscheidung zwischen *criminal informants* und *political informants* ein.[174] Die Unterwanderung krimineller Gruppen (solche ohne eine deutlich artikulierte politische Agenda) diskutierte Donner nicht weiter, womit er zumindest implizierte, dass er in diesen Fällen keine grundsätzlichen Einwände gegen die Methode der Bespitzelung an sich hegte. Die für ihn interessante Figur des politischen Denunzianten verortete er dann kurz, aber doch aufschlussreich historisch:

»Als klassische Waffe gegen politische wie religiöse Dissidenten wurden Informanten zu Zeiten der Römer gegen Juden und Christen eingesetzt, gegen Ketzer während der Inquisition, gegen Katholiken im England des 17. Jahrhunderts, gegen amerikanische Kolonisten im Verlauf des 18. Jahrhunderts, gegen Emanzipation fordernde Sklaven im 19. Jahrhundert, gegen Chartisten und Gewerkschafter, gegen Sozialisten und Kommunisten, gegen irische Nationalisten, von den russischen Zaren ebenso wie von der Sowjetunion gegen alle Arten von Dissidenten. Hier in Amerika dominierten Informanten die Antworten des Staats auf die Forderungen von Abweichlern.«[175]

Unzivilisatorisch, unchristlich, außerhalb des britischen Rechts stehend und damit unamerikanisch, schließlich – die Abgrenzung ist notwendig – aber auch eine Abweichung von richtig verstandener linker Politik: Das historisch daherkommende Argument belegte, dass gegen die im letzten Satz getätigte Beobachtung mit Berechtigung vorzugehen ist. Auffällig ist, dass Donner den Gestapo-Vergleich unterließ, der Hintergrund dafür dürften die intensiven Debatten in den USA um die *Shoah* gewesen sein, die Mitte der 1970er Jahre begannen und einen allzu vorschnellen Vergleich nunmehr unangebracht erscheinen ließen.

Im Anschluss entwickelte Donner eine Typologie des Spitzels. Er differenzierte dabei zwischen (1) eingeschleusten Agenten, (2) Überläufern, die er »Judas-Typen« nannte, (3) professionellen Zeugen, womit vor allem ehemalige Agenten in Gerichtsverfahren oder vor Untersuchungsausschüssen gemeint waren, und (4) unregelmäßigen Zuträgern, die nur in vereinzelten Fällen kontaktiert werden. Dabei bemühte sich Donner, die Konstruktionen einer, wie er es nannte, ›kosmetischen Sprache‹ zu dechiffrieren und zu entlarven. Dafür griff er auf FBI-Texte und Interviews mit Mitarbeiterinnen und Mitarbeitern zurück, um Euphemismen für Gesetzlosigkeiten und Verrat bekannt zu machen, von *cooperates with the FBI* bis zu *deep penetration*. Von diesem Punkt aus führte er die Argumentation in zwei Richtungen weiter. Erstens legte er Wert darauf, die verschiedenen Varianten des Denunziatorischen unter einem seiner Ansicht nach passenden Begriff zu subsumieren: Spionage. Er wählte diesen Terminus aus zwei Gründen. Zum einen ergab sich auf diese Weise eine militärische Konnotation, die Donner mit Angaben über die Anzahl von *informants* sowie über die gezahlten Summen flankierte – das Informantensystem des FBI glich in dieser Darstellung einem militärisch organisierten und finanzierten Komplex.[176] Ein solcher lasse sich, so Donner, vortrefflich als Drohgebärde öffentlich machen, bedinge aber zugleich auch die Geheimhaltung von Einzelheiten. Ziel des Buchs war es, diese undemokratische Konstellation offenzulegen. Zum anderen verwies Donner auf eine spezifische, links-progressive Tradition in den Vereinigten Staaten: Die Arbeiterbewegung hatte Denunziantenfiguren stets als *labor spies* bezeichnet, und der Begriff ›Spionage‹ sollte hieran ganz bewusst anknüpfen.

Zweitens fragte Donner ausdrücklich nach der Beziehung zwischen *informants* und FBI, nach dem *handling* dieses Verhältnisses zwischen Agent und Spitzel. In diesem Zusammenhang thematisierte er auch Fragen der Motivation auf Seiten der Informantinnen und Informanten, die er aber zumeist als Psychopathen pathologisierte.[177] Insgesamt interpretierte er das Verhältnis als primär finanziell angeleitet und hierarchisch strukturiert. Es sei aber aus zwei Richtungen heraus stets gefährdet: Einerseits fehle es dem typischen FBI-Agenten an Einfühlungsvermögen für die infiltrierten Gruppen, dieses ließe sich auch nicht durch Geld und vermittelt über einen Spitzel erwerben. Andererseits stehe auch der Agent selbst unter enormen Leistungs- und Erfolgsanforderungen, die er auf seine *informants* übertrage.

Das Informantensystem des FBI, dieses Fazit zog Donner aus seiner Analyse, sei ein überaus effizientes Werkzeug, aber nicht, weil es dabei in erster Linie um Informationsgewinnung gehe, sondern weil es sich zu einem Selbstzweck entwickelt habe, der vor allem zur Verbreitung von Angst diene.[178] Im gleichen Jahr, 1980, in dem *Age of Surveillance* erschien, wird Victor Navasky ein *informer principle* für die Jahre des *McCarthyism* und insbesondere für die Verfahren vor dem HUAC identifizieren. Die Einsicht über die weitreichenden Konsequenzen von (politischen) Denunziantinnen und Denunzianten war nun zum *common sense* unter progressiven US-Intellektuellen geworden. Dabei kam dem Denunziatorischen nunmehr eine Funktion zu, die das Regieren mit Hilfe von Denunziationen deutlicher unterstrich als den vordergründigen Verrat. Donners später veröffentlichtes Buch über die politischen Abteilungen von lokalen Polizeibehörden vollzog diese Analyse für eine niedrigere administrative Ebene und flächendeckend für die USA. Es sollte verdeutlichen, wie tief das von Donner beschriebene Informantensystem auch jenseits von FBI und bundesstaatlicher Kompetenz reichte.[179]

Donners Texte bilden zwar die Eckpfeiler für eine diskursive Wissensproduktion über das FBI und seine vertraulichen Quellen. Doch auch andere Autorinnen und Autoren beteiligten sich an diesem Prozess. Dabei waren die Veröffentlichungen Ward Churchills besonders wichtig, weil sie die eher analytisch-bedachten Argumentationen des Juristen Donner provokant und somit für ein radikaleres sowie auch internationales Publikum umformulierten.[180]

Churchill konzentrierte sich auf COINTELPRO, insbesondere auf die Politik des FBI gegen die *Black Panther Party* und die Organisationen von Native Americans. Sehr viel stärker, als dies etwa Donner getan hatte, verknüpfte Churchill (zumeist mit seinem Mitautoren Jim Vander Wall) bei seinen Schilderungen von Infiltration und Denunziation Vorwurf und Anklage mit Empörung und Verachtung. Die Texte funktionierten weniger analytisch-distanziert als vielmehr emotional, obgleich auch sie versuchten, Wissenschaftlichkeit und damit gesichertes Wissen mit Hilfe eines Belegsystems herzustellen. Dabei beriefen sie sich neben öffentlich zugänglichen Dokumenten auch auf Interviews mit Zeuginnen und Zeugen. Doch anders als Donner ging es Churchill und Vander Wall nicht um eine Funktionsanalyse des Denunziatorischen, sondern um Entlarvung und Anprangerung, um Akte also, die selbst nicht frei von einer denunziatorischen Komponente waren. *Informants* wurden in diesen Texten namentlich identifiziert und über lange Passagen vorgestellt. Im Verlauf solcher Skizzen entstanden oft die Psychogramme von gescheiterten Persönlichkeiten, deren ›Vorgeschichten‹ eindeutige Indizien bereitstellten, warum diese Menschen schließlich Verräter werden mussten. In einem Gespräch mit Aaron Two Elk, einem Mitglied des *American Indian Movement* (AIM), heißt es:

»Es gibt Gründe, warum man Spitzel und V-Leute für den größten Abschaum der Welt hält […] Also wirklich, was muss das für ein Mensch sein, der seinen Lebensunterhalt damit verdient, seine angeblichen Freunde mit erfundenen Vorwürfen ins Gefängnis zu bringen? […] Wer nutzt das Vertrauen politischer Freundschaft so aus, dass diese Menschen umgebracht werden? Was für einen Charakter muss ein Mensch haben, der so wenig Gewissen und so wenig Prinzipientreue besitzt und bereit ist, jede denkbare Lüge zu erfinden, um eine Bewegung zu zerstören, die selbst er für richtig und notwendig hält? Und was ist das für eine Behörde, die sich gewohnheitsmäßig solcher Menschen zur Erledigung solcher Aufgaben bedient?«[181]

Das Unverständnis des Aktivisten übertrugen die beiden Autoren in Empörung und Abscheu, und sie machten sich darüber hinaus daran, die Fragen Two Elks zu beantworten. Ihre Kennzeichnung des *agent provocateur* Douglass Durham kann als anschauliches, aber keineswegs untypisches Beispiel dienen: »Durham was a non-Indian with a shady past even for an FBI infiltrator.«[182] Den Hinweis, Durham sei kein Native American, nahmen Churchill und Vander Wall zum Anlass, den Agenten als Betrüger kenntlich zu machen, der sich schon sein Mitwirken in der AIM auf Basis falscher Tatsachen erschlichen habe; dies wog offenbar noch schwerer als ein ›Verrat an seinen eigenen Leuten‹, was auch im AIM der am häufigsten vorkommende Fall war.[183] Die »selbst für einen FBI-Mann« düstere Vergangenheit des Informanten wird im Anschluss auf mehreren Seiten und unter Verwendung langer Zitate aus Verfahrens- und Prozessakten dargelegt: Demnach hatte Durham bereits gegen Ende der 1950er Jahre für die CIA gearbeitet und sei anschließend ein korrupter Polizist geworden. Nach Gewalttätigkeiten gegen seine Ehefrau sei er von einem Polizeipsychologen in eine psychiatrische Klinik eingewiesen und vom Dienst suspendiert worden. Danach sei er in Aktivitäten der Mafia verstrickt gewesen und schließlich dort vom FBI rekrutiert worden, auf Basis von Barzahlungen in Höhe von 1.000 Dollar pro Monat plus Boni bei ›Erfolgen‹.[184] Das mag alles den Tatsachen entsprechen, aber die Funktion dieser Schilderung liegt in der Erklärung der von Aaron Two Elk geäußerten Ansicht: Denunzianten werden als Abschaum der Welt angesehen, weil sie eben tatsächlich der Abschaum der Welt sind. Ihre verräterischen Aktivitäten gegen ihre Freunde seien, so versicherten es die beiden Autoren, lediglich das notwendige Ergebnis eines prototypischen Charakters, der keine Freunde kennt und für den sich das Denunziantentum als eine Selbstverständlichkeit darstellt, um den Lebensunterhalt auf Kosten des Lebens und des Wohlergehens anderer zu sichern. Denunziation erhielt so ein enthistorisiertes, antisoziales, monstergleiches Gesicht, das so austauschbar wie eine Maske auf andere Personen übertragen werden konnte. Von zentraler Bedeutung war auch die Zwangsläufigkeit, mit der sich eine Institution wie das FBI genau dieses Personentyps bediente – es entstand eine Rückkopplung zwischen einer bestimmten Praxis, einem pathologischen Personenprofil und einem skrupellosen Auftraggeber. Zorn und Entrüstung konnten durch diese rhetorische Strategie verdreifacht werden, der eigene Kampf, der Kampf, mit dem man sich identifizierte, konnte dreifach gerechtfertigt werden. Statt auf detaillierte Analyse setzte man auf die Motivation, der Repression ›trotzdem‹ entgegenzutreten.

Der Weg, der schließlich dazu führte, Denunziation und Infiltration in ihrer Verderblichkeit als mit dem FBI synonym zu betrachten, war von einer Vielzahl von Texten bereitet worden. Die ersten von ihnen erschienen seit den späten 1960er und 1970er Jahre, begründeten aber eine Tradition, die bis in die Gegenwart hinein fortgesetzt wurde. In den meisten dieser Texte ging es darum, zu veranschaulichen, dass von dem Einsatz von *informants* eine große Anzahl von ›Opfern‹ betroffen war, das heißt immer neue Personen und Gruppen vorzustellen, die sich im Visier des FBI befanden. Dazu zählten feministische Organisationen ebenso wie einzelne Gewerkschaftsfunktionäre, Bürgerrechtsverbände wurden in ähnlicher Weise unterwandert wie ordentliche Gerichtsverfahren, und gerade die einzelnen Presseorgane konnten über ihre eigenen Erfahrungen mit der Bundesbehörde berichten.[185] Solche Einzelfälle ließen sich schließlich auch bündeln und zu größeren Narrativen ausbauen. Wie bei Donner wird dem FBI dann zumeist die wichtigste Rolle im System einer *domestic political surveillance* zugewiesen, ohne freilich andere ›Täterorganisationen‹ wie die CIA oder die *red squads* der lokalen Polizeitruppen ganz außer Acht zu lassen.[186] Aber die Einzelfälle ließen sich in vielfacher Weise multiplizieren und ausdifferenzieren, was in Interviewprojekten oder lokalen Kleinarchiven seinen Ausdruck fand. Den Stimmen von Zeitzeuginnen und -zeugen kam dabei eine ganz besondere Rolle zu, wurden doch über solche Originaltöne die Betroffenen individualisiert und nicht mehr auf eine abstrakte Opferrolle festgelegt. Die individuelle Geschichte bot sich als Orientierungsleitfaden für ein Lesepublikum an, das die Höhepunkte der aggressiven FBI-Politik in den 1950er bis in die frühen 1970er Jahre nicht selbst miterlebt hatte. Wenn der Denunziant (beinahe ausschließlich ein Mann) hinter einer universellen Fratze verschwand, dann waren seine ›Opfer‹ umso deutlicher als Menschen erkennbar.[187]

Allerdings hatte es bereits seit Jahrzehnten Berichte von FBI-Insidern gegeben – von hochrangigen Beamten ebenso wie von Agenten oder *informants*. In ihnen ging es explizit um den Blick hinter die Maske des undurchdringlichen und vermeintlich immer gleichen Spitzels. Solche Veröffentlichungen erlebten in den Post-Hoover-Jahren einen Boom, doch ist das Genre um einiges älter. Schon 1936 hatte ein ehemaliger *Bureau*-Mitarbeiter ausführlich in Buchform über Details der Ermittlungen gegen John Dillinger und Charles ›Pretty Boy‹ Floyd berichtet, und ähnliche Werke erschienen in unregelmäßigen Abständen auch in den folgenden Dekaden.[188] Das FBI und Hoover lehnten diese Publikationen ab und versuchten bisweilen sogar, ihr Erscheinen zu verhindern. Allerdings waren diese Texte in aller Regel sehr wohlwollend verfasst und verfolgten keineswegs das Ziel, die Arbeit der Ermittlungsbehörde zu diffamieren. In den 1950er Jahren setzten die überaus populären Veröffentlichungen von Informantinnen und Informanten aus dem Zentrum der ›kommunistischen Verschwörung‹ diese Tradition fort. Nun allerdings wurden aus Sicht des FBI diese Texte (oder auch Radio- und Fernsehshows) aus zweierlei Gründen zunehmend problematisch: Nicht mehr alle gingen mit der offiziellen Linie des *Bureau* konform. Andere entsprachen zwar seiner Sichtweise, waren aber offenkundig zumindest in Teilen falsch oder geschönt.

Die Publikationen aus den 1970er Jahren enthielten aus der Perspektive des FBI jedoch ungleich mehr Sprengkraft. Verortet in einer gesellschaftlichen Atmosphäre der Entrüstung und Aufklärung, waren diese Texte entweder mit dem ausdrücklichen Ziel der Enthüllung geschrieben worden, oder sie versuchten, finanziell vom öffentlichen Bedürfnis nach Insider-Informationen zu profitieren. Das FBI hatte um sich, seine Agenten sowie seine Spitzel erfolgreich einen Kult des Geheimen gesponnen, diesen zu entzaubern ließ sich nun zusammen mit dem Skandal des Ungesetzlichen verknüpfen.

Eine Reihe von Insider-Berichten flankierte und unterstützte unmittelbar die liberale und linke Kritik an Hoovers FBI. Zwei Veröffentlichungen zur radikalen *Weather Underground*-Gruppierung sowie zur Studierendenbewegung setzten erste Orientierungspunkte.[189] Bis Mitte der 1980er Jahre erschienen in rascher Folge Texte von ›Abtrünnigen‹, die – obgleich ihre Aussagen keineswegs immer durch andere Quellen gedeckt waren – insgesamt das Wissen über die Interna des *Bureau* deutlich vergrößerten.[190] Besondere Bedeutung kam den Schriften von hochrangigen FBI-Mitarbeitern zu, etwa von William C. Sullivan, dem langjährigen Chef der *Intelligence Division*. Sullivan galt vielen als selbstverständlicher Nachfolger Hoovers, doch wurde er 1971 entlassen, nachdem er öffentlich Kritik am in seinen Augen übertriebenen Antikommunismus des Direktors geübt hatte.[191] Sullivans Autobiografie erschien 1979 genau zu der Zeit, als eine interessierte liberale wie linke Öffentlichkeit auf solche Darstellungen geradezu wartete. Bereits 1975 hatte Sullivan vor dem *United States Senate Select Committee on Intelligence* (SSCI), dem Nachfolger des *Church Committee*, eine Aussage gemacht, die ihn in den Augen vieler als Kronzeuge gegen das alte Hoover-FBI erschienen ließ:

»[…] niemals hörte ich, dass jemand, meine Person eingeschlossen, die Frage aufwarf: ›Ist dieses Vorgehen, auf das wir uns geeinigt haben, rechtens, ist es legal, ist es moralisch und ethisch vertretbar?‹ Solche Gedanken kamen uns nie, denn wir waren alle ganz selbstverständlich Pragmatiker. Uns interessierte nur eins: Wird unser Vorgehen funktionieren, werden wir auf diese Weise die angestrebten Resultate erzielen?«[192]

Sullivans Autobiografie bestätigte nicht nur die Erwartungen ihrer Leserinnen und Leser, sie fügte in das inzwischen bekannte Bild vom FBI, das seine legalen Grenzen bereitwillig und ohne Skrupel übertreten hatte, sehr präzise ergänzende Informationen ein. So referierte Sullivan zum Beispiel ausführlich über das Netz der unterhaltenen Informantinnen und Informanten, das er allerdings durchaus skeptisch hinsichtlich seines Nutzens kennzeichnete:

»Wenn Informanten eine Weile lang für uns gearbeitet haben, wissen sie, welche Informationen wir uns wünschen, und viele von ihnen fabrizieren dann jeweils passende Geschichten […] Aus diesem Grund versuchen wir immer, mehr als einen Informanten in ein und derselben Gruppierung zu haben. Drei Informanten in einer Gruppe von 30 Mitgliedern wären ideal. Sie dürften natürlich gegenseitig nicht von ihrer Existenz und ihren Aufgaben wissen, so können wir dann ihre separaten Berichte miteinander abgleichen.«[193]

Eine Einschätzung solcher Berichte aus dem Inneren des FBI und seines Informantennetzes wäre aber gänzlich unvollständig ohne die Nennung einer Gruppe von Materialien innerhalb dieses ›Genres‹, das eine ganz besondere, ganz eigene Wirkmacht und auch einen ganz eigenen Markt für sich gewonnen hat. Bereits 1968 sah die Veröffentlichung der so genannten *Valachi Papers*, eine Dokumentation der Undercover-Tätigkeit Joseph Valachis in der als *La Cosa Nostra* bekannt gewordenen Organisation. Seitdem sind immer neue Ermittlungsberichte aus dem Mafia-Kontext heraus publiziert worden.[194] Diese Texte waren und sind sehr unterschiedlich in ihrem Stil, nüchtern sachliche Dokumentationen stehen neben *true crime*-Sensationsstories, fast alle sind bei großen Publikumsverlagen in hohen Auflagen erschienen – mit Geschichten aus dem Kreis der Mafia konnte und kann man nach wie vor gutes Geld verdienen.[195] Solche Bücher fügten sich auch in ein popkulturell in Romanen, Spiel- und Dokumentarfilmen gezeichnetes Bild vom organisierten Verbrechen, der Insider-Report konnte die Gleichzeitigkeit von Schrecken und Faszination bedienen.

Einige dieser Bücher lieferten durchaus interessante Einblicke in die Art und Weise, wie Informanten in Gruppen des organisierten Verbrechens eingeschleust wurden und wie sie dort gearbeitet haben. Die zentrale und übergeordnete Funktion solcher Reports war indes eine andere: Obgleich sie sich eines sehr ähnlichen Modus der Enthüllung bedienten wie die Insider-Berichte zur Unterwanderung und Überwachung liberaler oder linker Gruppen oder Personen, stehen sie nicht *neben* diesen Publikationen, sondern ihnen *gegenüber*. Es sind keine Texte, die *informants* aus unzweideutig kriminellen Gruppen zu einem Szenario politischer Überwachung schlicht hinzufügten, sie dokumentierten nicht in erster Linie so etwas wie das ›zweite, unpolitische Standbein‹ des FBI-Informantensystems – dafür spielten die Untersuchungen des *Bureau* gegen das organisierte Verbrechen viel zu lange nur eine sehr untergeordnete Rolle im Selbstverständnis des Hoover-FBI. Zusammengenommen stellen sie nichts anderes als den Versuch dar, Notwendigkeit und Qualität einer geheimdienstlichen Politik zu rechtfertigen und zu restabilisieren – die neben Überwachungstechnologie nun einmal ganz elementar auf die Figur des Denunzianten setzte. Während die liberalen und linken Enthüllungstexte den bürgerrechtlichen Skandal ungesetzlicher Bespitzelung zum Thema hatten und die Berichte der Informantinnen und Informanten Schuld und Reue zum Ausdruck brachten, war der Denunziantenfigur in den Mafia-Berichten die positive Rolle des tapferen Helden zugedacht, zumeist mit einem beachtlichen Quantum aggressiv-heterosexueller Männlichkeit versehen.[196]

Die Rolle des FBI innerhalb der Strafverfolgungsinstanzen der Vereinigten Staaten ist eine besondere, und sie ist nicht zu unterschätzen. Die Muster des Denunziatorischen, wie sie sich in Justiz, Wissenschaft und Polizei ausgefächert haben, spitzen sich im *Bureau* in gewisser Weise zu, aber ohne dass das FBI die Logik dieses Verweissystems insgesamt verlässt. Im Gegenteil: Das FBI markiert einen Referenzpunkt des Denunziatorischen, der immer wieder durchscheint, es ist die Instanz, welche die in Justiz, Wissenschaft und Polizei etablierte Logik voranträgt und sie an anderen, auch unerwarteten gesellschaftlichen Knotenpunkten wirksam werden lässt.

3. *Moral Guardians & their Informers* – Krisen, Kriege und die Aufforderung zur Verteidigung Amerikas

»Paniken und Hexenjagden«, schreibt James Morone in seiner Studie über die Politik der Sünde in den Vereinigten Staaten, »gehören zu den Klassikern in Amerika: Nichts erregt die Menschen mehr, nichts lässt ihre Regierung schneller wachsen als ein von den Kanzeln donnernder Aufruf zum Kreuzzug gegen einen heimtückischen Feigling.«[1] Tatsächlich kann man die Geschichte der USA leicht als eine Abfolge von Kreuzzügen verstehen, von ›gut gemeinten‹, ›moralisch gerechtfertigten‹ Kampagnen, die zumeist zwei miteinander verbundene Ziele verfolgten: sich selbst, die eigene Nation von moralischer Verdorbenheit zu befreien und andere, Fremde im eigenen Land oder in Übersee, entlang von als amerikanisch deklarierten Wertmaßstäben zu ›reformieren‹.

So griffig die Metaphern vom moralischen Kreuzzug, der Panik oder der Hexenjagd auch sein mögen, so sehr verdecken sie Aspekte, die bereits Morone mit seinem Hinweis auf wachsende Regierungsmacht anspricht. Krisenszenarien des ausgehenden 19. und vor allem der ersten Hälfte des 20. Jahrhunderts machen deutlich, dass in diesem Zeitabschnitt neue, gouvernementale Machttechniken forciert wurden, die keineswegs weder mit dem Label der Irrationalität zu versehen waren noch primär etwas mit Tradition oder Werteerhalt zu tun hatten, auch wenn dies im Kern ihrer Rhetorik gestanden haben mag. Im Gegenteil: Mit Michel Foucaults Begriffen der Gouvernementalität und der Biomacht ließen sich diese Reformbemühungen und Strategien des Krisenmanagements als eine neue, ausgesprochen moderne und liberale Technik der Macht identifizieren. In seinen Studien zur Gouvernementalität betont Foucault die Bedeutung dieser spezifischen Machtform, die in modernen und liberalen Gesellschaften ihre vollständige Wirkung entfaltet. In ihr greifen Selbsttechnologien (Selbstregierung) und Machttechnologien (Regieren durch andere) auf der Ebene der Politik, der Moral und der Ökonomie ineinander. Diese neue Kunst des Regierens und dieses Zusammenspiel von Fremdführung und Selbstführung, Unterwerfung und Subjektwerdung verbreitete sich vor dem Hintergrund spezifischer gesellschaftlicher Verhältnisse in den entstehenden und sich entwickelnden USA seit Ende des 18. Jahrhunderts[2] und dynamisierte sich endgültig im Laufe der Industrialisierung, Immigration und Massenmedialisierung. Im ausgehenden 19. Jahrhundert kam es zu tiefgreifenden Transformationen in den USA: Staatliche Macht wurde unter Zuhilfenahme privater Agenturen ausgebaut, ›die Regierung‹ verstärkte den Zugriff auf die Bevölkerung, Kontrolle sowie der Grad der Regulierung nahmen zu.[3] Damit ging eine umkämpfte Veränderung der Vorstellungen von Privatheit und Öffentlichkeit einher, wie Morone es formuliert: »Vormals private Werte wie Reinheit und Tugend wurden öffentlich, sie wurden politisch.«[4] Dies betraf in erster Linie Frauen: Einerseits sollten sie mit ihrer als wesenhaft gedachten Tugend die anstehenden Reformen anleiten und antreiben, was eine deutliche Form von Ermächtigung bedeutete. Da sie damit aber in den männlich konzipierten Raum der Öffentlichkeit vordrangen, wurden sie andererseits zum Objekt von Anfeindungen und Kontrollmechanismen.[5] Zumal die *New Women* der US-Mittelschichten – die Reformerinnen, die Suffragetten, die gut ausgebildeten und vergleichsweise spät heiratenden Sozialarbeiterinnen, auch die Konsumentinnen – weniger Kinder zur Welt brachten als noch ihre Mütter. Dies ließ die rasch wachsenden Einwandererfamilien für viele Kommentatorinnen und Kommentatoren aus der weißen, protestantischen Mittelklasse besonders bedrohlich erscheinen.

Die *Progressive Era* ab etwa 1890 steht im Fokus dieses Kapitels. Es wird sich zunächst mit Moral und Sexualität (und damit im Wesentlichen mit Biopolitik) und dann mit dem Ersten Weltkrieg befassen. Dabei werde ich zeigen, dass Regierungen in den USA »nicht allein als Lehrer und Polizisten auftraten, also bewaffnet mit Sanktionsgewalt, sondern auch als Nachtwächter, der Werte und Weltanschauungen kontrollierte«.[6] Eine Nachtwächterrolle, so ist zu betonen, die nicht allein und nicht einmal primär Mitgliedern irgendeiner formellen Regierung zufiel, sondern von tragenden Säulen der hegemonialen Gesellschaft insgesamt ausgefüllt wurde.

Surveilling Vice – Moral und Sexualität als Objekte denunziatorischen Handelns

Im Juli 1914 publizierte Charlotte Perkins Gilman (1860–1935), die bedeutende Feministin und Reformerin, die Kurzgeschichte ›His Mother‹ in dem von ihr selbst herausgegebenen Magazin *The Forerunner*.[7] Darin erzählt Gilman die Geschichte Ellen Martins, die in ihrer Jugend ›den Fehler begeht‹, sich in einen Einwanderer aus Italien zu verlieben und ihn zu heiraten. Die Ehe ist bereits gescheitert, als der Gatte früh stirbt. Die Witwe widmet sich nun ganz ihrem Sohn Jack, doch dieser verlässt die Mutter, nachdem er eine junge Frau verführt hat, aber nicht bereit ist, die daraus erwachsende Verantwortung zu tragen. Ellen Martin wird bewusst, wie vielen Frauen eine solche Geschichte widerfährt, sie beginnt sich ernsthaft mit ›dem Thema‹ auseinanderzusetzen und »so she went into the business of girl saving«.[8] Sie wird Teil eines Netzwerks von sozial engagierten Frauen und besucht *settlement houses*, Reformeinrichtungen in den Slums der Großstädte. Sie entdeckt eine besondere Fähigkeit an sich, ihre Beobachtungsgabe – »learning much of those other watchers, always looking for fresh material for their dreadful trade«.[9] Also arbeitet sie als Detektivin für eine Organisation zur Bekämpfung des Mädchenhandels, und dabei spürt sie ihren Sohn wieder auf. Als sie ihn zur Rede stellt, erkennt sie Jacks Schuld, denn aus ihm ist ein Mädchenhändler geworden – sie selbst sorgt dafür, dass er der Polizei übergeben wird.

Gilmans Kurzgeschichte veranschaulicht die Vielschichtigkeit der gesellschaftlichen Debatte um öffentliche Sexualität in der *Progressive Era*. Es gab einflussreiche private und semi-private Organisationen, die sich des Themas annahmen und es mit großer Öffentlichkeitswirkung und großem eigenem Engagement vorantrieben. Angelpunkte dieser Bemühungen waren weiße, bürgerliche Auffassungen von Moral, Geschlecht und Sexualität, die aber untrennbar – das zeigt ›His Mother‹ überdeutlich – mit Vorstellungen von *race* und rassistischem Hierarchiedenken verbunden waren. Aus dieser Auffassung heraus profilierte sich ein kohärentes ›Täterbild‹, das neben afroamerikanischen Männern vor allem Migranten mit südosteuropäischem oder asiatischem Hintergrund umfasste.[10] Die Vorstellungen über diese Personengruppen waren wiederum anschlussfähig an umlaufende, nicht zuletzt politische Subversionsverdächtigungen, die zwischen 1880 und 1920 zu verschiedenen Anlässen aktualisierbar waren. All dies war notwendig eingebunden in ein umfassendes Wissen der eigenen Person, der eigenen Gruppe und ging einher mit dem Wunsch, sich selbst und das Gemeinwesen insgesamt zum Zwecke des Fortschritts zu optimieren. Die breite Debatte um Sexualität, Moral und Kriminalität in den Jahrzehnten um die Wende vom 19. zum 20. Jahrhundert konstituierte so einen umfassenden Macht-Wissens-Komplex, in dem der Anzeige bzw. Denunziation einer Beobachtung eine tragende Rolle zukam. Zur erfolgreichen Durchsetzung ihrer Anliegen setzten die oben erwähnten Organisationen oftmals Agenten, Detektive und Informanten ein, um Einblick in ›gefährliche‹ Orte und Zusammenhänge zu erhalten, doch entspann sich um diese Praxis ein komplexes Bedeutungsgeflecht.

Anthony Comstock, Allan Pinkerton und die ›Erfindung‹ des Agenten im *Gilded Age* und in der *Progressive Era*

Nach Ende des Bürgerkriegs entstanden in den Vereinigten Staaten neue Formen erotischer Literatur, die für die immer größer werdende Bevölkerungsgruppe junger, unverheirateter Männer in den rasch wachsenden Städten bestimmt waren. Massenhaft produziert auf neuen maschinellen Druckerpressen und überaus preiswert, waren die *pulp novels* und *story papers* auch über den Postweg zu beziehen, der für solche und andere Warensendungen durch die Einführung billiger Versandtarife attraktiv war.[11] Begleitet wurde das Aufkommen dieses neuen Schriftguts durch Versuche privater Organisationen und Netzwerke, Zensur und Verbote durchzusetzen. In New York City beispielsweise trat die *Young Men's Christian Association* (YMCA) auf den Plan. Bereits in einem Memorandum aus dem Jahre 1866 sieht die Gruppe einen unmittelbaren Zusammenhang zwischen der wachsenden Zahl junger, männlicher Erwerbstätiger, einer nachlassenden Verantwortung ihrer Arbeitgeber sowie den beengten Wohnverhältnissen in den innerstädtischen Mietshäusern auf der einen und der Verbreitung unmoralischer Literatur sowie einem Anstieg der Prostitution auf der anderen Seite.[12] Vor allem ein Mitglied des YMCA sollte in den nächsten Dekaden dafür sorgen, dass der Kampf gegen den ›Sittenverfall‹ in den großen Städten konstant auf der Tagesordnung blieb: Anthony Comstock (1844–1915).[13] Als maßgebliche Organisation für seine Lobbyarbeit und die polizeiliche wie juristische Umsetzung seiner Anliegen gründete sich aus dem YMCA heraus 1872 die *New York Society for the Suppression of Vice* (NYSSV), deren Vorsitz ebenfalls Comstock übernahm.[14] Ihr erstes Ziel war, ein Bundesgesetz auf den Weg zu bringen, das besagte Literatur und andere als obszön erachtete Inhalte aus dem

Postverkehr entfernen sollte. Man war sehr schnell erfolgreich, denn bereits 1873 verabschiedete der Kongress den *Act for the Suppression of Trade in, and Circulation of Obscene Literature and Articles of Immoral Use*. In den folgenden Jahren sollten zahlreiche Bundesstaaten dem Trend folgen und jeweils eigene, ›kleine‹ *Comstock Laws* verabschieden, die nicht mehr unbedingt nur den Postverkehr betrafen, sondern auch Verkauf und Erwerb als obszön eingeschätzter Bücher, Bilder oder auch Gegenstände verboten.[15] Allerdings war damals die Koppelung von als obszön oder pornografisch eingeschätzter Literatur oder Kunst mit Aspekten von Empfängnisverhütung und Abtreibung durchaus kontrovers; auch medizinische Bücher und Produkte konnten so zum Stein des Anstoßes und Ärztinnen und Ärzte inkriminiert werden.[16] Trotzdem wurden die *Comstock Laws* von den zuständigen Gerichten in ihren Grundsätzen für verfassungskonform erklärt, und ihre dehnbaren Formulierungen bestimmten den juristischen Umgang mit Moral und Unmoral in den USA für einen Großteil des 20. Jahrhunderts. Comstock selbst kam bei der Durchsetzung der gesetzlichen Bestimmungen eine entscheidende Rolle zu: Er wurde zum offiziellen Sonderermittler der Bundespost ernannt. Damit stand er nun einer Behörde vor, die beinahe Polizeigewalt innehatte, und war in der Position, Untersuchungen anzustreben und durchzuführen, Verhaftungen selbst vorzunehmen sowie Verfahren anzustrengen. Diese betrafen Straßenverkäufer von pornografischen Postkarten ebenso wie Kunsthändler und Antiquariate, Künstlerinnen und Künstler, Intellektuelle und die Gruppe der Freidenker.[17]

Um ihre Ziele zu erreichen, waren Comstock und Gleichgesinnte auf regen und beständigen Zufluss von Informationen angewiesen.[18] Hierzu bediente man sich zumeist einer Methode der verdeckten Ermittlung, zumal das tatsächliche Öffnen von Post aufgrund des Briefgeheimnisses in der Regel untersagt war. Stattdessen besuchte man die Absender als verdächtig aufgefallener Postsendungen bzw. die in Zeitungsanzeigen genannten Geschäfte unter dem Vorwand, eines der dort angebotenen Produkte erwerben zu wollen. Auf Basis dieses so beschafften Beweismaterials übergab man anschließend den Fall an die Justizbehörden; in den nachfolgenden Verfahren traten Organisationen wie die NYSSV als Ankläger ebenso wie als Beweisführende auf. Es war die Verknüpfung von moralischem Eifer, persönlicher Geltungssucht und juristischem Kalkül mit dem spezifischen Vorgehen bei den Ermittlungen, den Täuschungen und Verschleierungen, die dafür sorgten, dass solche Anstrengungen in den Zentren ihres Wirkens, in New York City oder auch in Boston, bei vielen Kritikerinnen und Kritikern in großen Verruf gerieten.[19] An Comstock und seine Mitarbeiter heftete sich jene tiefsitzende Missbilligung, die in den USA mit Vorstellungen zentralisierter Polizeigewalt und einem Spitzelwesen einherging. Diese Befürchtungen hatten seit Mitte des 19. Jahrhunderts beständig an neuer Nahrung gewonnen und durch die Aktivitäten der NYSSV und ähnlicher Gruppen eine Aktualisierung erfahren. Comstock nahm in Publikationen zu diesen Vorwürfen Stellung, etwa in seinem wohl bekanntesten Werk *Traps for the Young* (1883).[20] In einem Abschnitt des Buchs widmete er sich ausführlich einer Kritik von Courtlandt Palmer,[21] die dieser kurz zuvor im New Yorker *Observer* veröffentlicht hatte. Palmer bezeichnete darin das *Comstock Law* unter anderem als verfassungswidrig, unnötig und unsinnig.[22] Des Weiteren betonte er den in seinen Augen unrepublikanischen Charakter des Gesetzes, der sich vor allem in der problematischen Doppelfunktion von Verfolgung und Verhaftung in den Händen einer ausdrücklich religiös motivierten Vereinigung wie der NYSSV zeige; die Trennung von Staat und Kirchen sei konstitutiv für die Vereinigten Staaten und durch das Gesetz bedroht. Schließlich bezeichnete Palmer die Durchsetzung des Gesetzes als unmoralisch:

»In seiner Absicht, Moral aufrechtzuerhalten, unterminiert das Gesetz selbst die Moral. [Die *Society*] verwendet unmoralische Hilfsmittel und Methoden zur Durchsetzung des Gesetzes. Damit meine ich vor allem ein System von Spionage und Täuschung – Begriffe, die nichts anderes als Lüge bedeuten. Ist es nicht schon unangenehm genug, dass der Staat auf den Knüppel des Polizisten und die kunstvollen Lügen der Detektive angewiesen ist? Für eine christliche Vereinigung wie die *Society* erscheint es mir schlicht monströs, auf solche Maßnahmen zurückzugreifen.«[23]

Comstock antwortete auf jeden einzelnen Kritikpunkt, in erster Linie mit einer Aufzählung von Präzedenzurteilen vor Gerichten. Besonders arbeitete er sich am Vorwurf der Unmoral ab, und seine Replik war harsch: Unmoralisch und betrügerisch seien einzig die Praktiken der Täter, namentlich deren Anzeigen in Magazinen seien die Fallen, mit denen junge Männer und Frauen bewusst getäuscht würden.[24] Er selbst, seine Mitarbeiter sowie die Polizeioffiziere würden nur ihre staatsbürgerlichen Rechte verfolgen, Gesetzesbrecher aufspüren und dingfest machen; dazu sei ihr Vorgehen durch Gerichtsurteile abgesichert.

Comstock wich an dieser Stelle den eigentlichen Anschuldigungen seiner Kritikerinnen und Kritiker aus, auf die Vorwürfe unmoralischen Verhaltens antwortete er rein legalistisch und ohne auf Palmers religiöse Argumentation einzugehen. Sowohl die Ausführlichkeit der Antwort als auch ihr ausweichender Charakter verweisen auf die zeitgenössische Brisanz des Vorwurfs von Spionage und mutwilliger Täuschung. Comstock, die von ihm initiierten Gesetze und ihre spezifische Überwachung wie Durchsetzung waren Teil einer größeren Debatte, in der es um die Rollenverteilung zwischen privater und öffentlicher Polizei sowie deren jeweilige Befugnisse ging. Und diese Kontroverse hatte vor allem mit dem Auftauchen und Wirken einer zweiten Person zu tun, von der Comstock wichtige Merkmale seines Vorgehens adaptiert hatte: Allan Pinkerton (1819–1884), Begründer der nach ihm benannten Detektei.[25]

Vor der Mitte des 19. Jahrhunderts existierten in den Vereinigten Staaten keine professionellen Polizeitruppen.[26] Stattdessen setzte man, aus einem grundsätzlichen Verständnis von Föderalismus heraus und wegen Vorbehalten gegenüber berufsmäßigen Ordnungskräften, auf das aktive Staatsbürgerschaftsverständnis der Bevölkerung. Auf dem Lande beschützte man sich gegenseitig,[27] und in den Städten gab es ein Nachtwächter-System, das ein tradiertes Ideal und Symbol amerikanischen Demokratieverständnisses war und die männlichen Bürger in die Pflicht nahm. Das 1829 etablierte Reformmodell der *London Metropolitan Police* wurde zwar intensiv studiert und zumeist gelobt, zu ähnlichen urbanen Polizeien konnte man sich in den USA jedoch erst etwas später durchringen: New York City machte 1845 den Anfang, Cincinnati, New Orleans, Boston, Philadelphia und Baltimore folgten bis 1857. Die Gründung der Chicagoer Polizei im Jahr 1855 erfolgte bezeichnenderweise drei Monate, nachdem Pinkerton im gleichen Bundesstaat, in Illinois, seine erste private Polizeitruppe aufgebaut hatte, aus der die *Pinkerton National Detective Agency* hervorgehen sollte.[28] Polizeieinheiten mit Befugnissen, die für ganze Bundesstaaten ausgelegt waren, gab es mit Ausnahme von Texas nicht, von solchen mit grenzüberschreitenden Kompetenzen ganz zu schweigen. Dies änderte sich erst nach Ende des Bürgerkriegs allmählich, und es überrascht nicht, dass das 1870 neu installierte *Department of Justice* seine Ermittlungen zunächst von den *Pinkertons* erledigen ließ.[29]

Das parallele Entstehen von offiziellen wie privaten Polizeien lässt sich aus einigen sozialen Entwicklungen dieses Zeitraums und ihren Folgen erklären.[30] So machte es die zunehmende Entstehung überregionaler Märkte notwendig, Betrug oder Vertrauensbruch im Geschäftsleben auch außerhalb enger lokaler Grenzen verfolgen zu können. In den Fabrikstädten musste das neue Proletariat entlang der Anforderungen eines industriellen Arbeitstags reguliert werden, und in den Metropolen verband sich dies mit dem Streben, das ›fremde‹ Auftreten der Einwanderinnen und Einwanderer zu kontrollieren. Private Organisationen wie etwa die *Pinkertons* waren für dieses neue System maßgeblich wichtig, denn es war keineswegs ausgemacht, behördliche Instanzen mit Kompetenzen auszustatten, die eine Verfolgung von verdächtigen Personen jenseits enger lokaler oder regionaler Zuständigkeiten ermöglichten. Private Detekteien waren damit eine notwendige Ergänzung und Erweiterung der offiziellen städtischen Polizeien und konnten jene ›Verbrechen‹ bekämpfen, die für die überregional operierenden Unternehmer bedrohlich waren. Für die frühe Arbeiterbewegung wurde die Präsenz der privaten, von Unternehmerseite engagierten Polizeiagenturen darüber hinaus zu einer permanenten und ihre Existenz massiv bedrohenden Gefahr.[31] Hinzu kam, dass mit den erweiterten Aufgaben neben der polizeilichen Kernfunktion, die Bevölkerung zu schützen, die Operationen Vorbeugen und Ermitteln immer bedeutsamer wurden. Mit diesen aber gingen jene gering geschätzten, mit unethischer Täuschung verknüpften detektivischen Handlungen einher. Deren Durchsetzung war durchaus kontrovers, und sie wurden dabei oft mit europäischen ›Polizeistaaten‹ in Verbindung gebracht, wozu auch der Einsatz von Informanten beitrug.[32] Dies zeigen nicht zuletzt die Texte Allan Pinkertons selbst. Darin ging es ihm zunächst darum, Professionalität und Respektabilität für seinen Berufsstand zu erreichen. Zu diesem Zweck veröffentlichte er 1867 seine Richtlinien für korrekte Agententätigkeit in einem Handbuch, in dem er insbesondere die Prinzipientreue seiner Agenten betonte sowie die Überzeugung, dass der ständige Kontakt zu Verbrechern die Integrität seiner Mitarbeiter nicht korrumpiere.[33] Daneben verfasste Pinkerton auch populäre Erfahrungsberichte, mit denen der Detekteibegründer einerseits vom aufkommenden Trend der *crime novels* und *pulp magazines* profitieren wollte, die er andererseits aber auch zur Rechtfertigung der Arbeit seiner Agentur schrieb.[34] Pinkerton wusste, dass seine Profession schlecht angesehen war, »ein Beruf, auf den die meisten Menschen mit Abscheu herabblicken« und der »von prinzipienlosen Abenteurern in den Schmutz gezogen wurde, bis das Wort ›Detektiv‹ gleichbedeutend mit ›Schurke‹ geworden war«.[35] Dagegen verwahrte er sich, wenn er schrieb:

»Während Gott für den Trost der Seele sorgt und der Arzt die Leiden des Körpers lindert, reinigt der Detektiv die Gesellschaft von ihrem Schmutz, macht er das hässliche Gesicht des Verbrechens sichtbar, das sonst im Dunklen weiter wachsen könnte. Ganz allgemein dient er dem Wohle der Menschheit, indem er beweist, dass Missetaten, ganz gleich, wie gekonnt sie vertuscht werden, mit Sicherheit aufgeklärt und die Täter bestraft werden können. Um Verbrechen zu vermeiden, bedarf es der Angst vor dem Detektiv.«[36]

Als Pinkerton 1884 starb, waren die *Pinkertons* und andere private Polizeitruppen etabliert und fester Bestandteil namentlich in den häufigen und vielfach gewalttätigen Auseinandersetzungen im industriellen Sektor. Damit verband sich die Durchsetzung und Akzeptanz bestimmter Methoden der Polizeiarbeit, die man heute zusammenfassend als verdeckte Ermittlungsformen bezeichnet. Für Anthony Comstock und andere hatte das mehrere Konsequenzen: Zunächst gab es die Möglichkeit der Zusammenarbeit, und in der Tat engagierte die NYSSV mitunter Agenten der *Pinkertons* – allerdings ohne dies besonders zu betonen, denn bezeichnenderweise waren »ihre Vorgehensweisen bisweilen nicht mit den Gesetzen vereinbar«, wie man selbst einräumte.[37] Sie stellten ihnen ferner, und das war nachhaltiger, mit der teilnehmenden Beobachtung bzw. der verdeckten Ermittlung eine Technik zur Verfügung, die es ihnen ermöglichte, in soziale Bereiche einzudringen, die ihnen bislang verschlossen waren; und dazu gehörten neben den Zirkeln von Intellektuellen und Freidenkern vor allem die Räume unterbürgerlicher, migrantischer Gruppen in den großen Städten. Und schließlich verband sich mit ihnen die Möglichkeit, Subjektivierungspolitik zu betreiben. Biopolitik, die systematische Sorge darum, aus individuellen Körpern einen gesunden und leistungsfähigen Kollektivkörper zu formen, war ein Motor bürgerlich-weißer Subjektbildung; durch sie und mit ihr entstand das urbane, ›weiße‹ Reformbürgertum. Obgleich Comstock und seine Kreuzzüge gegen Schmutz und Sittenverfall noch den Stempel des moralisch-religiösen Konservatismus trugen, bereiteten sie doch den wissenschaftlich-fortschrittlichen Reformeifer vor, der die Jahrzehnte der *Progressive Era* prägen würde.

Die historische Forschung bewertete den Zeitabschnitt zwischen etwa 1890 und 1920 sehr lange Zeit als Fortschritts- und Erfolgsgeschichte, als eine Periode von Engagement und wissenschaftlich angeleiteten sozialen Experimenten, eine Zeit, in der eine breite Koalition aus dem urbanen Bürgertum Missstände anprangerte und Reformen in zahlreichen gesellschaftlichen Feldern auf den Weg brachte – die Entflechtung der großen Wirtschaftskartelle, die Dokumentation und Bekämpfung der Armut in den großstädtischen Slums, die Verbesserung der Arbeitsbedingungen und hygienischen Zustände in der Industrie, die Einführung des Frauenwahlrechts auf Bundesebene, das Alkoholverbot, um nur einige zu nennen. Die Vereinigten Staaten waren aus dieser Perspektive erfolgreich auf einer Suche nach Ordnung, der *Search for Order*, wie der Titel von Robert Wiebes klassischer Darstellung dieser Epoche lautet – und sie waren dabei erfolgreich.[38] Seit einiger Zeit wandelt sich das historiografische Bild dieser Jahre – Brüche, Kosten und Opfer des *Progressive Movement* werden nunmehr stärker betont. Rassismus, Sexismus, Klassenkämpfe und Imperialismus werden mehr und mehr nicht allein aufgedeckt, sondern als integrale Bausteine der neuen Reformordnung gedeutet.[39]

Ein wichtiges Denkmodell für dieses gesellschaftliche Projekt stellte die teilnehmende Beobachtung dar, die in die Technik der aktiven Unterwanderung von Personengruppen und Räumen mündete. Die »Undercover-Technik war mit der Logik progressiver Reform verwoben«, wie es Jennifer Fronc formuliert.[40] Mit dieser neuen Ermittlungsmethode, so glaubte man, sei ein unverfälschter Blick hinter die Kulissen vieler gesellschaftlicher Missstände möglich, sie erlaube einen unmittelbaren und dem neuen, sozialwissenschaftlichen Zeitgeist gerecht werdenden Zugang zur Wahrheit. Um Fehlentwicklungen offenzulegen, mussten sie zuerst entdeckt werden. Dazu musste man sich den Objekten der Untersuchung möglichst dicht annähern und beinahe eins mit ihnen werden. Die Technik machte bürgerliches Engagement möglich, gerade auch für Frauen, die auf diese Weise ihrem Idealbild der Bewahrerin von Moral und Rechtschaffenheit entsprechen und sich gleichzeitig neue Optionen und Räume in der Öffentlichkeit erkämpfen konnten – was sie aber auch zugleich zu einer Zielscheibe von Regulierungen machte.[41] Es bildeten sich Expertinnen und Experten heraus, und mit ihnen entstand soziales Wissen, das zu einem Rohstoff der gouvernementalen Macht wurde.

Die Technik der verdeckten Ermittlung, diese Taktik der Camouflage, trat im *Progressivism* in verschiedenen Varianten auf. Sie war bedeutsam für den neuen investigativen Journalismus, zeitgenössisch als *muckraking* bezeichnet.[42] So genannte *girl stunt reporters* schleusten sich seit den 1880er Jahren ›getarnt‹ in Institutionen und Unternehmen ein, die ihnen eigentlich verschlossen waren, und berichteten über ihre Erfahrungen und Eindrücke, zumeist um skandalöse Zustände aufzuzeigen.[43] Diese Form der Reportage wurde sehr beliebt, und ähnliche Geschichten kamen in populären und dem *muckraking* verpflichteten Magazinen heraus. In erster Linie galt es, über Formen urbaner Frauenarbeit zu berichten und deren Schattenseiten und Gefahren plakativ offenzulegen. So erschienen etwa Reportagen über den Dienstmädchensektor, den Kellnerinnenberuf oder den Beruf der Warenhausverkäuferin. Durch ihre Täuschungsmanöver gelangten die jungen Journalistinnen aus bürgerlichen Elternhäusern in eine Welt von nie enden wollender Arbeit und Ausbeutung, sie gerieten aber auch in Kontakt mit den Reizen der unterbürgerlichen Freizeitvergnügen – und beides bot Anlass für Aufregung und Kontrolle.[44] Nach der Jahrhundertwende verlor diese Form des Journalismus von Frauen an Präsenz, doch blieb die investigative Undercover-Technik für das *muckraking* weiterhin wichtig.[45]

Der Historiker Mark Pittenger hat die fließenden Übergänge zwischen dem Journalismus der *Progressive Era* und den neuen Sozialwissenschaften unterstrichen.[46] Reporter wie Forscher waren von dem Wunsch geleitet, eine unbekannte, ebenso abstoßend wie faszinierend imaginierte unterbürgerliche Welt zu erkunden – wodurch sie diese aber erst selbst herstellten. Die Vertreter der entstehenden Soziologie vertrauten nicht allein ihren Interviews, sondern ergänzten und erweiterten diese durch Formen teilnehmender Beobachtung. Darin sahen sie eine Methode, um den unterbürgerlichen Untersuchungsobjekten möglichst nahe zu kommen und Vorstellungen von Objektivität gerecht zu werden.[47] Und wie im Fall des investigativen Journalismus waren es oft Frauen, die hier erfolgreich waren und deren Publikationen wichtig wurden.[48] So brachte beispielsweise Annie Marion MacLean 1899 einen Aufsatz mit dem Titel ›Two Weeks in Department Stores‹ heraus und setzte damit Standards für teilnehmende Beobachtung. Darin verband sie ihren wissenschaftlichen Zugang ausdrücklich mit gesellschaftspolitischen Aufgaben: »Inhumane und demoralisierende Zustände müssen beseitigt werden. Einige der hier zu beobachtenden Übel könnten rasch durch Verordnungen und gewissenhafte Inspektionen abgestellt werden.«[49] Einige Jahre später äußerte sie sich nochmals ausführlicher zum gesellschaftlichen Wert und Nutzen ihrer und vergleichbarer Studien: »Für den Forscher, den Philantropen und den Gesetzgeber enthalten sie Vorschläge für konstruktives Eingreifen, in der Öffentlichkeit können sie ein Gefühl für Verantwortung wecken, und für den Werktätigen selbst können sie einen Funken Hoffnung auf eine bessere Zukunft enthalten.«[50] Deutlich wird der untrennbare Zusammenhang zwischen Aufdeckung, Aufklärung, Appell und schließlich Regulierung mit dem Ziel, Fortschritt und Moderne zu beflügeln; die Zukunft der studierten Objekte wurde dabei wohlwollend mitgeplant.

Indem MacLean die Philanthropie ansprach, rief sie eine weitere Säule des zeitgenössischen Willens zum Wissen auf. *Settlement houses* lassen sich ebenfalls als eine Form der teilnehmenden Beobachtung begreifen, gleichwohl erfolgte ihr Wirken keineswegs verdeckt, sondern ausdrücklich offen und sichtbar.[51] Ohne ihren wohlgemeinten Reformoptimismus gering zu schätzen, waren die in der *settlement*-Bewegung Aktiven doch auch Türöffner normalisierender Blicke des weißen Bürgertums auf urbane Unterschichten mit zumeist migrantischem Hintergrund.[52] Sie erfüllten die Rollen früher Sozialarbeit, indem sie angekündigte wie unangekündigte Hausbesuche, die Anfertigung umfassender Dossiers, die Abfassung von Pamphleten für die interessierte Öffentlichkeit sowie nicht selten prohibitive oder zensierende Regulationsinitiativen miteinander verbanden. Dies wird besonders eindrücklich im Zusammenhang mit einer Veröffentlichung aus dem Jahre 1913, die von Robert Woods und Albert Kennedy, zwei Mitarbeitern der *National Federation of Settlements*, herausgebracht wurde.[53] Darin wurden die Ansichten zur Situation junger Frauen in den Großstädten von 2.000 (so die Angabe des Buchtitels) Sozialarbeiterinnen und Sozialarbeitern gesammelt, ausgewertet und kommentiert einer breiten Öffentlichkeit vorgelegt; es entfaltete sich darin die Gewissheit, dass gebündeltes Wissen und dessen rationelle Auswertung und Übersetzung in praktische Arbeit der Königsweg zur Umgestaltung des Gemeinwesens sein sollten. Die *settlements* waren somit Ausbildungsstätten für junge Männer und (vor allem) Frauen aus der Mittelschicht, die dort die notwendigen Techniken zur Wissensproduktion erlernten; ein Wissen, das im Zentrum des biopolitisch-gouvernementalen Rahmens des *Progressivism* stand.[54]

Der medizinische Bereich kann gut zur Veranschaulichung dieses Trends dienen. Die Entwicklung der modernen Medizin sorgte für den Ausbau eines gesundheitspolitischen Überwachungsapparats in den USA.[55] Mit der Erkenntnis, dass Bakterien und Viren für ansteckende Krankheiten verantwortlich sind, verband sich die Logik, Verbreitungswege kennen und unterbrechen zu wollen. Neben der medizinischen Ansteckungsgefahr spielte dabei auch die Furcht vor der ›sozialen Kontaminierung‹ eine wichtige Rolle.[56] Dieses Versprechen, Krankheiten und damit auch (soziale) Reinheit kontrollieren zu können, ging einher mit der Furcht vor privater Enthüllung – gerade im Zusammenhang mit stigmatisierenden Erkrankungen wie Tuberkulose und Geschlechtskrankheiten. Im Zusammenhang mit den nativistischen, rassistischen und sexistischen Spannungen der Jahre zwischen 1890 und dem Ende des Ersten Weltkriegs kam solchen Krankheiten einige Bedeutung zu, zumal unter Berücksichtigung der explodierenden *yellow press* und ihrem Interesse an Skandalen. Von Tuberkulose waren in erster Linie die Armen in den Großstädten betroffen, kürzlich eingewanderte oder afroamerikanische Menschen. Zwar legten medizinethische Richtlinien um die Jahrhundertwende fest, dass nur Ärzte (und die wenigen Ärztinnen) ansteckende Krankheiten sicher diagnostizieren und an die entstehenden Gesundheitsbehörden melden durften, aber sie waren dabei in der Regel auf Vorfeldinformationen angewiesen. In den 1890er Jahren forderte das *Board of Health* der Stadt

New York private und öffentliche Institutionen auf, Fälle von Tuberkulose mit dem Namen des oder der Betroffenen anzuzeigen; 1897 wurde eine solche Meldung dort verpflichtend.[57] Weil Tuberkulose in hohem Maße mit einer weiteren urbanen Problemwahrnehmung verbunden werden konnte, nämlich mit den sanitären Verhältnissen in den Wohngebieten der Armen, erklärten sich zahlreiche Gruppen und Einzelpersonen berufen, dem Übel entgegen zu treten und betroffene Quartiere zu melden. In der Folge setzte eine Routine ein: Akten wurden angelegt und Informationen zum Leben des Patienten oder der Patientin sowie zu den Familien- und Wohnverhältnissen, inklusive Sauberkeit, Ernährung usw. in einem zentralen Register gesammelt. »So entstand nicht nur eine Gelegenheit für Hilfeleistungen, sondern auch für Anleitung. Dies galt insbesondere für Immigrantenfamilien, die oft so wahrgenommen wurden, als bräuchten sie eine Unterweisung in amerikanische Hygienestandards.«[58] Im so etablierten Zusammenhang zwischen Klassen- und Rassenzuschreibungen einerseits und Krankheit andererseits zogen gerade solche Personen präventiv-regulierende Blicke auf sich, die in der Lage waren, die sorgsam überwachten Grenzen zu überschreiten, etwa afroamerikanische oder chinesische Wäscherinnen.[59] Auch Hebammen waren eine solche Gruppe. Fronc berichtet, dass 1906 eine private Organisation in New York City eine Krankenschwester damit beauftragte, diejenigen Frauen mit Migrationshintergrund zu beobachten, die an den Upper und Lower East Sides Manhattans ohne formelle Ausbildung als Hebammen tätig seien. Dabei sollte sie sich als Angehörige des offiziellen *Board of Health* ausgeben, auch auf Hinweise illegal durchgeführter Abtreibungen achten und später einen ausführlichen Bericht verfassen, der dann an die formell zuständigen Behörden weitergeleitet werden sollte.[60]

Diese inhärente Spannung zwischen dem Versuch, einerseits Krankheiten einzudämmen und andererseits normalisierend zu führen, lässt sich auch für den gleichfalls biopolitisch aufgeladenen Bereich der Geschlechtskrankheiten zeigen.[61] In noch stärkerem Umfang als im Fall der Tuberkulose galt es, Diagnose und Verantwortung nach Kategorien von *class*, *race* und *gender* zu selektieren. Hatte man bei den der Prostitution verdächtigten, bezichtigten oder angezeigten Frauen keine Bedenken, gesundheitspolitische Maßnahmen durchzusetzen, so galt das für ihre Freier meist nur sehr bedingt.[62] Dies änderte sich im Zuge der progressiven Reformanstrengungen, die den Kampf gegen den kommerzialisierten Sex zu einem ihrer Kernanliegen machten.[63] In diesen Bemühungen zeigte sich aber auch die Heterogenität des *Progressive Movement* insgesamt, denn während einige Gruppen auf

Kontrolle und Regulation setzten, forderten gerade Feministinnen ein vollständiges Verbot der Rotlichtbezirke sowie eine Kriminalisierung auch der Freier.[64] So war die Einführung verpflichtender medizinischer Untersuchungen für Prostituierte in New York City 1910 äußerst umstritten, kam diese Maßnahme doch für viele einer Legalisierung gleich.[65] Nachdem während des Ersten Weltkriegs immer stärker medizinische Aspekte in die Debatte eingeflossen waren, trat die Rede vom käuflichen Sex als moralischer ›Sünde‹ noch stärker in den Hintergrund. In den 1920er Jahren und im Nachklang der *white slavery*-Auseinandersetzungen etablierten sich bisweilen sogar groß angelegte Bestrebungen, Freier anstelle von Sexarbeiterinnen zu kriminalisieren.[66] Der Historiker Angus McLaren machte in diesem Zusammenhang auf die Möglichkeiten der sexuellen Denunziation aufmerksam, die sich sowohl aus Prostitution als auch aus Geschlechtskrankheiten und vor allem aus der Kombination aus beiden ›Tatbeständen‹ ergab.[67] Mit der Drohung, das Verhalten und/oder die womöglich daraus resultierenden Folgen bekannt zu machen, ließ sich unter Umständen Geld verdienen; ein deutliches Indiz dafür, dass es die biopolitische Verknüpfung von Sexualität und Gesundheit war, die das Entstehen und die Ausbildung überwachender und sanktionierender Reformen vorantrieb.

Wenn verdeckte Überwachung und eine Taktik der Camouflage im *Gilded Age* ›erfunden‹, kulturell durchgesetzt und anschließend zu einem Kernbaustein in der Epistemologie des *Progressive Movement* wurden, dann können als deviant eingeschätzte Formen von Sexualität als deren bevorzugtes Einsatzgebiet angesehen werden. In ihnen bündelten sich Imaginationen und Anstrengungen der Reformerinnen und Reformer.

White Slavery, junge Frauen und die Ambiguität der sexuellen Denunziation

Als im November 1913 der Spielfilm *Traffic in Souls* in New York City uraufgeführt wurde, war der Andrang interessierter Menschen so groß, dass beinahe 1.000 von ihnen der Eintritt ins Premierentheater verwehrt wurde. Insgesamt sahen den Film in der ersten Woche über 30.000 Zuschauerinnen und Zuschauer; er lief in New York allein in 28 Theatern.[68] Die *white slavery*-Debatte hatte an Fahrt aufgenommen, nachdem Zeitschriftenberichte, Romane, Theaterstücke und nicht zuletzt die Veröffentlichungen von sozial aktiven Reformerinnen und Reformern die bürgerliche Öffentlichkeit für die vorgebliche Bedrohung durch organisierten Mädchenhandel und Prostitution sensibilisiert hatten.[69] Der *Mann Act* war 1910 verabschiedet worden, nationale wie internationale Kongresse und Anhörungen hatten das Feld für eine solche Initiative bereitet.[70] Filmhistorisch bedeutsam wurde *Traffic in Souls* vor allem durch seine narrative Breite und seine künstlerische Qualität. Doch auch in sozial- wie kulturhistorischer Perspektive erweist sich der Film als aufschlussreich, er gilt als ein Meilenstein auf dem Weg zum *social problem film* und bündelt ein dichtes, facettenreiches Gewebe umlaufender Diskurse zu einer eigenen, prägnanten Aussage.[71] Der Film erzählt die Geschichte einer jungen Verkäuferin, Lorna Barton (Ethel Grandin), die sich von einem Verehrer verführen lässt, ohne zu ahnen, dass er zum organisierten Verbrechen gehört und sie schließlich in ein Bordell bringen wird. Von dort wird sie am Ende vor allem durch die Bemühungen ihrer Schwester Mary (Jane Gail) befreit, der es gelingt, ein Netzwerk von Korruption und kriminellen Machenschaften zu entlarven und die Polizei auf die Spur des Mädchenhändlerrings zu bringen. So weit entspricht die Geschichte dem Standard der *white slavery*-Narrative der Zeit. An zwei Punkten allerdings weicht der Film davon ab: Erstens zeichnet *Traffic* ein sehr positives Bild der Polizei als Aufklärungsinstitution – gemeinhin galten die lokalen Polizeitruppen vielen reformorientierten Bürgerinnen und Bürgern eher als Teil des Problems denn als Teil seiner Lösung.[72] Und zweitens stellt sich im Verlauf von Mary Bartons ›Ermittlungen‹ heraus, dass der Vorsitzende der (fiktionalen) *International Purity and Reform League*, William Trubus (William Welsh), zugleich der Kopf der Verbrecherbande ist. Seine Reformrhetorik ist nichts anderes als eine Camouflage für kriminelles Handeln im großen Stil.

Es sind genau diese ›Ermittlungen‹ der wichtigsten Filmfigur, die anschlussfähig an meine Überlegungen zum Denunziatorischen in den *white slavery*-Debatten und deren produktiven, Subjektpositionen hervorbringenden Charakter sind. Mehr noch als seine zahlreichen Helferinnen und Helfer ist Trubus eine Hinterzimmerfigur, er überwacht die Abläufe in den Schaltzentralen seines Verbrecherrings mit Hilfe technischer Apparate, die ihn alles Notwendige sehen und hören lassen, ohne selbst in Erscheinung treten zu müssen.[73] Mary Barton verschafft sich Eingang und Einsicht in diese machtvollen Räume, sie wird zu einer suchenden, beobachtenden, entdeckenden Undercover-Agentin.[74] Sie stößt dabei auf die technisch ausgefeilten Apparate ihres neuen Arbeitgebers und es gelingt ihr, Beweismaterialien aufzuzeichnen, auf deren Grundlage die Polizei aktiv wird und die Schwester just in dem Augenblick befreit, in dem sie gewaltsam zur Prostitution gezwungen werden soll.[75]

Mary Bartons Engagement wird zumeist (und zu Recht) vor dem Hintergrund des Modells getrennter Geschlechtersphären diskutiert.[76] Sie, die ›gute Schwester‹, die ihren alten, invaliden Vater pflegt, vereinigt Häuslichkeit und viktorianisches Frauenideal mit sozialem Engagement und Progressivismus, was ihr Ausgreifen in den öffentlichen Raum erfordert. Darüber hinaus steht die Figur auch stellvertretend für die Debatten über die Anwendung und Ethik verdeckter Ermittlung. Mit der Einsicht in die Notwendigkeit zur Beschaffung von Informationen aus dem Inneren der als reformbedürftig eingeschätzten Räume der (urbanen) Gesellschaft – den Verbrechergruppen, aber auch den *sweat shops* oder den privaten Quartieren der Immigrationskulturen – entstand die Figur des teilnehmenden Beobachters, die gerade auch weiblich, weil scheinbar unverdächtig, ausgefüllt werden konnte. Diese Figur erhielt den Auftrag zur Berichterstattung und zur Zeugenschaft, ohne diese Aufgaben war sie im Grunde bedeutungslos. Das Beispiel *Traffic in Souls* zeigt anschaulich, wie sehr dieser Gedanke in zeitgenössischen Imaginationen präsent war.

Zwei New Yorker Reformgruppen sollen in diesem Zusammenhang einem genaueren Blick unterzogen werden: das *Committee of Fifteen* sowie dessen Nachfolgeorganisation, das *Committee of Fourteen*. Beide wurden von reformorientierten Männern und Frauen mit dem Ziel gegründet, Aufklärungs- und Lobbypolitik zu betreiben, um die Anwendung bestehender Gesetze durchzusetzen und neue auf den Weg zu bringen, die im Sinne ihres Moralverständnisses zum Kampf gegen ›Sittenverstöße‹ beitragen sollten. Das *Committee of Fifteen* wurde im November 1900 gegründet und seine Aktivitäten beschränkten sich auf das folgende Jahr, dann löste es sich bereits wieder auf.[77] Als seine Aufgabe formulierte es, »die Tätigkeiten der zuständigen Behörden sorgsam zu beobachten, das heißt ob sie ihren gesetzlichen Pflichten zur Verhinderung und Bekämpfung jeglicher Sittenvergehen in vollem Umfang nachkommen«.[78] Ein Hauptaugenmerk der Aktivistinnen und Aktivisten war das *Raines Liquour Law* aus dem Jahre 1896, das den Ausschank von Alkohol in den Wohnvierteln der Stadt sowie an Sonntagen stark einschränken sollte. In den Augen vieler war das Gesetz völlig unzureichend und galt einige Jahre nach seiner Verabschiedung sogar als Prostitution und Korruption fördernd.[79] Das *Committee of Fifteen* sah sich veranlasst, die seiner Ansicht nach zahlreichen Verstöße öffentlich zu machen. Auch den *Tenement House Act* von 1901, der eine strikte Trennung der innenstädtischen Wohnquartiere von Gewerberäumen vorsah, nutzte das *Committee* in seinem Sinne.[80] Um Zuwiderhandlungen aufzudecken und zu brandmarken, bediente man sich zunächst der Zusammenarbeit mit der Polizei. Man veranlasste diese dazu, Razzien an ›verdächtigen Orten‹ durchzuführen, auf die man oft durch Tipps aus der Nachbarschaft aufmerksam geworden war.[81] Dieser Ansatz erwies sich jedoch als wenig tauglich, zu oft waren die Eigentümerinnen oder Eigentümer der Etablissements gewarnt – ein Indiz für die tiefe Verstrickung der Polizei in die New Yorker ›Unterwelt‹. Als Konsequenz änderte man die Taktik und ließ verdeckte Ermittlungen durchführen. Die angeheuerten Berichterstatter[82] verfassten Reports, entweder auf Formularbögen oder frei formuliert, in denen sie ihre Beobachtungen und Schlussfolgerungen protokollierten. Die so entstandenen Narrative sind quellenkritisch nicht unproblematisch – die Ermittler standen in einem vergüteten Beschäftigungsverhältnis zu ihren Auftraggebern, die ganz bestimmte Resultate erwarteten. Die *informants* waren selbst Teil der ›unmoralischen‹ Begebenheiten, über die sie berichteten, und mussten ihr Rollenspiel als angemessen und zielführend präsentieren. Vor allem waren ihre Reports intertextuell verwoben in ein dichtes Geflecht von weiteren Berichten und Bildern in Presse, Büchern oder Filmen; dieses Geflecht lieferte sowohl die Folie, vor der sie erst verstanden werden konnten, als auch das Vokabular, mit denen sich die ›Missstände‹ beschreiben ließen.[83] Sie zeigen mit großer Anschaulichkeit das Blickregime des *Progressivism* und dessen Verknüpfung von Sehen, Interpretieren und (denunziatorischem) Handeln.

Die Berichte dienten den Reformorganisationen als Ausgangsmaterial für ihr weiteres Vorgehen. Dem *Committee of Fifteen* boten diese Aufzeichnungen Handreichungen für juristische Schriften und Anklagen, dies lässt sich besonders gut an einem Beispiel aus dem Jahre 1901 zeigen. Zwei Informanten, Edward C. Becherer und John W. Earl, waren mit zwei Sexarbeiterinnen, die sie vor dem New Yorker Opernhaus angesprochen hatten, in deren Apartmenthaus gegangen und hatten den geforderten Preis gezahlt. Als sich die beiden Frauen entkleideten, verließen Becherer und Earl, so der Bericht, unter einem Vorwand die Wohnung.[84] Der Report und die spätere eidesstattliche Erklärung (*affidavit*) stehen nicht allein in einem handlungskausalen Verhältnis zueinander – der interne Bericht einerseits, die offizielle Erklärung als verfahreneinleitendes Dokument andererseits. Sie verfolgten auch unterschiedliche Ziele und entwickelten sich in einer spezifischen Weise auseinander.

In der vom Sekretariat der Organisation abgefassten eidesstattlichen Erklärung liest sich die Geschichte Becherers und Earls anders.[85] Zunächst ›verschwanden‹ die beiden in ihrer Funktion als Undercover-Agenten – aus ihnen wurden Passanten in einer Wohngegend, die zufällig von Frauen angesprochen wurden. Diese Auslassung ist aus zwei Gründen wichtig. Zum einen deshalb, weil die Erklärung darauf abzielte, zunächst einmal eine Verletzung des *Tenement House Acts* zu dokumentieren. Dazu musste sich der als unmoralisch angesehene Akt vor und in Wohngebäuden ereignen, und das Flanieren von Männern in solchen Gegenden musste als zufällig und ohne erkennbare sexuelle Absichten konstruiert werden. Zum anderen galt es, die durchaus aktive Rolle der Ermittler zu verschleiern – schließlich hatten sie die beiden Frauen dafür bezahlt, dass sie mit ihnen in das Apartement gingen und sich dort entkleideten. Nur dadurch konnte es zu dem Tatbestand kommen, der im weiteren Verlauf als Vergehen gekennzeichnet und im *affidavit* zur Anzeige gebracht wurde.

Bericht und eidesstattliche Erklärung erfüllten somit komplementäre Aufgaben dabei, wie die Reformverbände Bedeutung konstituierend auf die identifizierten Probleme blickten. Um ihre Berichte möglichst glaubhaft wirken zu lassen, mussten die Informanten die Vorerwartungen ihrer reformeifrigen Leser erfüllen: Wie formalisiert sie sprachlich auch immer sein mochten, viele der von den Agenten verfassten *reports* sind durch und durch erotische Texte. Ein zweiter Bericht des Agenten Earl veranschaulicht dies.[86] Earl schreibt, er sei zusammen mit seinem Begleiter (erneut Becherer) von einer Prostituierten auf offener Straße angesprochen worden, zu dritt sei man daraufhin in ihre Wohnung gegangen. Dort habe Earl beobachtet, wie Becherer »give [sic!] her the money and proceed [sic!] to the bedroom for intercourse«. Als die Frau einige Zeit später in die Küche zurückkam, »begann sie, auch mich zu bearbeiten. Ich gab vor, mit ihr schlafen zu wollen, woraufhin wir ins Schlafzimmer gingen und sie an mir herumspielte und sich entblößte. Doch schließlich verweigerte ich den Beischlaf.«[87] Es wird deutlich, dass die Mischung aus Details, Andeutungen und Schweigen einen Text entstehen ließ, der sich problemlos in die umlaufenden Diskurse einer ebenso gefährlichen wie aufregenden ›Unterwelt‹ einfügte und deren Imagination fortschrieb. In den Berichten bündelten sich zweierlei Begehren: das Begehren ihrer Verfasser sowie dasjenige ihrer Leser, und sie erschufen auf diese Weise jene ›unmoralischen‹ und ›kriminellen‹ Zustände, die sie zu bekämpfen vorgaben.[88]

Die *affidavits* hingegen übersetzten und transformierten die lebhaften Bilder der Berichte in den juristischen Akt der Anzeige. Dazu mussten sie in einem anderen Modus von Authentizität verfasst sein, der bar jeder Erotik und jeden Verdachts eigener Komplizenschaft zu sein hatte. Es war dies die Authentizität des genauen und dennoch distanzierten Blicks der teilnehmenden Beobachter, wie er in dieser Zeit von der Presse und den entstehenden Sozialwissenschaften eingefordert und eingeübt wurde. Dabei hatte sich die Argumentation taktisch an die Angebots- und Nachfragekonstellationen anzupassen: Die *affidavits* bedienten sich zum einen beim Wortlaut derjenigen Gesetze und Verordnungen, deren Missachtung sie anprangerten, und ›belegten‹ Abweichungen davon mit Hilfe der angefertigten Berichte. Zum anderen bot sich das *Committee* und sein Team als Experten an, die es verstanden, diese legale Ebene mit dem nötigen reformerischen Engagement zu verbinden. Es formierte sich eine denunziatorische Dynamik bestehend aus umlaufenden Debatten, Problem- und Krisenbewusstsein, legislativen Angeboten und einer interessengeleiteten Nachfrage, die das Anzeigeverhalten motivierte und regelte.

Allerdings entschleunigte sich diese Dynamik rasch, denn bereits 1902 löste sich das *Committee of Fifteen* wieder auf. Das lag jedoch nicht an mangelndem Erfolg oder nachlassender Wichtigkeit, denn ihr zunächst in der Presse und etwas später in Buchform veröffentlichter Bericht *The Social Evil* wurde breit rezipiert. Der Grund war wohl die Krankheit William Henry Baldwins, treibende Kraft des *Committees* für den augenscheinlich kein Ersatz zu finden war.[89] Doch wie anleitend die Politik der *Fifteen* gewesen war, zeigte sich 1905 bei der Gründung des *Committe of Fourteen*, das sich sowohl in seinen Aufgaben und Zielen wie in seinen Methoden als Erben der Vorgängerorganisation betrachtete.

Doch obgleich sich die neue Organisation in der Tradition der *Fifteen* etablierte, veränderte sie sich, und zwar in einer Weise, die als charakteristisch für die *Progressive Era* gelten kann. Ihr Ziel bestand nach wie vor in der Bekämpfung von Unmoral, doch anders als ihre Vorgängergruppe kleidete das *Committee of Fourteen* sein Vorgehen in eine ausdrücklich rationale, geradezu ökonomische Logik. Der Vorsitzende John Peters, angesehener Priester einer episkopalen Kirche, brachte diese Vorstellung auf den Punkt: »Das soziale Übel New Yorks ist ein durch Geschäftsinteressen genährtes, durchdachtes System, eine kommerzialisierte Form der Unmoral […].«[90] Offenkundig wird die zunehmende Abkehr von einer auf Sünde oder individueller Verfehlung bestimmten Definition von Moral zu einer solchen, die unmoralisches Handeln mit Hilfe emotionsloser Analyse in das sozio-kulturelle Gefüge der urbanen Umwelt einbettete.

Auch die Politiken der Anzeige veränderten sich nun. Als legaler Anknüpfungspunkt blieb das *Raines Liquour Law* zentral, doch hatte man den Optimismus verloren, dass eine Anzeige der ›schuldigen‹ Bar- und Hotelbesitzer bei der Polizei oder bei der Lizensierungsbehörde der geeignete Weg zur Durchsetzung der gesetzlichen Bestimmungen sei. Stattdessen kooperierte man bezeichnenderweise mit den Brauereien, Alkohollieferanten und Versicherungen – Interessengruppen also, die auch in Zukunft gute Geschäfte mit Lokalen, Tanzhallen und Hotels machen wollten und die in den ›radikaleren‹ Prohibitionsbefürwortern, zum Beispiel der *Women's Christian Temperance Union*, gefährlichere Gegner sahen als in dem *Committee of Fourteen*, das selbst in einer Wirtschaftslogik dachte.[91] Medium ihres Austausches war die so genannte *protest list*, eine evaluierte Übersicht aller öffentlichen Orte, an denen Alkohol ausgeschenkt wurde und welche die Richtlinien der Gesetzgeber nach Ansicht des Komitees nicht befolgten. Diese laufend vervollständigte und überarbeitete Liste entstand auf Basis der schriftlichen Berichte von Informantinnen und Informanten, welche die Lokale im Auftrag des Komitees prüften. Wurde ein Etablissement gelistet, war es nun an den Brauereien, Lieferanten und Versicherungen, Druck auszuüben und Nachbesserungen der ›notwendigen Standards‹ einzufordern.[92] Damit erweiterte sich das denunziatorische Potenzial des Komitees. Es erreichte nunmehr erstens eine potente Sanktionsinstanz in Form von Geschäftsleuten mit monetären Interessen, zweitens die zwar offiziell umgangenen, aber auf diese Weise umso mehr zum energischen Handeln aufgerufenen Behörden und drittens die Eigentümerinnen und Eigentümer der gerügten Einrichtungen, die durch die zirkulierende *protest list* zu einer vergleichenden Selbsteinschätzung und Selbstkontrolle motiviert wurden – man konnte und sollte etwas dafür tun, von der Liste gestrichen zu werden. Viertens schließlich signalisierte die Existenz einer permanent auf den neuesten Stand gebrachten Liste einer bürgerlichen Öffentlichkeit, dass Probleme erkannt wurden und man kontinuierlich sowie zielgerichtet an ihrer Lösung arbeitete. Das *Committee of Fourteen* wurde so zu einer dauerhaft bedeutsamen Institution des New Yorker Progressivismus.

Mit der *protest list* erwuchs auch den Agentinnen und Agenten des Komitees eine erweiterte Handlungsmacht. Sie sollten Ordnung, Anstand und Rechtschaffenheit registrieren und Unregelmäßigkeiten melden, um den hohen Erwartungen gerecht zu werden, die mit der Liste verbunden waren.

Dabei besaßen die von den *Fourteen* engagierten Berichterstatterinnen und Berichterstatter einen weit größeren Interpretationsspielraum, als er etwa der Polizei zustand.[93] Brauchten Behörden justitielle Beweise für Verstöße und Vergehen, so konnten die Mitarbeiter der privaten Organisation weitaus freier zu ihren wertenden Einschätzungen gelangen. Anstatt sich an eindeutig definierte und nachgewiesene Tatbestände halten zu müssen, konnten sich die Informantinnen und Informanten an einem bereits vorhandenen Wissen über die unterbürgerliche Welt orientieren; ihre wertenden Einschätzungen hätten womöglich vor keinem ordentlichen Gericht Bestand gehabt, doch entsprachen sie in den Augen ihrer Auftraggeber und der Öffentlichkeit der diskursiv etablierten Wahrheit. Anfangs übernahmen die Mitglieder des Komitees selbst die Kontrollbesuche, waren allerdings leicht als Außenstehende zu identifizieren und scheiterten daher bei der Informationsbeschaffung. Bald jedoch hatte sich eine Gruppe von mehr oder weniger regelmäßigen Zuträgerinnen und Zuträgern gebildet, die den Anforderungen des Komitees genügten. Ihnen traute man zu, als Einheimische wahrgenommen und akzeptiert zu werden – eine besondere Form des *passing*, oder, wie es Frederick Whitin, ein Stellvertreter John Peters, formulierte: »Die Fähigkeit zur Ermittlung ist im Wesentlichen von der Natur gegeben, sie erfordert Kompetenzen in Beobachtungsgabe und Schlussfolgerung sowie die Begabung, sich gut unter Menschen mischen zu können.«[94] Gefragt war also eine Mischung aus Vertrautheit mit lokalen Gegebenheiten einerseits und einer bürgerlich geschulten Auffassungsgabe andererseits, die es den Informantinnen und Informanten möglich machen sollte, Unordnung und Unmoral als solche zu erkennen und anzuprangern. Vor diesem Hintergrund ist es nicht verwunderlich, dass viele von ihnen ihr ›Handwerk‹ in *settlement houses* oder als investigative Journalistinnen oder Journalisten gelernt hatten; andere hatten vorher in der New Yorker Behörde gearbeitet, welche die Alkohollizenzen vergab.[95]

Um ihre Informationen zu bekommen, mussten die angeheuerten *informants* schauspielern, sie mussten als vertrauenswürdige Kundschaft gelten können. Dazu war die Fähigkeit zur Camouflage gefordert und die Kompetenz, überzeugend das Auftreten und die Verhaltensweisen des unterbürgerlichen Milieus zu kopieren. Einer der Informanten bemerkte treffend, dass »ein heruntergekommener Ermittler mit einer kaugummikauenden Partnerin und der Bereitschaft, sich für einige Zeit mit der neuen Nachbarschaft zu identifizieren, in der Lage sein sollte, eine effektive und wertvolle Studie über das Verhalten vor Ort anzufertigen«.[96] Besonders aufschlussreich sind dabei die Geschlechter-Performanzen, auf die die Agentinnen und Agenten zurückgriffen. Um als deviant eingeschätzte Formen von Sexualität zu erkennen, sollten männliche Investigatoren das vermutete Auftreten von Freiern simulieren. Dazu gehörte vor allem ein spendabler Umgang mit Geld, wann immer es galt, Kontakt mit Frauen aufzunehmen, die man vorher als Sexarbeiterinnen identifiziert hatte.[97] Für diesen Akt des Erkennens griffen die Agenten auf die kulturellen Stereotype zurück, aus denen das Bild der Prostituierten wirkmächtig zusammengesetzt war.[98] Oft werden die Kontakte und Gespräche zwischen Agent und vermeintlicher Sexarbeiterin in den Berichten besonders explizit geschildert; es sind dies Darstellungen, die nicht allein die angebliche Aggressivität und Gefährlichkeit weiblich-unterbürgerlicher Sexualität dokumentieren sollten, sondern auch Raum für Schilderungen männlich-heterosexueller Fantasien gaben, die durchaus pornografisch zu nennen sind.[99]

Anders als das *Committee of Fifteen* setzte das *Committee of Fourteen* auch Frauen als Ermittlerinnen ein. Ihre Undercover-Auftritte waren komplexer als die ihrer männlichen Kollegen, denn zum einen war von ihnen das unschickliche und stimulierende Verhalten gefragt, nach dem sie in den aufgesuchten Lokalen fahndeten und das zugleich ihre eigenen Vorstellungen von angemessener Weiblichkeit zur Disposition stellte. Außerdem versprach man sich von ihnen, in der Lage zu sein, die wirklich kritischen Bereiche öffentlicher Unmoral zu infiltrieren und dank ihrer ›weiblichen Auffassungsgabe‹ entsprechend kennzeichnen zu können. Frederick Whitin kontaktierte etwa zu diesem Zweck die örtlichen *settlement houses*, um sich nach Frauen zu erkundigen, die für eine solche Tätigkeit geeignet waren; gerade seine weiblichen Mitarbeiter sollten mit größter Vorsicht und Sorgfalt ausgewählt werden.[100] Dennoch schildern viele Berichte von Frauen zunächst eine Art Scheitern: Angestellte der besuchten Gewerbe verweigerten ihnen ohne Begleitung den Zutritt oder schenkten ihnen keinen Alkohol aus. Einerseits mochte in solchen Fällen die Deutung naheliegen, dass es sich um ›anständige‹ Etablissements handelte, die nicht auf die Liste verdächtiger Häuser gehörten.[101] Andererseits wurden Zweifel geäußert, ob es den Frauen wirklich gelungen sei, die Anwesenden zu täuschen, ob sie sich nicht durch ihre habituelle Prägung als Bürgerliche und somit als vermeintliche Agentin entlarvt hätten.[102] Doch einige Informantinnen produzierten solche Berichte, wie sie von den führenden Köpfen des Komitees nachgefragt wurden. Natalie Sonnichsen etwa, die von allen weiblichen Investigatoren die meisten Reporte verfasste; viele der von ihr überprüften Bars oder Clubs fanden sich später auf der *protest list*. Sonnichsen verstand es besonders gut, die Rolle einer Frau zu verkörpern, die man sich als zugehörig zu den verdächtigten Orte vorstellte: offen dafür, von Männern angesprochen zu werden, bereit, sich Getränke ausgeben zu lassen, und in der Lage, besonders skeptische Barkeeper ›um den Finger zu wickeln‹. Man war auf sie aufmerksam geworden, weil sie als freie Journalistin investigative Berichte für New Yorker Zeitungen verfasst hatte, darüber hinaus – und das war womöglich noch wichtiger – erschien sie dem Komitee aufgrund ihrer russischen Herkunft für das *passing* in den Arbeitervierteln der Stadt besonders geeignet.[103]

Unabhängig davon, ob es sich um männliche oder weibliche Informanten handelte, es war diese Fähigkeit des unerkannten Ein- und Untertauchens, die ihre Berichte für die *Fourteen* so wertvoll machte. Dabei gelang es einigen von ihnen, Kontakte in ›ihrem‹ Bezirk über einen längeren Zeitraum aufzubauen. Sie etablierten so zum einen ein Maß an Vertrautheit und Nähe, das ihnen einen deutlich besseren und kontinuierlichen Zugang zu den relevanten Informationsquellen ermöglichte – nicht unwichtig, weil es häufig darum ging, ein Lokal über einen längeren Zeitraum zu beobachten. Aus der Perspektive der Betroffenen erlaubte dieses Vorgehen jedoch, die Agentinnen und Agenten des *Committee* der Denunziation zu bezichtigen – mochte man den Versuch der Täuschung an sich noch als legitime Taktik anerkennen, so galt dies nicht für den Vertrauensbruch. Die ethnische Markierung der beobachteten Gegenden und der in ihnen lebenden Menschen lud diesen Vorwuf besonders auf. Das *passing* der Informantinnen und Informanten übertrat in aller Regel nicht allein Klassenschranken, sondern bedeutete auch ein Eindringen in die Lebenswelten migrantischer Kulturen und somit das Etablieren einer urbanen, nach ethnischen Kriterien kartierten Raumordnung.[104] Natalie Sonnichsen sprach fließend Russisch, ein in den Akten ebenfalls prominent auftauchender Kollege von ihr, David Oppenheim, war neben der deutschen Sprache auch des Jiddischen mächtig.[105] Einem anderen Investigator gelang es, intensive Kontakte zu einem griechischen Restaurantbesitzer aufzunehmen, indem er sich als Angehöriger der griechischen Gemeinde Bostons ausgab. Als der Gastronom ihm auf seine Bitte hin eine weibliche Begleitung für die Nacht organisierte, schrieb der Agent einen inkriminierenden Bericht.[106] Während solche Informationen aus dem Nahbereich der verdächtigten Räume aus Perspektive des Komitees besonders wertvoll waren, bedeuteten sie für die so Beobachteten Verrat an einer ohnehin bedrängten Gruppe.

Verdeckte Ermittlung hatte sich aus dem Blickwinkel der bürgerlichen Reformorganisationen als ebenso erfolgversprechende wie legitime Vorgehensweise etabliert, um an benötigte Informationen zu gelangen, mit denen Unordnung und Unmoral in den urbanen ›Problembezirken‹ dokumentiert und schlussendlich bekämpft werden konnte. Doch dem Einsatz von Agentinnen und Agenten, denen es gelang, die suspekten Gruppen von innen heraus zu beobachten, waren einige Grenzen gesetzt. Zunächst die noch immer zirkulierenden Vorbehalte, die mit Undercover-Operationen verbunden waren – öffentliches Wohlwollen oder klar artikuliertes Einverständnis waren selten, daher hielt sich auch das *Committee of Fourteen* hinsichtlich seines Einsatzes von *infiltrators* eher bedeckt. Auch waren auf diese Weise längst nicht alle ›verdächtigen‹ Zonen der städtischen Gesellschaft auszuleuchten. Es machte erhebliche Schwierigkeiten, Informantinnen oder Informanten in die chinesischen und afroamerikanischen Bevölkerungsgruppen New Yorks einzuschleusen.[107] Zu fragen wäre auch, ob die durch die verdeckten Ermittlungen provozierten Vertrauensbrüche nicht vielmehr jene migrantischen Gruppen verstört haben, denen selbst an einer offensiven Durchsetzung von ›amerikanischen‹ Wertmaßstäben gelegen war – wie der folgende Blick nahelegen könnte.

Für die Komitees war vor allem das Auftreten von jungen Frauen im öffentlichen Raum ein Indiz zur Stigmatisierung von Bezirken und Lokalen. Zugleich setzte das *Committee of Fourteen* weibliche Investigatoren ein, deren Aufgabe es war, Phantasien dieses Verhaltens zu imitieren, die eng an bestimmte Vorstellungen von Sexualität gekoppelt waren.[108] Ein weiteres, juristisches Feld der Auseinandersetzung eröffnete sich anlässlich der Frage um die so genannten *age-of-consent*-Gesetze, durch die Geschlechtsverkehr mit minderjährigen Frauen zu einem kriminellen Tatbestand erklärt werden konnte.[109] Mit dem Heraufsetzen der in manchen Bundesstaaten sehr niedrigen Altersgrenzen war es möglich, so glaubten *Progressives*, junge Frauen besser vor männlicher Lust zu schützen.[110] Vor dem Hintergrund ›neuer‹ Immigration verband sich diese Strategie mit der vermuteten *white slavery*-Gefahr. Doch rasch zeigten sich Schwierigkeiten: Zum einen prallten die Reformziele an der Doppelmoral der lokalen Polizei- und Justizapparate ab, zumindest bis sich eigens eingerichtete Gerichte und Polizeidienststellen etabliert hatten und die Aussagen der Frauen angemessenes Gehör fanden.[111] Und zum anderen waren viele derjenigen, die den Schutz der jungen Frauen anstrebten, vom tatsächlichen öffentlichen (Freizeit-)Verhalten ihrer vermeintlichen Klientel schockiert. Zahllose neue Arbeits- und Freizeitmöglichkeiten führten dazu, dass mehr und mehr junge Frauen in den Städten der Vereinigten Staaten größere Freiheiten als noch ihre Mütter genossen.[112] Selbst afroamerikanische Frauen, für die sich die Türen zu den neuen Jobs in den Fabriken, Kaufhäusern und Großraumbüros noch nicht öffneten, konnten durch die einsetzende Migrationsbewegung aus dem Süden in die Metropolen zumindest ein wenig von diesem Trend profitieren.[113] Abends und an den Wochenenden boten die Städte eine Welt kommerzialisierten Vergnügens, in eben jenen Tanzhallen, Bars, Kinos und Vergnügungsparks, die auch von den Komitees der *Fifteen* und *Fourteen* kritisch beäugt wurden. Darin fand sich eine sehr heterogene Menge an Menschen ein, es entstanden neue, urbane, heterosoziale Räume.[114] Veränderte Arbeitsbedingungen und Möglichkeiten des Konsums sowie eine urbane Geografie im Wandel erlaubten es jungen Frauen, nun allein oder mit Freundinnen jenseits von formellen Familien- oder Nachbarschaftskontakten auszugehen, dabei selbst verdientes Geld auszugeben oder aber sich von Männern ausführen zu lassen.[115] Auf diese Weise forderten sie nicht allein die Erwartungen der bürgerlichen Reformerinnen und Reformer heraus, sondern auch die ihrer Eltern, die oft konventionellere Vorstellungen aus ihren Herkunftsländern mitgebracht hatten. Beide Gruppen koppelten die relative Autonomie der jungen Frauen an ein Arsenal sozialer Probleme – Unmoral und Prostitution, Geschlechtskrankheiten, Erosion von Familienverbänden, uneheliche Kinder.

In den Auseinandersetzungen um das richtige Verhalten außer Haus kam es mitunter zu Koalitionen zwischen bürgerlichen Reformerinnen und Reformern sowie den Eltern der migrantisch-proletarischen Töchter. Besonders eindrücklich hat dies Mary Odem in ihrer Studie über die gerichtliche Durchsetzung veränderter *age-of-consent*-Gesetze vor allem in Kalifornien gezeigt.[116] Sie lenkte den Blick auf die Rolle der Eltern junger Frauen, welche die verschärften Bestimmungen zum Anlass nahmen, sowohl ihre Töchter als auch ihre männlichen Partner für deren – ihrer Meinung nach – zu offensichtlich öffentlich ausgelebte Sexualität vor Gericht zu bringen. Während den Männern eine Anklage wegen *statutory rape* (sexueller Missbrauch einer Minderjährigen) oder wegen eines Verstoßes gegen den *Mann Act* drohte, wurden die jungen Frauen damit konfrontiert, ein Fall für die Jugendbehörden zu werden. Odem kann an zahllosen Beispielen aus ihren Akten aufzeigen, dass die zu Anklagen führenden Anzeigen sehr häufig von Müttern, Vätern, Brüdern oder anderen Verwandten stammten.

Wenn man Männer entlang neuer oder verschärfter Gesetze kriminalisieren konnte, welchen Grund sah man im Verhalten der Mädchen, den vermeintlich geschützten Raum der Familie gegenüber behördlichen Stellen zu öffnen? Die meisten von ihnen sagten vor Gericht aus, sie hätten in ein sexuelles Verhältnis mit ihren Partnern eingewilligt – mit anderen Worten, ihre Erzählungen liefen konträr zum etablierten Verführungsnarrativ der Sozialreformerinnen und Sozialreformer, die in jungen Frauen zunächst nur Opfer sehen konnten.[117] Ferner stellten sie durch ihre Kleidung, ihre freizügige Sprache, ihr öffentliches Verhalten und nicht zuletzt durch die Ablehnung der Anordnungen ihrer Eltern deren Konzepte familiärer Ordnung in Frage. Es entstand jene diskursive Nähe zwischen sich herausbildender Jugend- und Konsumkultur, dem Auftreten weiblicher Jugendlicher und vermeintlich abweichender Sexualität, die aus jungen Frauen so genannte *charity girls* werden ließ, an denen sich denunziatorische Energien abarbeiten konnten.[118] Mabel Ulrich, eine Ärztin und Autorin einiger Ratgeberbücher für Jugendliche, fasste die Wahrnehmungsverschiebung in einem Vortrag in New York 1915 anschaulich zusammen:

»Heute geht die größte Bedrohung in den amerikanischen Städten nicht von den Männern aus, die junge Menschen zu einem schrecklichen Leben verleiten, sondern von den jungen Mädchen [...], die heute die Freiheit besitzen, morgens, mittags und nachts durch die Straßen zu ziehen, denen offensichtlich jede moralische Orientierung fehlt und die zu einer Gefahr für das Leben junger Männer werden.«[119]

Ohne die *white slavery*-Bedrohung und damit ›verdächtige Männer‹ aus den Augen zu verlieren, war mit den jungen Frauen eine zweite ›Tätergruppe‹ ins Visier der Moralbewahrer getreten, und es galt, an deren Eltern zu appellieren. Wichtig wurde nun Literatur, die ihre Ratschläge in die Sprache der sich entwickelnden Jugendpsychologie kleidete und dabei die ›schädlichen‹ Umwelteinflüsse der Städte mit den Einsichten über den ›natürlichen Charakter‹ von Jugendlichkeit verband, die im Anschluss an die Überlegungen G. Stanley Halls zunehmend wirkmächtig wurden. Hall hatte der Sexualität jugendlicher Frauen einige Aufmerksamkeit gewidmet und dabei vor den Gefahren gewarnt, die den Mädchen bei mangelnder moralischer Führung drohten – ihre Leidenschaft wäre in diesem Fall die psychologische Grundlage für spätere Prostitution.[120] Diese Perspektive war verbreitet, so etwa in dem schon angesprochenen Band von Robert Woods und Albert Kennedy. Neben den Umwälzungen der modernen Großstädte identifizierten sie das *girl problem* als eines, das aus der inneren Disposition vieler junger Frauen zu erwachsen schien.[121] Auch sie hoben hervor, dass die jugendlichen Instinkte über eine zielgerichtete und sorgsame Anleitung durchaus zu kanalisieren seien. Doch viele Eltern seien dazu nicht in der Lage: »Nur selten organisieren Eltern ihr Familienleben bewusst so, dass ihre Töchter vor sich selbst und vor anderen geschützt sind.«[122]

Zwischen solchen Ansprüchen einerseits und ihren eigenen, oft in die Vereinigten Staaten mitgebrachten Wertvorstellungen andererseits sahen sich viele migrantisch-proletarische Eltern auch im Staat New York. Im Juni 1917 zum Beispiel übergab Alice Sterling ihre 17-jährige Tochter Ilene an die lokalen Jugendbehörden. Sie beschuldigte sie eines promiskuitiven Sexuallebens und erreichte so Ilenes Einweisung in das *New York State Reformatory for Women* in Bedford Hills.[123] Wie Ruth Alexander in ihrer Arbeit zeigen konnte, handelte es sich dabei nicht um einen Einzelfall. Im Gegenteil, fast ein Viertel aller von ihr untersuchten Fälle von jungen, weiblichen Gefängnisinsassen gingen auf Anzeigen von Verwandten zurück, weil sie gegen deren Vorstellungen von Moral verstoßen hatten – oder schlicht eigenen Interessen im Weg standen.[124] Der Fürsorgeappell zog in diesen Fällen Konsequenzen nach sich, die aus Sicht der betroffenen Mädchen denunziatorischen Charakter haben mussten und manches Mal in jahrelangen Aufenthalten in Heimen oder Haftanstalten resultierten.

Doch auch junge Frauen selbst wurden zur Vorsorge aufgefordert. 1910 gründete sich in New York City die *Girls' Protection League*, deren jugendliche Mitglieder aktiv werden und alles Auffällige melden sollten, was sie in ihrer Freizeit erlebten. Ganz nach Vorbild des *Committee of Fourteen* publizierte auch die *League* eine ›schwarze Liste‹ mit Lokalen und Tanzhallen, in denen Standards von Anstand nicht eingehalten worden seien. Folgt man einem zeitgenössischen Zeitschriftenartikel, dann verband sich diese Kontrolle der Umwelt mit einer Selbstüberwachung: »Each girl is expected to become to some extent, her sister's keeper.«[125] Die Begründerin der Liga, Maude Miner, wusste von den Ambivalenzen, wenn sie die Aufgabe der jungen Frauen 1916 vorsichtig so beschrieb: »Die Mädchen sollen nicht wie Detektive losziehen, um Unmoral und Sittenlosigkeit zu entlarven. Aber wenn sie ihnen in ihrem Alltag begegnen, sollen sie ihre Verantwortung zur Behebung der Missstände erkennen und tätig werden.«[126] Mit Eintritt der Vereinigten Staaten in den Ersten Weltkrieg konzentrierte sich Miner bei ihren Anstrengungen zur Kontrolle und Selbstkontrolle junger Frauen vor allem auf die Ortschaften, in deren Nähe Ausbildungscamps der Streitkräfte eingerichtet worden waren. Vom Hyper-Patriotismus dieser Zeit erfasst, spitzte die Reformerin ihre Zielvorgaben weiter zu. In einer Rede erklärte sie: »Wir alle besitzen ein wenig Einfluss. Wir können ein Mädchen aufhalten, indem wir uns über sie erkundigen, indem wir die Arbeit beginnen und dann zur Polizei und den verschiedenen anderen städtischen Behörden gehen.«[127]

Sexualität insgesamt und weibliche Sexualität im Besonderen waren Felder, in denen sich vortrefflich denunziatorische Energien des Progressivismus abarbeiten konnten. Dies soll an einem letzten, kurzen Beispiel noch einmal in seiner ganzen Ambiguität verdeutlicht werden. Angus McLaren konnte zeigen, wie sehr gerade Gerichtssäle zu Austragungsorten von Auseinandersetzungen um gesellschaftliche Deutungshoheit über sexuelle Aspekte wurden.[128] In ihnen fanden sich indes nicht allein diejenigen wieder, die durch Denunziationen von der Justiz erfasst worden waren, dort galt es auch, die Zuschreibungen von Denunziation einerseits und berechtigter Anzeige andererseits auszuhandeln. Wie bei den *age-of-consent*-Gesetzen sollten auch so genannte *seduction laws* dazu dienen, junge Frauen aus der Sicht der Reformerinnen und Reformer besser vor sexuellem Missbrauch oder Vergewaltigung zu schützen. In diesen Gesetzen wurde unter Strafe gestellt, Frauen durch ein falsches Eheversprechen zum Geschlechtsverkehr zu überreden. Wie Brian Donovan nachweisen konnte, gab man durch diese Gesetze betroffenen Frauen ein starkes Instrument in die Hand, mit dem sie selbst aktiv gegen ›Verführer‹ vorgehen konnten.[129] Andererseits wurden die Frauen dadurch gezwungen, Details ihrer Beziehung zu dem angeklagten Mann darzulegen – das semantische Feld um das Wort *seduction* erforderte dies geradezu, denn es konnte sich nicht um eine Zufallsbekanntschaft handeln. Eine solche Offenlegung musste nicht allein die voyeuristischen Interessen von Gericht und Öffentlichkeit bedienen, sondern konnte den Verteidigern Munition für einen Denunziationsvorwurf bieten. Aus ihrer Sicht galt es, Nähe und Vertrautheit in einem Liebesverhältnis zu konstruieren, das keineswegs durch sexuelle Interessen des Mannes zerstört wurde, sondern durch niedere Motive der anzeigenden Frau. Wenn also die Zeugenschaft der einen Partei Wissen sichern helfen sollte, dann hatte die Gegenseite mit dem Denunziationsvorwurf eine Option an der Hand, die Positivität dieser Wissensproduktion wieder in Frage zu stellen – der Vorwurf der sexuellen Denunziation als Instrument zur Durchsetzung patriarchaler Herrschaft.

Ohne hier die Frage beantworten zu können (oder zu wollen), ob derlei Vorwürfe immer unbegründet oder vielleicht mitunter auch berechtigt waren, zeigt das Beispiel die Ambivalenzen, mit denen Sexualität und Ideen des Denunzierens in der *Progressive Era* aneinander gekoppelt waren. Diente der Einsatz von Anzeigen aus dem sozialen Nahbereich und Fingerzeigen aus der ›Unterwelt‹ in den hier vorgestellten Bereichen zumeist einem hegemonial kontrollierenden Zugriff, so changierte dies mitunter je nach Perspektive deutlich. Das Blickregime des Progressivismus mit seiner Verkettung von Wahrnehmung, Identifikation und (denunziatorischer) Handlung konnte sich auf dem Feld der Sexualität in großer Dichte entwickeln. Es vervollständigte sich in den Jahren des Ersten Weltkriegs und änderte dabei seinen Fokus, wie der nächste Abschnitt zeigen soll.

Watchdogs – Patriotische Organisationen, ›der Staat‹ und die Überwachung von *Alien Enemies* im Ersten Weltkrieg

»Zum Glück gibt es heute Regierungen, und unter ihnen die bekanntesten, die ihre Untertanen nur selten zum Handeln zwingen, sondern wo die Dinge friedlich und ruhig scheinbar von allein laufen«, konnte man 1889 in einem Buch mit dem Titel *The State* lesen. »Sie funktionieren in gewissem Sinne ohne die Ausübung von Zwang«, fuhr der Autor fort, ein Politologe namens Woodrow Wilson.[130] 29 Jahre später, 1918, Wilson war zwischenzeitlich für eine zweite Amtszeit als Präsident der USA bestätigt worden, nahmen 20 Arbeiterinnen in Canton, Ohio, eine ihrer Kolleginnen in ihre Gewalt. Sie wickelten sie in die US-Fahne, trieben sie durch den Ort zu einer lokalen Bank und zwangen sie, Kriegsanleihen zu kaufen. Die junge Frau, so berichtete man sich vor Ort, habe in der Fabrik deutschenfreundliche Äußerungen von sich gegeben.[131]

In Kriegszeiten (und nicht nur dann) herrschen auch Demokratien nicht immer ganz geräuschlos und gewaltfrei, zumal wenn sie beim Regieren von patriotisch stimulierten Bürgerinnen und Bürgern unterstützt werden. Sie sind es oftmals, die das Führen bereitwillig in ihre Hände nehmen – sei es, um wachsende Großstädte und ihre migrantisch-proletarischen Bevölkerungsanteile auf den rechten Weg zu bringen oder die Kriegsanstrengungen in Übersee auch an der Heimatfront erfolgreich werden zu lassen. Seitdem US-Bürger für sich das Recht der Selbstregierung beansprucht hatten, forderten sie damit auch stets die Autorität, sich selbst Polizei zu sein. Und diese Selbstkontrolle und Selbstüberwachung verband sich auch immer wieder mit Gewalt – für die Jahre des Progressivismus sei an die vielen Lynchmorde erinnert, die vor allem afroamerikanische Männer trafen und damit in performativen Akten die *Jim Crow*-Ordnung immer wieder aufs Neue herstellten.[132]

Wie ich schon gezeigt habe, waren polizeiliche Formen der Sozialkontrolle vor dem Weltkrieg etabliert. Wenn die *Progressive Era* mit ihrem bürgerlichen Engagement und ihrem privat organisierten Leitungsanspruch als ein Paradebeispiel gouvernementalen Regierens gekennzeichnet werden kann, dann stellten die Jahre des Ersten Weltkriegs und unmittelbar danach sowohl deren Höhepunkt als auch eine ›Verstaatlichung‹ dieser Form der Führung dar.[133] Angesichts von Krieg und Hyper-Patriotismus entwickelte sich eine besondere Form der Symbiose von staatlichen und privaten Modi der staatsbürgerlichen Anrufung, und für beide erwies sich das Denunziatorische als bedeutsam.

Die Vereinigten Staaten hatten sich lange erfolgreich dagegen gesträubt, in den *Great War* hineingezogen zu werden; Wilson war 1916 mit dem Versprechen der Neutralität wiedergewählt worden. Durch das Zusammenspiel verschiedener Faktoren erfolgte jedoch im April 1917 die Kriegserklärung an die Mittelmächte.[134] Fast zwei Millionen Soldaten meldeten sich freiwillig oder wurden durch die Wehrpflicht, den *Selective Service Act*, erfasst, viele von ihnen kämpften in Europa, 112.000 von ihnen starben und mehr als 200.000 wurden verwundet.[135] Als totaler Krieg erfasste der Konflikt die USA auch in ihrem Inneren enorm. Die Auswirkungen des Kriegs an der Heimatfront bildeten den Hintergrund für den Einfluss patriotischer Gruppierungen und ihrer Denunziationsformen.[136]

Viele Progressive sahen im Krieg einen Katalysator zum Erreichen ihres Ziels: eine rational geplante Gesellschaft, um den Fortschritt voranzutreiben. Die Regierung Wilson schuf eine Vielzahl von Behörden, die diesen Erwartungen zu entsprechen schienen. Sie signalisierten den umfassenden Drang zur abgestimmten Regulierung sowie ein Vertrauen in einen Staat, der nunmehr weitaus stärker in das Leben der einzelnen Menschen einzugreifen gedachte als bislang.[137] Führende progressive Intellektuelle wie John Dewey oder Walter Lippmann begrüßten diese durch den Krieg forcierte Allianz zwischen den seit einigen Jahren wirkenden Kräften der Reform und einem – ihrer Ansicht nach – seine Rolle nun angemessen ausfüllenden Bundesstaat.[138] Einige lang geplante Projekte des Progressivismus konnten durch den Kriegseintritt verwirklicht werden, beispielsweise der Kampf gegen den Alkoholmissbrauch, der im 18. Verfassungszusatz vom Dezember 1917 und damit in der nationalen Prohibition gipfelte. Oder das Frauenwahlrecht auf Bundesebene, welches zwar erst 1919, das heißt nach Kriegsende durch den 19. Verfassungszusatz eingeführt wurde, aber durch den Hinweis auf die Kriegsanstrengungen US-amerikanischer Frauen konsensfähig geworden war.[139]

Finanziert wurde der Krieg zum einen durch Steuererhöhungen. Der größte Teil der Kosten wurde aber durch die Ausgabe von *Liberty Bonds* gedeckt, Kriegsanleihen, die bis 1920 angeboten wurden. Damit diese in möglichst hoher Zahl gezeichnet wurden, setzte die US-Regierung gezielt auf Werbung – und mit der gesteuerten, rationalen Beeinflussung der öffentlichen Meinung auf ein weiteres Merkmal des progressiven Programms. Die Poster des Finanzministeriums hingen in den entlegensten Orten, *Boy Scouts* gingen mit Angeboten von Haus zu Haus, und bekannte Persönlichkeiten wie etwa Filmstars engagierten sich auf großen Veranstaltungen.[140] Dies waren Bestandteile einer mit immensem Aufwand betriebenen Kampagne, um die gesellschaftliche Unterstützung für den Militäreinsatz so breit wie irgend möglich aufzustellen. Im Kern dieser Anstrengungen stand das *Committee on Public Information* (CPI) unter Leitung des Journalisten George Creel.[141] Diese Behörde ließ 75 Millionen Pamphlete in verschiedenen Sprachen zur Erläuterung der Kriegsziele drucken und verteilen, es schickte so genannte *Four Minute Men* durch das Land, um patriotische und aufmunternde Reden auf öffentlichen Plätzen, in Kinosälen oder in Fabriken zu halten, platzierte ganzseitige Anzeigen in auflagestarken Zeitungen und Zeitschriften, organisierte Ausstellungen und versorgte die Presse mit sorgsam ausgewählten Berichten von der französischen Front.[142] Ganz im Sinne eines *muckrackers* wollte Creel der Bevölkerung ›die Fakten‹ offenlegen, setzte er auf das Ideal eines umfassend informierten Staatsbürgers, der auf Basis seines Wissens rationale Entscheidungen zu treffen vermag. Dabei vertraute man im Komitee darauf, dass Wilsons Kriegsziel – *to make the world safe for democracy* – an die moralischen Ideale der durch das *Progressive Movement* sensibilisierten Menschen anschlussfähig war. Mit Erfolg, wie sich zeigen sollte, denn es breitete sich im Land eine Welle von Patriotismus aus, jeder und jede, so schien es, wollte an diesem großen Experiment in Sachen Demokratie teilhaben.

Doch stand weder das komplette progressive Lager noch die ganze Bevölkerung hinter der Entscheidung zum Kriegseintritt.[143] Kritische, oftmals pazifistische Stimmen artikulierten schon früh Skepsis oder Ablehnung – so Jane Addams, Robert La Follette, der republikanische Senator aus Wisconsin, oder der Sozialist Eugene Debs. Andere Gruppen – die radikale Arbeiterbewegung, verkörpert etwa durch die IWW, oder afroamerikanische Menschen – nahmen das Demokratieversprechen auf ihre Art beim Wort und verlangten massiv, fair und gleichberechtigt behandelt zu werden. Zwar dominierte ein Hyper-Patriotismus, doch waren Widerstand gegen die Wehrpflicht oder der Versuch sie zu umgehen, alles andere als unüblich. Es wurden emotionale Debatten um Pazifismus geführt, riesige Demonstrationen forderten höhere Löhne oder das Frauenwahlrecht: Die großen Konflikte innerhalb der Gesellschaft, so wurde deutlich, waren durch den Aufruf zur Einheit nicht verschwunden, im Gegenteil, sie wurden durch diese weiter befördert.[144] »Es zeichneten sich Tendenzen ab«, so fasst Jörg Nagler zusammen, »die während des Kriegs stetig an Bedeutung gewannen: die politische Polarisierung zwischen Kriegsbefürwortern und -gegnern, wobei die letzteren zunehmend von patriotischen Anhängern ausgegrenzt und zum Schweigen gebracht wurden.«[145] Diese Ausgrenzung förderte aber auch die Organisation von Bürgerrechtsorganisationen, beispielsweise der *Civil Liberties Union*.[146]

Die Kampagnen der Bundesregierung insgesamt und des CPI im Besonderen forcierten einen »coercive voluntarism« (›Zwangsfreiwilligkeit‹).[147] Das zeitgenössische Staatsbürgerschaftsverständnis betonte die Idee der Verpflichtung (*obligation*) als Basis für die Teilhabe an der Gemeinschaft – eine Verpflichtung zur Loyalität gegenüber Staat und Nation, eine Verpflichtung zu Engagement und Wachsamkeit, eine Verpflichtung zum Handeln, und das möglichst in koordinierten Gruppen von Freiwilligen.[148]

Am deutlichsten (und als erste) spürte diese Konsequenzen vielleicht die Gruppe der in den USA lebenden Staatsangehörigen der Mittelmächte, und unter ihnen waren es vor allem die Deutsch-Amerikaner, die ins Zentrum identitätspolitischer Auseinandersetzungen rückten.[149] War dieser Teil der Bevölkerung vor dem Krieg in verschiedene Lager gespalten – diejenigen, denen es um die Aufrechterhaltung deutscher Traditionen ging, stritten mit anderen, die sich für die Aufgabe deutschen Brauchtums zugunsten eines ›Aufgehens‹ in der Mehrheitsgesellschaft aussprachen –,[150] so erfasste sie mit Kriegsausbruch im August 1914 mehrheitlich dieselbe, den Waffengang euphorisch begrüßende Stimmung wie die Menschen im Deutschen Reich selbst.[151] All dies wurde von der Mehrheit der offiziell neutralen, aber doch von den Propagandaberichten über die deutschen Gräueltaten in Belgien oder den hohen Zahlen ziviler Opfer des U-Boot-Kriegs beeinflussten Bürgerinnen und Bürger der USA mit Misstrauen beäugt. Die ersten Debatten um angebliche Spionage und Sabotage wurden laut, doch blieben Sanktionen gegen pro-deutsches Auftreten zumeist aus. Mit dem Tag des Kriegseintritts der Vereinigten Staaten sollte sich dies drastisch ändern.

Wilsons Kriegserklärung vom 6. April 1917 schuf eine neue identitäre Position für die Deutsch-Amerikaner, genauer für alle Männer dieser Gruppe, die älter als 14 Jahre und nicht naturalisiert waren: Sie galten von nun an als *enemy aliens*.[152] Die Bundesregierung legte unter anderem eine Reihe von Aufenthaltsbeschränkungen sowie Verhaltensmaßregeln fest, deren Nichtbefolgen mit harten Strafen bis zur Deportation geahndet werden konnte.[153] Kurze Zeit später, in seiner *Flag Day Address*, verband Wilson die Anordnungen mit einem Appell an die Wachsamkeit gegenüber dem Wirken von Deutsch-Amerikanern innerhalb der Vereinigten Staaten.[154] Doch ließen die identitätspolitischen Begriffe großen Spielraum für unterschiedliche Interpretationen. Die Bezeichnung als ›Bindestrich-Amerikaner‹ (*hyphenated American*) war im immigrationskritischen Klima der Vorkriegsjahre bereits pejorativ aufgeladen gewesen, was dazu führte, dass die der Spionage oder Sabotage verdächtigte Gruppe weitaus größer war als die mit dem juristischen Begriff des *enemy alien* eigentlich bezeichnete. Die öffentliche Meinung konnte sie rasch und bei fehlenden Loyalitätsbeweisen auf alle aus den Mittelmächten stammenden Menschen ausdehnen, auch auf solche, die die US-amerikanische Staatsbürgerschaft besaßen.[155]

Zeitgleich mit dem *enemy alien* entstanden andere identitäre Kategorien und mit ihnen Bausteine einer zugespitzten Staatsbürgerschaftsdebatte: man konnte nun auch *pro-German* sein oder eben *un-American*. ›Kultur‹ wurde zu einem besonders prägnanten Feld der Auseinandersetzung, das Zugehörigkeit, Identität, Loyalität umfasste, und so gerieten insbesondere die deutsche Sprache und deutsche Musik unter den Verdacht, autoritäre, unamerikanische Werte zu transportieren.[156] Im Staatsbürgerdiskurs, der von einer Vorstellung von Verpflichtung dominiert wurde, verband sich an dieser Stelle die *obligation* des oder der Einzelnen gegenüber der Nation mit einem geforderten Nachweis von eindeutiger, unzweifelhafter Loyalität. Gerade dieser Forderung kam nun eine immense Bedeutung zu: Wenn es die Verpflichtung des *American citizen* war, ›feindliche Ausländer‹ zu beobachten, zu beurteilen und gegebenenfalls zu sanktionieren, dann galt es für die Betroffenen, immer wieder unzweideutig und gegenüber allen ersichtlich klarzumachen, dass man auf der richtigen Seite stand.

Der Hyper-Patriotismus war mithin die produktive Gemengelage von gezielter Propaganda (antideutsch, zum Teil auch generell gegen Immigration),[157] der diskursiven Verknüpfung von Patriotismus, einer Staatsbürgerschaft der Verpflichtung sowie nachzuweisender, unzweifelhafter, unbedingter Loyalität, und neuer gesetzlicher Bestimmungen, welche konstitutive Andere zunächst entstehen ließ, um sie dann dem Zorn der Öffentlichkeit und schließlich den Strafverfolgungsbehörden zuzuführen. Neben den in der

Kriegsproklamation aufgeführten Bestimmungen zum ›feindlichen Ausländer‹ waren das die 1917/18 erlassenen Gesetze gegen Spionage, Sabotage und Aufwiegelung (*sedition*).[158] Aus dieser Konstellation heraus entstanden enorme denunziatorische Energien.

Vigilance vs. Vigilantism – Patriotische Gruppen als *Watchdogs of Society*

Der Kriegseintritt der USA lag erst wenige Wochen zurück, als der liberale Journalist Frederick Allen Lewis in der Zeitschrift *The Nation* die Befürchtung äußerte, Wilsons Kriegsaufrufe würden alsbald in Gewalt gegen innere Feinde umschlagen. Er prognostizierte eine regelrechte Spionagehysterie, die von der Sensationspresse über Gerüchte bis hin zu physischen Übergriffen begleitet sein würde. Schon bald zeigte sich, dass Lewis durchaus Recht hatte.[159]

Über die massiven Einschnitte und Beschränkungen der Bürgerrechte, die der Erste Weltkrieg für viele Menschen in den Vereinigten Staaten mit sich brachte, ist in großem Umfang publiziert worden.[160] Die zahlreichen Repressionen, Restriktionen und öffentlichen Anfeindungen gegenüber Deutsch-Amerikanern und anderen Angehörigen der Mittelmächte, aber auch gegenüber Kriegsdienstverweigerern, Pazifistinnen und Pazifisten oder Mitgliedern der Arbeiterbewegung bestätigen die von Lewis antizipierten Befürchtungen.[161] Unzweifelhaft ist auch, welch großen Anteil nicht-offizielle, nicht-behördliche, nicht-staatliche Organisationen und Gruppen daran hatten, Überwachungen und Sanktionen flächendeckend durchzusetzen, beispielsweise die *All-American Anti-German League*, die *American Anti-Anarchy Association* oder die *Boy Spies of America.* Einige von ihnen waren bereits in der so genannten *preparedness*-Periode vor dem Kriegseintritt entstanden, so etwa die *National Security League* (NSL) oder die von ihr abgespaltene *American Defense Society* (ADS). Sie reagierten nicht zuletzt auf die Aussage des damaligen *Attorney General* Thomas Watt Gregory, wonach »selbst die informellsten und vertraulichsten Hinweise stets willkommen« seien.[162]

Wie aber fanden Angebotslage, patriotische Stimmung sowie der Wunsch nach sanktionierender Meldung genau zueinander? Hier ist zunächst auf eine bestimmte Form unsicheren Wissens hinzuweisen: auf Gerüchte. Marc Bloch hat darauf aufmerksam gemacht, wie Falschmeldungen im Ersten Weltkrieg wirkten – und seine Thesen sind für den Kontext der Vereinigten

Staaten in den Wochen nach Kriegseintritt aufschlussreich.[163] Bloch hat vor allem zwei verschiedene Aspekte besonders hervorgehoben: die enorme Geschwindigkeit, mit der sich Gerüchte verbreiten, und die Flüchtigkeit und Unsicherheit der kommunizierten Informationen. Unmittelbar nach den Aufrufen des Präsidenten im April/Mai und nach der Verabschiedung des Spionagegesetzes im Juni kam es zu landesweiten Verdächtigungen, die sich in Zeitschriftenartikeln, spontanen Übergriffen und Anzeigen ausdrückten.[164] Weil die Zuständigkeiten zunächst noch unklar schienen oder aber weil man einen unmittelbar zugreifenden, starken Staat imaginierte, erreichten zahlreiche Schreiben hohe Regierungsbehörden in Washington.[165] Ein Mann aus New York City sandte ein Telegramm ans Weiße Haus, um kundzutun, dass »der schlimmste Verräter, den ich kenne, in Harvey's Restaurant angestellt ist. Er ist Preuße.«[166] Ein anderer denunzierte zwei Schwestern des Heims, in dem er lebte.[167] Gerücht und Anzeige bzw. Denunziation erweisen sich in dieser Konstellation als verwandte, komplementäre Sprechakte, die in ihrer intertextuellen Verwobenheit das zeitgenössische Kommunizieren über Wissen und den Grad der Sicherheit über seine Verlässlichkeit strukturierten. Dabei sollte weder von einem gestuften Prozess ausgegangen werden, in dem die Anzeige das noch unsichere Wissen des Gerüchts absichern will, noch von einer gradlinigen oder gar kausalen Richtung, die von diffus-latent zirkulierendem Gerede über bürgerliches Engagement zur Aufklärung schließlich zu staatlich-regulierendem Handeln führt. Die wechselseitigen Abhängigkeiten und Verlaufsformen sind in dieser Konstellation komplexer.

Die patriotischen Gruppierungen nahmen in diesem Prozess eine zentrale Position ein. Die größte und einflussreichste von ihnen war die *American Protective League* (APL), die sich im Frühjahr 1917 in Chicago gründete und rasch landesweit verbreitet war; in ihr fanden sich zeitweise bis zu 250.000 Freiwillige zusammen.[168] Sie stand dabei in ihrem Selbstverständnis in der Tradition von Organisationen des *Progressive Movement* wie den *Committees of Fifteen* bzw. *Fourteen*. Ebenso wie diese wurde sie aus einem gesellschaftlich prägenden Gefühl der Sorge und Unruhe gegründet, von Bürgerinnen und Bürgern der gehobenen Mittelschicht, alle bereit und in der Lage, Zeit und Geld in den Dienst für die Allgemeinheit zu investieren. Stimulanz war die Entwicklung einer patriotischen und zugleich fremden- wie radikalenfeindlichen Stimmung seit 1914 durch die bereits erwähnte Gemengelage aus Propaganda, Staatsbürgerschaftsverständnis und staatlichen Handlungsangeboten. Und wie sich im *Progressivism* das gezielte Ausschau-Halten als zentrale Strategie entwickelt hatte, übernahmen auch die Patriotinnen und

Patrioten während des Weltkriegs diese Logik des Agierens als Ergebnis angeleiteter Beobachtung: Es galt, »wachsam nach illoyalen Mitbürgern Ausschau zu halten«.[169] Um dieses Ziel zu verfolgen, mussten sich Organisationen wie die APL sowohl produktiv auf das durch Gerüchte wie Propaganda produzierte unsichere Wissen als auch auf das akzeptierte Selbstverständnis vom engagierten Bürger berufen. Aber sie lernten von ihren Vorgängergruppen und griffen ebenfalls auf die Methode der verdeckten Ermittlung zurück. Emerson Hough, der ›autorisierte‹ Historiker der APL, unterstrich Nutzen und Legitimität dieses Vorgehens: »Die Durchsetzung der Anordnungen des Präsidenten zur Regelung des Verhaltens der feindlichen Ausländer erforderte eine ernorme Beteiligung an der Arbeit des Justizministeriums. Die Liga hat tausende Untersuchungen gegen verdächtige Deutsche geleitet.«[170] Gezielt hatte die APL Personen für ihre Unterwanderungsaufgabe angeworben, welche die Sprachen der zu überwachenden Gruppen beherrschten und/oder sich in ihren Wohnquartieren oder an deren Arbeitsplätzen auskannten. Zumindest in öffentlichen Räumen, so rühmten sich Mitglieder der APL, konnte eine beinahe vollständige Kontrolle von Verdächtigen erfolgen.[171]

Deutlich wird zweierlei: zum einen die Empathie, die mit der Aufgabe und ihrer anerkannt guten und erfolgreichen Ausführung einherging. Die Mitglieder der APL und anderer Gruppen hatten offensichtlich Freude am Spitzeln und Verraten, sie fanden Selbstbestätigung und Anerkennung in ihrem nachgefragten Handeln. Zur gouvernementalen Disposition der Selbstführung gehörte stets auch die Imagination eines ›väterlichen Staats‹, dessen Wohlwollen es zu erwerben galt, darauf hat Alf Lüdtke hingewiesen:

»Anzeigen-Texte [lassen] den *Eifer*, wenn nicht die *Begeisterung* derer erkennen [...], die sich bzw. Verdächtige oder Verdächtiges meldeten. Gefühle der Zuneigung, z.B [...] für die angeblich gute gemeinsame (Kriegs)-Sache mögen immer auch Ausdruck einer akzeptierten Rhetorik gewesen sein [...] Der Duktus der Nachdrücklichkeit in diesen Texten verweist jedoch auf Gefühle, die selbst in rhetorischen Formeln eine Mischung aus Sorge und Zuwendung für den Staat oder das ›große Ganze‹ anzeigen.«[172]

Zum anderen bezogen sich Angebot und Nachfrage aufeinander, waren stets wechselseitig aufeinander angewiesen. Der Hinweis Houghs, man sei für das Justizministerium tätig gewesen, veranschaulicht beides eindringlich: Man hatte gefragt und war gefragt worden, man war in der Lage, eine Flut von Anzeigen bzw. Denunziationen nach ›Brauchbarkeit‹ strukturiert zu bündeln und in die richtigen Kanäle umzuleiten. Diese Konstellation findet sich immer wieder, wenn man sich das Material der APL ansieht. Dokumentiert ist beispielsweise der Bericht (oder die Anzeige, die Meldung, ganz wie man will) eines Agenten der APL aus Birmingham, Alabama, einem Angehörigen des dortigen Ausbildungsstützpunkts der Armee. Er informierte die lokale Führung der Organisation in seinem Bericht über einen deutschstämmigen Leutnant und Sprengstoffexperten, der nun in Übersee eingesetzt war. Nach einer langen Aufzählung seiner auffälligen Verhaltensweisen, namentlich seines (zu) großzügigen Umgangs mit Geld, kam der Anzeigende zum Schluss:

»Ich habe bei vielen Gelegenheiten mit einer ganzen Reihe von Freunden über S. geredet, und wir waren uns einig, dass er zu deutschfreundlich ist, um in unserer Armee Dienst zu tun. Viele glauben, er ist ein deutscher Agent. Ich persönlich halte ihn für einen sehr gefährlichen Mann. Ich würde nicht gern unter ihm dienen, und ich würde es begrüßen, wenn man ihn an einen Ort schaffte, an dem er keinen Schaden anrichten kann.«[173]

Offenkundig wird das dichte Geflecht, das diesen Bericht erst möglich machte. Die Kameraden im Stützpunkt hatten S. lange Zeit beobachtet und sein Verhalten eingeschätzt und bewertet: »Seit vier Jahren glaube ich, er bekommt Geld von der deutschen Regierung, und ich habe das auch bei vielen Gelegenheiten so gesagt.«[174] Der Bericht, die Anzeige, die Denunziation war kein spontaner Akt, sondern besaß einen langen kommunikativen Vorlauf, es hatte Gerüchte um S. gegeben, man redete über ihn und woher er so viel Geld hatte. Nach den Spionage- und Sabotagebestimmungen des Frühjahrs 1917 gab es einen Anknüpfungspunkt für die denunziatorische Energie des Berichterstatters – doch offenbar ist weder die Sabotageangst noch der Kriegseintritt der USA der Grund für sein Handeln, vielmehr sind sie Anlass und Auslöser. Auch wird deutlich, dass es ihm darum ging, gehört zu werden. Zu wissen, dass Menschen die eigenen Beobachtungen wertschätzen und nachfragen, stimulierte den Bericht über S. nachhaltig mit.

Auch wenn die überlieferten Berichte von APL-Mitgliedern stets patriotisch-besorgt argumentierten und so das eigene Handeln zu legitimieren glaubten, so scheinen doch auch oft andere Motive durch. Dies wird gerade bei jenen Berichten bzw. Anzeigen deutlich, die sich nicht gegen feindliche Ausländer, sondern etwa gegen so genannte *slackers* oder *draft dodgers* richteten, also gegen US-Bürger, die ihren Anteil an den Kriegsanstrengungen zu verweigern schienen. Als das Justizministerium im Sommer 1918 die APL aufrief, »das Fangnetz über die Drückeberger zu werfen«, war die Bereitschaft dazu bei den Mitgliedern groß: Allein in und um Chicago, so berichtete Hough stolz, beteiligten sich über 10.000 Menschen an Befragungen und Überprüfungen mit dem Ergebnis, dass 1.400 Verdächtige aufgespürt werden konnten.[175] Gewiss lässt sich das große Engagement mit einer bestimmten Vorstellung von Gerechtigkeit erklären: »Wenn ein Sohn nach Übersee gehen muss, warum nicht auch der Sohn des Nachbarn, besonders wenn er es heimlich mit den Deutschen hält und sein Leben und sein Eigentum schützen will?«, fragte ein Berichterstatter.[176] Doch galt es immer noch, solche Gerechtigkeitsideen an die Denkfigur des *enemy alien* anzulehnen, um Vorwürfe von Neid und Missgunst als denkbare Motive den Wind aus den Segeln zu nehmen.

Darüber hinaus zeigen die Unterlagen der APL, dass sich mit einer Meldung bei der Organisation durchaus andere, private Probleme angehen und womöglich auch lösen ließen. Im Rahmen der Kampagne von 1918 entstand dieser Bericht eines angestellten APL-Mitglieds:

> »Eine junge Frau kam in mein Büro und beklagte sich über ihren Mann. ›Ich bin fast verzweifelt wegen Joe‹, sagte sie zu mir. ›Er trinkt und trinkt, treibt sich nur in Saloons herum. Ich habe seit acht Monaten keinen Cent von ihm gesehen, ich weiß nicht mehr weiter. Ich … Ich liebe ihn. Ich will nicht, dass er mich verlässt. Ich glaube, die Armee wäre eine gute Sache für ihn. Er tut nichts mehr für mich und das Baby.‹
>
> ›Wir werden sehen, was die Armee tun kann‹, sagte ich ihr. Ich sah mich um und fand ihren Mann – in einem Saloon, betrunken, heruntergekommen, ohne jeden Stolz, ohne Ehrgeiz, ganz schlechtes Material für einen Soldaten.«[177]

Mit der patriotischen Suche nach den Verweigerern verband sich der philanthropische, an erkannten wie anerkannten sozialen Problemen ausgerichtete Anspruch progressiver Reformanstrengungen. Für die Ehefrau – wenn die Geschichte des Angestellten stimmt, was nicht zu überprüfen ist – war die APL eine Instanz zur Lösung einer privaten Krise, die Wehrforderung des Staats ein Instrument zur Durchsetzung ihrer Interessen. Die innerfamiliäre Denunziation – die am meisten verachtete Variante – konnte für sie eine Perspektive für eine bessere Zukunft sein; durchaus auch eine Form weiblicher Ermächtigung gegenüber einem Mann, der sich seiner ihm zugeschriebenen gesellschaftlichen Aufgaben und Verantwortungen ihr gegenüber entzogen hatte.[178] Für den Berichterstatter bot sie eine Chance, sich selbst wie auch die APL insgesamt von einem möglichen Makel als eventuell verwerfliche, ausschließlich Denunziationen sammelnde Organisation zu befreien und übergeordnete und nachhaltigere Ziele jenseits des zeitgenössisch geforderten Patriotismus zu reklamieren. Hier ging es um Alkohol und seine damals allseits anerkannte destruktive Wirkung auf Familien. Hier ging es um familiäres Glück als Fundament jener demokratischen Ordnung, für die man in den

Krieg gezogen war. Hier ging es auch darum, jenseits oder gerade mit Hilfe der aktuell notwendigen Kriegsanstrengungen Geschlechterverhältnisse zu stabilisieren. So verbinden sich in diesem Bericht Zwangsmaßnahmen gegenüber einem Verweigerer mit Reformbemühungen: Die Armee werde ihm gut tun, er wird in ihr das Mannsein lernen, das es ihm möglich mache, seine schutzbedürftige Frau und sein Kind zu versorgen und zu beschützen, die indes selbst ihre staatsbürgerliche Verantwortung kannte und akzeptierte, indem sie ihren Gatten anzeigte. Die APL, so soll deutlich werden, war weit mehr als eine Organisation zum Aufspüren von ›Feinden‹, sie reklamierte einen zentralen Anspruch auf gesellschaftliche Gestaltung, sie war in ihrem ganzen Wesen ein Kind des *Progressive Movement.*

Wenn es eine wichtige Aufgabe patriotischer Organisationen wie der APL darstellte, Anzeigen und Kontrollwünsche strukturiert zu bündeln, dann drängt sich die Frage auf, für wen sie dies taten, wer die Adressaten und Interessenten ihrer Berichte waren. Dabei etablierte die Bundesregierung eine überaus interessante Relaisebene in Form der *State Councils of Defense.* Diese wurden nach dem Kriegseintritt in allen 48 Bundesstaaten eingerichtet, unterschieden sich jedoch sehr in Größe und Bedeutung. Je wichtiger eine Region galt in den Auseinandersetzungen um die Loyalität von *enemy aliens*, Verweigerern und vermeintlichen Subversiven, desto mehr Befugnisse kamen ihr zu. Nach unten hin wurde das System dadurch erweitert, dass man auch in den Kreisen, Städten und Ortschaften lokale Varianten etablierte. Wichtig ist, dass diese *councils* keineswegs nur aus Beamten oder gewählten Delegierten der Staaten zusammengesetzt waren, sondern auch die Vertreter der patriotischen Gruppen darin Sitz und Stimme besaßen. In diesen Einrichtungen verbanden sich staatliche Kontrolle und staatsbürgerliches Engagement in einer regionalen und lokalen Konstellation, die sich sehr ›nah am Geschehen‹ befand und daher über großes Vorwissen über ihre Klientel verfügte. In den dicht von deutschstämmigen Menschen besiedelten Staaten des Mittleren Westens war der Einfluss dieser Institutionen besonders groß.[179] In einem Appell des *Iowa Council of Defense* wurde jeder Bürger und jede Bürgerin des Landes dazu aufgefordert, »einer patriotischen Gesellschaft beizutreten, *alle* Personen anzuzeigen, die es wagen sollten, auch nur über die Möglichkeit von Frieden zu diskutieren, und generell darüber Bescheid zu wissen, was der Nachbar denkt«.[180] Mit Hilfe dieser Bürgerräte konnte sich die Bundesregierung im Verlauf der Kriegsmonate sicher sein, nicht von einer Flut von denunziatorischen Anzeigen überschwemmt zu werden – und dass es sich bei vielen der in Washington und andernorts eingehenden Briefe und Telegramme nicht um berechtigte Anzeigen, sondern um eher problematische, mit dem Etikett der Denunziation zu versehende Mitteilungen handelte, wurde den damit Beschäftigten rasch deutlich. So schrieb ein Mitarbeiter des *Bureau of Investigation* an ein Mitglied des *Wisconsin Council of Defense*: »Unsere Erfahrung lehrt uns, dass die überwiegende Mehrheit der Strafanzeigen aus einem Geist patriotischer Feindseligkeit heraus gestellt werden, aber keineswegs auf eine wirklich ernsthafte Situation hinweisen.«[181]

Betrachtet man exemplarisch die Arbeit eines *state councils*, dann werden wichtige Facetten seines Wirkens und die Verwobenheit mit dem Wissensregime des Progressivismus deutlich. Der Staat Minnesota bietet sich dafür aus verschiedenen Gründen an. Die Arbeit der dortigen *Commission of Public Safety* (MCPS), so der offizielle Name, ist archivarisch gut dokumentiert und unter organisations- und politikhistorischen Fragestellungen umfassend erforscht.[182] Ferner gehörte es zu jenen Kontrolleinrichtungen, die mit weitreichender, zeitweise gar diktatorischer Machtfülle ausgestattet waren. Dafür gab es eine Reihe von Gründen: Die Bevölkerung Minnesotas bestand aus sehr vielen Menschen, die erst vor einer Generation oder weniger eingewandert waren, und die Deutschstämmigen stellten davon die größte Gruppe. Auch eine Mehrheit der aus Skandinavien stammenden Bevölkerung Minnesotas beharrte nach August 1914 auf einem strikten Neutralitätskurs der USA.[183] Darüber hinaus wies die Region eine Tradition vergleichsweise erfolgreicher linker Organisationen auf. 1915 hatte sich im benachbarten North Dakota die *Nonpartisan League* gegründet, eine Vereinigung mit dem Ziel, den regionalen Farmern einen höheren Anteil an ihrem Ertrag zu sichern. Gerade in Minnesota hatte die Liga großen Einfluss, von Seiten der Industrie sowie der regionalen politischen Eliten wurde sie daher massiv mit Radikalismus- und Sozialismusvorwürfen gebrandmarkt.[184] Zusätzlich existierte in dem Staat eine wahrnehmbare Präsenz der IWW, vor allem in Bergwerken sowie in der Holzindustrie.[185] Legt man den Hyper-Patriotismus der Zeit zugrunde, dann gab es in Minnesota Anlass zur Beunruhigung, und dem wurde durch die Einrichtung eines mit weitreichenden Kompetenzen versehenen *defense councils* Rechnung getragen.

Doch zuvor schon, während der *preparedness*-Phase, etablierten sich die patriotischen Organisationen in dem Bundesstaat. Die regionale Gruppe der *National Security League* etwa gründete sich im Dezember 1914, mit führenden Vertretern aus der Geschäftswelt an ihrer Spitze.[186] Ihr Wirken verlief zunächst in zwei Richtungen: Zum einen wollte man in den parteipolitischen Debatten des Staats die Republikanische Partei stärken, zum anderen galt es, eine intensive Diskussion über den strikten Neutralitätskurs der USA in die regionale Presse zu tragen.[187] Auch die APL war in Minnesota stark vertreten, darüber hinaus gründete sich im August 1917 noch eine weitere Gruppierung unter dem Namen *Stars and Stripes League*, die sich besonders durch militante Aktionen gegen vermeintliche Feinde und Subversive hervortat.[188]

Am 23. April 1917 trat die MCPS erstmals zusammen. Sie bestand aus sieben Mitgliedern: dem Gouverneur und dem Generalstaatsanwalt, beide von Amts wegen Teil der *Commission*, sowie fünf weiteren Delegierten, allesamt Rechtsanwälte, Geschäftsleute, Großfarmer oder erfahrene Regionalpolitiker. Alle engagierten sich als Mitglieder in einer der patriotischen Organisationen.[189] Die gleiche Art der Zusammensetzung fand sich in den Ablegern der MCPS in den Kreisen und Gemeinden, auch hier waren führende Kommissionsmitglieder im Regelfall gleichfalls in patriotischen Verbänden aktiv. Erste Amtshandlung war es, alle Lokale in der Nähe von kriegswichtigen Betrieben und militärischen Einrichtungen zu schließen und den Verkauf von Alkohol im ganzen Staat zu verbieten. Diese Maßnahmen fügten sich perfekt in die progressive Agenda ein, darüber hinaus trafen sie vor allem die deutschstämmigen Arbeiter und Lokalbesitzer. Bedeutsam ist auch, wie sehr sich in der Entscheidung der Kommission zentrale Elemente der Wissensproduktion dieser Zeit zeigten. Eingeladen waren Experten (der Bürgermeister von Minneapolis, der örtliche Polizeichef), die zunächst die Verteidigungsrelevanz der betroffenen Bezirke feststellten, um anschließend die dort lebende und arbeitende Klientel mit entweder politischen oder moralischen Makeln zu belegen – »rough people doing rough work, the amusement places, the I.W.W. and the crooks«.[190] Es bedurfte zu diesem Zeitpunkt keiner Anzeigen oder Denunziationen – man wusste, wen man zu fragen hatte, um diejenigen zu treffen, denen man nicht allein mangelhafte Loyalität unterstellte, sondern vor allem politische Opposition. Doch wollte man sich auf offizielle Anhörungen nicht verlassen und etablierte darüber hinaus eine so genannte *home guard*, bestehend aus Freiwilligen, die zur Überwachung ›gefährdeter‹ Einrichtungen sowie zur Kontrolle potenziell gefährlicher Gruppen dienen sollte – zu denen neben den *enemy aliens* ausdrücklich Mitglieder der *Nonpartisan League* oder der IWW gezählt wurden.[191] Ein *Women's Auxiliary Committee* wurde gegründet, das sich in erster Linie um Fragen von »sozialer Hygiene, Werbung für Kriegsanleihen und das Rote Kreuz, die Anwerbung von Frauen für kriegswichtige Arbeit, den Schutz der Kinder sowie vor allem um Maßnahmen der ›Amerikanisierung‹« kümmern sollte.[192]

Ersichtlich wird das Bemühen der MCPS, Informationsfluss und Wissensproduktion von Beginn an in den eigenen Händen zu behalten und zur Unterstützung auf Menschen mit der ›richtigen‹ Haltung zu vertrauen. Doch blieben die freiwilligen, ›spontanen‹ Hinweise und Meldungen nicht aus; auffallend viele bezogen sich in diesen ersten Wochen nach Kriegseintritt auf Vergehen, die als Respektlosigkeit gegenüber der Flagge einzuordnen sind. Die Grenzen zwischen einer Anzeige/Denunziation und der Verbreitung eines Gerüchts waren dabei fließend, die beiden Sprechakte lagen nahe beieinander bzw. gingen schnell ineinander über. Ein Adressat aus North Branch fragte den Gouverneur in einem Brief, ob »der Postvorsteher, ein deutscher Demokrat, allein darüber entscheiden kann, ob die Fahne über unserem Postamt wehen soll oder nicht?«.[193] Neben solchen Zuschriften von (vermutlich) privat handelnden Bürgerinnen und Bürgern finden sich viele, die ihr Schreiben aus einem Amt oder einer spezifischen Rolle heraus begründeten. Bürgermeister, Staatsanwälte und Stadtangestellte sahen es als ihre Amtspflicht an, Auffälliges zur Meldung zu bringen, und im Mai wandte sich ein katholischer Priester an die MCPS und berichtete von pro-deutschen Mitgliedern in seiner Gemeinde.[194]

Allerdings beschränkten sich derlei offenkundig denunziatorische Akte auf einen vergleichsweise kurzen Zeitraum in den ersten zwei Monaten nach Kriegseintritt, danach ebbte die ›Welle von Denunziationen‹ deutlich ab – oder hinterlässt zumindest keine Spuren mehr in den Akten der oberen Ebene der MCPS. Mit Beginn der ersten großen Kampagne zur Durchsetzung der Registrierungspflicht für den *Selective Service Act*, Ende Mai/Anfang Juni 1917, setzten die Kommissionsmitglieder auf eine andere, aus ihrer Sicht erfolgversprechendere Art der Kontrolle. Am 21. Mai beschloss man, einen Geheimdienst einzurichten, der ihnen regelmäßig Bericht erstatten sollte.[195] Man betraute Pinkerton-Detektive mit der Aufgabe, eine möglichst hundertprozentige Quote bei der Registrierung von Wehrpflichtigen durchzusetzen. Die Namen dieser circa sieben bis acht *Pinkertons* sollten ausdrücklich geheim gehalten werden.[196] Allerdings wurde ihre Verpflichtung kurz danach bereits von der Presse kolportiert.[197] Die in den nächsten Wochen eingehenden Berichte der Agenten konnten wenig Beunruhigendes vermelden. Ein Agent ›CH‹, der sowohl fließend Deutsch wie Schwedisch sprach, fasste seine Eindrücke aus einem Stadtteil von St. Paul so zusammen:

»Ich fand heraus, dass sie [die schwedischen Einwanderer, O.S.] im Allgemeinen keinen Gefallen an der Idee finden, wieder nach Europa zurückzukehren, um dort zu kämpfen. Sie würden es aber tun, wenn es notwendig sein sollte, und ich kann keine

Anzeichen erkennen, dass es organisierte Bestrebungen gäbe, sich einer Registrierung zu entziehen. Ich habe gründlich nach Agitatoren Ausschau gehalten, konnte aber nicht Verdächtiges in dieser Hinsicht entdecken.«[198]

Derart abgesichert konnte die MCPS gute Erfolge nach Washington melden, um sich danach anderen, in ihren Augen weitaus ärgerlicheren Personen zu widmen: den Mitgliedern der *Nonpartisan League*, der Sozialistischen Partei sowie der IWW.[199] Der legislativ abgesicherte Apparat der MCPS konnte von seinen Mitgliedern und den ihnen nahestehenden Interessengruppen für Ziele genutzt werden, die unter dem Mantel patriotischer Entrüstung sinnvoll zu kommunizieren und durchzusetzen waren, de facto aber mehr mit politischen Klassenauseinandersetzungen als mit nationaler Sicherheitspolitik zu tun hatten. Dies funktionierte für einige Monate durchaus erfolgreich, doch musste die in und um die MCPS herum gruppierte Elite im Frühjahr und Sommer 1918 erkennen, dass sie den Sog der patriotischen Basis in Minnesota unterschätzt hatte. Während die Kommission weder Interesse an denunziatorischem Eifer noch an gewalttätigen Aktionen von Vigilantinnen und Vigilanten hatte – sie störten nur das geordnete Unterwandern und Überwachen verdächtiger Gruppierungen –, sahen das die meisten Mitglieder der patriotischen Organisationen anders, und spätestens mit den *Sedition Acts* und der Anti-*slackers* Kampagne der APL verlor die MCPS das Heft des Handelns aus der Hand.

Wie ist diese Entwicklung zu verstehen, sowohl im Hinblick auf die Situation in Minnesota als auch für die USA insgesamt? Wichtig ist dabei zunächst der Hinweis auf die zunehmend flächendeckende Verbreitung von schriftlicher wie visueller Propaganda im Staat.[200] Zwar war die MCPS für die Distribution zuständig, aber sie konnte die Inhalte des Materials nur bedingt kontrollieren. Die in erster Linie vom CPI angefertigten Pamphlete und Poster appellierten vor allem an Hyper-Patriotismus und Deutschenfeindlichkeit, das heißt an übergeordnete, nationale Denkmuster. Obgleich die MCPS die eigenen Interessen und Ziele eng an diesem Rahmen ausrichtete, gelang es offenbar nicht, die Vorwürfe von fehlender Loyalität und ›Un-Amerikanismus‹ einzig auf Mitglieder ungeliebter Parteien und Gewerkschaften zu beschränken. Möglicherweise zeigt sich hier das Dilemma einer Konstellation, in der zwar an Denunziationsenergien appelliert wird, deren Ergebnisse aber stark kanalisiert werden oder aber nicht erwünscht sind, weil partikulare Interessen vor Ort bedeutsamer erscheinen. So betrachtet können die eklatanten Gewalttätigkeiten auf dem Gebiet der Vereinigten Staaten als ein Ventil verstanden werden, durch das unbefriedigte Denunziationswünsche entweichen konnten.[201] Staatliche wie öffentliche Autoritäten forderten *vigilance* (Wachsamkeit) ein, und konnten dabei ausdrücklich auf ein Staatsbürgerverständnis von Verpflichtung und Engagement setzen, welches in der *Progressive Era* tragend geworden war. Die erfolgreiche Gründung und das Florieren patriotischer Organisationen war in dieser Situation die vorhersehbare und auch gewünschte Reaktion. Doch eines der Produkte dieser Wachsamkeit, die Mitteilungsbereitschaft, stieß bei den vermeintlichen Adressaten nur phasenweise und zögerlich auf Interesse. *Vigilantism* (Selbstjustiz) kann als Folge eines Systems charakterisiert werden, das zu Denunziationen aufruft, diese im Anschluss aber aus Perspektive der so Stimulierten nur unzureichend wertschätzt.[202]

»Men of America, be of clear vision! [...] Promptly deliver up these advance agents to public scorn and to the law, so that when you go home at night you can look into the innocent eyes of your children and be unafraid«, hieß es auf einem Poster des CPI.[203] Wenn das Gesetz dem Sanktionsbedürfnis der so angerufenen Patriotinnen und Patrioten nicht hinreichend nachkommt, bleibt nur der angesprochene Ausdruck von ›öffentlicher Verachtung‹. Damit ist eine bedeutsame Ebene von Visualität angesprochen: die Sichtbarmachung von Illoyalität und die Aufführung von Schuld, Sühne und Reintegration.

Keep Quiet ... But Talk! – Bilder, Sprache und die Denunziation im Krieg

Hinter dem Verkauf der Kriegsanleihen und der so möglich gemachten totalen Kriegsführung stand ein immenser Werbeapparat. Das zuständige Finanzministerium sowie George Creels CPI überzogen das Land mit Postern und Pamphleten, und auch die *Four Minute Men* waren Teil dieser Anstrengungen. Doch stand den Verantwortlichen ein weiteres, neues Medium zur Verfügung, das sich bereits in den sozialen Deutungskämpfen des Progressivismus als einflussreich erwiesen hatte: der Film. Die außerordentlich schnell gewachsene Filmindustrie hatte zwischenzeitlich das Starsystem hervorgebracht. Wie sich zeigte, waren Stars für Werbung, das heißt für beeinflussende, überredende Kommunikation, ganz besonders geeignet.[204] Mit Schauspielern wie Douglas Fairbanks oder Charlie Chaplin und damit mit Unterstützung der selbst auf Patriotismus bedachten Filmbranche ließen sich Kampagnen zur Finanzierung der Kriegslasten effektiv flankieren – sowohl auf den Leinwänden als auch durch Artikel über die großzügigen Spenden oder öffentlichen Auftritte der Stars selbst. Das galt auch für den vielleicht größten weiblichen Filmstar der Kriegsjahre 1917/18, Mary Pickford. In mehreren Filmen und im Rahmen der *Liberty Bond*-Kampagnen stellte sich die Kanadierin als *The Little American* vor die Kamera und forderte das Kinopublikum dazu auf, die Anleihen zu zeichnen. So in *100 % American*, einer Produktion aus dem Jahr 1918.[205] Pickford spielt darin Mayme, eine typische junge Amerikanerin, indifferent gegenüber den Ansprüchen, die die kriegsführende Nation an sie stellt. Sie besucht Vergnügungsparks und gibt dort ›unnötig‹ Geld aus; die Rede des *Four Minute Man* interessiert sie nicht, sie macht sich über sein seltsames Auftreten lustig. Statt Kriegsanleihen kauft sich ihre Freundin Tillie (Loretta Blake) Kleider und Eiscreme. Doch allmählich beginnt Mayme einen Sparsamkeitsfeldzug und am *Liberty Bond Day* geht sie bereitwillig zur Verkaufsstelle, um ihren Beitrag zu leisten. Dort glaubt sie sich fälschlicherweise bestohlen und zeigt einen mit ihr wartenden Mann wegen des Diebstahls an. Das erworbene Zertifikat erweist sich in der Folge als ein wichtiges soziales Merkmal: Nur mit einem solchen Ausweis ist es möglich, auf den Ball zu gehen, der zu Ehren der Soldaten in Übersee organisiert wird. Der Film endet schließlich mit einem erneuten Besuch im Vergnügungspark. Diesmal übernimmt die Protagonistin eine aktive Rolle im Kampf gegen den deutschen Kaiser: Dessen Karikatur balanciert auf einer Planke und versucht, von ›Frankreich‹ nach ›Deutschland‹ zu wechseln, der Kaiser ist schon auf dem Rückzug, belastet mit offenkundig schweren Paketen mit den Aufschriften *Militarism*, *Atrocities* und *Brute Force*. In Manier eines Baseballwerfers schleudert Mayme eine Kugel nach der Figur, trifft sie, und der ›Kaiser‹ stürzt von der Planke.

Mit den Filmen spitzte sich eine Aufforderungskultur medial nochmals zu, die ganz wesentlich auf die Visualisierung sowohl von Gefahren als auch von Gegenmaßnahmen setzte; *100 % American* gab Hinweise auf die Elemente dieser Kultur. Sie war getragen von großer Öffentlichkeit (den Reden, den Postern, den Bällen) und von Personalisierungen von Gut und Böse, sie setzte auf unmittelbare wie gezielt affektive Ansprache (Mayme weicht vor der gestikulierenden Hand des *Four Minute*-Redners zurück, als sei sie getroffen; sie selbst gestikuliert am Ende des Films in gleicher Weise in Richtung Publikum), sie setzte auf die Bereitschaft zur Anzeige bei Zweifel (hatte der vermeintliche Dieb nicht eigentlich einen Loyalitätsnachweis stehlen wollen?) und auf Beseitigung von Zweifel mittels Identifikation durch eindeutige Kennzeichen (das Zertifikat, aber auch die alten Kleider: Männer schauen Mayme auch dann noch nach, wenn sie auf Neues verzichtet). Loyalität und Subversion, das ist die Quintessenz dieser Kultur, sind sichtbar, sichtbar zu machen und sichtbar versichernd.

Wenn diese Anordnung sich im Film noch einmal verdichtete, so bildeten doch andere Medien die Grundlage für den Transport dieser Botschaften, zuallererst die Poster. Diesem Medium ist gerade im Zusammenhang mit dem Ersten Weltkrieg in jüngster Zeit sehr viel Aufmerksamkeit entgegengebracht worden.[206] Massenhaft produziert, farbig, großformatig: Plakate waren in allen kriegsführenden Nationen ein Ausweis für die Modernität des Weltkriegs, der mit Industrietechnologie auch an den nationalen Heimatfronten geführt wurde. Die Historikerin Pearl James etwa beschreibt die Funktion der Poster so: »Zum Teil lernten die Staatsbürger erst durch das Betrachten der Poster, dass eben auch sie Teil der Heimatfront waren.«[207]

Mehr noch: Auf und über Poster als Medium zielgerichteter Kommunikation wurden sowohl Ideen von einer Heimatfront als auch Konzeptionen von Staatsbürgerschaft für große Teile der Öffentlichkeit erst hergestellt. Zu diesem Zweck mussten sie bekannte Bilder aufnehmen und sie kreativ mit neuen koppeln, mussten auf tradierte Kanäle und Umgangsweisen mit Bildern im öffentlichen Raum eingehen und diese zugleich zeit- und aufgabengemäß anpassen. In den Worten Maurice Rickards' waren die Plakate deshalb das wichtigste Instrument der Massenkommunikation, weil die Betrachterinnen und Betrachtern mit den verwendeten Bildern bereits vertraut waren und sie auf Anhieb verstanden – und weil sie überaus preiswert waren.[208]

Gerade mit Blick auf die USA zeigt sich, dass Poster zu einem Kernelement einer Werbeindustrie geworden waren, die in ihrem Wunsch nach und ihrem Vertrauen in rational planbarer Massenführung nicht allein progressiv im zeitgenössischen Sinne, sondern auch kriegswichtig war.[209] Das CPI verstand sich als eine Organisation, die ihrem Wesen nach Werbung für den Weltkrieg an der Heimatfront zu betreiben hatte: Creel nannte sein Unterfangen »the world's greatest adventure in advertising«.[210] Dabei griff man auf die Ansätze und Methoden einer rasch expandierenden Branche zurück, zu der das CPI enge Kontakte unterhielt und mit der man den progressiven Glauben an die Machbarkeit gezielter Massenführung teilte.[211] Eine Abteilung des CPI, die *Division of Pictorial Publicity*, war für die Produktion der Plakate verantwortlich und konnte zu diesem Zweck auf eine Vielzahl talentierter Zeichnerinnen und Zeichner zurückgreifen; insgesamt entstanden zwischen April 1917 und November 1918 etwa 2.500 Entwürfe, von denen circa 700 umgesetzt wurden.[212] Hinzu kamen zahlreiche weitere Plakate, die von anderen Ministerien (vor allem dem Finanzministerium im Zusammenhang mit den Kriegsanleihen), von Organisationen wie dem Roten Kreuz oder auch von privater Seite (gerade auch den patriotischen Verbänden) hergestellt und vertrieben wurden, allerdings in der Regel unter ausdrücklicher Berücksichtigung der Leitlinien und Zensurvorgaben des CPI.[213]

Die Plakate stellten eine aktive kommunikative Beziehung zu den Betrachterinnen und Betrachtern her, und ihre Verbreitung sorgte dafür, dass die appellative Ansprache der ›Regierung‹ – und zwar im weiteren Sinne: national und regional, das CPI ebenso wie patriotische Verbände – überall-

Abb. 1: James Montgomery Flagg,
I Want You For U.S. Army
(Library of Congress)

hin reichte. Dadurch entstand eine neue Subjektposition, die Rachel Hall als *vigilante viewer* bezeichnete, eine Figuration, die nicht allein durch die Botschaften immer wieder neu zu Wachsamkeit und Engagement aufgerufen wird, sondern die sich in diesem Wechselverhältnis zum Bild erst selbst als wachsam und engagiert erkennt.[214] James Montgomery Flaggs Poster *I Want You For U.S. Army*, vielleicht das bekannteste und am weitesten verbreitete

Abb. 2: Ein *Four Minute Man,* aus *100 % American,* 1918

Abb. 3: Mary Pickford am Ende von *100 % American,* 1918

US-amerikanische Poster des Ersten Weltkriegs, macht diese produktive Beziehungsgeschichte anschaulich (Abb. 1).[215] *Uncle Sam* wendet sich in Wort und Geste an die Betrachterinnen und Betrachter – ein älteres, männliches Familienmitglied, aber doch nicht der Vater, denn es geht nicht darum, wie ein Patriarch von der Spitze her anzuordnen. Vielmehr verteilt sich die Überzeugungsarbeit auf alle Glieder der familiär gedachten Gemeinschaft, alle übernehmen Verantwortung für das Ganze. *I Want You For U.S. Army*, diese Formulierung artikuliert zunächst einen Bedarf, einen Wunsch, dem der (in diesem Fall in erster Linie als männlich gedachte) Betrachter nachkommen kann – und soll. Es war die Erinnerung an und die Erneuerung eines Staatsbürgerverständnisses, das *obligation* (Verpflichtung) an die oberste Stelle platzierte, und zu diesen Verpflichtungen gehörte auch das Einbringen des eigenen Körpers und des eigenen Lebens. Die verbale Anrufung durch den Satz am unteren Rand des Plakats wurde durch die Geste *Uncle Sams* noch dringlicher: Der auf die Betrachter gerichtete Zeigefinger machte den Appell gleichermaßen unmissverständlich wie individuell. Bild und Text zusammen reduzierten die mit der staatsbürgerlichen Verpflichtung im Krieg verbundene Komplexität auf ihren handlungsorientierten Kern, in den Worten Capozzolas: »Als Uncle Sam seinen Finger Richtung amerikanische Öffentlichkeit stieß, machte er ihr nicht allein ihre Rechte deutlich, sondern unterstrich auch, wer zur Gemeinschaft gehörte, und wer nicht. Doch vor allen Dingen machte er klar, dass er ihr Handeln erwartete.«[216] Es war dies die Geste der *Four Minute Men*, die Geste Maymes am Ende von *100 % American*, eine Geste des auffordernden Einschlusses über die Tat (Abb. 2 u. 3).

WANTED BY THE UNITED STATES

GROVER C. BERGDOLL

NOTORIOUS DRAFT EVADER and DESERTER wanted by the UNITED STATES AUTHORITIES AT PHILADELPHIA, PA., on charge of wilfully evading the SELECTIVE SERVICE ACT.

Grover C. Bergdoll, a member of a wealthy Philadelphia family, interested in the Bergdoll Brewing Company, left Philadelphia in August or September, 1917, since which time he has been traveling extensively throughout the country. It is believed that he is constantly on the move, accompanied by a male companion. He is an expert automobile driver and aviator, and delights in exploiting his ability in both lines. He is flashy and dramatic—a lavish spender of money. When entertaining, he displays a large roll of notes.

Description:—Five feet four inches in height; dark hair, brushed pompadour; scar on face; teeth stained by constant chewing of tobacco; heavy set figure; weight about 175 lbs.; affects brown clothing and shoes.

This man is a serious offender against the laws of the United States, and his arrest is earnestly desired by the military authorities. Every effort should be put forth by Federal and State Officers to bring about his apprehension. An appeal is made to all patriotic citizens to co-operate with the authorities in effecting his arrest. In the event of his apprehension, please detain him and wire or telephone full particulars to the undersigned, or to the representative of the Department of Justice at Philadelphia.

FRANCIS FISHER KANE,
United States Attorney for the Eastern District of Penna.,
Philadelphia, Penna.

TODD DANIEL,
Acting Local Agent of Department of Justice, Philadelphia, Pa.

Office of U. S. Attorney
Telephone Walnut 2213

Office of Dept. of Justice
Telephone Walnut 2844

Abb. 4: Fahndungsplakat Grover C. Bergdoll, *Federal Bureau of Investigation*

Wenn Flaggs *Uncle Sam*, jenseits seines primären Appells zum Wehrdienst, den auf patriotisches Handeln ausgerichteten *vigilante viewer* insgesamt mobilisieren sollte, dann übertrugen andere Plakate und andere Bestandteile der zeitgenössischen visuellen Kultur diese Botschaft auf die Möglichkeit denunziatorischen Handelns. Am eindeutigsten geschah dies auf und durch die Fahndungsplakate der Strafverfolgungsbehörden. Das älteste Plakat, das sich in den Akten der Ermittlungsbehörde des Justizministeriums findet, zeigt die Portraitfotografie Grover C. Bergdolls.[217] »Wanted by the United States« heißt es in großen Buchstaben über dem Bild – auch hier ›fehlte‹ also jemand, und die drei Textzeilen unter dem Portrait verraten den Grund, indem sie den Gesuchten als notorischen ›Drückeberger‹ und Deserteur markierten (Abb. 4). Ein Körper hatte sich dem Appell zur verpflichtenden Teilnahme entzogen, und die Bestimmungen der im Krieg erlassenen Gesetze erlaubten und erforderten seine Verfolgung. Statt in das Gesicht des zur Verantwortung mahnenden Familienmitglieds blickten die Betrachterinnen und Betrachter in das Gesicht eines Verweigerers.[218] Wenn *I Want You For U.S. Army* zu Einigkeit und Einschluss aufforderte, dann konstruierte das Fahndungsplakat die Differenz zwischen Mitgliedschaft und Ausschluss, es kreierte den *Un-American* und zwar erneut in einem Modus der Handlungsaufforderung: Achtet auf diesen Menschen, prägt euch sein Gesicht ein, erkennt ihn und zeigt ihn dann bei den Behörden an. Installiert wurde auf diese Weise ein Netz sozialer Überwachung, welches das Bild des Anderen an die Verpflichtung koppelte, zum Denunzianten oder zur Denunziantin zu werden.

Die Herstellung einer visuellen Beziehung zwischen dem Anspruch der staatlichen Ebenen und der staatsbürgerlichen Verantwortung der Bürgerinnen und Bürger signalisierte sowohl Nähe und die Notwendigkeit von Wachsamkeit, Engagement und Mitteilungsbereitschaft, als auch die daraus resultierenden Schwierigkeiten. Zugriff auf den Körper des Flüchtigen war gewünscht, doch die eigentliche Sanktion oblag den zuständigen Stellen, wie der letzte Absatz betont. Obgleich das Plakat die Machtphantasien der Bevölkerungsmehrheit befriedigte, machte der Text schlussendlich deutlich, dass es sich bei der Rolle des *vigilante viewers* nur um eine begleitende, den Behörden dienende handelte.

Der Wunsch nach Teilnahme und Anerkennung inspirierte auch andere bildliche Repräsentationen. Dem registrierenden Blick auf das Fahndungsplakat sollte eine inspizierende Beobachtung der Umwelt folgen; ein Poster der *American Defense Society* aus dem Jahre 1917 veranschaulicht diesen Ap-

Abb. 5: »Eternal Vigilance«, Poster der American Defense Society, ca. 1917

pell (Abb. 5).[219] Unter der Überschrift ›*Eternal Vigilance is the Price of Liberty*‹ – einem zumeist, aber wohl zu Unrecht Thomas Jefferson zugesprochenen Satz – beobachtet der (männliche) auch und gerade des Nachts wachsame Staatsbürger mittels eines Fernrohrs die städtische Umgebung. Er muss sich dabei nicht verstecken, tritt vielmehr überlebensgroß auf, erleuchtet vom Mond und den Sternen. Versteckt hielten sich indes die Feinde Amerikas in den dunklen Straßen der Großstädte – dorthin richteten sich bereits während der *Progressive Era* die bürgerlichen Blicke, hierauf hatte sich nun auch im Krieg die Aufmerksamkeit zu fokussieren. Die Abbildung ist deutlich weniger konkret als das Fahndungsplakat, entindividualisiert die Gefahr und überführt sie auf eine Ebene von Abenteuer: Aus dem *vigilante viewer* wird ein Heer aus Sherlock Holmes-Figuren, aus dem identifizierbaren Wehrdienstverweigerer eine anonyme Masse potenzieller Feindinnen und Feinde. Dem Wachsamkeitsauftrag wurde auf diese Weise der bestimmbare Adressat genommen, die Überwachung drehte sich so in gewisser Weise um sich selbst, für ihre möglichen Ergebnisse, die verwertbaren Informationen über Andere, war kein Abnehmer mehr genannt.

Nicht alle grafischen Darstellungen von Wachsamkeit und patriotischem Engagement kreisten um einen leeren Kern, andere bemühten sich vielmehr sehr darum, Feindbilder anzubieten. Dazu gehörte ohne Zweifel die Darstellung des deutschen Militärs als barbarische, mordende und vergewaltigende ›Hunnen‹, wie sie das CPI und andere Stellen nach Kriegseintritt der USA von der britischen Propaganda übernommen hatten. Neben den Postern spielten auch Karikaturen in Zeitungen und Zeitschriften, den damaligen Leitmedien, eine herausragende Rolle bei der Mobilmachung des *vigilante viewers*. Diese Plattform musste schon deshalb Schauplatz dieser Auseinandersetzung werden, weil sich die Debatten um den Einfluss ausländischer (und im Krieg vor allem deutscher) Kultur gerade auch um die Rolle der fremdsprachigen Presse drehten, der man eine massive Einflussnahme auf die Politik und die Kriegsziele der Mittelmächte vorhielt.[220] Karikaturen nahmen in der Presse seit geraumer Zeit einen relevanten Raum ein, und es verwundert nicht, dass sie in den Dienst der Heimatfront genommen wurden, zumal eine Reihe von sehr guten und bekannten Zeichnerinnen und Zeichnern für das CPI arbeitete und es so zu einer Verbindung zwischen Plakatzeichnung und politischer Karikatur in den Printmedien kam.[221] Dabei sahen die Künstlerinnen und Künstler ihre Aufgabe durchaus selbstbewusst. James Montgomery Flagg brachte diese Haltung in einem Cartoon aus dem Jahr 1918 zum Ausdruck, einem Selbstportrait, in dem Flagg dem geschlagenen Kaiser über die Schulter blickt. Der Deutsche betrachtet sich im Spiegel und erkennt sich darin als Skelett, die Unterschrift lautet: »The Cartoonist Makes People See Things!«[222]

Als Aufforderung zur aktiven Mitarbeit und zur Anzeige ›auffälligen Verhaltens‹ schien Komik genauso gut oder besser geeignet zu sein als das Hervorrufen von Furcht. Zwei Karikaturen aus *Life*, erschienen im April und

Abb. 6: *Life*, 4. April 1918

Juni 1918, zeigen dies. Beide funktionierten vor dem Hintergrund verschärfter Spionage- und Sabotagegesetze sowie einem Kriegsverlauf in Europa, bei dem inzwischen in größerer Anzahl US-amerikanische Opfer zu beklagen waren. Die erste Zeichnung besteht aus zwei Teilen (Abb. 6): Oben sieht man ein explodierendes Munitionsdepot sowie den davonlaufenden Attentäter; die Bildunterschrift lautet: »We Would Have Less of This«. Im unteren Teil wird dieser Satz mit »If We Had More Of This« vollendet und die standrechtliche Erschießung des Attentäters gezeigt.[223] Die andere, zwei Monate später publizierte Karikatur arbeitet noch stärker mit einer Verknüpfung von Text und Bild (Abb. 7): Die Betrachterinnen und Betrachter sehen einen rundlichen Herrn mit üppigem Schnauzbart und Nickelbrille, ein Schriftzug auf der Brust weist ihn als *German-American* aus. In seiner Jackentasche steckt Papier, es sind *Plans of Forts*, und hinter seinem Rücken erkennt man die brennende Zündschnür einer Bombe. Würdevoll scheint er einen Eid zu rezitieren, und so kann man unter der Zeichnung lesen:

»›My Country, 'Tis of Thee‹ (German-American Version)

My country over sea,
Deutschland, is sweet to me;
To thee I cling.
For thee my honor died,
For thee I spied and lied,
So that from every side
Kultur might ring.«[224]

Nachdem die beschriebenen Plakate sowohl das Objekt der Überwachung als auch die juristischen Sanktionen eher unbestimmt gelassen hatten, wählten die populären und weit verbreiteten Karikaturen einen offensiveren und aggressiveren Standpunkt. Dabei griffen sie auf die eingeführten Darstellungsmuster des deutschen *enemy alien* zurück; beide Bombenleger sollten möglichst unzweideutig als Deutsch-Amerikaner zu erkennen sein; die Leerstelle auf der Objektseite war mithin wieder sinnvoll geschlossen worden. Dass dies humoristisch geschah, hatte mehrere Gründe: Erstens waren die stereotypen Darstellungen von *hyphenated-Americans* seit Jahrzehnten etabliert, bedurften keiner Erläuterung mehr und zielten auf eingeübte Sichtweisen der Zeitschriftenleserinnen und -leser. Zweitens hatten sich diese Repräsentationen einen Platz in den *culture wars* der Zeit zwischen 1914 und April 1917 erobert, in denen politische Kritik mit gezielter Verunglimpfung von tatsächlichen oder vermeintlichen Charakteristika der als minderwertig und unamerikanisch angesehenen Kultur einherging. Und drittens schließlich immunisierte die Tatsache, ›lustige‹ Kommentare zu zeichnen, vor einer allzu direkten Einflussnahme des CPI oder lokaler Zensurbehörden.

Gegenüber dem Staat als Sanktionsseite wurde eine klare Erwartungshaltung artikuliert: Harte Strafmaßnahmen, gegebenenfalls die Todesstrafe, wurden als angemessen und zu vollziehen betrachtet. An beiden *Life*-Cartoons lässt sich der Charakter des gesellschaftlichen Wissens über die vermeintliche Gefährlichkeit deutscher *enemy aliens* sowie der erforderlichen Gegenmaßnahmen ablesen. Sie waren Produkte einer spezifischen Situation im Frühjahr/Frühsommer 1918, als sich sowohl die Angebotsstruktur der Regierung (verschärfte Gesetze) als auch die perzipierte Dringlichkeit der

Abb. 7: *Life*, 13. Juni 1918

Gefahr (deutsche Offensive in Europa, Spionagehysterie in den USA) veränderten. Sie artikulierten nicht allein Zweifel an der Loyalität der deutschstämmigen Bevölkerung, sondern auch Kritik an nicht energisch genug einschreitender und sanktionierender Politik und Justiz, die auf die zunächst von ihnen nachgefragten denunziatorischen Handlungen nicht in der erwarteten, angekündigten Weise reagiert hatte. Die zweite Karikatur verwies darüber hinaus auch auf einen visuellen Aspekt im Zusammenhang mit Loyalitätsbekundungen: Von allen Bürgerinnen und Bürgern, vor allem aber von den als potenziell gefährlich eingeschätzten Menschen, wurden unmissverständliche Nachweise von Zustimmung und Zugehörigkeit verlangt. Diesen

Nachweisen, den Plaketten, Treuebekundungen und Eiden war indes grundsätzlich nicht zu trauen, das wollte die Zeichnung zeigen, es galt mithin sie stets zu prüfen und zu erneuern.

Das visuelle Arrangement der Filme, Poster und Karikaturen übertrug sich auf eine Visualität der Tat. Wenn Staatsbürgerschaft, wie in diesem Fall, kein Merkmal des ›Habens‹ ist, sondern als eines aktiver Handlung gedacht wird, dann muss es sich performativ etablieren und perpetuieren. Dies geschah zum einen in wohl organisierten und choreografierten Paraden, und namentlich der als *Loyalty Day* zelebrierte Nationalfeiertag am 4. Juli 1918 sah hunderte von patriotischen Festen, Umzügen und Aufführungen; das CPI hatte dafür eigens Informationsmaterialien sowie Durchführungshinweise produziert und bereitgestellt.[225] Besonders in den Metropolen dienten diese Feiern der Demonstration nationaler Einheit, an der auch Organisationen von Immigrantinnen und Immigranten beteiligt waren – New York City sah am *Loyalty Day* eine zehnstündige Parade, in der Fußgruppen und Wagen von Einwandererverbänden besonders prominent auftraten.[226] Die Organisation solcher Feiern bot regionalen wie lokalen Honoratioren sowie den Mitgliedern der vielen patriotischen Verbände die Gelegenheit, ihren Einsatz zur Schau zu stellen. Die Teilnahme erlaubte es den Bürgerinnen und Bürgern – zumal wenn sie eher ›suspekten‹ Gruppen angehörten –, ihre Loyalität zu beweisen. Doch solche Bekenntnisse mussten immer wieder erneuert werden, denn man traute ihnen nicht:

> »Solltest du jemals, auf der Straße oder in der Bahn, die aufrührerischen oder unpatriotischen Reden eines verweichlichten Pazifisten oder eines hartgesottenen, aber schlecht kaschierten Deutschen hören, dann hast du das Recht und das Privileg, den Kerl am Kragen zu packen, ihn dem nächsten Polizisten oder aber direkt dem Gericht zu übergeben.
>
> Dazu brauchst du keine offizielle Genehmigung, als Abzeichen reicht einzig deine patriotische Gesinnung. Das gilt auch für Frauen. Jeder Amerikaner hat das Recht, eine Person wegen ›unanständiger Rede in der Öffentlichkeit‹ festzunehmen.«[227]

Solche und ähnliche Handlungsanweisungen, die zu Wachsamkeit sowie einem Eingreifen bis hin zu Gewalt aufriefen und die dies nicht allein mit Patriotismus, sondern darüber hinaus mit Anstand begründeten, führten zu einer Kultur der sichtbaren und eindeutigen Positionierung unterhalb der Ebene von offiziellen Feiern und Paraden. Es war die brennende Zündschnur der Bombe hinter dem Rücken des loyal erscheinenden Menschen, die eine permanente, alltägliche Bestätigung des loyalen Bekenntnisses notwendig erschienen ließ. Die öffentliche Gewalt der Kriegsjahre verfolgte die gleiche Logik: Es galt, den der Täuschung bezichtigten Gegner kenntlich zu machen. Als Bezugspunkt diente oftmals die Fahne – wenn die erwähnte Arbeiterin aus Canton, Ohio, vor dem erzwungenen Kauf einer Kriegsanleihe in das Sternenbanner gewickelt und durch den Ort getrieben wurde, dann um eine möglichst eindeutige Affirmation möglichst vielen sichtbar werden zu lassen. Gleiches gilt für die vielfach wieder auflebende Praxis des Teeren und Federns – öffentliche Schande, die sowohl die Schuld der einen wie die Rechtschaffenheit der anderen zur bestätigenden, rekonstituierenden Aufführung brachte.[228] In anderen Fällen wurden als ›unamerikanisch‹ eingeschätzte Personen öffentlich mit Schlägen gezüchtigt oder mit gelber Farbe, einem Zeichen für Verrat und Untreue, angestrichen – über längere Zeit sichtbare Stigmata. Und es gab durchaus Überlegungen, ob man nicht das Tragen eines Zeichens verbindlich machen sollte, das eine Person als *enemy alien* auswies.

Vor diesem Hintergrund war der Lynchmord an Robert Prager im April 1918 kein Austritt aus der Logik performativer Sichtbarmachung von Loyalität und Subversion.[229] Er war nur insofern eine Ausnahme, als es der einzige Fall von öffentlicher Gruppengewalt gegen einen Deutsch-Amerikaner mit Todesfolge blieb.[230] Seine Hinrichtung verband vielmehr eine ganze Reihe von typischen Facetten, die sich immer wieder in den öffentlichen und häufig gewalttätig auftretenden Inszenierungen von Loyalität und Subversion finden ließen. Die Zielscheibe des Konflikts, Robert Prager, war ein 1905 eingewanderter ›feindlicher Ausländer‹, ein einfacher Arbeiter ohne größere Ressourcen und mit diffusen sozialistischen Neigungen. Als in der Zeche im Süden Illinois, in der er arbeitete, Dynamit gestohlen wurde, geriet er beinahe selbstverständlich (und mit ihm andere) in Verdacht und ins Visier der Patriotinnen und Patrioten. Nach einigem Hin und Her wurde Prager von der aufgebrachten Menge aus seinem Haus gezerrt und den zeitgenössisch gängigen Prüfungen unterzogen: Man entkleidete ihn, hüllte ihn in eine US-Flagge und verlangte von ihm das Absingen der Nationalhymne. Die Polizei konnte den Deutsch-Amerikaner für kurze Zeit in Schutzhaft nehmen, doch er wurde den Beamten wieder entrissen und schließlich in einer mehrstündigen Prozession aus der Stadt und auf einen Hügel geführt, wo man ihn erhängte.

Das Schauspiel des Lynchings, die vielfältigen Formen gewaltsamen *vigilantism*, die verschiedenen Zeichen zur Kenntlichmachung von Gesinnung, sie alle schrieben die in den Plakaten und anderen Bildern entworfene visuelle Kultur handelnd fort. Dabei bringen diese Praktiken eine Kluft zum Vorschein, eine Diskrepanz zwischen geweckter Erwartung und ihrer scheinbar oft ungenügenden Erfüllung. Mitarbeit – auch Anzeigen – war eingefordert, schlussendlich aber in den Augen vieler Patriotinnen und Patrioten nicht wirklich im gewünschten Sinne genutzt worden. Das vermeintliche Desinteresse der Autoritäten stimulierte so gewaltsame Aktionen der ›Wachsamkeit‹ bis hin zur Selbstjustiz. Dieser Befund wirft die Frage auf, wie die historische Konstellation in den USA im Laufe des Ersten Weltkriegs insgesamt zu bewerten ist, sie führt dabei auch zu einigen grundsätzlichen Gedanken zum Begriff der Propaganda.

In seiner großen Studie zu den nationalen Minderheiten im Ersten Weltkrieg diskutiert Jörg Nagler den Begriff der ›Kriegshysterie‹, den er als »relativ konturlos« bezeichnet und schließlich als Erklärung für die Vorkommnisse zurückweist.[231] Stattdessen verweist er auf Entwicklungen, die seit Jahrzehnten präsent und durch den Krieg nur noch verstärkt worden wären: Migration, auch diejenige von Afroamerikanerinnen und Afroamerikanern in den Norden der USA, Nativismus, soziale Veränderung hin zum organisierten Kapitalismus und damit Ängste vor Statusverlust. Unter Bezugnahme auf David Kennedy (und andere) unterstreicht Nagler auch die »paradoxe Mobilisierungsstrategie« der Washingtoner Regierung, die einerseits so abstrakte Ziele wie Demokratie oder Loyalität verfolgt, andererseits aber vor allem durch das CPI Hass und Angst geschürt habe.[232]

Die von Nagler aufgezeigte Katalysatorfunktion des Krieges ist unstrittig, und seine Ablehnung des pathologischen und psychologisierenden Hysteriebegriffs erscheint mehr als notwendig. Dennoch haben dieses Kapitel und insbesondere sein letzter Teil eine Akzentverschiebung in der Argumentation vorgeschlagen. Der Begriff der Hysterie ist nicht zurückzuweisen, weil er konturlos ist, sondern weil er in sehr bezeichnender Weise die Rationalität der Entwicklungen im Krieg verschleiert. Vigilante Gewalt und die Missachtung von Bürgerrechten zeigten, ungewollt und auch unantizipiert, den Erfolg des *Progressive Movement*, das produktiv die Notwendigkeit überwachender Blicke mit einer Verpflichtung zur Anzeige verbunden hatte. Der Hinweis Naglers indes, es habe eine zu große Diskrepanz bei der Vermittlung von Kriegszielen gegeben, zielt in eine weitere, durchaus komplementär zu diesem Argument verlaufende Richtung, es stellen sich die Fragen nach Rolle und Nutzen von Propaganda im gouvernementalen Führen der Führungen.

Das Konzept Propaganda wurde in historischen Studien umfangreich und auch durchaus erfolgreich verwendet, zumeist zum Zweck einer kritischen Analyse der Versuche verschiedener Regierungen, die öffentliche Meinung ihrer Bevölkerungen lenkend zu beeinflussen.[233] Doch hat sich durch den *linguistic turn* in den Kulturwissenschaften eine kritischere Interpretation verbreitet, die die Vorstellung von zielgerichteter, von einem privilegierten gesellschaftlichen Ort aus erfolgreich gesteuerter Kommunikation für deutlich zu unflexibel hält, um den verwobenen Ebenen von Vermittlung, Wahrnehmung und Reaktion analytisch gerecht zu werden. So entspricht die Idee einer ›offiziellen‹, per se wichtigeren, von einer Regierung autorisierten Propaganda, die einen kohärenten Entwurf gewünschten sozialen Handelns produziert, keineswegs einem dezentralen und multirelationalen Machtverständnis, wie es nicht zuletzt Michel Foucault beschrieben hat. Darüber hinaus bleibt nach wie vor oft undeutlich, wie Propaganda tatsächlich wirkt, wie genau die alltägliche Beeinflussung von Sprechakten und Handlungen einzelner Menschen oder Gruppen funktioniert. Dazu muss jede Analyse zu den Effekten von Propaganda eine Reihe von Aspekten berücksichtigen, welche den Zusammenhang von politischer Führung und Sprache strukturieren: Gestalt und Rolle der Medien sowie der Kommunikationsstrukturen, den Einfluss von symbolischer und ritualisierter Sprache, die aktive Teilnahme der Bevölkerung bei der Herstellung von Sinn und Bedeutung. Dies wurde in jüngster Zeit in Studien zu autoritären und diktatorischen Regimen gefordert, im Zusammenhang mit ›westlichen‹ Demokratien kommt diesen Gesichtspunkten eine noch größere Relevanz zu. Die Frage, ob ein Begriff von Propaganda für die Analyse des Politischen in liberalen Demokratien sinnvoll ist, führt unmittelbar zu einer Debatte um gouvernementales Regieren in einer heterogenen, pluralen Gesellschaft und damit um die Herstellung von Hegemonie.

4. *Friendly Witnesses – McCarthyism* und das dichte Geflecht der denunziatorischen Rede im frühen Kalten Krieg

Die Zeit des frühen Kalten Kriegs, von etwa 1947 bis zu Beginn der 1960er Jahre, gehört nach wie vor zu den zentralen Bezugspunkten sowohl der politischen wie kulturellen Geschichte der Vereinigten Staaten im 20. Jahrhundert.[1] Der für diesen Zeitraum so kennzeichnende Begriff des *McCarthyism* ist bis heute ein stets wiederkehrender Bestandteil in politischen Debatten in den USA. Die nach den Anschlägen vom 11. September 2001 geführten Auseinandersetzungen um den Erhalt bzw. die Aussetzung von Bürgerrechten im Angesicht von Bedrohung machten dies einmal mehr sehr deutlich.[2] Thomas Mergel hat zu Recht darauf hingewiesen, dass diese Zentralität des *McCarthyism* in der politischen Kultur oftmals mit einem geringen Maß an Historisierung einhergeht – der Begriff ist eine dankbare Metapher in der politischen Auseinandersetzung und vielfältig einsetzbar.[3]

Der republikanische Senator Joseph R. McCarthy aus Wisconsin gab einer breiten und facettenreichen politischen Bewegung des entschiedenen Antikommunismus seinen Namen und markierte durch seine medienwirksamen Auftritte und seine gezielten Attacken zwischen Anfang 1950 und Ende 1954 ihren Höhepunkt.[4] Es wäre aber eine unzulässige Verkürzung, die antikommunistische Bewegung allein mit der Politik seiner bekanntesten Gestalt zu identifizieren. Der gezielte Antikommunismus ging zeitlich und inhaltlich weit darüber hinaus. Seine Wurzeln reichen bis in die gewaltsamen Arbeitskämpfe des ausgehenden 19. Jahrhunderts sowie in die Zeit der Gründung der Kommunistischen Partei (CPUSA) im Jahr 1919 zurück. Sowohl die Streikwellen als auch die Parteigründung wurden vorwiegend von Immigrantinnen und Immigranten getragen und schufen so die enge und wirkungsvolle Verknüpfung von Subversion und Fremdheit sowie die Etikettierung des ›Unamerikanischen‹.[5] Eine institutionelle Zuspitzung erfolgte spätestens 1938 mit der Einrichtung des Kongressausschusses gegen Unamerikanische Aktivitäten (*House Committee on Un-American Activities*, HUAC), der es sich in dieser frühen Phase nicht zuletzt zur Aufgabe machte, einen vermeintlichen kommunistischen Einfluss innerhalb der demokratisch geführten Regierung Präsident Franklin Roosevelts anzuprangern.[6] Während der Hochphase des Antikommunismus hat das HUAC das politische, gesellschaftliche und kulturelle Klima in beinahe unausweichlichem Maße geprägt.[7] Und auch wenn die offensichtlichsten Bürgerrechtsverletzungen gegen Ende der 1950er Jahre seltener und Opfer rehabilitiert wurden, so sind die Folgen auch für die Geschichte der sozialen Protestbewegungen der 1960er Jahre von nicht zu unterschätzender Bedeutung. Hartmut Keil hat dies treffend formuliert:

»Sicher ließen die Auswüchse nach, sicher revidierten die Gerichte ihre Urteile und sicher wagten schließlich auch vorher opportunistische Politiker, sich gegen Gesinnungsverfolgung auszusprechen. Doch darf auch nicht vergessen werden, daß ein Fortführen dieser Verfolgung mit der bisherigen Intensität nicht länger nötig war, weil von einer politischen Opposition oder radikaler Gesellschaftskritik nicht mehr viel übrig geblieben war.«[8]

Zum Konsens wurde der *McCarthyism* vor dem Hintergrund der Bedrohungsszenarien des Kalten Kriegs (unter anderem der ersten sowjetischen Atombombe, der erfolgreichen kommunistischen Revolution in China, dem Korea-Krieg) vor allem aus dem Zusammenspiel vieler unterschiedlicher Protagonisten, alle mit eigenen Vorstellungen, Zielen und Methoden. Zu diesem antikommunistischen Netzwerk zählt die Historikerin Ellen Schrecker etwa die Republikanische Partei. Diese war mit ihrem Vorwurf, die demokratische Regierung Truman sei »soft on Communism«, nicht weit entfernt von der Argumentation Senator McCarthys. Dessen Hauptziel bestand stets darin, die angebliche kommunistische Unterwanderung des Regierungsapparats, vor allem des Außenministeriums, zu beweisen. So verstanden markiert der *McCarthyism* eine aggressive Gegnerschaft zum New Deal und dessen programmatischem Erbe.[9] Aber auch Mitglieder der Demokratischen Partei rechnet Schrecker dem Netzwerk zu, denn deren Bemühungen um eine Reaktion auf die genannten Vorwürfe trugen selbst deutlich antikommunistische Züge – so etwa die Anordnung einer obligatorischen Sicherheitsüberprüfung aller Regierungsmitarbeiter 1947 oder die Kriminalisierung der CPUSA durch speziell erlassene Gesetze.[10] Auch die Gewerkschaftsbewegung ›säuberte‹ sich von radikalen Organisationen und Mitgliedern und besetzte einen eigenen Knoten im Netz des Antikommunismus.[11] Für das Sammeln und Verbreiten von Informationen über vermeintliche Kommunistinnen und Kommunisten sowie deren Umfeld erklärten sich neben den dazu berufenen Überwachungsorganen auch eine Reihe von patriotischen

Gruppen zuständig, beispielsweise die beiden Veteranenverbände *American Legion* und *Catholic War Veterans*. Sie nutzten ihre große und beinahe überall präsente Mitgliederschaft sowie ihre Reputation ›erwiesener‹ Loyalität, um die Aufmerksamkeit gegenüber ›Subversiven‹ und für eine breite Öffentlichkeit wachzuhalten.[12] Eine besondere Rolle spielten Vereinigungen von ehemaligen FBI-Mitarbeitern, die ihre Expertise nun kommerziell anboten. Die bekanntesten dieser Agenturen waren *AWARE, Inc.* und *American Business Consultants*, die unter anderem für den wöchentlichen Newsletter *Counterattack* sowie *Red Channels*, das Handbuch zu Loyalität in der Entertainment-Branche in Form einer Namensliste, verantwortlich waren.[13] Hier ging es nicht allein um die tatsächliche Mitgliedschaft in der CPUSA, sondern diese Veröffentlichungen trugen nicht unwesentlich dazu bei, den Begriff der kommunistisch dominierten *front group* bekannt zu machen, der für eine Vielzahl von gesellschaftskritischen Organisationen verwendet wurde.[14]

Durch die umfassende Charakterisierung nicht-konformer politischer Meinungen als illoyal wurde das Spektrum akzeptierter politischer Partizipation drastisch eingeengt bzw. in eine bestimmte Richtung gedrängt. Ausdruck dieser Repressionen waren zum einen die bekannten Parlamentsausschüsse, die Prozesse und Anhörungen gegen vermeintliche und tatsächliche Atomspione oder die Praxis der schwarzen Listen.[15] Darüber hinaus entwickelte sich ein enges Geflecht von Kontrollausschüssen, die in allen Bereichen der öffentlichen Verwaltung, auf Bundes-, Einzelstaats- und lokaler Ebene sowie in der Privatwirtschaft die politische Gesinnung ihrer Bediensteten hinsichtlich eventueller Sicherheitsrisiken und Loyalitätsdefizite prüften. Im Zuge dieser Verfahren verloren tausende Menschen ihren Arbeitsplatz, nach Schreckers Kalkulation wurden etwa 200 Personen zu Gefängnisstrafen verurteilt.[16]

All dies soll freilich nicht bedeuten, dass sich in den Jahren des *McCarthyism* keine kritischen Gegenstimmen erheben konnten; eine Tatsache, die angesichts der scheinbaren Kraft des antikommunistischen Sogs oft übersehen wird.[17] Mit ihnen scheinen Dimensionen des Möglichkeitsraums auf, die für eine Analyse des Aushandelns von und Kämpfens um Sinn und Bedeutung sehr bedeutsam sind. Denn begreift man den *McCarthyism* vor allem als ein Mobilisierungsregime, als ein von vielfältigen Deutungsangeboten durchsetztes Kräftefeld, dann geht es dabei nicht so sehr um Repression, sondern vielmehr um die Schaffung eines Möglichkeitsraums, um Produktion, um eine Potenzierung der Diskurse, um die Ermöglichung von Subjektkonstituierung und *agency*. Sicher entsteht dabei ein Sog oder eine Strömung, die in eine Richtung weist und so ein Regierungsprogramm im Foucaultschen Sinne der Führung der Führungen formuliert. Damit werden bestimmte Handlungen – zum Beispiel die gewünschte Denunziation – wahrscheinlicher als andere, das Begehren nach bestimmten Subjektformen drängender als andere.[18] Doch sind damit die Optionen innerhalb des Möglichkeitsraums nicht völlig reduziert, auch eigen-sinniges oder resistentes Handeln und Reden bleiben Teil der Deutungskämpfe.

Erinnert sei an die vielen ›unfreundlichen Zeugen‹, die vor den Komitees und Ausschüssen ausgesagt haben und deren öffentliche Statements eben auch Teil der politischen Kultur waren. Gleiches gilt für die Bücher, Artikel und anderen Stellungnahmen von Künstlerinnen, Künstlern und Intellektuellen, die sich als Aussagen in die zeitgenössischen Diskurse einschrieben, auch wenn sie abseits des publizistischen Mainstreams erschienen.[19] Hinzu kamen die zahlreichen oppositionellen Pressebeiträge dieser Zeit, angefangen bei den satirischen Cartoons Herbert L. Blocks (›Herblock‹) in der *Washington Post*, auf den der Begriff *McCarthyism* zurückgeht. Die HUAC-Anhörungen wurden von deutlichen und an prominenten Stellen platzierten Kritiken in den Printmedien begleitet.[20] Auch der Fernsehjournalist Edward R. Murrow ist hier zu nennen oder der demokratische Senator William Burnett Benton. Neben einigen *radicals* verstanden sich viele dieser Kritiker als Liberale, denen es angesichts der wahrgenommenen doppelten Bedrohung von Seiten der antikommunistischen Rechten einerseits sowie der Sowjetunion andererseits schwerfiel, sich angemessen zu positionieren.[21]

Der Antikommunismus verband sich zudem mit anderen Formen gesellschaftlicher Ausgrenzung. So existierten etwa vielschichtige Zusammenhänge zwischen dem *McCarthyism* und den Gegnern der afroamerikanischen Bürgerrechtsbewegung; im Süden der USA bildeten die beiden Strömungen bei der Mehrheit der weißen Bevölkerung einen mächtigen rassistischen Konsens.[22] Ferner muss man der *Red Scare* auch die *Lavender Scare*, die Homophobie, zur Seite stellen. Die Vokabel vom ›Sicherheitsrisiko‹ band hier zwei ›Bedrohungen‹ aneinander.[23] Dabei ist es wichtig zu betonen, dass hier nun nicht mehr von einer ›Hierarchie der Repressionen‹ gesprochen werden kann. Rassismus oder Sexismus in den USA des frühen Kalten Kriegs waren weder Folgen oder nachrangige Phänomene einer primär politischen Verfolgung. Vielmehr ist eine dichte kulturelle Melange von sich gegenseitig stützenden Strategien zu konstatieren, durch die scheinbar stabile Grenzen zwischen politischen, gesellschaftlichen oder kulturellen Subsystemen konsequent in Frage gestellt werden müssen.

Die Betrachtung denunziatorischen Verhaltens und denunziatorischer Rede markieren dabei wesentliche Eckpunkte. Ein bedeutendes Instrument der politischen Konflikte dieser Zeit in den USA war das bereits angesprochene enge Geflecht von Ausschüssen. Fragt man nach der Rolle und der Bedeutung von Denunziationen bei den Verfahren vor diesen Ausschüssen, so ergibt sich rasch ein Perspektivenproblem. Im Mittelpunkt sowohl zeitgenössischer als auch historiografischer Auseinandersetzungen mit dem so genannten *naming names* stehen die Aussagen der kooperationsbereiten Zeuginnen und Zeugen, die auch als Denunziationen betrachtet und etikettiert werden konnten, wann immer sie mit der Preisgabe von Namen Dritter einhergingen. Dieses *naming names* hatte in aller Regel nicht den Zweck der Informationsgewinnung;[24] in den allermeisten Fällen lagen den Ausschussmitgliedern Informationen vor, die ohnehin klar zeigten, über welche politischen Kontakte ein Zeuge verfügte, über welche möglicherweise kontroverse Person in seinem oder ihrem Umfeld geredet werden konnte. Diese Informationen entstammten entweder Ermittlungen des FBI oder anderer Polizeibehörden oder aber einer der verschiedenen kursierenden Namenslisten wie etwa den *Red Channels*. Das hatte zwei Konsequenzen: Erstens reduzierte sich dadurch die Bedeutung ›klassischer‹ Denunziationen im Sinne der freiwilligen und spontanen Zuträgerschaft. Zweitens ergab sich hieraus etwas, das Navasky als das *informer principle* dieser Jahre gekennzeichnet hat: die vergleichsweise Bedeutungslosigkeit des *naming names* zur Informationsgewinnung – und ihre massive Relevanz als Charaktertest. In der öffentlichen, formalisierten, rollenhaften Kommunikation zwischen Kontrollausschuss und Zeugen knüpften sich die Bewertung sowie der Beweis von Loyalität an die im Grunde unnötige Bereitschaft, Namen zu nennen.[25] Neben den Protokollen der Verfahren und Ausschüsse, neben den Anschuldigungen, Geständnissen und ›Beichten‹ – und eng mit ihnen in ein intertextuelles Gefüge eingebunden – produzierte das *informer principle* ein weiteres Genre von Quellentexten: die Rechtfertigungen.

Zunächst möchte ich mich hier aber einem anderen Aspekt zuwenden, der in meinen Augen für viele der weiteren Ausführungen grundlegend ist. Ein wiederkehrendes Moment bei der Bestimmung von Denunziationen ist es, auf die sehr große ›Nähe‹ und die ›Natürlichkeit‹ der menschlichen Beziehungen hinzuweisen, die von dieser Variante des Verrats zersetzt zu werden drohen. Gerade im Familienverband erwächst dem Tabu des Denunzierens eine hochcodierte Relevanz. Daher kann nicht verwundern, wenn das Phantasma des denunziatorischen Verrats in den familienzentrierten USA der

1950er Jahre vor dem Hintergrund von Privatsphäre und familiärer Bindung sowie in enger Koppelung mit Religiosität repräsentiert wurde.

Containment at Home – Denunziation und Familie

Jerry Donovan könnte kaum zufriedener sein. Ein sicherer Job mit gutem Einkommen, ein Häuschen in der Kleinstadt, glücklich verheiratet, die Kinder gesund – Donovan und seiner Familie geht es gut in den prosperierenden 1950er Jahren. Warum sollte sich daran etwas ändern? Eines Abends kommt er heim von der Arbeit, begrüßt seine Frau Helen und schnuppert an den Töpfen auf dem Herd. Er habe eine Gewerkschaftsversammlung am Abend, erinnert sie ihn, doch der müde Ehemann winkt ab. Dann könne er doch mit ihr zur Elternversammlung in die Schule kommen, schlägt Helen daraufhin weiter vor – doch Jerry geht lieber früh zu Bett. Als er erwacht, versteht er die Welt nicht mehr: Kein glücklicher Haushalt mehr, keine liebevolle Familie, sondern nur noch emotionslose Automaten, die er zwar erkennt, aber nicht mehr versteht. Seine Gemeinde im Herzen der USA war über Nacht kommunistisch geworden. Soldaten mit finsteren, ›asiatischen‹ Gesichtern patrouillieren auf den Straßen, die Gefängnisse füllen sich mit aufrechten Bürgern wie ihm. Was ihm jedoch am meisten zusetzt, ist eine andere, private Erfahrung: der Beitritt seiner gerade schulpflichtigen Kinder in den Verband der Jungen Pioniere sowie deren Wunsch, die öffentliche High School zu verlassen und von nun an auf eine Schule der Partei gehen zu wollen. Des Vaters kategorische Ablehnung dieser Vorhaben beantworten Sohn und Tochter mit der unverhohlenen Drohung, Jerry bei der Partei als Konterrevolutionär zu denunzieren. In einem Schauprozess wird Donovan zum Tode verurteilt, doch kurz vor der Exekution erwacht er aus seinem *Red Nightmare*, »erschüttert, aber wieder bereit, sich seiner Familie und der Gemeinschaft, in der er lebt, zu widmen«.[26]

Red Nightmare wurde 1962 produziert und ist ein ebenso spätes wie plakatives Beispiel für die große Zahl antikommunistischer Spielfilme der McCarthy-Ära.[27] Der Industriearbeiter Donovan kann sich, der Rüstungsindustrie sei Dank, das Leben der Mittelklasse leisten und begreift Wohlstand, Frieden und Freiheit als Selbstverständlichkeiten, er vernachlässigt seine Verantwortungen als Staatsbürger und setzt damit alle Errungenschaften der Demokratie aufs Spiel. Es ist seine Frau, die den (überlebens-)notwendigen

Bürgersinn und die eingeforderte Wachsamkeit an den Tag legt. Sie ist nur die ›typische‹ Hausfrau der konservativen 1950er Jahre, besorgt um ihre Familie. Doch sie weiß zugleich, dass es eines Engagements im Gemeinwesen bedarf, um dieses private Ideal verwirklichen und aufrechterhalten zu können, und sie ist bereit, diesen Beitrag zu leisten.[28]

Nachdem die Phasen der *Great Depression* und des Zweiten Weltkriegs zum Teil von einer Destabilisierung der Geschlechterordnung begleitet gewesen waren – zumindest in der Wertung bedeutender Teile der Gesellschaft –, sahen die Nachkriegsjahre einen beispiellosen Siegeszug des weißen, heterosexuellen Mittelklasse-Modells. Es bildete sich ein komplexes System heraus, das auf verschiedensten Ebenen die Stärkung der Kleinfamilie mit dem männlichen Versorger an deren Spitze vorantrieb und zu *dem* normativen gesellschaftlichen Ideal der Nachkriegsjahre machte.[29] Frauen, insbesondere verheiratete, weiße Frauen aus der Mittelschicht, die während der Weltwirtschaftskrise und vor allem während des Weltkriegs ins Arbeitsleben geströmt waren, sollten nun ihren Platz wieder ausschließlich im Bereich der Reproduktion und der Haushaltsführung einnehmen. Zwar stieg die Zahl der erwerbstätigen Frauen im Laufe der 1950er Jahre sogar weiter an, in der Regel waren jedoch ihre Möglichkeiten im Gegensatz zu den Kriegsjahren auf schlechter bezahlte, traditionell als weiblich codierte Tätigkeiten beschränkt.[30] Den aus dem Krieg heimkehrenden Veteranen wurde durch Maßnahmen wie dem *Servicemen's Readjustement Act* die baldige Gründung einer Familie gleichzeitig nahegelegt und erleichtert. Das umgangssprachlich *G.I. Bill* genannte Gesetz garantierte allen Kriegsteilnehmern Vorteile bei der Ausbildung und auf dem Arbeitsmarkt, eine Krankenversicherung und die Möglichkeit, durch günstige Kredite oder spezielle Förderung Hauseigentümer zu werden.[31] Der Prozess der Suburbanisierung und der Boom des Häuserbaus der Nachkriegsjahre hingen ebenso maßgeblich von staatlichen Finanzierungsprogrammen ab.[32] Neben materieller Unterstützung sorgte auch ein dichtes Netz aus wissenschaftlicher und populärer Literatur, aus Romanen, Filmen und Fernsehserien dafür, dass die möglichst frühe Gründung einer Familie für Frauen wie für Männer nicht nur als gesellschaftliche Notwendigkeit, sondern auch als wünschenswertes Ideal empfunden wurde. Folglich explodierten in den Nachkriegsjahren die Heirats- und Geburtenzahlen, während das durchschnittliche Heiratsalter drastisch sank – der *baby boom* war die bekannte Folge.[33]

Freilich muss betont werden, dass die Hervorhebung der weißen, vorstädtischen Mittelklassefamilie verbreitete Stereotype über die 1950er Jahre zu wiederholen droht und oft die Lebenswirklichkeit all jener Menschen in den Vereinigten Staaten aus dem Blick verliert, die nicht zu dieser Gruppe gehörten.[34] Es bleibt jedoch festzuhalten, dass dieses Stereotyp eine derartige Dominanz entfaltete, dass auf der Ebene kultureller Repräsentationen andere Identitätsmodelle nur schwerlich anders denn als Abweichung von diesem normativen Ideal denk- und sichtbar waren. Die harmonische Familie, bestehend aus Vater, Mutter und Kindern, wurde darüber hinaus zur wesentlichen Verkörperung der freiheitlichen Gesellschaft. Eine solche Koppelung von Privat-Familiärem mit Begriffen von Freiheit und Demokratie hatte schon im Zweiten Weltkrieg Engagement und Opferbereitschaft stimulieren sollen, sie unterlegte solch abstrakte Konzepte mit einer griffigen, leicht nachzuvollziehenden Materialität. Hieran konnte nach Kriegsende direkt angeschlossen werden.[35]

Umgekehrt bedeutete dies, dass jeder Versuch oder jede Tendenz, die Familienverbände zu schwächen, auch einer Schwächung Amerikas gleichkommen musste. Der Kalte Krieg verstärkte auch diese Konstellation. Elaine Tyler May hat gezeigt, wie hier erneut die Familie als Kern einer demokratischen und freien Gesellschaft und als Bollwerk gegen eine als totalitär (hier: kommunistisch) klassifizierte Bedrohung firmierte – *nuclear families* als Garanten für Sicherheit, Stabilität und Geborgenheit im *nuclear age*.[36] Doch das Familienideal wies auch Risse auf und damit jene vermeintlichen Schneisen, durch welche das ›Un-Amerikanische‹ einzudringen vermochte. Das Leben in den Vorstädten schuf nicht allein Wohlstand, Zufriedenheit und somit Stabilität, es mehrten sich auch die Klagen über Konformität, *other-directedness* sowie den Verlust einer als zutiefst amerikanisch markierten (männlichen) Antriebskraft. Der Soziologe David Riesman entwarf in seinem einflussreichen Buch *The Lonely Crowd*, das zu einem überraschenden Bestseller werden sollte, den Persönlichkeitstypus der *other-directed person*.[37] Während im Kapitalismus des 19. Jahrhunderts der vorherrschende Charaktertyp derjenige der individualistischen *inner-directed person* gewesen sei, zeichnete sich die Gegenwart, so Riesman, durch eine Verschiebung hin zu einem Charaktertyp aus, den der Autor als oberflächlich, einsam und manipulierbar beschrieb.[38]

Während die (Sozial-)Wissenschaft also in explizit oder implizit vergeschlechteter Begrifflichkeit Kritik an ›Vermassung‹ und Konformität übte, existierten in der Nachkriegszeit auch offener frauenfeindliche Varianten der These einer Familienkrise, deren wahrscheinlich bekannteste auf Philip Wylie zurückgeht.[39] Wylie sah in seinem erstmals 1942 erschienenen, im Jahre

1955 bereits in der 20. Auflage gedruckten Buch *Generation of Vipers* den Ursprung der Effeminierung der amerikanischen Männer im Einfluss von deren überdominanten Müttern, die ihre Söhne und Ehemänner aus Herrschsucht und Materialismus in passive Schwächlinge und ›Perverse‹ verwandelten.[40] Wylies unter dem Begriff *momism* bekannt gewordene Argumente waren zwar eine extreme, aber in den 1950er Jahren durchaus vertretbare und nicht gerade randständige Position.[41] Und es übten sich weitere wichtige Stimmen darin, Sicherheitsdispositiv und Familienideal auf das Engste miteinander zu verknüpfen. Eine der prominentesten von ihnen war der langjährige FBI-Direktor J. Edgar Hoover.

J. Edgar Hoover und die kommunistische Verschwörung gegen die christlich-amerikanische Familie

Es gibt die Meinung, *McCarthyism* sei eigentlich die falsche Etikettierung für die politischen Verhältnisse nach 1947 – *Hooverism* würde den Sachverhalt weit präziser auf den Punkt bringen.[42] Tatsächlich sind Politik und Wirken des bereits in dieser Phase langjährigen Direktors des FBI von nicht zu unterschätzender Bedeutung, doch auch in seinem Fall verbietet sich, wie bei McCarthy selbst, eine allzu grundsätzliche Zuspitzung auf eine einzige Person. Wie gefährlich eine solche Verkürzung sein kann, hat sich gerade in Hoovers Fall nachdrücklich gezeigt – durch Versuche, Persönlichkeitsmerkmale und Politik unmittelbar aufeinander zu beziehen.[43]

J. Edgar Hoover (1895–1972) stand dem FBI von seiner Ernennung am 10. Mai 1924 bis zu seinem Tod vor, in diesen fast fünfzig Jahren etablierte er sich unabhängig von wechselnden Regierungen und politischen Großwetterlagen zu einer in hohem Maße einflussreichen, mächtigen und zumeist überaus geschätzten Persönlichkeit in Politik, Polizeiapparat und Gesellschaft.[44] Unter seiner Ägide entwickelte sich die Ermittlungsbehörde des Justizministeriums zu einer einerseits hoch anerkannten, andererseits massiv angefeindeten Instanz. Die nicht zuletzt auf Hoover selbst zurückzuführenden Geheimhaltungs- bzw. Verschleierungsstrategien seiner Behörde im Hinblick auf Verfahren, Vorgehensweisen, gewonnene Erkenntnisse sowie deren Verwertung wie Verwahrung schufen eine Aura von Allwissenheit und Allmacht. Dieser Eindruck war auch im Zusammenhang mit dem Informantensystem des FBI immens bedeutsam.[45]

Ein von Hoover besonders vorangetriebenes Merkmal des FBI waren dessen Public-Relations-Aktivitäten. Konzentrierte man sich dabei nach der Kompetenzen- und Befugnisausweitung durch die Bundesregierung zu Beginn der 1930er Jahre zunächst auf die Bandenkriminalität und das Image des *G-Man* als kompetenten, beinahe wissenschaftlich ausgebildeten Gegner des kriminellen *public enemy*,[46] so änderte und politisierte sich die Ausrichtung durch den Kalten Krieg markant. Tatsächlich dokumentieren und untermauern zahllose Reden, Interviews, Aufsätze sowie Bücher Hoovers persönlichen Einsatz bei der ›Aufklärung‹ über die ›rote Gefahr‹. Obwohl die meisten dieser Materialien unter der Autorenschaft des Direktors publiziert und verbreitet wurden, stellen sie in aller Regel im Kollektiv entstandene Texte dar. Bekanntheit und Autorität Hoovers wurden durch Recherchetätigkeit und Formulierungsfähigkeiten von Agenten wie professionellen Ghostwritern sichergestellt. Darüber hinaus zeichnen sich diese Beiträge von den späten 1940er Jahren bis in die 1960er Jahre hinein durch starke Redundanzen einerseits sowie eine ausgeprägte Neigung zur Kompilation aus. Dies ist am besten in *On Communism* (1969) nachzuvollziehen, das in seinem zweiten Teil auf knapp hundert Seiten Hoover-Zitate abdruckt.[47] Dadurch konnten die Veröffentlichungen für unterschiedliches Publikum zugeschnitten werden. Schon Hoovers wohl bekanntestes Buch, *Masters of Deceit* aus dem Jahre 1958, liest sich wie ein Best-of aus Hoover-Texten der zurückliegenden zehn Jahre und zielte auf eine möglichst breite Buchclub-Leserschaft.[48] *A Study of Communism* wurde 1962 als Schulbuch publiziert, mit einem didaktischen Beiheft für Lehrerinnen und Lehrer sowie anschaulichen Tafeln.[49] Stephen Whitfield unterstreicht die Bedeutung dieser Veröffentlichungen, denn Hoovers »Art, über den Kommunismus zu reden, [sei] Teil der amerikanischen Folklore« geworden.[50]

Eine Folklore, die so klang: Der Kommunismus ist eine internationale Verschwörung zum Zwecke der Welteroberung unter der zentralen Leitung der Moskauer KP. Die CPUSA ist von ihr gesteuert und an ihre Weisungen gebunden. Kommunismus ist kriminell, Kommunisten daher Verbrecher, die aufzuspüren und unschädlich zu machen zu den ureigensten Aufgaben des FBI als Polizeibehörde gehören – etwa so lassen sich alle diese FBI-Texte zusammenfassen. Zwar war die CPUSA selbst nie verboten, doch schon 1940 hatte der so genannte *Smith Act* (eigentlich *Alien Registration Act*) die Propagierung eines gewaltsamen Umsturzes für strafbar erklärt, und auch nach dem Weltkrieg erwiesen sich die vagen Formulierungen des Gesetzes als hilfreich. Die von der Regierung Truman eingeführten Loyalitätsprüfungen für Bedienstete der Regierung boten zusätzliche Handreichungen für Polizeimaßnahmen,[51] und 1950 erwuchsen aus dem so genannten *McCarran Act* (eigentlich *Internal Security Act*) weitere Möglichkeiten zur strafrechtlichen Verfolgung von Kommunistinnen und Kommunisten.[52] Diese Gesetze und Verordnungen fußten auf einer fortgeschriebenen Logik des Kriegs, die zwei weitere Szenarien notwendig mit sich brachte: Spionage und Sabotage. Der Spionagevorwurf diente als Denkmodell für den Nachweis der Gefährlichkeit des Gegners als auch seiner Präsenz im Inneren. Wesentlich für die Konstruktion gegnerischer Spionage waren Vorstellungen von Fremdheit und Allgegenwärtigkeit. Das lässt sich an einer Kette von Personalisierungen ablesen. An ihrem Anfang stand Gerhart Eisler, der in den 1930er Jahren im Auftrag der Komintern in die USA gekommen war, das Land aber 1936 wieder verlassen hatte. 1941 war er als Flüchtling legal wieder eingereist und hatte nach dem Krieg keine offizielle Parteifunktion mehr ausgeübt. Zwischen 1946 und 1949, als er das Land nach dem Ende der Nazi-Herrschaft verlassen wollte, wurde er vielfach vorgeladen, verhört und verhaftet, sein Fall erlangte eine dauerhafte Präsenz in den Medien.[53] Die Figur Eislers diente als perfekte Identifikation der Dominanz Moskaus über die CPUSA, er galt als Chefemissär des Kreml, als Kopf der kommunistischen Verschwörung. Als Ausländer fügte sich Eisler nahtlos in das etablierte, nativistische Bild vom Zusammenhang zwischen Immigration und Subversion. Noch Jahre später schrieb der FBI-Direktor dieses Bild fort: »Spione werden von ihren Regierungen getarnt ins Land geschleust. Man findet sie unter den Diplomaten; sie kommen aber auch als Studenten, als Touristen, als Handelsvertreter oder im Rahmen eines Kulturaustausches.«[54]

Wirkungsmächtig stellte man Eisler Alger Hiss zur Seite, der für die Eindringtiefe kommunistischer Unterwanderung stand, denn der US-Bürger Hiss, ein Mitarbeiter des Außenministeriums, sah ganz ›normal‹, ganz ›amerikanisch‹, ganz ›harmlos‹ aus. Wenn selbst dieser Absolvent einer Eliteschule und erfolgreiche Diplomat für die Sowjetunion spionierte – wie Whittaker Chambers behauptete – dann konnte jeder und jede verdächtig sein.[55] Daran knüpften sich Aufrufe zu Wachsamkeit und Aufmerksamkeit, die einen Modus des Erkennens und Identifizierens zu einem bedeutenden Merkmal des Sicherheitsdispositivs werden ließen. Mit den Todesurteilen gegen Julius und Ethel Rosenberg schloss sich 1951 die Kette der Personifizierungen. Die internationale Verschwörung hatte sich augenscheinlich des Kerns der amerikanischen Militärüberlegenheit bemächtigen können, womit die Notwendigkeit ständiger Wachsamkeit nachdrücklich unterstrichen wurde.[56] Dieser

Appell zur Wachsamkeit zielte insbesondere auf eine mögliche Sabotagetätigkeit, und mit ihm erschloss man sich die Sphäre des Alltags der Bevölkerung, genauer: den Arbeitsplatz. In den Worten Hoovers: »Amerikanische Arbeiter produzieren Güter und Waffen zu unserer Verteidigung, sie sind der sicherste Schutz gegen Sabotage und Spionage.«[57] Viele Privatunternehmer erklärten ihre Betriebe, gerade nach Beginn des Korea-Kriegs, zu Stützen der nationalen Sicherheitsbemühungen und nahmen sich das Vorgehen der öffentlichen Hand zum Vorbild, indem sie obligatorische Loyalitätsprüfungen ihrer Angestellten durchführten. Diese Praxis wurde zu einer Bedrohung für linke und unabhängige Gewerkschaften, und die Arbeitgeber griffen dabei gern auf Informationen des FBI zurück.[58]

Die Konstruktion eines Zusammenhangs zwischen amerikanischem Familienideal, politischer Stabilität und kommunistisch gesteuerter Subversion nahm eine prominente Stellung in Hoovers Argumentation ein. Sie verband sich ferner mit einem immer wiederkehrenden Hinweis auf das christliche Fundament amerikanischer Werte. Eine zentrale Stelle nahm die plakative Beschreibung eines kommunistischen Familienalltags ein, der stillschweigend als Vergleich diente. Denn während die Familie und das Heim in Hoovers Amerikanismus die zentralen Institutionen und Ziele eines ›normalen, anständigen‹ Lebens darstellten, konnten sie im Leben kommunistischer Männer und Frauen, das von der Partei dominiert wurde, nur eine strategische Fassade sein: »Für den aktiven Kommunisten ist sein ›Heim‹ nur ein Platz zum Schlafen, und kein Ort befriedigender Entspannung.«[59] Familiäre Beziehungen reduzierten sich im Kommunismusbild Hoovers auf langfristige Kalkülüberlegungen, was sich namentlich in der oftmals formulierten Vorstellung von Kindern als Geiseln ihrer eigenen Eltern ausdrückte.[60]

Besonders betonten die Texte, dass Kommunisten einer Ehe weder zivilrechtlich noch religiös irgendeine Verbindlichkeit oder Stabilität zubilligten. Sie sei entweder nur zum Schein vollzogen und diene unter Umständen allein der widerrechtlichen Erlangung eines Staatsbürgerstatus. Oder sie könne jederzeit auf Druck der Parteioberen aufgelöst werden.[61] Diese unmoralische und unchristliche Konstellation verstärke sich noch durch das Leben im politischen Untergrund. Dort würden die Widersprüche, so Hoover und seine Co-Autoren, nicht allein für die Kinder, sondern auch für die erwachsenen Familienmitglieder immer schwerer zu ertragen. Daraus resultierten wichtige Anknüpfungspunkte, den Schein zu zerstören und die Täuschung zu enttarnen, denn »die Parteidisziplin pervertiert jede Facette des Lebens, treibt Keile zwischen Mann und Frau, trennt Familien. Durch Maßnahmen der Partei können aus den besten Freunden schon morgen die erbittertsten Feinde werden.«[62]

An diesem Punkt der Argumentation zeichneten die FBI-Publikationen familiäre Beziehungen voller Misstrauen und Verrat, in denen das Denunzieren einerseits zum Erkennungsmerkmal einer kommunistischen Familie wurde, anderseits aber auch eine veritable Interventionsmöglichkeit darstellte. Eine besonders drastische Variante der ersten Spielart waren denunzierende Kinder, die Kollateralschäden der Unterweisung in Parteidisziplin. Hoover berichtete etwa von einem angeblichen Fall in Kalifornien, bei dem eine Tochter ihre Eltern, beide führende Parteifunktionäre, denunziert habe, weil ihr der Umgang mit einem Genossen verboten worden sei.[63] Für das *Bureau* wurden vor allem die Ehefrauen und Mütter in kommunistischen Familien interessant. Ihnen wurden eher Skrupel und ein Rest von Anstand zugetraut, sie galten als ›Schwachstellen‹ der Ehecamouflage. Eine solche Sichtweise verweist einerseits auf ein Frauenbild, das eine für natürlich erachtete weibliche Weichheit beinhaltete, rief andererseits aber tradierte Bilder eines ›typisch‹ weiblichen Verrats auf.

Hoover und seine Mitautoren wussten, dass die Furcht vor dem als Denunziation aufgefassten Verrat in jeder im Verborgenen arbeitenden Organisation allgegenwärtig ist. Dies wurde in ihren Texten immer wieder eindrücklich unterstrichen. Verunglimpfung, Verachtung und physische Gewalt, denen die zu Denunzianten gewordenen Mitglieder ausgesetzt seien, wurden als eine Art späte Rechtfertigung für den Bruch mit der Partei geschildert.[64] Es ist eine doppelte Angst vor der Denunziation, die für ein Zersetzen der Untergrund-KP bedeutsam werden konnte – die Angst vor dem Tabu an sich und die Angst vor ihren materiellen, mentalen und/oder physischen Folgen. In *Masters of Deceit* sprach Hoover diesen Aspekt an:

»Heutzutage ist es die Angst davor, für einen Spitzel gehalten zu werden, der viele verlorene Seelen zum Schweigen bringt. Einer unserer Agenten fragte ein Parteimitglied: ›Mal angenommen, eine kriminelle Bande entführte Ihr Kind. Was würden Sie unternehmen?‹ Er antwortete: ›Ich würde das FBI anrufen‹. […] ›Und würden Sie erwarten, dass jeder Bürger mit Informationen über die Bande und ihre Verbrechen das FBI in seinen Untersuchungen unterstützt?‹ ›Ja, sicher‹, antwortete er. Ebenso erfüllt der zur Aussage bereite Kommunist seine moralische und patriotische Pflicht bei der Zerschlagung einer kriminellen Verschwörung. Zu schweigen, hilft einzig der Partei. […] ›Spitzel‹ ist ein von der Partei bestimmter Begriff, benutzt, um kommunistische Disziplin durchzusetzen.«[65]

Es sind diese von der Partei Verachteten und Gebrandmarkten, denen ein besonderes Augenmerk galt.[66] Die Handreichung gegenüber den noch Zweifelnden sowie jenen, die sich bereits von der Partei losgesagt hatten, stellt in der Argumentation dieser Texte nicht allein eine sicherheitspolitische Notwendigkeit dar, sie vollzieht sich darüber hinaus auch innerhalb des christlichen Wertekonsenses. 1953 schrieb Hoover in einem Zeitschriftenartikel:

»Alle großen Religionen lehren, dass Sünder ihre Schuld tilgen können. Wer will über den Ex-Kommunisten richten? Wer würde es wagen, ihm die Versprechungen zu verweigern, die dem zustehen, der sich vom Bösen lossagt und sein Tun bereut? Wir vom FBI haben immer versucht, die menschlichen Probleme zu sehen, mit denen Ex-Kommunisten konfrontiert sind, wenn sie in unsere Büros kommen und um Vergebung bitten wollen.«[67]

Die enge Verknüpfung von Antikommunismus, Familienideal und Religiosität sowie die Präsenz Hoovers als Autor in christlichen Printmedien verwundern nicht.[68] Gerade der Abgleich eines ganz wesentlichen amerikanischen Christentums mit einem atheistischen Kommunismus bildet die Wurzel des patriotischen Amerikanismus. Als Schlüsselfiguren dieser auf dem Feld der Familien ausgetragenen Systemopposition entpuppten sich die Mütter, und zwar in zweierlei Hinsicht: In den kommunistischen Familien wurden sie als Einfallstor für Moral, Rechtschaffenheit und somit Auskunftsbereitschaft identifiziert, ihre patriotischen Pendants zugleich als die am leichtesten zu verletzenden, aber auch integersten Personen des amerikanischen Familienverbands. Es gehört zu den vielen Widersprüchen der 1950er Jahre in den Vereinigten Staaten, dass die kritische Rede über *momism* und das angebliche Versagen der Mütter bei der Erziehung junger Männer ohne weiteres mit einer patriotischen Überhöhung ihrer Rolle in den politischen Auseinandersetzungen einhergehen konnte. Dies wird umso eindringlicher erkennbar, wenn man sich der Repräsentation des Zusammenhangs von Sicherheitsdispositiv und Familienideal im antikommunistischen Hollywood-Film zuwendet.

»I am a living lie« – Denunzianten und ihre Familien in Spielfilmen der McCarthy-Ära

Die antikommunistischen US-Spielfilme der späten 1940er und der 1950er Jahre – insgesamt einige Dutzend – werden zu Recht als Reaktion auf massiven politischen Druck gewertet.[69] Die Untersuchungen des HUAC aus dem

Jahr 1947 zum vermeintlichen kommunistischen Einfluss in Hollywood, die heftigen Vorwürfe Hoovers bei dieser Gelegenheit und im Nachgang die Anklagen gegen die so genannten *Hollywood Ten* wegen Missachtung des Gremiums waren nur schwer misszuverstehende Warnsignale für die Studios. In den seitdem produzierten antikommunistischen Filmen setzten sie zum einen auf die konsequente ›Reinigung‹ von Verdächtigen, wie sie sich in den faktischen Berufsverboten (›schwarze Listen‹) manifestierte. Zum anderen leistete die Filmbranche aktive Abbitte für vergangene Nachlässigkeiten, indem sie ihre Talente und Ressourcen nunmehr in den Dienst der Sache stellten.[70] Der Filmhistoriker Tony Shaw hat kürzlich darüber hinaus argumentiert, dass diese Filme auch an ältere Traditionen ablehnender Repräsentationen radikaler Politik in Hollywood-Produktionen anknüpften.[71] Ihre Analyse hat einen festen Platz in den kulturhistorischen Interpretationen der 1950er Jahre; die Filme, so Nora Sayre, »fassen direkt oder indirekt die Albträume oder Wünsche zusammen, die Teile unserer Gesellschaft durchzogen«.[72]

Andererseits ist zugleich richtig, dass diese Filme meist schon von der zeitgenössischen Kritik spöttisch belächelt wurden und finanziell in aller Regel erfolglos waren. Sie waren zumeist billig produziert und vom Anspruch darauf ausgerichtet, unzweideutig patriotische Botschaften an Mitglieder der *American Legion* oder konservative Kongressmitglieder zu senden.[73] Daraus darf nun aber nicht geschlossen werden, dass Produktionen wie *The Iron Curtain* (1948), *The Red Menace* (1949), *Conspirator* (1950) oder *Big Jim McLain* (1952) nicht gesehen wurden und nicht wirkungsmächtig werden konnten. *Double features* waren ein typisches Merkmal des Kinos der 1950er Jahre, und zusammen mit den weiteren Bestandteilen zeitgenössischer Kinoerlebnisse (den Wochenschauen, Cartoon-Vorfilmen und Trailern) sowie der noch immer gebräuchlichen Praxis der wiederholten, ununterbrochenen Vorführung eines Programmpakets, hatten auch diese Filme ihr Publikum.[74] Für diese Filme gilt es, jenseits von Herstellungsbedingungen und artikulierten Motiven der an der Produktion beteiligten Menschen ihren Platz im diskursiven Gefüge ihrer Entstehenszeit auszumachen. Jede Epoche hinterlässt spezifische Spuren im Filmmaterial und bringt Bilder hervor, mit deren Hilfe zeitgenössische Zuschauerinnen und Zuschauer sich selbst und ihrer Umwelt Bedeutungen zumessen, wie sich im Hinblick auf eine genauere Betrachtung von Loyalitätskonflikten in Familien zeigen lässt.[75]

Storm Warning

Die Wahl von *Storm Warning* als ein erstes Beispiel für einen Film, der die Frage nach legitimer Aussage oder Denunziation im Familienverband ins Zentrum der filmischen Repräsentation stellt, mag auf den ersten Blick verwundern, denn vom Kommunismus als Gefahr für die Vereinigten Staaten ist darin an keiner Stelle explizit die Rede.[76] Doch wie Michael Rogin deutlich machen konnte, ist *Storm Warning* eine Parabel, in welcher ausgerechnet der Ku Klux Klan für die Kommunistische Partei steht.[77] Darüber hinaus positioniert das zentrale Motiv des Loyalitätskonflikts zwischen Familie einerseits und gesellschaftlichem Aufklärungsbedürfnis andererseits die Produktion zentral in einem semantischen Feld, in dem um den Akt der Anzeige und deren Bewertung gestritten wird.

Der Plot des Films lässt sich so zusammenfassen: Auf dem Weg zu einem Engagement im Süden der USA unterbricht das Model Marsha Mitchell (Ginger Rogers) ihre Reise, um ihrer frisch verheirateten und schwangeren Schwester Lucy (Doris Day) einen Kurzbesuch abzustatten. Kaum dem Bus entstiegen, wird Marsha Augenzeugin eines Verbrechens, bei dem ein Journalist von Mitgliedern des Klans entführt und auf offener Straße erschossen wird. Im Haus ihrer Schwester angekommen, erkennt sie in deren Ehemann Hank Rice (Steve Cochran) einen der Mörder. Es kommt zum Streit, doch Marsha entschließt sich aus Rücksicht auf ihre Schwester, keine Aussage zu machen. Der leitende Staatsanwalt Burt Rainey (Ronald Reagan) befragt sie aber als Zeugin und baut auf ihrer Darstellung eine Anklage auf. Von Rice und führenden Klan-Mitgliedern unter Druck gesetzt, widerruft die Frau in der von großem Publikums- und Medieninteresse begleiteten Anhörung jedoch ihre frühere Erklärung. Obwohl Marsha bereit ist, die Kleinstadt sofort zu verlassen, versucht ihr Schwager sie zu vergewaltigen und entführt sie schließlich zu einer nächtlichen Zusammenkunft des Geheimbunds. Als Rainey erscheint, um sie zu befreien, kommt es zu einem Schusswechsel, bei dem sowohl Hank Rice, das Klan-Mitglied, als auch seine Frau Lucy, Marshas Schwester, ums Leben kommen.

Wie viele der antikommunistischen Filme der 1950er Jahre lässt sich auch *Storm Warning* grob dem Genre der Kriminalfilme zuordnen. Ein Mord passiert, es gibt eine Zeugin und einen engagiert und geschickt arbeitenden Ermittler – und es existiert eine beinahe übermächtig erscheinende Verschwörung von Kriminellen. Die Kennzeichnung des Klans als kriminelle Bande ist eindeutig: Der Fabrikbesitzer Barr (Hugh Sanders) ist der Kopf der Verschwörung, ein angesehener Geschäftsmann, der über Leichen geht und dabei seine eigenen Leute gegeneinander ausspielt. Er besitzt einflussreiche Freunde in den wichtigen Zirkeln der Stadt, die ihn darauf aufmerksam machen, was er und sie durch Marsha Mitchells Aussage einbüßen würden. Nicht-Mitglieder lassen sich bereitwillig für die Interessen des Klans einspannen, indem sie den Staatsanwalt unter Druck setzen, der Klan *ist* die Kleinstadt: Selbst die Polizei ist Teil der Verschwörung, und Staatsanwalt Rainey zeigt sich desillusioniert hinsichtlich der komplexen Unauflösbarkeit der Situation: »Wir versuchen, eine Bande von Mördern zu fassen. Doch wenn wir sie jemals kriegen, wen werden wir vor uns haben? Vermutlich Freunde von uns, Kameraden, mit denen wir zur Schule gegangen sind.«[78]

Eine erste Störung dieser simplen Kriminalgeschichte ist die Auswahl des Ku Klux Klan als Beispiel einer kriminellen Vereinigung. So wurde das unmittelbar Politische aufgerufen, der Film weckte damit unweigerlich die Erwartung einer gesellschaftspolitischen Aussage. Seit dem Kriegsende hatten einige Filme die ›Rassenproblematik‹ in den Südstaaten angesprochen, so etwa Elia Kazans Drama *Pinky* (1949) als das vielleicht bekannteste und eindringlichste Beispiel. Andere hatten dabei auch den Klan gebrandmarkt, beispielsweise *The Burning Cross* (1947). Doch blieb die Darstellung des Klans in *Storm Warning* unvollständig; der Film kam ohne jeden Hinweis auf dessen Rassismus aus.[79] Indes ist es nur ein scheinbares Paradoxon, ein zutiefst politisches Register aufzurufen, um es zugleich seines Kerns zu berauben. *Storm Warning* ist trotzdem ein politischer Film, er entsprach den Seherwartungen, die entstandene Leerstelle musste aber neu, anders besetzt werden: Aus einem dem Rassismus entledigten Klan wurde eine Metapher für die Eindringtiefe und Gefahr eines anderen Geheimbunds, der Kommunistischen Partei der USA. All die, oberflächlich betrachtet, typischen Krimibestandteile verdichteten sich zu einer kohärenten Aussage: Das politische Gemeinwesen wird von seinem Inneren her von einer umfassenden Verschwörung bedroht, die sich bereits Teilen der Strafverfolgungsinstanzen sowie der liberalen Öffentlichkeit bemächtigt hat. Ihre Mitglieder sind ›Meister der Täuschung‹, um auf Hoovers Buchtitel zurückzugreifen. Ihre Gegner sind eine freie, ihre Absichten entlarvende Presse (das Mordopfer ist Journalist), einzelne nicht korrumpierbare Vertreter der Ordnung (Staatsanwalt Rainey) sowie die Institution der Familie und die mit ihr verbundenen Werte und Ideale. So gesehen ergeben sich in der Tat klare Parallelen zwischen der Darstellung des Klans im Film und der gesellschaftlichen Perzeption der CPUSA.

Allerdings stellt sich die Familienkonstellation in *Storm Warning* zunächst einmal kompliziert und konfliktgeladen dar. Marsha Mitchell ist ein Familienmitglied, aber zugleich eine Fremde, eine gerade zum Zeitpunkt ihres Kommens ungewollte Störung der funktionierenden Beziehung zwischen Lucy und Hank. Sie ist deutlich älter, ›reifer‹ als Schwester und Schwager, erfolgreich in einem Beruf, der auf Offenheit, Unabhängigkeit und sexuelle Freizügigkeit verweist und mit dem sie sich von der kleinstädtischen Provinz absetzt. Ihre Anwesenheit verleiht nicht allein einem Kriminalfall eine Relevanz, die er ohne sie nie erhalten hätte, sie treibt Keile zwischen alle Mitglieder des Familienverbands und deren sozialer Umwelt: Lucys Liebe und ihr Vertrauen zu Hank (ebenso wie das zu ihrer Schwester) werden erst auf eine harte Probe gestellt und später zerstört. Hank stellt sich als durch und durch illoyal gegenüber seiner Ehefrau heraus und entpuppt sich als Trinker, Mörder und Vergewaltiger. Er ist ein Spielball von Kräften, die ihn übermächtig dominieren und steuern: einerseits hörig und sowohl emotional wie materiell abhängig von Klan-Chef Barr, andererseits eklatant triebgesteuert und gewalttätig, wie es vor allem bei der finalen Konfrontation mit Marsha und seinem Versuch, die Schwägerin zu vergewaltigen, in plakativem Freudianismus inszeniert wird.[80] Diese Pathologisierung Hanks ist beinahe unmittelbar anschlussfähig an andere zeitgenössische populäre Charakterisierungen von Mitgliedern der Kommunistischen Partei. Und Marsha selbst, hin und her gerissen in Loyalitätskonflikten, wird Opfer ihrer Treue zur Schwester, sie lädt Schuld auf sich und führt die Zerstörung der Familie herbei.

Doch trotz oder sogar wegen dieser Ambivalenzen und Probleme wird die Familie in *Storm Warning* zur einzigen Instanz, die das Gemeinwesen von der sie bedrohenden Verschwörung befreien kann. Sie ist der einzige Ort, an dem die zentrale Frage der Zeit zu klären ist: Anzeigen oder schweigen?[81] Obwohl Marsha mit einem brutalen Mord, der vor ihren Augen stattfindet, konfrontiert ist (dem vielleicht eindeutigsten Verbrechen, welches nach unbedingter Anzeige zu verlangen scheint), schweigt sie intuitiv, als sie der unmittelbaren Verstrickung ihres Schwagers gewahr wird. Zwar macht sie ihm und Lucy schwere Vorwürfe, doch die Bitte der schwangeren Schwester, ihr Glück nicht zu zerstören, stimmt das Model um. Bei ihrem ersten Gespräch mit Rainey ahnt sie nicht, dass ihre Aussage, die Täter hätten Klan-Roben getragen, für den Staatsanwalt weit bedeutsamer ist, als sie sich vorstellen kann. Und für ihren Schwager, für Barr und für die übrigen Klan-Mitglieder hat sie dadurch schon die Grenze zur Denunziation überschritten. Die öffentliche Anhörung unter Leitung des örtlichen Gerichtsmediziners – also

Abb. 8: Anhörung und Zeuge I: Ginger Rogers und Ronald Reagan in *Storm Warning*, 1951

kein Gerichtsverfahren, aber eine formelle Angelegenheit unter Beachtung besonderer Spielregeln, sozusagen ein lokales HUAC – wird zu einer dreifachen Prüfung für die Frau von außerhalb: Sie steht unter der Beobachtung der Täter, die ihr Leben und das ihrer Familie bedrohen, sie soll den Erwartungen des Staats und seiner Instanzen entsprechen, und sie muss mit sich selbst und ihren Gewissenskonflikten zurechtkommen (Abb. 8). Das Arrangement der Szene verdeutlicht eindringlich: Aus der Zeugin wird die Angeklagte, die im Zentrum eines hell erleuchteten, übervollen und mit greifbaren Erwartungen geladenen Raums sitzt und den Mittelpunkt aller Blicke bildet: von Schwester, Schwager, Barr, Rainey, der Presse und den aggressiven Bürgerinnen und Bürgern. Marsha widerruft ihre Aussage und bricht kurz darauf emotional zusammen. Wenig später weist sie Lucys Dank zurück und erklärt, sie fühle sich ›schmutzig‹.[82] Marshas Schuld, ihre ›Schmutzigkeit‹, liegt in ihrer Falschaussage, aber auch in ihrer ›natürlichen‹ Familiensolidarität begründet, die sie nach wie vor gegenüber ihren Verpflichtungen als Staatsbürgerin priorisiert, obgleich sie Hank inzwischen explizit davon ausnimmt. Bei ihrem Verdikt gegenüber dem Schwager betont sie Lucy gegenüber indes nicht den Mörder (!), sondern den in seiner Versorgerfunktionen versagenden Gatten, der seine (schwangere) Frau als Kellnerin auf der Bowlingbahn arbeiten lässt, auf der er selbst ausschweifend den Ausgang der Anhörung mit seinen Männerfreunden feiert. Doch auch jetzt ändert Lucy ihre Meinung nicht, sie muss erst mit eigenen Augen beobachten und am eigenen Leib erfahren, wie gewalttätig Hank das Band zwischen ihnen aufzukündigen bereit ist.

So werden beide Frauen am Ende des Films bestraft, Marsha für ihre unabhängige Weiblichkeit und Lucy für ihr Verlangen nach einem aggressiven Mann.[83] Aber zum anderen auch für falsche Entscheidungen im Loyalitätskonflikt zwischen Familie und Staat. Lucy und ihr ungeborenes Kind sterben, getroffen von einer Kugel, die ihr untreuer, kranker, mörderischer Ehemann und Vater auf sie abgefeuert hat. Doch die schlimmere Strafe trifft die Frau, die für den Klan zu einer Denunziantin wurde, während sie ihrer Familie gegenüber loyal blieb und dem Staat Informationen vorenthielt: Der Anführer des Klans lässt sie öffentlich auspeitschen – Sadismus als zusätzlich pathologisierendes Merkmal des antisozialen Geheimbunds –, und schließlich stirbt ihre Schwester in ihren Armen.

Storm Warning thematisierte das Wissen über die Existenz der Verbreitung des Subversiven im Gemeinwesen. Der Film argumentierte für eine produktive, hierarchische Symbiose zwischen Familie und Gemeinschaft, wobei dem familiären Gemeinschaftsnukleus eine klar artikulierte Rolle zuwuchs, auf deren Grundlage er erst seine relative Autonomie, sein Recht auf Privatheit, beanspruchen konnte. Das private Schweigen durfte dem öffentlichen Reden nicht im Wege stehen. Anderenfalls musste sich das individuelle Familienmitglied, wie es Marsha Mitchell am Ende des Films tut, eingestehen: »It's all my fault. I could have done something. I should have done something.«[84]

I Was a Communist for the F.B.I.

Wenn *Storm Warning* ein eher außergewöhnliches und selten herangezogenes Beispiel eines antikommunistischen Spielfilms der frühen 1950er Jahre ist, dann gilt für *I Was a Communist for the F.B.I.* das genaue Gegenteil.[85] Diese Produktion gehört zu den wichtigsten Standardreferenzen, wann immer es gilt, den Beitrag der Hollywood-Studios zum ›antikommunistischen Kreuzzug‹ zu betonen, und das nicht von ungefähr. *I Was a Communist* ist einer der wenigen Filme seiner Art, die für einen *Academy Award* nominiert waren – bezeichnenderweise in der Sparte Dokumentarfilm. Die Produktion, so drückt es Cyndy Hendershot treffend aus, war ein augenfälliges Beispiel für ein »Verschwimmen der Grenzen zwischen Fiktion und Realität, das man in der Propaganda der 1950er Jahre oft beobachten kann«.[86] Angesprochen ist damit, und durch *I Was a Communist* besonders treffend zum Ausdruck gebracht, ein Modus des Dokumentarischen, der sich durch den schon im Titel angezeigten selbstenthüllenden Gestus sowie nicht zuletzt durch eine ebenso enge wie changierende Nähe zu zeitlich vor- oder nachgelagerten Repräsentationen desselben Stoffs in anderen Medien auszeichnete.

Die Geschichte des Films, seines Entstehens und eben auch diejenige seines real existierenden Protagonisten sind vielfach geschildert worden.[87] Eine kurze Schilderung des Produktionszusammenhangs kann hier also genügen: Matt Cvetic (1909–1962), Sohn einer slowenischen Einwandererfamilie, trat 1943 in die örtliche Gruppe der CPUSA in Pittsburgh, Pennsylvania, ein und stieg bis auf eine kleinere Funktionärsposition auf. Zugleich arbeitete er als Undercover-Agent für das FBI, wobei er indes weniger aufgrund der von ihm übermittelten Informationen als vielmehr durch Unzuverlässigkeit und übertriebenen Alkoholkonsum auffiel. Cvetic wurde Anfang 1950 vom *Bureau* entlassen, doch verstand der Ex-Agent es gut, sich und seine Geschichte öffentlichkeitswirksam zu vermarkten. Im Juli 1950 erschien in der *Saturday Evening Post*, einem viel gelesenen Blatt, eine dreiteilige Artikelserie, in der Cvetic sich selbst als aufopfernden Patrioten im verborgenen Dienst für die Nation präsentierte.[88] Interessant darin sind Cvetics deutliche Schuldzuweisungen an das FBI, das er nicht zuletzt für das Scheitern seiner Ehe und die Spannungen zum Rest seiner Familie verantwortlich machte. Dieser Vorwurf ist in der nachfolgenden, auf der *Post*-Serie basierenden Filmproduktion ebenfalls vorhanden, doch wird er durch eine massive Attacke auf die CPUSA überlagert. Der Film machte Matt Cvetic endgültig zu einem prominenten Mann in den USA der 1950er Jahre – gerade weil die Produktion mit seiner Biographie und seiner eigentlichen Bedeutung für das FBI nur noch wenig gemein hatte.[89] Für die Frage nach den zeitgenössischen Bedeutungen des Zusammenhangs von Familie, Denunziation und Sicherheitsdispositiv ist *I Was a Communist* aber von einiger Bedeutung.

Die Handlung des Films lässt sich so zusammenfassen: Der Ich-Erzähler Matt Cvetic (Frank Lovejoy) wird als durch und durch sympathischer und rechtschaffener Mensch präsentiert, der massiv unter seiner Doppelrolle als (versierter und erfolgreicher) FBI-Agent einerseits und (scheinbar versagender) Sohn, Bruder und Vater andererseits leidet. Cvetic spielt die beiden parallelen Täuschungsmanöver seines Lebens überzeugend in dem Sinne, dass es ihm trotz immer wiederkehrenden Momenten drohender Entlarvung auf beiden Seiten stets gelingt, die jeweilige Fassade aufrechtzuerhalten. Auch gegenüber seinen FBI-Führungsoffizieren befindet er sich in einer ambivalenten Situation: Sie sind seine Vorgesetzten und er bleibt beinahe bis zum Ende an ihre Weisungen gebunden, zugleich sind sie die einzigen, die von seinem Doppelleben wissen und die er mit seinen daraus resultierenden Zweifeln, seinem Zorn und seiner Verbitterung konfrontieren kann.

Die Darstellung der KP und ihrer Mitglieder fällt besonders holzschnittartig aus. Die internationale Gängelung des US-Kommunismus wird durch die zu Beginn des Films eingeführte Gestalt Gerhart Eislers repräsentiert; einer, das hatte ich schon angesprochen, im zeitgenössischen Diskurs prominenten Figur. *I Was a Communist* zeichnet Eisler (Konstantin Shayne) als kalten, zynisch kalkulierenden ›Strippenzieher‹ im Hintergrund.[90] Die Spitzen der lokalen KP versuchen sich in ihren Bemühungen zu übertreffen, ihn als Verhaltensvorbild zu kopieren. Dabei entfernen sie sich sowohl materiell als auch habituell markant von jeder Nähe zur Arbeiterklasse. Ihnen geht es um individuellen Reichtum, die Weltrevolution ist ihnen dazu lediglich Mittel zum Zweck. Einfache Kommunisten ohne Funktionärsstatus sind ebenso willfährige wie leichtgläubige Akteure dieses Plans, den sie vor allem als brutale Schläger vorantreiben.

Ein besonderes Augenmerk legt der Film auf das umfassend gespannte Netz gegenseitiger Überwachung und gegenseitigen Verrats als typisches Indiz des kommunistischen Geheimbunds. »Don't you trust your new Party organizer?«, fragt Eisler den Leiter der Pittsburgher KP-Gliederung Blandon (James Millican) in Anspielung auf Cvetic. »Do we trust anybody?«, fragt der örtliche Funktionär zurück, was Eisler wiederum mit einem lakonischen »Not too much« beantwortet.[91] Cvetic wird immer wieder von Genossen auf seinen Wegen verfolgt, seine Sekretärin im Stahlwerk, wo er eine KP-Zelle leitet, macht routinemäßig minutiöse und detaillierte Notizen über sein Verhalten und seine Aussagen.[92]

Eine zusätzliche Figur ergänzt dieses Netz der inneren Bespitzelung und avanciert zu einer dramatischen Triebfeder im Spannungsbogen der Handlung. Nach einer Prügelei seines Sohns Dick (Ron Hagerthy) wird Cvetic in die Schule gerufen. Dort lernt er dessen Klassenlehrerin kennen, Eve Merrick (Dorothy Hart), die sich ebenfalls als KP-Mitglied herausstellt. Weil sie Cvetic überwachen soll, versucht sie eine Liebesaffäre mit ihm zu beginnen, was der vorsichtige Agent freilich durchschaut.[93] Trotzdem entsteht zwischen beiden so etwas wie ein Vertrauensverhältnis, das sie sich aber zunächst gegenseitig aufgrund ihrer antrainierten Vorsicht nicht eingestehen.

Der weitere Handlungsverlauf entwickelt sich einmal mehr zu einem Kriminalplot. Ein von den Kommunisten initiierter wilder Streik in der Stahlfabrik führt zu einer Verschärfung des inneren Konflikts in der Familie Cvetic, aber auch zu Eve Merricks Entschluss, sich von der Partei loszusagen. Als sie damit droht, ihr als KP-Mitglieder bekannte Personen den Behörden anzuzeigen, beschließt die Parteiführung ihre Ermordung.[94] Cvetic verhilft Merrick zur Flucht, bei deren verwickelter Durchführung ein FBI-Agent sowie zwei kommunistische Auftragsmörder zu Tode kommen. Gegen Ende wird aus dem Film ein Gerichtsdrama: Cvetic soll, aus seiner Sicht endlich, nach neun Jahren die Gelegenheit zum Ausstieg aus seiner Rolle bekommen. Im dramatischen Finale kann der Agent vor dem Ausschuss, der Öffentlichkeit sowie insbesondere vor seinen anwesenden Familienmitgliedern offenbaren, was er war und nicht mehr sein wollte: *I Was a Communist for the F.B.I.*

Die Darstellung des FBI als potente, technisch überaus effektive Strafverfolgungsbehörde, die ihren getarnten Agenten nicht allein allen denkbaren Schutz, sondern auch so etwas wie Verständnis für ihr emotionales Chaos bietet, ist in der Literatur zu Recht angesprochen worden.[95] Gleiches gilt für die selbst im Vergleich zu ähnlichen Filmproduktionen besonders deutliche Kriminalisierung der CPUSA, die vermutlich selbst für ein zeitgenössisches Publikum zu einer Karikatur werden musste – so zumindest in der Ansicht einiger kritischer Presseberichte.[96] Dort ist auch der Loyalitätskonflikt zwischen dem Familienmenschen Matt Cvetic, dem Sohn, Bruder und Vater einerseits, und dem im Verborgenen, Geheimen tätigen Agenten aufgegriffen worden, doch möchte ich gerade diesen Aspekt hier noch einmal besonders betrachten. Eine dichtere Beschreibung der Familienkonstellation in *I Was a Communist* kann zeigen, wie viel Aufwand der Film auf der Symbolebene tatsächlich betreiben musste, um die Handlungen des Protagonisten mit patriotischer Bedeutung aufzuladen. Dazu gehört freilich auch die Miteinbeziehung einer zweiten, bislang eher vernachlässigten denunziatorischen Figur im Film, Eve Merrick.

Ähnlich wie in *Storm Warning* ist es die als Denunziation empfundene Drohung einer Frau, Namen zu nennen, die zur Initialzündung für das erlösend-reinigende Ende der Filmhandlung wird. Die im Parteigefüge völlig unbedeutende Lehrerin sperrt sich an zwei entscheidenden Stellen den an sie herangetragenen Logiken des Redens und Schweigens: Zunächst verweigert sie die in den Parteiregeln zwingend gebotene Meldung, als sie Gewissheit über Cvetics Agentenrolle erhält. Merrick findet einen Brief des FBI-Manns an seinen Sohn, in dem er seine Doppelrolle eingesteht. Doch statt das Beweisstück pflichtschuldig zur Parteiführung zu tragen, wahrt sie Cvetics Geheimnis und erkennt in ihm einen Verbündeten, der ihre Zweifel an der kommunistischen Ideologie sowie der real existierenden Parteipraxis bestärkt. Und wenig später, nach dem Streik, ist sie dann sogar bereit, ihren Vertrauensverlust publik zu machen und somit das mit dem Tod zu bestrafende Parteigebot des Schweigens zu brechen. Und der scheinbar loyale Kommunist Matt Cvetic bleibt seiner Doppelrolle treu, indem er die Frau, die ihn überwachte, aber nicht verriet, für den Parteiausschluss vorschlägt. In diesem dichten Geflecht eines Aufeinander-bezogen-Seins begegnen sich zwei Verräter in gegenseitigem Einverständnis:

Merrick: »Du hast mich verraten.«

Cvetic: »Ich musste es tun, du weißt das.«

Merrick: »Aber ich habe dich nicht verraten. Ich hätte es tun sollen, so wie ich die Dinge damals sah. Aber ich konnte nicht. Weißt du auch warum, Matt?« (reicht ihm den geöffneten Brief)[97]

Die an dieser Stelle des Films aufgeworfene Liebe kann sich nicht erfüllen, die Frau muss fliehen und die denkbare Konstituierung einer neuen Familie wird in eine Zukunft jenseits der Filmhandlung vertagt.

Die konfliktreiche Konstellation in Cvetics eigener Familie wird zu Beginn des Films als wesentlich eingeführt.[98] Ein Geburtstagsbesuch bei der alten, schwer kranken Mutter gerät zum Spießrutenlauf angedeuteter wie ausgesprochener Vorwürfe: Die vermeintlich ahnungslose Mutter sitzt im Zentrum familiärer Aufmerksamkeit, während ihr selten anwesender Lieblingssohn Matt zum Anlass eines heuchlerischen Schauspiels von Unehrlichkeiten, Anspielungen und Beschwichtigungen wird. Die Szene bringt die doppelte Aufladung des Denunziatorischen zum Ausdruck und damit deren ›unamerikanischen‹ Charakter. Die slowenische Einwandererfamilie wird vom Wissen um die Anwesenheit eines Kommunisten und Atheisten als Mitglied zerrissen, ein Wissen, das aber vor der wichtigsten Person, der alten Mutter, verborgen bleiben soll – vor ihr darf Matt nicht verraten werden. Doch das eigentliche Geheimnis ist noch weit größer, denn nichts ist stärker als Matts Wunsch, seiner Familie, der Mutter, dem Sohn, sein Doppelleben einzugestehen. Matts patriotisches Spitzeln für das FBI trägt einen fundamentalen Loyalitätskonflikt zwischen Privatheit und Öffentlichkeit in sich, es bedroht den Kern des Gemeinwesens.

Wichtigste Ebene für die filmische Repräsentation dieser hochproblematischen Verwicklung ist die Beziehung zwischen Vater Matt Cvetic und Sohn Dick. Befragt nach dem Anlass für die Prügelei in der Schule, konfrontiert Dick seinen Vater mit den dauernden Gerüchten um dessen KP-Mitgliedschaft und fordert ihn auf, ehrlich zu ihm zu sein: »Are you a Red or what?«[99] Vor diese Gewissensfrage gestellt, gesteht Matt seinem Sohn die Wahrheit:

Er sei Mitglied der CPUSA, und zwar seit neun Jahren. Nach dieser Antwort legt Dick den Finger in die Wunde der väterlichen Versagensängste und wirft Cvetic vor, kein richtiger Vater zu sein. Daraufhin schreibt Cvetic seinem Sohn den bereits angesprochenen Brief, der neben der Wahrheit den Stolz des Vaters über die antikommunistische Haltung des Sohns zum Ausdruck bringt.

Als Matt Cvetic es nicht mehr rechtzeitig ans Sterbebett der Mutter schafft und damit die unentschuldbarste Sünde eines verlorenen Sohns begeht, kulminiert nach der Beedigung der Familienstreit.[100] Sein Bruder John schlägt ihn schließlich sogar zu Boden, was Matt mit einer ebenso schuldvollen wie märtyrerhaften Geste über sich ergehen lässt. Matt Cvetic, der Denunziant, ist nun völlig allein in seiner Doppelrolle, in den Händen der Partei. Einzig das FBI, der Staat, bleibt als Instanz intakt, trotz aller empfundenen Zwänge. Nur noch gegenüber seinen Führungsoffizieren kann der Denunziant seine emotionale Last abladen. Sie reagieren verständnisvoll, aber bestimmt. Und auch ihnen gegenüber hat Cvetic Schuld einzugestehen, der Brief an den Sohn muss in den Augen der FBI-Agenten eine eklatante Gefahr für den Auftrag darstellen. Der Staat übernimmt die Fürsorge der Familie, doch er fordert seinen Preis.

In einem großen theatralischen Akt entlässt das FBI Matt Cevtic schließlich wieder in seine Familie. Detailliert bereitet er sich auf seine letzte, öffentliche Aussage vor Gericht vor. Der Denunziant wird vor dem Ausschuss zu einem freien, amerikanischen Staatsbürger, frei von der *red menace*, frei von den Zwängen des FBI, frei zur Rückkehr in die Familie, von denen Matts Sohn und einer der Brüder ahnungslos im Publikum anwesend sind.[101] Die apotheotische Wiederversöhnung der Familie unter der Bronzebüste Abraham Lincolns feiert die Notwendigkeit der Denunziation als patriotischen Akt und zugleich die Reinigung der gesellschaftlichen Grundeineinheit vom Stachel des inneren Verrats.

My Son John

In den beiden ersten Filmbeispielen machte die familiäre Verwobenheit des Denunzierens auf den ersten Blick nur einen Aspekt einer als Kriminalgeschichte konstruierten Handlung aus, der sich indes bei näherer Betrachtung als wesentlich herausstellte. In *My Son John*,[102] dem dritten antikommunistischen Film über die Notwendigkeit der Aussage im Angesicht der nationalen Gefahr, dreht sich diese Konstellation um: Hier ist die Familie ins Zentrum der Auseinandersetzung gerückt, die Untersuchungen des FBI in einem Spionagefall reduzieren sich an den Rand der Filmhandlung. Die religiösen Verweise werden unterstrichen, was nicht zuletzt am verantwortlichen Filmemacher lag. *My Son John* hatte 1952 Premiere und war das Werk eines bekannten *Oscar*-Gewinners, Leo McCarey, ein gläubiger Katholik, der diesen Film als seinen ureigensten Beitrag zum Kampf gegen den Kommunismus in den USA verstand.[103] Nach seiner Uraufführung wurde *My Son John* sehr unterschiedlich bewertet, in den Kulturgeschichten über die Vereinigten Staaten in den 1950er Jahre gilt er jedoch als Schlüsseldokument für die filmische Repräsentation des Kommunismus.[104] Nach meiner Interpretation ist er für die Codierung des Denunziatorischen in dieser Zeit besonders aufschlussreich.

Doch zunächst eine kurze Zusammenfassung der Handlung: Lucille und Dan Jefferson (Helen Hayes u. Dean Jagger) leben in einer Kleinstadt. Zwei ihrer Söhne dienen in Korea, der Erstgeborene aber, John (Robert Walker), lebt in Washington und ›arbeitet für die Regierung‹, wie es heißt. Bei seinen Besuchen prallen Johns Intellektualismus und der religiöse Patriotismus seiner Eltern aufeinander. Er macht sich über seinen in der *American Legion* aktiven Vater lustig und schockiert seine Mutter, deren nostalgische Erinnerungen ihr Lieblingssohn gleichfalls mit Spott überzieht. In den Eltern entsteht ein Verdacht, die Mutter lässt John auf die Familienbibel schwören, kein Kommunist zu sein. John verwendet für seinen Eid die Formulierung, wie sie zu dieser Zeit auch vor Gerichten oder Ausschüssen immer wieder verlangt und zu hören war: »I swear that I am not now nor ever have been a member of the Communist Party.«[105] Doch die Zweifel werden durch das Auftauchen eines Fremden zusätzlich genährt. Dieser entpuppt sich als der FBI-Agent Stedman (Van Heflin), es wird immer wahrscheinlicher, dass gegen John wegen Spionage ermittelt wird. Später entdeckt Lucille Jefferson einen Schlüssel in Johns Kleidung, fliegt nach Washington und erfährt die Wahrheit: Der Schlüssel öffnet die Wohnungstür einer Agentin, die der Spionage angeklagt ist. John ist also Teil einer gefährlichen kommunistischen Verschwörung – mithin das Pendant zu Alger Hiss, dem gleichfalls nur unschwer als Subversiven zu erkennenden Verräter in der Bundesregierung. Wieder zu Hause, stellt sie John zur Rede und bricht daraufhin zusammen. John flieht, inzwischen allerdings von starken Gewissenskonflikten geplagt. Zurück in Washington wendet er sich an Stedman und das FBI, doch der Kommunistischen Partei gelingt es, ihn zu exekutieren; John Jefferson stirbt vor den Stufen des *Lincoln Memorial.* Sein Geständnis allerdings hatte er vorher auf Tonband aufgezeichnet: eine Rede vor der Abschlussklasse seiner ehemaligen Universität. Johns Stimme füllt die letzten Minuten des Films, zu sehen ist das Auditorium mit jungen Studentinnen und Studenten sowie ein leeres Rednerpult.

Das im Film repräsentierte Mutter-Sohn-Verhältnis lässt sich im diskursiven Rahmen des *momism* beleuchten. Gezeigt wird eine energische, liebende Mutter,[106] ein schwacher, einfältiger Vater und ein zu seinen Büchern hingezogener Sohn, der nun in der Hauptstadt ›Karriere macht‹. »*My Son John* ist derjenige Film, der wie kein zweiter einer Mutter die Schuld am Kommunismus gibt«, schreibt Rogin in seiner Analyse, und Nora Sayre ergänzt: »Walkers Rolle [...] gleicht dem Klischee eines Homosexuellen – und das in einer Periode, in der politische und sexuelle ›Abweichung‹ als in gleicher Weise abstoßend galten.«[107] Auch der Freudianismus der Zeit wird deutlich, schließlich steigert sich der Verdacht der Mutter gegen ihren Sohn in dem Moment, als sie eine Konkurrentin um seine Gunst bemerkt, die in Washington verhaftete und angeklagte Spionin, die ihren John augenscheinlich zum Kommunismus verführt hat. Sexualität und das Geheimnis der Atombombe gehen hier eine Allianz ein, die in den zeitgenössischen Diskursen durchaus Sinn machte.[108]

Doch darüber hinaus weist der Film dem Geheimnis und dem Verrat einen ganz besonderen Stellenwert zu, was ich durch das *close reading* einer Schlüsselszene verdeutlichen möchte. Der Ausschnitt zeigt die Wiederbegegnung Johns mit seiner Mutter, nachdem diese seine Verstrickungen in Washington aufgedeckt hat. Es ist Abend, ihren Ehemann hat sie aus dem Haus geschickt, angeblich um einen Arzt zu holen, tatsächlich will sie zunächst allein mit ihrem Sohn reden.[109] Mutter Jefferson läuft die Treppe hinunter, sie trägt einen Morgenmantel und trifft auf John, der eben zur Tür hereinkommt; sie gehen ins Wohnzimmer. John zeigt sich besorgt, seine Mutter hat die Hauptstadt ohne eine Nachricht an ihn verlassen. Sie erklärt auf Johns Frage hin, dass sie ihrem Mann nicht alles über ihre Reise erzählt habe, da ihn die Wahrheit umbringen würde – oder er dann John töten würde. Als John sich weiter ahnungslos und naiv gibt, erzählt sie ihrem Sohn von ihrem Zusammentreffen mit dem FBI,[110] dessen Untersuchungen und dem Besuch in der Wohnung seiner Agentenfreundin. Da John sie weiterhin nicht ernst nimmt, greift sie nach seinen Schultern, drückt ihn in einen Sessel und fährt ihn an: »Keine raffinierten Lügen mehr, John!« Die Reaktion des Sohns greift die zahlreichen Pathologisierungsanspielungen des Films auf: »Bist du verrückt, Mutter?!«, worauf sich die tatsächliche Klarsichtigkeit der Mutter zeigt: »Noch nicht.« Ihre Nachfrage nach einem Eingeständnis seiner Schuld beantwortet John mit der Aussage, die angeklagte Spionin und er hätte lediglich eine Liebesaffäre miteinander verbunden. Lucille Jefferson ist anderer Ansicht; sie will sofort das FBI anrufen. Als ihr Sohn ihr dies ausreden, ihr den hohen Wert ihres gemeinsamen Geheimnisses deutlich machen will, bezichtigt sie ihn einer weiteren Lüge und nimmt dabei seinen Kopf zwischen beide Hände, um wie auf einen Jungen auf ihn einzureden. Während sie John zu einem Geständnis auffordert, verlangt er Mutterliebe und Loyalität von ihr. Besonders erbost reagiert Lucille auf die Ankündigung Johns, eine Rede vor dem Abschlussjahrgang seiner ehemaligen Universität zu halten. John übergeht dies und fordert von seiner Mutter den Schlüssel zurück. In diesem Moment stellt John seiner Mutter die alles entscheidende Frage:

John: »Nun, Mutter, mit welchem Plan willst du mich stoppen?«

Lucille: (schaut erbost und bestimmt) »Ich werde alles sagen, was ich weiß ... wenn ich muss. (zeigt mit dem Finger erst auf John, dann auf sich) Aber ich habe meinen Glauben an dich noch nicht verloren.«

John: »Es gibt in der heutigen Welt Themen, die über eine Mutter und ihren Sohn hinausweisen.«

Lucille: »Ja. Es gibt Dinge, die weit größer sind als wir beide, und wir müssen uns ihnen stellen. Nicht als Mutter und Sohn, sondern als Individuen. Das Band ist gerissen. Als Individuum glaube ich an menschliche Würde. An Wahrheit.«

John: »Du sprichst jetzt nicht wie eine Mutter. Du bist krank, meine Liebe, du sprichst wie eine Verrückte.«

Lucille: »Tue ich das?«

John: »In deinem Geisteszustand, meine Liebe, würde dir niemand glauben. Und ich müsste ihnen zustimmen: Eine Frau in deinem Alter, in ärztlicher Betreuung, mit zwei Söhnen in Uniform und einem Mann, meinem Vater, der dich mit seinem patriotischem Fanatismus über Spione und Verräter aufregt ...«

Lucille: »Das würdest du nicht tun ... Willst du mich vielleicht in ein Sanatorium stecken? ... Ich wünschte, dein Vater würde zurückkommen, ich möchte ihm den Schlüssel geben (geht zur Haustür). Dan, ich kann nicht viel länger kämpfen!«[111]

John erkundigt sich nun direkt nach dem Ort, an dem seine Mutter den Schlüssel aufbewahrt und den sie an Dritte herausgeben will; er vermutet ihn in ihrer Handtasche. Lucille verneint, dass der Schlüssel dort sei, greift stattdessen in die Tasche ihres Morgenmantels, zieht einen Gegenstand heraus und hält ihn in der Faust verschlossen. In der Annahme, dort das gesuchte Objekt zu finden, greift John nach dem Handgelenk seiner Mutter und versucht, die Faust zu öffnen.

Lucille: »Was willst du tun, John? Willst du deine Mutter mit Gewalt zwingen?«

John: »Eines Tages, Mutter, wirst du verstehen, wie groß unser Kampf ist.«

Lucille: »Das weiß ich. Das weiß ich.«

John: »Nein, du weißt nichts. Es sind Millionen auf meiner Seite.«

Lucille: »Es sind auch Millionen auf meiner Seite!«[112]

In diesem Moment öffnet die Mutter ihre Faust, zum Vorschein kommt indes nicht der verräterische Schlüssel, sondern ein Rosenkranz, den sie John ebenso verzweifelt wie triumphierend vor sein Gesicht hält: »Sieh, mit wem du es aufnimmst!«[113] Es klopft an der Tür, überraschend erscheint der Agent Stedman, und das Gespräch zwischen Mutter und Sohn allein ist beendet.

Die Szene markiert einen Höhepunkt im Verständnis dafür, welche Bedeutung dem Denunziatorischen in dem Film zukommt. Mutter und Sohn repräsentieren hier das innigste, ehrlichste, selbstverständlichste, ›natürlichste‹ Band von Loyalität und Vertrauen. Das Geheimnis hat seinen berechtigten Platz darin. Doch die Welt jenseits dieses geschützten Verhältnisses fordert den Verrat, sie fordert das Zerschneiden des Bands der Familie im Angesicht der zersetzenden Gefahr. Der therapeutische Blick der Gemeinschaft, hier vertreten durch Stedman und das FBI, lässt das Geheime als falsch und gefährlich erscheinen; die Öffentlichkeit verlangt seine Preisgabe. Die Kollision zwischen dieser Erwartung und dem kulturellen Tabu des denunziatorischen Verrats führt zu mehrfachen Pathologisierungen: Der vermeintlichen Denunziantin, Lucille Jefferson, wird ihre geistige Gesundheit abgesprochen, an der sie selbst zweifelt. Der Träger des Geheimnisses, John, muss erkennen, dass er die Kontrolle über sein Selbst verloren hat. In dieser Situation bleiben nur zwei Instanzen intakt: der Staat in Form des FBI sowie die Religion. Die wegweisende Rolle der katholischen Kirche wird in *My Son John* besonders herausgestellt. Sie und die Symbole der christlichen Religion erhalten für Lucille Jefferson eine mächtige und gerade auch zahlenmäßig Schutz versprechende Gruppenbindung aufrecht; nur in dieser christlichen Wertegemeinschaft erscheint ihr ein Kampf gegen den internationalen Kommunismus sinnvoll und aussichtsreich. Und tatsächlich wirkt beim Landesverräter John Jefferson dessen christliche Erziehung und Sozialisierung nach, sein Gewissen meldet sich doch noch zu Wort, wie das Ende des Films zeigen wird. Doch kann die Religiosität nicht allein wirken, sie muss eine Allianz mit dem intervenierenden Staat eingehen. Wieder übernimmt das FBI diese Rolle, wieder ist es einer seiner Agenten, der zugleich als Polizist, Lehrer, Beichtvater und Therapeut auftritt. Stedman versichert den Jeffersons die Richtigkeit ihres Handelns, gerade auch dem nun zweifelnden John. Zwar kann das *Bureau* seinen (verdienten, so mag es scheinen) Tod nicht verhindern, doch es steht im Augenblick seines Todes an seiner Seite und autorisiert sein auf Tonband gespeichertes Vermächtnis, seine Abschlussrede.[114] Johns aufgezeichnete Ansprache ist ein Akt der öffentlichen Beichte, das Eingeständnis der eigenen Schuld vor Zeugen, die Bitte um gerechte Vergeltung und ein mahnender Appell an die amerikanische Jugend, an die Zukunft.

My Son John vollzieht die notwendige zivilreligiöse Vereinigung von Staat und Religion, in der staatliche Instanzen die zentralen pastoralen Aufgaben übernommen haben, was aber nur vor dem Hintergrund des christlichen Symbolgebäudes Sinn macht und Erfolg verspricht. Aus der »einzige[n], augenblickliche[n] und spurlose[n] Stimme des Beichtgeständnisses, die das Übel auswischte, indem sie sich selber wegwischte«,[115] wird der öffentliche, in die Zukunft weisende Sprechakt des geläuterten Christen als Staatsbürger und Patriot, der sich auch *post mortem* in die Geschichte einschreiben kann.

Das kulturelle Narrativ, das den Zusammenhalt und den Wert der US-amerikanischen Familie an das Sicherheitsdispositiv der 1950er Jahre koppelte, führte in mehrfacher Hinsicht zu einer wirkmächtigen Aufladung des Denunziatorischen und der Figur des Denunzianten. Es konkretisierte die Vorstellung der kommunistischen Familie, für die das Denunziatorische als wesentlich galt, auf dem sie geradezu fußte, und die aus diesem Grund als Negativfolie immens wichtig werden konnte. Zweitens konstruierte dieses Narrativ eine hohe Verletztlichkeit der Familie: Gerade ihre Privatheit und Vertrautheit machen sie anfällig für eine verräterische Denunziationshandlung, die, so scheint es, sogar erst aus ihr selbst entsteht. Doch schließlich konstituiert die Familie den privilegierten Ort, an dem der gesellschaftliche Aushandlungsprozess stattfinden muss. Dafür aber muss sich der private Raum gegenüber dem Staat und seinen Instanzen öffnen. Die Funktionen der Familie als privater Schutzraum und als ›gesellschaftliche Keimzelle‹ waren in dieser Konstellation nur noch im regulierend-therapeutischen Zugriff öffentlich-staatlicher Instanzen vorzustellen: Gegen das familiäre Trauma von Vertrauensverlust und Verrat kannte das FBI die Gegengifte.

Das Sicherheitsdispositiv des *McCarthyism* baute auf eine Logik des Blicks, auf eine Semantik des Erkennens, auch und gerade im privaten Raum der Familie. Der *alert citizen* erschuf sich selbst durch den beobachtenden Blick auf Andere – und sich selbst. Das Kräftefeld der Macht wurde genauso von der polizeilichen Überwachung des Raumes wie von der Wachsamkeit des oder der Einzelnen immer wieder neu hergestellt. Diese aneinandergekoppelten Subjektentwürfe des (kollektiven wie individuellen) Selbst und des Anderen vollzogen sich eben auch im Blickregime, und in diesem Sinne ist jede denkbare Form der Denunziation nicht nur eine Art des Sagens, sondern auch eine Weise des Sehens, die auf den angesprochenen Modus des Erkennens und Identifizierens verweist. Dies wird durch die Analyse des Denunziatorischen und der Figur des Denunzianten in den antikommunistischen Spielfilmen unterstrichen. Die Filme kreierten ein spezifisches, zeitgenössisches Gefahrenwissen und beförderten im Betrachten das Erkennen der eigenen Subjektivität wie derjenigen der ›Feinde‹.

Das Kino leistet in seiner Bildproduktion einen wichtigen Beitrag, der weit über bewusste Entscheidungen einzelner Personen oder Produktionsfirmen hinausgeht; die so zur Verfügung gestellten Bilder befördern gesellschaftliche Subjektivierungsprozesse. Die filmischen Repräsentationen zeigen, wie hoch codiert und mit vielfältigen Symbolen aufgeladen die Auseinandersetzung um den Begriff der Denunziation im *McCarthyism* war. In ihrer Plakativität vermitteln die drei untersuchten Filme ein eindeutiges Bild der Regulierung und Normierung, das nicht hinterfragt wird. Dabei sollte indes nicht vergessen werden, dass sie dazu notwendig auch auf Repräsentation und Inszenierung des Anderen angewiesen waren, und dies beinhaltete eben Darstellungen des Denunziatorischen, welches sich auf diese Weise vielfältig in die Wahrnehmungen der unterschiedlichen Zuschauergruppen einschreiben konnte. Wie sehr sich diese filmischen Inszenierungen der Denunziation und des Denunzianten auf einer anderen Bühne wiederfinden lassen, zeigt das Beispiel der HUAC-Anhörungen. Die dort geleisteten öffentlichen Sprechakte der Beichte und Anklage, der Denunziation und Selbstdenunziation, der Abbitte wie des Vorwurfs waren gleichfalls produktive Bestandteile des Geflechts des *informer principle*.

Confessional Theatre – Denunziation und der Ausschuss

Im Schlusskapitel von *Masters of Deceit* formulierte Hoover für seine Leserinnen und Leser einen praktikablen Vorschlag, wie die ›rote Gefahr‹ einzudämmen sei: »Warum verbringt nicht jeder Amerikaner eine gewisse Zeit des Tages mit dem Studium der Bibel und der grundlegenden Dokumente der amerikanischen Geschichte, Politik und Kultur? Das Resultat wäre ein neues Amerika, wachsam und stark, doch stets demütig in seinem Dienen für Gott.«[116] Prägnant in zwei Sätzen wird darin das Wunschbild einer anderen, erneuerten USA als einer mächtigen Vereinigung von Religiosität, Politik und überlegener Kultur entworfen, die sich über einen unterlegenen Gegner erhebt.

Die dichte Präsenz eines solchen zivilreligiösen Narrativs, die hochcodierte Anlagerung des Politischen an die christliche Religion – die in der Verfassung eigentlich als voneinander getrennt gedacht sind – wird häufig als besonders kennzeichnend für die Vereinigten Staaten angenommen.[117] Die Entwicklung des US-amerikanischen politischen Gemeinwesens stellt man sich als eng verbunden mit einer Ansammlung diverser Ansichten, Symbolen und Ritualen vor, die zwar getrennt vom eigentlichen Christentum, aber in enger Ergänzung dazu entstanden und wirkmächtig wurden. Später und darüber hinaus habe sich ein Kalender mit patriotischen Erinnerungsfeiertagen etabliert, die der beständigen Erneuerung des zivilreligiösen Bundes dienten.

Obwohl diese These vielfach modifiziert, ergänzt und kritisiert worden ist, scheint sie doch anschlussfähig zu sein an den historischen Kontext des *McCarthyism* und der dort so deutlich aufgeladenen Relevanz einer an das Politische gekoppelten Rolle von Religion, die nicht zuletzt Hoover so beständig re-artikulierte. Dieser Referenzrahmen ist weniger ein rhetorischer Beiklang der zeitgenössischen Auseinandersetzungen, sondern ganz so zu bewerten, wie es Clifford Geertz für Religionen als kulturelle Systeme insgesamt formuliert hat: »Religion ist nicht etwa deswegen soziologisch interessant, weil sie […] die soziale Ordnung wiedergibt, sondern deshalb, weil die soziale Ordnung von ihr […] geprägt wird.«[118] Dieser produktive Zug ist insbesondere in den Ritualen zu untersuchen, denn, erneut in den Worten von Geertz, »[i]hre besondere Ausprägung […] durchzieht weite Bereiche des Lebens […] weit über die unmittelbar religiösen hinaus und drückt ihnen einen eigenen Stil auf, der sich sowohl in den vorherrschenden Stimmungen als auch in den charakteristischen Aktivitäten äußert«.[119]

Die zivilreligiöse Konstellation in den Vereinigten Staaten während des *McCarthyism* und die Frage nach ihren Ritualen führt zu den Ausschüssen und Untersuchungskommissionen jener Jahre, vor allem zu den Anhörungen des HUAC. Es erscheint lohnenswert, das dort aufgeführte Szenario einer wiederholten, stilisierten, formalisierten, rollenhaften Kommunikation mit einer standardisierten und schematischen Sprache als Ritual zu untersuchen. In diesem Ritual kam der Aussage bzw. Denunziation eine ganz wesentliche Funktion zu. Verschiedene Autorinnen und Autoren haben diesen

Zusammenhang gesehen, den der Theaterkritiker und Autor Eric Bentley folgendermaßen auf den Punkt gebracht hat: »Das HUAC dramatisierte den Akt der Denunziation zum Zwecke der politischen Kriegsführung: Um einige einzuschüchtern und um andere zu ermuntern. Es war Theater, oder, wenn man so will, ein Ritual: Ein Akt der Reinigung, der darüber hinaus die Furcht vor Gott (HUACs Mann im Himmel) in die bisher Unreinen einzupflanzen gedachte.«[120]

Brenda Murphy hat die in einem engeren Verständnis politisch motivierte Äußerung Bentleys aus den frühen 1970er Jahren in einer umfassenden Studie zur Theatralität des *McCarthyism* insgesamt kulturwissenschaftlich systematisiert und weitergeführt.[121] Murphy entschlüsselt die Aussagen einzelner ›unfreundlicher‹ Zeuginnen und Zeugen[122] vor dem HUAC als einen Prozess der Reinigung, in dem zuvor als Sündenböcke markierte Personen in einem genau festgelegten Verfahren Absolution oder Strafe zugemessen wurde. Dies vollzog sich in fünf Schritten, die vor allem in denjenigen Anhörungen besonders gut erkennbar sind, die im Anschluss an die Aufregungen um die *Hollywood Ten* stattfanden, also nach 1950. Die einzelnen Stufen des Verfahrens kennzeichnet Murphy so: Der erste Teil des Rituals diente der Feststellung der Schuld der vorgeladenen Zeuginnen und Zeugen: »Are you now, or have you ever been, a member of the Communist Party?« Von der Antwort hing ab, als wie kooperativ bzw. unkooperativ die jeweilige Person zu gelten habe. Im Regelfall standen drei Alternativen zur Auswahl, durch sie wurde der weitere Verlauf der Anhörung maßgeblich mitbestimmt: Die Befragten konnten mit ›ja‹ antworten, ihre Schuld eingestehen und ihre zukünftige Loyalität zu den USA beteuern. Oder sie konnten auf ihrer Unschuld beharren und jede Verbindung zur KP oder eine der zahllosen als *front groups* eingeschätzten Organisationen abstreiten; dies führte indes zumeist dazu, dass das Komitee seine Belastungszeugen präsentierte, die dann bereitwillig über die Vergangenheit der Betroffenen berichteten. Das Verfahren zur Schuldfeststellung ging so in einer Beweisführung auf. Drittens schließlich konnten sich Beschuldigte auf den Fünften Zusatzartikel zur Verfassung berufen, der ihnen das Recht einräumte, sich mit Aussagen nicht selbst belasten zu müssen.[123] Dies freilich war erstens formal kompliziert, weil die so genannte *waiver doctrine* darauf bestand, dass man dieses Recht nicht mehr für sich in Anspruch nehmen konnte, wenn man schon einmal eine Frage vor dem Komitee beantwortet hatte. Zweitens galt *taking the Fifth* vielen als der sicherste Ausweis überhaupt, dass die oder der Befragte eine ›unamerikanische‹ Aktivität verbergen wollte.[124] Und somit brachte es drittens einem Menschen einen sicheren Platz auf einer schwarzen Liste ein, wenn er oder sie sich auf den Fünften Zusatzartikel berief – und damit im Regelfall bedeutende Einschnitte bei der freien Wahl des Arbeitsplatzes oder sogar bei der Entscheidung, an welchem Ort man leben wollte.[125]

Den zweiten Teil im Ritualprozess nennt Murphy die Anerkennung der Schuld durch die Vorgeladenen, der sich entweder direkt an das Geständnis oder aber an die Beweisführung anzuschließen hatte. Dazu war es zumeist nötig, in aller Ausführlichkeit über die eigene Beteiligung an vergangenen Aktivitäten zu berichten, die als in irgendeiner Art subversiv bewertet werden konnten, also entweder die tatsächliche Mitgliedschaft in der CPUSA, die Mitarbeit in einer *front group* oder das Unterzeichnen einer unliebsamen Petition, zum Beispiel zur Unterstützung der US-Freiwilligen im Spanischen Bürgerkrieg. Daran schloss sich ein dritter Schritt an, in dem ein glaubwürdiger Ausdruck von Reue von der befragten Person eingefordert wurde. Dies wurde nicht selten mit bewusst erniedrigenden Fragen und Formulierungen von Ausschussmitgliedern eingeleitet, bevor die Zeuginnen und Zeugen jugendliche Leichtgläubigkeit, Naivität oder Erpressung durch KP-Mitglieder als Gründe für ihre Verstricktheit in ›unamerikanische Aktivitäten‹ geltend machen konnten, die in ein Bekenntnis von Bußfertigkeit münden sollten.

Der vierte Schritt des Rituals bereitete vielen Betroffenen die größten Schwierigkeiten, und er war in den Worten des Abgeordneten Donald L. Jackson »the ultimate test of the credibility of a witness before the Committee«.[126] Hier ging es um den Nachweis der Reue durch die Bereitschaft, nicht nur über sich selbst, sondern auch über andere Personen Auskunft zu geben. Wie bereits erwähnt, geschah dies obwohl den Ausschussmitgliedern zumeist umfangreiche und belegbare Informationen über alte Kontakte und Bekanntschaften vorlagen, der Zugewinn an neuem Belastungsmaterial also eher gering war. Doch zum einen konnten dem Befragten so Widersprüche aufgezeigt werden, zum anderen erfüllte sich hierin ein Kernelement des Rituals – die Aufforderung zur Denunziation als Charaktertest.

Im fünften und letzten Schritt in Murphys Verlaufsplan des HUAC-Rituals galt es für die Vorgeladenen, ihrer Dankbarkeit Ausdruck zu verleihen, dass das Komitee ihnen die Gelegenheit gegeben hatte, Verfehlungen und Irrtümer eingestehen zu dürfen. Mit solchen Statements ging auch oft die Zusage einher, sich in Zukunft kooperativ zu verhalten und dem Ausschuss erneut zur Verfügung zu stehen.

Zu berücksichtigen ist bei alldem der besondere rechtliche Charakter, der diese Anhörungen ausmachte: Das HUAC hatte eine investigative Aufgabe, konnte also formal keine Anklagen erheben.[127] Zudem waren im Gegensatz zu ordentlichen Gerichtsverfahren die Rechte der Vorgeladenen eingeschränkt, es gab etwa keine Möglichkeit des Kreuzverhörs oder auch keine Handhabe, unbewiesene Vorwürfe aus dem Protokoll zu streichen.[128] Viel hing vom Wohlwollen oder von der Ablehnung der Komiteemitglieder ab.[129] Ferner darf die hohe Medienpräsenz bei den Hearings nicht außer Acht gelassen werden: Zuerst berichteten die Wochenschauen, dann das Fernsehen von vielen Anhörungen, der Versammlungssaal war stets mit einer Vielzahl von Journalistinnen und Journalisten gefüllt.[130]

Obwohl Murphys Blickwinkel auf die Anhörungen sehr aufschlussreich und ohne Zweifel gerade ihrem Inszenierungscharakter angemessen ist, will ich einen anderen Aspekt unterstreichen. Murphy weist zu Recht auf die eingeschränkte Position der vorgeladenen Zeuginnen und Zeugen hin. Deren Charakter und Bedeutung wird noch unterstrichen, wenn man zusätzlich auf das Theorieangebot Foucaults zurückgreift und seine Überlegungen zu Beichte und Geständnis als Subjektivierungsfaktoren mit einbezieht.

Naming Names or Naming None – Das befragte Subjekt in Unterwerfung und Auflehnung

Zwischen 1947 und 1949 unternahm der Ausschuss unter seinem Vorsitzenden J. Parnell Thomas zunächst Untersuchungen gegen die beiden Brüder Gerhart und Hanns Eisler, bevor die erste große Welle der Hollywood-Anhörungen begann, die schließlich auch die Gruppe der *Hollywood Ten* hervorbrachte. In diese Zeit fielen ebenfalls die Untersuchungen zur angeblichen kommunistischen Unterwanderung der Roosevelt- und Truman-Regierungen, wobei hier vor allem die Vorwürfe gegen Alger Hiss im Zentrum standen. Später übernahm John Wood den Vorsitz, er leitete ab 1951 die zweite Runde der Hollywood-Anhörungen ein. Seine Nachfolger führten das HUAC und seine Kontrollbestrebungen ab 1953 auf weitere gesellschaftliche Felder, etwa die Universitäten, doch nahm der Einfluss des HUAC merklich ab. In den 1960er Jahren erhofften sich Konservative ein erneutes Erstarken des Ausschusses, doch erwies sich eine jüngere Generation von Vorgeladenen als weit weniger leicht einzuschüchtern.[131] 1975 wurde das HUAC aufgelöst.

Doch zurück in die Phase des frühen Kalten Kriegs. Es war der Schauspieler Ronald Reagan, diesmal in seiner Funktion als Präsident der *Screen Actors' Guild*, der in einem Zeitschriftenartikel vom Juli 1951 auf den Wandel hinwies, den es seit den Aufregungen um die *Hollywood Ten* gegeben hatte – und was das für die Zeuginnen und Zeugen vor den neuerlich einberufenen HUAC-Anhörungen zur Filmbranche bedeuten musste:

»Jeder Amerikaner, der zu irgendeinem Zeitpunkt einmal Mitglied der Kommunistischen Partei war, aber inzwischen seine Ansicht geändert hat und loyal zu unserem Land steht, sollte aufstehen, zugeben: ›Ich hatte Unrecht‹ und all sein Wissen den Regierungsbehörden zur Verfügung stellen, die die roten Verschwörer bekämpfen.«[132]

Das konnte durchaus nicht nur im Sinne staatsbürgerlicher Pflicht verstanden werden, es fügte sich auch in das zivilreligiöse Bild vom wieder in die Gemeinschaft aufgenommenen Sünder. In diesem Sinne veröffentlichte etwa auch *AWARE, Inc.* 1955 ein Pamphlet mit einem Zwölf-Punkte-Programm für den reuigen Ex-Kommunisten auf dem Weg zurück in die Gesellschaft. Es beginnt mit einem Bibelzitat – »sie sollten Buße tun und sich zu Gott bekehren, indem sie Werke tun, die der Buße würdig sind« (Apostelgeschichte 26:20) –, um im Anschluss deutlich zu machen, welche Handlungen gefordert waren und wovon sie sich absetzten: »Es bedeutet Verrat in dem ehrenhaften Sinne von Warnung, Belehrung, Ratschlag.«[133]

Diese beiden Verweise zeigen nur einen Ausschnitt der öffentlichen Debatte, die zu Beginn der 1950er über die zur Aussage bereiten Zeuginnen und Zeugen geführt wurde. Sie waren Teil jenes einen Sog erzeugenden Umfelds, das durch die persönliche Verbundenheit mit Vertrauenspersonen wie etwa Anwälten, Therapeuten oder auch Ermittlern (als die Souffleure des ›Theaters‹) aufgebaut und stets neu mit Leben erfüllt wurde.[134] Sie markierten darüber hinaus das Feld der Texte und Sprechakte, in dem sich die an Ausschusssitzungen beteiligten Personen zu positionieren vermochten. Wie, mit welchen rhetorischen Mustern, verhielten sich die Zeuginnen und Zeugen zu ihrem so leicht und folgenschwer mit dem Etikett der Denunziation zu versehenden Sprechakt vor dem Ausschuss?

Zunächst fällt auf, wie viele von ihnen sich auf die eine oder andere Art auf die Negativzuschreibungen des Denunzierens bezogen. Dieses Label klebte bereits an der Vorladung an den Betroffenen, es bestimmte viele der an ihn gerichteten Erwartungen. Befragt danach, warum nicht mehr intellektuelle Kapazitäten wie er freiwillig zur Aussage bereit seien, unterstrich der Literaturprofessor Robert Gorham Davis die Relevanz des gängigen Vorurteils, wie er es formulierte, gegen die Figur des Denunzianten mit einem *understatement*: »Ich glaube, das amerikanische Volk mag im Allgemeinen keine Denunzianten.«[135] Solche Hinweise auf traditionelle Abneigung findet man auch an vielen anderen Stellen. Der Schauspieler Larry Parks etwa (Abb. 9),

Abb. 9: Anhörung und Zeuge II:
Larry Parks vor dem HUAC, 1951 (*New York Times*)

mit dem die zweite Runde der Hollywood-Anhörungen im Frühjahr 1951 begann, der als erster ›Namen‹ nannte und dessen ›Verhandlung‹ vielleicht zu den bekanntesten gehört, knüpfte seine Zurückhaltung gleichfalls an das Tabu: »Ich würde es vorziehen, wenn Sie es mir erlaubten, die Namen anderer Personen nicht nennen zu müssen. [einige Fragen später, O.S.] Ich meine, dass dies nicht der amerikanischen Weise entspricht, mit solchen Dingen umzugehen [...].«[136] Parks, aber auch andere Vorgeladene wie die Autorin Lillian Hellman, deren Statement ich weiter unten ausführlicher untersuche, heben hervor, in dieser (Rechts-)Tradition erzogen worden zu sein. Sie seien mit ihr – wie mit anderen Wertvorstellungen, etwa Wahrheitsliebe und Loyalität – aufgewachsen und hätten sie stets als im besten Sinne amerikanisch empfunden. In einer Anhörung vor einem Komitee, dessen namengebende Aufgabe die Bestimmung und Anprangerung unamerikanischen Verhaltens war, mochte sich mit der Konstruktion einer amerikanischen Vergangenheit ohne Denunziationen eine wohl überlegte Strategie verbinden, die freilich mit den Amerikanismusvorstellungen der HUAC-Mitglieder nicht korrespondierte.

Andere Zeuginnen und Zeugen artikulierten den Referenzrahmen des Tabus weiter. Der Autor George Beck nannte die Namen Dritter, doch nicht ohne auf grundsätzliche Zweifel und die unterliegende Frage nach Loyalitäten zu verzichten: »Es ist nur so, dass die Mehrheit dieser Leute gute und enge Freunde von mir sind, die ich gut kenne und die ich sehr schätze. Meiner Meinung nach ist es völlig abwegig, sich diese Menschen als Bombenleger vorzustellen.«[137] Der Schauspieler Lionel Stander wurde 1951 als KP-Mitglied vor dem Ausschuss genannt und erbat daraufhin die Gelegenheit, sich selbst geläutert zu präsentieren. Als ihm dies 1953 zugebilligt wurde, verglich er das Verfahren des *naming names* mit den Praktiken der spanischen Inquisition.[138] Der Drehbuchautor Abraham Polonsky, der für sich selbst den Fünften Zusatzartikel in Anspruch nahm und deswegen einige Jahre auf der schwarzen Liste stand, führte Jahre später weniger das historische Argument an als vielmehr einen tiefsitzenden Abscheu, um das Verhalten John Garfields zu erklären, der als Schauspieler-Star ganz besonders im Blickfeld der Öffentlichkeit stand:

»Er sagte, er hasse Kommunisten, er hasse den Kommunismus, und dass er überzeugter Amerikaner sei. Er sagte diesem Komitee, was es von ihm hören wollte. Doch er verweigerte die eine Aussage, die es ihm unmöglich gemacht hätte, in seiner alten Nachbarschaft umherzugehen. Man sollte nicht über ihn sagen können: ›Seht, da geht der verfluchte Spitzel.‹ Sehen Sie, dagegen wehrte er sich: Es wäre klug für ihn gewesen, ein Spitzel zu sein, doch er konnte es nicht, denn dort, von wo er herstammte, durfte man einfach kein Spitzel sein. Ein Spitzel sein zu sollen war für ihn der ultimative Horror.«[139]

Zero Mostel schließlich, ein bekannter und beliebter (Film-)Komiker, rief noch einen ganz anderen, grundlegenden Kontext auf, als er (selbstironisch) klarstellte, dass er als Jude nicht in heiliger Erde begraben werden könne, wenn er andere Menschen denunziere.[140] Verweise auf den jüdisch-christlichen Glaubenskontext oder besser: auf Judas Ischariot und andere biblische Verräter dienten oftmals als allgemein und ohne weitere Erklärung verständliche Referenz. Gerade das Zusammendenken von Denunziation und Belohnung in Form einer finanziellen Vergütung ließ sich artikulieren, ohne dass man dazu eine direkte Bibelstelle hätte zitieren müssen; so geschehen etwa durch den Schauspieler Tony Kraber. Von einem HUAC-Mitglied auf Elia Kazans Aussage vor dem Komitee angesprochen, antwortete dieser: »Reden Sie über den Kazan, der einen Tag nach seiner Denunziation vor diesem Ausschuss einen Vertrag über 500.000 Dollar unterschrieben hat? Würden Sie ihre Brüder für 500.000 Dollar verkaufen?«[141]

Dieser Rückbezug auf das Tabu, auf das so grundlegend Unehrenhafte des Denunzierens, hatte mehrere Gründe. Zum einen erlaubte er den Zeuginnen und Zeugen eine scheinbar stabile Position einzunehmen, von der aus sie den Ausschuss moralisch angreifen und ihm seine eigene Arbeitsweise als unamerikanisch vorwerfen konnten. Doch offenbarte dieser Versuch, sich auf eine Konstante des ›Amerikanischen‹ zu verlassen, darüber hinaus auch das Ausmaß der persönlichen Entwurzelung durch die an sie herangetragene Denunziationsforderung. Es war dies gleichsam die Rückversicherung der Zugehörigkeit zu einer Gemeinschaft, in der die jüdisch-christlichen Werte Gültigkeit besitzen, denn gerade dies wurde ihnen vom HUAC und seiner rituellen Forderung nach Namensnennungen abgesprochen. Dem Versuch einer Neudefinition von Amerikanismus ohne ein Denunziations-Tabu bzw. ausdrücklich mit einem funktionalen Denunziations-Gebot begegneten die Betroffenen mit einer Strategie der Selbstvergewisserung, der ihren Subjektstatus (wieder-)herstellte und ihn sichern half.

Dies wird umso deutlicher, wenn man sich ansieht, wie um die Wortwahl zur Charakterisierung des eigenen Verhaltens gekämpft wurde. Robert Rossen,[142] ein Regisseur und Drehbuchautor, hatte sich 1951 noch geweigert, Namen Dritter zu nennen, doch 1953 hatte er seine Meinung geändert. Als man ihn fragte, warum er denn nun gewillt sei, sich den Denunziationsvorwürfen der Ausschussgegner auszusetzen, antwortete er: »Ich fühle mich nicht als Spitzel oder Denunziant. Ich lehne das ab, ich kann diese Charakterisierung nicht akzeptieren.«[143] Rossens beinahe trotzig daherkommende kategorische Ablehnung der deklassierenden Benennung als Denunziant hebt die Prägnanz des Begriffs hervor, um den mit enormem Aufwand gerungen wurde. In einem Beitrag für das *Elks Magazine* (1956) nannte J. Edgar Hoover die Bezeichnung *informer* für zur ›Kooperation‹ bereite Zeuginnen und Zeugen eine »semantische Sabotage«. Stattdessen wünschte er sich die Verwendung des Begriffs *informant*, weil dieser niemals im Sinne von etwas Schandhaften zu gebrauchen sei.

Dieser Hinweis auf Ideen von Schande und Schmach führt zu einer weiteren Beobachtung. Um die Begriffe des Denunziatorischen, ihren Beschreibungen sowie den Sprechakten, die ihnen zugrunde liegen, rankten sich beinahe somatische Empfindungen von Krankheit, Schmutz und Ekel. Ähnliche Aussagen hatten sich bereits bei den oben analysierten Filmen gezeigt. *Smear tactics* kennzeichneten für viele die Methoden Senator McCarthys und seines Umfelds, *smear and clear organizations* nannten Kritikerinnen und Kritiker jene Gruppierungen, die denunzierende Namenslisten führten und verbreiteten. Im Akt der Reinigung vor den Komitees war indes eine weitere, eine andere Form von Verunreinigung mit enthalten. Zu ihr gehörte die Notwendigkeit, durch »den Schlamm zu kriechen«, um Larry Parks' viel zitierte Formulierung aufzugreifen.[144] Eine solche Form der Kontaminierung durch den Auftritt vor dem HUAC hatte bereits der Drehbuchautor Ring Lardner, Jr., einer der ursprünglichen *Hollywood Ten*, 1947 angesprochen.

Gefragt danach, warum er die Aussage über seine Parteimitgliedschaft verweigere, antwortete Lardner, er müsste sich dann selbst hassen: »I would hate myself in the morning« – beim Blick in den Spiegel möchte man ergänzen, wenn das Individuum danach trachtet, sich als Subjekt zu erkennen.[145]

Die auf Krankheit und Schmutz bezogenen Selbst- und Fremdzuschreibungen vom Denunzianten sind zum einen erneut als selbst-ermächtigende Auflehnungen zu begreifen. Dabei bestärkten und verfestigten sie das Tabu, biologisierten, anthropologisierten und naturalisierten es, seine zwangsförmige Umdeutung erscheint so umso erschreckender. Die Begriffsverwendungen der Verunreinigung und Infizierung indizierten Schwäche, Ausgeliefertsein und Hilfsbedürftigkeit; die Figur des Denunzianten war von Entmenschlichung bedroht bzw. wusste sich selbst auf diesem Weg. Es entstanden Kreaturen, Monster, Ungeheuer mit den schlimmsten Assoziationen von Ekel. Das aber war ein wichtiger, notwendiger und produktiver Diskurseffekt, der ganz verschiedene Aussagen erst möglich machte: die Vorwürfe der Verratenen und deren Umfeld, die patriotische Zustimmung und Absolution des Komitees und der Mehrheit der US-amerikanischen Öffentlichkeit sowie nicht zuletzt die eigene Neuerfindung als legitim agierendes Subjekt in Auflehnung und/oder Unterwerfung.

Nimmt man zudem die artikulierten Begründungen der Zeuginnen und Zeugen für ihre ›Auftritte‹ in Augenschein, dann vervollständigt sich das Bild einer notwendig doppelten Subjektivierung. Die individuellen Begründungen der Betroffenen werden in der Regel von den Ausschussmitgliedern nachgefragt, sie bilden aber darüber hinaus auch einen wesentlichen Bestandteil im ›freiwilligen‹ Anteil ihrer Ausführungen. Nicht selten finden sie sich in den Passagen jenseits der geforderten ›ja‹/›nein‹-Antworten und sind dann von ungehaltenen Zwischenbemerkungen der Kongressabgeordneten unterbrochen. In den Begründungen für ihr Verhalten offenbaren sich Art, Umfang und Richtung der das Gewissen prüfenden Kontemplation, und zwar sowohl im Hinblick auf die Interessen des Komitees (und der durch dieses Komittee repräsentierten Gesellschaft im antikommunistischen Konsens) als auch auf das Selbstbewusstsein der Vorgeladenen.

Larry Parks' Bitte, man möge ihm doch die Rolle des Denunzianten ersparen, war eingebettet in lange Überlegungen zu seiner Person, seiner Familie, seinem öffentlichen Image. Parks betrachtete seine Karriere als in dem Moment beendet, in dem er den Zeugenstand betrat, doch er formulierte seinen Entschluss zur Aussage als Wahl: »Ich hatte eine andere Wahl, doch ich entschied mich dazu, sie nicht zu nutzen. Ich entschied mich dazu, hierherzukommen und die Wahrheit zu sagen.«[146] Der Schauspieler verknüpfte hier unterschiedliche Ebenen zu einer aus seiner Sicht schlüssigen Begründung. Der Hinweis auf seine so oder so ruinierte Karriere in der Film- und Fernsehbranche unterstreicht, dass er sich über die Brisanz und Bedeutung der neuerlichen HUAC-Anhörungen bewusst war und die Bandbreite der Fremdreaktionen abschätzen konnte. Die Ausweglosigkeit führte zum aktiven Entschluss gegen andere Optionen (das heißt vor allem einem Rückgriff auf den Fünften Zusatzartikel), um die Wahrheit zu berichten – mehr, so glaubte Parks dargelegt zu haben, konnte er dem Komitee nicht geben. Doch es wollte mehr und bekam die verlangten Namen, Parks' Laufbahn war trotzdem de facto zu Ende. Das war bei Lee J. Cobb, einem weiteren Schauspieler, anders, doch dieser hatte seine Denunziation auch in eine breitere Apologie gekleidet:

»Ich möchte Ihnen gern für das Privileg danken, Dinge wieder geraderücken zu dürfen. Ich tue dies nicht allein zu meiner persönlichen Erleichterung, sondern auch, weil mein Wissen, wenn auch verspätet, der Regierung in ihrem Bemühen hier im Land sowie im Ausland noch von Nutzen sein kann. Auch kann ich so das Gefühl der Schuld abmildern, das mein langes Zögern in mir geweckt hat.«[147]

Die Phase der Kontemplation, so Cobb weiter, war nicht allein für den Zeugen selbst relevant, sie schuf auch für andere die Möglichkeit, ja die appellative Verpflichtung, gleichfalls in die Gewissensprüfung einzusteigen. Selbst der zaudernde Denunziant wurde so zum produktiven Denunzianten, der seine patriotische Missbilligung gegenüber Personen ausdrücken konnte, die zu abweichenden Entscheidungen kamen.

Mit einer patriotischen Notwendigkeit zur Überwindung des Denunziationsverbots begründete auch Robert Rossen, der das Etikett des *informers* für sich zurückgewiesen hatte, seine Aussage aus dem Jahre 1953. Danach gefragt, was ihn dazu veranlasst habe, seine Ansicht über das *naming names* zu ändern, verwies der Autor und Regisseur auf die veränderten politischen Rahmenbedingungen und meinte, er könne sich nicht länger einer individualistischen Moral hingeben.[148] Hatte das Denunziationstabu einen zunächst legitimen Platz in individuellen Reflexionen, so war es doch unter Einbeziehung der ›großen Politik‹ und für das Gemeinwohl zu überwinden.

Andere Begründungen gestalteten sich einfacher. Dabei trieb insbesondere die ökonomische Daumenschraube der schwarzen Listen viele vor die Untersuchungsgremien. Anderen merkte man die persönliche Verärgerung über die von ihnen genannten Personen als Motiv für ihre denunziatorische Aussage an, so etwa bei dem Drehbuchautor Budd Schulberg. Bei wieder anderen spielten Motivationen und Überlegungen in die Entscheidungsfindung hinein, die einmal mehr auf die vielfältigen Verzweigungen des zeitgenössischen kulturellen Klimas hindeuten. So hielten sich hartnäckig Gerüchte, das HUAC habe den Choreographen Jerome Robbins durch das Wissen um dessen sexuelle Orientierung in erpresserischer Weise zur Kooperation gezwungen.[149]

An zwei besonders bekannten und besonders eloquenten Beispielen können die genannten Elemente der Subjektkonstitution noch einmal prägnant zusammengeführt werden. Die Anhörungen von Lillian Hellman und Edward Dmytryk bringen in ihren Ähnlichkeiten wie Unterschieden die darin angelegten Spannungen zwischen Unterwerfung und Ermächtigung zum Vorschein.

Die Aussage Hellmans (1905–1984) gilt mit Recht, vielleicht zusammen mit derjenigen des Schriftstellers Arthur Miller, als der engagierteste Versuch, ein moralisches Statement gegen das Denunziationsgebot abzugeben. Sie ist darüber hinaus ein prägnantes Beispiel für die konfliktreichen Prozesse der Subjektivierung. Die Bühnen- und Drehbuchautorin Lillian Hellman erschien am 21. Mai 1952 vor dem HUAC. Ihre Vorladung verdankte sie vor allem der vorherigen Aussage Martin Berkeleys, der im Verlauf seiner Schilderungen über die Arbeit der CPUSA in Hollywood während der späten 1930er Jahre Hellman als Parteimitglied nannte. Darüber hinaus war sie seit über 20 Jahren die Lebensgefährtin des Autors und bekennenden Marxisten Dashiell Hammett, der selbst bereits durch die Bemühungen des antikommunistischen Netzwerks erst im Gefängnis und inzwischen auf der *blacklist* war. Diese Verbindung und ihre Unkonventionalität begleitete die Anhörung als eine Art unausgesprochenen Subtext.

In der diese Phase der HUAC-Anhörungen prägenden Frage um die Zulässigkeit des Fünften Zusatzartikels zur US-Verfassung und seine Bewertung nahm Hellman eine eigene Position ein, die ihre Aussage nach Ansicht Eric Bentleys zu einem Meilenstein machte.[150] Einige Tage vor ihrem Termin hatte die Autorin dem Ausschussvorsitzenden Wood einen Brief geschrieben und ihm mitgeteilt, dass sie bereit sei, Angaben über ihre Person und ihre vergangenen Aktivitäten zu machen. Sie wolle nicht über Dritte reden – eine Position, welche durch die im Jahr zuvor durch den *Supreme Court* bestätigte *waiver doctrin* nicht zulässig war und vor der sie ihr Anwalt Joseph Rauh gewarnt hatte, denn sie bedeutete eine beinahe sichere Anklage wegen Verunglimpfung des Komitees und somit eine Gefängnisstrafe.[151] Doch der Brief musste verlesen werden, und es gelang Hellman auf diese Weise, eine vorformulierte Botschaft an das Plenum zu richten – dies hatten vor ihr zahlreiche ›unfreundliche‹ Zeuginnen und Zeugen immer wieder vergeblich versucht.

Die Kernaussage des Briefs – ihre Zeugnisverweigerung über andere Personen als sie selbst – war eingebettet in eine ausführliche Begründung. Sie präsentierte sich zunächst als die offene, kooperative, zur Aussage bereite Wunschzeugin: »Ich bin sehr gern bereit, alle Fragen zu meiner Person zu beantworten. Ich habe dem Komitee nichts zu verheimlichen, und es gibt in meinem Leben nichts, für das ich mich schämen müsste [...] Ich verzichte auf mein Recht, mich auf den Fünften Zusatzartikel zu berufen.«[152] Anschließend schilderte Hellman ihr Befremden darüber, dass man sie offenbar trotz ihrer grundsätzlichen Kooperationsbereitschaft dazu zwingen könne, Auskünfte über andere Personen zu machen, dies sei für einen Laien nur schwer zu verstehen. Dieses Unverständnis konfrontierte Hellman in einer längeren Passage des Briefs mit ihren Prinzipien:

»Ich bin weder jetzt noch in Zukunft bereit, Menschen Schaden zuzufügen, die in meinen früheren Verhältnissen zu ihnen keine Aussagen getätigt oder Handlungen vollzogen haben, die man als illoyal oder subversiv bezeichnen könnte. Ich lehne mangelnde Loyalität und Subversion ab, und wenn mir derlei Neigungen je begegnet wären, hätte ich es als meine Pflicht empfunden, dies den zuständigen Behörden mitzuteilen. Doch unschuldigen Menschen, die ich vor vielen Jahren kannte, zu schaden, um mich zu retten, ist in meinen Augen unmenschlich, unanständig und unehrenhaft. Ich kann und werde mein Gewissen nicht nach der augenblicklichen Mode schneidern, obgleich ich schon vor langer Zeit zur Überzeugung kam, dass ich kein politischer Mensch bin und mich in keiner politischen Gruppierung wohlfühlen würde.

Ich wurde in einer altmodischen amerikanischen Tradition erzogen, wobei mir einige recht schlichte Dinge beigebracht wurden: Zu versuchen, die Wahrheit zu sagen, keine falschen Aussagen zu machen, meinem Nachbarn keinen Schaden zuzufügen, loyal gegenüber meinem Land zu sein, und so weiter. Im Allgemeinen respektierte ich diese christlichen Ideale und versuchte, sie so gut es ging zu praktizieren. Ich bin überzeugt, dass Sie diese einfachen Grundsätze des Anstands mit mir teilen und dass Sie nicht von mir erwarten, die gute amerikanische Tradition zu verletzen, aus der sie entspringen. Ich würde daher vor Ihnen erscheinen und über mich selbst reden wollen.«[153]

Andernfalls, so beendete Hellman ihr Schreiben, müsse sie bei entsprechenden Fragen doch auf den Fünften Zusatzartikel zurückgreifen. Der Vorsitzende John Wood beantwortete ihr Anliegen in einem Brief abschlägig, »der Ausschuss kann seinen Zeugen nicht erlauben, Bedingungen für ihre Aussagen aufzustellen«.[154] Als Folge dieser Ablehnung berief sich Hellman im Verlauf der Anhörung doch auf den *Fifth Amendment*. Die Sitzung geriet zu einer Abfolge von unbeantworteten Fragen und zurückgewiesenen Kooperationsangeboten. Trotzdem wurde Hellman im Anschluss nicht wegen Verunglimpfung des Kongresses belangt – vermutlich, weil der Ausschuss im Falle einer Anklage vor dem Hintergrund des Briefs der Zeugin mit äußerst schlechter Publicity hätte rechnen müssen.

Der Abgeordnete Francis E. Walter befragte Hellman unter ausdrücklicher Bezugnahme auf ihren Brief. Insbesondere interessierte ihn die darin verwendete Formulierung »Ich bin weder jetzt noch in Zukunft bereit, Menschen Schaden zuzufügen, die in meinen früheren Verhältnissen zu ihnen keine Aussagen getätigt oder Handlungen vollzogen haben, die man als illoyal oder subversiv bezeichnen könnte«. Martin Berkeley, dessen Aussage die Grundlage für Hellmans Vorladung abgab, habe doch seine Mitgliedschaft in der CPUSA bereits zugegeben, er sei mithin der Subversion schuldig. Welche Art von Schaden könne ihm also noch durch weitere Informationen Hellmans erwachsen? An dieser Stelle geriet das ansonsten sehr resolute Auftreten der Zeugin ins Stocken. Das ebenso moralisch wie in Einklang mit uramerikanischen Traditionen argumentierende Statement, das einen Standpunkt formulierte, der auf Allgemeingültigkeit zielte und damit Hellmans Subjektposition Halt zu geben trachtete, wurde durch Walters Hinweis in einer Weise unterlaufen, die ihren erarbeiteten Zustand von Selbstgewissheit verunsicherte.

Durch die Lektüre von Hellmans autobiografischem Bericht über die Anhörung kann man viel über die mögliche Bedeutung dieser Episode erschließen. In *Scoundrel Time* erklärt Hellman ihre Persönlichkeit vor allem und immer wieder – wie in ihrem Brief an das HUAC – mit ihrer Erziehung im Sinne amerikanischer Werte.[155] Damit verbunden reflektiert sie an verschiedenen Stellen darüber, welchen Stellenwert ein Wissen über andere Personen für sie hat, und was es für sie selbst wie für die betroffene Person bedeutet, danach zu fragen. So schildert sie etwa ihre Beziehung zu Hammett als eng, aber ob und wenn ja, wann er in die CPUSA eingetreten sei, habe sie nie interessiert, sie habe ihn nie danach gefragt.[156] In ganz ähnlicher Weise schreibt sie über die Gespräche, die sie mit ihren Angestellten führte, nachdem diese vom FBI befragt worden waren – sie würden ihr die wichtigen Dinge berichten, und über Selbstverständliches schweigen.[157] Hellman bewertete solche Anerkennung und solches Vertrauen als amerikanische Tugenden; und genau hier kollidierten ihre Ansichten vehement mit denen des Komitees. Im Frageszenario des HUAC brachen Gewissheiten auseinander. Unerwartete Situationen, unerwartete Fragen, so schreibt Hellman, brächten sie stets in einer Weise aus dem Konzept, in einen Zustand der Aufgeregtheit »bis zu einem Punkt, der mich krank macht. Ich kann keine schnellen Wendungen machen, […] konnte mich nie rasch neuen Verhältnissen anpassen«.[158]

Offenbar schuf die Frage des Abgeordneten Walter für Hellman genau so eine Konstellation, in der sie sich nicht nur einer unerwarteten Frage gegenübersah, sondern angesichts ihres Briefes auch unverstanden und ignoriert. An ihrer Schilderung der Szene in *Scoundrel Time* fallen die somatischen Reaktionen besonders ins Auge:

»[…] die Irritation in seiner Stimme machte mich nervös, und ich begann, mit meiner rechten Hand zu zittern, als ob ich einen Tick gehabt hätte. Das war ganz unerwartet, und ich konnte nicht aufhören. Ich sagte mir, wenn ihn das irritiert, dann werden die Vorwürfe nicht lange auf sich warten lassen. Also setzte ich mich aufrecht hin, hielt meine rechte Hand mit der linken ruhig, und hoffte, dass alles gut gehen würde. Doch ich spürte den Schweiß auf meinem Gesicht und meinen Armen und wusste, dass gerade etwas mit mir passiert, ich die Kontrolle verliere […].«[159]

Hellmans Aussage stellt nicht allein deshalb einen Meilenstein in der Geschichte des HUAC dar, weil sie ein besonders wertvolles ethisches Statement beinhaltet. Sie ist darüber hinaus, und gerade unter Mitberücksichtigung von *Scoundrel Time*, ein besonders anschauliches Dokument zum Verständnis der immensen Arbeit am Subjektstatus, zu der das System des *McCarthyism* insgesamt und der Ausschuss zur Aufdeckung unamerikanischer Umtriebe im Besonderen antrieben. Hellman bietet hierbei zum einen ein Beispiel für ein Scheitern der Anrufung, für die Möglichkeit von Verweigerung und Auflehnung. Zum anderen aber blieben Hellmans Sprechakte trotz allen Eigensinns im diskursiv gesetzten Rahmen, auch sie folgten dem Appell zur Selbstreflektion. Auch um sich als eigen-sinniges oder widerständiges Subjekt zu zeigen, war die Autorin darauf angewiesen, sich innerhalb des Diskurses und seiner Aussageregeln zu bewegen, andernfalls wäre ihre Auflehnung ins Nichts gelaufen.

Edward Dmytryk (1908–1999) kommt ebenso wie Lillian Hellman eine besondere Stellung unter den Zeuginnen und Zeugen zu, denn er war der einzige unter den ursprünglichen *Hollywood Ten*, der seine frühere ›unfreundliche‹ Aussage widerrief und bei einem zweiten Auftritt vor dem HUAC seine kurze Mitgliedschaft in der CPUSA bedauerte und die Namen ehemaliger Genossen preisgab. Doch trotz des Etiketts des Denunzianten blieb dem Regisseur eine allzu grobe und vor allem eine nachhaltige Stigmatisierung erspart. Dies hatte nicht zuletzt damit zu tun, dass seine Handlungen in einem vergeschlechteten Bedeutungsrahmen zu verstehen waren. Anders als bei Hellman offenbaren die HUAC-Protokolle selbst keine Einblicke in die Subjektivierungsarbeit Dmytryks; seine ›Auftritte‹ erfüllten zweimal exakt die (veränderten) Skripte der zeitgenössischen Erwartungen. Es sind in seinem Fall die dreieinhalb Jahre zwischen den Aussagen, die in den Fokus des Interesses rücken.

Dmytryks erster Auftritt vor dem HUAC am 29. Oktober 1947 verlief nach dem konfrontativen Muster der ersten Hollywood-Anhörungen und brachte ihm eine Verurteilung zu sechs Monaten Gefängnis ein, die er im Jahr 1950 absaß.[160] Bei seinem erneuten Besuch vor dem Untersuchungsausschuss am 25. April 1951 sagte er sich vollständig von seinen kommunistischen Verbindungen los, nannte die Namen von 26 Parteimitgliedern und konnte im Anschluss, nach einigen kleineren Verzögerungen und Rückschlägen, seine erfolgreiche Hollywood-Karriere wieder aufnehmen.[161]

Während die Aufzeichnungen des Komitees zunächst keinen Aufschluss über seine geänderten Ansichten geben, so bieten doch weitere Dokumente Interpretationschancen an, etwa die ausführliche Schilderung seines Gefängnisaufenthalts in Dmytryks Autobiografie.[162] Erzählt unter den beiden charakteristischen Überschriften *Building Time* (wo man eigentlich *Doing Time* erwartet hätte) sowie *The Big Decision* findet sich ein ausgesprochen maskulin arrangiertes Narrativ der Buße. Schon vor der Haft, so der Regisseur, war seine Entscheidung, zu widerrufen, gefallen, doch anstatt den ›einfachen Weg‹ zu gehen, wollte er erst die Erfahrung der Inhaftierung machen. Die Zeit markierte eine zugleich doppelte wie changierende Loyalität Dmytryks – er ging einerseits den Weg der *Hollywood Ten* zu Ende, doch nutzte er ihn andererseits dazu, sich letztlich ihres Einflusses auf ihn zu entledigen.[163] Zu seinen Motiven äußerte er sich so: »Ich glaubte, dass jeder Märtyrer das Recht habe, eigene Gründe für sein Handeln zu wählen. […] Ich wusste, dass ich nicht vor der Haft mit den anderen der *Hollywood Ten* brechen konnte, das hätte so ausgesehen, als wollte ich nur nicht ins Gefängnis. Also verschob ich jede Reaktion bis nach der Haft.«[164] Und sein Verständnis dieses Martyriums trug die Spuren maskulinen Ertragens, bei dem er sich in eine homosoziale Gemeinschaft begab und an deren Ritualen teilnahm. Durchaus körperliche Erfahrungen (von Hygiene über Kraftsport bis hin zu sexuellen Fantasien) füllen die Seiten der beiden Kapitel und verknüpfen sich mit Kontemplation über sein zukünftiges Verhalten. Dabei wirft er auch kurz die Frage nach dem Denunzieren auf:

»Ich müsste auch Namen preisgeben, und ich wusste, welche Probleme damit verbunden sein würden. Die Tatsache, dass meine Erfahrungen als Parteimitglied nur dürftig waren, und ich ohnehin nur Leute belasten konnte, die dem Ausschuss schon bekannt waren, machte mir die Entscheidung leichter, obgleich sich dadurch im Prinzip nichts änderte. Wenn ich das Für und Wider abwägte, blieb meine Entscheidung für eine Aussage eindeutig.«[165]

Dmytryks Lösung für sein Dilemma ist zum einen ›quantitativer‹ Natur: Seine KP-Mitgliedschaft dauerte nur wenig länger als ein Jahr, von 1944 bis Ende 1945. Außerdem erstreckten sich seine Kontakte nur auf das engere Umfeld derjenigen, die sich ohnehin im Visier des HUAC befanden. Loyalität und ihre Aufkündigung stellen sich in dieser Logik als eine Frage des Umfangs von Beziehungen dar. Doch Dmytryk ergänzt diese nur schmale Argumentation mit ausdrücklichem Zorn auf Mitglieder der *Hollywood Ten* – sein Loyalitätsbruch wird mithin als Reaktion geschildert: »Es war der letzte Strohhalm. Ich kochte vor Wut. Es war ein Seiltanz zwischen der Loslösung von sehr unappetitlichen Kontakten einerseits und dem Schutz meiner wenigen Freunde in der Partei andererseits. Und diese ›Freunde‹ waren mir bei meiner Entscheidung absolut keine Hilfe.«[166]

Auch diese Gedankengänge verweisen auf die kontemplative Arbeit, die Dmytryk in den Jahren zwischen den Anhörungen geleistet hat. Sein Verständnis von Loyalität und den Bedingungen, unter denen man sie aufkündigen kann bzw. sollte, knüpfte sich an den Grad der interpersonellen Beziehungen innerhalb einer Gruppe sowie den Zielen dieser Vereinigung. Dies unterstreicht auch seine ›Definition‹ von Denunziation, die er den HUAC-Mitgliedern 1951 anbot:

Abgeordneter Donald L. Jackson: »Was ist in Ihren Augen der beste Beweis für die Glaubwürdigkeit eines Zeugen, der sich vom Kommunismus losgesagt haben will? Würden Sie sagen, dieser Nachweis könnte am besten dadurch erbracht werden, wenn der Zeuge bereit ist, Namen, Orte und Zusammenhänge über seine Mitgliedschaft preiszugeben?«

Edward Dmytryk: »Ja, ich persönlich glaube das. Aus diesem Grunde bin ich hier. Ich glaube, dass ein Mann, der überzeugt ist, dass die Kommunistische Partei eine subversive oder kriminelle Organisation ist, auch bereit sein muss, Namen zu nennen. Ich weiß, dass die Ansicht geäußert wurde – nicht nur von Kommunisten, sondern auch von einigen Liberalen und Progressiven –, dass man solche Personen als Denunzianten bezeichnen könne. Ich habe das so oft gehört, dass ich den Begriff in einem Wörterbuch nachgeschlagen habe. Ein Denunziant ist danach grob gesagt jemand, der Kollegen oder ehemalige Kollegen anzeigt, die in kriminellen Aktivitäten verstrickt sind. Wenn die Kommunisten also von Denunzianten sprechen, dann geben sie also zu, Kriminelle zu sein. Ich habe noch nie gehört, dass jemand die Pfadfinder denunziert hätte.«[167]

Dmytryks Auseinandersetzungen mit Loyalität, Verrat und Schuld waren nach April 1951 nicht beendet. Viele Interpretinnen und Interpreten lesen seinen Film *The Caine Mutiny* (1954) als eine Fortsetzung seines (im Vergleich zu vielen anderen ›freundlichen‹ Zeuginnen und Zeugen) erfolgreichen Kampfs um die Anerkennung als liberaler Antikommunist, dessen Denunziation wichtig und richtig gewesen sei. Dabei kam ihm seine auf Geschlechterrollen und -erwartungen abzielende Rhetorik durchaus zugute, die sich sinnvoll den nationalen Ängsten ob einer angeblichen Krise weißer Männlichkeit entgegenstellte. Dmytryks Handeln fügt sich somit ein in ein verzweigtes Netz von selbst- und fremdgestrickten intertextuellen Verweisen, in welchem das Verständnis für das Denunzieren und die Figur des Denunzianten notwendig erst entsteht.

Personal Reflections – Autobiografische Strategien im Umgang mit Denunziation

Im Januar 1999 kündigte die *Motion Picture Academy* an, den damals beinahe neunzigjährigen Regisseur Elia Kazan für sein Lebenswerk mit einem Ehren-*Oscar* auszuzeichnen. Diese Entscheidung führte aus verschiedenen Gründen zu Kopfschütteln bei den Kommentatoren: Solche Ehrungen werden im Regelfall an Personen verliehen, die in den Jahren ihres einflussreichsten Wirkens bei den Preisvergaben zu kurz kamen, solche Auszeichnungen sind oft späte Wiedergutmachungen. Davon konnte bei Kazan aber keine Rede sein. Zwei Mal hatte er den *Oscar* für die beste Regie sowie eine Vielzahl anderer wichtiger Preise erhalten und war bereits eine Hollywood-Legende. Die Verwunderung bzw. Verärgerung und manchmal gar Empörung, die die *Academy* unter Filmschaffenden und Publikum auslöste und die auch während des Festakts zum Teil heftige Proteste hervorrief, hatte indes einen anderen Grund. Elia Kazan verbanden viele nicht nur mit seinen Filmen, sondern auch mit seiner Rolle als kooperativer Zeuge vor dem HUAC im Jahr 1952. Bei dieser Gelegenheit hatte Kazan die Namen von acht Kollegen einer linken Theatergruppe preisgegeben, die wie er in den 1930er Jahren Mitglieder der CPUSA waren. Diese Aussage hatte der Regisseur im Anschluss daran und über einen Zeitraum von mehreren Jahrzehnten mehrfach öffentlich als gerechtfertigt verteidigt: in einem offenen Brief in der *New York Times* unmittelbar nach seiner Stellungnahme vor dem HUAC, zwei Jahre danach in einem seiner berühmtesten Filme, *On the Waterfront*, in der Folge selten explizit, aber oft versteckt in Interviews, und schließlich in seiner 1988 publizierten Autobiografie *A Life*.[168]

Obwohl beinahe 50 Jahre seit den Anhörungen vergangen waren, hatten ihm zum Zeitpunkt der *Oscar*-Verleihung viele seine als Denunziation bewertete Tat nicht verziehen. Gerade Betroffene der De-facto-Berufsverbote in Hollywood während der 1950er Jahre organisierten Kampagnen gegen Kazan, bei denen die Frage nach Wiedergutmachung aus ganz anderem Blickwinkel aufgeworfen wurde. Anlässlich seines Todes wiederholte sich im Jahre 2003 diese mediale Gemengelage aus Ehrung, Verurteilung und Rechtfertigung, und kaum ein Nachruf kam ohne eine ausführliche Behandlung seiner ›unrühmlichen Rolle‹ bei den HUAC-Anhörungen aus.

Das Beispiel Elia Kazan ist in seiner Brisanz, Langlebigkeit und Dichte außergewöhnlich. Doch auch insgesamt fällt die enorme Zahl von autobiografischen Darstellungen von Personen auf, die als Zeuginnen und Zeugen vor dem HUAC oder anderen Untersuchungsausschüssen auftraten. Die Konstellation der großen Hearings, die große öffentliche und mediale Aufmerksamkeit, die Prominenz vieler der an ihnen direkt oder indirekt beteiligten Menschen sowie nicht zuletzt die hohe emotionale Aufladung um die Frage nach der Legitimität von Aussage oder Nicht-Aussage ließen einen bedeutsamen Textkorpus von Rechtfertigungen entstehen. Noch Jahre nach Abklingen des *McCarthyism* entstand eine Fülle von Autobiografien, Interviews, Essays sowie Romanen und Filmen, die in ›erklärender‹ Absicht um das eigene Auftreten und Verhalten kreisten. Eine unvollständige Liste umfasst neben den schon genannten Beiträgen von Hellman, Dmytryk und Kazan auch solche von Whittaker Chambers und Alger Hiss, von Ring Lardner, Jr., Dalton Trumbo, Alvah Bessie, Herbert Biberman und Lester Cole aus der Gruppe der *Hollywood Ten*, von den *professional witnesses* Herbert Philbrick, Harvey Matusow und Angela Calomiris, von dem Schauspieler Sterling Hayden, von der so genannten *Red Spy Queen* Elizabeth Bentley ebenso wie aus den Federn des Gewerkschafters Steve Nelson oder der Schriftsteller Arthur Miller und Howard Fast.[169]

Unter diesen Autorinnen und Autoren waren viele, die von anderen der Denunziation bezichtigt wurden, die aus einer gewissen Sicht als ›Denunzianten‹ galten. Dies ist eine große Ausnahme, nur selten finden sich in anderen Konstellationen bekennende Denunzianten, die Angst vor Entdeckung oder Scham ist oft zu groß. Mich interessieren bei der Analyse nun weniger die geäußerten Motive für die Handlung. Das ist ohne Zweifel eine wichtige

Frage, die sich aufgrund ihrer zumeist engen Verknüpfung mit dem Argumentationsgang auch gar nicht ausklammern lässt. Mir geht es jedoch in erster Linie um die strategische Rolle dieser Texte bei der die Gesellschaft stabilisierenden Konturierung einer positiven Figur vom Denunzianten. In diesen Texten vollzieht sich ein zweiter Akt zur Charakterisierung des Denunzianten als besserer Staatsbürger. Sind es auf einer ersten Ebene Wachsamkeit und Bereitschaft zur Anzeige als Grundbedingungen zur patriotischen Teilhabe am Gemeinwesen, so zeigt sich in den Rechtfertigungen darüber hinausgehend die Bereitschaft zu öffentlicher Reflexion und somit der Wille, das Verhalten aktiv und verantwortungsvoll als vorbildhaft in die Gesellschaft zu tragen.

Autobiografische Texte galten lange Zeit als paradigmatische Narrative, in denen sich das Subjekt als seiner selbst bewusst stimmig repräsentieren konnte. Gerade lange vorherrschende Vorstellungen vom stabilen, in sich ruhenden neuzeitlichen, westlichen, männlichen Subjekt seien so geschaffen worden. Doch davon ist seit den Entzauberungsdiskursen des 20. Jahrhunderts nicht mehr viel übrig geblieben; Psychoanalyse, Sprachphilosophie, Feminismus, Poststrukturalismus und weitere Analyseansätze haben diese alte Auffassung in hohem Maße problematisiert und letztlich als unzureichend charakterisiert.[170] Vielmehr wird in solchen Texten um Autorenschaft, Subjektstatus und Fragen der Repräsentation gerungen: »Wer das Erzählen von (Selbst-)Geschichten in der skizzierten Weise thematisiert, sieht darin keine bloßen Beschreibungen eines Lebens oder einer diachronen Identität, ja vielleicht gar keine deskriptiven Konstrukte, sondern (auch, vorrangig oder ausschließlich) *Sprechhandlungen* mit einer spezifisch *performativen* Kraft.«[171] Statt Abbild eines Lebens sind sie mithin viel eher Versuche, sich selbst als Subjekt zu erfinden. In diesem Sinne sprach Alois Hahn im Zusammenhang mit Zeugnisinstitutionen wie beispielsweise Beichtpraktiken, psychoanalytischen Settings oder Geständnissen vor Gericht von »Biographiegeneratoren«.[172]

Aus meiner Sicht ist der Wert dieser autobiografischen Beiträge schon deshalb groß, da sie deutlich machen können, wie die Subjektivierungsprozesse über einen Zeitraum nach der eigentlichen Aussage vor den Ausschüssen fortgesetzt, unterbrochen oder modifiziert wurden. Als Rechtfertigungen drücken sie jene Art der Kontemplation aus, die Foucault zur Grundlage des Geständnisses als Katalysator der Subjektivierung ausmacht.[173] Analog dazu erscheint die autobiografische Rechtfertigung einer Denunziation als Effekt eines diskursiven Drucks, die eine solche Artikulation möglich, wahrscheinlich, notwendig macht. Dabei wird nicht zuletzt der produktive Charakter eines Verbots, hier des Tabus der Denunziation, deutlich: Es entsteht jenes Gewissen, »das Mittel, durch das ein Subjekt sich selbst zum Objekt wird, indem es über sich selbst reflektiert und sich selbst zum reflektierenden oder reflexiven Subjekt macht«.[174]

Ex-Communists as Patriotic Heroes – Der Drang zur Rechtfertigung

Keinem seiner Zeitgenossen gelang es besser oder wirkmächtiger, seine Rolle vor dem HUAC zu reflektieren, als Whittaker Chambers (1901–1961), dem Mann, der in einem der spektakulärsten und bekanntesten Verfahren dieser Jahre Alger Hiss, einen Mitarbeiter des Außenministeriums, als Spion anzeigte oder denunzierte – ganz aus welcher Perspektive man auf die Sache blickt.[175] Chambers selbst hat das Wort vom Denunzianten zur Charakterisierung seines Handelns und seiner Person nicht nur akzeptiert, sondern geradezu eingefordert. Sein Erfolgsbuch, die Autobiografie *Witness,* gilt heute als Klassiker.[176] Chambers entwirft und definiert darin in einer sehr metaphorischen und emotionalen Sprache sein Verständnis vom ehemals kommunistischen Denunzianten, einer in seinen Augen zugleich entmenschlichten wie heroischen Figur, die unausweichlich in der Logik des ›Weltkriegs‹ zwischen Kommunismus und Freiheit entstehen müsse. Aus dieser Kriegslogik heraus vollzieht sich auch eine erste Abgrenzung des Denunzianten gegenüber dem Spion: Letzterer sei im Grunde ein Soldat, der seine Opfer nicht kenne.[177] Der Denunziant sei anders, so Chambers, er riskiere wenig, zeichne sich aber in erster Linie durch seine große, private Nähe zu seinen Opfern und die Teilhabe an deren Geheimwissen aus:

> »Er kann diese ganz besondere Information liefern, denn er kennt die Gesichter, die Stimmen, die Leben der Anderen. Er besaß einst ihr Vertrauen, denn er lebte als einer von ihnen, er teilte ihren Glauben, akzeptierte ihre Freundschaft, fühlte ihre Freuden und Sorgen, war Gast in ihren Wohnungen, aß mit ihnen an ihrem Tisch, empfing ihre Herzlichkeit, kannte ihre Familien. Hätte er all das nicht getan, wäre er als Denunziant wertlos.«[178]

Elementar sei darüber hinaus ein besonders ausgeprägtes Abhängigkeitsverhältnis zu den Adressaten denunziatorischer Aussagen. Der Denunziant ist für Chambers ein Sklave der Polizei: »Er hat keine Wahl. Er hat seine Wahlfreiheit aufgegeben [...] Er ist kein Mann mehr«.[179] Diesem Akt der Unterwerfung gehe bei beinahe allen Ex-Kommunisten eine längere Phase des

Zweifels voraus. Chambers beschreibt seinen inneren Kampf um die Frage, ob er Hiss anzeigen solle oder nicht, in melodramatischer Weise als eine persönliche Tragödie: »Auf der Straße des Denunzianten ist es stets dunkel. Ich bin diese Straße von Anfang bis Ende gegangen, sie ist wie eine Achterbahn mit Kurven und tiefen Abstürzen – aber ich kann nicht mit Bestimmtheit sagen, an welchem Punkt sich der Ex-Kommunist für sie entscheiden muss [...].«[180] Denunziation, so sein Fazit, beschmutze, beschädige, verwunde den Denunzianten mehr als den Denunzierten, sie war die unausweichliche Hölle, durch die jeder Ex-Kommunist wie er gehen musste, auf dem Weg zurück zu Selbstrespekt, Würde und staatsbürgerlicher Rollenerfüllung. Während Edward Dmytryk den Entschluss, seine erste Aussage vor dem HUAC zu widerrufen, in ein Narrativ maskulinen Aushalten-Könnens fasste, so sah sich Chambers als Märtyrer, ein gleichfalls in großem Maße geschlechtlich codiertes Bild. Erst in der sich selbst versklavenden, entmenschlichenden Selbstaufgabe der Denunziation entsteht in *Witness* das im Kampf gegen das atheistische Böse siegreiche Subjekt.

Hannah Arendt nahm 1953 Chambers' Autobiografie zum Anlass, über die Figur des ehemaligen Kommunisten und dessen besondere Rolle in den Vereinigten Staaten der frühen 1950er Jahre nachzudenken. In ihrem Text bestimmt sie einen spezifischen Typus des Ex-Kommunisten als jemanden, der nicht von seinem früheren ›Glauben‹ lassen kann und nunmehr dessen Bekämpfung als Kreuzzug betreibt.[181] Sie bewertet die Existenz eines solchen Typus als eine »gefährliche Zeiterscheinung«, gerade weil er sich durch die »Geste des Bekenntnisses und der ›Bekehrung‹« auszeichne und dadurch in der Lage sei, einen besonderen Status anzunehmen: »Die Peinlichkeit eines öffentlich dramatischen Bekenntnisses wird mehr als gutgemacht durch den Vorteil, sich nicht in ein dauernd gefährdetes Privatleben zurückziehen zu müssen, sondern im Gegenteil eine öffentliche Karriere, wenn auch unter anderen Vorzeichen, weiter verfolgen zu können. Aus einem kommunistischen Politiker kann dann ohne weiteres ein Sachverständiger kommunistischer Politik werden.«[182] Diese angeblich unentbehrliche Tätigkeit als Experte mit Spezialkenntnissen gegenüber einer als totalitär eingeschätzten Gefahr trägt das Merkmal des Denunziatorischen in sich; eine Einsicht, die für Arendt den Nachweis erbringt, dass die Ex-Kommunisten in dieser Hinsicht noch in den Wertmaßstäben ihres ›alten Glaubens‹ verhaftet blieben: »In diesem Fall wird uns direkt der Rat gegeben, totalitäre Mittel zu gebrauchen, um totalitäre Gefahren zu bekämpfen. Es ist die alte Geschichte: Der Zweck heiligt die Mittel. Wo gehobelt wird, da fallen Späne.«[183]

Arendts Kommentar bezog sich bei weitem nicht auf Chambers allein. Die so zahlreich auftretende Figur des konvertierten Ex-Kommunisten und seine Expertenrolle als *professional-* oder *kept witnesses*, wie man sie zeitgenössisch nannte, gehört zentral zum Regierungssystem des *McCarthyism*. Zu Beginn der 1950er Jahre standen auf einer Liste des Justizministeriums mehr als 80 Personen, die regelmäßig oder unregelmäßig als Zeuginnen oder Zeugen vor Gerichten, Ausschüssen oder anderen Gremien ihr Insider-Wissen über die CPUSA, die verschiedenen so genannten Frontgruppen und vor allem deren Mitglieder kundtaten.[184] Der Journalist Richard Rovere machte die Existenz dieser Liste in einem Artikel für *Harper's Magazine* 1955 publik.[185] Ihre Nützlichkeit beruhte einerseits auf der Glaubwürdigkeit ihres spezifischen Geheimwissens, auf ihrer zum Teil langjährigen Mitgliedschaft in überwachten Gruppen und den einflussreichen Positionen, die sie darin innehatten. Dadurch besaßen sie eine besonders nachgefragte Kompetenz: die zur Identifizierung vermeintlich ›Subversiver‹. Zwar waren den Strafverfolgungsbehörden deren Namen längst bekannt, doch die öffentlichen, immer wieder bei ungezählten Anlässen vorgetragenen ›Enthüllungen‹ hielten die Dynamiken der Anschuldigungen aktuell und zeigten ohne Frage Wirkung.[186] Dies unterstreicht etwa ein Leitartikel der *New York Times* aus dem Jahre 1951: »Die Aussagen von Ex-Kommunisten haben dazu geführt, dass bei vielen Amerikanern Angst geschürt wurde, sie beeinflussten die Gesetzgebung und veränderten so das Leben vieler Bürger. Ex-Kommunisten sind ein unausweichlicher Teil der sozialen wie politischen Geschichte dieser Generation.«[187]

Andere Bücher mit ähnlichen Inhalten waren weniger literarisch ambitioniert, aber doch einflussreich; ich möchte mich mit dreien von ihnen etwas näher beschäftigen. Noch vor Chambers hatte Elizabeth Bentley (1908–1963) ihre Geschichte veröffentlicht, eine weitere zentrale Figur in dem Enthüllungskontext der Zeit. Nach ihren eigenen Angaben kam sie in der Mitte der 1930er Jahre in Kontakt mit der CPUSA und arbeitete ab 1941 als Kurier für einen sowjetischen Spion. Dabei seien ihr aus US-Regierungsbehörden militärisch-technische Geheimnisse zugetragen worden. Im August 1945 vertraute sie sich dem FBI an und sagte schließlich zwischen 1948 und 1956 insgesamt acht Mal vor dem HUAC und anderen Kongressausschüssen als Zeugin aus.[188] Die Öffentlichkeit verfolgte Bentleys Auftritte mit großer Skepsis gegenüber dem Wert und dem Wahrheitsgehalt ihrer Aussagen. Die (Boulevard-)Presse strickte aus dem Material rasch die eindeutig sexualisierte Geschichte der *Red Spy Queen*, die einerseits ihren Auftraggebern hörig und zugleich eine erfolgreiche Verführungswaffe der Sowjets gewesen sei. Heute gelten die meisten ihrer Aussagen als erwiesen richtig, was dem FBI schon seinerzeit durch die decodierten VENONA-Mitschriften bekannt gewesen sein kann.[189] Bentleys Schilderung der Ereignisse eröffnete 1951 den Reigen der autobiografischen Rechtfertigungen.[190]

Bei dem zweiten exemplarisch herangezogenen Buch handelt es sich um Herbert Philbricks *I Led Three Lives* aus dem Jahre 1952. Philbrick (1915–1993) war im Gegensatz zu Bentley nie überzeugtes Parteimitglied, sondern arbeitete während des Weltkriegs auf eigenen Wunsch als FBI-Informant in verschiedenen so genannten Frontgruppen und Parteizellen – es waren dies seine ›drei Leben‹ als Bürger, Kommunist und Spion. 1949 erschien er als Überraschungszeuge im New Yorker Verfahren gegen die Führungskräfte der CPUSA,[191] um im Anschluss auch weitere Aussagen vor anderen Gremien zu machen.

Komplettiert wird diese Auswahl mit dem Text eines ›Überläufers‹. Harvey Matusow (1926–2002) publiziert *False Witness* 1955 und offenbart darin, wie er als Belastungszeuge für das FBI vor Gerichten und Komitees gelogen hatte.[192] Matusow, deutlich jünger als Bentley und Philbrick, war nach seiner Militärzeit für kurze Zeit Kommunist und hatte sich nach dem Weltkrieg dem HUAC und anderen Organisationen und Gremien bereitwillig als ›freundlicher‹ Zeuge zur Verfügung gestellt. Als er seine Aussagen indes Mitte der 1950er Jahre öffentlich widerrief, löste er eine Welle an aufgeregter Publicity aus, denn einige Menschen waren aufgrund seiner Aussagen verurteilt worden: Viele Kritikerinnen und Kritiker sahen in seinen Anschuldigungen gegenüber dem FBI und den Ausschüssen den Nachweis für die Korruptheit des gesamten *informer systems*. Das FBI und das HUAC ignorierten seine Behauptungen und verwiesen darauf, was für ein notorischer Lügner er immer schon gewesen sei – die anhaltende Gefahr durch einen in seinem Wesen betrügerischen Kommunismus sahen sie in einer Gestalt wie Matusow repräsentiert.

Doch sollen Fragen nach Authentizität und Glaubwürdigkeit bei meiner Betrachtung dieser drei Texte keine Rolle spielen. Stattdessen möchte ich den Blick darauf richten, wie sie das Denunziatorische und die Figur des Denunzianten weiter diskursiv aufluden und verdichteten. Drei Analyseebenen sind dabei relevant: ihre Aussagen zu Vorstellungen von Nähe, Vertrauen und Verrat; die Kennzeichnung ihres Verhältnisses zu Polizei, FBI bzw. anderen offiziellen Organen; sowie die eigenen Einschätzungen und Wertungen ihrer Rolle und ihres Verhaltens in Rückbindung an die Reaktionen anderer.

Eine zentrale Vokabel zur Kennzeichnung ihrer persönlichen Beziehungen zu den Menschen, deren Namen und Handlungen die drei verrieten, ist ›Freundschaft‹. In Matusows Schilderung dessen, was zunächst die *American Youth for Democracy* und später die CPUSA so attraktiv für ihn gemacht habe, artikulierte er ein eindringliches Begehren nach Freundschaft, die er sich im Solidaritätsversprechen dieser Gruppen erhoffte. Dabei war für ihn gerade die räumliche Nähe relevant, denn nach seinen ersten Berichten an das FBI habe er fluchtartig New York City verlassen und sich kommunistischen Gruppen in New Mexico angeschlossen, um wenigstens nicht mehr seine Freunde verraten zu müssen.[193] Diese Gemeinschaft von Freundinnen und Freunden wird indes in den Schilderungen der drei Autobiografien zugleich in hohem Maße als ambivalent und fragil gekennzeichnet. Bentley etwa legt Wert auf den Hinweis, dass ihre auf Vorstellungen von Freundschaft beruhenden Skrupel der Logik der Gruppe an sich zuwiderliefen: »Trotz der Tatsache, dass diese Menschen schlicht Teil meines Jobs waren, betrachtete ich sie doch als meine Freunde – eine Einstellung im übrigen, die von der Partei missbilligt wurde. Ich hasste das Gefühl, sie im Stich gelassen zu haben.«[194] Philbricks Aufstieg in der Bostoner Parteihierarchie brachte es mit sich, dass er der Parteileitung (denunziatorische) Berichte über Genossen abzuliefern hatte, die er persönlich sehr schätzte und die überzeugte KP-Mitglieder waren. Da er der Partei aber unmittelbar mit der Aufgabe beigetreten war, sie aus ihrem Inneren heraus zu überwachen, konnte er diese Verquickung von Sympathie und Verpflichtung für sich einfacher fassen: »Meine Spionage war ganz und gar objektiv und unpersönlich« – er erwartete keine Freudschaft und bot sie auch selbst nur aus taktischen Erwägungen an.[195]

Matusow machte in seinen Äußerungen nicht nur in eindringlicher Weise deutlich, wie eng er in Gegensatz zu Philbrick zu seinen Genossinen und Genossen stand, sondern betonte darüber hinaus den spezifischen Wert solcher Beziehungen für seine Auftraggeber vom FBI. Mehr noch, es war die Aufgabe an sich und ihre technische Durchführung, hier mit einer Fotokamera, die aus Freundinnen und Freunden Bespitzelte machte: »144-mal drückte ich auf den Auslöser, und jedes Mal erfasste ich das Gesicht eines Freundes. […] Meine Zukunft als Denunziant war abhängig von meinen Erfolgen mit der Kamera. […] Dies half mir, die Sache unpersönlich zu sehen, obwohl es um meine Freunde ging. Die Kamera war der Denunziant, nicht ich.«[196] Identifikation mit Hilfe von Bildgebung, dies wird hier einmal mehr deutlich, gehörte zu den wichtigsten Facetten dieses Regierungssystems, und die Figur des Denunzianten spielte dabei eine tragende Rolle.

Die performative Herstellung dieses ›Ich‹ markiert eine weitere Schlüsselkategorie. Die Einschätzung ihrer Rolle als Denunziantin antizipierte Bentley als eine Erfahrung, die ihr Sein sowohl psychisch wie physisch in Frage stellte: »Sie würden nicht verstehen können, warum ich in ein so schmutziges Geschäft geraten war; sie würden mich verabscheuen und in Zukunft meiden wie eine Leprakranke. Ich würde keine Freunde mehr haben. [...] Es würde schwierig werden, eine Anstellung zu finden und mich selbst zu versorgen. [...] Wovon sollte ich leben?«[197] Philbrick betont vor allem die immens lange Dauer der notwendigen, das ›Ich‹ relativierenden Maskerade:

»Neun Jahre Verschwörung, Unsicherheit, Angst. Neun Jahre im Schatten mit verstohlenen Blicken, mit denen ich keinen Freund sah, dem ich mich anvertrauen konnte. Tage voller Täuschung und Hinterlist, jede Handlung heimlich geplant, jedes Wort, jede Geste, selbst jeder Gedanke von Vorsicht geprägt. [...] Schlaflose Nächte und geheime Treffen an dunklen Straßenecken, an denen Autos vorfuhren, mich einluden und mit mir fortfuhren. Neun Jahre, in denen mein Gesicht unter einer Maske erstickte, die ich nie abnehmen konnte. Ich hatte kein Gesicht mehr, konnte mich keinem Menschen vorstellen: ›Hallo, mein Name ist Herbert Philbrick‹.«[198]

Erinnert diese Passage aus der Einleitung zu *I Led Three Lives* an Spionageliteratur (und an *I Was a Communist for the F.B.I.*), so schilderte Philbrick sein Handeln später in seinem Buch doch als etwas, das genau auf die Konstruktion eines stabilen ›Ich‹ zuläuft. Doch dazu muss er sich erst selbsttherapeutisch als krank diagnostizieren: »Es war dies der Beginn eines Zustands, den ich später als selbst erzeugte Schizophrenie erkannte.«[199] Während Philbrick auf psychische Krankheitsmuster zurückgriff, verwies Bentley an einigen Stellen auf Schlaflosigkeit, Appetitstörungen, Albträume und andere somatische Symptom als Ausdruck ihrer personalen Fragilität.[200] Auch ihre Bewältigungsstrategien waren unterschiedlich: Während Bentley beinahe so etwas wie ein religiöses Erweckungserlebnis schildert,[201] vertraute der gläubige Christ Philbrick auf konzentriertes Schauspiel und ein Aufgehen in seiner Rolle als Spitzel – was nicht nur hoch effizient bei der Bewältigung der gestellten Aufgabe, sondern auch therapeutisch wertvoll war:

»Ich vertiefte mich so sehr, dass es irgendwann gar nicht möglich war, die Rolle des Spions ›zu spielen‹. Ich konnte nicht mehr länger vortäuschen, ein Marxist zu sein. Wie ein erfahrener Schauspieler, der ganz in seiner Rolle aufgeht, ging ich nunmehr auf meine ›Bühne‹ und *musste ein Kommunist sein*. Das Kostüm war nicht mehr genug, Täuschung allein war nicht mehr adäquat.«[202]

Das FBI und seine Agenten stellen einen wichtigen Einfluss in den Darstellungen Philbricks und Bentleys dar. Beide schilderten die Organisation und ihre Vertreter zunächst als beinahe zu kühl, zu distanziert, zu rational. Doch diese Haltung bot einen wertvollen Stabilisationseffekt, den Bentley in Gegenüberstellung zu ihren sowjetischen Kontakten so charakterisiert: »Doch die Gesichter der FBI-Agenten, obwohl sie müde und angespannt waren, zeigten nicht diesen Ausdruck von Terror. Stattdessen verhielten sie sich wie freie Männer, die stolz auf die Organisation waren, für die sie arbeiteten. [...] Ich hatte mich vollständig in meinem eigenen Land getäuscht. Hier in den USA sind sogar die Agenten der Regierung anständige Männer.«[203]

Es war dieser rückversichernde Anspruch auf Anständigkeit, der auch – glaubt man seiner Schilderung – Harvey Matusows Ausstieg aus dem so lukrativen Geschäft eines *professional witness* motivierte. Sein Narrativ, dem das Gebot aus dem Buch *Exodus*, »Du sollst kein falsches Zeugnis reden wider deinen Nächsten«, vorangestellt ist, konstruiert sich von Beginn an als eine verzweigte ›Reise zu sich selbst‹: »Ich war einer von zehn Millionen zurückgekehrten Veteranen, nur einer aus der Masse, ohne Identität. Aber ich wollte eine Identität.«[204] Doch obwohl seine Bedürfnisse zunächst von seinen kommunistischen Freunden und später vom FBI und den Vertretern verschiedener Untersuchungsausschüsse wahrgenommen, angesprochen und befriedigt wurden, entwickelte er in beiden Fällen rasch Gefühle von Selbsthass. Wie Philbrick kommt auch ihm bei der Bewältigung der Informantentätigkeit deren Theatralität zugute:

»Ich nahm die Komplimente an und hoffte auf mehr davon. Ich hatte nun eine Schwelle überschritten und war dazu bereit, immer wieder auszusagen. Es gab kein Zurück mehr.

Ich entwickelte mich zu einem Zeugen, wie ich mich zu einem Denunzianten entwickelt hatte [...] Es begann langsam, ich musste nicht alles auf einmal preisgeben, nicht sofort alle Freunde aus der Vergangenheit verraten, nicht gleich selbst an die Öffentlichkeit gehen. Bis hierhin konnte ich in der Öffentlichkeit weiter lügen und bluffen, wenn man mich einen Spitzel nannte. Ich empfand schmerzhaften Hass bei diesem Wort.«[205]

Anders als bei Bentley und Philbrick schildert Matusow solche Therapiestrategien nicht als hilfreich, im Gegenteil, sie gehören mit in das Zentrum des Motivbündels, das ihn zum erneuten Seitenwechsel bewog. Doch obwohl seine Geschichte schlussendlich anders verläuft, funktioniert sie trotzdem nach den gleichen diskursiven Mustern. Ganz so wie bei Chambers (affirmativ) oder auch in den Zeugenaussagen vor den Ausschüssen (affirmativ oder auflehnend) erlaubten und erforderten die Position Bentleys, Philbricks wie Matusows einen dynamischen Subjektivierungsprozess in die Zukunft hinein. Zwar artikulierten sie eine fundamentale Ablehnung ihrer Rolle zu Beginn der Aufgabe, doch brachte das Denunzieren sie doch auf einen subjektiv stabilisierenden patriotischen (Bentley, Philbrick) bzw. kritischen (Matusow) Standpunkt. In diesen Texten und zwischen ihnen entstanden durchaus unterschiedliche Subjektpositionen, doch sie alle waren Varianten eines bekennend-verräterischen Selbst, das geradezu als Insignie der McCarthy-Ära erscheint. Wie wichtig Nachhaltigkeit für diese Konstellation über Jahre hinaus war, will ich abschließend am Beispiel Elia Kazans zeigen.

Elia Kazan und die Funktion der Denunziation für das liberale Subjekt

Elia Kazan wurde 1909 in Konstantinopel geboren, seine Familie emigrierte wenige Jahre später in die USA.[206] 1934 schloss er sich dem linken *Group Theatre* in New York City an, das sich vor allem durch die Aufführungen der Stücke von Clifford Odets (z.B. *Waiting for Lefty*) einen Namen machte. Odets, Kazan und weitere Angehörige dieses Theaterprojekts waren Mitglieder der CPUSA. Kazan verließ die Partei jedoch bereits 1936 wieder, weil er sich ihrer Disziplin nicht länger unterwerfen wollte. Dennoch engagierte er sich weiterhin in der ›linken Szene‹, vor allem durch seine sozialkritische Theaterarbeit. Einen Namen machte er sich zunächst als preisgekrönter Theaterregisseur, der unter anderem Stücke von Tennessee Williams (*A Streetcar Named Desire*, 1947) und Arthur Miller (*All My Sons*, 1947; *Death of a Salesman*, 1949) erfolgreich auf die Bühne brachte und so den Ruf dieser beiden Autoren mitbegründete. Gerade mit Miller verband ihn in diesen Jahren eine sehr freundschaftliche Kollegialität.

Seit 1945 betätigte sich Kazan auch als Filmregisseur, wobei er nicht weniger erfolgreich war. Auch dabei machte er durch Sozialkritik auf sich aufmerksam. In *Gentleman's Agreement* (1947) etwa thematisierte er Antisemitismus, in *Pinky* (1949) behandelte er den Rassismus im Süden der USA. Andere bekannte Arbeiten Kazans sind die Verfilmung von *A Streetcar Named Desire* (1951), *Viva Zapata!* (1952), *East of Eden* (1955), *A Face in the Crowd* (1957) und *On the Waterfront* (1954), von dem noch ausführlich die Rede sein wird.

Nach seiner Vorladung – die aufgrund seiner bekannten Vergangenheit und seines Rufs zu erwarten gewesen war – erschien der Regisseur zwei Mal vor dem HUAC, im Januar und im April 1952.[207] Aus heutiger Perspektive und vor dem Hintergrund der nun bekannten Kontroversen erscheint es mehr als verwunderlich, aber viele Linke erwarteten seinerzeit, dass Kazan dem Ausschuss die Stirn bieten würde, ja dass gerade er prädestiniert für diese Aufgabe war – wie kaum ein anderer verfügte er über das Prestige, die Integrität und die finanzielle Unabhängigkeit dazu. Auf eine schwarze Liste zu kommen, so dachten viele, könne ihm nichts anhaben, zumal er neben seiner Filmarbeit weiterhin am Broadway Theaterstücke produzierte und die Auswirkungen der Berufsverbote dort weit weniger zu spüren waren als in anderen Branchen der Unterhaltungsindustrie.[208]

Bei seinem ersten Auftreten vor dem Ausschuss am 14. Januar 1952, in einer nicht-öffentlichen Sitzung, sagte Kazan freimütig über seine Vergangenheit als Parteimitglied aus, weigerte sich aber, über andere Personen zu reden.[209] Im April übersandte er den HUAC-Mitgliedern ein Schreiben mit der Ankündigung, seine Meinung geändert zu haben und seine erste Aussage ergänzen zu wollen. Daraufhin verlas er am 10. April 1952 ein vorbereitetes Statement, in welchem er ausführlich auf die Gründe für seinen Austritt aus der CPUSA einging[210] und darüber hinaus die Namen von Kommunisten innerhalb des *Group Theatre* sowie einiger Parteifunktionäre preisgab. Interessant ist ferner, dass Kazan seiner Aussage eine kommentierte Liste mit von ihm produzierten Stücken und Filmen beifügte, um entweder deren antikommunistischen Inhalt hervorzuheben oder deutlich zu machen, wie ein bestimmter Film oder ein Theaterstück von der Partei attackiert wurde.[211] Statement und Liste zusammen ergeben ein erstes Rechtfertigungsdokument, in welchem Kazan in erster Linie den autoritären und diktatorischen Charakter der CPUSA sowie deren erklärte Feindschaft ihm gegenüber hervorhob.

Am Tag darauf wurde seine Aussage vor dem HUAC publik gemacht, und einen weiteren Tag später, am 12. April 1952, veröffentlichte Kazan in der *New York Times* einen offenen Brief – er hatte den Platz dafür als Anzeige gekauft.[212] Im ersten Teil dieses Textes erläuterte er die Gründe für seinen Eintritt in die Partei 1934 sowie die für seinen Austritt eineinhalb Jahre später. Im weiteren Verlauf ist es dann die Frage, ›Warum habe ich so lange mit meiner Aussage gezögert?‹, die einen Fluchtpunkt der Argumentation ausmachte. Wie *Witness* und viele andere ähnliche Texte, arbeitet sich auch Kazans Statement zunächst an der negativen Aufladung des Denunzierens ab und schreibt diese so zunächst als nachvollziehbaren, ›anständigen‹ Reflex fort. Der Verrat ehemaliger Freunde und Genossen bleibe eine hässliche Sache, und Zeit sei ein wesentlicher Faktor dabei, die Falschheit des antidenunziatorischen Reflexes zu erkennen. Die Zeit bis zu dieser Erkenntnis sei eine Periode quälenden Gewissens gewesens, aber schließlich der Einsicht gewichen: Zu schweigen »is, simply, a lie … Liberals must speak out.«[213] Mit diesem Verhältnis von Schweigen und Reden ist ein weiterer wesentlicher Baustein zur positiven Neubestimmung einer Denunziation als notwendige Aussage angesprochen. Während das Schweigen Schuld und Verstrickung markierte, wurde die Aussage zur Befreiung, der Sprechakt zur Selbsterfindung, hier als echter Liberaler und Staatsbürger.

Kazans Sprache in seinem Brief war weit weniger metaphorisch, seine Argumentation deutlich präziser als die von Chambers in *Witness*. Die Aussagen der beiden Texte waren jedoch stimmig: Die Entscheidung zur Aussage sei belastend gewesen, sie zu treffen habe zunächst eines langen Gewissenskonflikts bedurft und schließlich einer mutigen, rationalen Entscheidung. Aber sie sei richtig gewesen und habe sich schlussendlich als einzig akzeptable, staatsbürgerliche Tat erwiesen. Kazan ordnete sich durch seine Handlung einem politischen Lager zu, er beschrieb den Sprechakt der Aussage, den seine Kritikerinnen und Kritiker als Denunziation betrachteten, als liberal. Damit verwies er zunächst auf die seinerzeit heftig umstrittene und komplexe Position von Liberalen zwischen hysterischem und möglicherweise eher schädlichem Antikommunismus à la Joseph McCarthy und einer in seinen Augen grundfalschen Solidarität mit dessen linken Opfern. Darüber hinaus wirkte Kazan mit seiner Anzeige aber an der Formung des Subjektstatus eines besorgten, verantwortungsvollen, antikommunistischen, amerikanischen Staatsbürgers mit. Die durch den Charakter des offenen Briefs geschaffene Öffentlichkeit war bedeutsam, denn sie erschloss eine wesentliche Dimension dieser Subjektposition. Der liberale Sprechakt dürfe sich nicht allein an die Autorität wenden, er müsse sich appellativ an ein größeres Publikum richten. Das liberale Subjekt müsse notwendig im öffentlichen Raum agieren.

On the Waterfront ist ein Film über einen Mann, der zur rechten Zeit das Richtige tut, wie Kazan selbst stets auf die Frage antwortete, wie viel diese Produktion mit seiner eigenen Geschichte zu tun habe.[214] 1954 mit insgesamt acht *Oscars* ausgezeichnet, erzählt *On the Waterfront* die Geschichte Terry Malloys (gespielt von Marlon Brando) und seines langen Weges zur ultimativen Einsicht in die Notwendigkeit, ja Ehrenhaftigkeit der Denunziation. Der Film ist auf dichte Weise in den Rechtfertigungsdiskurs der Zeit eingebunden, und es gelingt ihm darüber hinaus, durch die Vielschichtigkeit der filmischen Repräsentationsmöglichkeiten, erweiterte Aussagen in die zeitgenössischen Diskurse hineinzutragen.

Abb. 10: Anhörung und Zeuge III: Marlon Brando in *On the Waterfront,* 1954

Das Leben der Werftarbeiter und ihrer Familien in Hoboken, New Jersey, ist dominiert durch die korrupte Gewerkschaft und deren brutales Regime, das auch vor Mord nicht zurückschreckt. Der junge Malloy ist zunächst Teil der Werftarbeitergemeinschaft, in der das Schweigen gegenüber staatlichen Autoritäten selbstverständlich ist: »No matter how much we hate the torpedos, we don't rat«, wie es einer der Arbeiter pointiert ausdrückt.[215] Außerdem ist er selbst bereits ein kleines Rad im Getriebe des Mobs, er selbst ist einer dieser ›Torpedos‹, die den Frieden der einfachen Arbeiter fortwährend stören, ohne dass die sich dagegen mit so empfundenen Denunziationen zur Wehr setzen würden. Malloys langer, dunkler Weg zum Denunzianten, um noch einmal Whittaker Chambers' Metapher aufzugreifen, beginnt nach dem Mord an einem jungen Docker und mit seiner Liebe zur Schwester des Opfers, Edie (Eva Marie Saint). Sie und der Priester, Father Barry (Karl Malden), sind Malloys Leuchttürme auf dem Weg zu seiner Entscheidung, die Namen der kriminellen Gewerkschaftsführer und deren Taten vor der kommunalen *Crime Commission* zu enthüllen, deren Sitzung gegen Ende des Films analog zu den bekannten Settings der großen Hearings in Washington inszeniert ist (Abb. 10).

Hier wie in vielen anderen Texten ist es in erster Linie der beschwerliche Weg zur denunziatorischen Handlung, der ihre moralische, menschliche und schließlich politische Größe markiert. Am Ende obsiegt erneut die Loyalität zum größeren Ganzen über die Partikularinteressen falscher

Freunde. Dabei werden neben dem Staat zwei weitere sehr bedeutsame Referenzrahmen verhandelt, nämlich Religiosität (durch Father Barry und durch Analogie der physischen Leiden Malloys mit der Passionsgeschichte Christi) und Familie (durch Edie einerseits, aber auch durch die schwierige Beziehung zu seinem eigenen Bruder als Mitglied des Mobs).[216] Darüber hinaus beschreibt der Film Malloys Wandel als Erwachsenwerden, als Weg zu einer erwachsenen Männlichkeit. Somit war er Teil der Debatte um den Zustand der männlichen amerikanischen Jugend und deren staatsbürgerlichem Pflichtbewusstsein, über *momism*, *juvenile delinquency* und Homosexualität. Terry Malloy kommt zu sich selbst, er beginnt nachzudenken, hört auf seine Ratgeber und nicht zuletzt auf sein Gewissen und trifft schließlich bewusste Entscheidungen. Er reift vom Jungen, für den die Loyalität zur Gruppe, zu den Freunden, alles bedeutet, zum erwachsenen Mann, der Verantwortung für seine Taten und für das Wohlergehen des großen Ganzen übernimmt. Am Ende des Films steht Malloy für Reife, Verantwortung und erwachsene Sexualität – »Informing is positively therapeutic«, wie der Filmkritiker Peter Biskind treffend bemerkte.[217]

Kazans künstlerische Aufarbeitung des staatsbürgerlichen Akts der Denunziation erweiterte den Subjektivierungsprozess um wesentliche psychologische Aspekte, die über die zwei Jahre zuvor in der *Times* getätigten Statements hinausweisen. In seiner Autobiografie, geschrieben mehr als zwanzig Jahre nach seiner HUAC-Aussage, besaß Kazan sowohl den zeitlichen Abstand als auch genügend Raum, seine Rechtfertigung in allen Facetten darzulegen. *A Life* insgesamt und vor allem die umfangreichen Abschnitte zu den Ereignissen zwischen Mitte der 1930er und Mitte der 1950er Jahre finden ihren Platz unmittelbar neben Chambers' *Witness* in der Bibliothek der kanonischen Rechtfertigungen.

Kazan bedient sich einer ähnlich düsteren Metaphorik. Über die Wochen unmittelbar vor seiner Vorladung schreibt er: »Eine fürchterliche Gefahr lag in der Luft, und sie kam näher – so wie bei einem Gewitter, wenn sich der Tag verdunkelt, die Wolken schwarz werden, Blitze aus dem von Wolken verhangenen Himmel zucken und man sich fragt, wen sie als nächstes treffen würden. Lass es geschehen, war mein Gefühl, ich konnte es ohnehin nicht aufhalten.«[218] Kazan ist sich zu diesem Zeitpunkt noch sicher, dass er sich dem geforderten Ritual des *naming names* nicht unterwerfen würde. Doch seine Erfahrungen während des ersten HUAC-Hearings ließen einen latent vorhandenen Konflikt offen hervortreten, den er als massiv Krise schildert: »Ich wurde von einem Dilemma im Griff gehalten und schwankte zwischen zwei Gefühlen, mal in die eine, mal in die andere Richtung. Ich wollte mit diesem Ausschuss nicht kooperieren. Aber ich wollte auch die Partei nicht verteidigen.«[219] Diese emotionale Zwickmühle ist der Schlüssel zum Verständnis der Subjektwerdung des liberalen Denunzianten. Ihr Ausgangspunkt war stets das kulturelle Tabu gegenüber der Denunziation. Es wurde eingestanden und auf diese Weise eingehegt und entschärft; der antidenunziatorische Reflex sollte nachvollziehbar und zunächst richtig bleiben, doch er musste überwunden werden. Dieser eingeklagte Tabubruch legte sich bedrohlich über die Entscheidungsfindung. Im Anschluss waren es drei Faktoren, denen eine zentrale Rolle in diesem Prozess zukam: die Zeitdimension und mit ihr die beständige Unsicherheit darüber, wie das Resultat schlussendlich ausfalle; die Dichotomie zwischen (kindlicher, unreifer, auch als weiblich besetzter) Emotion und (erwachsener, verantwortungsbewusster, eben auch männlicher) Ratio; und zuletzt das Überwinden des Schweigens zu Gunsten des liberalen Akts der öffentlichen Rede.

Alle drei genannten Aspekte vereinten sich in einem rhetorischen Mittel, der Frageformel. Mit ihr konnte pointiert auf die lange Zeitspanne zwischen ersten Bedenken und der Entscheidung verwiesen werden.[220] Kleidet man die Rechtfertigung in eine Frageform, ließen sich so rationale Meinungsfindung sowie ein auf Gedankenaustausch mit Gleichgesinnten oder Ratgebern basierender Reifungsprozess ausmachen, was gerade für den in vielfältige Zusammenhänge eingebundenen Künstler enorm bedeutsam erschien: »Wenn ich wirklich gegen den Einfluss der KP in den Künsten kämpfen wollte, musste ich dann nicht auf alles hören?«[221] Schließlich wurde mit dieser Frage der Kontakt zum lesenden Publikum hergestellt und somit die Rechtfertigung selbst zum liberalen Sprechakt der Aufklärung. Die Überwindung des Schweigens verband sich mit der Einsicht über die Falschheit, über den ›unamerikanischen‹ Charakter der tabuisierten Denunziation: »Warum hat es so lange gedauert, bevor ich überhaupt anfing darüber nachzudenken, dem Land – und genau darauf kam es ja an – alles zu berichten, was ich wusste? War es wegen des moralischen Verbots gegen das ›Denunzieren‹, das doch ohnehin davon abhängig war, auf welcher Seite man stand?«[222]

Die Subjektwerdung des Liberalen als Denunziant zeichnete sich wesentlich durch ihre Prozesshaftigkeit aus; Zeit und Einsicht in die Notwendigkeit von Rationalität wie Tabubruch markierten notwendige Etappen darin. In *A Life* konnte Kazan diese bereits in seinen früheren Rechtfertigungen zentralen Elemente in aller Breite darlegen – und vollendete gleichsam seine eigene Rolle als Vorbild einer liberalen Öffentlichkeit. Er hatte seine persönliche

Hölle durchschritten und war bereit, den Finger auf die wirklich Schuldigen zu richten:

»Leser [...] wenn Sie von mir eine Entschuldigung erwarten, dann schätzen Sie meinen Charakter falsch ein. Meine ›schreckliche, unmoralische‹ Tat geschah aus meinem wahren Selbst heraus. Die ganzen 17 Jahre davor waren ein einziges Schauspiel. Eine Erklärung (erwarten Sie keine Entschuldigung) sind Ihnen diejenigen schuldig, die die Sowjets noch immer von jeder Schuld freisprechen.«[223]

Unter dem Eindruck der Ereignisse arbeiteten sich viele linke Publikationen dieser Jahre am *informer system* und dessen Repräsentanten ab; es ist dies ein Ausdruck der Bedrohung, die von Informanten, Überläufern, Denunzianten für das Funktionieren und den Fortbestand zahlreicher radikaler und weniger radikaler Gruppierungen bestand. Als der marxistische Historiker Herbert Aptheker 1955, unter dem noch frischen Eindruck von Harvey Matusows Eingeständnis, als FBI-Informant dauerhaft gelogen zu haben, eine Studie über den *McCarthyism* publizierte, widmete er den Denunziantinnen und Denunzianten ein scharf formuliertes Kapitel.[224] Im Verlauf der Chronologie, und ohne dies zu intendieren, zeigt sich darin das unvermeidliche Wechselspiel der Negativzuschreibungen, das der zweifache Seitenwechsel Matusows für die davon Betroffenen mit sich brachte. Ob ein Mensch als *stool pigeon* oder als *liar* zu bezeichnen war, so erkennt man, war in hohem Maße abhängig von der jeweiligen Perspektive und dem jeweiligen Zeitpunkt. Doch die Benennung war nötig, um kritische Aussagen im diskursiven Feld platzieren zu können; in diesem Sinne war sie ausgesprochen produktiv. Dies lässt sich auch anhand anderer Beispiele verfolgen. 1955 erschien in einem kleinen, linken New Yorker Verlag ein Buch mit dem Titel *The Professional Informer*.[225] Auch darin prangert der Autor, Hymer Lumer, Lehrer an einer Gewerkschaftsschule und langjähriger Aktivist, das *naming names* der McCarthy-Jahre in all seinen Erscheinungsformen scharf an. Zu diesem Zweck analogisiert und enthistorisiert er die in seinen Augen denunziatorischen Praktiken in beinahe schon klassischer Weise mit der biblischen Gestalt des Judas Ischariot, um schließlich die zeitgenössischen Denunziantenfiguren als umfassend mächtig und gänzlich entmenschlicht zu beschreiben: »Er nennt Namen – jeden Namen. Er ist ein Monster, vor dem niemand sicher ist.«[226] Und der *Daily Worker* schrieb im Zusammenhang mit Kazans Aussage: »Kazan ist nicht zufrieden damit, eine Kröte zu sein. Er will den Philosophen des Krötendaseins geben.«[227]

Denunziant, Philosoph, Kröte und Monster – der kurze Exkurs in die linke Publizistik der ersten Hälfte der 1950er Jahre veranschaulicht verschiedene Dinge. Zum einen die oft übersehene Erkenntnis, dass der *McCarthyism* keineswegs zu völligem Schweigen im politischen Spektrum der USA links der Mitte führte. Redeverbote und Selbstzensur waren ein Mittel des liberalen gesellschaftlichen Zentrums, das sich im Dilemma zwischen einem Kommunismus stalinistischer Prägung und dem *McCarthyism* gefangen sah.[228] Zum anderen zeigt sich, dass gerade das Reden und das Handeln der Schlüssel zum Verständnis der zeitgenössischen Mechanismen sind. In ihnen erkennt man die Wucht, mit der das *informer system* zur Insignie der Zeit wurde. Dazu gehörte weit mehr als seine Existenz, seine praktische Effizienz und seine spürbaren materiellen Konsequenzen für ›Opfer‹ und ›Täter‹. Das *informer system* und schließlich der *McCarthyism* insgesamt funktionierten als umfassende Diskursgeneratoren und Subjektivierungsmaschinen. Die notwendigen und beständigen Verhandlungen des Denunziatorischen hatten sowohl präskriptiven wie appellativen Charakter und stellten so eine historisch spezifische Subjektivierungsform her, die man den bekennend-verräterischen Staatsbürger nennen könnte. Der *McCarthyism* kann so als Regierungssystem im Sinne Michel Foucaults interpretiert werden, als eine »historische Konfiguration, in denen bestimmte Modelle, das Subjekt zu denken, sich mit spezifischen Verhalten koppeln, es zu formen«.[229] Dieses System hielt normative Deutungsangebote, institutionelle Praktiken und performativ wirkende Selbstmodellierungen in großer Zahl und vielfältiger Auskleidung bereit. Zu den Regierungstechniken zählte ebenso eine Logik der Exklusion und der Schuldzuschreibung. Aus ihr heraus entstand der Zwang zum Bekenntnis der Loyalität zu einer zivilreligiös gefassten Gemeinschaft. Ferner gehörten auch Selbst- und Fremdbeobachtung entlang binärer Ordnungskategorien des Entweder-oder zu den Verfahren des *McCarthyism* sowie institutionelle Arrangements, wie etwa der HUAC, mit klar markierten Sanktionsmechanismen, in denen das Eingeständnis von Schuld sich produktiv mit einem denunziatorischen Sprechakt koppeln konnte und sollte. Das Mobilisierungsregime des *McCarthyism* erschuf nicht allein einen Möglichkeitsraum, in welchem als denunziatorisch zu kennzeichnenden Handlungen und Sprechakte ein hoher Grad an Wahrscheinlichkeit zukam. Zudem wurde dieser Raum so dicht mit Aussagen zum Denunziatorischen ausgefüllt, das ein Heraustreten aus dem Diskurs undenkbar wurde – selbst wer nicht denunzieren konnte, wollte, sollte, musste sich in diesem Feld bewegen.

5. *Finks & Stool Pigeons* – Das Denunzieren in Wahrnehmung und Erinnerung

1952 erschien in einem kleinen linken New Yorker Verlagshaus ein schmales Büchlein mit dem Titel *In Battle for Peace: The Story of My 83rd Birthday*.[1] Der Autor war William Edward Burghardt Du Bois (1868–1963), ohne Frage der bedeutendste afroamerikanische Intellektuelle der ersten Hälfte des 20. Jahrhunderts, einer der Mitbegründer der *National Association for the Advancement of Colored People* (NAACP), Gründer und Herausgeber ihres ›Zentralorgans‹ *The Crisis*, herausragender Soziologe und Historiker. Lange Jahre hatte er Debatten in und um die *Black Community* in den Vereinigten Staaten geprägt. Trotzdem blieb ihm 1952 – ein Jahr, das vor allem durch den Korea-Krieg und die Wahl Dwight D. Eisenhowers zum Präsidenten geprägt war – die Möglichkeit versagt, sein Spätwerk entweder in einem großen, bedeutenden Verlag oder in den Publikationsorganen der afroamerikanischen Bürgerrechtsbewegung zu veröffentlichen – denn W. E. B. Du Bois war aufgrund seiner prononcierten Nähe zum Kommunismus isoliert geworden.[2]

In Battle for Peace erzählt vordergründig die Geschichte der Feier zum 83. Geburtstag des Autors und schildert besondere Begebenheiten im Vorfeld, die diese Feier zu einem bedeutsamen Ereignis im langen Leben von Du Bois machten. Im Februar 1951 waren er und vier seiner politischen Weggefährten angeklagt worden. Man warf ihnen vor, sie hätten gegen die Pflicht verstoßen, sich als Kommunisten registrieren zu lassen.[3] Das Verfahren in Washington, D.C., glich einem Schauprozess, und trotz des Freispruchs vom November 1951 waren das allgemeine Ansehen von Du Bois und sein Einfluss auf die afroamerikanische Bürgerrechtsbewegung zunichtegemacht worden. Die Ursachen für diese Anklage sowie der Verlauf des Verfahrens machten den 83. Geburtstag des Autors so besonders und standen im eigentlichen Zentrum des Buchs.

Du Bois' zunehmender politischer Radikalismus hatte dazu geführt, dass sich die NAACP unter ihrem damaligen Vorsitzenden Walter White nach dem Zweiten Weltkrieg von ihm trennte. Sein Anliegen war es nun vor allem, vor dem Heraufziehen eines Kalten Kriegs zwischen den USA und der Sowjetunion zu warnen sowie das Selbstbestimmungsrecht der karibischen und afrikanischen Staaten zu fordern. 1948 unterstützte er Henry A. Wallace bei dessen Präsidentschaftskandidatur für die *Progressive Party*. Im Frühjahr 1950 gründete er mit Gleichgesinnten das *Peace Information Center* mit dem vordringlichen Ziel, die nukleare Aufrüstung in den USA anzuprangern und den so genannten Stockholmer Appell vom März 1950 bekannt zu machen, der den Einsatz von Atomwaffen ächtete. Die Aktivitäten der Gruppe wurden alsbald von höchster Regierungsseite, zum Beispiel von Außenminister Dean Acheson, als kommunistische Propaganda denunziert. Im Herbst 1950 ließ sich Du Bois schließlich als Kandidat der kleinen *American Labor Party* für den Senat des Bundesstaats New York aufstellen und erhielt bei den Wahlen immerhin mehr als 200.000 Stimmen. Es waren diese Anstrengungen, dem um sich greifenden Antikommunismus entgegenzutreten, die das *Justice Department* dazu veranlassten, Du Bois anzuklagen.

In Battle for Peace war mehr als nur ein Bericht über kürzlich zurückliegende politische Ereignisse und ein schlussendlich glücklich ausgegangenes Gerichtsverfahren.[4] Dadurch, dass Du Bois seine Schilderung mit den Geburtstagsfeierlichkeiten rahmte, entstand ein im Wesentlichen autobiografischer Text. Den als überaus schmerzhaft empfundenen Anfeindungen und Vorverurteilungen sollte Sinn verliehen werden, um ihnen auf diese Weise therapeutisch zu begegnen. Das Buch fügte sich somit ein in eine lange Tradition insbesondere afroamerikanischer Autobiografien, deren Ziel es war, sich nach einer entmenschlichenden Erfahrung wieder in eine sichtbare und wahrnehmbare Subjektposition in die Geschichte einzuschreiben.[5] Im Falle von Du Bois' *In Battle for Peace* kommt dabei eine besonders interessante und aufschlussreiche Facette des *othering* zum Tragen, die nicht allein das Scheitern der politischen Bemühungen des Autors und das Zustandekommen des juristischen Prozesses erklärbar, sondern sogar den Freispruch nachvollziehbar macht: die Indizierung des Gegners als eines denunziatorischen Verräters.

Die von Du Bois in diesem Sinne gebrandmarkte Person war O. John Rogge (1903–1981).[6] Der Harvard-Absolvent kam nach 1933 nach Washington, wurde schließlich ein enger Mitarbeiter des *Attorney General* Francis Biddle, und ab 1943 ermittelte er gegen nationalsozialistische Propagandisten in den USA. Rogges Engagement wurde äußerst wohlwollend registriert, und so schickte ihn Biddles Nachfolger Tom Clark 1946 in das besiegte Nachkriegsdeutschland, um weitere Recherchen über die Beziehungen bekannter US-Bürger zum Nationalsozialismus anzustellen. Sein Bericht erwies sich als so brisant, dass ihn die Justizbehörden unter Verschluss halten wollten – doch Rogge ließ es sich nicht nehmen, einige Namen von prominenten Nazi-Unterstützern öffentlich zu machen. Aufgrund dieses *whistleblowing* wurde er von Clark umgehend entlassen. Im Anschluss engagierte sich Rogge in der Kampagne für die Präsidentschaftskandidatur von Henry Wallace und stieg innerhalb der mehr und mehr unter Druck geratenen US-Linken zu einer bekannten und geachteten Person auf. Nach der Veröffentlichung seines Buchs *Our Vanishing Civil Liberties* galt er als ein führender Kritiker des Antikommunismus und energischer Verteidiger der Bürgerrechte. Er wurde zum juristischen Berater des *Peace Information Center*, gehörte zu den Erstunterzeichnern des Stockholmer Appells und lernte in diesem Zusammenhang Du Bois kennen.

Allerdings kam es im weiteren Verlauf des Jahres 1950 zu einer deutlichen Abkühlung der Beziehung zwischen dem *Information Center* und John Rogge. Zwei kritische Punkte lassen sich dafür bestimmen: der Ausbruch des Korea-Kriegs sowie die Haltung zum jugoslawischen Staatspräsidenten Josip Broz Tito. Während die anderen *Center*-Mitglieder in beiden Fällen die Position der Sowjetunion vertraten, forderte Rogge eine UN-Vermittlung zur Schlichtung des ostasiatischen Konflikts und unterstützte die blockfreie Haltung Jugoslawiens. Das Ende der Zusammenarbeit wurde offenkundig, als Rogge im Frühjahr 1951 die Verteidigung des wegen Spionageverdachts angeklagten David Greenglass übernahm, eines ehemaligen Soldaten, der während des Weltkriegs im Forschungszentrum Los Alamos stationiert war, als dort die Atombombe entwickelt wurde. Um die Position seines eigenen Mandanten zu verbessern, soll Rogge ihn aufgefordert haben, seine Schwester Ethel Rosenberg sowie deren Ehemann Julius zu belasten. Diese Aussage von Greenglass war mitverantwortlich für die späteren Todesurteile gegen das Ehepaar Rosenberg. Ein halbes Jahr später, im Herbst 1951, trat Rogge als Belastungszeuge gegen die Angeklagten des *Peace Information Center* auf – insgesamt also fügte sich die Geschichte Rogges aus der Perspektive Du Bois' zu einem vollständigen Seitenwechsel.[7]

In mehreren kurzen Abschnitten schildert Du Bois aus seiner Sicht diese ineinanderverwobenen Entwicklungen, bevor er sich Rogge zuwendet. Die Überschrift des elften Kapitels »Oh! John Rogge« spielt mit dem sonst abgekürzten ersten Vornamen des zum Verräter erklärten ehemaligen Weggefährten und überführt das schlichte Namenskürzel in einen Ausruf von Erstaunen, Geringschätzung, Ablehnung und Überlegenheit.[8] Ganz systematisch überführte Du Bois die konkrete Person John Rogge in die Figur des Denunzianten. Dazu war es notwendig, die ehemals enge Beziehung zwischen dem Bürgerrechtler und dem Zeugen der Anklage hervorzuheben. Diese Nähe erklärte für Du Bois den Wert Rogges für die Strafverfolgungsbehörden. Obgleich er betonte, von dessen Zusammenarbeit mit der Staatsanwaltschaft bis zum Prozessbeginn nichts gewusst zu haben, schien es ihm im Nachhinein wenig verwunderlich: »[…] und obgleich erstaunt, waren wir doch nicht so überrascht, wie man vielleicht glauben mag. Denn seine Freunde hatten John Rogge inzwischen kennengelernt.«[9] Nähe konstituierte sich im Narrativ Du Bois' als eine durchaus wechselseitige Beziehungslage, die zwar dem Verräter Einblicke gestattete, die ihm den verräterischen Seitenwechsel ermöglichten, aber umgekehrt auch eine Vielzahl von Rückschlüssen derjenigen zuließ, die sich danach als Opfer dieser Bespitzelung begriffen: Die politische und charakterliche Denunzierung des Denunzianten entpuppte sich als ein tragendes Moment der retrospektiven Vergewisserung des Autors.

Laut Du Bois waren es drei eng miteinander korrespondierende charakterliche Merkmale, die John Rogge ›immer schon‹ (im Sinne von grundsätzlich) ausgemacht hätten: Geldgier, Ruhmsucht und Opportunismus.[10] Nach der Schilderung dieser persönlichenn Schwächen trieb Du Bois einigen Aufwand, um auch die mangelhafte politische Integrität Rogges zu verdeutlichen. Lange Zitate folgten aufeinander, welche die Widersprüchlichkeit seiner Aussagen und deren zunehmendes Abweichen von den Auffassungen seiner ›Freunde‹ unterstreichen sollten.

Ein weiterer wichtiger Baustein in der Konstruktion der Figur des Denunzianten, neben der Nähe zum schutzbedürftigen Wissen und der charakterlichen Disposition des Täters, war seine strategische Position im Gefüge zwischen innen und außen. Rogge, so Du Bois, sei für die Strafverfolgungsbehörden die logische Wahl gewesen, um die Arbeit des *Center* auszuhebeln. Schließlich sei er Mitglied aller wichtigen Entscheidungsgremien der kommunistischen Friedensbewegung gewesen. Sein Wert als Informant resultierte mithin nicht allein aus seiner großen Nähe zu einzelnen wichtigen Personen, sondern auch aus seiner ganz spezifischen Rolle als Knotenpunkt im Netzwerk des Wissens. Und diese Stellung, so erklärte Du Bois seinen Leserinnen und Lesern, konnte Rogge dadurch erworben haben, dass er seine Verbindungen zur Bundesstaatsanwaltschaft – seinem ehemaligen Arbeitgeber – nie habe abreißen lassen.[11] Selbst wenn also Rogge kein eingeschleuster Agent gewesen sei, so habe man doch gerade ihn am leichtesten zur Aussage gegen die alten Genossinnen und Genossen bringen können.

Man kann darüber spekulieren, warum Du Bois den Vorwurf der bewussten, von langer Hand geplanten Unterwanderung nicht expliziter formulierte oder weiterverfolgte; die Gründe könnten darin gelegen haben, dass er unmittelbar nach der als Demütigung empfundenen Gerichtsverhandlung nicht auch noch eine Verleumdungsklage in Kauf nehmen wollte. Doch führte er die sinnstiftende Markierung Rogges als denunziatorische Figur in eine andere, möglicherweise wirkungsvollere Richtung fort. Schlussendlich entindividualisierte Du Bois seinen ehemaligen Verbündeten: »John Rogges Leben ist ein amerikanischer Mikrokosmos. Er ist das logische Resultat unserer Ausbildung und des dominanten Denkens.«[12] Diese negativen Merkmale der Gesellschaft seien es, so Du Bois, welche die Möglichkeit und die Wahrscheinlichkeit einer solchen Figur des Denunzianten ausmachten und die letztlich die Berechenbarkeit des Verfahrens kennzeichneten. Doch damit entschuldigte er den Denunzianten keineswegs. Die ausführliche Schilderung von Rogges Lebenslauf in einem selbst autobiografisch zu nennenden Text verwies auf die Korrespondenz zweier Leben, die sich trafen, um schließlich doch auf fundamentale Weise in Konflikt miteinander zu treten. Statt mit einer Vergebung beendete Du Bois das betreffende Kapitel mit einer Entindividualisierung und schließlich sogar mit einer Entmenschlichung: »Und so stelle ich in meinen Gedanken – sicher gerechtfertigt – an die Seite von Wallace, dem Wiesel, hiermit Rogge, die Ratte.«[13]

Gebündelt in einem nur wenige Seiten langen Kapitel vermag Du Bois' Text die Themen anzureißen, mit denen ich mich im Folgenden auseinandersetzen werde. In erster Linie wird es um die Wahrnehmung von ›Denunziationsopfern‹ gehen. Ich verfolge Spuren der Erinnerung an Bespitzelung, Unterwanderung und Verrat, zurückgelassen von Gruppen und Bewegungen, die im Verlauf der US-Geschichte des 20. Jahrhunderts mit denunziatorischen Praktiken von außen oder innen konfrontiert waren – oder dies annahmen. Sie alle entwickelten Strategien, diesen Bedrohungen sinnvoll zu begegnen, das heißt mit einem Prozess von Bedeutungsstiftung. Mit der Analyse von Gedächtnis und Erinnerung an tatsächliche oder vermeintliche Denunziation greife ich ein weiteres zentrales Theorieelement der Neuen Kulturgeschichte auf.[14] Dabei werde ich von der These ausgehen, dass die Erinnerung an das Denunzieren (an das, was in diesem Sinne gekennzeichnet wird) und an die Figur des Denunzianten (und an die konkreten, so charakterisierten Personen) von großer Wichtigkeit ist, sowohl für einzelne Menschen als auch für die Gruppe oder das Kollektiv, aus dem heraus oder für das ein einzelner Mensch spricht. Die Vorstellung des Denunzierens bzw.

die Identifizierung eines Denunzianten oder einer Denunziantin entpuppen sich dabei als ein Merkmal, mit deren Hilfe Ideen von Identität und Alterität bedeutungsvoll artikuliert und kommuniziert werden können. Es wird sich erweisen, dass die in Erinnerung hergestellte und verbalisierte Erfahrung von Denunziation unter anderem auch dazu diente, Verletzungen als erlitten zu konstituieren, sie sichtbar zu machen und ihre Ursachen auf einen ›Anderen‹ zu projizieren. Dass diese Strategie durchaus offensiv und aggressiv ausgestaltet werden konnte, wurde anhand von *In Battle for Peace* deutlich. Das Beispiel W. E. B. Du Bois zeigt aber auch: Die aktive Herstellung einer als denunziatorisch gekennzeichneten Figur als politischer Gegner kann nicht nur die Verarbeitung einer (politischen) Niederlage erleichtern, sie verweist auch – wie alles Erinnern – auf eine aktive Gestaltung von Zukunft.

Agents Provocateurs – Die Figur des Denunzianten in der Erinnerung von Mitgliedern der *Black Panther Party*

Mario Van Peebles' Spielfilm *Panther* kam 1995 in die Kinos.[15] Er schildert die Entstehung der *Black Panther Party for Self-Defense* (BPP) und die ersten Jahre dieser afroamerikanischen Organisation. Die Gruppe hatte bis zu ihrer Zerschlagung durch das FBI großen politischen Einfluss und bis heute nimmt sie einen prominenten Platz in Teilen der afroamerikanischen Populärkultur sowie in den Debatten linker Politikzusammenhänge ein.[16] Als ein Dokudrama inszeniert, verknüpfte der Film Bilder tatsächlicher Ereignisse rund um die Gründungsgruppe der Partei in Oakland, Kalifornien, mit einer fiktiven Rahmenhandlung. Unter Verwendung von Schwarz-Weiß-Sequenzen und Montagen zeitgenössischer Filmdokumente versuchte *Panther*, die Suggestion von Authentizität immer dann besonders eindrücklich sein zu lassen, wenn charakteristische ›Momente‹ im Gründungsmythos der Partei gezeigt wurden: öffentliche Versammlungen mit dem Ziel, Unterdrückungsmechanismen anzuprangern und bewusst werden zu lassen, oder auch das *free breakfast*-Programm zur Unterstützung armer Kinder. Rund um die historischen Figuren Huey P. Newton (1942–1989) und Bobby Seale (*1936) wurden auch solche Ereignisse in der frühen Parteigeschichte präsentiert, die den radikalen Anspruch der *Black Panthers* unterstreichen sollten: ihre Bewaffnung als Akt des Widerstands gegen Polizeiwillkür, der Protest auf einer Polizeistation gegen die Erschießung Denzel Dowells, ihr Marsch in eine Sitzung des kalifornischen Parlaments in Sacramento, der Protest vor dem Gerichtsgebäude für die Freilassung Newtons aus dem Gefängnis. Viele dieser Szenen, darauf hat Kristen Hoerl hingewiesen, sind sehr eng an die Schilderungen dieser Zusammenhänge durch Beteiligte oder durch Historikerinnen und Historikern angelehnt und stellen demnach Versuche dar, Texte in Filmbilder zu übertragen und auf diese Weise zu ihrer Verbreitung beizutragen.[17]

Folgt man der Darstellung des Films, dann verbesserte das Engagement der BPP das Leben der schwarzen *community* in Oakland und darüber hinaus. Die Erfolge, so will *Panther* veranschaulichen, provozierten eine massive, hochgradig ungesetzliche und oftmals gewalttätige Reaktion sowohl der lokalen Polizei wie des FBI. Auch hierbei orientierte sich Van Peebles an den Selbstwahrnehmungen von Zeitzeuginnen und -zeugen, an politischen Analysen sowie an den Ergebnissen der historischen Forschung.[18]

Der Film betrieb mithin aktive Erinnerungspolitik mit dem erklärten Ziel, Parallelen zwischen der historischen Situation in Kalifornien Ende der 1960er Jahre und seiner Entstehungszeit Mitte der 1990er Jahre zu ziehen. Van Peebles hat in eigenen Statements anlässlich der Erstaufführung immer wieder auf diese erinnerungspolitische Dimension eines aktiven *counter-narratives* hingewiesen: »Heute wissen nur noch wenige Leute, wie sehr die *Black Panthers* ihre Nachbarschaft stärkten.«[19]

Darüber hinaus war *Panther* ein ausführliches Referat über die Figur des Denunzianten und dessen Rolle im Verhältnis zwischen radikalen politischen Gruppen und der Staatsmacht. Judge (gespielt von Kadeem Hardison), die fiktive Hauptperson des Films, wird zum Zentrum eines Narrativs um persönliche Beziehungen innerhalb und außerhalb des Kollektivs, um Vertrauen und Verdacht, Geheimnis und Wissen, Strategie und Verrat. Nachdem der noch junge Vietnam-Veteran und College-Student sich nur zögerlich der Gruppe angeschlossen hat, kann er sich insbesondere durch seine beim Militär erworbene Vertrautheit mit Waffen Anerkennung verschaffen. Nach seiner Aufnahme stellt ihn Huey Newton (Marcus Chong) zur Rede: Während im Hintergrund auf einem Fernsehgerät Bilder verwundeter afroamerikanischer GIs in Vietnam zu sehen sind, muss das neue Parteimitglied Sicherheitsfragen beantworten und seine Motive einer Überprüfung unterziehen lassen.[20] Doch kann Judge Newton von sich überzeugen, zwischen beiden entsteht ein besonderes Vertrauensverhältnis, und so wird er von ihm aufgefordert, gewissermaßen vorauseilend Kontakt zur Polizei aufzunehmen. Newton, so will es die filmische Darstellung, erahnt die polizeiliche Unterwanderung, möchte bei der Auswahl eines möglichen Spitzels steuernd beteiligt sein und wählt dazu ein ihm besonders verbundenes Mitglied aus.[21] Als der lokale Polizeioffizier Brimmer (Joe Don Baker) – selbst massiv unter Erfolgszwang gesetzt und als eher hilflos und schwach dargestellt – Judge zu seinem Informanten machen will, scheint das kluge Kalkül aufzugehen. Doch es wird sich im Verlauf der Filmhandlung rasch zeigen, dass keine der beteiligten Personen die angefachten Dynamiken des Denunziatorischen im Griff behalten kann.

Interessant ist, wie der Film versucht, unterschiedliche zwischenmenschliche Beziehungsmuster vorzustellen, in denen diese Dynamiken verlaufen können. Zwar ist Newton der bekannte Parteiführer, doch ist sein Verhältnis zu Judge nicht distanziert, sondern als Freundschaft markiert, obgleich Judge die Gründe für diese Nähe nicht recht verstehen kann und er Newtons Vertrauensbeweise mitunter befremdlich findet. Für Brimmer ist der Ex-Soldat lediglich ein Spitzel, die Informationsquelle, die seine Position gegenüber seinen Vorgesetzten stärken und damit letztlich seinen Job sichern helfen soll. Trotzdem erfordert dies ein Rollenspiel: Brimmer will sich Einverständnis über die Konstruktion vermeintlicher Gemeinsamkeiten verschaffen (vor allem die Kriegserfahrung). Zudem betont er den Altersunterschied und will Judge wie ein Vater anleiten und überzeugen – oder gegebenenfalls auch strafen, wenn dies zur Erlangung des benötigten Wissens oder der erforderlichen Beweise für Straftaten geboten erscheint.[22]

Einen vierten Eckpunkt im persönlichen Beziehungsgeflecht bildet Tyrone (Bokeem Woodbine): gleichermaßen aufmerksam beobachtender Zweifler, besorgter Mahner und eifersüchtiger Konkurrent. Selbst von Beginn an *Black Panther*-Mitglied, erahnt er Zusammenhänge. Doch letztlich fehlt es ihm an Unterstützung, um die Verwicklungen von Judge anprangern zu können. Selbst die Androhung von Gewalt, vorgeführt an einer anderen des Verrats verdächtigen Person, verschafft Tyrone keinen Vorteil.[23]

Wenn Erinnerungspolitik die Aufgabe von *Panther* ist, wirft das die Frage nach den Funktionen der fiktionalen Rahmenhandlung im Verhältnis zu den ebenfalls repräsentierten ›Fakten‹ auf. Warum war es wichtig und möglicherweise erinnerungspolitisch bedeutsam, diesen erzählerischen Rahmen in Form eines Dramas um Nähe, Vertrauen und Verrat zu konstruieren? Warum betrieb der Film so viel Aufwand, um das Denunziatorische in all seinen vielfältigen Facetten zu repräsentieren? Als Antwort könnte man auf das akademisch und politisch etablierte Wissen verweisen, das es über die Undercover-Aktivitäten der Polizeibehörden und des FBI gibt – in diesem

Sinne würde es zur Schilderung der ›Fakten‹ gehören, eine Geschichte der ersten Jahre der BPP auch als eine Geschichte von Unterwanderung und aktiver Zersetzung zu schreiben. Interessanter scheint es jedoch, ähnlich wie es Hoerl getan hat, nach den Vorbildern, nach den Spuren dieses denunziatorischen Narrativs in anderen, umlaufenden Texten zur Frühgeschichte der *Black Panther Party* zu forschen. Wie dicht, wie häufig, wie selbstverständlich taucht die Figur des Denunzianten in den Erzählungen auf, wird sie gar zu einem notwendigen Bestandteil, der die Erzählungen von Verfolgung und Zerschlagung erst in vollem Umfang verständlich macht? Wäre in diesem Sinne Mario Van Peebles' Film *Panther* nur deswegen brauchbare Erinnerungspolitik, weil er die tradierte Erzählung des Verrats aufgreift und fortschreibt, vielleicht sogar fortschreiben muss?

»We want education that teaches us our true history«[24] – Die Erinnerung an Unterwanderung bei den *Black Panthers*

Die Geschichte der und die Geschichtsschreibung über die *Black Panther Party* stehen in einem ganz besonders engen Verhältnis zueinander, denn für beides ist der autobiografische Zeitzeugenbericht von zentraler Bedeutung. Joe Street hat die BPP-Historiografie in drei aufeinanderfolgende Perioden gegliedert: Eine erste Phase sieht er geprägt durch die veröffentlichten Berichte von (führenden) Parteimitgliedern, namentlich ihrer Spitzen Newton, Seale und Eldridge Cleaver (1935–1988).[25] Diesen Aufzeichnungen erwuchs über die Jahre ein beinahe kanonischer Status, sie waren für viele *die* Geschichte der *Black Panthers*, obgleich sie von Beginn an auch von sehr distanzierten und kritischen Stimmen begleitet wurden. Abgelöst wurde diese erste Beschäftigung mit der Gruppe Mitte der 1990er Jahre durch die Publikation der überaus kontroversen Newton-Biografie von Hugh Pearson.[26] Die als Diskreditierung vor allem Newtons, aber auch der Parteispitze insgesamt angesehene Arbeit zog eine Dezentralisierung des Blicks auf die BPP nach sich. Der Fokus richtete sich fortan nicht mehr allein auf die Geschehnisse in Oakland rund um das Leitungstriumvirat, sondern auf die einfachen Mitglieder in den zahlreichen, über die ganzen Vereinigten Staaten verteilten lokalen Gruppen und deren Aktivitäten. Diese neuen Arbeiten vollzogen einen Perspektivwechsel, der auch für die Geschichtsschreibung über das *Civil Rights Movement* auszumachen war; auch hier wandte sich der Blick nun eher den lokalen Zusammenhängen der Bewegung zu und von den überregionalen Ereignissen und Personen ab. Die letzte Phase der Auseinandersetzung mit der BPP widmete sich in den letzten Jahren nach Ansicht Streets weniger der Ereignisgeschichte der *Panthers*. Stattdessen würden nunmehr Fragen nach dem gegenwärtigen Einfluss der Partei auf die Populärkultur betont, worin diese Studien die größere Relevanz der BPP für die Gegenwart sähen als in ihrem politischen Programm.[27] Dabei spielten geschlechterhistorische Betrachtungen eine wichtige Rolle.[28]

In all diesen drei Phasen wurde die Literatur über die *Black Panthers* entscheidend von (autobiografischen) Erfahrungsberichten mitbestimmt. Für die ersten Jahre der Partei bis 1971 stellen sie, neben der von ihr herausgegebenen Zeitschrift *The Black Panther* und sonstigen Presseberichten, beinahe die einzigen Quellen zur BPP dar, die nicht von und aus den Interessen von Strafverfolgungsbehörden angefertigt wurden. Zu nennen sind unter anderen Seales *Seize the Time*, Newtons Dissertation aus dem Jahr 1980 mit dem Titel *War Against the Panthers* sowie die Schriften der ehemaligen Mitglieder Elaine Brown, David Hilliard und Earl Anthony.[29] Zwar wurden diese Texte teilweise deutlich später publiziert als in den frühen 1970er Jahren, jedoch vor der von Street als bedeutend eingeschätzten Zäsur von Pearsons Newton-Biografie. Darüber hinaus stehen vor allem die Bücher von Brown und Hilliard sowie Anthonys zweite Veröffentlichung zu den *Panthers* in besonderer zeitlichen Nähe zu Mario Van Peebles' Film, was noch einmal unterstreicht, wie hoch aufgeladen die öffentlichen Debatten um den Stellenwert der BPP zu diesem Zeitpunkt gewesen waren.

Für die zweite Periode, das heißt die Zeit nach 1971 wie auch die Berücksichtigung anderer Ortsgruppen stand weitaus mehr primäres Quellenmaterial aus *Panther*-Sicht zur Verfügung, trotzdem blieb der Zeitzeugenbericht weiter ein zentrales Medium der Forschung. Die 1990er Jahre waren, so argumentiert Street, ein Zeitabschnitt, in dem sich die Generation der 1960er Jahre über ihre historische Rolle klar wurde und danach strebte, ihre Beiträge an den Revolten nicht in Vergessenheit geraten zu lassen.[30]

David Garrow hat hervorgehoben, wie sehr der Zentralismus sowie der Geheimcharakter der Partei in ihren Anfangsjahren die Erinnerung an sie mitbestimmte; noch in jüngeren Texten sei offenkundig, dass gewisse Tabubereiche wenig detailliert geschildert wurden, etwa der Umgang mit (vermeintlichen) *informants*.[31] Damit rekurriert Garrow auf eine von ihm bereits fast zwanzig Jahre zuvor formulierte These, nämlich, dass die Erwartung der Gruppenmitglieder, Opfer behördlicher Infiltration und Bespitzelung zu werden, ihr Verhalten nach innen wie außen beinahe stärker beeinflusste als die tatsächliche Unterwanderung.[32]

Zwei Beiträge aus jüngerer Zeit kennzeichnen die Pole, wie in dem von Garrow und Street aufgespannten Feld mit der polizeilichen Unterwanderung der BPP durch eingeschleuste oder angeworbene Spitzel seitens der Geschichtswissenschaft umgegangen wurde. Ward Churchill hat mit seinen Beiträgen wie kein zweiter die Bedeutung dieser polizeilichen Taktik herausgestellt.[33] Seine Analysen stehen für den Versuch, allen wie auch immer motivierten ›Korrekturen‹ in der Geschichtsschreibung über die Panther entgegenzutreten.[34] Das geschieht in einem Modus des empirischen Nachweises, der zwei Quellengruppen als in gleichem Maße verlässlich gegenüberstellt: die Dokumente des FBI sowie die Texte der Parteigründer. In dieser Weise als sich gegenseitig bestätigend gelesen, ergibt sich das Bild einer politischen Gruppierung, die beinahe von Beginn an systematisch und auf allen Ebenen mit Denunziantinnen und Denunzianten durchsetzt war. Im Jahr 1969, so schätzt Churchill, seien etwa zehn Prozent der BPP Mitglieder Informanten entweder des FBI oder lokaler Polizeidienststellen gewesen.[35] Dies habe die Führung der Partei gewusst und daraufhin zu geeigneten Gegenmaßnahmen, ›Säuberungen‹, gegriffen, deren Verlauf auch Churchill als bisweilen kontraproduktiv und sogar schädlich beurteilt.[36] Alles in allem entsteht so ein ambivalentes, ja beinahe paradoxes Bild: Der Wert und die Richtigkeit der von Churchill angeführten Dokumente und seiner darauf basierenden Analyse kann kaum bestritten werden – die massive Unterwanderung der BPP durch FBI und andere Polizeikräfte hat stattgefunden und sie zog weitreichende Folgen nach sich. Doch damit bleibt die subtilere Bedeutungsebene auch bewusst ausgeblendet, und die bloße Gegenüberstellung von Gut und Böse greift nicht selten auf Pathologisierungen als Erklärungsmuster zurück.[37] Weder den vielfältigen Abstufungen zwischen den verschiedenen Formen von Unterwanderung noch den facettenreichen Beziehungen zwischen ›Tätern‹ und ›Opfern‹ kann diese Perspektive gerecht werden.[38]

Einen völlig anderen Ansatz verfolgt Roz Payne, deren Beitrag die Perspektive eines FBI-Agenten beleuchtet.[39] Auf der Basis von *Bureau*-Dokumenten und Interviews gelingt es der Autorin, die Arbeit von William A. Cohendet nachzuzeichnen, der in den späten 1960er Jahren als Agent der FBI-Dienststelle in San Francisco zahlreiche Berichte über die Aktivitäten der *Panthers* in der Bay Area verfasste. Wenngleich es sich um einen ungewöhnlich gut dokumentierten Einzelfall handelt, zeigt er doch, dass das oftmals einseitige und eindimensionale Bild von den Angehörigen der Strafverfolgungsbehörden womöglich zu überdenken ist. Cohendets Berichte waren gewissenhafte Auftragsarbeiten, die die Legitimität der Überwachung nicht anzweifelten, und nicht selten in einer rassistischen und sexistischen Sprache verfasst. Zugleich aber äußerte sich der Beamte sehr skeptisch über den Sinn, die Notwendigkeit und mitunter auch über die Legalität seiner Maßnahmen. Für Cohendet stellte die BPP Ende der 1960er Jahre keine ernst zu nehmende Gefahr dar, weder politisch noch hinsichtlich der Kriminalitätsprävention; einige der sozialen Programme der Partei beurteilte er durchaus positiv. In den Interviews, die Payne mit ihm geführt hat, äußerte er sich auch zu den in die Gruppe eingeschleusten Informantinnen und Informanten. Die These Kenneth O'Reillys, das FBI hätte in der Bay Area 67 aktive und effektive Spitzel in der BPP besessen, wies er zurück: »Wir hatten keinen Einzigen«, die Informationen für seine Berichte stammten aus den Presseorganen der Partei sowie von »einer Handvoll ineffektiver Spitzel, meistens kleine Kinder ohne jeden Einfluss«.[40] Es habe, so Cohendet Jahre nach dem Ende seiner Agententätigkeit, keine *informants* im engeren Umfeld der Parteispitze gegeben.

Statt den Wahrheitsgehalt dieser – eher skeptisch zu bewertenden – Aussagen zu überprüfen, schlägt Payne einen anderen Umgang mit ihnen vor. Sie ordnet Cohendets zurücknehmende Statements vor allem als eine Form der Erinnerungspolitik ein, die in der bisherigen Literatur zu den *Panthers* nicht auftaucht.

Diesem Wechselverhältnis von Erinnerung und Populärkultur werde ich im Folgenden nachgehen. Dabei beziehe ich mich auf Dokumente, die in der Frühzeit der *Panthers* bzw. vor den wichtigen Revisionen in der BPP-Geschichtsschreibung entstanden sind, nämlich zeitgenössische Texte der Führungspersonen. Es fällt auf, wie abstrakt, ja beinahe theoretisch über polizeiliche Überwachung geschrieben wurde. Es handele sich dabei, so hieß es, um ein zu erwartendes Phänomen, das aus einer revolutionären Logik heraus erklärbar sei. Das Selbstverständnis als Avantgarde manifestiert sich in diesen Schriften in einer doppelten Frontstellung, beispielsweise in einem Text Huey Newtons aus dem Mai 1968:

> »Das Verhältnis zwischen der Avantgarde und den Massen ist sekundär. Das primäre Verhältnis besteht innerhalb der Mitglieder der Avantgarde. Es ist wichtig, dass die Mitglieder der Avantgarde ein unmittelbares Verhältnis zueinander haben. […] Die Mitglieder der Avantgarde sollen erprobte Revolutionäre sein. Nur so wird der Anteil von *Uncle Tom*-Denunzianten und Opportunisten minimiert.«[41]

Die Kerngruppe sah sich also nicht nur mit politischen Gegnern konfrontiert; diagnostiziert wurde auch ein Gefälle zwischen ihr und den ›Massen‹, das heißt der eigenen *community* – in marxistischer Terminologie: eine Gegenüberstellung von Avantgarde und einem so genannten Lumpenproletariat. Dieses Gefälle zu überbrücken und eine produktive Verbindung herzustellen, war in der revolutionären Gesellschaftsanalyse der *Panthers* unabdingbar, aber zugleich öffnete sich dadurch ein Einfallstor für polizeiliche Unterwanderung. Cleaver thematisierte diese Ambivalenz in einem Text, in dem er die Partei als die Führung eines 23 Millionen Menschen starken *Black Trojan Horse* bezeichnete, deren numerische Stärke aber auch Gefahren für die Avantgarde bedeute.[42] Newtons Verweis auf *Uncle Tomism* und seine Kennzeichnung von Informanten als Handlanger der hegemonial-weißen Unterdrücker rief nicht allein eine sehr eindeutige, historisch verankerte und verständlich abrufbare Figuration des Gegners in den eigenen, strukturell marginalisierten Reihen auf. Darüber hinaus entstand so ein doppelter Appell: intime Kenntnisse über die Mitglieder der eigenen Gruppe gekoppelt mit Wachsamkeit an ihren Rändern.

Diese Wachsamkeit konkretisierte sich schließlich in Ausschlussverfahren, in ›Säuberungen‹ (*purges*) – Maßnahmen mit einer gewissen Tradition in vielen, gerade auch linken, revolutionären Gruppen. In vielen frühen Veröffentlichungen betrieb die BPP-Spitze einen großen Aufwand, die Notwendigkeit, aber auch die Fairness solchen Vorgehens darzulegen. In einem Interview etwa erklärte Cleaver, dass Unterstützerinnen und Unterstützer aus der ›Masse‹ der afroamerikanischen Bevölkerung einerseits zwar willkommen und wertvoll bei öffentlichkeitswirksamen Aktionen gewesen seien, aber andererseits keine Zeit für ihre politische Schulung geblieben wäre.[43]

Doch revolutionäre Schulung allein konnte die Gefahr von außen nicht gänzlich bannen. In einer Rede appellierte David Hilliard, *Chief of Staff* der Partei und enger Vertrauter von Newton, in eindringlicher Weise an seine Zuhörer:

»Ihr müsst ein besonders wachsames Auge auf diejenigen werfen, die super-revolutionäre Slogans gebrauchen. Gerade sie erweisen sich oft als besonders hinterhältig. Passt auf diese Leute auf. Beurteilt sie nach ihren Taten, nicht nach ihren Worten. Denn die ganze Revolution ist von außen infiltriert, kulturell und ideologisch. […] Wir wissen, wie wir unsere Freunde von unseren Feinden unterscheiden können. Wir sind nicht verwirrt. […] Wir wissen, wer diese Leute sind, daher brauche ich hier auch nicht ihre Namen zu nennen.«[44]

Tatsächlich blieb die theoretisch so schlüssig abgeleitete und augenscheinlich bedrohliche Gefahr in diesen frühen Texten auffallend namenlos. Konkrete Verweise auf einzelne Personen finden sich außerordentlich selten, und es war die Abstraktheit des Wissens, die hier einerseits nüchterne Analyse wie distanzierte Überlegenheit einer revolutionären Avantgarde signalisieren sollte. Doch würde sich dies schon bald ändern. In *Seize the Time*, der ersten aufgezeichneten BPP-Chronik, widmete sich Bobby Seale weitaus eingehender dem Problem der überwachenden und zersetzenden Infiltration. Dabei fächerte er zunächst eine Bandbreite von Begriffen auf, die unterschiedlichen Figuren mit unterschiedlichen Eigenschaften und Funktionen je verschiedene Namen gab. Seale trennte zwischen *informants* und *agents provocateurs* und ihren jeweiligen Rollen gerade im Verhältnis zu FBI und Polizei sowie ihren unterschiedlichen Aufgaben (Informationsgewinnung einerseits, Stiftung von Verunsicherung und Misstrauen andererseits) und forderte je eigene Reaktionen ihnen gegenüber.[45] Zusätzlich charakterisierte er eine Gruppe von Parteimitgliedern als übereifrige, hitzige, einem unangebrachten schwarzen Rassismus anhängende Dummköpfe, als *jackanapes*:

»[…] ein *jackanape* ist meist ein Opportunist. Alles dreht sich um ihn, er ist egoistisch. […] Er kann sicher auch politisch ausgebildet sein. Doch wenn du von der CIA oder dem FBI beauftragte *agents provocateurs* in der Gruppe hast, Schwarze, die das eine sagen und das andere tun, dann wird es schwierig, denn die können die *jackanapes* dazu anstacheln, alles Mögliche zu tun, womit sie der Partei schaden. Wir müssen die *agents provocateurs* und die Denunzianten bloßstellen.«[46]

Diese Offenlegung, daran ließ Seale keinen Zweifel, musste in Form der Ausschlussverfahren geschehen. In ihnen vollziehe sich ein Akt der Identifizierung, dem eine handlungsanleitende Funktion für die als zuverlässig eingeschätzten Genossinnen und Genossen zukomme, gerade auch durch die damit verbundene Politik der Visualisierung:

»Dieses Vorgehen ermöglichte es uns, die *agents provocateurs* besser zu entdecken, denn wir sahen so, wer arbeitete, wer nicht arbeitete, und wer Ärger machte. […] Diese Leute sind Opportunisten, *jackanapes*, Renegaten, Agenten oder sonst etwas, sie weigern sich zu begreifen, dass unsere Unterordnung darin besteht, den Menschen zu dienen.

In unserer Zeitung drucken wir Bilder der Leute, die wir aus der Partei entfernt haben. Wir veröffentlichen auch die Gründe für diese Maßnahmen, um den Menschen unser Vorgehen zu erklären.«[47]

Erstmals fand sich bei Seale die Verknüpfung von Unterwanderungsvorwürfen mit Rivalität sowie mit großen Meinungsverschiedenheiten innerhalb der politisch radikalisierten *Black Community*. Dies wurde zu einem Hauptmotiv der journalistischen Panther-Geschichte Reginald Majors aus dem Jahre 1971, die insgesamt sehr an Seales Version angelehnt war.[48] Dabei widmete sich Major ebenfalls der gebräuchlichen Sprache, mit der Gegner und Konkurrenten beschrieben und gekennzeichnet wurden, und diskutierte auch die Verwendung der bereits von Newton benutzten historischen Vokabeln wie *Tom* oder *house nigger*.[49] Zusammengenommen entstand so in einer Reihe von frühen Texten eine Sammlung von schillernden Etiketten um die Figuren des ›Verräters‹ oder des ›Denunzianten‹, aus der heraus man sich nach Belieben und in sehr unterschiedlichen Bezügen bedienen konnte.

Mit Majors Buch begann auch eine Verzahnung dieser eher allgemeinen Charakterisierungen mit konkreten Personen. Sprach Seale im Zusammenhang mit den *jackanapes* noch von »P---« als *agent provocateurs*, so berichtet Major ausführlich über Larry Powell, dessen Frau Jean und deren Auftreten als Zeugen der Anklage vor einem Untersuchungsausschuss im Jahr 1969.[50] Insbesondere Newton hat diese Strategie der spezifischen Identifizierung vermeintlicher oder tatsächlicher *informants* in späteren Texten vorangetrieben. Seine Dissertation aus dem Jahr 1980 kann ohne große Einschränkungen wie ein autobiografischer Text über die Frühphase der Partei gelesen werden.[51] Zugleich wurde sie freilich als wissenschaftliches Werk verfasst und griff auf Dokumente zurück, die Newton Ende der 1960er und zu Beginn der 1970er Jahre nicht zur Verfügung standen. *War Against the Panthers* stellt also einen Übergangstext zwischen ›bloßer‹ Erinnerung und historiografischer Aufarbeitung dar.

Darin entfaltete Newton die Tatsache der Unterwanderung aus einer historischen Logik heraus: »Fehlinformationen, Undercover-Agenten, Provokateure, Schikanen, Denunzianten – schon vor dem Krieg gegen die *Black Panther Party* wurden diese Mittel von Strafverfolgungsbehörden eingesetzt.«[52] So banal diese Einsicht zunächst scheint, verweist sie doch auf die Richtigkeit der frühen Analyse Newtons – zusammen mit der oben angesprochenen theoretischen Durchdringung musste das historische Wissen die notwendige Anwesenheit von Informantinnen und Informanten in der Gruppe aus Sicht der avantgardistischen Führung nahelegen. Der ganze weitere Text bemühte sich darum, dieses so hergeleitete Wissen zu konkretisieren und zu belegen. Die dazu angewandten Techniken variierten, fügten sich aber zu einem dichten, möglichst überzeugenden Bild zusammen. Neben Zitaten aus inzwischen veröffentlichten Dokumenten finden sich genaue Angaben über Personen und Ereignisse, die durch die Autorität des Autors und dessen

Vertrauen in Gewährsleute bestätigt werden sollten. Dabei gab sich Newton insbesondere Mühe, die enge Kooperation zwischen bezahlten Spitzeln und deren Auftraggebern zu dokumentieren. Dies verdeutlicht besonders das Beispiel des FBI-Informanten William O'Neal, dessen Beziehung zu seinem Führungsoffizier als überaus eng nachgezeichnet wurde.[53] Newtons detaillierte Behandlung des Themas diente nicht zuletzt dazu, die Qualität der eingeschleusten Personen und die Güte der Gegnerschaft zu unterstreichen und somit die Notwendigkeit der harschen Reaktionen der Parteispitze zu betonen:

»Im Zeitraum zwischen 1960 und 1970 erhielt O'Neal über 17.000 Dollar vom FBI. Im Gegenzug versorgte er das FBI beinahe täglich mit Informationen über die Aktivitäten der Partei und vor allem über ihre Führer. Er wurde Sicherheitschef der Partei, und 1969 wurde er Hamptons persönlicher Bodyguard. Im selben Monat schrieb der zuständige FBI-Agent ein Memorandum, in dem er bei seinen Vorgesetzten darum nachsuchte, O'Neals Vergütung von 3.000 auf 6.000 Dollar anzuheben.«[54]

Zusammengefasst enthält dieser kurze Absatz zahlreiche Elemente, um die Eindringtiefe der FBI-Infiltration und damit die Verwundung der Partei aufzuzeigen. O'Neal gelang ein ›Aufstieg‹ in der Partei und operierte in direktem Umfeld der Führungsspitze, seine Dienste waren dem *Bureau* eine Menge Geld wert, und seinem Führungsoffizier als Kontaktmann lag daran, dass er bei Erfolgen noch besser entlohnt würde. Doch schien es Newton andererseits zwingend geboten zu sein, den Informanten auch als Verrückten und übereifrigen *jackanape* zu beschreiben, welcher durch geschulte revolutionäre Wachsamkeit schlussendlich leicht zu entlarven gewesen sei: »O'Neals berüchtigste Erfindung [...] war ein selbstgebauter elektrischer Stuhl, den er – ironischerweise – bei den Befragungen von möglichen Eindringlingen in die Partei verwenden wollte.«[55]

Neben der rational-analytisch hergeleiteten und schließlich personal pathologisierten Denunziation schilderte Newton den Verrat auch auf einer emotionalen Ebene als moralische Entrüstung. In diesen Passagen charakterisierte Newton die Panther als eine Gruppe von Freunden, deren Wunsch, ›normale‹ Beziehungen untereinander zu unterhalten, durch einen massiven und kontinuierlichen Druck von außen unmöglich gemacht worden sei: »Wisst ihr, wie es ist, wenn ihr einen Freund gegen euch aufgebracht habt, wenn aus ihm ein Feind geworden ist? [...] Wie viele von uns machen diese Erfahrung nun? [...] Ständig überwacht sein. Nie wissend, ob der Nachbar nicht ein bezahlter Spitzel ist.«[56]

Freundschaft als eine sozial wertvolle Ressource und als gesellschaftlich geschützter Raum wurde von Seiten der Strafverfolgungsbehörden, so argumentierte Newton, nicht allein ausgehöhlt und somit unmöglich gemacht, sondern sogar pervertiert. An mehreren Stellen seiner Ausführungen griff Newton auf Vorstellungen von Freundschaft zurück, um ihren Wert zu unterstreichen. Freundschaft, so argumentierte der Autor, komme in den Sozialprogrammen der Partei ebenso zum Ausdruck wie in rein privaten Ausflügen.[57] Vor diesem Hintergrund kann Newton diejenige Zersetzungsarbeit der Polizei als besonders niederträchtig anprangern, welche diese Freundschaften durch Denunziationen oder durch Denunziationsverdacht zu zerstören trachtete:

»Es ist ganz klar: Wenn jemand aus der Gruppe von außen fälschlicherweise zum Denunzianten gestempelt worden ist, dann ist nicht nur dessen Ansehen, sondern womöglich auch seine Sicherheit in Gefahr. Das ist umso mehr der Fall, wenn Mitglieder vermuten, ihre Freunde seien aufgrund der Informationen dieses vermeintlichen Spitzels bedrängt oder verhaftet worden. Das FBI weiß um diese zersetzende Wirkung und streut bewusst diese Gerüchte über unschuldige Leute.«[58]

Als Ziel und Opfer dieses Vorgehens sah Newton vor allem sich selbst. Die längere, mit *Discrediting Newton* überschriebene Passage kann darüber hinaus als eine Auseinandersetzung mit existierenden Rivalitäten in der Führungsspitze der Partei verstanden werden. Auch dabei spielten denunziatorische Praktiken wie Gerüchte oder gefälschte Briefe eine Rolle. Doch Newton wusste dieses Spiel für sich selbst zu nutzen, wie andere Autoren, nicht zuletzt Pearson in seiner Biografie, betonten. So hat zum Beispiel Norbert Finzsch in einem unveröffentlichten Manuskript des Parteigründers offen denunziatorische Anschuldigungen gegenüber Eldridge Cleaver gefunden; dieser sei, so Newton, ein »hidden traitor renegade scab«.[59]

Zusammengenommen formierten die frühen Publikationen ein dichtes Narrativ, in dem sich erstens die Sorge um denunziatorischen Verrat, zweitens deren analytisch-rationale Antizipation und Bekämpfung sowie drittens eine instrumentalisierte Entrüstung über diese Taktik der Verfolgungsbehörden zu einem dichten Bedeutungsgewebe bündelten. Späteren Veröffentlichungen kam nunmehr die Funktion zu, dieses Narrativ einerseits immer wieder zu bestätigen und andererseits als einzig glaubhafte Interpretation zu kanonisieren. Hier kommt den Beiträgen von David Hilliard und Elaine Brown eine besondere Rolle zu, stammen sie doch aus dem Zentrum der Leitungsebene der BPP. Alle drei Merkmale des Narrativs scheinen in beiden

Autobiografien auf (Sorge, Analyse, Entrüstung), doch mit unterschiedlichen Schwerpunkten.

In Hilliards Erinnerung kommt in erster Linie die analytische Durchdringung von Unterwanderung zur Sprache und dabei insbesondere das prekäre Verhältnis von Parteiführung und ›Masse‹. In seinen Augen konkretisierte es sich an diesem Punkt vor allem zu einem greifbaren Sicherheitsproblem, denn es seien die als Bodyguards beschäftigten Genossen gewesen, die zu Informanten der Polizei wurden.[60] Sie entstammten häufig genau jenem ›Lumpenproletariat‹: ehemalige Gangster und Zuhälter, die man aus revolutionärer Sicht gewinnen wollte und die für eben solche Aufgaben gut geeignet gewesen seien. Auf der anderen Seite habe ihre Zuverlässigkeit aber zu wünschen übrig gelassen. Hilliard berichtet in seinem Buch immer wieder von solchen Figuren, deren vermeintliche Nützlichkeit sich später als Problem entpuppt habe – so etwa vom Vietnam-Veteranen, dessen Waffen- und Nahkampfausbildung geschätzt worden sei, bis man ihn später als Spitzel entlarvt habe.[61] Ferner zeigte sich Hilliard akribisch bei der Nennung der Namen der identifizierten vermeintlichen Verräterinnen und Verräter, die er in aller Regel als Gewohnheitsverbrecher und/oder als psychisch gestört markiert: Die bereits von Newton überlieferte Geschichte von William O'Neal und dessen hohen FBI-Einkünfte sowie seiner Idee eines elektrischen Stuhls schildert auch er detailliert.

Aufschlussreich ist auch, welchen Stellenwert Hilliard der Diskussion innerparteilicher Rivalität beimisst. Diese zunehmend gefährlicher werdende Konstellation sei von außen induziert gewesen: »Die massive Kampagne des FBI […] zerstört die Basis unserer Stärke: unser gegenseitiges Vertrauen und unseren Respekt voreinander.«[62] Newton, der ›Held‹ seiner Erzählung, habe dies richtig antizipiert, aber – und hier zeigt sich durchaus, dass zu Beginn der 1990er Jahre nicht mehr ganz ungebrochen über die zentralen Figuren der Partei gesprochen werden musste – die Dynamik der Konfrontation gerade mit Eldridge Cleaver nicht steuern können. Für Hilliard waren die Auseinandersetzungen zwischen den BPP-Köpfen zwar ein Effekt von Zersetzungsarbeit, aber zugleich sei ihre Rivalität eine nunmehr zu berücksichtigende Tatsache.[63]

In Elaine Browns ein Jahr zuvor veröffentlichtem Buch *A Taste of Power* wurde die Problematik polizeilicher Unterwanderung auf andere Weise thematisiert. Im Gegensatz zu Hilliard betonte Brown in erster Linie den engen Zusammenhalt der Gruppe und die große Sympathie, die sie für die meisten Mitglieder aufbrachte – auch wenn sie gerade die Männer der Parteileitung immer wieder wegen deren aggressiver Sexualität angriff. Aus ihrer Sicht bildeten die *Panthers* in ihrem unmittelbaren Umfeld eine verschworene Gemeinschaft von Gleichgesinnten.[64] Umso abfälliger fiel ihre Wortwahl gegenüber Personen aus, denen sie die gleichberechtigte Teilhabe in ihrer Gruppe oder eine weisungsbefugte Position in ihrem fast militärischen Gefüge absprach; die wichtigste und abstoßendste von ihnen war Earl Anthony.[65] Weil sie den charismatischen Redner anfänglich faszinierend fand, ließ sich Brown auf eine kurze Affäre mit ihm ein, die sie im Anschluss jedoch mehr als bereute. Sie schilderte Anthony in unzweideutigen Worten als unsaubere Person, »die mich anwiderte, bestenfalls«.[66] Obwohl Brown an diesen Stellen nicht expliziter wurde, liegt die Vermutung nahe, dass sie die Sexualität ihres Parteigenossen als pervers verstanden wissen mochte. Diese Lesart der Affäre ist deshalb nicht von der Hand zu weisen, weil den Leserinnen und Lesern der Name und die Person Earl Anthonys nicht unbekannt waren: Er galt zu diesem Zeitpunkt, Anfang der 1990er Jahre, bereits als der prominenteste der FBI-Informanten. Die unfreundlichsten Meinungen über ihn hatten sich längst in der parteinahen Literatur etabliert.[67]

Dies war nach der Publikation von Earl Anthonys erstem Erinnerungsbuch *Picking Up the Gun* (1970) nicht unbedingt vorauszusehen. Anthony sprach in diesem Text fast durchweg außerordentlich positiv über die Panther und ihre Ziele und Methoden. Das Buch erweckt den Anschein, ein faires Bild aus der Sicht eines zu Unrecht verbannten Mitglieds zu zeichnen. Zu diesem Zweck widmete sich Anthony immer wieder der Frage, ob die Undercover-Maßnahmen der Polizei die zunehmenden Rivalitäten zwischen den Parteimitgliedern geschürt hätten oder diese umgekehrt erst wegen der Meinungsverschiedenheiten so ertragreich werden konnten. Die Verantwortung lag nach Meinung Anthonys auf Seiten der Parteiführung, und so ›verteidigte‹ er beispielsweise Larry und Jean Powell. Beide seien zunächst loyale Parteimitglieder gewesen und erst im Laufe der innerparteilichen Spannungen bereit gewesen, ihr Wissen den Verfolgungsbehörden mitzuteilen.[68] Als geradezu fatal schätzte er die Umsetzung von Kritik- und Selbstkritikgeboten ein, denn diese hätten – bedingt durch die soziale Zusammensetzung der Partei und das große intellektuelle Gefälle zwischen Leitung und einfachen Mitgliedern – beinahe immer den Charakter von Säuberungen angenommen.[69] In einer längeren Sequenz schilderte er, wie er sich selbst kurz vor seiner Entfernung aus den Reihen der Panther einem solchen, wie er es nennt, Tribunal unterziehen musste.[70] Es sei vor allem diese Entwicklung gewesen, die ihn schließlich dazu bewogen habe, Zeugnis abzulegen – womit er in diesem Buch keineswegs seine Kooperation mit dem FBI meinte, sondern die Veröffentlichung seines Erfahrungsberichts. *Picking Up the Gun* selbst, so will es Anthony seinen Leserinnen und Lesern versichern, sei der eigentliche denunziatorische Akt, der zu seiner Trennung von den Panthern geführt habe.[71] In gewissem Sinne schrieb Anthony diese Lesart in seinem zweiten Buch über seine Zeit in der Partei fort: Letztlich sei es Cleaver zu diesem Zeitpunkt darauf angekommen, das einzige Führungsmitglied mit einer Buchveröffentlichung zu bleiben.[72] Der Sprengstoff in *Spitting in the Wind* indes war das Bekenntnis des Autors, seit Beginn seiner Mitgliedschaft 1967 Informant für das FBI gewesen zu sein. Damit stellte er zentrale Positionen aus seiner ersten Schilderung in Frage. Schon im Vorwort äußerte er sich in diesem Sinne:

»*Picking Up the Gun* war so wahrhaftig, wie ich 1970 sein konnte. Denken Sie daran, damals führten die Panther in mehreren Städten einen Krieg gegen die Polizei, und es war mir unmöglich, all mein Wissen darüber zu Papier zu bringen. In der Zeitung der Partei war ich als Verräter genannt worden, wer mich tötete, hätte zum Helden werden können. Und auch meine Familie wurde bedroht.«[73]

Galt Anthony bereits zu diesem Zeitpunkt als in den parteiinternen Publikationen entlarvter Spitzel, so bestätigte er nun nach zwei Dekaden diesen Tatbestand. Bedenkt man die Tendenz vieler Autorinnen und Autoren aus dem Panther-Umfeld, Denunzianten als asozial oder krankhaft gestört zu beschreiben, dann verwundern Elaine Browns Auslassungen über seine abstoßende Sexualität nicht.[74]

Interessant ist vor allem, wie Anthony seine Rolle als Spitzel rechtfertigte. Er beschrieb sich als Opfer zwischen zwei übermächtigen, aber ungleichgewichtigen Einflüssen. Zum einen verwies er in seiner Darstellung auf die selbstzerstörerische Rivalität unter den Panther-Oberen, als deren Ausgangspunkt er Cleaver identifizierte, und die mit den so genannten Säuberungen einhergehende Gewalt. Wann immer Anthony auf die vielen toten Parteimitglieder zu sprechen kam, blieb der Hinweis auf die »internal killings« nicht aus.[75] Seine denunziatorische Rolle innerhalb der Partei entschuldigte er also als eine Art notwendige Zeugenschaft über die innere Zerstrittenheit der Leitung. Weitaus umfangreicher und auch als weitaus gefährlicher schilderte er die zweite Quelle seines Status als Opfer: das FBI und namentlich seine beiden Kontaktbeamten. Auch dazu bezog Anthony gleich zu Beginn des Buchs eindeutig Stellung:

»Sie hatten mich an den Eiern und drückten zu, wann immer sie wollten. Sie drückten hart und lang. Sie schlugen mir vor, nach San Francisco zurückzugehen und

Drogendealer zu werden, und ich ging zurück und wurde Drogendealer. Sie riefen ›Spring!‹, und ich fragte sie ›Wie hoch?‹«[76]

Folgt man seiner Darstellung, so wurde er vom FBI zur Mitarbeit erpresst. Dies fiel dem *Bureau* umso leichter, so Anthony, weil es sich bei der Kontaktpflege zweier Beamter bedienen konnte, die er lange kannte und denen es leichtfiel, ihn sowohl mit wohlwollender Unterstützung als auch mit konstantem, auch physischem Druck ›bei der Stange‹ zu halten.[77] Die Beziehung zu den beiden Agenten O'Connor und Kizenski wurde zu einer Art Angelpunkt in seiner Erzählung, ohne sie, so kann man schließen, wäre seine ›Laufbahn‹ in der BPP völlig anders verlaufen, und ohne sie wäre seiner Analyse aus seinem ersten Buch auch nichts hinzuzufügen gewesen. *Spitting in the Wind* war also weit weniger die Enthüllungsstory über eine in ihrem Inneren zerrüttete politische Gruppierung, als die das Buch nachvollziehbarerweise von Anhängerinnen und Anhängern der BPP gelesen wurde. Vielmehr stellte es einen weiteren Versuch dar, die Unmenschlichkeit der FBI-Praktiken anzuprangern – mit dem Ziel, die eigene personale Integrität wiederherzustellen.

Fasst man die Lektüre der Panther-Erinnerungstexte zusammen und bezieht sie zurück auf die populärkulturelle Repräsentation des Denunziatorischen im Film *Panther*, dann fallen einige bemerkenswerte Aspekte ins Auge. Nachdem sie den Film gesehen hatte, sprach die afroamerikanische Journalistin Kristal Brent Zook einen zentralen Punkt der Produktion an: »Jeder, den ich kenne, liebt *Panther* […] Der Film verleiht einer ganzen Generation von Menschen, die keine persönliche Erinnerung an diese Bewegung hat, das euphorische Gefühl dessen, was möglich wäre.«[78] Der Film war tragender Teil und vielleicht Höhepunkt einer generational inspirierten Erinnerungspolitik, zu denen auch die Texte aus den Reihen der BPP-Mitglieder beitrugen. Wie Jane Rhodes deutlich macht, war die *Panthermania* der 1990er Jahre auch eine Reaktion auf eine zugespitzte ökonomische und soziale Position vieler urbaner *communities of color* zu dieser Zeit.[79] Die Unruhen in Los Angeles 1992 waren die sichtbarsten Merkmale einer Entwicklung, die vielen afroamerikanischen Menschen massiv vor Augen führte, dass sie nach wie vor am untersten Rand der US-Gesellschaft platziert waren: eine wachsende Einkommenslücke zwischen Mittelklasse und Unterschichten, die immer spürbarer werdenden Folgen der De-Industrialisierung, die *white flight* aus den Innenstädten. Darüber hinaus wurde der Umstand, dass eine immer größer werdende Gruppe von jungen afroamerikanischen Männern in das Räderwerk des Justiz- und Gefängnissystems geraten war, mehr und offen kritisch debattiert. Die *Black Power*-Bewegung der späten 1960er/frühen 1970er Jahre musste so zu einer Art Inspiration für schwarze Künstlerinnen, Künstler und Intellektuelle werden, von der sie sich einen positiven Effekt auf eine jüngere Generation erhofften. Dass dabei dem Denunziatorischen und der Figur des Denunzianten eine so prominente Rolle erwuchs, mag gar nicht verwundern – erklärt und rechtfertigt sie doch einerseits vergangenes Scheitern in einer aufgrund ihrer scheinbaren Selbstverständlichkeit einfachen Weise und dient sie doch andererseits als probate Warnung an die angesprochene Zielgruppe jüngerer Menschen. Darüber hinaus verweist die große Präsenz denunziatorischer Konstellationen auf einen weiteren Aspekt: dem Wert der Denunziantenfigur zur Herstellung eines kohärenten und über einen längeren Zeitraum stabilen Narrativs. *Panther*, so wurde deutlich, erzielte seine Glaubwürdigkeit nicht allein deshalb, weil er ›Fakten‹ zitierte und Bilddokumente integrierte. Der Film funktioniert, weil er in der Lage ist, kanonische Texte zur Geschichte der Partei zu visualisieren. Und in diesen Texten hat das Element des Denunziatorischen eine Schlüsselposition inne, die filmisch umgesetzt werden *muss*. Die Repräsentation der Denunziation ist nicht nur Rechtfertigung des Scheiterns (dafür wäre die Figur des FBI-Agenten ausreichend) und nicht nur Mahnung zur erneuten Wachsamkeit in der Gegenwart, sie ist zudem ein sinnstiftender Bestandteil, damit Innen- und Außenbeziehungen solcher Gruppen nachvollziehbar werden. Der Verräter oder die Verräterin, so scheint es, ist notwendig, um aus einer abstrakten Gruppe eine lebendige zu machen, eine Gruppe, deren Geschichte man in einer Art und Weise erzählen kann, die an Erwartungen anschlussfähig ist. In diesem Sinne darf man glauben, dass Mario Van Peebles dankbar gewesen ist, als er Earl Anthonys *Spitting in the Wind* las. Das Buch gehörte nicht nur zu jener Welle von Texten, die die Erinnerungen der ersten Generation von Panthern vervollständigte, sondern war auch ein Steinbruch von Anregungen, um die Denunzianten in *Panther* ins Zentrum zu rücken. Die Figur Judge, die wichtigste Verkörperung des Denunzianten im Film, würde es ohne Earl Anthony so nicht gegeben haben, in ihr und um sie herum laufen die wichtigsten Stränge dessen zusammen, was eine Fülle von Texten zuvor als charakteristisch ausgemacht hatte: persönliche Bindungen nach innen wie außen, sicheres wie unsicheres Wissen, Rivalität und Gewalt, Pathologisierung und Sympathie, Schicksal wie Verschwörung.

Ein weiterer Text aus dem BPP-Umfeld, der die Bedeutung des Denunziatorischen anspricht, ist George Jacksons Sammlung von Gefängnisbriefen. Jackson (1941–1971) war Strafgefangener in den Gefängnissen von San

Quentin sowie Soledad und entwickelte sich in dieser Zeit, die er zumeist in Isolationshaft verbringen musste, zu einem marxistischen Theoretiker. Seine zahlreichen Briefe wurden in *Soledad Brother* veröffentlicht, eine Sammlung, die zu den als am häufigsten gelesenen linken und afroamerikanischen Beiträgen dieser Zeit zu zählen sind. Zu seiner ›Prominenz‹ trug auch bei, dass Jackson 1971 bei einem Fluchtversuch aus San Quentin von Wärtern erschossen wurde.[80] Jackson berichtete in seinen Briefen immer wieder von den systematischen Versuchen, gerade die ›politischen‹ Gefangenen und unter diesen besonders die afroamerikanischen durch ein Netz von Informanten zu brechen. Dabei nutzte das Gefängnispersonal vor allem den Rassismus und die Rivalitäten unter den Gefangen zum eigenen Vorteil:

»Teilen und Herrschen in seiner simpelsten Form ist das Standardprozedere der Polizei. Sie zeigen uns ihre Ratten, und dass sie alles wissen, was unter uns vorgeht. Gibt es zwei Verdächtige, dann werden sie getrennt und man sagt jedem von ihnen, der andere habe gestanden und dabei ihn belastet. Und so weiter, ihr wisst, was ich meine. Im Gefängnis ist es das gleiche Spiel, nur noch intensiver. Dort herrscht immer ein Gefühl von Terror, von Verrat, von Unsicherheit. Dieses Gefühl fließt aus dem Büro des Captain heraus – teile und herrsche, teile und herrsche.«[81]

Bücher über die politischen Gefangenen in den USA der Vietnam- und Watergate-Ära nahmen solche Aussagen auf und verdichteten sie. In den Fokus geriet ein zentralisierter Repressionsapparat mit einem dichten Netz von *informants*, das sich von den Familien der Betroffenen über die Gruppenzusammenhänge selbst bis eben in die Zeit der Inhaftierung erstreckte, wo sie ihre zersetzende Wirkung über die eigentliche Strafe hinaus fortsetzen.[82] Jacksons Beobachtungen aufnehmend, werde ich nun das Gefängnis als einen Raum in den Blick nehmen, der paradigmatisch für das Denunziatorische zu stehen scheint.

Rats – Das Denunzieren und das Gefängnis

1931 konnte man in einer angesehenen sozialwissenschaftlichen Zeitschrift den Text eines anonymen Strafgefangenen lesen.[83] Rasch wird deutlich, warum der Autor nicht namentlich genannt sein wollte: Geschildert und kritisiert wurde ein inhumanes und korruptes Gefängniswesen, geprägt von Sinnlosigkeit und Willkür, von schlecht oder gar nicht ausgebildeten, dafür machtbesessenen Vollzugsbeamten, die vor Demütigung und Gewalt gegenüber Gefangenen nicht zurückschreckten. Bevor der Artikel mit einem Ausblick auf denkbare Reformen schloss, entwickelte der schreibende Insasse so etwas wie eine psychologische Skizze des Inhaftierten als Unterworfenen, als eines gebrochenen Menschen. Insbesondere für junge Menschen und Erstverurteilte sei die Gewöhnung an diese Umstände in den ersten Tagen und Wochen traumatisch. Als einen Schlüssel zum Verständnis dieses Orts kennzeichnete er das Gefängnis vor allem als einen Raum aufgezwungenen Schweigens, »auf dessen fruchtbaren Böden der Spitzel gedeiht«.[84]

Dass an dieser Stelle Denunziation als ein Bestandteil, als ein Effekt und auch als ein Indiz von gescheiterter Kommunikation betrachtet wurde, war alles andere als ein Zufall. Auf dem Höhepunkt der Weltwirtschaftskrise galt das Gefängnis, diese Institution, die im Verlauf der Geschichte der Vereinigten Staaten immer wieder als Umsetzung bürgerlichen Reform- und Erziehungswillens galt, als von einer tiefen Krise geprägt.[85] Die Jahre 1929/30 sahen eine Welle von Gefängnisaufständen sowie einen Großbrand in einem Bundesgefängnis,[86] und gerade auch populärkulturell verlor die Strafanstalt mehr und mehr ihr Image von Reform und Besserung, stattdessen unterstrichen Romane und Filme ebenso wie journalistische Essays sehr viel stärker ihre Rolle als Brutstätte von Gewalt und – ausgerechnet – von Gesetzlosigkeit.[87] Auch die Sozialwissenschaften hatten in den 1920er Jahren das Gefängnis und Strafgefangene als Objekte ihrer Studien entdeckt und dabei nicht zuletzt die Frage gestellt, mit was für einer Art von Sozialraum mit welchen interpersonalen und kommunikativen Strukturen man es hier zu tun hatte.[88] Das Gefängnis, dieser abgeschlossene Ort, und seine verurteilten Inhaftierten sowie die dort arbeitenden Angestellten waren zu einem bevorzugten Laboratorium zum Studium von Sozialbeziehungen geworden. Der verloren geglaubte Reformimpetus der Resozialisierung sollte dadurch wieder zur Geltung gebracht werden.[89]

Sozialwissenschaftliche Beiträge aus dieser Zeit waren zumeist aus einem Blickwinkel heraus geschrieben, der empirische Beobachtung mit eingreifender Regulierung im Sinne eines Gefangenenmanagements miteinander verband. Um die Beziehungen und Kommunikationswege innerhalb der Gefängnisse nachzeichnen zu können, bemühten sie sich zumeist darum, die Insassen in klar bestimmbare und voneinander unterscheidbare Gruppen einzuordnen. Dabei griffen die Autoren (und wenigen Autorinnen) auf eine Mischung aus soziologisch-sozialpädagogischer Theorie und klinisch-psychologischer Terminologie zurück. F. G. Zerbst, 1934 Direktor des berühmt-berüchtigten Leavenworth-Gefängnisses in Kansas, arbeitete zu diesem Zweck mit einem hochrangigen Mediziner des *United States Public Health Service* zusammen und entwarf ein feingliedriges Raster verschiedener Persönlichkeitsstrukturen von Strafgefangenen und wie man sie jeweils einzuschätzen und zu behandeln hätte.[90] Nachdem sie ihre Leserinnen und Leser zunächst mit der Feststellung beruhigten, die große Mehrheit der Insassen sei psychisch unauffällig und somit leicht zu führen, typologisierten die beiden konservativen und aus der Kontrollperspektive argumentierenden Autoren die verbleibende Minderheit als *abnormal types* – »zu ihnen gehören Geistesschwache, Insassen mit schweren Persönlichkeitsstörungen und solche mit Psychosen und Minderwertigkeitssyndromen«.[91] Paranoia sei dabei ein immer wiederkehrendes Phänomen, und hierbei tauche die Denunziation als oftmals bedeutsamer Faktor auf:

> »Der auf Angst reagierende Charakter wird freiwillig zu einem Aufseher gehen, und meist sehr aufgeregt darüber berichten, dass er von einem oder mehreren Insassen körperlich bedroht würde. Diese Bedrohung mag tatsächlich stattgefunden haben oder lediglich eingebildet sein, sie ist für den Betroffenen in jedem Fall sehr real. Basis seiner Angstreaktion ist zumeist, dass er irgendwann einmal einen Mitinsassen ›denunziert‹ hat und dass sich das herumgesprochen hat.«[92]

Obgleich diese Darstellung die Denunziation aus Perspektive der Gefängnisleitung eher verharmlost oder zumindest neutralisiert, nicht zuletzt durch durch die Setzung des Begriffs in Anführungszeichen, so führt er doch die Figur des Denunzianten als einen der Sozialtypen des Gefängnisses ein und verknüpft sie zugleich mit Angst, Gewalt und Krankheit. Die Kommunikationsform Denunziation produziert aus der Perspektive der beiden Autoren nicht allein Wissen auf Seiten der Anstaltsleitung, sondern auch schwer zu regulierende Persönlichkeitsstrukturen.

Es ist diese Konstruktion des Gefängnisses als eines Raums besonderer kommunikativer Konstellationen und Konventionen, der die Figur des Denunzianten in den Texten der Gefängnissoziologie so prominent macht. Die zur Kennzeichnung dieser spezifischen Situation verwendete Vokabel war die des *inmate codes*. Dieser wurde als ein ungeschriebenes, tradiertes Regelwerk gefasst, welches zahlreiche Bestandteile von Gang-Subkulturen außerhalb von Gefängnissen beinhaltete, darunter die Betonung von Stärke, Aggression (auch sexuelle), Gewalt und Hierarchien. Vor allem aber betrachteten die Forscherinnen und Forscher den *inmate code* als ein System zur Loyalitätssicherung, das auf ein hohes Maß an Verschwiegenheit gegenüber dem Gefängnispersonal oder anderen Personen außerhalb der Gruppe der Häftlinge beruhte. Aus dem sozialwissenschaftlichen Blickwinkel heraus waren es die scheinbar immer vorhandenen *rats*, die *squealers*, die *finks*, die einen Einblick in dieses paranoid geschlossene System ermöglichten. Diese Figuren stellten einerseits eine permanente Bedrohung des *code* dar, andererseits bestätigten sie immer wieder aufs Neue seinen Wert, und das machte sie so interessant.

Viele Studien ab den 1930er Jahren identifizierten *informers* oder Personen, die von ihren Mitinsassen als solche wahrgenommen wurden, als auffällige Faktoren. Wurden sie von dem oben erwähnten anonymen Gefangenen in erster Linie als schändliche Mittler in einem System ohnehin gestörter Kommunikation und vom Leavenworth-Direktor als nützlich, aber krank identifiziert, so versuchten andere Autoren sich eher an einer neutraleren Funktionsanalyse. Donald Clemmer, Verfasser einer großen Studie zu Gefängnisgemeinschaften, behandelte 1938 in einem Aufsatz die Führungsfiguren unter den verschiedenen Insassengruppen.[93] Für sie alle – ganz gleich, ob sie eher als aggressiv oder angepasst galten – war wichtig, sich von jedem Kontakt zu Personen fernzuhalten, die auch nur der Denunziation im Dienste der Anstaltsleitung verdächtig waren. Neben vielen anderen Attributen war das Erreichen einer Führungsposition unter Gefängnisinsassen in den Augen Clemmers vor allem eine Sache von Korrektheit (*rightness*), die als Form von Loyalität alle Formen denunziatorischen Handelns ausschloss.[94] Die Anstrengungen der ›Bosse‹ in den Gefängniscliquen, sich von jeder denkbaren Beziehung zum Denunziatorischen entfernt zu halten, mussten jedoch scheitern. Clemmer betonte in seiner Analyse, dass gegenseitige Denunziationsvorwürfe oder tatsächliches *squealing* bei Rivalitätskämpfen an der Tagesordnung gewesen seien. In einem Interview mit Clemmer äußerte sich einer der ›Führer‹ über seinen Rivalen so:

»Man hatte ihn schon lange verdächtigt, eine ›Ratte‹ (ein Denunziant) zu sein. Als er einmal versuchte, Unterschriften für eine Petition zu sammeln, wollte niemand sein Papier unterschreiben. Als die anderen Gefangenen gefragt wurden, wer diese Petition in Umlauf gebracht hätte, antworteten sie: ›Dieser dreckige Singvogel (Denunziant), der hat vielleicht Nerven wenn er glaubt, jemand würde diese Petition unterschreiben.‹ […] Und unter diesen Hunderten von Gefangenen, die nicht unterzeichnen wollten, waren haufenweise andere Spitzel wie er, auch sie vertrauten dem Singvogel nicht, obwohl sie genauso waren wie er.«[95]

Deutlich wird, dass viele frühe wissenschaftliche Studien über Gefängnisse und ihre Insassen nicht umhinkamen, Denunziantenfiguren in ihre Untersuchungen aktiv mit aufzunehmen. Ging es diesen Arbeiten vorwiegend darum, Gruppen- und Kommunikationsstrukturen innerhalb einer geschlossenen Anstaltsgemeinschaft sichtbar und handhabbar zu machen, dann platzierten sie *informer* zugleich an den Rand der Gruppenstruktur wie ins Zentrum der kommunikativen Netze.[96] Denunzianten wurden, folgt man diesen Studien, gehasst und aktiv ausgegrenzt, trotzdem wurde über sie und mit ihnen geredet; sie waren nötig, um den *inmate code* immer wieder zu bestätigen. In den von Clemmer untersuchten Einrichtungen bildeten sie eine eigene, marginalisierte Gruppe, die aber sowohl für andere Insassen als auch für das Aufsichtspersonal wichtige, verbindende Funktionen ausübten.[97]

Spätere Arbeiten, entstanden in den 1950er bis in die frühen 1970er Jahre, gaben der Konzeptionalisierung des *prison informer* eine veränderte Note. Dies verdeutlicht zunächst vor allem eine heute klassisch zu nennende Studie von Gresham Sykes.[98] Erkennbar wird ein Perspektivwechsel hin zur Sichtweise der Insassen, statt Durchsetzung von Ordnung wird nun eher die Frage nach dem ›wie‹ der kommunikativen Abläufe betont. Dies zeigt auch ein Text von Elmer Johnson.[99] Darin wurde gesondert auf die Gruppe der ›Verräter‹ fokussiert und weniger nach ihrer Rolle und ihren Funktionen im Gesamtgefüge der Haftanstalt gefragt, sondern vielmehr nach den Persönlichkeitsstrukturen dieser Personen selbst – was führte dazu, dass sie diese Position einnahmen? Johnson kam dabei nicht umhin, zunächst eine definitorische Unschärfe einzugestehen: Die komplexe, unübersichtliche und vor allem in hohem Maße von changierenden Machtkonstellationen geprägte Gefängnissituation lasse ganz unterschiedliche Figuren in den Blick geraten, die mit dem Etikett des Denunzianten versehen würden. Eine simple Kennzeichnung in Form einer Definition reiche nicht aus.[100] Darüber hinaus konstatierte der Autor ganz offen die Wichtigkeit solcher Figuren für das Gefüge einer Haftanstalt, er beschrieb ihre wichtige kommunikative Rolle ebenso wie ihre Nützlichkeit als Sündenböcke und Blitzableiter. Bei der Beantwortung seiner eigentlichen Frage nach der Ausbildung einer ›denunziatorischen Persönlichkeitsstruktur‹ orientierte sich Johnson zunächst stark an seinen wissenschaftlichen Vorläufern und unterstrich den Einfluss von Führungspersonen. Doch unter der veränderten Fragestellung war nun weniger deren Selbstverständnis als vielmehr ihre Wirkung auf andere Gefangene interessant, gerade auf Neuankömmlinge; statt den Anführern widmete sich Johnson eher den Mitläufern.[101] In einer offensichtlichen Adaption zeitgenössischer soziologischer Trends beschrieb er Informanten als Prototypen einer fremdorientierten Persönlichkeit:

»Als eine abhängige Persönlichkeit ist der Denunziant durch ein Fehlen von Bestimmtheit und durch eine mentale Weichheit charakterisiert; er braucht Führung und Unterstützung durch andere, um seine Ziele zu erreichen. […] Die Gefangenschaft führt ihn in eine Situation, in der die Auswirkungen seiner Schwächen vergrößert werden. Weil er sich in keinem Wertekonflikt entscheiden kann, reagiert er besonders empfindlich auf Druck und wird ständig zwischen konkurrierenden Gruppen und ihren jeweiligen Loyalitätsanforderungen hin- und hergestoßen. Seine Schwäche wird meist durch seine unbeholfenen Versuche, die Sympathien der Aufseher zu gewinnen, für alle ersichtlich. So wird er sowohl in den Augen seiner Mitgefangenen wie in denen der Wärter zu einem wahrscheinlichen Kandidaten für die Rolle des Denunzianten. Bei einem ersten kleinen Zwischenfall wird er dann zur ›Ratte‹.«[102]

Deutlich wird der Versuch, Betrachtungen zum Verrat im Gefängnis mit ›allgemeinen‹ oder zeitgenössischen Beobachtungen in Gesellschaft oder Kultur in Analogie zu bringen. Harry Wilmer etwa bemühte sich in einem 1965 erschienenen Aufsatz darum, seine im Gefängnis von San Quentin gemachten Beobachtungen in gleichem Maße psychoanalytisch wie kulturtheoretisch zu deuten. Dabei zeigte er sich pessimistisch angesichts der Frage, ob ausgerechnet ein auf Kommunikation im Gespräch setzendes Modell von Therapie an diesem spezifischen Ort von Nutzen sein kann: »Die ›Ratte‹ kann nicht gewinnen, schon allein deshalb, weil sie von vielen anderen ›Ratten‹ umgeben ist. […] Und jeder Versuch einer Gesprächstherapie in Gruppen muss scheitern, weil der *inmate code* das Reden verbietet.«[103]

Die wissenschaftlichen Debatten der 1950er und 1960er Jahre zeichneten einerseits ein differenzierteres Bild der denunziatorischen Figur in Gefängnissen, die sowohl ihre Vielschichtigkeit als auch ihre Wichtigkeit jenseits einer bloßen Verwertbarkeit verdeutlichte.[104] Doch blieb es andererseits bei ihrer grundsätzlichen Pathologisierung, die durch die Übernahme der seit den Veröffentlichungen David Riesmans so populär gewordenen Vorstellung von *other-directedness* nur umso richtiger erschien.[105] Auf diese Weise konnte die Gefängnissoziologie insgesamt mit anderen sozialwissenschaftlichen Studien kompatibel gemacht werden, die etwa Wirtschaftsunternehmen, Gewerkschaften oder College-Gruppen untersuchten.[106] Von großem Einfluss waren in diesem Zusammenhang auch Veröffentlichungen, die sich von Erving Goffman und seinen Überlegungen zu ›totalen Institutionen‹ inspirieren ließen. Sie unterstrichen besonders die zentrale Rolle von Kommunikationsformen in geschlossenen oder beinahe geschlossenen Raumkonstellationen.[107] Auffällig ist außerdem, dass nun insbesondere Arbeiten zu weiblichen Gefängnisinsassen quantitativ zunahmen und auch hier verstärkt auf die Informantinnen als Zuträgerinnen wie Rivalinnen geachtet wurde, wobei dies in einem homosozial weiblichen Raum in der Regel auf einer Folie weiblicher Verhaltensstereotype gelesen wurde.[108]

Noch später, seit den 1980er Jahren, wandten sich sozialwissenschaftliche Untersuchungen von den eher ›traditionellen‹ Formen des Denunzierens in den Gefängnissen ab und nahmen in erster Linie Mechanismen in Augenschein, in denen die Existenz der denunziatorischen Rede von den Gefängnisleitungen konsequent und systematisch unter den Bedingungen riesiger Anstaltskomplexe zur Insassenführung genutzt wurde.[109]

Die gerade vorgestellten, seit den 1930er Jahren durchgeführten Studien und ihre Interpretationen waren in mannigfaltiger Weise mit populärkulturellen Repräsentationen von Verrat im Gefängnis verwoben. Die Figur des Denunzianten war gerade in diesem, dem Blick des Publikums so sehr entzogenen Raum, von besonderem Reiz, was ihn einerseits zu einem interessanten Objekt von Forschung, aber eben auch für fiktionale Auskleidung besonders verlockend machte.[110] Hollywood entwickelte in seinen *prison film*-Wellen immer wieder neue Szenarien, in denen die Figur des Denunzianten – neben dem unschuldig Verurteilten, dem Ausbruchs-Tüftler, dem sadistischen Aufseher, dem trinkenden Anstaltsarzt, dem wohlmeinenden Reformer und anderen – zur Standardbesetzung gehörte. Von Stummfilmen wie etwa *City of Silent Men* (1921) über die große Welle der Gefängnisfilme der 1930er und 1940er Jahre, von denen *Brute Force* (1947) vielleicht den Höhepunkt markiert, bis zu einflussreichen Filmen der jüngeren Vergangenheit wie zum Beispiel *The Shawshank Redemption* (1994) ist es nicht zuletzt die *prison rat*, ohne die der abgeschlossene Kosmos eines Gefängnisses nicht denkbar scheint.[111]

Aus der Perspektive der Erinnerungsforschung ist es jedoch lohnender, autobiografische Texte, Romane und Kurzgeschichten von ehemaligen Häftlingen in den Blick zu nehmen. Schon vor George Jackson und *Soledad Brother* und ohne die explizit politische Dimension der Überwachung durch Bespitzelung und Denunziation kam den *stool pigeons* eine bedeutende Rolle in solchen Erzählungen zu. Dies möchte ich exemplarisch an zwei Autoren zeigen, an Chester Himes und Malcolm Braly.[112]

Chester Himes (1909–1984) wurde einem größeren Publikum vor allem durch seinen 1945 veröffentlichten Roman *If He Hollers, Let Him Go* sowie seine *Harlem Detective Novels* bekannt, die Himes zu einem Pionier des afroamerikanischen Kriminalromans machten. Weniger verbreitet sind seine Werke mit eher autobiografischem Charakter. In ihnen kommt Himes auch auf die sieben Jahre zwischen seinem 19. und 26. Lebensjahr zu sprechen, die er als Insasse in Strafanstalten in Ohio verbrachte.[113] Schon während seiner Haftzeit begann er zu schreiben, und einige der in dieser Zeit verfassten

Kurzgeschichten wurden zeitgleich oder danach in verschiedenen Magazinen veröffentlicht.[114] Zentraler Bezugspunkt einer Auseinandersetzung mit Himes' Gefängniserfahrung ist jedoch sein 1952 erschienener Roman *Cast the First Stone*.[115]

Cast the First Stone erzählt aus der Ich-Perspektive die Geschichte von Jim Monroe, einem jungen Weißen aus Mississippi, der wegen eines Juwelenraubs eine langjährige Haftstrafe in einer nicht näher spezifizierten Strafanstalt verbüßen muss. Der Roman lässt sich grob in drei Abschnitte gliedern: Teil eins erzählt von Monroes ›Aufstieg‹ im Gefängnis; aus einem eher schüchternen, beobachtenden Neuling wird der Organisator des illegalen, lukrativen Glücksspiels in der Anstalt. Den mittleren Abschnitt bildet die Schilderung eines großen Brands im Gefängnis – eine Passage, welche die Feuersbrunst beschreibt, die Himes selbst im *Ohio Penitentiary* in Columbus im April 1930 überlebte.[116] Der Schlussteil schildert die Freundschaft, oder besser: die Liebe Monroes zu einem Mithäftling, Duke Dido. Es ist vor allem dieser Abschnitt, der vor der Veröffentlichung aufgrund der dargestellten Homosexualität von Himes selbst ›zensiert‹ werden musste und der erst 1998 erstmals in seiner eigentlich vorgesehenen Form erscheinen konnte. Das Buch endet mit Didos Selbstmord und Monroes Entlassung.[117]

Aus Himes' Sicht bedeutete das Leben eines Strafgefangenen keinen essenziellen Bruch, sondern vielmehr eine Verdichtung des bisherigen Lebens: »Nothing happened in prison that I had not already encountered in outside life.«[118] Wie in vielen Gefängniserzählungen üblich, zeichnet auch dieser Roman auf den ersten Blick einen abgeschlossenen Ort, an dem sich klar markierte Gruppen sowie einzelne stereotype Charaktere gegenüberstehen. So etwa gerät Jimmy Monroe sehr rasch nach seiner Ankunft in der Anstalt in eine gewaltsame Auseinandersetzung mit Captain Warren, einem skrupellosen, ehrgeizigen und einflussreichen Aufseher.[119] Gerade im ersten Teil präsentiert Himes ein breites Spektrum unterschiedlicher Insassenfiguren, vom ›schwulen Jungen‹ über die Hehler und ›Trickser‹ eben auch zum Spitzel. Der Roman liefert literarische Versionen der Sozialcharaktere, wie sie in den sozialwissenschaftlichen Studien zum Gefängnis in den 1930er bis in die 1950er Jahre skizziert und in ihrer aufeinander bezogenen Funktionalität gekennzeichnet worden sind.

Und doch unterscheidet sich Himes' Roman ganz wesentlich sowohl von anderen literarischen und filmischen Gefängnisdramen als auch von den zeitgenössischen Studien der Gefängnissoziologie, indem er kein stabiles Gefüge, keine verlässliche Ordnung beschreibt, sondern ein hochgradig kontingentes Geflecht von immer wieder neu auszuhandelnden Beziehungen. *Cast the First Stone* ist als eine Abfolge von unterschiedlichen Freundschaften arrangiert, die Jimmy Monroe durch die Jahre seiner Inhaftierung eingeht und die jeweils auf sehr verschiedene Arten enden.[120] Himes charakterisiert das Gefängnis als einen Ort, an dem die Insassen durch Kommunikationsbeschränkungen und Zwang voneinander isoliert und in ein bestimmtes Rollen- und Positionsgefüge eingeordnet werden sollen. Dass die Anstaltsleitung mit diesem Versuch scheitert, hat jedoch keineswegs nur positive, gewünschte, womöglich gar widerständige oder befreiende Effekte. Vielmehr scheint das permanent notwendige Neuaushandeln von Kontakten auf die Inhaftierten eher deprimierend und anstrengend zu wirken. Auch in seiner Autobiografie spricht Himes diesen Aspekt an: »Man könnte denken, ich hätte im Gefängnis genug Isolation für ein ganzes Leben gehabt, aber man ist im Gefängnis gar nicht isoliert. Das Schlimmste am Gefängnis sind nämlich die vielen anderen Gefangenen, die ständig um einen herum sind.«[121]

In diesem Sinne sind die geschilderten Freundschaften Jim Monroes immer beides: Anker, die die Routine im Gefängnisalltag erträglich machen, und Konstellationen gefährlichen Aushandelns von Vertrauen und Nutzen. Darüber hinaus sind sie stets Teil des sozialen Gewebes Gefängnis insgesamt, sie werden auch aus anderen Blickwinkeln beobachtet und eingeschätzt. Sie sind, in anderen Worten, immer auch Variationen des Themas Nähe versus Denunziation. Freundschaften können für Himes in diesem Sinne auch Schwächen sein.

Das wird umso eklatanter, wenn sich die Freundschaft jenseits der Trennlinie Wärter und Häftling bewegt, wie im Fall des Verhältnisses zwischen Monroe und Captain Charlie, einem alten Aufseher, der sich sehr anständig gegenüber den Insassen verhält. Monroe schildert die Gespräche mit Captain Charlie als freundlich und beinahe gleichberechtigt, doch die beiden müssen vorsichtig sein, um keinen Verdacht zu erregen. Dadurch bleibt notwendigerweise eine ganze Reihe von Themen ausgespart: »Wir sprachen nicht über Politik, und auch nicht über die Aufseher. Er war nett, aber er war auch alt, und wenn sie ihn entließen, würde er vermutlich keinen Job mehr bekommen. Wir sprachen auch nicht über die anderen Gefangenen. Ich wollte ganz sicher keine Ratte sein, noch wollte ich für eine gehalten werden.«[122]

Auch andere der im ersten Teil des Romans aufgefächerten Freundschaften Monroes sind durch das verbale Sondieren von Möglichkeiten und Grenzen bestimmt, von Fremd- wie Selbsteinschätzungen hinsichtlich möglicher Nähe und nötiger Distanz. Jimmy Monroes erster engerer Kontakt in der Anstalt ist ein Mitgefangener namens Mal. Mal entwickelt sich zu einer Figur der Orientierung, zu einer Art Lehrer im Prozess der Dechiffrierung des Gefängnisalltags und seiner Gestalten, auch seiner kommunikativen Codes. Dies geschieht aber keineswegs solidarisch, sondern in einem Modus des *othering*. Er agiert gegenüber Jimmy Monroe in einem Feld von Konkurrenz, denn der neue Häftling wird von einigen Alteingesessenen ›begehrt‹, in vielerlei Hinsicht.[123] Mal bedient sich gleich zu Beginn des Romans der bekannten, negativ aufgeladenen Figur des Spitzels, um Gut und Böse in der Gefängnisgemeinschaft zweifelsfrei bestimmen zu können. Er verbindet dies zugleich mit dem Hinweis auf pathologisierte Sexualität: Der Andere ist nicht allein ein Denunziant, er ist obendrein ein *degenerate*. Es ist dies ein doppelter Hinweis. Zum einen verlangt die Etablierung von Nähe wie Distanz möglichst scharfe Einschätzungen von sich und anderen, und außerdem verbleiben sie nicht innerhalb einfacher, klar bestimmbarer Etikettierungen, sondern sind hybrid zusammengesetzt und somit auch variabel – im Gegensatz zu den Kategorisierungen, wie sie in der sozialwissenschaftlichen Gefängnisforschung der Zeit vorgeschlagen worden waren.

Diese situationsabhängig immer wieder neu hergestellte, vielschichtige Konstellation von wechselseitigen Zuschreibungen wird besonders anschaulich zunächst im Zusammenhang mit den Glücksspielen und dann schließlich am Ende des Buchs, wenn es gilt, die Liebesbeziehung zu Duke Dido zu schützen. Beide Ereignisverläufe bringen Monroe dauerhaft zwischen sich immer wieder verschiebende Fronten sowohl von Mitinsassen wie Aufsehern. Dabei kommt der (Denk-)Figur des Denunzianten stets eine tragende Rolle zu, sei es als Vorwurf, als Verdacht oder als Beschimpfung. Im Gefängnis, einem Ort grundsätzlich ›gestörter‹ Kommunikation, dient der Verweis auf das Denunziatorische der Zuschreibung und Vergewisserung von Information und Wissen. Monroe ist aktiver Teil dieser kommunikativen Abläufe, zugleich beobachtet er ihre Dynamiken mitunter mit Verwunderung und Abscheu. Dies zeigt seine Schilderung eines dennziatorischen Akts, als die vermeintlichen Brandstifter des großen Feuers ermittelt werden sollen:

»Und dann schrieb ein einfach gestrickter Insasse einem anderen einfach gestrickten Insassen in einem Brief, er solle den Mund halten, und Tommy Tucker, der den Zettel überbringen sollte, fiel nichts Besseres ein, als ihn zum Direktor zu tragen. Der Direktor ließ also die beiden Insassen zu sich kommen und prügelte drei Stunden lang die Wahrheit aus ihnen heraus […]

Warum bloß haben sie das getan? Warum musste Tommy zum Denunzianten werden? Und warum mussten die Offiziellen der Sache nachgehen, als ob es da noch einen Unterschied gemacht hätte zu wissen, warum der Brand ausgebrochen ist?«[124]

Nicht allein waren die Begriffe und die mit ihnen verbundenen Zuschreibungen uneindeutig, instabil und stets Resultat von Aushandlungen; die Ergebnisse der angeschobenen Prozesse schildert Himes als vorhersehbar dysfunktional und in ihren Dynamiken als kaum kontrollierbar. Seinem Protagonisten Jim Monroe gelingt es jedoch zumindest zeitweise, im Rahmen dieser prekären Konstellation erfolgreich zu handeln. Einige Male droht der illegale Glücksspielbetrieb durch Verrat aufzufliegen, doch die Kooperation mit einigen Aufsehern – also der zeitweise geglückte Versuch, Linien latent denunziatorischer Kommunikation zu unterbrechen und umzufunktionieren – sichert Monroe das lukrative Geschäft, das durch den Gefängnisbrand beendet wird. Monroes Affäre mit Duke Dido rückt die beiden aber auf besondere Weise ins Zentrum denunziatorischer Konstellationen. Als ihn ein wohlgesinnter Wärter warnt, reagiert er geschockt: »Ich hätte wissen müssen, dass man Duke und mich denunziert, doch ich hatte nie daran gedacht […].«[125]

Obgleich *Cast the First Stone* von Beginn an gleichgeschlechtliches Begehren als wichtigen und üblichen Bestandteil von Gefängnisleben schildert, bleibt Sexualität ein zentraler Aufhänger für denunziatorische Rede und denunziatorisches Handeln. Erneut wird dabei deutlich, dass die ›Opfer‹, Jim Monroe und Duke Dido, keineswegs einer klar ersichtlichen, immer gleichen Gruppe von vermeintlichen ›Tätern‹ gegenüberstehen, sondern dieses Feld gerade im aufgeladenen Bereich des Sexuellen ganz besonders fluide und schlecht einzuschätzen erscheint.

»Nothing happened in prison that I had not already encountered in outside life« – Chester Himes' Hinweis aus seiner Autobiografie erlaubt es, den Stellenwert seiner Schilderungen des Denunziatorischen in *Cast the First Stone* einzuschätzen. Wie die meisten der zeitgleich entstehenden soziologischen Texte entwirft der Roman ebenfalls eine Analogie zwischen der Anstalt und ›dem wirklichen Leben‹, den gesellschaftlichen Verhältnissen außerhalb der Gefängnismauern. Doch folgen seine Beobachtungen und seine Erinnerungen einem grundverschiedenen Muster. Die Texte der Sozialwissenschaften kennzeichneten die Strafanstalt als einen Ort der Ordnung, an welchem bestimmte Sozialtypen – zum Beispiel und besonders prominent der Denunziant – diese Ordnung einerseits abbildeten und andererseits dazu funktionalisiert werden konnten, sie im Bedarfsfall zu stabilisieren. Dagegen konstituiert Himes das Gefängnis, und damit auch die Gesellschaft insgesamt, als ein Geflecht ständig changierender, nie stillstehender, oft gefährlicher, aber immer auch nutzbarer Machtverhältnisse. Die Sozialtypen der Gefäng-

nissoziologie verschwimmen in seiner Darstellung zu flüchtigen, hybrid zusammengesetzten Momentaufnahmen. Das Denunziatorische, in seinen ganz unterschiedlichen Ausformungen, Funktionen und Imaginationen, ist darin von großer Bedeutung – aber gerade nicht, weil es sich zu dem *einen* Typus verdichten ließe, sondern weil die Figur des Denunzianten so uneindeutig bleibt und so vielfältig eingesetzt werden kann.

So unterschiedlich Himes auf der einen Seite und die Gefängnissoziologie der 1930er bis in die frühen 1960er Jahre auf der anderen Seite die Merkmale der Insassen und deren Sozialcharaktere bewerteten, gemeinsam war ihnen die Analogie des Gefängnisses mit der Gesamtgesellschaft. Malcolm Braly dagegen konzeptionalisierte das Gefängnis als einen fundamental anderen Raum mit ganz eigenen Mechanismen; für ihn war jeder Versuch einer Analogiebildung entweder naiv oder politisch falsch motiviert.[126]

Braly (1925–1980) wird oft dem erweiterten Zirkel um die Beat-Autoren der 1950er und frühen 1960er Jahre zugerechnet, er teilte mit ihnen eine uneingeschränkte Sympathie und Solidarität mit den *outcasts* der Gesellschaft.[127] Vom Teenageralter bis zum 40. Lebensjahr verbrachte Braly beinahe 20 Jahre in verschiedenen Haftanstalten, immer nur von kurzen Zeiten der Freiheit unterbrochen. In seiner 1976 erschienen Autobiografie widmete er sich dieser langen Phase; das Buch ist entlang der verschiedenen Haftzeiten gegliedert. Die Jahre im Gefängnis galten ihm, so seine Beschreibung, als sichere, verlässliche Abschnitte.[128]

Mit dem Aufenthalt im Gefängnis trete der Insasse aus der gesellschaftlichen Linearität der Zeit aus. Zwar projiziere er (Braly schrieb ausdrücklich über Männer) seine Gedanken auf eine Zukunft in Freiheit, wohl wissend, dass er sich darin allerdings nie wieder wird zurechtfinden können, allen Reformen oder Resozialisierungsversuchen zum Trotz. Es ist diese Trennung zwischen Gefängnis und Gesellschaft, die das Werk Bralys durchgehend kennzeichnet. Angelegt an die verschiedenen Haftzeiten erzählte Braly in seinen Romanen von unterschiedlichen Phasen in den ›Karrieren‹ von Strafgefangenen: In *Felony Tank*, seinem Debutwerk, schrieb er über einen jugendlichen Ersttäter, später widmete er sich in *It's Cold Out There* einem auf Bewährung Entlassenen.[129] In *On the Yard*, Bralys bekanntestem, erstmals 1967 erschienenem Roman, bekommen Leserinnen und Leser eine ausführliche Darstellung, wie sich dieses so andere Leben innerhalb der Mauern des *Big House* gestaltet.[130]

Die Story von *On the Yard* lässt sich nur schwer zusammenfassen, denn der auktoriale Erzähler des Texts bedient sich zahlreicher, ständig wechselnder Perspektiven und Zeitdimensionen. Braly zeichnet das Portrait einer Vielzahl von Akteuren in einer großen Haftanstalt: Häftlinge, Wärter und Therapeuten, die manchmal enger, zumeist aber nur lose miteinander in Verbindung stehen. Somit unterscheidet sich *On the Yard* von der Mehrheit der Genretexte, die zumeist aus einer Perspektive heraus geschrieben sind und oft einem Plot folgen, der mit einer Orientierung in einer neuen Umgebung (dem Gefängnis) beginnt, sich über einen Fluchtplan und/oder einen gewaltsamen Konflikt mit der Anstaltsleitung fortsetzt und schließlich entweder in Freiheit oder in der Wiederherstellung von Ordnung in der Haftanstalt mündet. Eine derartige Verlaufsform fehlt in *On the Yard* völlig. Dennoch lassen sich in der Erzählung einige Muster bestimmen.[131] Als Hauptstrang kann der Konflikt zwischen den beiden Häftlingen ›Chilly Willy‹ Oberholster und Paul Juleson ausgemacht werden – Oberholster kontrolliert die illegalen Geschäfte in der Anstalt, Juleson fordert ihn in einer abgeklärt-kühlen Art und Weise heraus. Als die Anstaltsleitung beschließt, Oberholsters Einfluss und seine Gewalt dadurch zu brechen, indem sie ihn mit einem Homosexuellen in eine Zelle legt, entfaltet sich eine Dynamik, die am Ende in einer Abwärtsspirale mündet, welche ›Chilly Willys‹ Position völlig unterminiert.

Eigentlicher Angelpunkt von *On the Yard* ist jedoch die Schilderung der Mechanismen einer in sich abgeschlossenen Welt mit ganz eigenen Regeln. Die Versuche der Anstaltsleitung sowie vor allem der Therapeuten, eine Ordnung zu errichten, die sich an den Vorstellungen der Gesellschaft ›draußen‹ orientiert, führen bestenfalls zu schwer planbaren Resultaten, wenn sie nicht gänzlich fehlschlagen. Bralys Text zeigt mit einiger Ironie, wie die soziologisch vorformulierten Ideen über *inmate codes* oder stabile Sozialcharaktere an den im Gefängnis herrschenden ›realen Verhältnissen‹ scheitern.[132] Das soziale Gefüge einer solchen Einrichtung setzt sich, so der Roman, nicht aus klar bestimmbaren Gruppen zusammen, die in stabilen Kommunikationsverhältnissen zueinander stehen, sondern über Individuen, die sich bewusst oder unbewusst solchen Kategorien immer wieder entziehen. Jede der Romanfiguren ist individuell gezeichnet, Gemeinsamkeiten ergeben sich einzig über die Scheidelinie Häftling – Anstaltspersonal, aber auch diese Markierung ist oft keineswegs gesichert. Indem Braly eine große Bandbreite von Einzelnen portraitiert, unterläuft er die Ideen eines funktionalen Beziehungsgefüges. Dabei sind diese Ordnungsentwürfe aber nicht irrelevant, sie tauchen als Fassade immer wieder auf, und das gilt auch im Zusammenhang mit dem Denunziatorischen.

Die Soziologie hatte die Denunziation im Gefängnis als hoch aufgeladenes Tabu definiert. Dieses Tabu galt zugleich als zentrales Element des *inmate code*, der die Kommunikation regelt, Strukturen innerhalb rivalisierender Häftlingsgruppen sichtbar werden lässt sowie einen Hebel für die verschiedenen Ordnungsmaßnahmen der Anstaltsleitung bietet. Auf Bralys *Yard*, diesem zentralen Kommunikationsraum in der Anstalt, ebenso wie in den Zellen, Speisesälen, Sporthallen und Büros sind Denunziationen allgegenwärtig und sie werden verachtet – aber sie sind unbedeutend oder dysfunktional, sie sind lediglich Teil der Fassade der Institution Gefängnis. Immer wieder wollen einzelne Insassen andere bei der Leitung anzeigen, aber nicht, weil es um die Verletzung vermeintlicher Codes, um Vorteile bringende Kollaboration mit der Anstaltsleitung oder um Details einer Verschwörung ginge. Mitgeteilt werden die Dinge, die mit der individuellen Eigenheit kollidieren. So zum Beispiel ›Sanitary Slim‹, der von einem ›sauberen Knast‹ träumt und es für seine Pflicht hält, jeden Insassen bei der Anstaltsleitung anzuzeigen, dessen Sexualität ihm in welcher Art auch immer suspekt erscheint – und das betrifft beinahe jeden.[133] So verlieren sowohl einzelne wie massenhafte Denunziationen jeden Wert für diejenigen, an die die Aufforderungen zur eingreifenden Sanktion gerichtet sind. Lakonisch fragt ›Chilly Willy‹ einen Mitgefangenen, der ihm als Killer dient, was Juleson denn wohl angesichts seiner Drohung gegen ihn tun werde: »What's he going to do? […] Write a letter to the warden?« Mit derlei Briefen wird in *On the Yard* permanent in alle Richtungen kommuniziert, aber sie laufen ins Nichts bzw. enden abgeheftet in den Akten der Anstaltsleitung: »[Captain Jacob Blake] ging in sein Büro und ließ sich Oberholsters Akte kommen. Der Ordner war abgenutzt, viel gelesen und wog schwer wegen der vielen Denunziationsbriefe darin.«[134] Die schriftlichen Mitteilungen der Häftlinge werden noch gesammelt, aber eine Reaktion auf sie folgt selbst im Falle der notorischen Unruhestifter nicht. Sie sind nur ein leeres Ritual und kein funktional ausnutzbares Kommunikationsmittel.

Statt auf die ›klassische‹ Denunziation setzen die Verantwortlichen in Bralys fiktiver Strafanstalt auf andere Mittel, allerdings mit nur eingeschränktem Erfolg. (Gesprächs-)Therapie spielt in ihren Regulierungsbemühungen eine weitaus größere Rolle, und obgleich die im Buch vorgestellten Therapeuten völlig desillusioniert hinsichtlich ihres Einflusses sind, scheint in diesen Situationen das Potenzial der denunziatorischen Rede noch nicht gänzlich verschwunden zu sein. Dies wird vor allem in einer vergleichsweise ausführlichen Passage deutlich, die aus Paul Julesons Perspektive eine Gruppentherapiesitzung schildert.[135] Die Sitzung verläuft zunächst nicht nur völlig ereignislos, sie ist darüber hinaus auch von Motivationslosigkeit bei allen Beteiligten geprägt, der Therapeut eingeschlossen. Als es ihm schließlich gelingt, ein Gespräch zu initiieren, entwickelt sich rasch eine Dynamik gegenseitiger Verdächtigung und gegenseitigen Aushorchens. Juleson wird gewahr, dass er bei dieser spezifischen Gelegenheit in engen Kontakt zu Personen treten muss, die gute Verbindungen zu seinem Rivalen ›Chilly Willy‹ pflegen. Diese Therapiesitzungen könnten für ihn entlarvend werden, in ihnen werden Formen unsicheren Wissens produziert, die sich auf dem Gefängnishof schnell in Gerüchte und Verdächtigungen übersetzen ließen. Der Häftling Zekekowski bringt die *Catch-22*-Situation Julesons auf den Punkt: »If you're reduced to telling the truth, you're in serious trouble.«[136]

Insgesamt sind es in *On the Yard* Gespräche zwischen Experten/Therapeuten und Häftlingen, die einen Rest an denunziatorischer Rede als tatsächlich funktionale Kommunikationsform aufrechterhalten. Bleiben die schriftlichen Mitteilungen nur noch ein Reflex in Bezug auf einen Code als Fassade, so sind die Verlaufsformen in den Gesprächen doch unklarer. In diesen Passagen des Romans zeigt sich eine Sichtweise auf Therapie als normalisierende Rede über sich und andere, die in den 1960er Jahren von verschiedenen Autorinnen und Autoren zum Ausdruck gebracht wurde, so etwa in Ken Keseys Psychiatrieroman *One Flew Over the Cuckoo's Nest*.

Die Figur des Denunzianten steht zentral im Narrativ über das Leben im Gefängnis; der Spitzel ist daraus nicht mehr wegzudenken. Diese Imagination wurde über verschiedenste Textsorten immer wieder neu belebt. Dabei kommen der Erinnerung sowie dem autobiografisch informierten Roman eine tragende Rolle zu, unterstreichen diese Textformen doch die von der Gefängnissoziologie der 1930er bis 1960er Jahre angenommene Analogie zwischen Gefängnis und Gesellschaft, auch wenn etwa das Beispiel *On the Yard* gezeigt hat, dass man diese Bedeutung ebenso als ausgehöhlt verstehen kann. Davon ausgehend liegt die soziale Wirkmacht der Figur des Gefängnisspitzels gerade in dieser Analogie: Wenn der Verrat im Gefängnis allgegenwärtig ist und eine Funktion innehat, dann muss dies ebenfalls, wenngleich auf etwas andere Weise, für den Alltag gelten. Es verwundert kaum, dass sich die Faszination des Denunzianten auch in anderen ›Betroffenenperspektiven‹ wiederfindet, etwa in der Folklore der Arbeiterbewegung.

Labor Spies – Die Figur des Denunzianten in der Kultur der US-Arbeiterbewegung

Zu Beginn der 1960er Jahre wurde das *Chad Mitchell Trio* zu einer bekannten Größe in der US-amerikanischen Folk-Szene.[137] Die Gruppe machte sich vor allem deshalb rasch einen Namen, weil viele ihrer Songs einen ausgesprochen satirischen Charakter besaßen: Ihre Texte widmeten sich häufig zeitgenössischen Phänomenen aus ›großer Politik‹ oder Alltagskultur, um sie mit offenem Witz in ihrem ideologischen Zusammenhang bloßzustellen. In einer Reihe ihrer Aufnahmen übernahmen die Musiker etwa die Perspektive ihrer politischen Gegner. Bei ihren Live-Auftritten inszenierten sie eine Art kabarettistische Performance aus dem Inneren des Establishments, gegen das sich die Künstlerinnen und Künstler des *Folk Music Revival* der 1950er und 1960er Jahre wandten. Auf ihrem 1962 erschienen Album *At The Bitter End* findet sich ein Song, der sich in ganz ähnlicher Weise mit der *John Birch Society* (JBS) auseinandersetzt.[138] In ihm begrüßt das Trio neue Mitglieder dieser dezidiert antikommunistischen Gruppierung vom äußersten rechten Rand der politischen Landkarte und fordert sie auf, aktiv an deren Programmen und Maßnahmen teilzunehmen. Diese bestehen, folgt man dem Songtext, in erster Linie darin, die Mitglieder der (vermeintlichen) Linken zu beobachten, zu bespitzeln und letztlich den zuständigen Behörden als Subversive zu melden – wobei, man ahnt es schon, die Opfer dieser Aktionen nicht zuletzt unter den Sympathisantinnen und Sympathisanten der JBS selbst zu finden sind. Denn, so macht der Song klar, der politische Gegner kann überall lauern.

Seinen Höhepunkt findet der allumfassende Verdacht jedoch in zwei Zeilen von ›The John Birch Society‹, die noch heute sehr lebhaft von Menschen erinnert werden, die sich damals zu den Fans des *Chad Mitchell Trio* sowie der *Folk Revival*-Bewegung insgesamt zählten: »You cannot trust your neighbor or even next of kin / If mommie is a commie then you gotta turn her in.« Das satirische Spiel des Trios mit der Denunziantenfigur in der Familie bringt genau jene Paranoia zum Ausdruck, welche für die politische Linke dieser Zeit als charakteristisch für rechte Gruppierungen insgesamt und die JBS im Besonderen galt. Im gleichen Jahr schrieb etwa auch Bob Dylan seinen ›Talkin' John Birch Society Blues‹ (auch bekannt als ›Talkin' John Birch Paranoid Blues‹), die Geschichte eines übereifrigen Kommunistenjägers, der zum Beispiel auch in seiner Toilettenschüssel oder in seinem Fernsehgerät nach den ›Roten‹ sucht.[139]

Tatsächlich charakterisierte die JBS damals (die Gruppe existiert bis heute) eine verschwörungstheoretische Ausrichtung.[140] Die Organisation wurde Ende 1958 von Robert Welch, Jr., einem ehemaligen Industriellen gegründet und nach John Birch, einem schon damals so gut wie vergessenen Baptisten-Missionar benannt, der im August 1945 von chinesischen Kommunisten getötet wurde und, so Welch, das erste US-Opfer des Kalten Kriegs gewesen sei.[141] Die JBS war der Versuch, nach dem Niedergang des aggressiven Antikommunismus eines Joseph McCarthy dessen Anhängerinnen und Anhänger wieder zu sammeln, wobei Welch jedoch keineswegs über die charismatische Bindekraft des ehemaligen Senators verfügte. Welchs Rhetorik umfasste eine Mixtur aus Schimpftiraden gegen eine übermächtige Zentralregierung, militantem Antikommunismus, orthodoxer ökonomischer Vorstellungen sowie einer eindringlichen Sorge davor, ›Amerika‹ stehe vor einer moralischen Bankrotterklärung. Damit war er auf den ersten Blick durchaus erfolgreich: Bereits 1960 hatte die JBS 18.000 Mitglieder und unterhielt Regionalgruppen in 34 Bundesstaaten. 1965, auf dem Höhepunkt ihres Einflusses und begünstigt durch die Kampagne zur Unterstützung des republikanischen Präsidentschaftskandidaten Barry Goldwater, betrug die Mitgliedszahl geschätzt zwischen 80.000 und 100.000 Personen, die meisten davon stammten aus vergleichsweise wohlhabenden und gut ausgebildeten Teilen der Bevölkerung.[142]

In erster Linie sah sich die JBS als eine Aufklärungs- und Bildungsorganisation. Man eröffnete Buchläden, veranstaltete Lesungen mit antikommunistischen Autorinnen und Autoren, organisierte Briefaktionen und mietete Werbeflächen – alles im Sinne eines Protests gegen eine ihrer Meinung nach verfehlte Politik. Aus der Sicht von Welch besaß seine Gesellschaft den missionarischen Auftrag, den Einfluss des internationalen Kommunismus bis in die Regierungskreise der Vereinigten Staaten zu entlarven.[143] Die Resonanz in der Mitte der Gesellschaft blieb jedoch weitgehend aus, von Beginn an fielen die meisten Einschätzungen sowohl in der Presse als auch beispielsweise aus dem politischen Washington distanziert bis ablehnend aus, und das FBI entschloss sich sogar, die Gruppe zu überwachen.[144] Ein signifikanter Teil der zeitgenössischen Berichterstattung über die JBS beschrieb ihre Mitglieder als junge Fanatiker, die in ihrem missionarischen Eifer weit über das Ziel hinausschössen. Beispielhaft zeigt dies ein Beitrag von Willie Morris im Magazin *Commentary*, der von seinen Insider-Recherchen in einer lokalen JBS-Ortsgruppe in Texas berichtet, die es sich zur Aufgabe gemacht hatte, vermeintlich allzu progressive Universitätsprofessoren zu überwachen – die

Society-Mitglieder wurden von Morris durchweg als irrational Verblendete geschildert.[145]

Die JBS und auch andere Gruppen des rechten politischen Flügels der USA waren von verschwörungstheoretischen Ideen geleitet, die ohne Zweifel auch vigilanten Aktionismus wie den von Morris geschilderten begünstigten. Doch es gibt keine Anzeichen dafür, dass solche Maßnahmen den Kern der Tätigkeiten der JBS ausmachten. Warum also war es augenscheinlich so wichtig, die Mitglieder der JBS immer wieder als denunziatorische Spinner zu repräsentieren? Sowohl für die progressiven Jounalistinnen und Journalisten als auch für die linken Songwriter war die Idee eines paranoiden Wahns radikal-konservativer Gruppen mit durchaus unterschiedlichen Funktionen verbunden: Mochte die fanatische Suche nach vermeintlichen Gegnerinnen und Gegnern auch künstlerisch überspitzt dargestellt sein, so verwies sie doch auf eine reale Praxis, wie sie vielleicht von der JBS, vermutlich von anderen patriotischen Gruppen (etwa der *American Legion*) sowie ganz sicher von Strafverfolgungsbehörden praktiziert wurde.[146] In diesem Sinne waren die Songs immer auch Warnungen zur Vorsicht. Sie dienten außerdem dazu, die Haltungen und Praktiken der Rechten als pathologisch zu markieren. Der paranoide Zug ihrer Aktionen verließ den Raum rationalen politischen Handelns, machte sie unkalkulierbar und entlarvte die Mitglieder solcher Bewegungen als gefährliche Spinner – was wiederum die eigene Position als ›gesund‹ im Sinne von ›richtig‹ untermauern half. Drittens bot gerade die satirische Ironie der Songtexte ein Vehikel, an sich zerstörerische Tendenzen sagbar und damit auch ertragbarer zu machen. Über die Figur des Denunzianten lachen zu können, sie zum Objekt eines Witzes zu machen, konnte möglicherweise dazu beitragen, der eigenen Sorge vor Bespitzelung gelassener entgegenzutreten. Viertens schließlich kam der Idee des paranoiden Spitzels eine zusätzliche Funktion zu. Die Texte der *Folk Revival*-Bewegung verorteten sich auf diese Weise zum einen in einer linken künstlerischen Tradition, welche die Unterwanderung, die Bespitzelung und nicht zuletzt die Denunziation als Taktik des politischen Gegners immer wieder thematisiert hatte. Mit dieser Referenz knüpfte die Musik der *New Left* in den Vereinigten Staaten an diejenige der *Old Left* an. Gleichzeitig gewinnt man den Eindruck eines Stillstands: Der Verweis auf die Figur des Denunzianten und das Bild der Verblendung als Erklärung seiner Motive erscheint wie ein immer gleicher Reflex, als das *update* einer als bekannt und als richtig durchschauten Analyse politischen Handelns jenseits der jeweils spezifischen historischen Rahmenbedingungen. *Folk Music* ist hier kein neutraler Begriff, sondern verweist auf eine normengeladene Auseinandersetzung entlang Kategorien von ›rein‹ versus ›unrein‹, ›authentisch‹ versus ›nicht-authentisch‹. Die begriffspolitische Strategie, Arbeiterlieder als *Folk*-Tradition aufzufassen und zu vermitteln, stellt bereits einen Akt von Erinnerungspolitik dar, konstruiert (und glorifiziert) er doch die Folklore der lohnarbeitenden Menschen als Teil der ›Wurzeln‹ der nordamerikanischen Bevölkerung selbst.[147]

Bevor ich zur Analyse von Songtexten komme, um zu zeigen, wie die Figur des Denunzianten in der Folklore der US-Arbeiterbewegung mit Bedeutung aufgeladen wurde, ist es jedoch notwendig, kurz die Geschichte der so genannten *labor spies* zu referieren.

Labor Spies: Eine Geschichte des *strikebreaking* in den USA bis Mitte der 1930er Jahre

Die ›Erfindung des Agenten‹ in der Mitte des 19. Jahrhunderts, vorangetrieben von neuen Anforderungen bei der Strafverfolgung und dem damit verbundenen Aufkommen privater Detekteien, hatte von Beginn an unmittelbare Konsequenzen für die Arbeiterschaft und ihre Organisationen. Die massive Industrialisierung der Vereinigten Staaten seit Mitte des 19. Jahrhunderts war von unzähligen, sehr großen und oft außerordentlich gewaltsamen Auseinandersetzungen zwischen Arbeiterinnen und Arbeitern auf der einen sowie Unternehmern auf der anderen Seite begleitet. Bis weit in das 20. Jahrhundert hinein bestimmte ein ausgesprochen gewerkschaftskritischer, um nicht zu sagen gewerkschaftsfeindlicher Konsens die Haltung der Fabrikbesitzer, Eisenbahnmagnaten oder Ölbarone. Die Figur des *labor spy* ist Teil der Saga um den jahrzehntelangen Kampf für die Durchsetzung bzw. Verhinderung der *open shop*-Ideologie.[148] Die Unternehmerseite konnte sich dabei (nicht immer, nicht überall, aber doch zumeist) auf die Unterstützung lokaler, regionaler und nationaler Regierungen verlassen, die beispielsweise oft nicht zögerten, Milizen zur Niederschlagung von Streiks bereitzustellen. Die Justiz betonte in der Regel private Besitzrechte gegenüber gewerkschaftlichen Vertretungsrechten und stand damit in Opposition zu den Repräsentanten der Arbeiterinnen und Arbeiter. Aus dieser Perspektive war ein Streik kein legitimer Kampf um höhere Löhne oder bessere Arbeitsbedingungen, sondern ein Angriff auf Privatbesitz und das Recht der Unternehmen, Personen ihrer Wahl für sich arbeiten zu lassen. Und dies führte dazu, zur Durchsetzung dieser Interessen auch auf private Detekteien zurückzugreifen.

Neben den ›offiziellen‹ Hilfestellungen aus Politik und Justiz gehörten die vielfältigen Spielarten des *strikebreaking* oder *unionbusting* zu den gängigen Praktiken der Unternehmerseite.[149] Der Begriff *strikebreaking* umfasst im US-Sprachgebrauch mehr als nur das Anheuern einer arbeitswilligen Reserve bestehend aus Arbeitslosen oder erst kürzlich eingewanderten Menschen, um eine streikende Belegschaft zu ersetzen und die Produktion fortzuführen. Vielmehr umschreibt der Begriff gerade auch das bezahlte Engagement von bewaffneten Truppen (in der Sprache der Gewerkschaften: *mercenaries*, Söldner), deren Auftrag es war, das Fabrikgelände abzusichern oder Streiks gewaltsam zu beenden. Bedeutete das Wort *strikebreaking* in erster Linie Maßnahmen in einer akuten Arbeitskampfsituation, so verwies das verwandte *unionbusting* auf die Anwendung ganz ähnlicher Zersetzungspraktiken auch in ›ruhigeren Zeiten‹. Die Unternehmerseite bediente sich in beiden Fällen kommerzieller Anbieter, und tatsächlich waren *strikebreaking* und *unionbusting* für viele ›Experten‹ auf diesem Gebiet ein lukratives Geschäft. Die *Pinkerton National Detective Agency* steht beinahe synonym für eine große Gruppe von privaten Polizeitruppen, die zum Teil durchaus offen mit ihren Angeboten warben, Arbeitskämpfe zu Gunsten ihrer Auftraggeber auf Unternehmerseite zu entscheiden.[150]

Was man seinerzeit *industrial espionage* nannte, also den Einsatz von Undercover-Aktivitäten verschiedenster Art zur Informationsgewinnung sowie zur Zersetzung von Gewerkschaften, gehörte von Beginn an zum Arsenal dieser privaten Detekteien. Allan Pinkerton setzte bereits seit Mitte der 1850er Jahre so genannte *spotters* ein, um unehrliche oder ›faule‹ Angestellte bei den Eisenbahngesellschaften zu denunzieren.[151] Die zielgerichtete Zersetzung und gewaltsame Zerschlagung der *Molly Maguires* genannten Gruppe von irischstämmigen Minenarbeitern in Pennsylvania während der 1870er Jahre durch die *Pinkertons* besitzt bis heute einen sehr hohen Stellenwert im kollektiven Gedächtnis sowohl der US-Arbeiterbewegung insgesamt als auch der irisch-amerikanischen Bevölkerungsgruppe.[152] Trotz dieser immer wieder angeführten Beispiele spielten die *undercover* arbeitenden *labor spies* zunächst aber nur eine eher untergeordnete Rolle. Vielmehr wurde das Bild des *strikebreaking* weitgehend von der Präsenz großer Truppen bewaffneter ›Söldner‹ und offenen, militanten Konfrontationen bestimmt. Dies änderte sich im Laufe der Zeit, und vor allem seit den Jahren um die Jahrhundertwende gewannen *labor spies* mehr und mehr an Bedeutung – oder zumindest gerieten sie stärker in die öffentliche Wahrnehmung.[153] Als einschneidend gilt vor allem die Entwicklung während und nach dem *Homestead Strike* von

1892, als sich die von der *Carnegie Steel Company* angeheuerten Streikbrecher mit den Mitgliedern der *Amalgamated Association of Iron and Steel Workers* eine regelrechte Schlacht geliefert hatten. Die nachfolgenden Untersuchungen diskreditierten solche offenen Aktionen in den Augen einer kritischen Öffentlichkeit zunehmend.[154] Zudem mehrten sich die Stimmen, die ein indirektes, verdecktes Vorgehen gegen Gewerkschaften für weitaus effektiver hielten. Bereits 1889 konnte man in einem von den *Pinkertons* selbst herausgegebenen Text die Frage lesen: »Im Augenblick existiert eine große Unzufriedenheit in den Arbeiterklassen […] Wäre es in diesen unruhigen Zeiten nicht ratsam für die Arbeitgeber, ein wachsames Auge auf die intriganten Männer in der Belegschaft zu werfen?«[155]

Um 1900 herum besaß der *labor spy* eine ständige Präsenz in den Debatten um die industriellen Auseinandersetzungen. Die Figur fügte sich ein in das Feld klandestiner Beobachtung des Anderen, das für die Jahre der *Progressive Era* so prägend sein sollte. Bezeichnenderweise erleichtert dies keineswegs die sozialhistorische Analyse dieses Phänomens, im Gegenteil: Nur wenigen Arbeiten aus dem Bereich der *Labor History* gelingt es punktuell, quellengesättigte Darstellungen anzubieten, in denen sich die konkreten Vorgehensweisen der *industrial espionage* nachvollziehen ließen. Quellen von Agenten (oder Agentinnen) und ihren Auftraggebern sind überaus rar.[156] Stattdessen verdichtete sich in diesem historischen Zeitraum die mittelbare Rede über die *agents provocateurs* und *informants* in den Reihen der Arbeiterorganisationen sowie in einer kritischen Öffentlichkeit. Drei unterschiedlichen Arten von Texten kommt dabei große Bedeutung zu: Erstens sind dies Äußerungen von Mitwirkenden oder Betroffenen. So pries ein ›erfolgreicher‹ *unionbuster* und Konkurrent der *Pinkertons*, E. H. Murphy aus Detroit, gegenüber einem interessierten Industriellen den Nutzen der von ihm organisierten geheimdienstlichen Nachforschungen wie folgt: »Die alten Methoden, wie man Konflikte zwischen Kapital und Arbeit regeln kann, haben wir längst überwunden, das ist unser Ruf. […] Unser Service liegt darin, unsere Klienten durch geheime Berichte zu informieren.«[157] Und Captain B. Kelcher, Begründer des *C. B. K. Detective Bureau* in New York, informierte potenzielle Kunden darüber, dass er keine Streiks breche, sondern sie vielmehr bereits im Vorhinein verhindere.[158]

Auf der Gegenseite erlangte die Figur des Spitzels einige Prominenz in der Folklore der Arbeiterbewegung. Wie Archie Green in seiner begriffsgeschichtlichen Untersuchung zeigen konnte, verdichtete sich die Verwendung des Worts *fink* in der Sprache der US-Arbeiterschaft genau in diesem Zeitraum und ging einher mit einer Begriffsausweitung.[159] Waren *finks* zunächst vor allem tatsächliche Streikbrecher, also Menschen, die die Streikaufforderung der Gewerkschaften ignorierten, so dehnte sich der Begriff in späteren Jahren aus, mit ihm wurden von nun an auch und vor allem Agenten und Spitzel tituliert. Folgt man Greens Darstellung, dann geht dieser Wortgebrauch vor allem auf Mitglieder der *Industrial Workers of the World* (IWW) zurück, die in den 1910er Jahren ganz besonders von *strikebreakers* und *unionbusters* ins Visier genommen wurden.[160]

Eine zweite bedeutende Textform in der Rede über *labor spies* stammte aus der Feder von investigativen Journalistinnen oder Journalisten, also so genannten *muckrakers*, die auch Konflikte zwischen Arbeitgebern und Gewerkschaften kommentierten. Allgemein zeichneten sich diese Texte durch ein paradox erscheinendes Merkmal aus, indem sie selbst zumeist aus einem Gestus der Aufdeckung und der Entlarvung gegen Praktiken von Detektiven oder Agenten argumentierten, die so wie sie selbst im Verborgenen arbeiteten. Hier zeigt sich, wie sehr der detektivische Blick zeitgenössisch etabliert und aufgeladen war, das Blickregime der Camouflage ließ sich je nach Standpunkt ganz unterschiedlich bewerten. Ein Autor fasste diese gemeinsame Basis von Polizist, Agent, Verräter und Spitzel prägnant zusammen: »Das Geschäft des Spions ist es, seine Opfer zu täuschen, ihr Vertrauen zu gewinnen, ihre Geheimnisse und Pläne zu erfahren und sie danach zu verraten. Das Leben eines Schnüfflers ist eine Lüge. Er ist zugleich Judas und Ananias.«[161]

Das wohl bekannteste frühe Beispiel für einen solchen Text ist Morris Friedmans Exposé über die Rolle eines Pinkerton-Manns während eines Streiks im Colorado-Goldbergbau 1903/04.[162] Friedman war das, was man heute einen *whistleblower* nennen würde: Angestellt als Stenograph im Büro der *Pinkertons* in Denver war er so empört über die Vorgehensweisen seiner Agentur im Verlauf des Ausstands, dass er darüber einen ausführlichen Bericht publizierte. *Agents provocateurs* hatten die Gewerkschaft zu immer neuen Streikrunden angestachelt mit dem Ziel, ihre Kassen auf diese Weise zu erschöpfen. Darüber hinaus hatten die Agenten verschiedene Gewerkschafter zu strafbaren Handlungen angestiftet, diese dann an die lokalen Behörden gemeldet und somit dazu beigetragen, dass es zu Inhaftierungen, in drei Fällen sogar zu Mordanklagen kam.[163] Friedman machte detaillierte Angaben über die Abläufe und zitierte umfangreich aus internen Aufzeichnungen der Agentur, er verschaffte einen Insider-Einblick, auf den sich verschiedene Presseorgane beziehen konnten. Bedeutsam war dabei, dass auf diese Weise mittelbar Informationen in die politischen Debatten einfließen konnten, die diese vorantrieben und veränderten. Insbesondere verband der Text seine ›Mission‹ mit der Botschaft, die *labor spies* seien mit verantwortlich, dass die etablierte Werteordnung von Verlässlichkeit und Verantwortung ins Wanken geraten sei.[164]

Im Verlauf der kommenden Jahrzehnte erschienen weitere ähnliche Schriften, sie alle bemühten sich, Dokumentation mit Kritik zu verknüpfen und so dem Anliegen der gewerkschaftlichen Linken in den USA Argumente zu liefern. In Jean Spielmans Buch über die Zersetzung der IWW in Minnesota im Verlauf der 1910er Jahre waren beispielsweise eine große Anzahl von Briefen und Memoranden abgedruckt, welche die Unterwanderungsarbeit von *unionbusters* dokumentieren sollten.[165] Edward Levinson, ein investigativer Journalist der *New York Post*, veröffentlichte 1935 eine Abhandlung über Pearl L. Bergoff, den selbst ernannten *King of the Strikebreakers* und Kopf einer ebenfalls notorischen Polizeitruppe.[166] Darin sammelte er akribisch Material aus alten Zeitungen und Zeitschriften, außerdem zitierte er sehr frei aus den Büchern Friedmans und Spielmans. Beide Vorgehensweisen, der Abdruck von Dokumenten wie der Rückgriff auf Quellen, dienten dazu, das unsichere Wissen über die *labor spies* zu stabilisieren und damit für die politische Auseinandersetzung nutzbar zu machen.

Dies gilt auch für einen dritten Dokumententyp. Nach dem *Homestead Strike* von 1892 wurden große Arbeitskämpfe immer wieder zum Gegenstand von Kommissionen und Ausschüssen. Die bei diesen Gelegenheiten getätigten Aussagen wurden protokolliert, der Öffentlichkeit zugänglich gemacht und kommentiert. So kam es in der besonders aufgeladenen Stimmung unmittelbar vor und während des Ersten Weltkriegs immer wieder zu heftigen Streikaktionen, die oftmals von *strikebreaking*-Aktionen herausgefordert oder begleitet wurden. Die Eskalation der Gewalt auf beiden Seiten führte zur Einrichtung der *Commission on Industrial Relations* (CIR), einer Bundeseinrichtung zur Evaluation und Schlichtung der Vorkommnisse.[167] Der im Juni 1915 veröffentlichte Bericht prangerte das Vorgehen der angeheuerten Streikbrecher an, gerade auch deren Undercover-Aktivitäten.[168] Zwar hatte er keine Konsequenzen des Gesetzgebers zur Folge und es änderte sich zunächst auch wenig an den Dienstleistungen der Agenturen, doch wurde mit den amtlichen Berichten das *strikebreaking* insgesamt wie auch die *industrial espionage* als dessen Bestandteil auch offiziell bestätigt. Das gilt umso mehr für die Zeit nach 1935, als im Zuge des New Deal Gewerkschaftsrechte massiv gestärkt wurden. 1936 veranlasste Senator Robert M. La Follette, Jr., eine Untersuchung von vermeintlichen Bürgerrechtsverstößen gegen Gewerkschafter; die Protokolle der *La Follete Commission* bieten bis heute das umfangreichste Material an Zeugenaussagen über die *labor spies.*[169] Im Anschluss daran konnte man beobachten, wie diese eher nüchternen Berichte in auflagestarken Magazinen in skandalisierende Darstellungen ›übersetzt‹ wurden. Auffallend ist dabei, dass darin der eigentliche Skandal nicht mehr in den Praktiken der angeheuerten Agenten gesehen wurde, sondern vielmehr in der Tatsache, dass selbst führende US-Industriekonzerne wie etwa *General Motors* auf solche Dienste zurückgriffen. Die Existenz von *labor spies* wurde augenscheinlich inzwischen als selbstverständlich angesehen, in Zeiten der Weltwirtschaftskrise war es dringlicher, den Bruch des nationalen New Deal-Konsenses anzuzeigen.[170]

Das angesprochene Material fügt sich zu einem Bild zusammen, das verdeutlicht, welche Dichte die Rede über das Denunzieren auch im Feld der Beziehungen am Arbeitsplatz seit der Wende vom 19. zum 20. Jahrhundert angenommen hat. Als vierte Textsorte treten Lieder der Arbeiterbewegung hinzu; ihnen ist der folgende Abschnitt gewidmet. Bei ihrer Analyse werde ich zeigen, dass die Arbeiterfolklore erstens einen großen Anteil an den Prozessen der Aufladung und Verdichtung der Figur des *labor spy* hatte und sie auf diese Weise zweitens ein Wissen zur Verfügung stellte, das im Rahmen des *Folk Revival Movements* und der sozialrebellischen Bewegungen der 1950er und 1960er Jahre abgerufen werden konnte.

Songs as Weapons – Denunziation und *othering* in Songs der US-Arbeiterbewegung

Als Ausgangspunkt, um mich aus einer machtanalytischen Perspektive den Songs anzunähern, dienen mir die Überlegungen von Archie Green, der im vorigen Abschnitt bereits zitiert wurde.[171] Green stützte sich auf den Begriff *laborlore*, den er in bewusster Abgrenzung von anderen Konzepten wie etwa Erbe oder Tradition verwendete. *Laborlore* zeichnet sich nach Green durch zwei Besonderheiten aus. Erstens durch eine Akzentuierung von Sprache und ihren Ambivalenzen. Die Sprache der Arbeiterfolklore wird nicht als Abbildung von Realität verstanden, sondern als Praxis, die bestimmte Bedeutungen hervorbringt. Zweitens ist so sichergestellt, sich bei der Analyse nicht von der Vorstellung einer homogenen und in sich von Konflikten freien Gemeinschaft täuschen zu lassen. *Laborlore* fragt so immer auch nach den Verschiebungen und Brüchen in der Arbeiterkultur; ein Aspekt, der auch deshalb von Bedeutung ist, weil die meisten untersuchten Lieder sowie viele der Künstlerinnen und Künstler ein eher orthodoxes Verständnis linker Politik repräsentieren.

Arbeitskämpfe, das ist keine Überraschung, spielen in der Mehrzahl der Lieder eine zentrale Rolle.[172] Daneben sind für einen Zeitraum, der vor dem Ersten Weltkrieg beginnt und sich bis in die 1950er Jahre hinein erstreckt, zwei weitere große Themenfelder wichtig: einerseits die Einforderung von Bürgerrechten, sowohl für die arbeitende Bevölkerung allgemein als auch insbesondere für *African Americans*, und andererseits der Kampf gegen den Faschismus in den 1930er Jahren und während des Zweiten Weltkriegs. Konstellationen von Verrat und Denunziantion finden sich in allen drei Themenfeldern, die nicht immer klar voneinander zu trennen sind. Das wirft die Frage auf, welche Funktionen der Figur des Denunzianten – hier in seiner gewerkschaftlichen Aufladung als *labor spy*, *fink* oder *stool pigeon* – in der identitäts- und erinnerungspolitischen Arbeit zukamen, die mit Hilfe der Songs vorangetrieben wurde.

Pete Seeger, 1919 geboren und seit Ende der 1930er Jahre als Folk-Künstler aktiv und populär, verweist wie kein Zweiter auf die Verbindungslinien zwischen US-Arbeiterfolklore und dem *Folk Music Revival* der 1950er und 1960er Jahre.[173] Im Zusammenhang mit Seeger soll auch gleich ein weiterer quellenkritischer Aspekt angesprochen werden, der für die Einordnung nicht unerwähnt bleiben darf. Viele Songs liegen entweder in niedergeschriebener oder aber auf einem Tonträger aufgenommener Form vor – was ihrer materiellen Flüchtigkeit aber nicht gerecht wird. So wurde der Gewerkschaftssong ›Union Maid‹ – ursprünglich von Woody Guthrie 1940 geschrieben – vor allem von Seeger in einer Version bekannt gemacht, deren letzte Strophe die wichtigste Aufgabe einer Gewerkschafterin darin sieht, einem Gewerkschafter eine gute Ehefrau zu sein. Diese gewissermaßen festgeschriebene Version – und das gilt eben für sehr viele dieser Songs – wurde spätestens ab den späten 1960er Jahren von verschiedenen Interpretinnen und Interpreten immer wieder abgeändert und einem veränderten Verständnis von Frauen und Gewerkschaften angepasst.[174] Die im Folgenden untersuchten Songversionen sind also stets nur eine Variante in einem Genre von Texten, die immer wieder politisch motivierten Veränderungen unterworfen waren.

Bei allen Überschneidungen lassen sich in den Songs im Wesentlichen drei Strategien des *othering* gegenüber der Figur des Denunzianten ausmachen. Zunächst findet eine Form der Entsolidarisierung statt, die ganz wesentlich mit Identifizieren und Kenntlichmachen der so angesprochenen

Personen einhergeht. In ›Talking Union‹, 1941 von den *Almanac Singers* um Guthrie und Seeger verfasst, heißt es:

»'Course the boss may persuade some poor damn fool
To go to your meeting and act like a stool.
But you can always tell a stool though, that's a fact
He's got a yeller streak runnin' down his back.
He doesn't have to stool, you know, he'll always make a good living
On what he takes out of blind men's cups!«[175]

Dem Denunzianten haftet also eine erkennbare Verkommenheit an, die den Prozess des Ausschlusses zum einen anstößt und zum anderen leicht erscheinen lässt. Denunzianten sind so nicht allein aufgrund ihres Verrats verachtenswert, ihnen sind charakterliche Merkmale zu eigen, welche eine Entsolidarisierung notwendig, gar natürlich erscheinen lassen. Vorangetrieben wird dieser Ausschluss aus der Gemeinschaft der streikenden Belegschaft durch die notwendige Nähe zum ›Boss‹, der in beinahe allen Liedern als Auftraggeber des Verrats ausgemacht wird, so etwa in ›Capitalistic Boss‹, worin aus Sicht des Unternehmers berichtet wird:

»And when they strike, I clamp down hard
Protected by the National Guard.
I raise a patriotic stink, I call in every first-class fink
Descended from the missing link, My God!«[176]

Diese solcherart als evolutionär determinierten Denunziantenfiguren können von den Unternehmern schon deshalb leicht instrumentalisiert werden, weil ihnen jede eigene Motivation fehlt. Das macht sie weniger gefährlich und dient dazu, die viel grundlegendere Opposition zum Kapitalisten zu unterstreichen. Der Verräter als biologistisch Handelnder kann so für noch weitaus gravierendere Praktiken verantwortlich gemacht werden, zumal wenn er (oder sie, obgleich das in den Songs nie als Möglichkeit angesprochen wird) mit anderen, verwandten personalen Kategorien zusammen verhandelt wird:

»Steel bosses heard of all that meetin'
Sent their goons and finks and thugs to town.
Dropped a tear bomb for a greetin'
Took my old man and clubbed him down.«[177]

Weiterhin lässt sich eine zweite Form des *othering* konstatieren, nämlich eine Unamerikanisierung des erkannten Spitzels. Gewerkschaften verorteten ihre Kämpfe um soziale und politische Rechte und Errungenschaften in einer

Tradition, die ihre Wurzeln nicht zuletzt auch in der Amerikanischen Revolution und den Freiheitsidealen der Unabhängigkeitserklärung hatten. Die Berufung auf Gründerväter, die diesen Geist repräsentierten, oder auf Abraham Lincoln als denjenigen, der sie auf *African Americans* ausgedehnt habe, zeigt sich in einer großen Zahl von Arbeiterliedern. Dem gewerkschaftlichen Bemühen wird so eine beinahe unerschütterliche Legitimation zugesprochen, der Klassenfeind indes selbst als Verräter an dieser Tradition gebrandmarkt. In dieser Logik ist das Denunziatorische undemokratisch und unamerikanisch, es steht für den Terror des »alten Regimes«:

»The gloomy night before us flies
The reign of terror now is o'er.
It's gags, inquisitors and spies
It's herds of harpies are no more.
Rejoice Columbia's sons, rejoice
To tyrants never bend the knee.
But join with heart and soul and voice
For Jefferson and liberty.«[178]

Aufgerufen wurde auf diese Weise ein Verständnis von Märtyrertum, das umso eindringlicher erscheinen musste, wenn man es an persönliche oder familiäre Erfahrungen koppeln konnte, wie etwa in ›My Old Man‹. Darin wurde der gewerkschaftliche Kampf des Vaters mit Lincolns Aufopferung und Tod in Verbindung gebracht – beide starben zum Wohle jeweils ihrer *Union*.[179] Dieses Vorgehen richtete sich gegen Versuche von Unternehmern und der Politik, Gewerkschaften und insbesondere ihre Forderungen als unamerikanisch zu denunzieren. In vielen Liedern der Arbeiterbewegung wird dieser Vorwurf aufgegriffen, er überträgt die konkreten Arbeitskämpfe darüber hinaus auf eine größere politische Bühne und das vor allem nach dem Zweiten Weltkrieg. In einer späteren Version von ›Talking Union‹ heißt es beispielsweise:

»They may raid your meeting, hit you on the head
Call every one of you a god damned Red!
You're unpatriotic! Moscow agent!
Tryin' to steal the A-bomb!«[180]

In dieser Auseinandersetzung um den ›wahren‹ Patriotismus spielte der wechselseitige Agentenvorwurf eine zentrale Rolle, er war so hoch aufgeladen, dass er aus beiden Perspektiven unverzichtbar schien. Dazu musste er an sich verändernde politische und kulturelle Rahmenbedingungen anpassbar bleiben; der Verrat bzw. die Denunziation konnten sich auf diese Weise von den Streikposten in die Säle der Kongressanhörungen verlagern und von den *Pinkertons* auf das FBI, wie etwa in ›Joe McCarthy's Band‹ aus dem Jahr 1951.[181]

Als eine dritte Strategie des *othering* dienen eine Feminisierung und bisweilen eine Entmenschlichung der Figur des Denunzianten. ›Union Maid‹ verdeutlichte, dass jede echte Gewerkschafterin wisse, wie schwach die Agenten der Gegenseite letztlich seien:

»This union maid was wise
To the tricks of company spies
She couldn't be fooled by a company stool
She'd always organize the guys.«[182]

Obgleich die US-Gewerkschaftsgeschichte zahlreiche Beispiele für die erfolgreiche Organisation von Frauen bereithält, waren die Lieder beinahe ausschließlich männlich bestimmt. Arbeitskämpfe wurden als gewaltsame Auseinandersetzungen zwischen Männern geschildert, und hier galt es sich zu entscheiden: »Will you be a lousy scab / Or will you be a man«, wie es in ›Which Side Are You On?‹ heißt.[183] Geld und andere Anreize konnten in den Liedern in biblischer Tradition als weibliche Verlockungen auftauchen, die dem Gewerkschafter Schaden zufügten, wenn er nicht standhaft blieb: »A red-headed woman took me out to dine / Says. ›Love me baby, leave your union behind‹.«[184] Als identitätspolitisches Ziel dieser Songs lässt sich eine aufrechte und stolze Form von Männlichkeit herauslesen, die es den Gewerkschaftsmitgliedern ermöglichen sollte, sich gegen die effeminierenden Reize der denunziatorischen Versuchung abzuschotten. Auch dies konnte mit dem Argument von Geschichte aufgeladen werden, so etwa in diesem Beispiel, das aus der irisch-amerikanischen Tradition adaptiert wurde:

»British soldiers tortured Barry
Just because he would not tell.
Them the names of his brave companions
And other things they wished to know.
›Turn informer and we'll free you.‹
Proudly Barry answered ›No‹.«[185]

Eine derart geschlechtlich codierte Lesart der Figur des Denunzianten war noch zu steigern, indem man die Effeminierung mit als deviant markierter Sexualität verknüpfte und eine Entmenschlichung suggerierte, die ja in den so häufig zur Kennzeichnung des Verrats verwandten Vokabeln ohnehin mitschwingt. So etwa in ›Swingin' On A Scab‹:

»A fink is an animal that smells like a skunk
He's two brackets lower than a punk.
He makes his living out of breaking strikes
'Cause busting unions is a job he likes.«[186]

Wenn eine standhafte Solidarität unter heterosexuellen Männern das Produkt des identitätspolitischen Investments dieser Songs war, dann war das Denunziatorische als Werkzeug des politischen Gegners immer präsent – aber in durchaus wandelbarer Gestalt. Die Figur des Denunzianten im *othering* konnte nur deswegen über Dekaden hinweg ihre einende Wirkung entfalten, weil sie flexibel blieb; es galt sie immer wieder und wieder neu aufzuladen. Hier lässt sich an Greens wortgeschichtliche Analyse des Begriffs *fink* anschließen: Die Figur des Denunzianten in der *laborlore* ist eine komplex zusammengesetzte Gestalt, sie muss stets different aus den unterschiedlichen ›Werkzeugen‹ der Unternehmerseite hergestellt werden. Am Ende von ›Number One Stooge‹ heißt es:

»Now some stooge for love and some for money
Some stooge for a thrill or just to be funny
There's all kind of stooges but for my part
I stooge just because I'm a stool at heart!«[187]

Verräter gibt es in allen möglichen ›Verkleidungen‹ und es gilt, sorgsam zu unterscheiden. Doch bleibt der Verrat in der Natur des Menschen, und das erklärt die Präsenz des Denunzianten als unausweichliches Übel. Es ist diese Ambivalenz zwischen Enthistorisierung einerseits und immer unterschiedlicher Aufladung andererseits, die sich in den sich wandelnden Songs der Arbeiterbewegung als identitätspolitisch wertvoll erweist – sie waren nicht zuletzt deshalb so einflussreich, weil sie beides zugleich durch uneindeutige Sprache in einem flexiblen Medium vereinen konnten.

Das Kollektivsymbol des Denunzianten speist sich auch in und durch Erinnerungspolitik. Diese ist notwendig instabil, brüchig und muss stets neu in unterschiedlichen Zusammenhängen aufgerufen und aktualisiert werden. Sie hat kein Zentrum, und wenn, dann ist es einem sehr spezifischen Referenzrahmen geschuldet, der für ein bestimmtes Publikum trägt, für andere aber nicht. Doch stellt diese Instabilität und Nicht-Lokalisierbarkeit für erinnerungspolitische Projekte keinen Nachteil dar, im Gegenteil. Die Figur des Denunzianten kann in unterschiedlichen Formaten von Erinnerung abgerufen werden: in autobiografischen Texten ebenso wie in (sozial- und kultur-)wissenschaftlicher Literatur, in Spielfilmen ebenso wie Songtexten. Gerade ihre Flexibilität ist es, die sie so wertvoll macht.

Trotzdem entsteht aus der Uneindeutigkeit der gegenteilige Effekt. Die von mir diskutierten Erinnerungspolitiken bedienen sich des enthistorisierenden Mythos vom Denunzianten in gleichem Maße wie sie ihn immer wieder neu herstellen. Der Mythos vom Denunzianten ist so sehr aufgeladen, dass es mit seiner Hilfe gelingt, die Komplexität von Verweissystemen zu reduzieren. Jede Anrufung dieses Mythos – auch die kritische, die analytisch-wissenschaftliche – reproduziert ihn als Kopie einer Kopie; auch das Schreiben über den Denunzianten performiert die Figur.

So entsteht der Eindruck von Transhistorizität, der sich als erinnerungspolitisch wertvoll erweist. Weil es ›den Denunzianten‹ schon immer gegeben hat, wird es ihn genau so auch in der gerade relevanten Konstellation geben, auch wenn sie sich in vielfältiger Weise von der nächsten unterscheidet. Dies kann zu Irrtümern und/oder politischen Fehlern führen, manchmal ist das Wissen darüber auch hilfreich oder eine Erleichterung. Das demonstriert ein letztes Filmbeispiel. Im Jahr 1954 drehte der Regisseur Herbert Biberman, auch er ein Opfer des *blacklisting*, zusammen mit einer Gruppe von gleichfalls mit einem De-facto-Berufsverbot belegten Filmschaffenden den Film *Salt of the Earth*.[188] Die Geschichte des Streiks von Latino-Minenarbeitern (und vor allem ihren Frauen) im Südwesten der USA gilt heute als ein Klassiker. Zu seiner Entstehungszeit jedoch war die Aufführung des Films beinahe unmöglich, er galt vielen als ausgemachter Beweis dafür, dass die Kommunismusvorwürfe gegen Hollywood doch berechtigt waren und das *blacklisting* eine große Gruppe von Linken aus der Filmbranche eliminiert hatte; ihnen musste man allerdings auch unabhängige Produktionen erschweren.[189]

Salt of the Earth ist Erinnerungspolitik. Obgleich der Film einen bestimmten Streik zu einer bestimmten Zeit in einer bestimmten *community* zeigt, will er zugleich eine Darstellung des einen immer gleichen Streiks sein, den die heterogene Arbeiterklasse in den Vereinigten Staaten immer wieder zu führen habe. Und zu dessen Bestandteilen gehörten nach Ansicht Bibermans und seines Teams auch das *strikebreaking* und die Figur des Denunzianten: Die Minenbesitzer und die lokale Polizei bedienen sich vieler verschiedener Taktiken, um den Streik zu brechen, auch *agents provocateurs* aus den Reihen der Latino-Gemeinschaft leisten hierzu ihren Beitrag.[190] Einer von ihnen identifiziert für den Sheriff auch die Rädelsführerinnen, als die Frauen den Arbeitskampf für die Männer fortsetzen.[191] Doch die Streikenden zeigen sich unbeeindruckt, womit der Film zunächst einmal in traditioneller Weise und ähnlich wie die untersuchten Songs die Kampfbereitschaft und die Solidarität der Arbeiterbewegung unterstrich. Einer wie selbstverständlich auftauchenden Denunziantenfigur galt es in einer Art und Weise zu begegnen, wie es sich für klassenbewusste Arbeiterinnen und Arbeiter ›gehörte‹. Auch die Reue des Denunzianten und seine Rückkehr ins Kollektiv zum Ende der Handlung fügen sich in dieses Arrangement ein. Doch artikulierte der Film in seinem Verlauf keine große Antipathie oder gar Rache gegen den Informanten der Minenbesitzer und des Sheriffs, er bleibt ein Teil der lokalen Gemeinschaft. Selbst als ihn der Anführer der Streikenden zur Rede stellt und ihn als ›Ratte‹ bezeichnet, enthält er sich doch aller Gewalt. Die Erinnerungspolitik von *Salt of the Earth* zeigt, dass man die kanonische Repräsentation des Spitzels fortführen und doch zugleich aufweichen konnte – seine Präsenz als selbstverständlich hinzunehmen, erlaubte es auch, in der Auseinandersetzung mit ihm die Entmenschlichung zu unterlassen und auf diese Weise über lange Zeit eingeschliffene Reflexe zu unterlaufen.

6. *Stop Snitchin'* – Vorläufiges zur Figur des Denunzianten in den USA

Der Rabbi war seit einem Monat verschwunden, er hatte sich zur Meditation zurückgezogen. Nun warteten seine Jünger am Rande der Wüste auf seine Rückkehr, doch hatten einige Ereignisse der zurückliegenden Wochen die Situation zugespitzt. Johannes der Täufer, einer ihrer wichtigsten Verbündeten in ihrem Kampf gegen das religiöse Establishment und die römische Besatzungsmacht in Judäa, war hingerichtet worden. Dazu verlangte eine wachsende Anzahl von Menschen, den Prediger endlich wieder sehen und reden hören zu können. Außerdem herrschte in den Reihen der Jünger Verunsicherung darüber, welchen Kurs ihre Bewegung in Zukunft einschlagen solle. Gerüchte kamen auf und sorgten wegen der Abwesenheit des Rabbi auch unter seinen Anhängern für Zweifel, Verunsicherung, Ratlosigkeit und schließlich sogar Streit. Doch zum Glück gab es einen unter ihnen, dessen Autorität die Gruppe einte, die Bedenken ausräumte und die Auseinandersetzungen schlichtete. Sein Name: Judas Ischariot.[1] Martin Scorsese wollte *The Last Temptation of Christ* bereits zu Beginn der 1980er Jahre drehen, doch stieß das Projekt von Anfang an auf erbitterten Widerstand von Christinnen und Christen in den Vereinigten Staaten, vor allem aus fundamentalen und evangelikalen Kreisen.[2] Schon als in den 1960er Jahren der gleichnamige Roman von Nikos Kazantzakis ins Englische übersetzt wurde, hatte es ablehnende Kritiken und heftige Blasphemievorwürfe gegeben; das Buch musste anschließend aus vielen Bibliotheken wieder entfernt werden. Als der Film 1988 in die US-amerikanischen Kinos kommen sollte, organisierten konservative und evangelikale Kirchengruppen Boykottaktionen gegen die Verleihfirma sowie landesweit gegen zahlreiche Lichtspielhäuser. Eine Reihe von Stadtverwaltungen untersagte die Aufführung, und wo der Film doch gezeigt werden konnte, standen protestierende Menschen bereit und versuchten, Interessierte am Kinobesuch zu hindern.[3]

Die 1980er Jahre sahen *culture wars* heraufziehen, und der politische Konservatismus der Reagan-Jahre verband sich immer deutlicher mit einer erstarkten religiös-fundamentalen Bewegung, die insbesondere gegen die freie Meinungsäußerung in der Kunst anging.[4] Doch was genau hatte die harschen Vorwürfe, *The Last Temptation of Christ* sei Blasphemie und der Film dem christlichen Amerika nicht zuzumuten, ausgelöst? Der Spielfilm, wie schon der ihm zugrundeliegende Roman, interpretierte die biblische Geschichte als einen Konflikt zwischen Glauben und Gehorsam einerseits sowie Versuchung und Leidenschaft andererseits. Jesus von Nazareth (gespielt von Willem Dafoe) erscheint als eine durch und durch ambivalente Gestalt: Der Auftrag Gottes bereitet ihm große Angst, zu Beginn des Films rebelliert er sogar gegen ihn, indem er mit den Römern kollaboriert. Darüber hinaus kämpft er mit seiner Leidenschaft für Maria Magdalena (Barbara Hershey), mit der er, so wird angedeutet, ein Liebesverhältnis hatte. In einer ausführlichen Traumsequenz gegen Ende des Films wird gezeigt, wie Jesus seine Geliebte heiratet, Geschlechtsverkehr mit ihr hat und mit ihr eine Familie gründet – Szenen eben jener letzten Versuchung, welche die zahlreichen Abweichungen der Handlung von den autoritativen Texten des Neuen Testaments aus der Sicht vieler konservativer Christinnen und Christen nicht nur in den USA auf die Spitze trieben.

Doch war es nicht nur die Repräsentation Jesu, die Anlass zu Kritik gab. Auch eine andere Figur fiel aus dem Rahmen orthodoxer Lesart. In seine Rolle als Prophet muss der Sohn Gottes geradezu gedrängt werden, zu groß scheint die Last zu sein, die er tragen soll. Dass er letztendlich den Weg des Kreuzes geht, dafür ist in *Last Temptation of Christ* in erster Linie der Revolutionär Judas (Harvey Keitel) verantwortlich. Er war der Gruppe um Jesus ursprünglich beigetreten, um den Rabbi wegen dessen Kollaboration mit den Römern zu töten, doch erkennt er rasch, dass er tatsächlich der richtige Anführer für einen bevorstehenden Aufstand sein könnte – eine Meinung, die Jesus selbst zunächst zurückweist. Folgt man der Filmhandlung, dann war Judas Ischariot die treibende Kraft der Schar um den Wanderprediger Jesus von Nazareth; er steht dem Anführer am nächsten, ist sein engster Vertrauter und Ratgeber, er hält die Gruppe der Jünger zusammen. Doch favorisiert er den offenen Aufstand, zur Einsicht in die Notwendigkeit des Opfergangs seines Herrn muss auch er überzeugt werden. In einem der (wenigen) Momente, in denen sich Jesus seiner Bestimmung sicher ist, kommt es zum Gespräch zwischen den beiden: Jesus bittet seinen Freund, ihn zu verraten, denn nur so könne der Wille Gottes auf den Weg gebracht werden. Judas weigert sich, für einen Verrat an seinem Propheten sei er zu schwach. Er fragt: »Wenn du an meiner Stelle wärst, könntest du deinen Meister verraten?« Jesu Antwort fällt in einem doppelten Sinne bestätigend aus: »Nein. Und daher hat Gott mir den leichteren Auftrag gegeben. Gekreuzigt zu werden.«[5]

In dieser Interpretation der Heilsgeschichte verändert sich die Rolle des vermeintlichen Ur-Verräters Judas Ischariot beträchtlich – auch das war ein Grund, warum *The Last Temptation of Christ* so kontrovers rezipiert wurde. So waren etwa die eklatanten antisemitischen Untertöne der Kampagne gegen den Film an die Judas-Figur geknüpft. Die positive Darstellung des Verräters sei ein Indiz dafür, dass jüdische, und nicht christliche Interessen hinter der Produktion ständen.[6] Diese Argumentation berief sich auf das Neue Testament, namentlich auf das Johannes-Evangelium, das für eine lange Tradition einer antisemitischen Lesart der Judas-Gestalt verantwortlich zeichnet. Darüber hinaus entzündete sich der Blasphemievorwurf auch an der eigentlichen Auslieferungsszene des Films. Nach einem letzten gemeinsamen Abendmahl verlässt Judas die Gruppe um seinen Propheten, verrät ihn (was im Film nicht gezeigt wird) und geleitet eine Einheit römischer Soldaten in den Garten Gethsemane. Dort identifiziert er den Messias durch einen Kuss auf den Mund, ganz so wie es im Matthäus-Evangelium heißt: »Der Verräter hatte mit ihnen ein Zeichen verabredet und gesagt: Der, den ich küssen werde, der ist es; nehmt ihn fest. Sogleich ging er auf Jesus zu und sagte: Sei gegrüßt, Rabbi! Und er küsste ihn.«[7] Es erscheint kaum glaubhaft, doch im Zusammenhang mit der Darstellung in *The Last Temptation of Christ* wurde der Judaskuss als Indiz einer homosexuellen Beziehung zwischen Jesus von Nazareth und Judas Ischariot gewertet.[8]

Doch lässt man diese befremdliche Lesart einiger protestierender Christinnen und Christen einmal außer Acht, dann verweist die Judas-Darstellung in Martin Scorseses Film auf andere wesentliche Zusammenhänge. Zwei untrennbar miteinander verbundene Annahmen wollte ich in diesem Buch veranschaulichen und untermauern: Erstens, wie prekär und ambivalent die Figur des Denunzianten historisch war und gesellschaftlich noch immer ist. Sie war und bleibt notwendig ausdeutbar, sie stimulierte und forcierte dynamische Prozesse der gesellschaftlichen Aushandlung von Bedeutung, die stets auf Machtverhältnisse zurückwiesen, von ihnen beeinflusst waren und wiederum sie beeinflussten. Zweitens wirkte der Verweis auf das Denunziatorische und die Figur des Denunzianten zugleich dynamisch-produktiv wie stabilisierend-repressiv. Im Verweis auf das Denunziatorische entstanden und entstehen immer neue Subjektformationen, die spezifische Positionen in den gesellschaftlichen Auseinandersetzungen um Loyalität und Verrat, um Vertrauen, Sicherheit, Kontrolle oder Staatsbürgerschaft markierten. Mit Hilfe der interdiskursiv zirkulierenden Figur des Denunzianten entstanden so scheinbar verfestigte Bilder, Bilder eines drohenden und erwarteten Verrats, die Überzeugungen artikulieren halfen, Handlungen anleiteten oder Erinnerungen stimulierten.

Die Figur des Judas Ischariot diente im Verlauf des 20. Jahrhunderts in den USA als einer vorwiegend christlich geprägten Kultur dazu, eine Referenzfolie abzugeben, vor deren Hintergrund Auseinandersetzungen um Verrat und Loyalität, um Zusammenhalt und Spaltung, um Amerikanismus und Subversion stattfinden konnten. Der Mythos des ›Ur-Verrats‹ und sein Effekt, Geschichte scheinbar still stehen zu lassen, war und ist machtanalytisch in hohem Maße produktiv. Wie die Kontroverse um *The Last Temptation of Christ* in den 1980er Jahren demonstrierte, verbanden sich mit der Anrufung der vermeintlich bekannten, weil immer gleichen Figur des Spitzels stets Dynamiken, die genau diese Enthistorisierung immer wieder unterliefen – und in diesem Fall sogar beim Rückbezug auf die klassische Textgrundlage. Denunziation vordergründig als historische Konstante zu postulieren, ist zugleich falsch und wichtig, denn auf diese Weise können Aushandlungsprozesse mit einem Bilderhaushalt geführt werden, mit große Teile der heterogenen US-Gesellschaft vertraut waren und sind. Und wenn der Verräter Judas Ischariot dazu dienen konnte, das Denunziatorische in den Feldern von Kriminalität und großer Politik zu bebildern, dann veranschaulicht *The Last Temptation of Christ*, dass er auch für sexuelle und religiöse Denunziation stehen kann.

Dieses Buch hat sich in seinen Kernkapiteln dem Denunziatorischen und der Figur des Denunzianten in den Vereinigten Staaten von Amerika im Verlauf des Zeitraums von ca. 1880 bis in die 1970er Jahre hinein gewidmet. Dabei kamen ganz unterschiedliche Phänomene, ganz unterschiedliche Akteure, ganz unterschiedliche Verlaufsformen des Denunziatorischen in den Blick, die in einer Vielzahl ganz unterschiedlicher Quellen repräsentiert waren. Die Figur des Denunzianten tauchte in den Berichten von *undercover* operierenden Agentinnen und Agenten auf, die von privaten Reformorganisationen ausgesandt waren, sie fand sich auf den Postern der Bundesregierung während des Ersten Weltkriegs, in den Akten des FBI, auf den Zeugenbänken von Untersuchungsausschüssen des Kongresses, in Autobiografien, in Spielfilmen und Romanen und darüber hinaus auch in der wissenschaftlichen Literatur. Zusammengenommen verdichtete sich der Eindruck der Nützlichkeit, ja der Notwendigkeit dieser Figur für gesellschaftliche Debatten und Auseinandersetzungen. Es zeigte sich, wie sehr die Figur interdiskursiv aufgeladen, verschoben und eingesetzt wurde. Dazu hat es sich als sinnvoll erwiesen, den Begriff der Denunziation in einem breiten semantischen Feld zu platzieren, das sich um die Denunziation als ›nahe‹ Variante des Verrats ausbreitet. Deutlich wurde dabei die Verknüpfung von Machtkonstellationen mit Vorstellungen über Sichtbarkeit und Sichtbarmachung. Eine Bildgebung des Anderen als Anrufung zum denunziatorischen Handeln war in den meisten der hier untersuchten Konstellationen der Schlüssel zu ihrem Verständnis.

Hiervon ausgehend ließen sich weitere Felder der US-amerikanischen Geschichte untersuchen. So stellt sich beispielsweise die Frage, ob nicht das Denunziatorische auch im Zusammenhang mit Migration und ihrer Kontrolle, etwa an der Grenze zu Mexiko im Süden, von großer Bedeutung gewesen ist.[9] Oder ob die Stratifizierung des Raums in den Städten entlang Linien von *race* und *ethnicity* nicht mit Bezug auf Vorstellungen des Denunziatorischen zu untersuchen wären. Doch es war nicht mein Anspruch, eine ›vollständige‹ Geschichte der Denunziation in den USA im 20. Jahrhundert zu schreiben, genauso wie es auch nicht um die Enthüllung neuer, aufregender ›Fälle‹ ging. Im Mittelpunkt meines Erkenntnisinteresses standen Funktionen, Mechanismen und Strategien, welche sich mit der Figur des Denunzianten verbanden, um Positionen in gesellschaftlichen Aushandlungsprozessen um Macht zu markieren. Wie jedes andere Tabu enthält auch das Denunziationsverbot die implizite Aufforderung, es zu brechen. Seine Tradierung, seine Aktualisierung, seine Überwachung, seine Regulierung und seine Sanktionierung sind nicht denkbar ohne die Möglichkeit der Überschreitung. Der Tabubruch ist eine gesellschaftliche Notwendigkeit, er ist mitunter so erforderlich, dass er wahrscheinlich und als Tabu unsichtbar gemacht werden muss.

Ihre wesentliche konzeptionelle Ausrichtung verdankt dieses Buch dem Denken Michel Foucaults. Zum einen waren die von Foucault zur Verfügung gestellten Begriffe dienlich, den semantischen Raum des Denunziatorischen analytisch zu durchschreiten, gerade in ihrer Betonung von Sichtbarkeit, Sichtbarmachung und Produktivität. Zum anderen richtet sich Foucaultsches Denken am Postulat einer Geschichte der Gegenwart aus, die in genealogischer Perspektive die Historizität gegenwärtiger Konstellationen machtanalytisch offenlegt. In diesem Sinne schließt diese Arbeit mit einem kurzen Ausblick auf die US-amerikanische Kultur der Gegenwart. Die Frage, auf welche Weise die Angst vor inneren und äußeren Feinden als Charakteristikum der US-Gesellschaft zu Beginn des 21. Jahrhunderts denunziatorisch wirksam wird, ist schon allein angesichts der Anschläge vom 11. September 2001 bedeutsam. Vor dem historischen Hintergrund kann darüber nachgedacht werden, warum der ›Krieg gegen den Terror‹ weder vor der Aushöhlung der Verfassung und der Menschenrechte noch vor der Einspannung des Einzelnen in die Sorge um die innere Sicherheit haltmacht. Doch auch jenseits dieses so offenkundigen Zusammenhangs verweist die Figur des Denunzianten auf den Kern der Auseinandersetzungen einer Gesellschaft, die gegenwärtig so gespalten wie selten zuvor erscheint – was als Problem gedeutet werden kann, aber auch ein enormes produktives Potenzial beinhaltet.

Telling on the Next Man – Die Popkultur des *Snitchin'* zu Beginn des 21. Jahrhunderts

Im Jahr 2004 wurde in Musikgeschäften und an Straßenverkaufsständen Baltimores eine DVD namens *Stop Snitchin'* angeboten.[10] Das Video zeigt den lokalen Rap-Musiker Skinny Suge, wie er mit einer Kamera die Straßen West Baltimores durchstreift und sich mit den Einwohnern unterhält. Man sieht Straßenecken und das Innere von Autos, es wird viel herumgealbert und vor allem viel gerappt. Viele der Interviewten waren Drogendealer und identifizierten sich als ›in the game‹, wie sie es nannten, also als Mitglieder einer ›Unterwelt‹ von Gangstern. Thema war zumeist ihr Geschäft und in diesem Zusammenhang die Rolle einer in ihren Augen korrupten Polizei. Dabei spielte das Spitzeln eine immer wiederkehrende, tragende Rolle. Die übereinstimmende Meinung der Befragten lautete, dass Leute ›in the game‹ niemals jemanden verraten dürften, um selbst einer Strafe zu entgehen. Dabei wurden auch Drohungen ausgesprochen und Waffen vorgeführt, und für viele war es selbstverständlich, dass Spitzel gegebenenfalls hinzurichten seien. In einem Fall wurde ein mögliches Opfer namentlich angesprochen und explizit gewarnt.[11]

Obgleich es sich nur um ein amateurhaft entstandenes Produkt für einen kleinen, lokalen Kreis von Käuferinnen und Käufern handelte, wurde das Video doch bald zum Gegenstand einer umfangreichen nationalen Medienberichterstattung, und zwar vor allem aus zwei Gründen: Zum einen war in einem kurzen Ausschnitt des Films Carmelo Anthony zu sehen, ein bekannter Profi-Basketballer. Anthony redete nicht übers *snitching*, und an keiner Stelle befürwortete er Drogenkonsum, den Handel mit illegalen Substanzen oder Gewalt gegen *informants*. Doch seine Präsenz nahmen einige überregionale Zeitungen und Fernsehsender zum Anlass, ausführlich über das Video und den darin repräsentierten Zusammenhang von Musik, afroamerikanischer Jugendkultur, Drogenhandel und Gewalt zu berichten. Zum anderen machte der Film T-Shirts populär, die auf ihrer Front verschiedene *stop snitchin'*-Logos trugen. Der Slogan war entweder rot eingekreist und mit einem X durchgestrichen, oder man konnte *stop snitchin'* innerhalb der Achteckform eines ›Stop‹-Verkehrsschilds zu lesen. In der Auseinandersetzung, die sich in den folgenden Monaten und Jahren entspann, warben Mitglieder der Rap-Szene mit Songs, Videos und in Interviews darum, einen, wie sie es nannten, ›Code‹ einzuhalten: Unter Gangmitgliedern verbiete es sich, sich selbst vor Strafverfolgung zu schützen, indem man Täter aus der eigenen Nachbarschaft an die Polizei verrate.[12] Der Rapper und Schauspieler Ice-T führte dabei eine Art Definition in die Debatte ein, die das *in the game*-Sein als zentrales Unterscheidungskriterium ausmachte:

»Unter einem Denunzianten verstehe ich jemanden, der ein Verbrechen zusammen mit einem Partner verübt, verhaftet wird und, anstatt den Mund zu halten und die Verantwortung für seine Taten zu übernehmen, einen Deal mit der Polizei ausmacht: Eine leichtere Strafe im Austausch gegen den Verrat an dem Partner. Der *stop snitching*-Code gilt in der Unterwelt, er hat aber nichts mit Unbeteiligten zu tun, die nur Zeugen eines Verbrechens werden.«[13]

Damit schränkte Ice-T den Kreis derjenigen stark ein, die sich durch die zum Teil unverhohlenen Gewaltandrohungen angesprochen fühlen mussten. Der Produzent des Films *Stop Snitchin'*, Rodney Bathea, wurde noch deutlicher: Es gehe den Befürworterinnen und Befürwortern der Kampagne keinesfalls darum, die ganze *community* der Innenstädte zum Schweigen zu bringen. Sie sei nicht gegen die alte Frau gerichtet, die eine Straftat beobachte und die Polizei rief: »Sie ist keine Denunziantin. Sie ist eine Bürgerin, die tut, was man von ihr erwartet.«[14]

Doch diese Art von *disclaimer* verhinderte nicht, dass die *stop snitchin'*-Kampagne für großes Aufsehen sorgte. Nationale Fernsehsender wie Fox oder CNN brachten ausführliche Features und verurteilten das in ihren Augen antisoziale und gewaltorientierte Schweigegebot. Ausgehend von Baltimore, aber bald auch in anderen Städten, wurden von der Polizei und/oder den Stadtverwaltungen unter Slogans wie *Keep Talkin'* oder *Step Up and Speak Out* Gegenkampagnen ins Leben gerufen. In ihnen verbanden sich Vorstellungen von Zivilcourage und Ausstieg aus einer vermeintlichen Kultur der Gewalt mit ganz realen Informationsinteressen der Polizei, Public Relations-Bemühungen der Städte sowie der Sensationslust einiger Medien.[15]

Die Kampagne hinterließ auch Spuren in Mainstream-Medienproduktionen außerhalb oder am Rande der eigentlichen Hip-Hop-Szene. So ironisierte beispielsweise eine Episode der populären Cartoon-TV-Serie *The Boondocks* das *stop snitchin'*-Motto unter dem Titel ›Thank you for Not Snitching‹. Und die HBO-Fernsehserie *The Wire*, die in Baltimore etwa zu der Zeit spielt, in der das Video auftauchte, verhandelt den Polizeispitzel als eine zentrale Figur im Spiel zwischen Polizei und ›Unterwelt‹, die gerade auch in Zeiten technisch ausgefeilter Überwachungsmethoden, wie sie in *The Wire* im Mittelpunkt stehen, notwendig bleiben. Insbesondere die Figur Bubbles (oder Bubbs, gespielt von Andre Royo) steht darin prototypisch für den Informanten aus der Szene, der einen Code des Schweigens lebt und zugleich immer wieder bricht, der enge Bande von Loyalität sowohl zu anderen Kriminellen wie zur Polizei unterhält und damit abwechselnd mal mehr Glück oder mehr Probleme hat.

Popkulturelle Medien zu Beginn des 21. Jahrhunderts haben die Figur des Denunzianten nicht neu erfunden, sie haben sie aber aufgrund ihrer besonderen Dynamik und den mit ihnen einhergehenden dichten Verbreitungsformen weiter aufgeladen. *Stop snitchin'* griff viele der von mir diskutierten Bedeutungsdimensionen des Denunzierens auf und verband sie aktuell mit einer zeitgenössischen Problemwahrnehmung – eine Konstellation, die historisch immer wieder festzustellen war. Die Figur des Denunzianten kann nach wie vor als Zündschnur hoch emotionaler und kontroverser sozio-kultureller Debatten fungieren. Dabei kommt der großen Verbreitung von Informantinnen und Informanten im gegenwärtigen Strafverfolgungs- und Justizsystem der USA eine besondere Wichtigkeit zu. Sie ist so etwas wie die offizielle Basis, von der aus Fantasien über das Denunzieren als gängige Praxis zirkulieren. Zugleich sind die Praktiken von Polizei und Justiz aber selbst nur Ergebnis eines sich stets neu manifestierenden Mythos von der unbedingten Notwendigkeit bzw. ›Natürlichkeit‹ des Denunzierens.

Whistleblowers – Transparenz in Wirtschaft und Politik

»Ich bin ein *whistleblower*. Ich bin berüchtigt. Was ich tue, ist eine Schande; das ist es doch, was alle sagen.« Mit diesem Zitat begann die Journalistin

Marie Brenner ihren 1996 in *Vanity Fair* veröffentlichen Artikel über Jeffrey Wiegand.[16] Wiegand hatte viele Jahre lang als Chemiker für die US-Tabakindustrie gearbeitet, es bis in die Führungsspitze der Forschungsabteilung eines der größten Konzerne der Branche geschafft. Dort geriet er mit der strikten Geheimhaltungspolitik der Firmenleitung in Konflikt. Die Gesundheitsrisiken des Rauchens wurden zu dieser Zeit nicht mehr nur breit in der Öffentlichkeit diskutiert, es häuften sich nun auch die von Krankenkassen und Behörden eingeleiteten Schadensersatzklagen. Wiegand wandte sich an einen investigativen Fernsehjournalisten und wurde zum Kronzeugen nicht nur gegen seine eigene Firma, sondern auch gegen die Vertuschungsversuche der ganzen Tabakindustrie. Das kostete ihn seinen Job und schließlich auch seine Ehe, außerdem wurde er selbst mit kostspieligen Klagen überzogen, zudem in seiner Privatspäre belästigt und körperlich bedroht. In den Medien allerdings galt er als Held, große Zeitungen und Zeitschriften widmeten ihm Titelgeschichten, das Fernsehen brachte lange Interviews mit dem *whistleblower*. Marie Brenner ging in ihrem Artikel aber auch ausführlich auf die Zwiespältigkeit der Figur des Denunzianten ein: »Es ist zu einer dramatischen Konvention geworden, in *whistleblowern* Helden sehen zu wollen, obgleich ihre Motive zumeist eher von Zorn und Rache herrühren. Es gibt diese mächtige Versuchung, in Jeffrey Wiegand ein Symbol sehen zu wollen: der kleine Mann gegen das große Kartell, der gute Kerl gefangen in einem Schraubstock. Doch sperrt sich Wiegand gegen eine allzu einfache Kategorisierung.«[17]

Der ›Fall Wiegand‹ ist in seiner Prominenz ebenso ungewöhnlich wie Brenners intensiver psychologischer Versuch, jenseits einer spektakulären Enthüllungsgeschichte nach den ambivalenten Motiven dieses Insiders zu forschen. Dennoch verdeutlicht beides Trends, die in den 1990er Jahren sowie nach der Jahrtausendwende in der US-Medienlandschaft immer sichtbarer wurden. Das *whistleblowing* als Phänomen und der *whistleblower* als Dreh- und Angelpunkt der Narration sind zu einem regelmäßigen Bestandteil populärer Berichterstattung sowie sozialwissenschaftlicher und vor allem rechtswissenschaftlicher Untersuchungen geworden. Dabei sind der Begriff und die mit ihm verbundene Vorstellung der Enthüllung von illegalen, unmoralischen oder korrupten Vorkommnissen in Regierungsbehörden oder Wirtschaftsunternehmen weit älter. Erste Initiativen, an solche Informationen zu gelangen und die Tippgeber zu schützen, lassen sich in den USA bis zum Bürgerkrieg und zur *Anti-Trust*-Gesetzgebung der *Progressive Era* zurückverfolgen. Und weil es sich bei den Informationen beinahe immer um das Wissen von Insidern handelte, von Menschen mit vertraglich oder gar durch einen Eid geregelter Verschwiegenheits- und Loyalitätspflicht, war solches Verhalten von Seiten der betroffenen Unternehmen oder Dienststellen in der Regel vom Vorwurf der unrechtmäßigen Denunziation begleitet. Aus diesem Grund entlehnte der Verbraucheraktivist Ralph Nader zu Beginn der 1970er Jahre aus dem Bereich des Sports den Begriff *whistleblowing*, der sich ursprünglich auf die Tätigkeit des Schiedsrichters, des Unparteiischen also, bezog. Nader wollte ganz ausdrücklich pejorativ aufgeladene Wörter wie *informer* oder *snitch* für derart aus seiner Sicht wünschenswerte Aussagen vermeiden.[18] Aufgrund des Bewusstseinswandels gegenüber Umwelt- und Gesundheitsschutz sowie gegenüber sexistischer Diskriminierung am Arbeitsplatz häufte sich das *whistleblowing* seit den 1980er Jahren und rückte in die Aufmerksamkeit einer immer interessierter werdenden Öffentlichkeit.[19]

Inzwischen sind sowohl die populäre wie die wissenschaftliche Literatur zum Thema kaum noch zu überblicken. Aufgrund des Werts von ›verpfiffenen‹ Informationen, mutmaßlich aber aufgrund der von Marie Brenner angesprochenen Neigung zur Heroisierung, steht dabei der Schutz des *whistleblowers* vor Repressionen im Zentrum, denn die vermeintlichen Denunziantinnen und Denunzianten mussten oft mit dem Verlust ihrer Anstellung, aufwendigen und teuren juristischen Verfahren oder anderen bedrohlichen Folgen rechnen.[20] Häufig finden sich Analogien zu den Zeugenschutzprogrammen, wie sie etwa bei Kronzeugen aus dem organisierten Verbrechen zur Anwendung kommen. An solchen Vorschlägen kann man ermessen, für wie dringlich und für wie notwendig man die Etablierung bzw. Förderung einer Kultur der Anzeige gerade in der Geschäftswelt inzwischen hält. Hier kann man bisweilen einen Trend beobachten, das *whistleblowing* aktiv in die Geschäftspolitik zu integrieren. Mittlerweile gibt es sogar gedruckte Ratgeber, in denen das Management von Unternehmen darüber aufgeklärt wird, wie Insiderberichte sowohl zur Kontrolle der eigenen Belegschaft als auch als Form guter Publicity dienen können.

Auch in Bradley Manning sehen viele Menschen in den USA und weltweit einen *whistleblower*. Manning hat geheime Unterlagen und Filmaufnahmen seines Arbeitgebers veröffentlicht, aus denen man zumindest erahnen kann, dass dessen offizielle Darstellungen von Ereignissen, Vorgängen und Zielen nicht immer ganz der Wahrheit entsprachen. Vielmehr war in bewegten Bildern zu sehen, dass der Tod von unbeteiligten Menschen durchaus in Kauf genommen wurde. Seine Motive waren, so sagt Manning selbst, von einem Willen nach Aufklärung und Transparenz, von Gerechtigkeitssinn geprägt. Doch handelt es sich bei Mannings Arbeitgeber nicht um ein Tabakunternehmen, sondern um die US-Streitkräfte, und es geht nicht um die Gefahren von Lungenkrebs, sondern um die Kriege in Irak und Afghanistan. Manning, ein Soldat und Computerexperte, wurde im Mai 2010 im Irak unter dem Verdacht festgenommen, streng geheimes Material aus gesicherten Datennetzen des Verteidigungsministeriums an die – so wird es oft gerade in US-Medien formuliert – *whistleblower website* WikiLeaks weitergeleitet zu haben. Die Streitkräfte, die Justizbehörden, die Bundesregierung und viele patriotische US-Bürgerinnen und -Bürger können in Manning keinen Helden sehen, sondern einen Landesverräter, den Täter im vermutlich größten Raub geheimer Unterlagen in der US-amerikanischen Geschichte, ein Schurke, der in einer Reihe mit Benedict Arnold und dem Ehepaar Rosenberg steht. Folglich wurde er unter anderem auf Grundlage des aus dem Ersten Weltkrieg stammenden *Espionage Act* angeklagt; wie den Rosenbergs droht ihm zumindest theoretisch die Todesstrafe in dem Gerichtsverfahren, dass voraussichtlich im Februar 2013 eröffnet werden soll. Unter den vielen Materialien, die WikiLeaks über die Kriege veröffentlichte und die inzwischen der ›Quelle Manning‹ zugeschrieben werden, befindet sich auch das unter dem Namen *Collateral Murder* bekannt gewordene Video aus dem Jahr 2007. Es zeigt, wie ein US-Kampfhubschrauber in Bagdad irakische Zivilisten und Mitarbeiter der Nachrichtenagentur Reuters unter Beschuss nimmt und tötet. Es waren diese Filmaufnahmen, die WikiLeaks im April 2010 schlagartig weltberühmt machten. Auf der Videoplattform YouTube wurden sie allein bis zum Ende desselben Jahres fast zehn Millionen Mal abgerufen.[21]

Im ›Fall Manning‹ und im Zusammenhang mit WikiLeaks offenbart sich, wie vielschichtig und hoch aufgeladen mit Vokabeln von Verrat und Denunziation noch immer oder wieder um Hegemonie in den gesellschaftlichen Deutungskämpfen und handfeste Machtansprüche gerungen wird. Dabei kommt dem noch immer ›neuen Medium‹ Internet mit seiner Reichweite, seiner Geschwindigkeit, der schieren Quantität von Möglichkeiten und seiner undurchsichtig-exotischen Hacker-Szene mit ihrer eigenen Sprache sicher eine besondere Rolle zu. Als Plattform oder Trägermedium ist das Internet für den denunziatorischen Modus im 21. Jahrhundert mitbestimmend, es übernimmt von den ›alten‹ Medien kommunikative Funktionen und erweitert sie. Die Kontroverse um WikiLeaks, aber auch die Erfolge der ›Enthüllungsplattform‹ sind nicht allein eine Folge des Internets und seiner Möglichkeiten hinsichtlich Schnelligkeit, Umfang und Erreichbarkeit von

Informationen, sie sind darüber hinaus auch der Nachweis dafür, dass die Macht des Denunziatorischen mehr denn je in vielen Händen verteilt ist.

Auf den Aspekt Internet soll hier nicht weiter eingegangen werden. Zum Schluss dieses Abschnitts möchte ich vielmehr zeigen, wie mit Etikettierungen von Personen Politik gemacht wird. Neben Bradley Manning geht es dabei um Adrian Lamo und Julian Assange. Im Mittelpunkt dieses Buchs steht die Denunziation als eine Variante des Verrats; dem Verbrechen des Landesverrats und der Spionage im Rahmen internationaler Politik und des Kriegs habe ich mich daher nicht zugewandt. Es ist jedoch an verschiedenen Stellen deutlich geworden, dass sich diese Trennung nur schwer konsequent aufrechterhalten lässt. Zu eng liegen die unterschiedlichen Spielarten sprachlich zusammen, zu sehr hängt es von den unterschiedlichen Perspektiven und Interessen der Beteiligten ab, wie welche Zuschreibung jeweils sinnvoll Eingang in die Bedeutungsproduktion findet, zu sehr bestimmte die Metapher vom Krieg lange Phasen des 20. Jahrhunderts. Dimensionen des Privaten spielen in den öffentlichen Raum hinein und umgekehrt, Nähe und Vertrauen können physisch konkret erfahren, aber auch abstrakt gegenüber Menschen artikuliert werden, denen man persönlich nie begegnet. Ob man Bradley Manning für einen *whistleblower* oder einen Landesverräter hält, ist eine politische Entscheidung, und um sie zu fällen, muss man sie zwangsläufig in gegenwärtige Diskurse verorten, die wiederum historisch informiert und aufgeladen sind. Manning hat die von ihm kopierten Daten an eine anonyme Organisation wie WikiLeaks übergeben, die er für legitimiert hielt, sein Wissen publik zu machen. Zugleich vertraute er sich aber auch einer realen Person an, Adrian Lamo, den er in Hacker-Foren online kennengelernt, aber nie getroffen hatte. Mit ihm chattete der ›Verräter‹, zu ihm fasste er Vertrauen, bei ihm glaubte er sein Geheimnis sicher. Zu unrecht, wie sich herausstellte: Lamo brachte das FBI auf Mannings Spur.[22] Der *whistleblower* redete mit seinem Denunzianten, um nun als Verräter angeklagt zu werden. Und über beiden richtet sich die öffentliche Aufmerksamkeit auf Julian Assange – Popstar, Gesicht einer Bewegung/Verschwörung, Held oder Schurke in den Dimensionen eines *James Bond*-Films, ebenso charismatisch wie größenwahnsinnig. Der *master mind*, der Über-Spion, nur angreifbar, so sehen es er und seine *followers*, durch klassische, ›schmutzige‹ polizeiliche Zersetzung, durch eine sexuelle Denunziation, die ihn in seinem Privatleben trifft.[23]

Es geht mir hier nicht darum, über Assange zu urteilen. Wichtiger sind die Mechanismen des Denunziatorischen, die in seinem Fall, bei Bradley

Manning und Adrian Lamo, bei WikiLeaks insgesamt aufscheinen. Sie vereinen den Mythos und das Tabu mit Personen, entlang derer sie sich aktualisieren lassen. Sie fußen auf Vorstellungen von Nähe, Loyalität und Verschwiegenheit, suchen und brauchen aber die Öffentlichkeit und die öffentliche Rede, um wirksam zu werden. Ihr Ziel ist es, das Geheime und den Verrat als Folie des gesellschaftlichen Aushandelns von Hegemonie und Bedeutung fortzuschreiben. Dabei vereinen sie Geschichte und Gegenwart, und zwar in einer besonderen, einmal mehr von der Metapher des Kriegs geprägten Situation, nämlich den USA nach dem 11. September 2001.

Patriots Acting – Debatten um das Denunzieren in den USA, *post-9/11*

Nach den Anschlägen in New York und Washington vom 11. September 2001 verdichtete sich das diskursive Feld, in dem Enthüllung, Informationsgewinn, Überwachung, Kontrolle, Verdacht, Brandmarkung, Ausgrenzung und weitere Variablen des Denunziatorischen verstärkt an die Oberfläche des Alltags vieler Menschen traten. Die Suche nach Tätern bzw. ihren Auftraggebern sowie das Streben nach Sicherheit vor weiteren Anschlägen ließ in den USA den Modus des *naming names* wieder zu einer Bedrohung für viele Menschen werden, die in die Täterprofile der Überwachungsbehörden passten. Zugleich waren in den vergangenen zehn Jahren aber auch drei weitere Trends erkennbar, welche die Beobachtung einer um sich greifenden *snitch culture* relativierten: Erstens entspann sich eine Diskussion über das Geheime innerhalb von Regierungsapparaten, in der Offenlegung und Transparenz als Kernelemente einer zeitgemäßen Demokratie nicht allein gefordert, sondern auch praktiziert wurden – WikiLeaks und die eben genannten Personen können hier als Stichworte dienen. Zweitens trat die Furcht vor einer Überwachungskultur mittelfristig zurück gegenüber der Sorge vor anderen, als weit problematischer eingeschätzten Menschen- und Bürgerrechtsverletzungen, namentlich der Folter, die Befürchtungen um eine über Gebühr ausgreifende Überwachungskultur – ohne sich freilich von ihr zu entkoppeln. Dies führt drittens zu der Beobachtung, dass sowohl Dichte wie Wirkmacht von kritischen Interventionen gegen die vermeintlich neue *snitch culture* von Beginn an größer waren als bei ähnlichen früheren Konstellationen.

Der Schock, die Furcht, die Trauer und die Wut der großen Mehrheit der US-Bevölkerung nach den Anschlägen können erste Reaktionen erklären und rechtfertigen. Als Präsident George W. Bush am 26. Oktober 2001 den *USA PATRIOT Act* unterzeichnete, wusste er eine breite, überparteiliche Mehrheit hinter sich. Doch konnte und wurde das Gesetz, welches unter anderem den Ausbau der innerstaatlichen Überwachung sowie die Absenkung gesetzlicher Hürden für den Einsatz unterschiedlicher Maßnahmen der militärischen Intervention vorsah, bereits von Beginn an auch scharf kritisiert. Dabei wurden weniger die Einschränkungen der Bürgerrechte an sich verurteilt. Vielmehr schien sich die Sorge zu manifestieren, diese Einschränkungen würden durch die Gründung des enorme Kompetenzen unter sich vereinigenden *Department of Homeland Security* (im November 2002) nunmehr langfristig und beinahe grundsätzlich suspendiert. Eine Formulierung des Juristen Stephen Schulhofer veranschaulicht gut, was Kritikerinnen und Kritiker in den ersten Monaten nach 9/11 zum Ausdruck brachten: »Der 11. September löste eine Krise aus, die außerordentliche Maßnahmen rechtfertigte. Doch es gibt keinen Anlass zu glauben, dass die Bedrohung durch Terrorismus in nächster Zeit schwächer werden wird. [...] Wir dürfen neben unserer Sorge um Sicherheit nicht nachlassen, unsere Aufmerksamkeit auch auf die Macht der Regierung zu richten, unter der wir alle für diese lange Zeit leben müssen.«[24] Diese Spannung zwischen notwendiger Ausweitung der Sicherheitskompetenzen einerseits sowie der Sorge, Bürgerrechte systematisch auf lange Sicht zur Disposition zu stellen, durchzog bereits früh viele Stellungnahmen.[25] Angefacht wurden diese Befürchtungen im Sommer 2002, als die Pläne der Regierung Bush für *Operation TIPS* bekannt wurden: Als zentrale Maßnahme sah dieses *Terrorism Information and Prevention System* vor, dass Arbeiterinnen und Arbeiter aus Branchen, die Zugang zu den privaten Räumen ihrer Kundinnen und Kunden hatten (also zum Beispiel Installateure oder Postzusteller), die Befugnis und den Auftrag erhalten sollten, Verdächtiges zu melden und entsprechende Berichte anzufertigen.[26] Nachdem einige Zeitungen darauf hingewiesen hatten, dass *Operation TIPS* weit mehr Informantinnen und Informanten als die ostdeutsche Stasi produzieren würde, nahm die Bundesregierung schließlich langsam und leise Abschied von diesen Plänen.[27]

Großes Aufsehen erregte eine andere Form der Denunziation, die sich namentlich im akademischen Bereich zeigte. Relativ rasch nach den Anschlägen tauchten in der Presse, vor allem aber im Internet, Listen von Professorinnen und Professoren an US-amerikanischen Universitäten auf, welche die Angriffe entweder unterstützt, befürwortet oder sich zumindest nicht hinreichend von ihnen distanziert hätten.[28] Zwar resultierten diese Formen der öffentlichen Markierung nicht in einem *blacklisting* wie zur Blütezeit des frühen Kalten Kriegs, sie veränderten jedoch das Klima an den Hochschulen spürbar.[29] Vor allem aber führten sie zu einer Renaissance der Vokabel *McCarthyism*, die in der populären Kultur immer wieder angerufen und mehr denn je zum Synonym wurde für unrechtmäßiges Handeln der Regierungsbehörden.

Doch traten die Befürchtungen einer ausgeprägten *snitch culture* im Inneren des US-Gemeinwesens im Laufe der Zeit hinter anderen, eklatanteren Missachtungen von Menschen- und Bürgerrechten zurück. Das Bekanntwerden der Verhältnisse im Gefängnis Guantanamo einerseits sowie vor allem die Publikation der berüchtigten Fotos aus Abu Ghraib ließen das Thema Folter gegenüber anderen *post-9/11*-Entwicklungen nach vorne rücken.[30] Zwar verstand man die ausufernde Überwachung der öffentlichen wie privaten Räume als eine Voraussetzung für das, was in den Lagern passierte, doch erwuchs daraus auch die Erkenntnis, dass diese *surveillance* nach einer klar formulierten Täterprofilierung funktionierte, die in erster Linie von rassistischen Kriterien bestimmt war und Konsequenzen vor allem für bestimmte Minderheitengruppen in den Vereinigten Staaten nach sich zogen.[31] Immer mehr zeigte sich in diesen langfristigeren Analysen, wie sehr dieses *profiling* die Blickregime der US-Bevölkerung beeinflusste.[32]

Die Entwicklung und der Verlauf der Debatten um den Überwachungsstaat nach dem September 2001 zeigen nicht zuletzt, wie tief der Einschnitt in der politischen Kultur der Vereinigten Staaten nach Vietnam und Watergate war.[33] In den Debatten der 1970er Jahre und danach wurden Standards der Kontrolle staatlichen Missbrauchs entwickelt, die Fehlverhalten nicht verhindern können (denn sie sind systemisch angelegt), aber doch weitaus schneller und umfangreicher ans Licht bringen.[34] Die Untersuchungen nach Watergate und vor allem der *Freedom of Information Act* haben den Zusammenhang von Demokratie und Transparenz auf die Agenda gebracht, und auch wenn US-Regierungen beider Lager sich bemühten, dem öffentlichen Bedürfnis nach Information immer wieder Schranken zu setzen, hat das *blowing the whistle on your Government* seinen festen Platz in politischen Debatten und Entscheidungsprozessen gefunden. In diesem Zusammenhang ist es vielleicht kein Zufall, dass die Identität von *Deep Throat*, dem vielleicht bedeutendsten Informanten aus dem Inneren der Regierungsapparate, 2005, drei Dekaden nach Watergate, offengelegt wurde.[35] In der Person von

Mark Felt (1913–2008), der es bis zum Stellvertretenden Direktor des FBI gebracht hatte, bündelten sich die Fantasien einer Verquickung von Agent und Verräter, von Täter und *whistleblower*, von gefährlicher Behörde und einer Art Selbstreinigung. In gewisser Weise fungieren WikiLeaks und Julian Assange als deren Personifizierung als Fortsetzung und Nachweis für die Gültigkeit dieser Verschiebung. Es wird zunehmend selbstverständlich und es wird zunehmend erwartet, auf Überwachung und die Zurückhaltung ihrer Resultate mit der Forderung nach Offenlegung zu reagieren, auch wenn diese Informationen mit dem Siegel der Geheimhaltung versehen sind, weil sonst vermeintlich Sicherheitsrisiken drohten.

So hat sich zu Beginn des 21. Jahrhunderts eigentlich nicht viel geändert. Es scheint so, als sei das Denunziatorische ein abrufbarer Reflex, doch vor dem Hintergrund seiner Genealogie wird verschiedenes deutlich: Nichts davon ist erstens selbstverständlich im Sinne von automatisch oder gar natürlich, sondern muss machtanalytisch verstanden werden. Zweitens kann bestenfalls von einer Verdichtung oder Dynamisierung der Rede über das Denunziatorische ausgegangen werden als von wirklich qualitativen Unterschieden. Der Modus der namentlichen Enthüllung selbst bleibt präsent und lässt sich nun unter veränderten Rahmenbedingungen, Medienkonstellationen, Dringlichkeiten sowie Zielrichtungen aktualisieren. Und drittens schließlich führt die neue Konjunktur dazu, alte Geschichten neu zu gestalten und auf unterschiedliche oder abweichende Weise zu erzählen. Die Figur des Denunzianten war im Verlauf des 20. Jahrhunderts wertvoll, weil mit ihrer Hilfe die Moderne als das ›Zeitalter des beinahe notwendigen Seitenwechsels‹ sinnvoll verhandelt werden konnte. In der Postmoderne scheint es nun nicht einmal mehr Seiten zu geben – und wie es scheint, macht das die Figur des Denunzianten eher noch notwendiger. Was man aber durchaus auch bedauern kann..

Anmerkungen

Einleitung: Die Kultur der Denunziation in den modernen USA

1. Horn, *Der geheime Krieg*, S. 23.
2. Ausführlicher zur Rolle von Linda Tripp in den Untersuchungen über Bill Clinton siehe Bloom, *Ratting*, S. 9–30.
3. N.Y. Communists Denounce Albertson as Informer, in: *The Worker*, 12. Juli 1964, S. 10; meine Übersetzung, im Original heißt es: »With callous and malicious intent, he violated the confidence entrusted in him to perform the role of stool pigeon and informer against those whom he called his comrades, his friends, men and women who are devoted fighters of peace, freedom, and equality. Albertson lived a life of duplicity and treachery – posing as a dedicated defender of the workers' interests while in actuality betraying them – the Communist Party of New York State has expelled him.«
4. Siehe auch Donner, Let Him Wear a Wolf's Head.
5. National Archives (NARA), Record Group (RG) 65, Federal Bureau of Investigation, Investigative Case Files of the Bureau, 1908–1922, M1085, 150, Case 5032.
6. Navasky, *Naming Names*, S. x.
7. Hier zitiert nach Navasky, *Naming Names*, S. x.
8. Vgl. hierzu ausführlich Horn, *Der geheime Krieg*, S. 12ff., sowie Lenel, Urspitzel Judas.
9. Zur systematischen Überwachung von Sklavinnen und Sklaven siehe z.B. Hadden, *Slave Patrols*.
10. Vgl. Horn, *Der Geheime Krieg*, S. 31. Die Rede vom ›Amerikanismus‹ ist hoch aufgeladen; für einen Überblick siehe Kazin u. McCartin (Hg.), *Americanism*.
11. Horn, *Der geheime Krieg*, S. 79.
12. Zygmunt Bauman, *Liquid Modernity*. Das vielleicht bekannteste Beispiel für die Beschreibung des Verrats als charakteristisch für das 20. Jahrhundert ist die vierbändige Studie der deutschen Publizistin Margret Boveri, *Verrat im XX. Jahrhundert*. 4. Bde. Reinbek: Rowohlt 1956–1960, deren vierter Band (*Verrat als Epidemie: Amerika*) sich explizit den USA widmet.
13. Vgl. Horn, *Der geheime Krieg*, S. 81.
14. Siehe Schauz u. Freitag (Hg.), *Verbrecher im Visier der Experten*.
15. Horn, Bilder des Feindes.
16. Siehe auch Stieglitz, Wort-Macht, Sichtbarkeit und Ordnung.
17. Paul, Denunziation – anthropologische Konstante oder kulturelles Phänomen?
18. Jerouschek, Die Herausbildung des peinlichen Inquisitionsprozesses im Spätmittelalter und in der Frühen Neuzeit; Kolmer, Die *denunciatio canonica* als Instrument im Kampf

um den rechten Glauben; Fößel, Denunziation im Verfahren gegen Ketzer im 13. und beginnenden 14. Jahrhundert.

19. Walz, Dörfliche Hexenverdächtigung und Obrigkeit. Für frühneuzeitliche Formen von Denunziationen, die eine Regulierung als deviant angesehener Sexualpraktiken zum Ziel hatten, siehe Hergemöller, *Accusatio* und *denunciatio* im Rahmen der spätmittelalterlichen Homosexuellenverfolgung in Venedig und Florenz.
20. Hohkamp u. Ulbrich, Wege zu einer inter- und intrakulturellen Denunziationsforschung, S. 9.
21. Gute Beispiele dieser Forschungsrichtung finden sich etwa in Hohkamp u. Ulbrich, *Staatsbürger als Spitzel*.
22. Blickle, Denunziation; Landwehr, »... das ein nachbar uff den andern heimblich achtung gebe«.
23. Für einen Überblick siehe Gellately, Denunciation as a Subject of Historical Research.
24. Broszat, Politische Denunziationen in der NS-Zeit; Mann, *Protest und Kontrolle im Dritten Reich*.
25. Gellately, *The Gestapo and German Society*; ders., The Gestapo and German Society: Political Denunciation in the Gestapo Case Files; Mallmann u. Paul, *Herrschaft und Alltag*.
26. Marszolek, *Die Denunziantin*. Diewald-Kerkmann, *Politische Denunziationen im NS-Regime oder die kleine Macht der ›Volksgenossen‹*; dies., Politische Denunziation – eine ›weibliche Domäne‹?; Dördelmann, *Die Macht der Worte*; dies., Denunziationen im Nationalsozialismus. Geschlechtsspezifische Aspekte; Joshi, *Gender and Power in the Third Reich*.
27. Dörner, *›Heimtücke‹*; Hensle, Denunziantentum und Diktatur; Marszolek, ›Die Zeichen an der Wand‹; Rüping, Denunziation und Strafjustiz im Führerstaat.
28. Kritische Anmerkungen blieben indes nicht aus. So z.B. Dörner, NS-Herrschaft und Denunziation, der vor der Gefahr einer Überschätzung von Denunziationen für den Nationalsozialismus warnt.
29. Siehe die Beiträge in Marszolek u. Stieglitz, *Denunziation im 20. Jahrhundert*; sowie Thonfeld, *Sozialkontrolle und Eigensinn*; Abke, *Sichtbare Zeichen unsichtbarer Kräfte*; Bade, *Die Mitarbeit der gesamten Bevölkerung ist erforderlich!* Vgl. auch die Überlegungen in Stieglitz u. Thonfeld, Denunziation als Medium des kulturalistisch erweiterten Diktaturenvergleichs.
30. Vgl. das 1998 von Lüdkte und Fürmetz herausgegebene Heft der Zeitschrift *SOWI*. Die Einleitung der beiden Autoren stellt explizit die Frage nach dem Vorkommen von Denunziationen in Demokratien (S. 81). Siehe darin auch Krüger, Straffreie Selbstjustiz: Öffentliche Denunzierungen im Ruhrgebiet 1923–1926; Fürmetz, Last oder Hilfe für die Polizei? Anzeigen, Meldungen und Denunziationen im Nachkriegsbayern.
31. Thonfeld, *Sozialkontrolle und Eigensinn*. Zum ›Weiterfunktionieren‹ von Denunziationen in Ostdeutschland nach dem Zweiten Weltkrieg siehe auch von Plato, Denunziation im Systemwechsel.
32. Lüdtke (Hg.), *Herrschaft als soziale Praxis*; für eine Diskussion denunziatorischen Handelns siehe ders. und Fürmetz, Denunziation und Denunzianten: Politische Teilnahme oder Selbstüberwachung?; sowie Lüdtke, Denunziation – Politik aus Liebe?
33. Fitzpatrick u. Gellately, Introduction to the Practices of Denunciation in Modern European History, S. 749. Meine Übersetzung, im Original heißt es: »spontaneous communications from individual citizens to the state (or to another authority such as the church) containing accusations of wrongdoing by other citizens or officials and implicitly or explicitly calling for punishment«. Interessant ist, dass Fitzpatrick diese Definition

selbst in einem späteren Text erweitert hat, wo sie dem anzuzeigenden Fehlverhalten auch bewusst ›falsche Gedanken‹ zur Seite stellt, vgl. Fitzpatrick, Denunciation and Problems of Loyalty and Citizenship, S. 383.

34. Wobei dies auch durchaus eigen-sinnig, also quer und abweichend zu obrigkeitlichen Erwartungshaltungen geschehen konnte, vgl. Lüdtke, *Eigen-Sinn*. Für ein ähnliches Konzept siehe James C. Scott, *Domination and the Arts of Resistance*.
35. So etwa in Sauerland, *Dreißig Silberlinge*, S. 247; oder bei Ross u. Landwehr, Denunziation und Justiz, S. 17.
36. Für Überlegungen hierzu siehe Stieglitz, Sprachen der Wachsamkeit.
37. Goldstein, *Political Repression in Modern America*. Goldstein hat außerdem eine ausführliche Bibliografie zum Thema publiziert. Siehe auch Levin, *Political Hysteria in America*.
38. So klassisch formuliert bei Richard Hofstadter, *The Paranoid Style in American Politics*.
39. Donner, *Age of Surveillance*, S. xii.
40. Donner, *Age of Surveillance*, S. 133ff.
41. Vor allem Chicago, New York, Philadelphia und Los Angeles, vgl. Donner, *Protectors of Privilege*. Siehe hierzu auch Harring, *Policing a Class Society*.
42. Marx, Thoughts on a Neglected Category of Social Movement Participant; ders., Who Really Gets Stung?; ders., *Undercover*.
43. Siehe v.a. das von Alan Block unter dem Titel *Issues and Theories on Covert Policing* herausgegebene Sonderheft der Zeitschrift *Crime, Law and Social Change* 18 (1/2), 1992. Einen internationalen Vergleich bietet Fijnaut u. Marx (Hg.), *Undercover-Police Surveillance in Comparative Perspective*. Siehe auch Marx, Developments in Undercover Policing.
44. Theoharis, *Spying on Americans*. Nach den Watergate-Enthüllungen veranlasste der Kongress, dass es in Zukunft deutlich einfacher sein sollte, Akten z.B. des FBI einzusehen. Zur Bedeutung dieses *Freedom of Information Act* für die Historiografie zum FBI siehe Theoharis, *The FBI & American Democracy*, S. 179ff.
45. Theoharis, FBI Surveillance: Past and Present; sowie ders., The FBI and the American Legion Contact Program, 1940–1966.
46. Weiner, *Enemies*.
47. Navasky, *Naming Names*. Siehe auch Maltby, Made for Each Other.
48. Leab, *I Was a Communist for the FBI*; Lichtman u. Cohen, *Deadly Farce*. Kritisch zu dieser Literatur und mit anderer Einschätzung zur damaligen Sicherheitslage in den USA äußert sich Sibley, *Red Spies in America*.
49. Zu *McCarthyism* als Netzwerk siehe Schrecker, *Many Are the Crimes*.
50. Allerdings sind inzwischen kultur- und geschlechterhistorische Arbeiten zu dieser Periode erschienen, die teilweise in diese Richtung weisen; siehe verschiedene Beiträge aus Rogin, *Ronald Reagan, the Movie and Other Episodes in Political Demonology*. Johnson, *The Lavender Scare*; Friedman, The Smearing of Joe McCarthy; Potter, Queer Hoover: Sex, Lies, and Political History.

1. Denunziatorisches Reden und Handeln – Ein Perspektivwechsel in der historischen Denunziationsforschung

1. Nietzsche, *Zur Genealogie der Moral.*
2. Foucault, Nietzsche, die Genealogie, die Historie; siehe auch Bublitz, »Geheime Rasereien und Fieberstürme«.
3. Foucault, *Überwachen und Strafen*, S. 43.
4. Thonfeld, *Sozialkontrolle und Eigensinn*, S. 6f.
5. Horn, *Der geheime Krieg*. Vgl. auch dies., ›Verrat im 20. Jahrhundert‹.
6. Boveri, *Der Verrat im XX. Jahrhundert*; siehe v.a. Bd. 4 *Verrat als Epidemie: Amerika.*
7. Horn, *Der geheime Krieg*, S. 86.
8. Åkerström, *Betrayal and Betrayers.*
9. Simmel, *Soziologie*, darin Kapitel V: Das Geheimnis und die geheime Gesellschaft. Vgl. hierzu auch Koselleck, *Kritik und Krise.*
10. Ben-Yehuda, *Betrayals and Treason.*
11. Archer, *Treason in America*; King, Treason and Traitors.
12. Luhmann, *Vertrauen.*
13. Assmann u. Assmann, *Schleier und Schwelle*, hier 11. Siehe auch Niklas Luhmann, Reden und Schweigen.
14. Hettlage (Hg.), *Verleugnen, vertuschen, verdrehen*; sowie Epping-Jäger u.a. (Hg.), *Freund, Feind & Verrat.*
15. Horn, *Der geheime Krieg*, S. 9.
16. Ebd., S. 11.
17. Kraft, *Tabu. Magie und soziale Wirklichkeit*; Braun (Hg.), *Tabu und Tabubruch in Literatur und Film.*
18. Die heutige Verwendung von *moral panic* wird zumeist zurückgeführt auf Cohen, *Folk Devils and Moral Panics.*
19. Goode u. Ben-Yehuda, *Moral Panics*, S. 11.
20. Beispiele aus der Geschichte der USA sind etwa: Adler, The Making of a Moral Panic in 19th-Century America; Gusfield, *Symbolic Crusade.*
21. Vgl. etwa Cohen u. Young (Hg.), *The Manufacture of News.* Aufschlussreich auch Showalter, *Hystories.*
22. Hierzu ausführlich Garland, On the Concept of Moral Panic. Vgl. auch Hacking, *The Social Construction of What?*
23. Für Zusammenstellungen der kritischen Einwände siehe Garland, Concept of Moral Panic, S. 21ff; Goode u. Ben-Yehuda, *Moral Panics*, S. 42ff.
24. Kessel, Gefühle und Geschichtswissenschaft; Oatley, *Emotions*; Rosenwein, Worrying about Emotions in History; Bösch u. Borutta (Hg.), *Die Massen bewegen*; Robin, *Fear. The History of a Political Idea*; Bourke, *Fear*; Stearns, Fear and Contemporary History; Gienow-Hecht (Hg.), *Emotions in American History.*
25. Kritisch zur Betonung von Angst als einem Katalysator sozio-kultureller Entwicklungen siehe Alan Hunt, Anxiety and Social Explanation.
26. Stearns, *American Fear.*
27. Vgl. bspw. die Beiträge in Schultz, *Fear Itself.*
28. Morone, *Hellfire Nation.*
29. Kammerer, *Bilder der Überwachung.*
30. Ebd., S. 33.

31. Staples, *The Culture of Surveillance*; ders., *Everyday Surveillance.*
32. Perenti, *The Soft Cage.*
33. Redden, *Snitch Culture.* Siehe auch Hewitt, *Snitch!*
34. Fenster, *Conspiracy Theories*; Melley, *Empire of Conspiracy*; Goldberg, *Enemies Within.*
35. Pratt, *Projecting Paranoia.*
36. Horn, *Der geheime Krieg*, S. 81.
37. Vgl. Ferrell u. Sanders (Hg.), *Cultural Criminology*; Ferrell u.a., *Cultural Criminology Unleashed.* Für eine deutschsprachige Publikation siehe Krasmann, *Die Kriminalität der Gesellschaft.*
38. Wie fruchtbar dieser Ansatz auch für eine Analyse gegenwärtiger Überwachungsszenarien sein kann, veranschaulicht ein Sammelband von Deflem, *Surveillance and Governance.*
39. Ingebretsen, *At Stake*; Poole, *Monsters in America*; sowie Gebhard, Geisler u. Schröter (Hg.), *Von Monstern und Menschen.*
40. Schmidt, Krämer u. Voges (Hg.), *Politik der Zeugenschaft.*
41. Finzsch, Michel Foucault, S. 217.
42. Für eine umfassende Sammlung der verstreuten Schriften siehe Foucault, *Dits et Écrits.* Die wichtigsten Vorlesungen sind (in der chronologischen Ordnung, in der sie gehalten wurden): ders., *Die Macht der Psychiatrie*; ders., *Die Anormalen*; ders., *In Verteidigung der Gesellschaft*; ders., *Geschichte der Gouvernementalität 1. Sicherheit, Territorium, Bevölkerung*; ders., *Geschichte der Gouvernementalität 2. Die Geburt der Biopolitik*; ders., *Die Hermeneutik des Subjekts.*
43. Reckwitz, *Subjekt*, S. 23.
44. Foucault, *Sexualität und Wahrheit. Bd. 2*, S. 10f. Siehe auch Martschukat, Geschichte schreiben mit Foucault – eine Einleitung. Zur Stellung der Diskursanalyse in der Geschichtswissenschaft siehe Landwehr, *Geschichte des Sagbaren*; Maset, *Diskurs, Macht und Geschichte*; Sarasin, *Geschichtswissenschaft und Diskursanalyse.*
45. Foucault, *Archäologie des Wissens.*
46. Zum Begriff des Interdiskurses siehe Jäger, Diskurs und Wissen; sowie Link, Diskursive Ereignisse, Diskurse, Interdiskurse.
47. Link, Diskursive Ereignisse, S. 154; Gerhard, Kollektivsymbol/Kollektivsymbolik.
48. Krasmann, Gouvernementalität, S. 81.
49. Farge u. Foucault, *Familiäre Konflikte.* Siehe hierzu auch Maset, *Diskurs*, S. 94–103.
50. Diese Perspektive erwies sich auch für die Forschung zur Kriminalität in der Frühen Neuzeit als sehr fruchtbar, vgl. hierzu Dinges, Michel Foucault, Justizphantasien und die Macht; sowie ders., Justiznutzung als soziale Kontrolle in der Frühen Neuzeit.
51. Foucault, *Das Leben der infamen Menschen*, S. 52.
52. Gellately, Denunciations in 20th Century Germany, S. 219: »a radical version of a self-policing society«.
53. Ebd., S. 206.
54. Foucault, *Leben der infamen Menschen*, S. 32.
55. Foucault, *Leben der infamen Menschen*, S. 43.
56. Lüdtke, *Herrschaft als soziale Praxis.*
57. Ebd., S. 407.
58. Thonfeld, *Sozialkontrolle und Eigensinn*, S. 69.
59. Foucault, Subjekt und Macht.
60. Das Wort Subjekt hat für Foucault zwei Bedeutungen: »Es bezeichnet das Subjekt, das der Herrschaft eines anderen unterworfen ist und in seiner Abhängigkeit steht; und es

bezeichnet das Subjekt, das durch Bewusstsein und Selbsterkenntnis an seine eigene Identität gebunden ist. In beiden Fällen suggeriert das Wort eine Form von Macht, die unterjocht und unterwirft«; Foucault, Subjekt und Macht, S. 275. Vgl. Butler, *Psyche der Macht.*

61. Reckwitz, *Subjekt*, S. 31.
62. Hier können nur die wichtigsten Überblicke genannt werden: Bröckling, Krasmann u. Lemke (Hg.), *Gouvernementalität der Gegenwart*; Opitz, *Gouvernementalität im Postfordismus*; Dean, *Governmentality*; Burchell, Gordon u. Miller (Hg.), *The Foucault Effect*; Bratich, Packer u. McCarthy (Hg.), *Foucault, Cultural Studies, and Governmentality.*
63. Vgl. die Beiträge von Klaus Große Kracht, Jürgen Martschukat, Maren Möhring sowie Jan-Otmar Hesse in *Zeithistorische Forschungen/Studies in Contemporary History* 3 (2), 2006.
64. Möhring, Die Regierung der Körper, hier S. 284.
65. Foucault, About the Beginning of the Hermeneutics of the Self; hier zitiert nach Lemke, *Gouvernementalität und Biopolitik*, S. 37.
66. Foucault, Sexualität und Einsamkeit, S. 210.
67. Große Kracht, ›Gouvernementalität‹, S. 275.
68. Krasmann, Gouvernementalität, S. 87; zum Begriff der Selbsttechnologie siehe Foucault, Technologien des Selbst.
69. »[D]as Sichtbare ist für Foucault … das Feld, auf dem sich Wissen und Macht neu konstituieren«, so De Certeau, Foucaults Lachen, S. 48. Zentral herausgearbeitet wird der Zusammenhang von Sichtbarkeit und Wissen von Deleuze, *Foucault*, v.a. S. 69–98.
70. Zum Verhältnis von Privatheit und Öffentlichkeit vgl. Marszolek, ›Die Zeichen an der Wand‹.
71. Bachmann-Medick, *Cultural Turns*, S. 104.
72. Deines, Jaeger u. Nünning (Hg.), *Historisierte Subjekte – Subjektivierte Historie*; darin v.a. die Einleitung der Herausgeber sowie den Beitrag von Füssel, Die Rückkehr des ›Subjekts‹ in der Kulturgeschichte, S. 141–159. Siehe auch Reichardt, Praxeologische Geschichtswissenschaft; Bonnell u. Hunt (Hg.), *Beyond the Cultural Turn*; Spiegel (Hg.), *Practicing History.*
73. Bachmann-Medick, *Cultural Turns*, S. 36.
74. Martschukat u. Patzold (Hg.), *Geschichtswissenschaft und »performative turn«.*
75. Austin, *How to Do Things With Words*; Searle, Was ist ein Sprechakt?
76. Butler, *Gender Trouble*; dies., *Bodies That Matter*. Das Zitat ist aus der deutschen Fassung, *Körper von Gewicht*, S. 32. Siehe auch dies., Performative Akte und Geschlechterkonstitution.
77. Butler, *Excitable Speech*; deutsch als: *Haß spricht.*
78. Villa, Judith Butler, S. 18. Für eine kritische Position zum Subjektverständnis bei Foucault und Butler siehe Kögler, Situierte Autonomie.
79. Butler, *Körper von Gewicht*, S. 299, kursiv im Original.
80. Butler, *Haß spricht*, S. 78.
81. Fischer-Lichte, *Politik als Inszenierung*; dies., Grenzgänge und Tauschhandel.
82. So etwa bei Emile Durkheim, Arnold van Gennep oder Victor Turner, vgl. Belliger u. Krieger (Hg.), *Ritualtheorien.*
83. Tambiah, Eine performative Theorie des Rituals; Fischer-Lichte, Performance, Inszenierung, Ritual.
84. Vor allem Murphy, *Congressional Theatre.*

85. Martschukat u. Patzold, *Geschichtswissenschaft*, S. 31.
86. Vgl. Bachmann-Medick, *Cultural Turns*, S. 35.
87. Landwehr, *Geschichte des Sagbaren*, S. 106ff.
88. Intertextualität bezeichnet ganz allgemein die Eigenschaft von Texten (aber auch Gegenständen, Institutionen und v.a. Bildern u. Filmen), auf andere Texte bezogen zu sein. Durch das Beharren auf der ontologischen Notwendigkeit von Zitat, Verweis und Anleihe werden Vorstellungen auktorialer Intentionalität und Autonomie bewusst unterlaufen. Vgl. Richard Aczel, Intertextualitätstheorien und Intertextualität.
89. Eine bedeutsame methodische Ausrichtung bietet hierzu der *New Historicism* (oder besser: *Poetics of Culture*), der v.a. mit den Arbeiten Stephen Greenblatts zu verbinden ist. Die Kulturpoetik akzentuiert die Austauschbeziehungen zwischen den Texten sowie zwischen Texten und der materiellen Umwelt; vgl. Baßler (Hg.), *New Historicism. Literaturgeschichte als Poetik der Kultur*; ders., New Historicism, Cultural Materialism and Cultural Studies; ders., New Historicism und Textualität der Kultur.

2. *Informants & Undercover Agents* – Die Strafverfolgungsinstanzen und ihre vertraulichen Quellen

1. *Pickup on South Street*, USA 1953.
2. »What do you think I am, an informer?«; *Pickup on South Street*, 00:47:14. Die übrigen angegebenen Zitate finden sich dort bei 00:30:04 (Skip McCoy) und 00:46:00 (Moe Williams), sie lauten im Original: »How much did Moe get out of you? I figure you shelled out about 50 bucks to find me, if I know Moe [...] Well Moe's alright, she got to eat«; »Oh look, some people peddle lamb chops, apples, lumber ... I peddle information«.
3. Natapoff, *Snitching*, S. 1f.
4. Natapoff, *Snitching*, S. 5; meine Übersetzung, im Original heißt es: »[...] law enforcement tactics like snitching are not merely penal politics: they are influential features of the way we govern.«
5. Natapoff, *Snitching*, S. 27f.; siehe auch Curriden, Making Crime Pay.
6. Hewitt, *Snitch!*
7. U.S. Supreme Court, *In re Quarles and Butler*, 158 U.S. 532 (1895) Für die Zusammenfassung des Falls siehe http://supreme.justia.com/us/158/532/case.html (26.10.2010).
8. Die Auseinandersetzung um das Verhältnis von Rechten zu Pflichten bildet eine zentrale Säule in den Debatten um das US-Staatsbürgerschaftsverständnis, vgl. Shklar, *American Citizenship*.
9. U.S. Supreme Court, *Massiah v. United States*, 377 U.S. 201 (1964), zitiert nach Thompson u. Starkman, Citizen Informant Doctrine, S. 172; siehe auch http://supreme.justia.com/us/377/201/case.html (26.10.2010); im Original: »neither the ordinary citizen nor the confessed criminal should be discouraged from reporting what he knows to the authorities and from lending his aid to secure evidence of crime.«
10. Donnelly, The Judicial Control of Informants, Spies, Stool Pigeons, and Agent Provocateurs, hier S. 1093; im Original: »Notwithstanding such euphemistic characterizations as ›confidential informant‹ and ›special employee‹, the informant, the police spy, the stool pigeon, and the agent provocateur have been generally regarded with aversion and nauseous disdain.«

11. Jacobs, *Mobsters, Unions, and Feds*. Zur Gewerkschaft der *Teamsters* und den Informanten des FBI darin siehe Neff, *Mobbed Up*.
12. U.S. Supreme Court, *Hoffa v. United States*, 385 U.S. 293 (1966), siehe http://supreme.justia.com/us/385/293/ (26.10.2010). Dort heißt es: »The risk of being overheard by an eavesdropper or betrayed by an informer or deceived as to the identity of one with whom one deals is probably inherent in the condition of human society. It is the kind of risk we necessarily assume whenever we speak.«
13. Vierter Zusatzartikel zur Verfassung der Vereinigten Staaten von Amerika, hier zitiert nach Norton u.a., A People and A Nation, S. A 17.
14. In U.S. Supreme Court, *Nathanson v. United States*, 290 U.S. 41 (1933); vgl. http://supreme.justia.com/us/290/41/case.html (26.10.2010).
15. Vile, *A Companion to the United States Constitution and Its Amendments*.
16. Carrington, Speaking for the Police.
17. U.S. Supreme Court, *Draper v. United States*, 358 U.S. 307 (1959); siehe http://supreme.justia.com/us/358/307/ (26.10.2010).
18. U.S. Supreme Court, *Aguilar v. Texas*, 378 U.S. 108 (1964); http://supreme.justia.com/us/378/108/case.html#F1 (26.10.2010).
19. Ebd.; im Original heißt es: »[A]lthough an affidavit supporting a search warrant may be based on hearsay information and need not reflect the direct personal observations of the affiant, the magistrate must be informed of some of the underlying circumstances relied on by the person providing the information and some of the underlying circumstances from which the affiant concluded that the informant, whose identity was not disclosed, was creditable or his information reliable.«
20. Moylan, Hearsay and Probable Cause; Schwartz, Issues Surrounding Use of Informants.
21. Areaux, Anonymous Tips.
22. Natapoff, *Snitching*, S. 67.
23. Zur ›Erfindung des Agenten‹ siehe ausführlich das vierte Kapitel dieses Buchs.
24. Siehe hierzu u.a. Welskopp, *Amerikas große Ernüchterung*, darin v.a. Kapitel 2 zum ›Recht der Prohibition‹.
25. U.S. Supreme Court, *Sorrells v. United States*, 287 U.S. 435 (1932); http://supreme.justia.com/us/287/435/case.html (26.10.2010).
26. Donnelly, Judicial Control of Informants, S. 1103ff.
27. »If the intent to commit the crime did not originate with the defendant and he was not carrying out his own criminal purpose, but the crime was suggested by another person acting with the purpose of entrapping and causing the arrest of the defendant, than the defendant is not criminally liable for the acts so committed.« Donnelly, Judicial Control of Informants, S. 1106, Anmerkung 42.
28. Natapoff, *Snitching*, S. 149. Vgl. auch Donovan, Informers Revisited.
29. Anon., Narcotics Ring Ties Studied By Senators, in: *New York Times*, 30. Juli 1951, S. 8: »Bounties have worked well throughout American history in ridding communities of wolves, coyotes, snakes, and other public enemies«.
30. Hall, *Wanted*.
31. 21 U.S.C. § 199 (1946), siehe Donnelly, Judicial Control of Informants, S. 1092, Anmerkung 2.
32. U.S. Supreme Court, *In re Quarles and Butler*, 158 U.S. 532 (1895), siehe http://supreme.justia.com/us/158/532/case.html (26.10.2010). Dort heißt es: »[I]nformation,

given by a private citizen, is a privileged and confidential communication [...] and the disclosure of which cannot be compelled without the assent of the government.«

33. Zur Rechtstradition der *approvers* in England siehe Hewitt, *Snitch!*, S. 41; Beresford, The Common Informer. Zur Übernahme dieser Tradition in den USA siehe Donnelly, Judicial Control of Informants, S. 1095.
34. Vgl. anon., Concealment of an Informant's Identity. Zum Sonderfall von Strafgefangenen als Informant_innen siehe Lundstrom, Sixth Amendment Right to Counsel.
35. Goldin (Hg.), *Dictionary of American Underworld Lingo*, S. 279; Fettdruck im Original.
36. Rawson, *Wicked Words*, S. 299, Kursiv im Original.
37. Ebd., Hervorhebungen im Original.
38. Sifakis, *The Encyclopedia of American Prisons*, S. 239 u. 240.
39. DeMaio, Informants, S. 238.
40. Ebd., S. 237.
41. Skolnick, *Justice Without Trial.*
42. Ebd., S. 132; im Original: »[...] above all, there is an implied understanding between the policeman and the informer that the policeman will protect the informer's criminal status«.
43. Ebd., S. 138.
44. Folgende Lehr- und Handbüchern der Kriminologie sind untersucht worden: Parmelee, *Criminology*; Haynes, *Criminology*; Sutherland, *Principles of Criminology*; Barnes u. Teeters, *New Horizons in Criminology*; Cavan, *Criminology.*
45. Vgl. zusammenfassend Cavan, *Criminology*, Kapitel 12.
46. Barnes u. Teeters, *New Horizons in Criminology*, S. 9; im Original: »The successful apprehension of criminals depends not only upon the perfection of the science of crime detection but also upon its practical application by police departments.«
47. Sutherland, *Principles of Criminology*, S. 251; im Original: »It is at this point, especially, that the detective system in the American city is a failure.«; Cavan, *Criminology*, S. 323.
48. Ebd. Siehe hierzu auch ausführlich Parmelee, *Criminology*, S. 345f.
49. Carte u. Carte, *Police Reform in the United States.*
50. Haynes, *Criminology*, S. 101.
51. Barnes u. Teeters, *New Horizons in Criminology*, S. 266ff.
52. Sutherland, *Principles of Criminology*, S. 236; siehe auch Haynes, *Criminology*, 94ff.
53. Ebd., S. 241.
54. Vgl. Barnes u. Teeters, *New Horizons in Criminology*, S. 271ff., sowie Sutherland, *Principles of Criminology*, S. 232ff.
55. Barnes u. Teeters, *New Horizons in Criminology*, S. 302; siehe auch Cavan, *Criminology*, S. 354ff.
56. Sutherland, *Principles of Criminology*, S. 291; der Autor zitiert eine Studie von Hibschman, die 1934 im *Journal of Criminal Law and Criminology* erschienen war.
57. Barnes u. Teeters, *New Horizons in Criminology*, S. 356; im Original: »Quite as likely as not they are among the undesirable citizens of the community who would not be believed under oath anywhere else.«
58. Siehe z.B. Cavan, *Criminology*, S. 347ff.
59. Sutherland, *Principles of Criminology*, S. 291.
60. Pisciotta, *Benevolent Repression.*
61. Vgl. zusammenfassend Cavan, *Criminology*, Kapitel 14.
62. Sutherland, *Principles of Criminology*, S. 438.

63. Sutherland, *Principles of Criminology*, S. 443. Zur Konstruktion des *inmate code* siehe auch Kapitel Sechs dieser Arbeit.
64. Barnes u. Teeters, *New Horizons in Criminology*, S. 596.
65. Ebd., S. 594; im Original: »[He] was corpulent, an excessively pompous man, vastly self-important and depended entirely upon ›rats‹ to keep him informed as to the activities of prisoners and guards alike [...].« Cavan unterstreicht, dass dies in gleichem Maße auch für Frauengefängnisse gelte, siehe Cavan, *Criminology*, S. 431f.
66. Cavan, *Criminology*, S. 437; Cavan zitierte an dieser Stelle einen Bericht von Sanford Bates, einem Mitarbeiter des *Federal Bureau of Prisons*.
67. Hier zitiert nach Dilworth, *The Blue and the Brass*, S. 58; im Original: »Opinions differ regarding the relations that ought to exist between the police and the semi-criminal go-betweens, or stool pigeons, as they are commonly called. Intimate relations between those classes, while not desirable, are at times essential in police warfare against the lawless element.«
68. Michael Fiaschetti, Chef der so genannten »Italian Squad« des *New York City Police Department*, hier zitiert nach Brown, Criminal Informants.
69. Hewitt, *Snitch!*, Kapitel 2.
70. Harney u. Cross, *The Informer in Law Enforcement*; Madinger, *Confidential Informant*; Mallory, *Informants*; Billingsley, Nemitz u. Bean, *Informers*; dieser letzte Beitrag bezieht sich allerdings vorwiegend auf Großbritannien.
71. Harney u. Cross, *Informer in Law Enforcement*, S. 5; im Original: »John Citizen, U.S.A., today sits under a ranch-house [...] and not often does anyone make him afraid, except perhaps Mrs. John. For his domestic tranquility Mr. John seldom stops to give thanks or even a second thought. [...] And if Mr. John were told that a potent factor in preventing his life and person and the peaceful possession of his property was the police informer, he might be surprised, shocked, incredulous and indignant«.
72. Ebd., S. 5; im Original: »Sober reflection will indicate that the citizen has a right and duty to inform his government of violations of its laws. The fact that he recognizes this most readily only when his own person or property or his loved ones are involved does not invalidate the principle.«
73. Madinger, *Confidential Informant*, S. iv.
74. Katsampes, Informants.
75. Harney u. Cross, *Informer in Law Enforcement*, S. 31f.
76. Cook u. Scioli, Public Participation in the Criminal Justice System; Sundeen u. Siegel, The Use of Volunteers by Police; Friedman, Volunteerism and the Decline of Violent Crime.
77. Katsampes, Informants, S. 53.
78. Madinger, *Informants*, S. 22ff.
79. Ebd., S. 7.
80. Deininger, Using Informants and Co-Operative Witnesses; Hamilton u. Smykla, Guidelines for Police Undercover Work; Billingsley, The Police Informer / Handler Relationship.
81. *Dragnet* gehört zu den ältesten und erfolgreichsten *true crime*-Serien und lief als Radioshow von 1949 bis 1957 sowie als Fernsehserie erstmals ab 1951. *America's Most Wanted* war eine Adaption der bundesdeutschen Sendung *Aktenzeichen XY ungelöst* und wurde erstmals 1988 ausgestrahlt. Siehe Nichols-Pethick, *Open Up*.

82. Harney u. Cross, *Informer in Law Enforcement*, S. 32f.; Breslin, *America's Most Wanted*; Lowry u.a., Setting the Public Fear Agenda. Allerdings ist hier zu berücksichtigen, dass namentlich das FBI immer wieder eng mit Radio, Fernsehsehen oder auch Printmedien bei der Konzeption solcher oder vergleichbarer Formate mitgearbeitet hat, dabei kann aber auch ihre Funktion wichtiger gewesen sein, die Popularität des *Bureau* zu steigern.
83. U.S. House of Representatives, *Block by Block*; Mann, *Safe Homes, Safe Neighborhoods*; Quaratiello, *On Guard!*; Crank, Watchman and Community.
84. Dunnighan, Reliable Sources; ders., Some Ethical Dilemmas in the Handling of Police Informers; Jacobs, Undercover Deception Clues; ders., Contingent Ties; Craig, The Right to Silence and Undercover Police Operations.
85. Madinger, *Informants*, S. 128ff.
86. Harney u. Cross, *Informer in Law Enforcement*, S. 85ff.
87. Madinger, *Informants*, S. 185ff.
88. Kleinig, *The Ethics of Policing*, v.a. Kapitel 10.
89. Madinger, *Confidential Informant*, S. iii.
90. Ebd., S. 257; im Original: »Judas' betrayal reminds us yet again that the effects of a betrayal – any betrayal – lie beyond the betrayed, sometimes far beyond. The effects in this case are still felt 2000 years later in the memories of billions of people.«
91. Marx, *Undercover*, S. 1: »What was traditionally viewed as a relatively marginal and insignificant weapon used only by vice and ›red squads‹ has become a cutting-edge tactic.«
92. Gorn, *Dillinger's Wild Ride*, S. xvi.
93. Siehe neben *Dillinger's Wild Ride* vom gleichen Autor auch Re-membering John Dillinger. Für andere neuere Beiträge mit durchaus unterschiedlichem Grad akademischer Herangehensweise siehe z.B. Matera, *John Dillinger*; Burrough, *Public Enemies*; Helmer u. Mattrix, *Public Enemies*; Helmer, *Dillinger*.
94. Poulsen, *Don't Call Us Molls*; sowie Strunk, *Wanted Women*, v.a. S. 151f. u. 199ff.
95. Gorn, *Dillinger's Wild Ride*, S. 138ff.; siehe auch Burrough, *Public Enemies*, S. 388–391.
96. Gorn, *Dillinger's Wild Ride*, S. 140.
97. Matera, *John Dillinger*, 334–345.
98. Für das Folgende vgl. Gorn, *Dillinger's Wild Ride*, S. 139ff.
99. *Dillinger*, USA 1945.
100. Burrough, *Public Enemies*, S. 388–391.
101. Die Amtsbezeichnung *Attorney General* ist nur schwer ins Deutsche zu übersetzen und ich werde deshalb darauf verzichten. Sowohl Justizminister als auch Bundesstaatsanwalt decken jeweils nur Teile der Befugnisse des Amts ab.
102. Siehe hierzu Jeffreys-Jones, *The FBI*, v.a. Kapitel 2. Der *Secret Service* war eine von der Lincoln-Administration gegründete Behörde, die dem Finanzministerium unterstand.
103. Churchill, From the Pinkertons to the PATRIOT Act.
104. Theoharis, *The FBI & American Democracy*, S. 16. Siehe auch Morgan, *Domestic Intelligence*.
105. Das FBI selbst betont diese Perspektive in einer Schrift, die sie auf ihrer offiziellen Homepage im Internet zur Verfügung stellt, vgl. U.S. Department of Justice, Federal Bureau of Investigation, *A Short History of the FBI*. http://vault.fbi.gov (01.10.2011). Siehe hierzu auch Jeffreys-Jones, *FBI*, S. 40.
106. U.S. Department of Justice, *Annual Report of the Attorney General of the United States*, 1907, S. 9f.; Charles J. Bonaparte an Theodore Roosevelt, 19. Januar 1909, NARA, RG

60, General Records of the Department of Justice, Korrespondenz des Attorney General Mai 1908–Juni 1909.

107. Genauer hierzu siehe das vierte Kapitel; als Überblick vgl. Lears, *Rebirth of a Nation*, v.a. Kapitel 6; sowie zur privaten Überwachung durch detektivische Praktiken Fronc, *New York Undercover*.
108. Für eine Aufstellung der Budgets und Personalstärke des *Bureau of Investigation* siehe Jeffreys-Jones, *FBI*, S. 62.
109. Donovan, *White Slave Crusades*.
110. Lowenthal, *The Federal Bureau of Investigation*, S. 14; im Original: »[The Law changed] a modest agency concerned with odds and ends of Federal law enforcement to a nationally recognized institution, with agents in every state.«
111. Theoharis, *FBI & American Democracy*, S. 17.
112. Goldstein, *Political Repression in Modern America*, S. 80ff. Siehe auch Preston, *Aliens and Dissenters*.
113. Vgl. Jeffreys-Jones, *FBI*, 66f.
114. Capozzola, *Uncle Sam Wants You*, v.a. Kapitel 6; Murphy, *World War I and the Origin of Civil Liberties in the United States*; Preston, *Aliens and Dissenters*.
115. Thomas, *Unsafe for Democracy*.
116. Ebd., S. 5: im Original: »[in] the process the department became woven into the political life of the state«.
117. Kritisch zur APL siehe Jensen, *The Price of Vigilance*. Ausführlicher siehe hierzu das vierte Kapitel dieses Buchs.
118. Thomas, *Unsafe for Democracy*, S. 172ff.
119. Die wichtigsten Biographien sind Powers, *Secrecy and Power*; sowie Theoharis u. Cox, *The Boss*.
120. Jeffreys-Jones, *The FBI*, S. 58. Siehe auch Garrow, *The FBI and Martin Luther King*, S. 221; Weiner, *Enemies*.
121. Vgl. Theoharis, *FBI & American Democracy*, S. 26f.; sowie Poveda, Controversies and Issues, S. 107ff.
122. Palmer, The Case Against the ›Reds‹.
123. J. Edgar Hoover, *Memorandum Upon the Work of the Radical Division, Aug. 1, 1919, to March 15, 1920*. NARA, RG 65. Zum *Red Scare* dieser Jahre insgesamt siehe Schmidt, *Red Scare*; vgl. auch McCormick, *Seeing Reds*. Klassisch ist die Studie von Murray, *Red Scare*.
124. Kornweibel (Hg.), *Federal Surveillance of Afro-Americans (1917–1925)*. Die darauf aufbauende Forschung umfasst v.a. ders., *Seeing Red*; ders., *›Investigate Everything‹*. Mit Blick auf den Weltkrieg siehe auch Ellis, *Race, War, and Surveillance*.
125. Kornweibel, *Seeing Red*, S. xiv. Siehe auch Stein, *The World of Marcus Garvey*.
126. Hill, The Foremost Radical among His Race; siehe auch ders. (Hg.), *The Marcus Garvey and Universal Negro Improvement Association Papers*.
127. Kornweibel, *Seeing Red*, v.a. Kapitel 6.
128. Schmidt, *Red Scare*, S. 324f.; Weiner, *Enemies*, S. 58ff.
129. Hoover in einem Brief an *Attorney General* William J. Burns, 20.09.1921, NARA, RG 65, M1085.
130. Theoharis (Hg.), *From the Secret Files of J. Edgar Hoover*. Charles, *The FBI's Obscene File*.

131. Department of Justice, Bureau of Investigation, *Manual of Instruction*, 1927. Dokumentiert in Theoharis u. O'Reilly (Hg.), *FBI Manuals of Instruction, Investigative Procedures, and Guidelines, 1927–1978.*
132. Vgl. Jeffreys-Jones, *The FBI*, S. 86ff.
133. Powers, *G-Men*; Theoharis, *FBI & American Democracy*, S. 38–43.
134. Die Bezeichnung *G-Men* soll der Kriminelle George »Machine Gun« Kelly für die *special agents* geprägt haben, gesichert ist das allerdings nicht. Der gleichnamige Warner Bros. Film aus dem Jahr 1935 (mit James Cagney u. Ann Dvorak) wurde vom *Bureau* selbst coproduziert und etablierte diese Selbstbezeichnung in der Populärkultur.
135. Ruth, *Inventing the Public Enemy*; Potter, *War On Crime*, v.a. S. 65ff. Zur Rolle von Bildern bei der Aufforderung zur Anzeige siehe Hall, *Wanted*, S. 20ff.
136. Jeffreys-Jones, *The FBI*, S. 93ff. Die oft zu lesende Aussage, das FBI hätte keine afroamerikanischen *special agents* angestellt, ist nicht richtig, es hat in dieser Zeit auch schon Angehörige anderer Minderheiten in den Reihen des FBI gegeben; vgl. Poveda, Controversies and Issues, S. 135ff.
137. Ebd., S. 110ff. Siehe auch Charles, *J. Edgar Hoover and the Anti-Inventionists*; Mauch, *The Shadow War against Hitler.*
138. Paz, *Strategy, Security, and Spies*; Friedman, *Nazis and Good Neighbors.*
139. MacDonnell, *Insidious Foes*, S. 3: im Original: »[a] Fifth Column scare had deeply penetrated the nation's psyche«. Vgl. Landau, *The Enemy Within*; Sayers, *Sabotage!*; Stieglitz, Keep Quiet … But Tell!!
140. Hoover in Farren, *Sabotage*, S. 22.
141. *Information Program for the Prevention of Sabotage*, S. 3: im Original: »The war against spies and saboteurs demands the aid of every American. When you see evidence of sabotage, notify the Federal Bureau of Investigation at once. When you suspect the presence of enemy agents, tell it to the FBI. Beware of those who spread enemy propaganda! *Don't repeat vicious rumors or vicious whispers!* Tell it to the FBI!«; Betonung im Original.
142. MacDonnell, *Insidious Foes*, S. 8.
143. *Information Program for the Prevention of Sabotage*, S. 2; im Original: »Cautions: It is highly important to remember that we do not want to stir up a wave of spy hysteria. […] We do not want people to get the erroneous idea that the country is filled with saboteurs and one is probably lurking around each corner. To create such an impression would bring to light thousands of amateur detectives who would hinder the excellent work now being accomplished by the government agents«. Für Darstellungen der Bedrohung durch das nationalsozialistische Deutschland und die Abwehr des FBI siehe Breuer, *Hitler's Undercover War*; Dobbs, *Saboteurs.*
144. Johnson, *The Lavender Scare*; Friedman, The Smearing of Joe McCarthy; Theoharis (Hg.), *Secret Files*, S. 357–378; Charles, *FBI's Obscene File*, Kapitel 3.
145. Das galt auch schon für die Zeit während des Zweiten Weltkriegs, vgl. Hill, *The FBI's RACON.*
146. Garrow, *The FBI and Martin Luther King*. Die FBI-Akten sowohl über King als auch z.B. über die *National Association for the Advancement of Colored People* (NAACP) sind auf Mikrofilm zugänglich.
147. Navasky, *Naming Names*, S. ix.
148. Vgl. Theoharis, *FBI & American Democracy*, S. 65–104. Zur Rolle des FBI im *McCarthyism* siehe vor allem Schrecker, *Many Are the Crimes*, S. 203–239.
149. Theoharis, The FBI and the American Legion Contact Program, 1940–1966.

150. Davis, *Spying on America*. Vgl. auch Poveda, Controversies and Issues, S. 125ff.; sowie Newton, *The FBI Enyclopedia*, S. 67–72.
151. Jayko, *FBI on Trial*; Theoharis, *FBI & American Democracy*, S. 140ff.
152. Blackstock, *COINTELPRO*, S. 83ff.; sowie Glick, *War at Home*.
153. So Jeffreys-Jones, *The FBI*, S. 171ff.
154. Sowohl das COINTELPRO gegen die *New Left* als auch das ›White Hate‹-Programm werden ausführlich untersucht von Cunningham, *There's Something Happening Here*.
155. Benannt nach Estes Kefauver, einem demokratischen Senator aus Tennessee, siehe Garay, Television and the 1951 Senate Crime Committee Hearings.
156. Über die Gründe, warum man auf diesem Gebiet nicht aktiv werden wollte, wurde in der Forschung ausgiebig diskutiert; vgl. Poveda, Controversies and Issues, S. 120.
157. Jacobs, *Mobsters, Unions, and the Feds*, S. 10–13.
158. Waters u. Gillers (Hg.), *Investigating the FBI*; vgl. Theoharis, *FBI & American Democracy*, S. 136ff.; sowie Jeffreys-Jones, *The FBI*, S. 178.
159. Olmsted, *Challenging the Secret Government*. Zum genauen Umgang mit den durch die FOI-Zusätze geöffneten Quellenbeständen siehe Haines u. Langbart, *Unlocking the Files of the FBI*.
160. So etwa der Oberste Gerichtshof, siehe Charns, *Cloak and Gavel*.
161. Smist, *Congress Oversees the United States Intelligence Community, 1947–1989*, Kapitel 2; sowie Olmstead, *Challenging the Secret Government*.
162. Eigentlich *United States Senate Select Committee to Study Governmental Operations with Respect to Intelligence Activities*; Poveda, Controversies and Issues, S. 127ff.
163. U.S. Senate, *Final Report of the Select Committee to Study Governmental Operations with Respect to Intelligence Activities*.
164. Ebd., S. 3f.
165. Ebd., S. 5.
166. Ebd., S. 36; im Original: »The intelligence informant technique is not a precise instrument. By its very nature, it risks governmental monitoring of Constitutionally-protected activity and the private lives of Americans. Unlike electronic surveillance and wiretaps, there are few standards and no outside review system for the use of intelligence informants. Consequently, the risk of chilling the exercise of First Amendment rights and infringing citizen privacy is increased.«
167. Elliff, *The Reform of FBI Intelligence Operations*; Poveda, *Lawlessness and Reform*.
168. Hier zitiert nach Jeffreys-Jones, *The FBI*, S. 138; dort auch mehr Informationen zu diesem Fall.
169. Ebd.
170. Anon., Our Lawless G-Men, S. 40. Vgl. auch Anon., The American OGPU; Anon., Washington Gestapo.
171. Jeffreys-Jones, *The CIA and American Democracy*, S. 29f.; Weiner, *Enemies*, S. 131ff.
172. Sabin, *Red Scare in Court*, S. 41–44. Siehe auch Donner, *The Un-Americans*.
173. Siehe hierzu die Einleitung von Donner, *The Age of Surveillance*, S. xi–xvi.
174. Donner, *Age of Surveillance*, S. 132f.
175. Donner, *Age of Surveillance*, S. 133; im Original: »The classic weapon against political and religious dissenters, informers were used against the Jews and Christians in Roman times, non-Catholics in Inquisition, Catholics in seventeenth-century England, the colonists in eighteenth-century America, slaves seeking emancipation in the nineteenth century, […] the British Chartists and trade union movements of the nineteenth century, the Conti-

nental Socialist and Communist movements of the same era, the struggle for Irish independence, by Czarist regimes in Russia, and more recently by the Soviet Union against dissidents of all kinds. In America, informers have dominated the response to domestic dissent in the course of this century up to the present.«

176. Ebd., S. 137.
177. Ebd., S. 136.
178. Ebd., S. 136.
179. Donner, *Protectors of Priviledge.*
180. Churchill u. Vander Wall, *Agents of Repression*; dies. (Hg.), *COINTELPRO Papers.*
181. Churchill u. Vander Wall, *Agents of Repression*, S. 219: »There are reasons why snitches and infiltrators are considered to be the worst scum on the face of the earth […] I mean, what kind of person is it who makes his living trading on the friendships he develops in order to invent reasons to railroad his friends into prison? […] What kind of man uses the trust he gains in political work to get those who trust him killed? What is the character of an individual who has so little conscience or principle that he will tell any lie to destroy a movement that even he believes is socially needed and in the right? And what kind of agency is it that habitually employs people of this type for such purposes?«
182. Ebd., S. 220.
183. Jeffreys-Jones, *The FBI*, S. 199f.
184. Churchill u. Vander Wall, *Agents of Repression*, S. 220ff.
185. Eine Auswahl wichtiger, oftmals angeführter Beiträge umfasst Gillers u. Watters (Hg.), *Investigating the FBI*; Dershowitz, Silvergate u. Baker, The JDL Murder Case; Harris, *Freedom Spent*; Wise, *The American Police State*; Dion, Pacifism Treated as Subversion; Knoll, Filed But Not Forgotten; Dion, The FBI Surveillance of the Women's International League for Peace and Freedom, 1945–1963; Farnsworth, Seeing Red.
186. Vgl. als frühes Beispiel Halperin u.a., *The Lawless State*; Donner, *Protectors of Privilege.*
187. Anschauliche Beispiele für solche Interviewsammlungen sind Schultz u. Schultz (Hg.), *It Did Happen Here*; sowie dies., *The Price of Dissent*. Vgl. auch Robins, *Alien Ink*.
188. Purvis, *American Agent*; Ayer, *Yankee G-Man*; Ollestad, *Inside the FBI.*
189. Divale u. Joseph, *I Lived Inside the Campus Revolution*; Grathwohl u. Reagan, *Bringing Down America.*
190. Turner, *Hoover's FBI*; Schott, *No Left Turns*; Payne, *Deep Cover*; Greene, *The Sting Man.*
191. Vgl. den biografischen Eintrag in Theoharis (Hg.), *The FBI*, S. 354–356.
192. Sullivan vor dem SSCI 1975, hier zitiert nach Hewitt, *Snitch!*, S. 34; im Original: »[…] never once did I hear anybody, including myself, raise the questions: ›Is this course of action which we have agreed upon lawful, is it legal, is it moral and ethical?‹ We never gave any thought to that realm of reasoning, because we were just naturally pragmatists. The one thing we were concerned with was this: Will this course of action work, will it get us what we want, will it reach the objective we desire to reach?«
193. Sullivan, *The Bureau*, S. 128: »After they've been working for us for a while, informants get to know the kind of information we want and many of them tailor their stories to suit the occasion […] That's why we always try to have more than one informant in the same group. Three in a group of thirty would be ideal. Each would be unknown to the others, of course, so that we can compare three separate reports of the group's activities.«
194. Maas, *The Valachi Papers.*

195. Villano, *Brick Agent*; Pistone, *Donnie Brasco*; Alexander, *The Pizza Connection*; Blumenthal, *Last Days of the Sicilians*; Kurins u. O'Brien, *Boss of the Bosses*; Goddard, *The Insider*; Blum, *Gangland*.
196. Es sei auch auf eine dritte Spielart des FBI-Informanten-Enthüllungsberichts verwiesen, die rechte politische Gruppen, v.a. den Ku Klux Klan und andere ›White Hate‹-Verbünde, anspricht. Hier verbinden sich die aufgezeigten Richtungen, und gerade in jüngster Zeit verwissenschaftlicht sich diese Thematik, siehe Whitehead, *Attack on Terror*; May, *The Informant*.

3. *Moral Guardians & their Informers* – Krisen, Kriege und die Aufforderung zur Verteidigung Amerikas

1. Morone, *Hellfire Nation*, S. 3. Meine Übersetzung, im Original heißt es: »Panics and witch-hunts are an American classic: nothing stirs the people or grows their government like a pulpit-thumping moral crusade against malevolent dastards.«
2. Martschukat, Feste Banden lose schnüren.
3. Munslow, *Discourse and Culture*.
4. Morone, Hellfire Nation, S. 222, im Original: »[T]he politics of private lives – of purity and virtue – went decidedly public.«
5. Carroll Smith-Rosenberg, *Disorderly Conduct*, S. 224f.
6. Munslow, *Discourse and Culture*, S. 21, im Original: »[Government] was not only an educator and policeman (hegemony protected by armour of coercion) but also a night-watchman that patrolled popular ethics and ideology.«
7. Gilman, His Mother. Zu Gilman als Feministin im Kontext von Migration und Rassismus, siehe u.a. Bederman, *Manliness & Civilization*, S. 121–169; sowie Weinbaum, Writing Feminist Genealogy.
8. Gilman, His Mother, S. 75.
9. Ebd., S. 76.
10. Jacobsen, *Barbarian Virtues*.
11. D'Emilio u. Freedman, *Intimate Matters*; Dennis, *Licentious Gotham*, v.a. Kapitel 5. Zu den führenden *pulp magazines* vgl. Gorn, The Wicked World; sowie Welky, »We Are the People!«.
12. Young Men's Christian Association, *A Memorandum Respecting New York as a Field for Moral and Christian Effort among Young Men: Its Neglected Condition; and the Fitness of the New York Young Men's Christian Association as a Principal Agency for its Due*. New York: 1866, S. 3–6; hier nach D'Emilio u. Freedman, *Intimate Matters*, S. 159.
13. Eine erste Biografie Comstocks erschien bereits 1927: Broun u. Leech, *Anthony Comstock: Roundsman of the Lord*. Darin sind Comstocks Tagebücher ausgewertet, die nach Erscheinen dieses Buchs vernichtet wurden. Für eine neuere Biografie siehe Bates, *Weeder in the Garden of the Lord*.
14. Beisel, *Imperiled Innocents*, v.a. S. 49–53. Siehe auch Gilfoyle, The Moral Origins of Political Surveillance.
15. Friedman, *Prurient Interests*, S. 17.
16. Beisel, *Imperiled Innocents*, S. 25–48; Brodie, *Contraception and Abortion in Nineteenth-Century America*, S. 253ff.; Horowitz, *Rereading Sex*, S. 386–418.

17. Vgl. auch Boyer, *Purity in Print*; ders., *Urban Masses and Moral Order in America, 1820–1920*, v.a. S. 112–121; Andrist, Paladin of Purity; Pivar, *Purity Crusade*; Beisel, Class, Culture, and Campaigns Against Vice in Three American Cities, 1872–1892; dies., Morals Versus Art; West, The Role of Sexual Repression in Anthony Comstock's Campaign to Censor Children's Dime Novels; McGarry, Spectral Sexualities.
18. Burnham, *Bad Habits*, S. 176.
19. Tatsächlich waren sowohl Comstock selbst als auch die NYSSV von Beginn an Gegenstand von Kritik und Spott, v.a. in der Presse, wovon nicht nur die zahlreichen zeitgenössischen Karikaturen zeugen. Gerade um die Jahrhundertwende war ein positiver Bezug auf die *Comstock Laws* selten geworden, was zumeist mit Comstocks ›unsensiblen‹ Umgang mit Kunst zusammenhing. Dies änderte aber nichts an ihrer fortdauernden Gültigkeit und Anwendung; vgl. Andrist, Paladin of Purity; sowie Friedman, *Prurient Interests*, S. 18ff.
20. Comstock, *Traps for the Young*.
21. Courtlandt Palmer war ein führender New Yorker Freidenker mit sozialistischen Neigungen; vgl. Warren, *American Freethought, 1860–1914*, S. 41.
22. Vgl. die Wiedergabe von Palmers Artikel in Comstocks *Traps for the Young*, S. 211ff.
23. Nach Comstock, *Traps*, S. 214; im Original: »Seeking to preserve morality, they [the laws, O.S.] undermine it. [… T]hey involve immoral means and methods for their enforcement. I mean a system of espionage and decoy – which are only other names for lying, but which is of their very essence. Bad enough it is for the state to be obliged to the club of the policeman and the arts and lies of the detective, but for a Christian society to undertake such tasks seems simply monstrous.«
24. Comstock, *Traps*, S. 231–237.
25. Mackay, *Allan Pinkerton*.
26. Monkkonen, *Crime, Justice, History*.
27. Szymanski, Stop, Thief!
28. Morn, *»The Eye That Never Sleeps«*, S. 17–34.
29. Churchill, From the Pinkertons to the PATRIOT Act, S. 3.
30. So etwa in Morn, Allan Pinkerton, S. 98ff.
31. Siehe u.a. Weiss, Private Detective Agencies and Labour Discipline in the United States.
32. Horan, *The Pinkertons*.
33. Pinkerton, *General Principles of Pinkerton's National Police Agency*, S. 1–11.
34. Morn, Allan Pinkerton, S. 109ff.
35. Pinkerton, *The Expressman and the Detective*, S. 24 (»a profession which most people were inclined to look down upon with contempt«) und 261 (»dragged down by unprincipled adventurers until the term ›detective‹ was synonymous with rogue«).
36. Ebd., S. 261, im Original: »The Divine administers consolation to the soul; the physician strives to relieve the pains of the body; while the detective cleanses society from its impurities, makes crime hideous by dragging it into light, when it would otherwise thrive in darkness, and generally improves mankind by proving that wrong acts, no matter how skilfully [sic] covered up, are sure to be found out, and their perpetrators punished. The great preventive of crime, is the fear of detection.«
37. Gilfoyle, Moral Origins, S. 647f.
38. Wiebe, *The Search for Order, 1877–1920*; Hofstadter, *The Age of Reform*; McGerr, *A Fierce Discontent*; Keller, *Regulating a New Society*.

39. Bederman, *Manliness & Civilization*; Milkis u. Mileur (Hg.), *Progressivism and the New Democracy*; Lears, *Rebirth of a Nation*.
40. Fronc, *»I Led Him On«*, S. 2: »The undercover technique [was] woven into the fabric of the Progressive Era reform«; dies., *New York Undercover*.
41. Vgl. Friedman, *Prurient Interests*, S. 3f.; sowie Perker, *Purifying America*.
42. Fitzpatrick, *Muckraking*, S. 1–39.
43. Vgl. Fronc, *»I Led Him On!«*, S. 15f.
44. Allgemein zur wachsenden Bedeutung von Lohnarbeit von Frauen siehe Kessler-Harris, *Out to Work*. Für die Debatten um Freizeit, Geschlecht und Klasse im frühen 20. Jahrhundert siehe Peiss, *Cheap Amusements*; Erenberg, *Steppin' Out*. Zur Faszination unterbürgerlichen Nachtlebens auf ein abenteuerfreundliches Publikum aus der Mittelklasse siehe Heap, *Slumming*.
45. Schocket, Undercover Explorations of the ›Other Half‹.
46. Pittenger, A World of Difference.
47. Haskell, *The Emergence of Professional Social Science*; Schwartz, *Fighting Poverty with Virtue*.
48. Lengermann u. Niebrugge-Brantley, *The Women Founders*, S. 229ff.
49. MacLean, Two Weeks in Department Stores, S. 740, im Original: »Inhuman and demoralizing conditions must be removed. Some of the evils here could be speedily remedied by legislation and faithful inspection.«
50. MacLean, The Sweat-Shop in Summer, S. 290, im Original: »To the student, the philanthropist, and the legislator it suggests a rational ground for constructive action; to the public it may serve to awaken a sense of personal responsibility; while to the toiler himself it may mean hope in the future.«
51. Crocker, *The Settlement Movement in Two Industrial Cities, 1889–1930*; Lasch-Quinn, *Black Neighbors*.
52. Margolin, *Under the Cover of Kindness*.
53. Woods u. Kennedy, *Young Working Girls*.
54. Bender, Perils of Degeneration.
55. Fairchild, Bayer u. Colgrove, *Searching Eyes*.
56. Lüthi, *Invading Bodies*, S. 13.
57. Fairchild u.a., *Searching Eyes*, S. 35f.
58. Ebd., S. 44, im Original: »This created not only a caring opportunity, but also a tutelary one, particularly in the case of immigrant families who were perceived to be in need of a kind of indoctrination into American standards of hygiene.«
59. Shah, *Contagious Divides*, S. 68f. Vgl. auch Fairchild, *Science at the Borders*.
60. Fronc, *New York Undercover*, S. 26.
61. Brandt, *No Magic Bullet*.
62. Gilfoyle, *City of Eros*, S. 261.
63. Feldman, Prostitution, the Alien Woman and the Progressive Imagination; Connelly, *The Response to Prostitution in the Progressive Era*; Rosen, *The Lost Sisterhood*. Zur Verwobenheit von Prostitution mit urbaner Lohnarbeit und Reformbemühungen siehe Clement, *Love for Sale*; sowie Wood, *The Freedom of the Streets*.
64. Hobson, *Uneasy Virtue*, S. 150ff.
65. Gilfoyle, *City of Eros*, S. 258f. Siehe auch Pivar, *Purity and Hygiene*, v.a. S. 25–42.
66. Mackey, *Pursuing Johns*. Durch die Kriminalisierung der Freier änderte sich indes nichts an der Stigmatisierung von Sexarbeiterinnen; vgl. Fee, Venereal Disease.

67. McLaren, *Sexual Blackmail.*
68. Diffee, Sex and the City, S. 414. *Traffic in Souls*, USA 1913.
69. Für einen besonders wirkmächtigen zeitgenössischen Text siehe etwa Bell, *Fighting the Traffic in Young Girls.* Auf dem Frontispiz der Erstausgabe findet sich das Bild einer jungen Frau hinter Gittern, das zum immer wieder verwandten Zeichen der Bewegung werden sollte. Eine andere Stimme, Jane Addams in ihrem *A New Conscience and an Ancient Evil*, äußerst sich gleichfalls empört, doch versucht sie auch, die Sicht aus den Verhältnissen der Frauen heraus zu artikulieren. Vgl. zu den feinen Unterschieden Katherine Joslin, *Introduction: Slum Angels.*
70. Donovan, *White Slave Crusades*; Langum, *Crossing over the Line.*
71. Neben Diffees Studie siehe u.a. Sloan, *The Loud Silents*, S. 78–98; Brownlow, *Behind the Mask of Innocence*, S. 70–85; Staiger, *Bad Women*, S. 116–146; Stamp, *Movie-Struck Girls*, S. 41–101.
72. Polizei war in vielen US-Städten dieser Zeit eng mit Patronage und Korruption verbunden; dies war Teil des Systems lokaler Parteiapparate, das unter der Bezeichnung *political machines* bekannt war; vgl. Connolly, *An Elusive Unity.*
73. Vgl. *Traffic in Souls*, 0:11:11–0:13:43.
74. *Traffic in Souls*, 0:50:56–0:58:31.
75. *Traffic in Souls*, 1:12:31–1:15:30. Insofern ist der Aussage Esther Sabelus', nach der die »Frauen […] in diesen Narrativen der weißen Sklavin ausnahmslos überwältigte Opfer männlicher Gewalt und niemals aktive Protagonistinnen ihrer Biografie« seien, nicht uneingeschränkt zuzustimmen – engagierte, bürgerliche Frauen, das zeigen sowohl *Traffic in Souls* als auch z.B. ›His Mother‹, gehören sehr wohl in die Imagination des Sujets. Vgl. Sabelus, *Die weiße Sklavin*, S. 9f.
76. Exemplarisch bei Stamp, *Movie-Struck*, S. 74–77.
77. Die Mitglieder der Gründergruppe waren angesehene Philanthropen und Reformer, an ihrer Spitze stand William Henry Baldwin, Jr., ein Eisenbahn-Unternehmer.
78. New York Public Library, Manuscripts and Archives Division, Committee of Fifteen Records (im Folgenden Com. Fifteen genannt), General Letter, 30. November 1900, Reel 2, im Original: »[to] carefully watch the actions of the constituted authorities, whether or not they will perform to their full extent the duty imposed upon them *by law* to prevent and eradicate vice in every form«. Sehr gut zusammengefasst findet sich das Programm des *Committee of Fifteen* in seinem Buch, das allerdings erst nach dessen Auflösung publiziert wurde: *The Social Evil: With Special Reference to Conditions Existing in the City of New York.* New York: G.P. Putnam's 1902. Vgl. Felt, Vice Reform as a Political Technique.
79. Fronc, *New York Undercover*, S. 39ff.
80. Lubove, *The Progressives and the Slums.*
81. Fronc, *New York Undercover*, S. 7.
82. Das *Committee of Fifteen* beschäftigte nur Männer als Informanten, das *Committee of Fourteen* setzte auch auf Frauen als verdeckte Ermittlerinnen.
83. Hunt, Regulating Heterosocial Space, der nicht allein das Entstehen einer besonderen Raumordnung in *vice comission reports* betont, sondern auch deren metaphorische Narrative intertextuell einbindet.
84. Com. Fifteen, Reel 4: E.C. Becherer, Report on 563 Seventh Avenue, 31. Juli 1901.
85. Com. Fifteen, Reel 4: Edward C. Becherer, Affidavit, 563 Seventh Avenue.
86. Com. Fifteen, Reel 4: John W. Earl, Report on 331 E. 122nd Street, 22. Juli 1901; darin auch alle nachfolgenden Zitate.

87. Im Original: »[…] she commenced trying to work me up. I pretended I would have intercourse with her whereupon she took me to the bedroom, played with me and exposed herself, but I refused to have intercourse with her.«
88. Fronc interpretiert die Berichte der Investigatoren nicht zuletzt als Dokumente der Läuterung, ihre Niederschrift habe für die Verfasser auch bedeutet, sich selbst von den begangenen Taten zu reinigen; vgl. Fronc, *New York Undercover*, S. 50f.
89. Felt, Vice Reform, S. 49f.
90. Peters, Story of the Fourteen, S. 371; im Original: »The social evil in New York is an elaborate system fostered by business interests, a commercialized immorality […].«
91. Vgl. Fronc, *New York Undercover*, S. 69. Zu Politik und Einfluss der *Women's Christian Temperance Union* siehe Mattingly, *Well-Tempered Women*.
92. Peters, Story of the Fourteen, S. 370ff.
93. Fronc, *New York Undercover*, S. 71.
94. New York Public Library, Manuscripts and Archives Division, Committee of Fourteen Records (im Folgenden Com. Fourteen genannt), Brief Frederick Whitin an Washington Railway and Electric Company, 6. Mai 1918, Box 13, im Original: »The ability to investigate is largely a natural one, requiring powers of observation, deduction and ability to mix with men.«
95. Vgl. Fronc, *New York Undercover*, S. 73.
96. Com. Fourteen, Clarence J. Primm, report on 7th Avenue, 20. Februar 1915, Box 28; im Original: »[A] shabby investigator with a gum-chewing female partner, by identifying themselves with this neighborhood for a time, would be in a position to make what should be an effective and valuable study of the conduct of the place.«
97. Com. Fourteen, Abram I. Eilperin, report on 879 Broadway, Brooklyn, 1. November 1916, Box 30.
98. Fronc, *New York Undercover*, S. 71.
99. Für ein besonders ›anschauliches‹ Beispiel siehe etwa Com. Fourteen, Abram I. Eilperin, report on 879 Broadway, Brooklyn, 1. November 1916, Box 30.
100. Fronc, *New York Undercover*, S. 88.
101. Com. Fourteen, Edna Arbing, report, Box 30 (ohne Datum, Ordner 1916).
102. Com. Fourteen, Maud Robinson Tombs, report, Box 30 (ohne Datum, Ordner 1916).
103. Informationen über Natalie Sonnichsen finden sich bei Fronc, *New York Undercover*, S. 85f.
104. Vgl. Hunt, Regulating Heterosocial Space. Siehe auch Mumford, *Interzones*, v.a. S. 19ff.
105. Vgl. die verschiedene Bericht David Oppenheims, etwa: Com. Fourteen, David Oppenheim, report on DeFaust's, 24. November 1915, Box 30; oder Com. Fourteen, David Oppenheim, report on Martin Busch's, 13. September 1916, Box 30.
106. Com. Fourteen, Samuel Auerbach, report on Greek restaurant, Box 28 (ohne Datum, Ordner 1914–15).
107. Zum Einsatz von Ermittlern in Chinatown siehe Fronc, *New York Undercover*, S. 51–62, für die *African American Community* vgl. S. 95–122. Siehe auch Donovan, *White Slave Crusades*, v.a. Kapitel 4–6. Über die besonderen Reize, die gerade diese Bezirke auf die weiße, bürgerliche Imagination von Unmoral hatten, schreibt Heap, *Slumming*.
108. Vgl. zum Zusammenhang von Imagination, Sehen und Sichtbarmachung von sexuellen Gefahren Stange, *Personal Property*, S. 88ff.
109. Odem, *Delinquent Daughters*, S. 14.
110. Wheeler, *Against Obscenity*, v.a. Kapitel 1.

111. Donovan, Gender Inequality and Criminal Seduction. Vgl. auch Alexander, *The ›Girl Problem‹*.
112. Vgl. Peiss, *Cheap Amusements*, S. 38–41; Kessler-Harris, *Out to Work*, S. 5f.
113. Clark-Lewis, *Living In, Living Out*.
114. Meyerowitz, *Women Adrift*; White, *The First Sexual Revolution*.
115. Bailey, *From Front Porch to Back Seat*, v.a. S. 14–20.
116. Odem, *Delinquent Daughters*.
117. Ebd., S. 53.
118. Peiss, ›Charity Girls‹ and City Pleasures.
119. Mabel Ulrich, Lectures to Social Morality Institute, ›The Child and the Young Girl‹, 27. Februar 1915, hier zitiert nach Alexander, *»Girl Problem«*, S. 33. Im Original heißt es: »The great menace of the American city life today was not the man who was going around trying to lure young people into horrible lives, but was the young girl [...] who was perfectly free to roam the streets morning, noon, and night, who apparently had no moral outlook at all and who was constantly corrupting the young men and boys of large cities.«
120. G. Stanley Hall, *Adolescents*, S. 371. Zu den Theorien Halls auch Stieglitz, *›100 Percent American Boys‹*, S. 55ff.
121. Woods u. Kennedy, *Young Working Girls*, S. 6f.
122. Ebd., S. 2f., im Original: »Only infrequently do parents consciously organize the home to protect the daughter from herself and others.«
123. Der Fall wird in Alexander, *»Girl Problem«*, S. 48f., ausführlich geschildert.
124. Vgl. ebd., v.a. das zweite Kapitel.
125. Protective Leagues for the Girls of New York, in: *The Survey*, 31. Januar 1914, S. 519.
126. Miner, *Slavery of Prostitution*, S. 288f., im Original: »Girls do not go out as detectives to discover immorality or vice; but when they come face to face with it, as it insinuate itself into their everyday life, they recognize their obligation to help in remedying it.«
127. So zitiert in Capozzola, *Uncle Sam Wants You*, S. 133, im Original: »All of us have a certain amount of power. We can stop a little girl and find out about her and learn of the danger and start the work, and then go to the Chief of Police and to the different officials of the city.«
128. McLaren, *The Trials of Masculinity*; ders., *Sexual Blackmail*.
129. Donovan, Gender Inequality.
130. Wilson, *The State*, S. 26f., im Original: »Happily there are in our own day many governments, and those among the most prominent, which seldom coerce their subjects, seeming in their tranquil, noiseless operations to run of themselves. They in a sense operate without the exercise of force«.
131. Vgl. Capozzola, *Uncle Sam Wants You*, S. 10.
132. Siehe zur Lynchjustiz u.a. Martschukat, *Die Geschichte der Todesstrafe in Nordamerika*, Kapitel 5.
133. »The needs of modern war tied private coercions to state interests«, wie es Capozzola, *Uncle Sam Wants You*, S. 123, formuliert.
134. Zu den Faktoren gehörten die Wiederaufnahme des U-Boot-Kriegs durch die deutsche Marine, die erfolgreiche Stimmungsmache durch die britische Presse und das so genannte Zimmermann-Telegramm, in dem das Deutsche Reich Mexiko die Rückgewinnung des Südwestens der USA in Aussicht stellte.
135. Farwell, *Over There*; Zieger, *America's Great War*; Fleming, *The Illusion of Victory*. Für eine geschlechterhistorische Perspektive siehe Adams, *The Great Adventure*.

136. Kennedy, *Over Here*; Ellis, *Echoes of Distant Thunder*.
137. McClymer, *War and Welfare*.
138. Vgl. Capozzola, *Uncle Sam Wants You*, S. 12f. sowie 17.
139. Eisner, *From Warfare State to Welfare State*.
140. Breen, *Uncle Sam at Home*; DeBauche, *Reel Patriotism*.
141. Gary, *The Nervous Liberals*, v.a. Kapitel 1.
142. Vaughn, *Holding Fast the Inner Lines*; siehe auch Elter, *Die Kriegsverkäufer*, S. 27–43; Cornebise, *War as Advertised*.
143. Peterson u. Fite, *Opponents of War*.
144. Foster, *The Women and the Warriors*, v.a. Kapitel 2, S. 10ff; Kennedy, *Over Here*, S. 15ff.; Montgomery, *The Fall of the House of Labor*, S. 370ff.; Ellis, *Race, War, and Surveillance*.
145. Nagler, *Nationale Minoritäten im Krieg*, S. 184.
146. Johnson, *The Challenge to American Freedoms*; Rabban, *Free Speech in Its Forgotten Years*, v.a. S. 299ff.
147. Capozzola, *Uncle Sam Wants You*, S. 8. Siehe auch Skocpol u.a., Patriotic Partnerships.
148. *Obligation* als Kernvokabel des damaligen Staatsbürgerschaftsverständnisses diskutiert Capozzola, *Uncle Sam Wants You*, S. 6ff.
149. Neben Nagler, *Nationale Minoritäten im Krieg*, siehe Luebke, *Bonds of Loyalty*; Kirschbaum, *The Eradication of German Culture in the United States, 1917–1918*; Ellis, German-Americans in World War I. Mit der Situation im besonders dicht von Deutschstämmigen besiedelten Mittleren Westen befasst sich Wüstenbecker, *Deutsch-Amerikaner im Ersten Weltkrieg*.
150. Kazal, *Becoming Old Stock*, v.a. S. 171–194.
151. Nagler, *Minoritäten im Krieg*, S. 99–113; Capozzola, *Uncle Sam Wants You*, S. 180f.
152. Siehe Luebke, *Bonds of Loyalty*, S. 255. Für Frauen galten die Bestimmungen der *enemy aliens* ab Frühjahr 1918, vgl. Nagler, *Minoritäten im Krieg*, S. 268ff.
153. Wilson, Proclamation of State of War and of Alien Enemy Regulations, 6. April 1917, abgedruckt in Baker u. Dodd (Hg.), *War and Peace*, S. 17–21.
154. Wilson, Flag Day Address Delivered at Washington, 14. Juni 1917, abgedruckt in Baker u. Dodd (Hg.), *War and Peace*, S. 60–67.
155. Nagler, *Minoritäten im Krieg*, S. 20.
156. Vgl. insgesamt Kirschbaum, *Eradication of German Culture*; Wüstenbecker, *Deutsch-Amerikaner*, S. 245–304. Für eine umfassende Betrachtung der Rolle von Musik in den Beziehungen zwischen den USA und Deutschland siehe Gienow-Hecht, *Sound Diplomacy*, v.a. Kapitel 7.
157. Erinnert sei in diesem Zusammenhang an den *Immigration Restriction Act* von 1917, der Lesetests für erwachsene Einwanderinnen und Einwanderer zur Pflicht machte und Migration und Anarchie in enge Verbindung zueinander stellte, vgl. Higham, *Strangers in the Land*, S. 202ff.
158. Der *Espionage Act* wurde am 15. Juni 1917 verabschiedet und umfasste auch Sabotagetätigkeiten, im so genannten *Sedition Act* (16. Mai 1918) waren Zusatzartikel zu dieser ersten Verfügung festgehalten; vgl. Kohn, *American Political Prisoners*, S. 7–25.
159. Lewis, The American Tradition and the War.
160. Preston, Jr., *Aliens and Dissenters*; Linfield, *Freedom Under Fire*, S. 30ff.; Rabban, *Free Speech*, v.a. S. 248ff.
161. Wüstenbecker, *Deutsch-Amerikaner*, S. 214ff.

162. Ellis, »German-Americans«, S. 198f., im Original: » [...] complaints of even the most informal or confidential nature are always welcome«.
163. Bloch, Falschmeldungen im Krieg – Überlegungen eines Historikers.
164. Nagler, *Minoritäten im Krieg*; Wüstenbecker, *Deutsch-Amerikaner*.
165. Letzteres vermutet Capozzola, *Uncle Sam Wants You*, S. 185.
166. RG 65, Records of the Justice Department, Investigative Case Files of the Bureau of Investigation, Harry W. Walker to Secret Service Department, 12. Juli 1917, Old German File 605, Reel 275.
167. RG 65, Records of the Justice Department, Investigative Case Files of the Bureau of Investigation, D. H. Rittenhouse to Attorney General, 28. Juni 1918, Old German File 574, Reel 275.
168. Die autorisierte Geschichte der APL erschien bereits 1919, Hough, *The Web*. Kritisch zur APL siehe Jensen, *The Price of Vigilance*; vgl. auch Wüstenbecker, *Deutsch-Amerikaner*, S. 174ff.
169. Ebd., S. 171; wobei die Mitglieder der APL von den Verdächtigten wohl eher nicht als ›Mitbürger‹ dachten.
170. Hough, *The Web*, S. 56, im Original: »The enforcement of the President's proclamation governing the conduct of enemy aliens in this country entailed a tremendous amount of D. J. work, the larger part of which devolved upon the agents of the League. Thousands of investigations of alien Germans were made under its provisions.«
171. Strother, *Fighting Germany's Spies*, S. 206f.
172. Lüdtke, Denunziationen – Politik aus Liebe?, S. 401; Kursivsetzung im Original.
173. National Archives, RG 60, American Protective League, Summary Report Summer 1917, Box 3, siehe auch Hough, *The Web*, S. 129. Im Original heißt es: »I have discussed S. on many occasions with a great many of my friends, and the consensus of opinion is that he is entirely too pro-German to be in our Army in any capacity. Many think he is an agent of the German Government. Personally, I feel that he is an extremely dangerous man. I would not care to serve in the Army under him as an officer, and I would like to see him placed in such a position that he could not possibly do us harm.«
174. Ebd., im Original: »I have thought for the past four years that he received money from the German Government, and have so expressed myself on many occasions.«
175. Beide Zitate Hough, *The Web*, S. 143; die Korrektheit der Zahlen kann mit Recht angezweifelt werden.
176. National Archives, RG 60, American Protective League, Report for Six Months, May to November 1918, Box 5, siehe auch Hough, *The Web*, S. 142. Im Original: »If one man's son must go, why not the next man's, especially as that next man might be a secret pro-German trying to protect his blood as well as his property?«
177. National Archives, RG 60, American Protective League, Report for Six Months, May to November 1918, Box 5, siehe auch Hough, *The Web*, S. 146: »A young woman came to my office and complained of her husband. ›I am almost desperate about Joe,‹ she said to me. ›He drinks and drinks, and hangs around the saloons. He hasn't given me a cent in eight months, and I don't know what to do. I – I love him. I don't want him to go. But do you think the army would do him any good. He doesn't do anything for me and for our baby.‹ ›The army will see,‹ I said to her. So I went and found her husband – in a saloon, drunk, shabby, dead to all pride and all ambition, about as poor-looking material for a soldier as you ever saw.«
178. Geschlechtliche Dimensionen der Wehrpflicht beleuchtet Shenk, *›Work or Fight!‹*.

179. Wüstenbecker, *Deutsch-Amerikaner*, S. 140ff. Loyalitätskontrolle war freilich nicht die einzige Aufgabe der regionalen und lokalen *councils*, ihnen oblag auch die allgemeine Umsetzung von kriegsbedingten Maßnahmen vor Ort, also zum Beispiel auch die notwendigen Rationierungen von Treibstoffen oder Nahrungsmitteln – deren Nichtbefolgen aber auch Anlass zu Denunziationen sein konnte.
180. Hier nach Kennedy, *Over Here*, S. 68, im Original: »[...] join a patriotic society, denounce *all* those persons who dared even to discuss peace, and generally find out what his neighbor thinks.«
181. Hier zitiert nach Wüstenbecker, *Deutsch-Amerikaner*, S. 143, im Original: »Our experience has taught us that a vast majority of the complaints are written through a spirit of patriotic resentment and do not represent what is in fact a serious condition.«
182. Die Akten der MCPS befinden sich in den Minnesota State Archives, Minnesota Historical Society, St. Paul, MN. Der Bestand enthält u.a. die Korrespondenz, die Untersuchungsberichte sowie die Protokolle der Behörde. Eine grundlegende Studie stammt von Chrislock, *Watchdog of Loyalty*.
183. Ebd., S. 20.
184. Morlan, *Political Prairie Fire*, S. 87ff. Vgl. auch Jenson, Loyalty as a Political Weapon.
185. Nord, Hothouse Socialism; Haynes, Revolt of the ›Timber Beasts‹. Siehe auch Dubofsky, *We Shall Be All*, S. 185ff.
186. Chrislock, *Watchdog of Loyalty*,S. 22f.
187. Ebd.
188. Brief Einar Hoidale an das MCPS, 24. August 1917; MCPS Correspondence File, Minnesota State Archives, Minnesota Historical Society.
189. Kurzbiografien der Beteiligten finden sich in Chrislock, *Watchdog of Loyalty*, S. 68–88.
190. Protokoll der MCPS Sitzung vom 24. April 1917; MCPS Records, Minnesota State Archives, Minnesota Historical Society.
191. Protokolle der MCPS Sitzungen vom 17. u. 29. Mai 1917; MCPS Records, Minnesota State Archives, Minnesota Historical Society.
192. Chrislock, *Watchdog of Loyalty*, S. 108f., im Original: »[...] ›social hygiene‹, Liberty loan and Red Cross promotion, recruitment of women for war work, protection of children, and, above all, ›Americanization‹«; Shenk, *›Work or Fight!‹*, v.a. Kapitel 2.
193. Brief A. MacMurphy an Gouverneur Joseph A.A. Burnquist, 5. April 1917, im Original: »[d]oes the [postmaster] because he is a German Democrat have the say whether or not the flag should wave over our post office?«; Governor's Records, Minnesota State Archives, Minnesota Historical Society.
194. Protokoll der MCPS Sitzung vom 7. Mai 1917; MCPS Records, Minnesota State Archives, Minnesota Historical Society.
195. Protokoll der MCPS Sitzung vom 21. Mai 1917; MCPS Records, Minnesota State Archives, Minnesota Historical Society. Charles W. Ames war ein Mitglied der MCPS.
196. »For the present, it is better that the names of the agents and the fact that this agency is conducting such investigations should not be open to scrutiny.« O. R. Hatfield [Leiter der Pinkerton Agentur in Twin Cities, O.S.] an die MCPS, 26. Juli 1917; MCPS Correspondence File, Minnesota State Archives, Minnesota Historical Society.
197. Vgl. Chrislock, *Watchdog of Loyalty*, S. 119.
198. Bericht vom 1. Juni 1917, hier zitiert nach Chrislock, *Watchdog of Loyalty*, S. 121, im Original: »I found that the general feeling is that they [Swedish immigrants, O.S.] do not like the idea of going back to Europe and fighting, but would do so if necessary,

and I could not find any indication that there is any organized effort to avoid or prevent registration. I watched closely for anyone agitating among the men, but saw nothing suspicious in this respect.«

199. Ebd., S. 126.
200. Ebd, S. 159ff.
201. Capozzola, *Uncle Sam Wants You*, S. 117: »The era of World War I marked the high point of one kind of political violence in American history … [S]pontaneous crowds left more than seventy Americans dead and thousands terrorized by tar, flame, or the noose.« Siehe auch Rosenbaum u. Sederberg (Hg.), *Vigilante Politics*; Culberson, *Vigilantism*; Abrahams, *Vigilant Citizens*.
202. Über Wisconsin siehe Thomas, Jr., *Unsafe for Democracy*; Kapitel 6 widmet sich insbesondere dem Vigilantismus.
203. Nachgedruckt in Capozzola, *Uncle Sam Wants You*, S. 121f.
204. DeBauche, *Reel Patriotism*, v.a. Kapitel 2; Brewer, *Why America Fights*, S. 64ff.
205. *100 % American* (USA 1918).
206. Stanley (Hg.), *What Did You Do in the War, Daddy?*; Rawls, *Wake Up, America!*.
207. James, *Picture This!*, S. 2, im Original: »It was in part by looking at posters that citizens learned to see themselves as members of the home front.«
208. Rickards, *Posters of the First World War*, S. 8.
209. Zum kulturellen Stellenwert von Werbung siehe Lears, From Salvation to Self-Realization; sowie ders., *Fables of Abundance*.
210. Creel, *How We Advertised America*, S. 4.
211. Vgl. Elter, *Kriegsverkäufer*, S. 37f.
212. Kazecki u. Lieblang, Regression versus Progression. Fundamental Differences in German and American Posters of the First World War, S. 119f. Vgl. auch Brewer, *Why America Fights*, S. 59ff.
213. Knutson, Breasts, Brawn and Selling a War, S. 6.
214. Hall, *Wanted*, S. 6ff.
215. James Montgomery Flagg, *I Want You For U.S. Army*, erstmals publiziert als Titelbild von *Leslie's Weekly*, 6. July 1916 unter der Überschrift »What are you doing for preparedness?«; in den Jahren 1917/18 in einer Auflage von etwa vier Millionen Stück als Plakat verwendet; Ginzburg, ›Your Country Needs You‹; Capozzola, *Uncle Sam Wants You*, v.a. S. 3ff.; Hall, *Wanted*, S. 4ff.
216. Capozzola, *Uncle Sam Wants You*, S. 7.
217. Fahndungsplakat Grover C. Bergdoll, Bureau of Investigation, Foto Collection, National Archives, Record Group 65.
218. Zur nationalen Verbreitung dieses sowie ähnlicher Plakate siehe Hall, *Wanted*, S. 92ff.
219. *Eternal Vigilance*, Poster der American Defense Society, ca. 1917, hier übernommen aus Rawls, *Wake Up, America!*, S. 135; Chrislock, *Watchdog of Loyalty*, S. 159ff.
220. Siehe Nagler, *Minoritäten im Krieg*, S. 509ff.; Wüstenbecker, *Deutsch-Amerikaner*, S. 299ff.
221. Auf der anderen Seite gerieten Zeichner auch in das Visier der Justiz, etwa Art Young, der für *The Masses* arbeitete; vgl. Katz, *Cartoon America*, S. 8.
222. James Montgomery Flagg, »The Cartoonist Makes People See Things!«, auf dem Frontcover des *Bulletin for Cartoonists*, hgg. vom CPI, 26.10.1918; National Archives, RG 63, Records of the Committee on Public Information, Box 2. Nachgedruckt in Hecht

(Hg.), *The War in Cartoons*, S. 1. Siehe auch Caswell, Drawing Swords. War in American Editorial Cartoons, v.a. S. 21ff.

223. »We Would Have Less Of This, If We Had More Of This«, erschienen am 4. April 1918 in *Life*.
224. »My Country, 'Tis of Thee«, erschienen am 13. Juni 1918 in *Life*, S. 218.
225. National Archives, RG 63, Records of the Committee on Public Information, Press File.
226. Brewer, *Why America Fights*, S. 63.
227. Citizens May Arrest Disloyal Persons, in: *Albany Journal*, 17. April 1918; hier zitiert nach Capozzola, *Uncle Sam Wants You*, S. 122, im Original: »If you ever, on the street or in a trolley car, should hear some soft-shell pacifist or hard-boiled but poorly camouflaged pro-German, make seditious or unpatriotic remarks about your Uncle Sam you have the right and privilege of taking that person by the collar, hand him over to the nearest policemen or else take him yourself before the magistrate. You do not require any official authority to do this and the only badge needed is your patriotic fervor. The same thing applies to women. Every American, under the provision of the code of civil procedure, has the authority to arrest any person making a remark or utterance which ›outrages public decency‹.«
228. Die drastische Abbildung eines geteert und gefederten Opfers findet sich in Nagler, *Minoritäten im Krieg*, S. 357.
229. Ausführlich zu diesem Ereignis siehe Nagler, *Minoritäten im Krieg*, S. 384ff. Vgl. auch Peterson u. Fite, *Opponents of War*, S. 202–207; sowie Luebke, *Bonds of Loyalty*, S. 4–26.
230. Bezieht man andere Oppositionsgruppen mit ein, IWW-Mitglieder zum Beispiel oder auch afroamerikanische Menschen, dann sah die US-Heimatfront durchaus mehr Todesopfer.
231. Nagler, *Minoritäten im Krieg*, S. 351ff.
232. Ebd., 352f.
233. Schieder u. Dipper, Propaganda. Die weitere Literatur ist kaum zu überschauen, siehe z.B. Cole, *Propaganda in Twentieth Century War and Politics*; Roberts, Webster u. Pickering, Propaganda, Information and Social Control; Taithe u. Thornton, Propaganda: A Misnomer of Rhetoric and Persuasion?; sowie Elter, *Kriegsverkäufer*.

4. *Friendly Witnesses – McCarthyism* und das dichte Geflecht der denunziatorischen Rede im frühen Kalten Krieg

1. Neue, populäre Gesamtdarstellungen bieten Morgan, *Reds*; und Wicker, *Shooting Star*.
2. Der Film *Good Night, And Good Luck* (Warner Independent Pictures 2005) von und mit George Clooney mag als jüngstes Beispiel dafür dienen, wie sehr mit dem *McCarthyism* Kulturpolitik betrieben werden kann. Dafür, wie die Aufladung des Begriffs in der Gegenwart von Historikern und Historikerinnen bewertet wird, siehe das Sonderheft der *Radical History Review* 93 (2005).
3. Thomas Mergel, »The Enemy in Our Midst«, S. 238.
4. Oshinsky, *A Conspiracy So Immense*; Reeves, *The Life and Times of Joe McCarthy*.
5. Bennett, *The Party of Fear*.

6. Ogden, *The Dies-Committee*; Goodman, *The Committee*; Carr, *The House Committee on Un-American Activities 1945–1950*; Ceplair u. Englund, *The Inquisition in Hollywood.* Ausgewählte Protokolle liegen auch auf Deutsch vor, Keil, *Sind oder waren Sie Mitglied?*
7. Whitfield, *The Culture of the Cold War*; Hendershot, *Anti-Communism and Popular Culture in Mid-Century America.*
8. Keil, *Sind Sie oder waren Sie Mitglied?*, S. 9f. Dies belegen nicht zuletzt die vielen Ego-Dokumente von Mitgliedern dieser sozialen Bewegungen, vgl. etwa Schultz u. Schultz, *The Price of Dissent.* Die Neuorientierung und Weiterverbreitung antikommunistischen Gedankenguts in den 1960er Jahren beschäftigt McGirr, *Suburban Warriors.*
9. Schrecker, *Many Are the Crimes*, S. 244–265. Hier sei der Hinweis gestattet, dass Senator McCarthy nicht, wie immer wieder behauptet wird, Mitglied des HUAC war. Dieser war ein Ausschuss des Repräsentantenhauses; McCarthy hatte im Senat ›sein eigenes‹ Untersuchungsorgan, das *Permanent Subcommittee on Investigations*, dessen Vorsitz er 1952 übernahm und das eng mit dem HUAC kooperierte.
10. Schrecker, *Many Are the Crimes*, S. 190ff. Vgl. auch Steinberg, *The Great »Red Menace«.* Bontecou, *The Federal Loyality-Security Program*; Schaar, *Loyalty in America.*
11. Oshinsky, Labor's Cold.
12. Navasky, *Naming Names*, S. 86f.; Schrecker, *Many Are the Crimes*, S. 65.
13. Zu AWARE, Inc. allgemein siehe Klingaman, *Encyclopedia of the McCarthy Era*, S. 18f.; zu *Red Channels* vgl. Doherty, *Cold War, Cool Medium*, S. 24ff.
14. Die Metapher der *front* war auch eine Antwort auf die *popular front* der Linken in den 1930er Jahren. Ihre umfassende Verwendung diente nicht zuletzt dazu, diesen Verweis aktiv zu überlagern.
15. Zu den schwarzen Listen in der Filmbranche siehe Humphries, *Hollywood's Blacklist.*
16. Schrecker, *Many Are the Crimes*, S. 361f. Zur ergänzenden Perspektive auf die Einzelstaaten siehe Heale, *McCarthy's Americans*; Jenkins, *The Cold War at Home.*
17. Brinkley, The Illusion of Unity in Cold War Culture. Vgl. auch Whitfield, *Culture of the Cold War*, S. 12ff.
18. Vgl. Bröckling, *Das unternehmerische Selbst*, darin v.a. das erste Kapitel.
19. Einen Eindruck über die Vielfalt und Dauerhaftigkeit dieses Widerspruchs findet sich in Pomerantz (Hg.), *A Quarter-Century of Un-Americana.* Wichtige Intellektuelle stellten sich McCarthy und dem nach ihm benannten System entgegen, genannt seien etwa Arthur Miller, Paul Robeson oder W. E. B. Du Bois. Vgl. auch Coser, The Age of the Informer.
20. Humphries, *Hollywood's Blacklist*, S. 89ff.
21. Zur schwierigen Situation der Liberalen in diesen Jahren siehe Mattson, *When America was Great*; sowie Keller, *The Liberals and J. Edgar Hoover*; und Pells, *The Liberal Mind in a Conservative Age.*
22. Woods, *Black Struggle, Red Scare*; Lewis, *The White South and the Red Menace*; sowie Berg, Black Civil Rights and Liberal Anticommunism.
23. Johnson, *The Lavender Scare*; Friedman, The Smearing of Joe McCarthy. Eine interessante geschlechterhistorische Erweiterung offerieren auch Brennan, *Wives, Mothers, and the Red Menace*; sowie Nickerson, *Mothers of Conservatism.*
24. Navasky, *Naming Names*, S. xxi.
25. Navasky, *Naming Names*, S. ix. Hier muss indes auch beachtet werden, dass mit dem Insistieren auf die Preisgabe von Namen auch die Strategie verbunden war, die Zeugen

und Zeuginnen in Widersprüche zu verstricken, auf deren Basis dann Anklagen wegen Meineids oder Missachtung des Ausschusses angestrengt werden konnten.

26. *Red Nightmare*, USA 1962, für eine Kurzbeschreibung siehe Brennan, *Wives, Mothers, Red Menace*, S. 2: »[...] shaken but with a renewed dedication to family and community.«
27. Sayre, *Running Time*, May (Hg.), *Recasting America*; Shaw, *Hollywood's Cold War*, v.a. S. 42–71.
28. Brennan, *Wives, Mothers, Red Menace*; sowie Nickerson, Women, Domesticity, and Postwar Conservatism.
29. May, *Homeward Bound*. Siehe auch dies., Explosive Issuses: Sex, Women, and the Bomb.
30. Coontz, *The Way We Never Were*, S. 31.
31. Bennett, *When Dreams Came True*; Mettler, *Soldiers to Citizens*. Die Diskriminierung von African Americans im Zusammenhang mit der G.I. Bill schildert z.B. Onkst, »First A Negro ... Incidentially a Veteran«. Die Bedeutung von Heterosexualität unterstreicht Canaday, Building a Straight State.
32. Vgl. Coontz, *The Way We Never Were*, S. 76.
33. May, *Homeward Bound*, S. 160.
34. Meyerowitz (Hg.), *Not June Cleaver*. Siehe auch dies., Sex, Gender, and the Language of Reform; sowie De Hart, Containment at Home.
35. Westbrook, Fighting for the American Family; Leff, The Politics of Sacrifice on the American Home Front in World War II.
36. May, *Homeward Bound*, S. 48.
37. Riesman, *The Lonely Crowd*.
38. Gilbert, *Men in the Middle*, S. 48.
39. Keefer, *Philip Wylie*. Wylie, *Generation of Vipers*.
40. Cuordileone, *Manhood and American Political Culture in the Cold War*, S. 126–129; Osgerby, *Playboys in Paradise*, S. 72–73.
41. Vgl. z.B. Levy, *Maternal Overprotection*, oder Strecker, *Their Mother's Sons*.
42. So auch Schrecker, *Many Are the Crimes*, S. xxviii.
43. Die Biographie von Summers, *Official and Confidential*, führt die Politik und Rolle des FBI Direktors nicht unwesentlich auf dessen mögliche Homosexualität zurück, die er auf dünner Quellenbasis beinahe denunziatorisch publik machte. Siehe hierzu auch Theoharis, *J. Edgar Hoover, Sex, and Crime*; sowie Potter, Queer Hoover.
44. Powers, *Secrecy and Power*; Theoharis u. Cox, *The Boss*.
45. Siehe hierzu auch das zweite Kapitel dieses Buchs.
46. Powers, *G-Men*.
47. Hoover, *On Communism*.
48. Hoover, *Masters of Deceit*. Theoharis und Cox sprechen von einer Auflagenhöhe von 250.000 Exemplare für die gebundene Ausgabe und über zwei Millionen für das Taschenbuch; siehe dies., *The Boss*, S. 311.
49. Hoover, *A Study of Communism*.
50. Whitfield, *Culture of the Cold War*, S. 65: »[Hoover's] way of addressing the Communist challenge was absorbed into folklore.«
51. Ähnliche Bestimmungen folgten auch auf unteren Politikebenen.
52. Whitfield, *Culture of Cold War*, S. 48f.
53. Schrecker, *Many Are the Crimes*, S. 122ff.
54. Hoover, FBI *Appropriation Testimony*, 1969, S. 67, hier zitiert nach ders., *On Communism*, S. 149, im Orignal: »Spies on intelligence missions for their governments enter

this country under every conceivable cover. They are found among the official diplomatic representatives of their countries. They enter as students, tourists, commercial representatives and members of cultural exchange groups.«

55. Whitfield, *Culture of the Cold War*, S. 28.
56. Garber u. Walkowitz, (Hg.): *Secret Agents*. Mit einer Zuspitzung auf das Sichtbarkeitsregime im Fall Rosenberg siehe Stieglitz, Bilder der Rosenbergs.
57. Hoover, *Statement on Internal Security*, 17. April 1961, hier zitiert nach ders., *On Communism*, S. 146.
58. Schrecker, *Many Are the Crimes*, S. 183–190; Jenkins, *Cold War at Home*, S. 98–117.
59. Hoover, *Masters of Deceit*, S. 140, im Original: »›Home‹, to the communist organizer, is more a place to sleep than to enjoy restful relaxation.«
60. So z.B. ebd., S. 106f.: »In America today many hundreds of children, growing up in Communist homes, are captives of this alien ideology. These youngsters are taught from the earliest years that God does not exist. [...] Party morality is constantly being inculcated in these youthful minds, a belief that whatever helps the Party is good, whatever hinders it is immoral. [...] No wonder many hundreds of recruits spring from communist homes as devotees of Marxism-Leninism.«
61. Vgl. Hoover, *Masters of Deceit*, etwa S. 79 oder S. 114; Scheinehen thematisiert Hoover explizit auf S. 143.
62. Ebd., S. 171, im Original: »[Party discipline] pervades every facet of life, drives wedges between husband and wife, and separates families. The best friends today, because of Party action, may become the bitterest enemies tomorrow.«
63. Hoover, Masters of Deceit, S. 171: »In California the parents of a young lady were Party members. Both held high offices in their section. They objected to their daughter's staying out with another Party member until four and five o'clock in the morning, and claimed it was injuring her health and her progress in school. Their daughter's boy friend complained to a Party functionary that he was being discriminated against because he was a Negro. The girl's mother, a former section chairman, defended her action. The daughter then took the floor and charged her parents with chauvinism. They were expelled and the daughter then married the complainant.«
64. So etwa in Hoover, *Masters of Deceit*, S. 174f.
65. Hoover, *Masters of Deceit*, S. 117: »[The fear of becoming a stool pigeon] is today keeping many lost souls silent. Our agents asked one Party member: ›Suppose a criminal gang kidnapped one of your children. What would you do?‹ The answer: ›Call the FBI.‹ [...] ›Would you expect citizens having pertinent knowledge of this criminal conspiracy to give that information to the FBI?‹ ›Certainly‹, he said. The communist member furnishing information to the FBI is also doing his moral and patriotic duty in helping crush a criminal conspiracy. To remain silent is to help the Party. [...] ›Stool pigeon‹ is a Party-defined term used as a weapon to enforce communist discipline.«
66. »It is through the efforts of confidential informants that we have been able to expose the communist conspiracy in the past and through them we must stake much of the future Security of the United States.« Hoover, Rede vor der *International Association of Chiefs of Police Annual Meeting*, Philadelphia, PA, 3.10.1955, abgedruckt in: ders., *On Communism*, S. 117.
67. Hoover in einem Artikel in *This Week*, November 1953, hier zitiert nach ders., *Masters of Deceit*, S. 119f., im Original: »All great religions teach that the sinner can always redeem himself. Who, then, shall sit in judgement on the ex-Communist? Who dare deny him

the promise held out to those who repent of the evil they have done and who try to make amends? For our part, at the FBI, we have always sought to recognize the very real human and personal problems facing the ex-Communist who have come to our offices to make such amends.«

68. Hoover hat u.a. in diesen christlichen Magazinen veröffentlicht: *Christianity Today, Christian Herald, Christian Action, The Christian Science Monitor.*
69. Whitfield, *Culture of the Cold War*, S. 127.
70. Murphy, *Congressional Theatre*, S. 25ff.; Maltby, Made For Each Other; sowie Buhle u. Wagner, *Hide in Plain Sight.* Kritisch über die *Ten* und die kanonisierte Erinnerung an sie schreibt Eckstein, The Hollywood Ten in History and Memory. Vgl. auch Humphries, *Hollywood's Blacklist*, S. 77–104.
71. Shaw, *Hollywood's Cold War*, S. 11–41; siehe auch Leab, Hollywood im Kalten Krieg.
72. Sayre, Running Time, S. 48.
73. Whitfield, *Culture of the Cold War*, S. 133.
74. Ferner gibt es durchaus Stimmen in der Forschung, welche die Überzeugung führender Personen der Filmbranche referieren, mit jenen Produkten sei sehr wohl Geld zu verdienen gewesen. Vgl. etwa Leab, Hollywood im Kalten Krieg, v.a. S. 205f.
75. Meine Auffassungen von Film und seinem Wert als Quelle in diskurstheoretischen Arbeiten fußt im Wesentlichen auf Moritz Baßlers Erläuterungen zu fiktionalen Texten; vgl. ders., New Historicism, Cultural Materialism and Cultural Studies. Siehe auch Massimo Perinelli, *Liebe '47 – Gesellschaft '49*, S. 41ff.; O'Connor (Hg.), *American History/American Film.*
76. *Storm Warning*, USA 1951.
77. Rogin, *Ronald Reagan, the Movie and Other Episodes in Political Demonology.*
78. *Storm Warning*, 00:19:25: »Here we are trying to find a bunch of murderes. When we find them, who will they be? Probably friends of us, fellows we went to school with.«
79. Allerdings hat Stephen Vaughn den Film in eine liberale Tradition Hollywoods eingeordnet und dabei Reagans Rolle als Kritiker des Südstaatenrassismus stark gemacht; vgl. Vaughn, Ronald Reagan and the Struggle for Black Dignity in Cinema, 1937–1953.
80. *Storm Warning*, 01:16:25–01:21:30.
81. Es gibt eine zweite aufschlussreiche Familienkonstellation im Film – Staatsanwalt Rainey lebt als Junggeselle noch immer bei seinen Eltern, und sie sind beinahe die Einzigen, die ihn uneingeschränkt unterstützen; vgl. *Storm Warning*, 00:51:10–00:53:56.
82. *Storm Warning*, 01:12:15–01:12:39.
83. Rogin, *Ronald Reagan, the Movie and Other Episodes in Political Demonology*, S. 262.
84. *Storm Warning*, 01:32:28–01:32:50.
85. *I Was a Communist for the F.B.I.*, USA 1951.
86. Herndershot, Anti-Communism, S. 115.
87. Leab, *I Was a Communist for the F.B.I.*.
88. Matt Cvetic, as told to Pete Martin, »I Posed as a Communist for the FBI«, in: *Saturday Evening Post*, Juli 1950, Teil 1: 15. Juli 1950, S. 17–19, 92–96; Teil 2: 22. Juli 1950, S. 34–35, 52–55; Teil 3: 29. Juli 1950, S. 29–30, 100–102. Kurz zuvor trat Cvetic auch im populären Radioprogramm *We, the People* auf; vgl. Hendershot, *Anti-Communism*, S. 112; sowie Leab, *I Was a Communist*, S. 71ff.
89. Leab, *I Was a Communist*, S. 76ff.; vgl. auch die Autobiographie Cvetic, *The Big Decision.*
90. Eisler wird erstmals gezeigt in: *I was a Communist*, 00:8:55 – 00:11:40.
91. *I was a Communist*, 00:14:34–00:15:00.

92. *I was a Communist*, 00:18:52–00:19:34.
93. *I was a Communist*, 00:27:35–00:31:14; zu den misogynen Frauendarstellungen in den antikommunistischen Filmen der Zeit insgesamt siehe Sayre, *Running Time*, S. 81.
94. *I was a Communist*, 00:51:20–00:53:10.
95. So etwa bei Hendershot, *Anti-Communism*, S. 111ff. Vgl. zur Darstellung des FBI in diesem Genre generell Shaw, *Hollywood's Cold War*, S. 52ff. Siehe auch Sbardellati, *Hoover Goes to the Movies*, S. 168ff.; sowie Herzberg, *The FBI and the Movies*.
96. *Time Magazine* etwa schrieb über den Film: »The picture represents Communists as simple gangsters, cynically out for a fast buck and the ultimate spoils of power. Real life Communists are not so simple. They are after the spoils of power all right, and have been known to welcome a fast buck, but their cynical opportunism is rooted in a warped but zealous idealism, which makes them more formidable foes – and better material for dramatic treatment.« Zitiert nach: Klingaman, *Encyclopedia*, S. 199f.
97. *I was a Communist*, 00:53:25–00:53:48: Merrick: »You turned me in.« Cvetic: »I had to, you know it.« Merrick: »But I didn't turn you in. I should have the way I thought then, but I couldn't. And do you know why, Matt?«
98. *I was a Communist*, 00:04:37–00:07:20.
99. *I was a Communist*, 00:04:37–00:07:20.
100. *I was a Communist*, 00:36:45–00:37:40.
101. *I was a Communist*, 01:19:20–01:21:15.
102. *My Son John*, USA 1952.
103. Shaw, *Hollywood's Cold War*, S. 42ff.
104. Whitfield, *Culture of the Cold War*, S. 136; siehe v.a. auch Sayre, Running Time, S. 94ff. Für eine zeitgenössische Betrachtung vgl. Warshow, Father and Son – and the FBI.
105. *My Son John*, 00:52:0–00:52:15.
106. Die zugleich als solche psychologisch pathologisiert wird, doch sie nimmt die Pillen nicht, die ihr der Arzt für ›Frauen in ihrem Alter und ihrer Situation‹ verschreibt.
107. Rogin, *Ronald Reagan, the Movie and Other Episodes in Political Demonology*, S. 250; Sayre, Running Time, S. 95.
108. Dieser Teil der Story ist offenbar inspiriert durch den Fall Judith Coplon, einer Mitarbeiterin des *Justice Department*, gegen die 1950/51 Prozesse wegen Spionageverdachts geführt wurde. Siehe Klingaman, *Encyclopedia*, S. 193f.; vgl. auch Mitchell u. Mitchell, *The Spy Who Seduced America*.
109. *My Son John*, 01:30:00–01:37:00.
110. Lucille Jefferson entwickelt im Laufe des Films ein besonderes, ›therapeutisches‹ Verhältnis zum Agenten Stedman und zum FBI; siehe hierzu ausführlich Stieglitz, Is Mom to Blame?
111. John: »Oh, now, Mother, how do you plan to stop me?« Lucille: »I'll tell all I know … if I must. And if you don't, I must. But I haven't lost all faith in you.« John: »There're issues in the world today that transcend a mother and son.« Lucille: »Yes. There are things that are far greater than you and me, and we have to face them. Not as mother and son, but as individuals. The chord is severed. As an individual, I believe in human dignity. Truth.« John: »You certainly aren't talking as a mother now. But you're ill, Dear. You're talking insanely.« Lucille: »Am I?« John: »And in your state of mind, Dear, no one would believe what you say. I'll be forced to agree with them: A woman in your time of life, under a doctor's care, two boys in uniform, a husband, my father, inflaming you with patriotic fanaticism about spies and traitors …« Lucille: »No, you couldn't. … Do you mean perhaps

that you might have to put me in a sanatorium? … I wish your father would come; I want to give him the key. Dan, I can't fight much longer!«

112. Lucille: »What are you going to do, John? You're forcing violence on your mother?« John: »Some day, Mother, you'll understand how big our fight is.« Lucille: »I do now. I do now.« John: »No, you don't. There are millions on my side.« Lucille: »And there are millions on my side!«
113. »And what a fight you have on your hands!«
114. *My Son John*, 01:54:45–02:00:05.
115. Foucault, *Das Leben der infamen Menschen*, S. 29.
116. Hoover, *Masters of Deceit*, S. 311f., im Original: »Suppose every American spent a little time each day, less than the time demanded by the communists, in studying the Bible and the basic documents of American history, government, and culture? The result would be a new America, vigilant, strong, but ever humble in the service of God.«
117. Bellah, Civil Religion in America.
118. Geertz, Religion als kulturelles System, S. 87.
119. Ebd. Bellinger u. Krieger (Hg.), *Ritualtheorien*.
120. Bentley, *Thirty Years of Treason*, S. 947, im Original: »HUAC carefully dramatized the act of informing for purposes of waging political warfare: to intimidate some, to encourage others, and so on. It was theater or, if you like, ritual: a rite of purification that would also put the fear of God (HUAC's man in heaven) into the as yet unpurified.«
121. Murphy, *Congressional Theatre*, v.a. S. 35–74.
122. Ich verwende die Begriffe ›Zeuginnen und Zeugen‹, ›Vorgeladene‹ und ›Betroffene‹ weitgehend synonym. Das ist nicht immer unproblematisch, denn nicht alle sind im eigentlichen Sinne vorgeladen, und der Grad der Betroffenheit ist auch individuell unterschiedlich. Gemeint ist eine Abgrenzung von den Ausschussmitgliedern und ihren Bediensteten einerseits sowie von ›professionellen‹ Zeuginnen und Zeugen andererseits, die gleichfalls zum festen Personal des ›Theaters‹ gezählt werden können.
123. Die *Hollywood Ten* hatten sich auf den Ersten Zusatzartikel berufen und damit auf die Meinungsfreiheit, sie waren mit dieser Taktik auch in ihrer Berufung beim *Supreme Court* gescheitert; sie galt fortan als *contempt of Congress* und wurde bei den wenigen, die sich noch immer auf den Ersten Zusatzartikel beriefen, strafrechtlich geahndet. Danach stand nicht-auskunftwilligen Zeuginnen und Zeugen nur noch das Zeugnisverweigerungsrecht des Fünften Zusatzartikels zur Verfügung. Vgl. für Verfahrensfragen Beck, *Contempt*, v.a. Kapitel III–V.
124. In den Worten des Abgeordneten Richard M. Nixon: »It is pretty clear, I think, that you are not using the defense of the Fifth Amendment because you are innocent.« Hier zitiert nach Murphy, Congressional Theatre, S. 13. Zur zeitgenössischen Debatte um den Fünften Zusatzartikel siehe Goodman, The Committee, S. 351–366.
125. Humphries, *Hollywood's Blacklist*, S. 144–158.
126. Ebd. S. 316
127. Vgl. Beck, *Contempt of Congress*.
128. Siehe hierzu Humphries, *Hollywood's Blacklist*, S. 81.
129. Vgl. Navasky, *Naming Names*, S. xiv.
130. Doherty, *Cold War, Cool Medium*, S. 116ff.; Rosteck, *›See It Now‹ Confronts McCarthyism*.
131. Murphy, *Congressional Theatre*, S. 73f.
132. Reagan, Reds Beaten in Hollywood, in: *Citizen News*, 30.07.1951; abgedruckt in: Bentley, *Thirty Years*, S. 293–295, hier S. 295: »And any American who has been a member of

the Communist Party at any time but who has now changed his mind and is loyal to our country should be willing to stand up and be counted; admit, ›I was wrong,‹ and give all the information he has to the government agencies who are combating the Red plotters.« Vgl. auch May, Movie Star Politics.

133. AWARE, Inc., *The Road Back (Self-Clearance): A Provisional Statement of View on the Problem of the Communist and Communist-Helper in Entertainment Communications Who Seeks to Clear Himself.* Hier zitiert nach Navasky, *Naming Names*, S. 95, im Original: »It means ›informing‹ in the noble sense of warning, education, counseling.«
134. Navasky, *Naming Names*, S. 95.
135. HUAC, 82nd Congress, Public Hearings, Communist Infiltration of the Hollywood Motion Picture Industry, Part 1, 21.03. 1951, S. 95: »I think the American people generally dislike informers.« Hier und an allen anderen Stellen stammen die Übersetzungen aus den HUAC-Protokollen von mir. Viele der hier verwandten Statements finden sich als Übersetzung aber auch bei Keil (Hg.), *Sind oder waren Sie Mitglied?*
136. Ebd. Parks Aussage in *executive session* wurde erst 1953 veröffentlicht und findet sich mit Ergänzungen auch in Bentley, *Thirty Years*, S. 308–348; im Original: »I would prefer, if you will allow me, not to mention other people's names. […] And it seems that this is not the American way of doing things […].«
137. HUAC, 82nd Congress, Public Hearings, Communist Infiltration of the Hollywood Motion Picture Industry, Part 5, 25.09. 1951: »It is just that the majority of these people are very close and good friends of mine and I like them and I know very well; that is, in my own mind, these are not people who could by the furthest stretch of the imagination be considered bomb throwers.«
138. HUAC, 83nd Congress, Public Hearings, Investigation of Communist Activities in the New York Area, Part 3, 06.05.1953, S. 1347.
139. Abraham Polonsky in einem Interview mit Victor Navasky, abgedruckt in: Navasky, *Naming Names*, S. xix: »He said he hated Communists, he hated Communism, he was an American. He told the Committee what it wanted to hear. But he wouldn't say the one thing that would keep him from walking down his old neighborhood block. Nobody could say, ›Hey, there's the fucking stool pigeon.‹ You see, that's what he was fighting against: He should be a stool pigeon because he can only gain from it, yet he can't do it because in his mind he lives in the street he comes from and [there, O.S.] you're not a stool pigeon. That's the ultimate horror.« Garfield starb im Mai 1952 an den Folgen eines Herzinfarkts; sein Tod wird zumeist auf den damaligen Druck zurückgeführt, er gilt vielen als ein ›Todesopfer des HUAC‹.
140. Hier nach Navasky, *Naming Names*, S. xii. Mehr zu Mostel und zum Antisemitismus des HUAC findet sich bei Litvak, *The Un-Americans*.
141. Hier zitiert nach Bentley, *Thirty Years*, S. 486: »Is this the Kazan that signed the contract for $ 500,000 the day after he gave names to this committee? Would you sell your brothers for $ 500,000?«
142. Vgl. zu Rossen auch Neve, Red Hollywood in Transition.
143. HUAC, 83nd Congress, Public Hearings, Investigation of Communist Activities in the New York Area, Part 3, 07.05.1953: »I don't feel that I'm being a stool pigeon or an informer. I refuse – I just won't accept that characterization.«
144. »Don't press me with the choice of either being in contempt of this Committee and going to jail or forcing me to really crawl through the mud to be an informer. For what purpo-

se?«, HUAC, 82nd Congress, Public Hearings, Communist Infiltration of the Hollywood Motion Picture Industry, Part 1, 21.03.1951, in: Bentley, *Thirty Years,* S. 333.

145. Bentley, *Thirty Years*, S. 187.
146. Abgedruckt in Bentley, *Thirty Years*, S. 334, im Original: »There was another choice open to me. I did not choose to use it. I chose to come and tell the truth.«
147. HUAC, Public Hearings, Investigation of Communist Activities in the Los Angeles Area, Part 6, 02.06.1953, S. 2356; im Original: »I would like to thank you for the privilege of setting the record straight, not only for whatever subjective relief it affords me, but if belatedly this information can be of any value in the further strengthening of our Government and its efforts at home as well as abroad, it will serve in some small way to mitigate against whatever feeling of guilt I might have for having waited this long.«
148. HUAC, 83nd Congress, Public Hearings, Investigation of Communist Activities in the New York Area, Part 3, 07.05.1953.
149. Die Aussage Robbins' findet sich in HUAC, Public Hearings, Investigation of Communist Activities in the New York Area, Part 2, 05.05.1953. Für die umlaufenden Gerüchte siehe Navasky, *Naming Names*, S. 75.
150. Siehe die Einleitung zum Abdruck von Hellmans Aussage in Bentley, *Thirty Years*, S. 532.
151. Zu den strategischen Überlegungen im Vorfeld der Aussage siehe ihr später publiziertes Essay über den Vorfall, Hellman, *Scoundrel Time*, S. 48ff.
152. Im Original: »I am most willing to answer all questions about myself. I have nothing to hide from your Committee and there is nothing in my life of which I am ashamed. […] I do not claim this privilege [of taking the Fifth, O.S.].«
153. Abgedruckt in Bentley, *Thirty Years*, S. 537: »I am not willing, now or in the future, to bring bad trouble to people who, in my past association with them, were completely innocent of any talk or any action that was disloyal or subversive. I do not like subversion or disloyalty in any form, and if I had ever seen any, I would have considered it my duty to have reported it to the proper authorities. But to hurt innocent people whom I knew many years ago in order to save myself is, to me, inhuman and indecent and dishonorable. I cannot and will not cut my conscience to fit this year's fashions, even though I long ago came to the conclusion that I was not a political person and could have no comfortable place in any political group. I was raised in an old-fashioned American tradition and there were certain homely things that were taught to me: to try to tell the truth, not to bear false witness, not to harm my neighbor, to be loyal to my country, and so on. In general, I respected these ideals of Christian honor and did as well with them as I knew how. It is my belief that you will agree with these simple rules of human decency and will not expect me to violate the good American tradition from which they spring. I would, therefore, like to come before you and speak of myself.«
154. Bentley, *Thirty Years* , S. 538; »the Committee cannot permit witnesses to set forth the terms under which they will testify«.
155. Vgl. Hellman, *Scoundrel Time*, S. 33, 37.
156. Ebd., S. 31. »… we both had unspoken but strict rules about privacy«; ebd., S. 36.
157. Ebd., S. 47f.
158. Ebd., S. 90: »[…] to the point of sickness. I cannot make quick turns, […] cannot ever adjust fast to a new pattern […]«.
159. Ebd., S. 96, im Original: »[…] the irritation in his voice, was making me nervous, and I began to move my right hand as if I had tic, unexpected, and couldn't stop it. I told myself that if a word irritated him, the insults would begin to come very soon. So I sat

up straight, made my left hand hold my right hand, and hoped it would work. But I felt the sweat on my face and arms and knew that something was going to happen to me, something out of control […].«

160. Das Protokoll für Dmytryks erste Aussage findet sich abgedruckt auch in Bentley, *Thirty Years*, S. 165–168. Zu Dmytryk allgemein siehe Navasky, *Naming Names*, S. 232–238; Dick, *Radical Innocence*, S. 135–165; sowie seine eigene Autobiografie, Dmytryk, *It's a Hell of a Life But Not a Bad Living*.
161. Protokoll von Dmytryks zweitem Auftreten bei Bentley, *Thirty Years*, S. 376–406.
162. Dmytryk, *Hell of a Life*, S. 132–143.
163. Ebd., S. 141: »I wanted out – not just out of jail, but out of my real imprisonment, my associations«.
164. Ebd: »[…] I believed every martyr had a right to choose his own reason for martyrdom. […] I knew that if I broke with the Ten before going to jail, everyone would think I was doing so to avoid prison, so I postponed any move until I had served my sentence.«
165. Ebd., S. 146: »On the other hand, I would have to name names, and I knew the problems this would cause. Though the principle remained the same, my decision was made easier by the fact that my experience as an actual party member had been rather meager, and I couldn't name anybody who hadn't already been identified as a party member. Weighing everything, pro and con, I knew I had to testify.«
166. Ebd., S. 144, im Original: »That was the last straw. I was boiling mad. I had been walking a tightrope between abandoning an extremely distasteful affiliation and protecting my few friends in the Party. And my ›friends‹ were giving me no help whatever.«
167. Bentley, *Thirty Years*, S. 399f., im Original: »I personally believe so. That is why I am doing it. I think if a man says that he is convinced that the Communist Party is a subversive or criminal organization, that he certainly shouldn't mind giving names. I know that there have been comments – I don't mean by the Communists but even among certain progressives and liberals – that people who talk are, in effect, informers. I heard that so much that I went to the dictionary and looked up the word. An informer, roughly speaking, is a man who informs against colleagues or former colleagues, who are engaged in criminal activity. I think the Communists, by using this word against people, are in effect admitting they are engaged in criminal activity. I never heard of anybody informing on the Boy Scouts.«
168. Weiterführend und mit Literatur siehe Stieglitz, »What I'd done was correct, but was it right?«
169. Chambers, *Witness*; Hiss, *In the Court of Public Opinion*; Lardner, Jr., *I'd Hate Myself in the Morning*; Trumbo, *The Time of the Toad*; Bessie, *Inquisition in Eden*; Biberman, *Salt of the Earth*; Cole, *Hollywood Red*; Philbrick, *I Led Three Lives*; Matusow, *False Witness*; Calomiris, *Red Masquerade*; Hayden, *Wanderer*; Bentley, *Out of Bondage*; Nelson, *The 13th Juror*; Miller, *Timebends*; Fast, *Being Red*.
170. Anderson, *Autobiography*; sowie Carlson, Autobiography.
171. Straub, Identität, hier S. 286.
172. Hahn (Hg.), *Selbstthematisierung und Selbstzeugnis*, S. 10.
173. Foucault, Was ist ein Autor? Vgl. Reinhardt-Becker, Autor.
174. So formuliert es Judith Butler in Zusammenhang mit Nietzsche und Freud in *Psyche der Macht*, S. 26.
175. Der Hiss-Fall kann als ein Schlüsselereignis der US-Nachkriegsgeschichte gelten. Die HUAC-Anhörungen unterstrichen nachhaltig die Wahrnehmung einer Bedrohung im Inneren des demokratischen Regierungsapparats, die spätere Verurteilung von Hiss we-

gen Meineids war Auslöser von politischen wie historiografischen Debatten über seine Schuld, die bis in die Gegenwart andauern. Allg. siehe Weinstein, *Perjury*; zu den andauernden Kontroversen um den Fall und zur Frage, ob Hiss im Außenministerium tatsächlich für die Sowjetunion spioniert hat, siehe Haynes u. Klehr, *In Denial*, v.a. Kapitel 4; sowie Isserman u. Schrecker, »Papers of a Dangerous Tendency«. Vgl. auch Klingaman, *Encyclopedia*, S. 59–63; sowie Tanenhaus, *Whittaker Chambers*.

176. *Witness* wurde nach seinem Erscheinen zu einem Bestseller. Es wurde über acht Wochen in der *Saturday Evening Post* vorabgedruckt und avancierte schließlich zum Vorschlagsband im *Book-of-the-Month-Club*; siehe Navasky, *Naming Names*, S. xxii.
177. Chambers, *Witness*, S. 454.
178. Ebd.; im Original: »He has that special information to give because he knows those other faces, voices and lives, because he once lived within their confidence, in a shared faith, trusted by them as one of themselves, accepting their friendship, feeling their pleasures and griefs, sitting in their houses, eating at their tables, accepting their kindness, knowing their wives and children. If he had not done those things, he would have no use as an informer.«
179. Ebd.; »He has no choice. He has surrendered his choice [...] He is no longer a man.«
180. Chambers, *Witness*, S. 456; »On that road of the informer it is always night. I who have traveled it from end to end, and knows its windings, switchbacks and sheer drops – I cannot say at what point the ex-Communist must make his decision to take it.«
181. Arendt, Zur Erkenntnis einer gefährlichen Zeiterscheinung, hier zitiert nach dem leicht gekürzten Wiederabdruck mit einem Kommentar von Naumann, Hannah Arendt und die Ex-Kommunisten. Die Originaltexte erschienen in den Zeitschriften *Aufbau* und *Commonweal* sowie in der *Washington Post*.
182. Alle Zitate aus Arendt, Gefährliche Zeiterscheinung, S. 33.
183. Ebd., S. 37.
184. Für ein Beispiel siehe Lichtman u. Cohen, *Deadly Farce*, S. 3 u. S. 10f.
185. Rovere, The Kept Witnesses, hier S. 17. Der ursprüngliche Beitrag erschien im Mai 1955 in *Harper's Magazine*. Vgl. ders., *McCarthy oder die Technik des Rufmords*.
186. Dabei war man sich zeitgenössisch durchaus auch über die Theatralität dieser Auftritte bewusst, wie ein Beitrag des Journalisten Joseph Alsop zeigt: »They must pose; they must attitudinize; they must be portentous; they are also strongly driven to embroider and elaborate and invent something new to say – all to give satisfaction to their audiences.« Alsop, Miss Bentley's Bondage, S. 122.
187. Oakes, Elizabeth Bentley's Own Story, in: *New York Times*, 23.9.1951; hier zitiert nach Lichtman u. Cohen, *Deadly Farce*, S. 3. Im Original: »[...] what many of the ex-Communists have been saying these past few years has succeeded in genuinely frightening large numbers of Americans, in influencing legislation and in profoundly altering many lives. They form an inescapable part of the social and political history of this generation.«
188. Vgl. Olmsted, *Red Spy Queen*. Siehe auch Klingaman, *Encyclopedia*, S. 22ff.
189. Haynes u. Klehr, *VENONA*.
190. Angela Calomiris' Buch aus dem Jahre 1950 erschien etwas früher, hatte aber bei weitem nicht den Einfluss von Bentleys *Out of Bondage*.
191. In ihrer intertextuellen Inszenierung verschwimmen hier die beiden Figuren von Herb Philbrick einerseits und Matt Cvetic andererseits.
192. Hierzu ausführlich Lichtman u. Cohen, *Deadly Farce*.
193. Matusow, *False Witness*, S. 24, 32.

194. Bentley, *Red Spy Queen,* S.186; »In spite of the fact that they were part of a job that I had had to do, I had regarded them as my friends – an attitude that the Communist Party frowned upon. I hated to feel that I had let them down.«
195. Philbrick, *I Led Three Lives*, S. 126: »My spying was entirely objective and impersonal.«
196. Matusow, *False Witness*, S. 30–32: »Each of the 144 clicks of my shutter caught the face of a friend. [...] My future as an informer dependened upon the success of my picture-taking. [...] Although these were my friends, it seemed almost impersonal to me. The camera was functioning as the informer, not I.«
197. Bentley, *Red Spy Queen*, S. 193; »They would be unable to understand just why I had ever gotten into such an ugly business; they would turn away from in disgust and shun me as a leper. I would have no friends. [...] It would be difficult to find a job to support myself. [...] How would I eat?«
198. Philbrick, *I Led Three Lives*, S. 3: »Nine years of conspiracy, uncertainty, fear. Nine years in the shadows where glances must be furtive, where I looked in vain for a face of a friend I could talk to. Days of deception and guile, plotting every move, guarding my words, gestures, even my thoughts. [...] Sleepless nights and secret meetings on darkened street corners, where automobiles drove up, swallowed me, and whirled away. Nine years with my face smothered in a mask that could never be taken off; no face of my own to look a man in the eye and say, ›I am Herbert Philbrick‹.«
199. Philbrick, *I Led Three Lives*, S. 92, im Original: »This was the beginning of what I ultimately recognized as a manufactured schizophrenia«; an anderer Stelle redet er von sich als »dual personality« (S. 254).
200. Bentley, *Red Spy Queen*, S. 180, 194.
201. »I was passing the Congregational church; almost without knowing what I was doing, I opened the door and walked in. It was quiet and peaceful inside; I sat down in a back pew, wondering just why I had come in. Then, suddenly, without any volition on my part, I found myself trying to pray – calling out for help to Someone whom all these years I had denied. Oh God, I cried out desperately; help me to find the strength.« Bentley, *Red Spy Queen*, S. 196.
202. Philbrick, *I Led Three Lives*, S. 92; »I was sinking so deep that it was no longer possible for me to ›play‹ the role of a spy. I could no longer simply make believe that I was a Marxist. Like an experienced actor, who must sublimate himself to his part and immerse himself in the playwright's creation, whenever I walked into the stage setting of a cell meeting, I had to *be* a young Communist. The costume alone was not enough. No disguise would have been adequate.«
203. Bentley, *Red Spy Queen*, S. 203; im Original: »Yet the faces of the F.B.I. agents, although they showed the strain of fatigue and tension, had none of this terror. Instead, they behaved like free men who were proud of the organization they worked for. [...] I had been completely wrong about my own country. Here in the United States even government agents are very decent people.«
204. Matusow, *False Witness*, S. 21: »I was one of ten million returned veterans, just one of the crowd, with no identity. [Absatz] And I wanted identity.«
205. Ebd., S. 46: »I accepted the compliments and searched for more. I had now crossed the barrier. I was prepared to testify again and again. There was no turning back. The process of my developemt as a witness was not unlike that of my development as an informer. [...] starting slowly, not divulging everything, not exposing all my friends of the past and, more import, not exposing myself to the public. For up until this point I was still

able to lie and bluff in public when I was accused of being a stool pigeon, a word which I hated violently.«

206. Eine Kurzbiographie Kazans findet sich in Klingaman, *Encyclopedia*, S. 211–213. Ausführlich siehe Schickel, *Kazan*; sowie Kazan, *A Life*.
207. Zu Kazans Auftreten vor dem HUAC siehe ausführlich Navasky, *Naming Names*, S. 199ff. Kazan selbst äußert sich in *A Life*, S. 476ff.
208. Vgl. Navasky, *Naming Names*, S. 199ff.
209. Neve, Elia Kazan's First Testimony to the House Committee on Un-American Activities.
210. »The last straw came when I was invited to go through a typical Communist scene of crawling and apologizing and admitting the error of my ways [...]«; hier zitiert nach Navasky, *Naming Names*, S. 202.
211. Vgl. Navasky, *Naming Names*, S. 203.
212. Vgl. *New York Times*, 12. April 1952. Der Text ist an verschiedenen Stellen nachgedruckt, etwa in Fried, *McCarthyism*, S. 135–137; vgl. auch Navasky, *Naming Names*, S. 204–206.
213. *New York Times*, 12. April 1952.
214. *On the Waterfront*, USA 1954.
215. *On the Waterfront*, 00:22:30.
216. Biskind, *Seeing Is Believing*, S. 169–182; vgl. Sayre, *Running Time*, S. 151ff.
217. Biskind, *Seeing Is Believing*, S. 181.
218. Kazan, *A Life*, S. 462: »A terrible threat was in the air and moving closer – as it does before a great thunderstorm when, with the day darkening, the clouds not grey but black, lightning bolts thrust through the heavy overcast and no one can be sure where they will strike next. Let it come, I felt; I can't stop it anyway.«
219. Ebd., S. 481: »So I was in the clutch of a dilemma, between two emotions, swaying one way, then the other, and the squeeze was just beginning. I didn't want to co-operate with this committee. On the other hand, I didn't want to defend the Party by a silence on critical points of their inquiry.«
220. Ebd., S. 493: »After seventeen years of watching the Soviet Union turn into an imperialist power, was that truly what I wanted here? Hadn't I been clinging to once held loyalties that were no longer valid?«
221. Ebd., S. 490: »If I truly wanted to fight the CP's influence in the arts, didn't I have to listen to everything?«
222. Ebd., S. 494: »Why had I taken so long to even consider telling the country – that's what it amounted to – everything I knew? Was it because of the moral injunction against ›informing‹, which was respected only depending on which side you were on?«
223. Ebd., S. 494: »Reader [...] if you expect an apology now [...] you've missjudged my character. The ›horrible, immoral‹ thing I would do, I did out of my true self. Everything before was seventeen years of posturing. The people who owe you an explanation (no apology expected) are those who [...] held the Soviets blameless for their crimes.«
224. Aptheker, *The Era of McCarthyism*, S. 246–252.
225. Lumer, *The Professional Informer*.
226. Ebd., S. 4: »He names names – anybody's name. He has become a monster from whom no one is safe.«
227. Samuel Sillen im *Daily Worker*, 17. April 1952; im Original: »Kazan is not content with being a toad. He must also be a philosopher of toadyism«.
228. Theoharis, The Politics of Scholarship.
229. Bröckling, *Das unternehmerische Selbst*, S. 25.

5. *Finks & Stool Pigeons* – Das Denunzieren in Wahrnehmung und Erinnerung

1. Du Bois, *In Battle for Peace*.
2. Blum, *W. E. B. Du Bois*, S. 189ff.
3. Die Anklage selbst berief sich auf den *McCarran Internal Security Act*, der ab 1950 vorschrieb, dass sich Mitglieder von als kommunistisch eingestufter Gruppierungen zu registrieren hatten.
4. Das hat die unveröffentlichte Magisterarbeit von Daniel Holder gezeigt, From ›Black‹ to ›Red‹?
5. Gates, Jr., Introduction: On Bearing Witness; sowie ders., *Loose Canons*, S. 57.
6. Zu Rogge vgl. Deery, »A Divided Soul«?
7. Für Rogges Sicht vgl. Deery, »A Divided Soul«?, S. 177f.
8. Du Bois, *In Battle for Peace*, S. 75.
9. Ebd.: »[…] and while astonished, we were not as surprised as some might have imagined. For his friends had begun to know John Rogge.«
10. Zusammenfassend heißt es auf S. 79: »Rogge was an ambitious man, not too stable in his intellectual outlook, and overborne by his sudden rise to notoriety due to his championship of liberal causes. Moreover he, like so many Americans, wanted money and a great deal of it.« Und die Liste ließe sich verlängern: er sei obendrein skrupellos (S. 76), eitel (ebd.), unpünktlich (S. 78), und nicht zuletzt rassistisch (S. 81).
11. Du Bois, *In Battle for Peace*, S. 79.
12. Du Bois, In Battle for Peace, S. 80: »The life of John Rogge is America in microcosm. He is the logical result of our dominant thought and education.«
13. Du Bois, *In Battle for Peace*, S. 81: »And so, in my mind – I trust not unjustly – to Wallace the Weasel I now add, Rogge the Rat.« Henry Wallace fungiert als zweites zentrales Feindbild in Du Bois' Text, auch ihm wirft er politischen Seitenwechsel sowie intellektuelle Instabilität und mangelnde Verlässlichkeit vor; vgl. Du Bois, *In Battle for Peace*, S. 45ff.
14. Pethes u. Ruchartz (Hg.), *Gedächtnis und Erinnerung*; Gudehus, Eichenberg u. Welzer (Hg.), *Gedächtnis und Erinnerung*. Für die Kulturgeschichte siehe Konczal, Geschichtswissenschaft; sowie Csáky, Die Mehrdeutigkeit von Gedächtnis und Erinnerung.
15. *Panther*, USA 1995.
16. Rhodes, *Framing the Black Panthers*, v.a. Kapitel 1.
17. Hoerl, Mario Van Peebles's *Panther* and Popular Memories of the Black Panther Party. Zu den herangezogenen Textvorlagen gehören u.a. Newton, *Revolutionary Suicide*; Seale, *Seize the Time*; Foner (Hg.), *The Black Panthers Speak*; sowie Marable, *Race, Reform, and Rebellion*.
18. O'Reilly, *»Racial Matters«*, S. 293–324, S. 329–331; Churchill u. Vander Wall, *Agents of Repression*, v.a. S. 40–44, 52f. sowie S. 63–99; Jones, The Political Repression of the Black Panther Party, 1966–1971.
19. So Mario Van Peebles in Renee Graham, An Ex-Panther Defends *Panther*, S. 3: »Few people know how they [the Black Panthers, O.S.] empowered their neighborhood.«
20. *Panther*, 0:34:10–0:35:28.
21. *Panther*, 0:41:25–0:41:51.
22. *Panther*, 0:45:05–0:46:28; 0:50:50–0:51:37.
23. *Panther*, 1:05:50–1:06:45.

24. Das Zitat entstammt dem ursprünglichen 10-Punkte-Programm der Partei, wie es von Newton und Seale verfasst wurde; abgedruckt u.a. in Foner (Hg.), *Black Panthers Speak*, S. 2.
25. Street, The Historiography of the Black Panther Party.
26. Pearson, *The Shadow of the Panther*.
27. Neben Rhodes, *Framing the Black Panthers*, sind hier v.a. zu nennen: Ogbar, *Black Power*; Jefries (Hg.), *Comrades*; sowie Williams u. Lazerow (Hg.), *Liberated Territory*.
28. Finzsch, ›Gay Punk, White Lesbian, Black Bitch‹; Wendt, »They Finally Found Out that We Really Are Men«.
29. Seale, *Seize the Time*, Foner (Hg.), *Black Panthers Speak*; Newton, *Revolutionary Suicide*, Newton, *War Against the Panthers*; Anthony, *Picking up the Gun*; ders., *Spitting in the Wind*; Brown, *A Taste of Power*; Hilliard, *This Side of Glory*.
30. Street, Historiography of the Black Panther Party, S. 358. Vgl. Jones (Hg.), *The Black Panther Party: Reconsidered*; sowie Cleaver u. Katsiaficas (Hg.), *Liberation, Imagination, and the Black Panther Party*. Hinzu kommen Shakur, *Assata*; Forbes, *Will You Die With Me?*
31. Garrow, Picking up the Books, v.a. S. 359ff.
32. Garrow, FBI Political Harassment and FBI Historiography, S. 17. Siehe auch Cunningham u. Noakes, »What If She's From The FBI?«; sowie Oberschall, The Decline of the 1960s Social Movements.
33. Churchill, »To Disrupt, Discredit and Destroy«.
34. Churchill u. Vander Wall, *Agents of Repression*, darin v.a. Kapitel 3; dies., *The COINTELPRO Papers*.
35. Churchill, »To Disrupt, Discredit and Destroy«, S. 96.
36. Ebd.
37. Siehe dazu Churchills Schilderung von George Sams, ebd. S. 96f.
38. Auch fragt sie nicht nach den notwendigen intertextuellen Bezügen zwischen Quellen, die eben nicht Spiegel einer außersprachlichen Wahrheit, sondern vielmehr Produzenten eines Effekts von Authentizität sind.
39. Payne, WACing Off.
40. Ebd., S. 166: »We had none. [...] a handful of ineffective informers like low-level kids in cribs.« Siehe auch O'Reilly, *»Racial Matters«*, S. 310.
41. Newton, The Correct Handling of a Revolution, in: *The Black Panther*, 18. Mai 1968; hier zitiert nach Foner, *Black Panthers Speak*, S. 41–45, hier S. 42: »The relationship between the vanguard party and the masses is a secondary relationship. The relationship between the members of the vanguard party is a primary relationship. It is important that the members of the vanguard group maintain a face-to-face relationship with each other. [...] The members of the vanguard group should be tested revolutionaries. This will minimize the danger of Uncle Tom informers and opportunists.«
42. Cleaver, The Black Man's Stake in Vietnam, in: *The Black Panther*, 23. März 1969; hier zitiert nach Foner, *Black Panthers Speak*, S. 100–104, hier 103.
43. Eldridge Cleaver Discusses Revolution: An Interview from Exile, in: *The Black Panther*, 11. Oktober 1969; hier zitiert nach Foner, *Black Panthers Speak*, S. 108–117, hier S. 115.
44. Hilliard, Black Student Union. Speech delivered at San Francisco State College, in: The Black Panther, 27. Dezember 1969; hier zitiert nach Foner, *Black Panthers Speak*, S. 124–127, hier S. 125f.: »You have to keep a very watchful eye on the people that stand up and use super revolutionary slogans; but you can always catch them in various devious places.

Watch these people. Judge these people by their actions and not by their words. Because the whole revolution has been infiltrated; it's been infiltrated culturally, and it's been infiltrated ideologically. [...] We know how to judge our friends from our enemies. We're not confused. [...] We know who these people are so I don't have to call their names.«

45. Seale, *Seize the Time*, S. 202ff.
46. Ebd., S. 206.
47. Ebd., S. 211: »This enabled us to spot the agents provocateurs better, because we could see who was doing work, who wasn't doing work, and who was messing things up. [...] These people are opportunists, jackanapes, renegades, agents and other kinds who just refuse to understand that we subordinate ourselves to the people by serving the people. We print the pictures of people we expelled from the Party in the Black Panther paper. We also print the reasons why they were expelled, so as to explain things to the people.«
48. Major, *The Panther is a Black Cat.*
49. Ebd., S. 100 oder auch S. 183.
50. Ebd., S. 117f. Vgl. hierzu auch Churchill, »To Disrupt, Discredit and Destroy«, S. 88.
51. Das Buch sei »biography as history«, Newton, *War Against the Panthers*, S. 1.
52. Ebd., S. 8; im Original: »The use by law enforcement agencies of disinformation, undercover agents, provocateurs, harassment, and informants did not begin with the war against the Black Panther Party.«
53. Vgl. ebd., S. 47ff.
54. Ebd., S. 47: »During the period from 1960 to 1970, O'Neal received over $ 17,000 from the FBI. In return, he provided the FBI with almost daily information concerning the activities and, in particular, the leadership of the party. He became chief of security for the BPP, and in 1969, O'Neal became Hampton's personal bodyguard. That same month, [FBI Special Agent, O.S.] Mitchell wrote a memorandum asking the bureau to raise O'Neal's pay from $ 3,000 to $ 6,000 a month.«
55. Ebd: »His [O'Neal's, O.S.] most infamous invention [...] was a homemade electric chair, which he, ironically enough, planned to use to interrogate possible infiltrators into the Party.«
56. Ebd., S. 41. Newton zitiert hier aus der Einleitung von Richard Baker in *Insights and Poems*, einer Sammlung von Texten Newtons und Ericka Huggins aus dem Jahr 1975, dort S. 8.
57. Ebd, S. 23 (zu den Sozialprogrammen) u. S. 30 (zu den Urlauben).
58. Ebd., S. 35: »Obviously, falsely labeling people as informants in any organization carries with it a serious potential risk to the reputation and, in some situations, safety of that person. This is especially true if the combined counterintelligence techniques employed convince the organization that their friends have been imprisoned or harmed because of the targeted informant. Fully aware of this obvious fact, the bureau nonetheless rationalized the placing of ›snitch jackets‹ on innocent people.«
59. Vgl. Finzsch, »Gay Punk, White Lesbian, Black Bitch«, S. 552f. Vgl. auch Hewitt, *Snitch!*, S. 9f.
60. Hilliard, *This Side of Glory*, S. 248ff.; S. 308.
61. Ebd., S. 287.
62. Ebd., S. 317: »Their [the FBI's, O.S.] massive campaign [...] destroys the foundation of our strength: our mutual trust and respect.«
63. Siehe hierzu das gesamte Kapitel 26 von *This Side of Glory*.
64. Gute Beispiele finden sich in dem mit »Getting Black« überschriebenen 6. Kapitel.

65. Brown, *A Taste of Power*, S. 113ff.
66. Brown, *A Taste of Power*, S. 125: »[…] that he disgusted me, at best.«
67. Churchill, »To Disrupt, Discredit and Destroy«, S. 89 sowie Anmerkung 134.
68. Anthony, *Picking up the Gun*, S. 91.
69. Ebd., S. 93f.
70. Ebd., S. 116ff.
71. Vgl. ebd., S. 155ff.
72. Anthony, *Spitting in the Wind*, S. 60.
73. Ebd., S. 9: »*Picking Up the Gun* was true as far as it went. In 1970 there was only so far I could go. Remember, the Panthers were having a running war with the police in several cities and states, and I knew a great deal more than I could put on paper. The Panther newspaper had named me a traitor and suggested that my killer would become a hero. And my family continued to receive threads.«
74. Anthony selbst beschreibt Brown im Übrigen sehr wohlwollend, ebd., S. 79, 169.
75. Vgl. bspw. ebd., S. 23 oder S. 33f. Siehe auch das ganze Kapitel 3, S. 35–44.
76. Ebd., S. 9: »They had me by balls [sic] and squeezed whenever they felt like it. They squeezed hard and long. They suggested I move back to San Francisco and become a drug dealer; I moved back to San Francisco and became a drug dealer. They yelled ›jump‹ and I asked them ›how high?‹.«
77. Ebd., S. 38.
78. Zook, »So Full Were They, of Their Own Glory«, in: *L.A. Weekly*, 5.–11. Mai 1995, S. 21; hier zitiert nach Rhodes, *Framing the Black Panthers*, S. 13: »Everyone I know loves *Panther* […] For a generation with no personal recollection of such a movement, *Panther* provides its viewers with the euphoria of possibility.«
79. Vgl. ebd., S. 18ff.
80. Jackson, *Soledad Brother*.
81. Aus einem Brief begonnen am 22. März 1970, in *Soledad Brother* auf S. 214–228, hier 214f.
82. Goodell, *Political Prisoners in the USA*, S. 250f. Taylor, *Hustlers, Nationalists, and Revolutionaries*, darin v.a. Kapitel IV.
83. The Prisoner Speaks. By a Prisoner.
84. Ebd., S. 137: »[…] The absolute embargo quite generally placed upon normal methods of communication behind prison walls – in which fertile field the stool pigeon thrives.«
85. Pisciotta, *Benevolent Repression*.
86. McLennan, Citizens and Criminals, S. 468ff.
87. Für eine Analyse der Gefängnisfilme dieser Zeit als *social problem films* siehe u.a. Cheatwood, Prison Movies, v.a. S. 216ff.
88. Für einen Überblick über Themen und Ansätze der frühen Gefängnissoziologie siehe u.a. Matthews, *Doing Time*, v.a. S. 51–59.
89. So etwa andere Beiträge, die an gleicher Stelle publiziert wurden: Sutherland, The Prison as a Criminological Laboratory; Garrett, The Prison as a Socializing Agency. Die nachfolgenden Passagen beziehen sich in aller Regel auf Texte, die Anstalten mit männlichen und überwiegend ›weißen‹ Gefangen thematisieren. Dies entspricht dem *bias* der damaligen soziologischen Texte in den USA zu diesem Thema; Studien zu Frauen oder Minderheiten in Gefängnissen sind weit seltener und kommen dann auch weniger auf Denunziantenfiguren zu sprechen.
90. Zerbst u. Singleton, The Personality Factor in Prison Discipline.

91. Ebd., S. 1367: »[t]hey include the feebleminded, borderline defectives, those with psychoses, constitutional psycho-pathic inferiors«.
92. Ebd.: »He [the fear-reacting character, O.S.] will appear voluntarily before some officer, usually very much excited, stating that some one or more inmates are threatening to do him bodily harm. This idea may be real or imaginary, but in either case it is very real to the inmate himself. Back of this fear reaction, if the threats are real, is usually found the fact that the inmate has ›squealed‹ on some other inmate and he is talked about and threatened with an attack on his life.«
93. Clemmer, Leadership Phenomena in a Prison Community. Siehe auch ders., *The Prison Community*.
94. Clemmer, Leadership Phenomena, S. 867, Anm. 8: »›Rightness‹ or ›being right‹ in prison terminology has especial reference to an inmate's capacity to withhold information from an official while under pressure of third degree, or cross-examination or in spite of potential rewards. The connotation includes loyalty to the prison group as a whole, honesty in such other situations in which the safety of inmates is involved, and physical courage.«
95. Ebd., S. 868f.: »He was long suspected of being a ›rat‹ (informer) and he tried to get some petitions signed first in one shop or work-gang and then another. Shop after shop and gang after gang was approached without results. To the inmate's question, ›who is handling this petition?‹ – the prisoners, when told, answered, ›why that dirty fink (informer), he's got a lot of guts trying to get that petition signed.‹ [...] Among the hundred who refused to sign or have anything to do with the dirty fink, there were scores of other finks who didn't have any confidence or trust in the first fink, – who was like themselves.«
96. Harper, The Role of the ›Fringer‹ in a State Prison for Women, v.a. S. 56f.
97. Clemmer, Leadership Phenomena, S. 867.
98. Sykes, *The Society of Captives*.
99. Johnson, Sociology of Confinement.
100. Ebd., S. 528.
101. Vgl. auch Schrag, Leadership Among Prison Inmates, v.a. S. 38f.; sowie Hayner u. Ash, The Prison As a Community, besonders S. 579.
102. Johnson, Sociology of Confinement, S. 531f.: »A dependent personality, the Flaccid ›Rat‹ [sic] is characterized by lack of firmness and elasticity of personality, requiring guidance and support of others to afford goals and resources for attaining them. [...] Confinement thrusts him into a social situation magnifying the effect of his weakness. Unable to choose sides in any value conflict, he is vulnerable particularly to pressures, tossed helplessly between con-tending forces because of his inability to accept firm allegiance to any group. He is selected out from the dependent personalities in the inmate population on the basis of some specific incident or because of his clumsy efforts to gain emotional support from officials. His personal weaknesses already have caused his peers and officials to define him as an appropriate candidate for the informer role. An incident finds him ripe for definition as a ›rat‹.«
103. Wilmer, The Role of the ›Rat‹ in the Prison, hier S. 49: » The rat can't win, if for no other reason than there are other rats. [...] In attempting to open up communication therapy runs headlong into the blocks of the convict code which forbids informing.«
104. Siehe auch Weinberg, Aspects of the Prison's Social Structure; darin, S. 725: »The informer, however, is a necessary expedient by the administrators to assure order by anticipating plots and conspiracies. He becomes a burden and worse than useless to them, however, when his identity becomes known.«

105. Vgl. Riesman, *The Lonely Crowd.* Die Pathologisierung denunziatorischen Verhaltens war auch bisweilen an Formen sexueller Abweichung gekoppelt, so etwa bei Irwin u. Cressey, Thieves, Convicts and the Inmate Culture, v.a. S. 149.
106. Caldwell, Group Dynamics in the Prison Community.
107. Goffman, *Asylums*; siehe darin v.a. Characteristics of Total Institutions (1957), in dem das Konzept insgesamt und jenseits von psychiatrischen Anstalten entfaltet wird.
108. Giallombardo, Social Roles in a Prison for Women, hier S. 275f.
109. Marquart u. Roebuck, Prison Guards and ›Snitches‹. Siehe auch Hollander, The Use of Confidential Informants in Prison Disciplinary Proceedings. Hier ist vor allem das so genannte *building tenders*-System zu nennen, in dem Insassen mit Hilfe eines Netzes von Informanten sich selbst managen sollten.
110. Cox, *The Big House*, S. 59.
111. Parish, *Prison Pictures from Hollywood.*
112. Es gibt eine Vielzahl von literarischen Texten über das Leben in US-Gefängnissen, und in sehr vielen von ihnen tauchen Denunziantenfiguren auf; für eine Anthologie siehe Franklin, *Prison Writing in 20th-Century America.* Die Wahl von Himes und Braly erfolgt aus mehreren Gründen: Erstens gehören die Gefängnisromane dieser beiden Autoren zu denjenigen Texten, die von der literaturwissenschaftlichen Forschung als besonders bedeutsam eingeschätzt werden. Zweitens haben beide Autoren neben ihren Romanen mit autobiografischen Bestandteilen auch tatsächliche Autobiografien verfasst. Drittens schreiben beide Autoren in einer Zeit und über eine Zeit, in der die Institution der Haftanstalt ausgehend von einer Krisenwahrnehmung reformiert und transformiert werden sollte. Beide schildern diese Periode, Himes eher ihren Anfang und Braly einen späteren Zeitabschnitt, in der das Gefängnis ›auf dem Prüfstand‹ der Gesellschaft stand, was nicht zuletzt am Umgang mit unsicherem Wissen festzumachen ist.
113. Margolies u. Fabre, *The Several Lives of Chester Himes*; Details zum Gefängnisaufenthalt dort S. 29f. Vgl. auch James Sallis, *Chester Himes*, S. 48ff. Himes, *The Quality of Hurt*, S. 65ff. Vgl. auch Massey, *Doing Time in American Prisons*, S. 54.
114. Viele von ihnen sind abgedruckt in *The Collected Stories of Chester Himes.*
115. Himes, *Cast The First Stone.* Die Publikationsgeschichte des Buchs ist lang und verworren: Bevor es veröffentlicht werden konnte, verlangten die angefragten Verlage immer wieder Änderungen, die v.a. die homosexuelle Liebesgeschichte im hinteren Teil des Buchs beinahe zur Unkenntlichkeit eliminierten. Erst 1998 konnte das Buch so auf den Markt kommen, wie Himes es ursprünglich geplant hatte, nun unter dem Titel *Yesterday Will Make You Cry.*
116. Massey, *Doing Time*, S. 82ff.
117. Ebd., S. 94 u. 96. Obgleich der Afroamerikaner Himes einen weißen Protagonisten wählte, gilt der Text als weitgehend autobiografisch. Über seine während der Inhaftierung verfassten Stories sagte er, sie seien nicht mit einer Orientierung auf *Blackness* geschrieben, und das gelte auch für *Cast the First Stone*; Himes, *Quality of Hurt*, S. 65.
118. Ebd., S. 61.
119. Himes, *Cast the First Stone*, S. 44ff. An einer anderen Stelle beschreibt er den Offizier als Denunzianten für die Gefängnisleitung: »Between transfer officer and and court prosecutor he had built up the reputation of the dirtiest, meanest, lousiest, lowest, rottenest officer in prison. It was also said that he was a stool pigeon for the warden, [...] and that he told the warden everything that went on inside the walls.« Ebd., S. 74.
120. Milliken, *Chester Himes*, S. 169ff.

121. Himes, *Quality of Hurt*, S. 94: »One might think I'd have had enough for a lifetime, but prison is not isolated; in fact, the worst part of prison is the large number of prisoners always about you.«
122. Ebd., S. 57: »We did not talk of politics or of the warden. Although he was very nice he was also very old and couldn't have gotten another job easily. Nor did we talk of convicts. I was determined not to get the reputation of being a rat, or being one.«
123. »You fish?«, wird Monroe zu Beginn des Romans gefragt, wobei sich rasch herausstellt, dass diese Frage (»Bist du ein Neuling?«) keineswegs bloß auf Information zielt, sondern ein indirektes Angebot von Sex mit beinhaltet. Himes, *Cast the First Stone*, S. 5ff. Eine kulturhistorische Auseinandersetzung mit Sexualität in der Geschichte von US-Gefängnissen bietet Kunzel, *Criminal Intimacy*.
124. Himes, *Cast the First Stone*, S. 205: »And then a simple-minded convict had to write another simple-minded bastard to tell him to keep his mouth shut and Tommy Tucker, to whom he had given the kite to be delivered, had to take it to the director and the director had to have the convicts over and get the truth out of them with a three-hour clubbing [...]. What the hell did any of them do any of it for? What did Tommy have to rat for? And why couldn't the officials, for once, have let it pass and no one but themselves would ever have been the wiser nor have thought about it nor have given a damn, one way or the other, how the prison fire had started?«
125. Ebd., S. 324: »That shocked me. I should have known that they would be ratting on us, but I had never given it a thought [...].«
126. Braly ist für diese Perspektive häufig kritisiert worden, vgl. Franklin, *The Victim As Criminal and Artist*, S. 206.
127. Massey, *Doing Time*, S. 108.
128. Braly, *False Starts*, S. 217: »In some ways it wasn't awful to be back. My friends were there, and I had some new stories to tell. Here was a life of which I was certain, and its harsh limits were also a form of security [...] We could neither succeed nor fail here, we were in stasis, and preserved against failure and loss [...].« Vgl. auch Massey, *Doing Time*, S. 104.
129. Braly, *Felony Tank*; ders., *It's Cold Out There*.
130. Malcolm Braly, *On the Yard*.
131. So auch Jonathan Lethem im Vorwort zu Braly, *On the Yard*, S. vii–xiii.
132. Braly, *False Starts*, S. 52; Massey, *Doing Time*, S. 106f.
133. Braly, *On the Yard*, S. 119.
134. Ebd., S. 203: »[Captain Jacob Blake] went to his office and called for the file on Oberholster. The folder was heavy with the snitch letters the warden had cited, and well worn by official interest.«
135. Ebd., S. 105–112.
136. Ebd., S. 108.
137. Weissman, *Which Side Are You On?*, S. 77f.
138. Ein Video dieses Songs mit dem Titel ›The John Birch Society‹ findet sich auf der Internet-Plattform *YouTube*; dort hört man das Lied, dessen *lyrics* eingeblendet werden, allerdings sieht man keine Bilder der Gruppe, siehe http://www.youtube.com/watch?v=pG6ta S9R1KM (07.09.2011).
139. Wilentz, *Bob Dylan in America*, S. 92–94.
140. Goldberg, *Enemies Within*, v.a. S. 41–48.
141. Toy, The Right Side of the 1960s.

142. Goldberg, *Enemies Within*, S. 41. Siehe auch Epstein u. Forster, *The Radical Right*, S. 140f.; sowie Stone, The John Birch Society; Westin, The John Birch Society.
143. Toy, The Right Side of the 1960s, S. 264.
144. In Zeitungen und Zeitschriften wie *New York Times Magazine*, *Look* oder *Newsweek* erschienen im Verlauf der Jahre 1961 u. 1962 kritische Exposés über die JBS, zur Entscheidung des FBI siehe u.a. Theoharis, *Spying on Americans*, S. 166–169.
145. Morris, Cell 772, Or Life Among the Extremists.
146. Dunanway, Songs of Subversion.
147. Filene, *Romancing the Folk*, S. 1–8.
148. Als *open shop* bezeichnet man ein Unternehmen, in dem es entweder keine oder lediglich eine vom Unternehmen selbst gegründete und/oder kontrollierte Gewerkschaft gibt. Generationen von *Labor Historians* haben die Geschichte der US-Arbeiterbewegung und ihrer Kämpfe nachgezeichnet, für eine knappe Einführung siehe Dubofsky u. Dulles, *American Labor*.
149. Smith, *From Blackjacks to Briefcases*.
150. Morn, »*The Eye that Never Sleeps*«; Smith, *Blackjacks to Briefcases*.
151. Morn, *Eye that Never Sleeps*, S. 62f.
152. Broehl, Jr., *The Molly Maguires*; zur Erinnerungspolitik siehe Kenny, The Molly Maguires in Popular Culture, der u.a. auf den Hollywood-Film aus dem Jahr 1970 Bezug nimmt, der den *Pinkerton*-Agenten ins Zentrum der Erzählung rückte.
153. Jeffreys-Jones, Profit Over Class; Hyde, Undercover and Underground.
154. Smith, *Blackjacks to Briefcases*, S. 75ff.
155. Hier zitiert nach ebd., S. 77: »At this time when there is so much dissatisfaction among the laboring classes [...] would [it] not be well for employers [...] to keep a close watch for designing men among their own employees?«
156. Fink, *The Fulton Bag and Cotton Mills Strike of 1914–1915*. Vgl. auch Norwood, *Strikebreaking and Intimidation*, v.a. S. 200ff.
157. Brief aus dem Jahr 1920, hier zitiert nach Jeffreys-Jones, *Violence and Reform in American History*, S. 110: »We have the reputation of being several jumps ahead of the old way of settling capital and labor difficulties [...] Our service aims to keep our clients informed through the medium of intelligence reports.«
158. Smith, *Blackjacks to Briefcases*, S. 80.
159. Green, *Wobblies, Pile Butts, and Other Heroes*, S. 141–175.
160. Ebd., S. 150ff. Vgl. hierzu Kornbluh, *Rebel Voices*.
161. Dunbar, *The Detectives Business*, S. 11: »A spy's business is to deceive his victim, to gain his confidence, to learn his secrets and plans and then to betray him. A sleuth's life is a lie. He is both Judas and Ananias.«
162. Friedman, *The Pinkerton Labor Spy*.
163. Jameson, *All That Glitters*.
164. Friedman, *Pinkerton Labor Spy*, S. vii, im Vorwort des Autors.
165. Spielman, *The Stool-Pigeon and the Open Shop Movement*. Das Frontispiz zeigt eine Abbildung, die den *stool pigeon* als blutsaugende Fledermaus darstellt und dazu verkündet: »There is a strong analogy between the ›Vampire Bat‹ and the ›Stool-pigeon‹: Both employ the same fiendish methods on their unsuspecting victims, for the accomplishments of their brutal acts.«
166. Levinson, *I Break Strikes!*
167. McCartin, *Labor's Great War*, S. 12–37; sowie Smith, *Blackjacks to Briefcases*, S. 62ff.

168. U.S. Commission on Industrial Relations, *Final Report of the Commission on Industrial Relations*, v.a. S. 145ff.
169. U.S. Congress, Senate Subcommittee of the Committee on Education and Labor, *Industrial Espionage*; hier nach Smith, *Blackjacks to Briefcases*, S. 91ff.
170. MacDonald, Espionage Inc., in: *The Nation*, 27. Februar 1937, S. 238–239.
171. Green, *Wobblies*; sowie ders., *Torching the Fink Books & Other Essays on Vernacular Culture*.
172. Die Spurensuche nach *labor spies*, *finks* und *stool pigeons* in Songs der US-Arbeiterbewegung basiert zum einen auf Tonaufnahmen und Textsammlungen aus der *Library of Congress* und zum anderen auf der wohl umfangreichsten Zusammenstellung solcher Lieder auf CD, siehe Cohen u. Samuelson, *Songs for Political Action*. Vgl. Filene, *Romancing the Folk*; Lieberman, *My Song is My Weapon*; Wells, *Life Flows On in Endless Songs*; Cohen, *Work and Sing*; Marsh (Hg.), *You Work Tomorrow*.
173. Vgl. zu dieser »Brückenfunktion« Filene, *Romancing the Folk*, Kapitel 5.
174. Im ›Original‹ lautete die letzte Strophe: »You gals who want to be free, just take a tip from me / Get you a man who's a union man and join the ladies' auxiliary / Married life ain't hard when you got a union card / A union man has a happy life when he's got a union wife.« Vgl. Cohen u. Samuelson, *Songs for Political Action*, S. 86.
175. Vgl. Cohen u. Samuelson, *Songs for Political Action*, S. 153. Ich werde die Songtexte hier nicht ins Deutsche übersetzen, ihre Wirkung ist zu sehr an den englischen Wortlaut gekoppelt.
176. Vgl. Cohen u. Samuelson, *Songs for Political Action*, S. 73.
177. ›My Old Man‹, Cohen u. Samuelson, *Songs for Political Action*, S. 200.
178. ›Jefferson and Liberty‹, in: Cohen u. Samuelson, *Songs for Political Action*, S. 119.
179. ›My Old Man‹, Cohen u. Samuelson, *Songs for Political Action*, S. 200: »My old man was just like Lincoln / 'Cause he fought to make his union strong / Lived and died, just like Lincoln / Fightin' to make right from wrong.«
180. Cohen u. Samuelson, *Songs for Political Action*, S. 153.
181. Cohen u. Samuelson, *Songs for Political Action*, S. 203.
182. Cohen u. Samuelson, *Songs for Political Action*, S. 86.
183. Cohen u. Samuelson, *Songs for Political Action*, S. 85.
184. ›Get Thee Behind Me, Satan‹, Cohen u. Samuelson, *Songs for Political Action*, S. 85.
185. ›Kevin Barry‹, Cohen u. Samuelson, *Songs for Political Action*, S. 118.
186. Cohen u. Samuelson, *Songs for Political Action*, S. 141.
187. Cohen u. Samuelson, *Songs for Political Action*, S. 139.
188. *Salt of the Earth*. USA 1954.
189. Baker, *On Strike and On Film*.
190. *Salt of the Earth*, 0:32:04–0:34:15.
191. *Salt of the Earth*, 1:01:06–1:03:40. Den Minenarbeitern selbst war die Weiterführung des Streiks gerichtlich verboten worden; es war gerade der Einsatz der Frauen, der einerseits den Streik schließlich zum Erfolg führte und andererseits dem Film eine ausdrückliche Botschaft von Geschlechtergleichheit gab

6. *Stop Snitchin'* – Vorläufiges zur Figur des Denunzianten in den USA

1. *The Last Temptation of Christ*, USA 1988. Timecode dieser Sequenz: 1:01:10–1:06:00.
2. Sova, *Forbidden Films*, S. 173–178.
3. Siehe etwa die Berichterstattung in der *New York Times* am 21.7.1988, 5.8.1988, 12.8.1988 sowie am 13.8.1988; Autor der Beiträge war jeweils Aljean Harmetz.
4. Lyons, *The New Censors*, v.a. S. 146–176.
5. *Last Temptation of Christ*. Timecode dieser Sequenz: 1:35:50–1:39:04.
6. Im Juli 1988 kam es in Los Angeles zu Demonstrationen vor dem Hauptsitz von Universal Pictures; auf den mitgeführten Plakaten konnte man u.a. lesen: »Universal is like Judas Iscariot« oder »Jewish Money, Jewish Money«; Sova, *Forbidden Films*, S 175.
7. Evangelium nach Matthäus, 26:48–49.
8. *Last Temptation of Christ* 1:47:35–1:48:45.
9. Walsh, Community, Surveillance and Border Control.
10. Vgl. die Dokumentation der Debatte um das Video auf http://en.wikipedia.org/wiki/Stop_Snitchin' (26.10.2011).
11. Natapoff, *Snitching*, S. 122.
12. Brown, *Snitch*, S. 10ff.
13. Hier zitiert nach Natapoff, *Snitching*, S. 125: »A snitch is someone who commits a crime with a partner and gets caught. Instead of keeping his mouth shut and taking responsibility for his criminal activity, he cuts a deal with the police for lighter sentencing in exchange for ratting out his partner. The ›Stop Snitching‹ code is one shared among those in the underworld and has nothing to do with someone who is uninvolved in being a witness to a crime.«
14. Ebd.: »She is not considered a snitch. She's a civilian doing what she's supposed to do.«
15. Vgl. Matheson, Activists Call on Residents to ›Start Snitching‹.
16. Brenner, The Man Who Knew Too Much: »I am a whistle-blower. I am notorious. It is a kind of infamy what I am doing, isn't that what they say?« Die Geschichte des *whistleblowers* Wiegand wurde 1999 unter dem Titel *The Insider* vom Regisseur Michael Mann mit Al Pacino und Russell Crowe in den Hauptrollen verfilmt.
17. Brenner, Man Who Knew Too Much.
18. Nader u.a., *Whistleblowing*, S. 26.
19. Westin (Hg.), *Whistleblowing!;* Johnson, Snitching on the Top Dog.
20. Botsko u. Wells, Government Whistleblowers; Alford, Whistle-Blower Narratives; Ellsberg, Secrecy and National Security Whistleblowing.
21. Als Überblick siehe den ausführlich dokumentierten Beitrag zu Manning in wikipedia; http://en.wikipedia.org/wiki/Bradley_Manning (24.09.2012), dort ist auch das angesprochene Video verlinkt. Die Zeitschrift *Wired* hat im Juni 2010 Chat-Einträge Mannings publiziert, darin finden sich Aussagen zu seinen vorgeblichen Motiven. Siehe auch Rosenbach u. Stark, *Staatsfeind Wikileaks*, S. 131 ff.; Nicks, *Private*, S. 145ff.
22. Über Lamos Motive kursieren unterschiedliche Gerüchte, womöglich arbeitete er fest für das FBI, andere behaupten, eine patriotische Organisation hätte den Computerexperten angeheuert, um ein solches ›Sicherheitsrisiko‹ wie Manning zu finden.
23. Koch, *Sexuelle Denunziation*.
24. Schulhofer, *The Enemy Within*, S. 68: »September 11 was an extraordinary crisis, warranting emergency measures of extraordinary scope. But there is […] no reason to believe

that the threat of terrorism will reduce any time soon. […] Along with concern for our safety and security, we must devote our utmost attention to the powers of the government under which we will live over that very long time.« Vgl. auch Cole, *Enemy Aliens*; sowie ders., After September 11.

25. Hamm, The USA Patriot Act and the Politics of Fear; Etzioni, *How Patriotic is the Patriot Act?*; Smith, Civil Liberties in the Brave New World of Antiterrorism; Finan, *From the Palmer Raids to the Patriot Act.*
26. Finan, *Palmer Raids to the Patriot Act*, S. 286 sowie 341ff.; Berkowitz, AmeriSnitch; Kaminer, I Snoop.
27. Doherty, An American Stasi, in: *Reason Magazine* 16. Juli 2002; siehe http://reason.com/archives/2002/07/16/an-american-stasi (26.10.2010).
28. Costa u. Pentecost, Of Patriots and Profits. So hat etwa der bekannte konservative Publizist David Horowitz 2006 eine Liste der ›100 gefährlichsten Akademiker in den USA‹ erstellt, siehe *Human Events* 62 (6) 2006.
29. Wheeler, The Politics of Access; siehe auch Scott, History-Writing as Critique.
30. Für eine Einschätzung siehe Hampf, Folterin. Vgl. auch Greiner, *9/11*, S. 173ff.
31. Mariscal, Homeland Security, Militarism, and the Future of Latinos and Latinas in the United States; Shiekh, *Detained without Cause.*
32. Barkun, *Chasing Phantoms.*
33. Einen guten Überblick bietet Greiner, *9/11.*
34. Cole, After September 11.
35. Woodward, *The Secret Man.* Weiner, *Enemies*, S. 326 u. 339.

Dank

Dieses Buch ist die überarbeite Fassung meiner Habilitationsschrift, die im Mai 2012 von der Philosophischen Fakultät der Universität zu Köln angenommen wurde. Die Forschung zu diesem Projekt wurde maßgeblich durch die Alexander von Humboldt-Stiftung gefördert, die mir durch ein Feodor Lynen-Stipendium einen einjährigen Aufenthalt an der Florida State University ermöglichte. Meinen beiden dortigen Gastgebern, Max Friedman und Robert Gellately, möchte ich für die seinerzeit entgegengebrachte Unterstützung danken. Während dieses Aufenthalts und im Verlauf weiterer Reisen konnte ich in den USA eine Reihe von Archiven, Bibliotheken und anderen wissenschaftlichen Einrichtungen besuchen, auch den dort tätigen Mitarbeiterinnen und Mitarbeitern bin ich zu großem Dank verpflichtet. Die Geschwister Boehringer Ingelheim Stiftung für Geisteswissenschaften hat die Drucklegung des Manuskripts durch einen großzügigen Zuschuss gefördert, und beim Campus Verlag haben sich Tanja Hommen, Eva Janetzko sowie einige Personen im Hintergrund mit großem Einsatz darum gesorgt, ein Buch aus meiner Habilitationschrift zu produzieren.

Das Historische Institut der Universität zu Köln und dort insbesondere die Anglo-Amerikanische Abteilung waren stets die *home base* der Arbeit an diesem Buch, den Kolleginnen und Kollegen danke ich für die vielen, stets anregenden Diskussionen. Norbert Finzsch hat auch diese Arbeit, wie so viele davor, wieder besonders begleitet; vor allem möchte ich ihm für den Freiraum danken, den ich als sein Mitarbeiter stets für meine Habilitation verwenden konnte. Auch den anderen Kölner Gutachterinnen und Gutachtern – Hanjo Berressem, Ralph Jessen, Barbara Lüthi sowie Hans-Peter Ullmann – verdanke ich viele wichtige Anregungen. Mit Maren Möhring und Massimo Perinelli verbindet mich eine gute Freundschaft, ihre Ideen und Fragen haben an vielen Stellen Eingang in die Seiten dieses Buchs gefunden. Insbesondere in den letzten Jahren waren es auch Christiane König und Jens Jäger, die am Kölner Institut zu wichtigen Ansprechpersonen wurden.

Darüber hinaus war es auch stets die enge Zusammenarbeit mit meinen Studierenden, die ich für meine Forschung als besonders inspirierend empfand.

Auch außerhalb Kölns konnte ich mich auf die Unterstützung durch befreundete Kolleginnen und Kollegen verlassen. Mit Inge Marszolek und der Zusammenarbeit mit ihr verbinde ich nicht nur erste Diskussionen über Denunziationen in der Geschichte, sondern auch manch guten Ratschlag; ich danke ihr für ihre Bereitschaft, an meinem Habilitationsverfahren als auswärtige Gutachterin teilgenommen zu haben. Die überaus intensive und sehr gute Kooperation mit Jürgen Martschukat in Erfurt hat die Arbeit an meiner Kulturgeschichte der Denunziation vielleicht nicht nur beschleunigt (es gab immer so viel anderes zu erledigen…), aber sein Einfluss und seine Inspiration sind über die Jahre hinweg nicht hoch genug zu schätzen. Ferner sei ihm an dieser Stelle nochmals dafür gedankt, dass er es mir ermöglichte, seine Professur in Erfurt für drei Semester zu vertreten. Die Zeit in Erfurt und die Zusammenarbeit mit Melanie Henne, Nora Kreuzenbeck, Nina Mackert, Christian Orban und Silvan Niedermeier waren ein großer Gewinn für mich. Nicht unerwähnt darf an dieser Stelle Petra Meersteiner bleiben, ohne die vieles dort viel anstrengender gewesen wäre. Auch in Münster durfte ich ein Semester verteten, dort danke ich Silke Hensel und ihrem Team dafür, mich ganz besonders herzlich aufgenommen zu haben. In dieser Zeit hatte ich Gelegenheit, insbesondere mit Antje Schnoor, Felix Krämer und Heiko Kiser gut und eng zu kooperieren. Die letzte Überarbeitungsphase des Manuskripts verbrachte ich als Vertretungsprofessor am John-F.-Kennedy-Institut für Nordamerikastudien der Freien Universität Berlin, dort möchte ich vor allem Gudrun Löhrer für ihr Engagement danken.

Mindestens genau so wertvoll waren die vielen und vielfältigen Formen von Hilfe, die ich von Personen unterhalb dieser ›offiziellen‹ Ebene erfahren habe. Einige von ihnen haben Teile des Manuskripts gelesen und kompetent kommentiert, mit anderen habe ich entspannte und/oder anregende Wochenenden oder Abende verbrachte, wir haben geredet, getrunken, gestritten, Filme geschaut und vieles mehr. Ohne euch wäre dieses Buch auch nicht entstanden: Antonia Averbeck, Júlio Decker, Daniel Holder, Pablo Dominguez, Ellie Engel, Henri Gunkel, Maria Hugger, Vanessa Höse, Teresa Huhle, Kristoff Kerl, Björn Klein, Helena Körner, Thomas Meier, Claudia Niesen, Björn Schmidt, Hille und Manuel Schüren, Myron Tsakas, Lisa Wagner und Bea Wittger. Christiane Munder schließlich ist dieses Buch gewidmet – und unserem Freund, Roytz Reuder.

Quellen und Literatur

Archivmaterialien

Federal Bureau of Investigation, FBI Reading Room, Hoover Building Washington, D.C.:
FBI Investigation Records released under the Freedom of Information Act
Library of Congress, Washington, D.C.:
Pinkerton's National Detective Agency Records. LOC, Manuscript Division
Minnesota Historical Society u. Minnesota State Archives, St. Paul, MN:
Minnesota Commission of Public Safety, Records & Correspondence
National Archives, College Park, MD:
NARA, RG 60, General Records of the Department of Justice
NARA, RG 63, Records of the Committee on Public Information
NARA, RG 65, Records of the Federal Bureau of Investigation
New York Public Library, New York City:
Manuscripts and Archives Division, Committee of Fifteen Records
Manuscripts and Archives Division, Committee of Fourteen Records

Gedruckte Quellen und Sekundärliteratur

Abke, Stephanie, *Sichtbare Zeichen unsichtbarer Kräfte: Denunziationsmuster und Denunziationsverhalten 1933–1949*. Tübingen 2003.

Abrahams, Ray, *Vigilant Citizens: Vigilantism and the State*. Cambridge, MA 1998.

Aczel, Richard, »Intertextualitätstheorien und Intertextualität«, in: Ansgar Nünning (Hg.), *Metzler Lexikon Literatur- und Kulturtheorie. Ansätze – Personen – Grundbegriffe*. Stuttgart/Weimar, S. 241–243.

Adams, Michael C.C., *The Great Adventure: Male Desire and the Coming of World War I*. Bloomington, IN 1990.

Addams, Jane, *A New Conscience and an Ancient Evil*. Urbana, IL/Chicago 2002 (erstmals New York 1912).

Adler, Jeffrey S., »The Making of a Moral Panic in 19th-Century America: The Boston Garroting Hysteria of 1865«, in: *Deviant Behaviour* 17, 1996, S. 259–278.

Adler, Les K., *The Red Image: American Attitudes toward Communism in the Cold War Era*. New York 1991.

Åkerström, Malin, *Betrayal and Betrayers. The Sociology of Treachery.* New Brunswick, NJ/London 1991.

–, »The Social Construction of Snitches«, in: *Deviant Behaviour* 9, 1988, S. 155–167.

–, »Outcasts in Prisons: The Cases of Informers and Sex Offenders«, in: *Deviant Behaviour* 7, 1986, S. 1–12.

Alexander, Ruth M., *The ›Girl Problem‹. Female Sexual Delinquency in New York, 1900–1930*. Ithaca, NY/London 1995.

Alexander, Shana, *The Pizza Connection*. New York 1988.

Alfers, Kenneth G., *Law and Order in the Capital City: A History of the Washington Police, 1800–1886*. Washington, D.C. 1976.

Alford, C. Fred, »Whistle-Blower Narratives. The Experience of Choiceless Choice«, in: *Social Research* 74 (1) 2007, S. 223–248.

Alsop, Joseph, »Miss Bentley's Bondage«, in: *The Commonweal*, 9.11.1951, S. 122.

Anderson, Linda, *Autobiography*. London/New York 2001.

Andrist, Ralph K.,»Paladin of Purity «, in: *American Heritage* 24 (6), 1973, S. 5–7, 84–89.

Anon., »The American OGPU«, in: *New Republic* 102, 11.3.1940, S. 330–332.

Anon., »Washington Gestapo«, in: *Nation* 157, 17. u. 24.7.1943, S. 64–66, 92–95.

Anon., »Our Lawless G-Men« (Editorial), in: *The Nation*, 2. März 1940, S. 40.

Anon., »Narcotics Ring Ties Studied By Senators«, in: *New York Times*, 30.7. 1951, S. 8.

Anon., »Concealment of an Informant's Identity – A Governmental Priviledge«, in: *Washington University Law Quarterly* 1959 (3), June 1959, S. 296–309.

Anthony, Earl, *Spitting in the Wind. The True Story Behind the Violent Legacy of the Black Panther Party*. Malibu, CA 1990.

–, *Picking up the Gun. A Report on the Black Panthers*. New York 1970.

Aptheker, Herbert, *The Era of McCarthyism*. New York 1955.

Archer, Jules, *Treason in America. Disloyality Versus Dissent*. New York 1971.

Areaux, Raymond, »Anonymous Tips: Common-Sense Returns to the Supreme Court«, in: *Loyola Law Review* 30 (2), 1984, S. 401–418.

Assmann, Aleida, Jan Assmann, et. al. (Hg.), *Schleier und Schwelle. Archäologie der literarischen Kommunikation V. 3 Bände*. München: Wilhelm Fink Verlag 1997–1999.

Aubitz, Shawn u. Gail F. Stern, »Ethnic Images in World War I Posters«, in: *Journal of American Culture* 9, 1986, S. 83–98.

Auerbach, Jerold S., *Unequal Justice: Lawyers and Social Change in Modern America*. New York u.a. 1976.

Austin, John L., *How to Do Things With Words*. Cambridge, MA 1962.

Ayer, Frederick, *Yankee G-Man*. Chicago 1957.

Ayers, Edward L., *Vengeance and Justice: Crime and Punishment in the Nineteenth Century South*. New York u.a. 1984.

Bachmann-Medick, Doris, *Cultural Turns. Neuorientierungen in den Kulturwissenschaften*. Reinbek bei Hamburg ²2007.

Bade, Claudia, *»Die Mitarbeit der gesamten Bevölkerung ist erforderlich!« Denunziation und Instanzen sozialer Kontrolle am Beispiel des Regierungsbezirks Osnabrück 1933–1949*. Osnabrück 2009.

Bailey, Beth, *From Front Porch to Back Seat. Courtship in Twentieth-Century America*. Baltimor 1988.

Baker, Ellen R., *On Strike and On Film: Mexican American Families and Blacklisted Filmmakers in Cold War America*. Chapel Hill, NC/London 2007.

Baker, Ray Stannard u. William E. Dodd (Hg.), *War and Peace. Presidential Massages, Adresses, and Public Papers (1917–1924)*. New York/London 1927.

Barkun, Michael, *Chasing Phantoms. Reality, Imagination, & Homeland Security Since 9/11*. Chapel Hill, NC/London 2011.

Barnes, Harry Elmer u. Negley K. Teeters, *New Horizons in Criminology. The American Crime Problem*. New York ⁸1949 (erstmals 1943).

Baßler, Moritz (Hg.), »New Historicism, Cultural Materialism and Cultural Studies«, in: Ansgar Nünning u. Vera Nünning, *Konzepte der Kulturwissenschaften. Theoretische Grundlagen – Ansätze – Perspektiven*. Stuttgart 2003, S. 132–155.

–, »New Historicism und Textualität der Kultur«, in: Lutz Musner u. Gotthart Wunberg (Hg.), *Kulturwissenschaften. Forschung – Praxis – Positionen*. Wien 2002, S. 292–312.

–, *New Historicism. Literaturgeschichte als Poetik der Kultur*. Tübingen/Basel ²2001.

Bates, Anna Louise, *Weeder in the Garden of the Lord. Anthony Comstock's Life and Career*. Lanham, MD 1995.

Bauman, Zygmunt, *Liquid Modernity*. Cambridge 2000.

Bayley, Edwin R., *Joe McCarthy and the Press*. Madison, WS 1981.

Beck, Carl, *Contempt of Congress. A Study of the Prosecutions Initiated by the Committee on U-American Activities, 1945–1957*. New York 1974 (erstmals 1959).

Becker, Peter, »Vigilanten als Informationsquelle im 19. Jahrhundert: Kriminalistischer Irrweg oder Königsweg im Kampf gegen das ›organisierte Verbrechen‹?«, in: Friso Ross u. Achim Landwehr (Hg.), *Denunziation und Justiz. Historische Dimensionen eines sozialen Phänomens*. Tübingen 2000, S. 117–140.

Bederman, Gail, *Manliness & Civilization. A Cultural History of Gender and Race in the United States, 1880–1917*. Chicago, IL/London 1995.

Beisel, Nicola, *Imperiled Innocents: Anthony Comstock and Family Reproduction in Victorian America*. Princeton, NJ 1997.

–, »Morals Versus Art: Censorship, the Politics of Interpretation, and the Victorian Nude«, in: *American Sociological Review* 58 (2), 1993, S. 145–162.

–, »Class, Culture, and Campaigns Against Vice in Three American Cities, 1872–1892«, in: *American Sociological Review* 55 (1), 1990, S. 44–62.

Belfrage, Cedric, *The American Inquisition 1945–1960*. Indianapolis, IN/New York 1973.

Belknap, Michael R., *Cold War Political Justice. The Smith Act, the Communist Party, and American Civil Liberties*. Westport, CT 1977.

Bell, Daniel, *The New American Right*. New York 1955.

Bell, Ernest A., *Fighting the Traffic in Young Girls; or: War on the White Slave Trade*. O.O., 1910.

Bellah, Robert N., »Civil Religion in America«, in: Michael Lambek (Hg.), *A Reader in the Anthropology of Religion*. Malden, MA u.a. [2]2008 (erstmals 1967), S. 509–518.

– u. Phillip E. Hammond, *Varieties of Civil Religion*. San Francisco u.a. 1980.

– u. Steven M. Tipton (Hg.), *The Robert Bellah Reader*. Durham, NC/London 2006.

Belliger, Andréa u. David J. Krieger (Hg.), *Ritualtheorien. Ein einführendes Handbuch*. Wiesbaden [2]2003.

Bender, Daniel E.,»Perils of Degeneration: Reform, the Savage Immigrant, and the Survival of the Unfit«, in: *Journal of Social History* 42 (1), 2008, S. 5–29.

Bennett, David H., *The Party of Fear. From Nativist Movements to the New Right in American History*. Chapel Hill, NC 1988.

Bennett, Michael J., *When Dreams Came True. The G.I. Bill and the Making of Modern America*. Washington, D.C./London 1996.

Bennett, Todd, »The Celluloid War: State and Studio in Anglo-American Propaganda Film Making, 1939–1941«, in: *International History Review* 24 (1), 2002, S. 64–102.

Ben-Yehuda, Nachman, *Betrayals and Treason. Violations of Trust and Loyality*. Boulder, CO/Oxford 2001.

Bentley, Elizabeth, *Out of Bondage. The Story of Elizabeth Bentley*. New York 1951.

Bentley, Eric, *Thirty Years of Treason. Excerpts from Hearings before the House Committee on Un-American Activities 1938–1968*. New York 2002 (erstmals 1971).

Beresford, M. W., »The Common Informer, the Penal Statutes and Economic Regulation«, in: *Economic History Review* (10) 2, 1957, S. 221–238.

Berg, Manfred, »Black Civil Rights and Liberal Anticommunism: The NAACP in the Early Cold War«, in: *Journal of American History* 94 (1), 2007, S. 75–96.

Berkowitz, Bill, »AmeriSnitch«, in: *The Progressive* 66 (5), 2002, S. 27–28.

Bernstein, Barton J., *Politics and Policies of the Truman Administration*. Chicago 1970.

Bernstein, Lee, *The Greatest Menace. Organized Crime in Cold War America*. Amherst, MA 2002.

Bessie, Alvah, *Inquisition in Eden*. New York 1965.

Biberman, Herbert, *Salt of the Earth. The Story of a Film*. Boston 1965.

Billingsley, Roger, »The Police Informer / Handler Relationship: Is It Really Unique?«, in: *International Journal of Police Science & Management* 5 (1), 2003, S. 50–62.

–, Teresa Nemitz u. Philip Bean, *Informers: Policing, Policy, Practice*. Cullumpton 2001.

Biskind, Peter, *Seeing Is Believing; or How Hollywood Taught Us to Stop Worrying and Love the 50s*. London 2001 (erstmals 1983).

Blackstock, Nelson, *COINTELPRO. The FBI's Secret War on Political Freedom*. New York 1990 (erstmals 1976).

Blecker, R.I., »Beyond 1984: Undercover in America–Sepico to Abscam«, in: *New York Law School Review* (28), 1984, S. 823–1024.

Blickle, Renate, »Denunziation. Das Wort und sein historisch-semantisches Umfeld«, in: Michaela Hohkamp u. Claudia Ulbrich, *Der Staatsbürger als Spitzel. Denunziation während des 18. und 19. Jahrhunderts aus europäischer Perspektive*. Leipzig 2001, S. 25–59.

Bloch, Marc, »Falschmeldungen im Krieg – Überlegungen eines Historikers«, in: ders., *Aus der Werkstatt des Historikers. Zur Theorie und Praxis der Geschichtswissenschaft*. Hg. v. Peter Schöttler. Frankfurt a. M./New York 2000, S. 187–211.

Block, Alan (Hg.), »Special Issue: Issues and Theories on Covert Policing«, in: *Crime, Law and Social Change* 18 (1–2), 1992.

Blomberg, Thomas G. u. Stanley Cohen (Hg.), *Punishment and Social Control*. New York [2]2003.

Bloom, Robert M., Ratting. *The Use and Abuse of Informants in the American Justice System*. Westport, CT 2002.

Blum, Edward J., *W.E.B. Du Bois: American Prophet*. Philadelphia 2007.

Blum, Howard, *Gangland: The Secret Wars of the FBI's Gambino Squad*. New York 1997.

Blumenthal, Ralph, *Last Days of the Sicilians: At War with the Mafia*. New York 1988.

Bösch, Frank u. Manuel Borutta (Hg.), *Die Massen bewegen. Medien und Emotionen in der Moderne*. Frankfurt a. M./New York 2006.

Bonnell, Victoria E. u. Lynn Hunt (Hg.), *Beyond the Cultural Turn. New Directions in the Study of Society and Culture*. Berkeley 1999.

Bontecou, Eleanor, *The Federal Loyality-Security Program*. Ithaca, NY 1953.

Botsko, Carleen A. u. Robert C. Wells, »Government Whistleblowers: Crime's Hidden Victims«, in: *The FBI Law Enforcement Bulletin*, 63 (7) 1994, S. 17–21.

Bourke, Joanna, *Fear. A Cultural History*. Emeryville, CA 2005.

Boveri, Margret, *Verrat im XX. Jahrhundert*. 4 Bde. Reinbek bei Hamburg 1956–1960.

Boyer, Paul S., *Urban Masses and Moral Order in America, 1820–1920*. Cambridge, MA 1978.

–, *Purity in Print. The Vice-Society Movement and Book Censorship in America*. New York 1968.

Braly, Malcolm, *False Starts. A Memoir of San Quentin and Other Prisons*. New York u.a. 1976.

–, *On the Yard*. Boston 1967.

–, *Felony Tank*. New York 1961.

Brandt, Allan M., *No Magic Bullet. A Social History of Venereal Disease in the United States since 1880*. New York u.a. 1985.

Bratich, Jack Z., Jeremy Packer u. Cameron McCarthy (Hg.), *Foucault, Cultural Studies, and Governmentality*. Albany, NY 2003.

Braun, Michael, *Tabu und Tabubruch in Literatur und Film*. Würzburg 2007.

Breen, William J., *Uncle Sam at Home: Civilian Mobilization, Wartime Federalism, and the Council of Civil Defense, 1917–1919*. Westport, CT 1984.

Brennan, Mary C., *Wives, Mothers, and the Red Menace. Conservative Women and the Crusade Against Communism*. Boulder, CO 2008.

Brenner, Marie, »The Man Who Knew Too Much«, in: *Vanity Fair*, Mai 1996.

Breslin, Jack, *America's Most Wanted: How Television Catches Crooks*. New York u.a. 1990.

Breuer, William, *Hitler's Undercover War: The Nazi Espionage Invasion of the U.S.A.* New York 1989.

Brewer, Susan A., *Why America Fights. Patriotism and War Propaganda from the Philippines to Iraq*. Oxford/New York u.a. 2009.

Brinkley, Alan »The Illusion of Unity in Cold War Culture«, in: Peter J. Kuznik u. James Gilbert (Hg.), *Rethinking Cold War Culture*. Washington, D.C. 2001, S. 61–73.

Brodie, Janet Farrell, *Contraception and Abortion in Nineteenth-Century America*. Ithaca, NY 1994.

Bröckling, Ulrich, Susanne Krasmann u. Thomas Lemke (Hg.), *Das unternehmerische Selbst. Soziologie einer Subjektivierungsform*. Frankfurt a.M. 2007.

–, *Gouvernementalität der Gegenwart. Studien zur Ökonomisierung des Sozialen*. Frankfurt a.M. 2000.

Broehl, Wayne G., Jr., *The Molly Maguires*. Cambridge, MA 1964.

Broszat, Martin, »Politische Denunziationen in der NS-Zeit. Aus Forschungserfahrungen im Staatsarchiv München«, in: *Archivalische Zeitschrift* 73, 1977, S. 221–238.

Broun, Heywood u. Margaret Leech, *Anthony Comstock: Roundsman of the Lord*. New York 1927.

Brown, Elaine, *A Taste of Power: A Black Woman's Story*. New York 1992.

Brown, Ethan, *Snitch. Informants, Cooperators & Corruption of Police*. New York 2007.

Brown, Jeffrey A., »Bullets, Buddies, and Bad Guys: The ›Action Cop‹ Genre«, in: *Journal of Popular Film and Television* 21 (2), 1993, S. 79–87.

Brown, Michael F., »Criminal Informants: Some Observations on Use, Abuse, and Control«, in: *Journal of Police Science and Administration* 13 (3), 1985, S. 251–256.

Brown, Ralph S., *Loyalty and Security: Employment Tests in the United States*. New Haven, CT 1958.

Brown, Richard Maxwell, *No Duty to Retreat. Violence and Values in American History and Society*. New York u.a. 1992.

–, *Strain of Violence. Historical Studies of American Violence and Vigilantism.* New York u.a. 1975.

Brownlow, Kevin, *Behind the Mask of Innocence.* New York 1990.

Bublitz, Hannelore, »›Geheime Rasereien und Fieberstürme‹: Diskurstheoretisch-genealogische Betrachtungen zur Historie«, in: Jürgen Martschukat (Hg.), *Geschichte schreiben mit Foucault.* Frankfurt a.M./New York 2001, S. 29–41.

–, Andrea D. Bührmann, Christine Hanke u. Andrea Seier (Hg.), *Das Wuchern der Diskurse. Perspektiven der Diskursanalyse Foucaults.* Frankfurt a.M./New York 1999.

Buhle, Paul u. Dave Wagner, *Hide in Plain Sight. The Hollywood Blacklistees in Film and Television, 1950–2002.* New York 2003.

Burchardt, Marian, »Geständnis«, in: Clemens Kammler, Rolf Parr u. Ulrich Johannes Schneider (Hg.), *Foucault-Handbuch. Leben – Werk – Wirkung.* Stuttgart/Weimar 2008, S. 258–260.

Burchell, Graham, Colin Gordon u. Peter Miller (Hg.), *The Foucault Effect. Studies in Governmentality.* Chicago 1991.

Burnham, John C., *Bad Habits. Drinking, Smoking, Taking Drugs, Gambling, Sexual Misbehavior, and Swearing in American History.* New York/London 1993.

Burrough, Brian, *Public Enemies. America's Greatest Crime Wave and the Birth of the FBI, 1933–1934.* New York 2004.

Butler, Judith, »Performative Akte und Geschlechterkonstitution. Phänomenologie und feministische Theorie«, in: Uwe Wirth (Hg.), *Performanz. Zwischen Sprachphilosophie und Kulturwissenschaften.* Frankfurt a.M. 2002, S. 301–320.

–, *Psyche der Macht. Das Subjekt der Unterwerfung.* Frankfurt a.M. 2001.

–, *Haß spricht. Zur Politik des Performativen.* Berlin 1998.

–, *Excitable Speech. A Politics of the Performative.* New York/London 1997.

–, *Körper von Gewicht. Die diskursiven Grenzen der Geschlechter.* Berlin 1995.

–, *Bodies That Matter: On the Discursive Limits of ›Sex‹.* New York/London 1993.

–, *Gender Trouble: Feminism and the Subversion of Identity.* New York/London 1990.

Byrd, Martha H., »Captured by the Americans«, in: *American History Illustrated* 11 (10), 1977, S. 24–35.

Caldwell, Morris G., »Group Dynamics in the Prison Community«, in: *Journal of Criminal Law, Criminology, and Police Science* 46 (5), 1956, S. 648–657.

Calomiris, Angela, *Red Masquerade. Undercover for the F.B.I.* Philadelphia/New York 1950.

Canaday, Margot, »Building a Straight State: Sexuality and Social Citizenship under the 1944 G.I. Bill«, in: *Journal of American History* 90 (3), 2003, S. 935–957.

Capozzola, Christopher, *Uncle Sam Wants You. World War I and the Making of the Modern American Citizen.* Oxford/New York 2008.

Carlson, David, »Autobiography«, in: Miriam Dobson u. Benjamin Ziemann (Hg.), *Reading Primary Sources. The Interpretation of Texts from Nineteenth- and Twentieth-Century History.* London/New York 2009, S. 175–191.

Carr, Robert K., *The House Committee on Un-American Activities 1945–1950*. New York 1979.
Carrington, Frank, »Speaking for the Police«, in: *Journal of Criminal Law, Criminology, and Police Science* 61 (2), 1970, S. 244–279.
Carson, Clayborne, *Malcolm X: The FBI File*. New York 1991.
Carte, Gene E. u. Elaine H. Carte, *Police Reform in the United States, The Era of August Vollmer*. Berkeley 1975.
Cary, Lorin, »The Bureau of Investigation and Radicalism in Toledo, Ohio: 1918–1920«, in: *Labor History* 21 (3), 1980, S. 430–440.
Cashmore, Ellis u. Eugene McLaughlin, *Out of Order? Policing Black People*. New York 1991.
Caswell, Lucy Shelton, »Drawing Swords. War in American Editorial Cartoons«, in: *American Journalism* 21 (2), 2004, S. 13–45.
Caute, David, *The Great Fear: The Anti-Communist Purge under Truman and Eisenhower*. New York 1978.
Cavan, Ruth Shonle, *Criminology*. New York 21955 (erstmals 1948).
Ceplair, Larry u. Steven Englund, *The Inquisition in Hollywood. Politics in the Film Community 1930–1960*. New York 1980.
Chamber of Commerce of the United States, *A Program for Community Anti-Communist Action*. Washington, D.C. 1948.
Chambers, Whittaker, *Witness*. New York 1952.
Charles, Douglas M., *The FBI's Obscene File. J. Edgar Hoover and the Bureau's Crusade Against Smut*. Lawrence, KS 2012.
–, *J. Edgar Hoover and the Anti-Inventionists. FBI Political Surveillance and the Rise of the Domestic Security State, 1939–1945*. Columbus, OH 2007.
Charns, Alexander, *Cloak and Gavel. FBI Wiretaps, Bugs, Informers, and the Supreme Court*. Urbana, IL/Chicago 1992.
Cheatwood, Derral, »Prison Movies: Films about Adult, Male, Civilian Prisons: 1929–1995«, in: Frankie Y. Bailey u. Donna C. Hale (Hg.), *Popular Culture, Crime, and Justice*. Belmont, CA u.a. 1998, S. 209–231.
Chrislock, Carl H., *Watchdog of Loyalty. The Minnesota Commission of Public Safety during World War I*. St. Paul, MN 1991.
Churchill, Ward, »From the Pinkertons to the PATRIOT Act: The Trajectory of Political Policing in the United States, 1870 to the Present«, in: *New Centennial Review* 4 (1), 2004, S. 1–72.
–, »›To Disrupt, Discredit and Destroy‹: The FBI's Secret War against the Black Panther Party«, in: Kathleen Cleaver u. George Katsiaficas (Hg.), *Liberation, Imagination, and the Black Panther Party*. New York/London 2001, S. 78–117.
– u. Jim Vander Wall, *COINTELPRO Papers. Documents from the FBI's Secret Wars against Dissent in the United States*. Boston 1990.
– u. Jim Vander Wall, *Agents of Repression. The FBI's Secret War Against the Black Panthers and the American Indian Movement*. Boston 1988.

Clark-Lewis, Elizabeth, *Living In, Living Out. African American Domestics in Washington, D.C., 1910–1940*. Washington, D.C. 1994.

Cleaver, Kathleen u. George Katsiaficas (Hg.), *Liberation, Imagination, and the Black Panther Party*. New York/London 2001.

Clement, Elizabeth Alice, *Love for Sale. Courting, Treating, and Prostitution in New York City, 1900–1945*. Chapel Hill, NC/London 2006.

Clemmer, Donald, *The Prison Community*. Boston 1940.

–, »Leadership Phenomena in a Prison Community«, in: *Journal of Criminal Law and Criminology* 28 (6), 1938, S. 861–872.

Coben, Stanley, »A Study in Nativism. The Red Scare of 1919–1920«, in: *Political Science Quarterly* 79, 1964, S. 52–75.

–, *A. Mitchell Palmer: Politician*. New York 1963.

Cohen, Ronald D., *Work and Sing. A History of Occupational and Labor Union Songs in the United States*. Crocket, CA 2010.

– u. Dave Samuelson, *Songs for Political Action. Folkmusic, Topical Songs and the American Left; 1926–1953*. 1 Booklet u. 10 CDs, Hambergen 1996.

Cohen, Stanley u. Jock Young (Hg.), *The Manufacture of News. Social Problems, Deviance and the Mass Media*. London u.a. 1981.

Cohen, Stanley, *Folk Devils and Moral Panics. The Creation of the Mods and Rockers*. London 1972.

COINTELPRO. The Counterintelligence Program of the FBI. Wilmington, DE 1984.

Cole, David, »After September 11: What We Still Don't Know«, in: *The New York Review of Books* 53 (14), 2011, S. 27–30.

–, *Enemy Aliens: Double Standards and Constitutional Freedoms in the War on Terrorism*. New York/London: New Press 2003.

Cole, Lester, *Hollywood Red*. Palo Alto, CA 1981.

Cole, Robert, *Propaganda in Twentieth Century War and Politics. An Annotated Bibliography*. Lanham, MA 1996.

Collins, Frederick L., *The FBI in Peace and War*. New York 1943.

Committee of Fifteen, *The Social Evil: With Special Reference to Conditions Existing in the City of New York*. New York 1902.

Comstock, Anthony, *Traps for the Young*. New York [4]1883.

Connelly, Mark Thomas, *The Response to Prostitution in the Progressive Era*. Chapel Hill, NC 1980.

Connolly, James J., *An Elusive Unity. Urban Democracy and Machine Politics in Industrializing America*. Ithaca, NY 2010.

Cook, Fred, *The FBI Nobody Knows*. New York 1964.

Cook, James W., Lawrence B. Glickman u. Michael O'Malley (Hg.), *The Cultural Turn in U.S. History. Past, Present, and Future*. Chicago/London 2008, S. 153–183.

Cook, Thomas J. u. Frank P. Scioli, JR., »Public Participation in the Criminal Justice System: Volunteers in Police, Courts, and Correctional Agencies«, in: *Policy Studies Journal* 3 (1), 1974, S. 44–48.

Coontz, Stephanie, *The Way We Never Were. American Families and the Nostalgia Trap.* New York 1992.

Corber, Robert J., *In the Name of National Security: Hitchcock, Homophobia, and the Political Construction of Gender in Postwar America.* Durham, NC 1993.

Cornebise, Alfred E., *War as Advertised. The Four Minute Men and America's Crusade 1917–1918.* Philadelphia 1984.

Coser, Lewis, »The Age of the Informer. An Anthology«, in: *Dissent* 1 (3), 1954, S. 249–254.

Costa, Beatriz da u. Claire Pentecost, »Of Patriots and Profits: New Tools for Keeping Academic Research in Line«, in: *Radical History Review* 93, 2005, S. 111–121.

Cox, Stephen, *The Big House. Image and Reality of the American Prison.* New Haven, CT/London 2009.

Craig, David R., »The Right to Silence and Undercover Police Operations«, in: *International Journal of Police Science & Management* 5 (2), 2003, S. 112–125.

Crank, John P., »Watchman and Community: Myth and Institutionalizing in Policing«, in: *Law and Society Review* 28 (2), 1994, S. 325–352.

Creel, George, *How We Advertised America. The First Telling of the Amazing Story of the Committee on Public Information that Carried the Gospel of Americanism to Every Corner of the Globe.* New York 1972 (erstmals 1920).

Crocker, Ruth Hutchinson, *The Settlement Movement in Two Industrial Cities, 1889–1930.* Urbana, IL/Chicago 1992.

Cromie, Robert u. Joseph Pinkston, *Dillinger: A Short and Violent Life.* New York 1962.

Csáky, Moritz, »Die Mehrdeutigkeit von Gedächtnis und Erinnerung. Ein kritischer Beitrag zur historischen Gedächtnisforschung«. Online einzusehen unter http://epub.ub.uni-muenchen.de/603/1/csaky-gedaechtnis.pdf (13.12.2010).

Culberson, William C., *Vigilantism. Political History of Private Power in America.* Westport, CT/New York 1990.

Culbert, David H. (Hg.), *Information Control and Propaganda: Records of the Office of War Information (microform).* Frederick, MD 1987.

Cunningham, David, *There's Something Happening Here. The New Left, the Klan, and FBI Counterintelligence.* Berkeley/London 2004.

– u. John Noakes, »›What If She's From The FBI?‹ The Effects of Covert Forms of Social Control on Social Movements«, in: Mathieu Deflem (Hg.), *Surveillance and Governance. Crime Control and Beyond.* Bingley 2008, S. 175–197.

Cuordileone, Kyle A., *Manhood and American Political Culture in the Cold War.* New York/London 2005.

Curriden, Mark, »Making Crime Pay. What's the Cost of Using Paid Informants?«, in: *ABA Journal* 77, June 1991, S. 42–46.

Currie, Elliott, *Crime and Punishment in America.* New York 1998.

Cvetic, Matt, *The Big Decision. Based on the Experiences of Matt Cvetic, Former FBI Counterspy.* Hollywood 1959.

–, »I Posed as a Communist for the FBI«, in: *Saturday Evening Post*, Juli 1950, Teil 1: 15.7.1950, S. 17–19, 92–96; Teil 2: 22.7.1950, S. 34–35, 52–55; Teil 3: 29.7.1950, S. 29–30, 100–102.

Davies Philip u. Brian Neve (Hg.), *Cinema, Politics and Society in America*. New York 1981.

Davis, David Brion, *The Fear of Conspiracy: Images of Un-American Subversion from the Revolution to the Present*. Ithaca, NY 1971.

Davis, James K., *Spying on America: The FBI's Domestic Counterintelligence Program*. New York 1992.

Dean, Mitchell, *Governmentality. Power and Rule in Modern Society*. London u.a. 1999.

DeBauche, Leslie Midkiff, *Reel Patriotism: The Movies and World War I*. Madison, WI 1997.

De Certeau, Michel, *Theoretische Fiktionen: Geschichte und Psychoanalyse*. Wien 1997.

–, »Foucaults Lachen«, in: ders., *Theoretische Fiktionen: Geschichte und Psychoanalyse*. Wien 1997, S. 44–58.

Deery, Phillip, »›A Divided Soul‹? The Cold War Odyssey of O. John Rogge«, in: *Cold War History* 6 (2), 2006, S. 177–204.

Deflem, Mathieu (Hg.), *Surveillance and Governance. Crime Control and Beyond*. Bingley 2008.

De Hart, Jane Sherron, »Containment at Home: Gender, Sexuality, and National Identity in Cold War America«, in: Peter J. Kuznik u. James Gilbert (Hg.), *Rethinking Cold War Culture*. Washington, D.C. 2001, S. 124–156.

Deines, Stefan, Stephan Jaeger u. Ansgar Nünning (Hg.), *Historisierte Subjekte – Subjektivierte Historie. Zur Verfügbarkeit und Unverfügbarkeit von Geschichte*. Berlin/New York 2003.

Deininger, R., »Using Informants and Co-Operative Witnesses«, in: *Law and Order*, July 1977, S. 64–70.

Deleuze, Gilles, *Foucault*. Frankfurt a.M.: Suhrkamp 1992.

–, »Was ist ein Dispositiv?«, in: François Ewald u. Bernhard Waldenfels (Hg.), *Spiele der Wahrheit. Michel Foucaults Denken*. Frankfurt a.M. 1991, S. 153–162.

DeMaio, Enrico, »Informants«, in: Larry E. Sullivan (Hg.), *Encyclopedia of Law Enforcement*. 2 Bde., Thousand Oakes, CA u.a. 2005, Bd. 1, S. 237–239.

D'Emilio, John u. Estelle Freedman, *Intimate Matters. A History of Sexuality in America*. New York 1988.

Denning, Michael, *The Cultural Front: The Laboring of American Culture in the Twentieth Century*. London 1996.

Dennis, Donna I., *Licentious Gotham. Erotic Publishing and its Prosecution in Nineteenth-Century New York*. Cambridge, MA/London 2009.

Dershowitz, Alan M., Harvey A. Silverglate u. Jeanne Baker, »The JDL Murder Case: ›The Informer was Our Own Client‹«, in: *Civil Liberties Review*, April/May 1976, S. 43–60.

Dick, Bernard, *Radical Innocence. A Critical Study of the Hollywood Ten.* Lexington, KY 1989.
Diewald-Kerkmann, Gisela, »Politische Denunziation – eine ›weibliche Domäne‹?«, in: *1999. Zeitschrift für Sozialgeschichte des 20. und 21. Jahrhunderts,* 1996, S. 11–35.
–, *Politische Denunziationen im NS-Regime oder die kleine Macht der ›Volksgenossen‹.* Bonn 1995.
Diffee, Christopher, »Sex and the City: The White Slave Scare and Social Governance in the Progressive Era«, in: *American Quarterly* 57 (2), 2005, S. 411–437.
Dilworth, Donald C., *The Blue and the Brass. American Policing, 1890–1910.* Gaithersburg, MD 1976.
Dinges, Martin, »Justiznutzung als soziale Kontrolle in der Frühen Neuzeit«, in: Andreas Blauert u.Gerd Schwerhoff (Hg.), *Kriminalitätsgeschichte. Beiträge zur Sozial- und Kulturgeschichte der Vormoderne.* Konstanz 2000, S. 503–544.
–, »Michel Foucault, Justizphantasien und die Macht«, in: Andreas Blauert u. Gerd Schwerhoff (Hg.), *Mit den Waffen der Justiz: Zur Kriminalitätsgeschichte des Spätmittelalters und der Frühen Neuzeit.* Frankfurt a.M. 1993, S. 189–212.
Dion, Susan, »The FBI Surveillance of the Women's International League for Peace and Freedom«, in: *Journal for Peace and Justice Studies* 3 (1), 1993, S. 1–21.
–, »Pacifism Treated as Subversion: The FBI and the War Resisters League« in: *Peace and Change* 9 (1), 1983, S. 43–59.
Divale, William T. u. James Joseph, *I Lived Inside the Campus Revolution.* New York 1970.
Dmytryk, Edward, *It's a Hell of a Life But Not a Bad Living.* New York 1978.
Dobbs, Michael, *Saboteurs. The Nazi Raid on America.* New York 2004.
Dördelmann, Katrin, *Die Macht der Worte. Denunziationen im nationalsozialistischen Köln.* Köln 1997.
–, »Denunziationen im Nationalsozialismus. Geschlechtsspezifische Aspekte«, in: Günter Jerouschek, Inge Marszolek u. Hedwig Röckelein (Hg.), *Denunziation. Historische, juristische und psychologische Aspekte.* Tübingen 1997, S. 157–167.
Dörner, Bernward, »NS-Herrschaft und Denunziation – Anmerkungen zu Defiziten der Denunziationsforschung«, in: Inge Marszolek u. Olaf Stieglitz (Hg.), *Denunziation im 20. Jahrhundert. Zwischen Komparatistik und Interdisziplinarität.* Sonderheft *Historical Social Research* 26, 2001, S. 55–69.
–, *›Heimtücke‹: Das Gesetz als Waffe. Kontrolle, Abschreckung und Verfolgung in Deutschland 1933–1945.* Paderborn 1998.
Doherty, Brian, »An American Stasi«, in: *Reason Magazine* 16.7.2002; auf: http://reason.com/archives/2002/07/16/an-american-stasi (26.10.2010)
Doherty, Thomas, *Cold War, Cool Medium. Television, McCarthyism, and American Culture.* New York 2003.
Donnelly, Richard C., »The Judicial Control of Informants, Spies, Stool Pigeons, and Agent Provocateurs«, in: *Yale Law Journal* 60 (7), 1951, S. 1091–1131.

Donner, Frank J., *Protectors of Privilege: Red Squads and Police Repression in Urban America*. Berkeley/Los Angeles 1990.

–, »Protectors of Privilege: Red Squads and Police Repression«, in: *Radical History Review* 48, 1990, S. 5–31.

–, »The New F.B.I. Guidelines: Rounding Up the Usual Suspects«, in: *Nation* 235, 7.–14. August 1982, S. 97, 110–116.

–, *The Age of Surveillance: The Aims and Methods of America's Political Intelligence System*. New York 1980.

–, »Let Him Wear a Wolf's Head. What the FBI Did to William Albertson«, in: *Civil Liberties Review* 3 (1), 1976, S. 12–22.

–, »Political Informers«, in: Pat Waters u. Stephen Gillers (Hg.), *Investigating the FBI*. Garden City, NY 1973, S. 338–368.

–, *The Un-Americans*. New York 1961.

Donovan, Brian, *White Slave Crusades. Race, Gender, and Anti-Vice Activism, 1887–1917*. Urbana, IL/Chicago 2006.

–, »Gender Inequality and Criminal Seduction: Prosecuting Sexual Coercion in the Early-20th Century «, in: *Law & Social Inquiry* 30 (1), 2005, S. 61–88.

Donovan, Dolores A., »Informers Revisited: Government Surveillance of Domestic Political Organizations and the Fourth and First Amendments«, in: *Buffalo Law Review* 33, 1984, S. 333–388.

Dreyfus, Hubert L. u. Paul Rabinow, *Michel Foucault: Beyond Structuralism and Hermeneutics*. Chicago 1982.

Dubofsky, Melvyn, *We Shall Be All. A History of the Industrial Workers of the World*. Champaign, IL 1988.

– u. Foster Rhea Dulles, *American Labor: A History*. Wheeling, IL [7]2004.

Du Bois, W. E. B., *In Battle for Peace. The Story of My 83rd Birthday*. New York 1952.

Dunbar, Burton u. Richard McKinzie, *Art and Propaganda. Images of Ourselves and Our Enemies*. Kansas City 1987.

Dunbar, Robin E., *The Detectives Business*. Chicago 1909.

Dunnighan, Colin, »Some Ethical Dilemmas in the Handling of Police Informers«, in: *Public Money and Management*, Jan-Mar 1998, S. 21–25.

–, »Reliable Sources«, in: *Police Review* 14, August 1992, S. 1496–1497.

Eckstein, Arthur, »The Hollywood Ten in History and Memory«, in: *Film History* 16 (4), 2004, S. 424–436.

Eder Franz X. (Hg.), *Historische Diskursanalyse. Genealogie, Theorie, Anwendungen*. Wiesbaden: VS-Verlag für Sozialwissenschaften 2006.

Ehrenreich, Barbara, *The Hearts of Men. American Dreams and the Flight from Commitment*. New York 1983.

Eisner, Marc Allen, *From Warfare State to Welfare State: World War I, Compensatory State Building, and the Limits of the Modern Order*. University Park, PA 2000.

Elliff, John, »The Attorney General's Guidelines for FBI Investigations«, in: *Cornell Law Review* 69, April 1984, S. 785–815.

–, *The Reform of FBI Intelligence Operations*. Princeton, NJ 1979.

Ellis, Edward Robb, *Echoes of Distant Thunder. Life in the United States, 1914–1918.* New York u.a. ²1996.

Ellis, Mark, *Race, War, and Surveillance. African Americans and the United States Government during World War I.* Bloomington, IN 2001.

–, »German-Americans in World War I«, in: Ragnhild Fiebig-von-Hase u. Ursula Lehmkuhl (Hg.), *Enemy Images in American History.* Providence, RI/Oxford 1997, S. 183–208.

–, »Federal Surveillance of Black Americans During the First World War«, in: *Immigrants and Minorities* 12, 1993, S. 1–20.

Ellsberg, Daniel, »Secrecy and National Security Whistleblowing«, in: *Social Research* 77 (3) 2010, 773–804.

Elter, Andreas, *Die Kriegsverkäufer. Geschichte der US-Propaganda 1917–2005.* Frankfurt a.M. 2005.

Epstein, Benjamin R. u. Arnold Forster, *The Radical Right. Report on the John Birch Society and Its Allies.* New York 1966.

Erenberg, Lewis A., *Steppin' Out. New York Nightlife and the Transformation of American Culture, 1890–1930.* Westport, CT 1981.

Etzioni, Amitai, *How Patriotic is the Patriot Act? Freedom Versus Security in the Age of Terrorism.* New York/London 2005.

Ewald, François u. Bernhard Waldenfels (Hg.), *Spiele der Wahrheit. Michel Foucaults Denken.* Frankfurt a.M. 1991.

Fairchild, Amy L., Ronald Bayer u. James Colgrove, *Searching Eyes. Privacy, the State, and Disease Surveillance in America.* Berkeley u.a. 2007.

Farge, Arlette u. Michel Foucault, *Familiäre Konflikte: Die »Lettres de cachet«.* Frankfurt a.M. 1989 (franz. Original 1982).

Fariello, Griffin, *Red Scare: Memories of the American Inquisition.* New York 1995.

Farnsworth, Stephen J., »Seeing Red: The FBI and Edgar Snow«, in: *Journalism History* 28 (3), 2002, S. 137–145.

Farren, Harry Desmond, *Sabotage: How to Guard against it.* New York/Deep River, CT 1940.

Farwell, Byron, *Over There: The United States in the Great War, 1917–1918.* New York 1999.

Fast, Howard, *Being Red. A Memoir.* Boston 1990.

FBI File on the NAACP. Wilmington, DE 1990.

FBI File on the Students for a Democratic Socierty and the Weather Underground Organization. Wilmington, DE 1990.

FBI: Investigative Case Files on the Bureau of Investigation 1908–1922. Washington, D.C. 1983.

Fee, Elizabeth, »Venereal Disease: The Wages of Sin?«, in: Kathy Peiss u. Christina Simmons (Hg.), *Passion and Power. Sexuality in History.* Philadelphia 1989, S. 178–198.

Feldman, Egal, »Prostitution, the Alien Woman and the Progressive Imagination«, in: *American Quarterly* 19 (2), 1967, S. 192–206.

Felt, Jeremy P., »Vice Reform as a Political Technique: The Committee of Fifteen in New York, 1900–1901«, in: *New York History* 54 (1), 1973, S. 24–51.

Fenster, Mark, *Conspiracy Theories. Secrecy and Power in American Culture*. Minneapolis, MN 1999.

Ferrell, Jeff, Keith Hayward, Wayne Morrison u. Mike Presdee (Hg.), *Cultural Criminology Unleashed*. London u.a. 2004.

– u. Clinton R. Sanders (Hg.), *Cultural Criminology*. Boston 1995.

Fijnaut, Cyrille u. Gary T. Marx (Hg.), *Undercover-Police Surveillance in Comparative Perspective*. Norwell, MA 1995.

Filene, Benjamin, *Romancing the Folk. Public Memory & American Roots Music*. Chapel Hill, NC/London 2000.

Finan, Christopher F., *From the Palmer Raids to the Patriot Act. A History of the Fight for Free Speech in America*. Boston 2007.

Fink, Gary M., *The Fulton Bag and Cotton Mills Strike of 1914–1915. Espionage, Labor Conflict, and New South Industrial Relations*. Ithaca, NY 1993.

Finzsch, Norbert, »Michel Foucault (1926–1984)«, in: Lutz Raphael (Hg.), *Klassiker der Geschichtswissenschaft. Band II: Von Fernand Braudel bis Natalie Z. Davis*. München 2006, S. 214–233.

–, »›Gay Punk, White Lesbian, Black Bitch‹: Zur Konstruktion des schwarzen männlichen Revolutionärs durch die Black Panther Party, 1966 bis 1982«, in: Rainer Hering u. Rainer Nicolaysen (Hg.), *Lebendige Sozialgeschichte. Gedenkschrift für Peter Borowsky*. Wiesbaden 2003, S. 206–220.

Fischer-Lichte, Erika, »Performance, Inszenierung, Ritual: Zur Klärung sozialwissenschaftlicher Schlüsselbegriffe«, in: Jürgen Martschukat u. Steffen Patzold (Hg.), *Geschichtswissenschaft und ›performative turn‹. Ritual, Inszenierung und Performanz vom Mittelalter bis zur Neuzeit*. Köln/Weimar/Wien 2003, S. 33–54.

–, *Politik als Inszenierung*. Hannover 2002.

–, »Grenzgänge und Tauschhandel. Auf dem Weg zu einer performativen Kultur«, in: Uwe Wirth (Hg.), *Performanz. Zwischen Sprachphilosophie und Kulturwissenschaften*. Frankfurt a.M. 2002, S. 277–300.

Fitzpatrick, Ellen F., *Muckraking. Three Landmark Articles*. Boston/New York 1994, S. 1–39.

Fitzpatrick, Sheila, »Denunciation and Problems of Loyalty and Citizenship«, in: Michaela Hohkamp u. Claudia Ulbrich, *Der Staatsbürger als Spitzel. Denunziation während des 18. und 19. Jahrhunderts aus europäischer Perspektive*. Leipzig 2001, S. 383–395.

Fitzpatrick, Sheila u. Robert Gellately, *Accusatory Practices: Denunciation in Modern European History 1789–1989*. Chicago/London 1997.

–, »Introduction to the Practices of Denunciation in Modern European History«, in: *Journal of Modern History* 68 (4), 1996, S. 747–767.

Fleming, Thomas, *The Illusion of Victory: Explaining World War I*. New York 2003.

Foner, Philip S. (Hg.), *The Black Panthers Speak*. Philadelphia 1970.

Forbes, Flores, *Will You Die With Me? My Life and the Black Panther Party*. New York 2006.

Foster, Carrie A., *The Women and the Warriors. The U.S. Section of the Women's International League for Peace and Freedom, 1915–1946*. Syracuse, NY 1995.

Foucault, Michel, *Die Macht der Psychiatrie*. Frankfurt a.M. 2005.

–, *Die Hermeneutik des Subjekts*. Frankfurt a.M. 2004.

–, *Geschichte der Gouvernementalität 1. Sicherheit, Territorium, Bevölkerung*. Frankfurt a.M. 2004.

–, *Geschichte der Gouvernementalität 2. Die Geburt der Biopolitik*. Frankfurt a.M. 2004.

–, *Die Anormalen*. Frankfurt a.M. 2003.

–, *Das Leben der infamen Menschen*. Berlin 2001.

–, *Dits et Écrits*. Schriften, 4 Bde. Hg. v. Daniel Defert u. François Ewald unter Mitarbeit v. Jacques Lagrange. Frankfurt a.M. 2001–2005.

–, *Sexualität und Wahrheit, Bd. 2: Der Gebrauch der Lüste*. Frankfurt a.M. 2000 (erstmals 1984).

–, *In Verteidigung der Gesellschaft*. Frankfurt a.M. 1999.

–, *Überwachen und Strafen. Die Geburt des Gefängnisses*. Frankfurt a.M. 1994 (erstmals 1975).

–, »About the Beginning of the Hermeneutics of the Self«, in: *Political Theory* 21, 1993, S. 198–227.

–, »Technologien des Selbst«, in: Luther H. Martin, Huck Gutman u. Patrick H. Hutton (Hg.), *Technologien des Selbst*. Frankfurt a.M. 1993, S. 24–62.

–, *Subversion des Wissens*. München 1987.

–, *Sexualität und Wahrheit, Bd. 1: Der Wille zum Wissen*. Frankfurt a.M. 1977.

Franklin, H. Bruce, *Prison Writing in 20th-Century America*. New York u.a. 1998.

–, *The Victim As Criminal and Artist. Literature from the American Prison*. New York/Oxford 1978.

Freidel, Frank u. Samuel Eliot Morison, *Dissent in Three American Wars*. Cambridge, MA: Harvard University Press 1970.

Fried, Albert, *McCarthyism. The Great American Red Scare. A Documentary History*. New York u.a. 1997.

Fried, Richard M., The *Russians Are Coming! The Russians Are Coming! Pageantry and Patriotism in Cold-War America*. NewYork u.a. 1998.

–, *Nightmare in Red. The McCarthy Era in Perspective*. NewYork u.a. 1990.

–, *Men Against McCarthy*. New York 1976.

Friedman, Andrea, »The Smearing of Joe McCarthy: The Lavender Scare, Gossip, and Cold War Politics«, in: *American Quarterly* 57 (4), 2005, S. 1105–1129.

–, *Prurient Interests. Gender, Democracy, and Obscenity in New York City, 1909–1945*. New York 2000

Friedman, Lawrence M., *Crime and Punishment in American History*. New York 1993.

Friedman, Max Paul, *Nazis and Good Neighbors. The United States Campaign Against the Germans of Latin America in World War II.* Cambridge, MA/New York 2005.

Friedman, Morris, *The Pinkerton Labor Spy.* New York 1907.

Friedman, Warren, »Volunteerism and the Decline of Violent Crime«, in: *Journal of Criminal Law and Criminology* 88 (4), 1998, S. 1453–1474.

Fronc, Jennifer, *New York Undercover: Private Surveillance in the Progressive Era.* Chicago/London 2009.

–, *›I Led Him On‹: Undercover Investigation and the Politics of Social Reform in New York City, 1900–1919.* Dissertation. Columbia University 2005.

Fürmetz, Gerhard, »Last oder Hilfe für die Polizei? Anzeigen, Meldungen und Denunziationen im Nachkriegsbayern«, in: *SOWI* (27 (2), 1998, S. 138–143.

Füssel, Marian, »Die Rückkehr des ›Subjekts‹ in der Kulturgeschichte. Beobachtungen aus praxeologischer Perspektive«, in: Stefan Deines, Stephan Jaeger u. Ansgar Nünning (Hg.), *Historisierte Subjekte – Subjektivierte Historie. Zur Verfügbarkeit und Unverfügbarkeit von Geschichte.* Berlin/New York 2003, S. 141–159.

Garay, Ron, »Television and the 1951 Senate Crime Committee Hearings«, in: Journal of Broadcasting & Electronic Media 22 (4), 1978, S. 469- 90.

Garber, Marjorie u. Rebecca L. Walkowitz, (Hg.): *Secret Agents. The Rosenberg Case, McCarthyism and Fifties America.* New York/London 1995.

Garland, David, »On the Concept of Moral Panic«, in: *Crime, Media, Culture* 4 (1), 2008, S. 9–30.

Garner, Bryan A., *The Oxford Dictionary of American Usage and Style.* New York u.a. 2000.

Garrow, David J., »Picking up the Books: The New Historiography of the Black Panther Party«, in: *Reviews in American History* 35 (4) 2007, S. 650–670.

–, »FBI Political Harrassment and FBI Historiography: Analyzing Informants and Measuring Effects«, in: *Public Historian* 10 (4), 1988, S. 5–18.

–, *The FBI and Martin Luther King, Jr.*. New York 1983.

Gary, Brett, *The Nervous Liberals. Propaganda Anxieties from World War I to the Cold War.* New York: Columbia University Press 1999.

Gates, Henry Louis, Jr., *Loose Canons. Notes on the Culture Wars.* New York u.a. 1992.

–, *Bearing Witness: Selections from African-American Autobiography in the Twentieth Century.* New York 1991.

Gebhard, Gunther, Oliver Geisler u. Steffen Schröter (Hg.), *Von Monstern und Menschen. Begegnungen der anderen Art in kulturwissenschaftlicher Perspektive.* Bielefeld 2009.

Gellately, Robert, »Denunciation as a Subject of Historical Research«, in: Inge Marszolek u. Olaf Stieglitz (Hg.), *Denunziation im 20. Jahrhundert. Zwischen Komparatistik und Interdisziplinarität.* Sonderheft *Historical Social Research* 26, 2001, S. 16–29.

–, »Denunciations in 20th Century Germany«, in: Sheila Fitzpatrick u. Robert Gellately, *Accusatory Practices: Denunciation in Modern European History 1789–1989.* Chicago/London 1997, S. 185–222.

–, *The Gestapo and German Society. Enforcing Racial Policy 1933–1945*. Oxford 1990.
–, »The Gestapo and German Society: Political Denunciation in the Gestapo Case Files«, in: *Journal of Modern History*, 1988, S. 654–694.
Gentry, Curt, *J. Edgar Hoover: The Man and the Secrets*. New York 1991.
Gerhard, Ute, »Kollektivsymbol/Kollektivsymbolik«, in: Ansgar Nünning (Hg.), *Metzler Lexikon Literatur- und Kulturtheorie. Ansätze – Personen – Grundbegriffe*. Stuttgart/Weimar 1998, S. 267–268.
Gersmann, Gudrun, »Vom Denunzianten zum Revolutionär. Die Pariser Buchpolizei des Ancien Régime und ihre Informanten«, in: Michaela Hohkamp u. Claudia Ulbrich, *Der Staatsbürger als Spitzel. Denunziation während des 18. und 19. Jahrhunderts aus europäischer Perspektive*. Leipzig 2001, S. 341–358.
–, »Schattenmänner. Schriftsteller im Dienst der Pariser Polizei des Ancien Régime«, in: Günter Jerouschek, Inge Marszolek u. Hedwig Röckelein (Hg.), *Denunziation. Historische, juristische und psychologische Aspekte*. Tübingen 1997, S. 99–126
Giallombardo, Rose, »Social Roles in a Prison for Women«, in: *Social Problems* 13 (3), 1966, S. 268–288.
Gienow-Hecht, Jessica C. E., (Hg.), *Emotions in American History. An International Assessment*. New York 2010.
–, *Sound Diplomacy. Music and Emotions in Transatlantic Relations, 1850–1920*. Chicago/London 2009.
Gilbert, James B., *Men in the Middle. Searching for Masculinity in the 1950s*. Chicago 2005.
–, *A Cycle of Outrage. America's Reaction to the Juvenile Delinquent in the 1950s*. New York u.a. 1986.
Gilfoyle, Timothy, *City of Eros. New York City, Prostitution, and the Commercialization of Sex, 1790–1920*. New York/London 1992.
–, »The Moral Origins of Political Surveillance. The Preventive Society in New York City, 1867–1918«, in: *American Quarterly* 38 (4), 1986, S. 637–652.
Gillers, Stephen u. Pat Watters (Hg.), *Investigating the FBI*. Garden City, NY 1973.
Gilman, Charlotte Perkins, »His Mother«, in: Denise D. Knight (Hg.), *»The Yellow Wall-Paper« and other Selected Stories of Charlotte Perkins Gilman*. Newark, NJ 1994, S. 73–80.
Gilmer, Eva, *WikiLeaks und die Folgen: Netz–Medien – Politik*. Berlin 2011.
Gilpin, Toni u. Steven Rosswurm, »The FBI and the Farm Equipment Workers: FBI Surveillance Records as a Source for CIO Union History«, in: *Labor History* 27, Fall 1986, S. 485–505.
Ginzburg, Carlo, »›Your Country Needs You.‹ A Case Study in Political Iconography«, in: *History Workshop Journal* 52 (1), 2001, S. 1–22.
Glick, Brian, *War at Home: Covert Action against U.S. Activities and What We can Do about Them*. Boston 1988.
Goddard, Donald, *The Insider: The FBI's Undercover ›Wise Guy‹ Goes Public*. New York 1992.

Goffman, Erving, *Asylums. Essays on the Social Situation of Mental Patients and Other Inmates*. New York 1961.

Goldberg, Robert Allen, *Enemies Within. The Culture of Conspiracy in Modern America*. New Haven, CT/London 2001.

Goldin, Hyman E. (Hg.), *Dictionary of American Underworld Lingo*. New York 1950.

Goldstein, Robert J., *Political Repression in Modern America: From 1870 to the Present*. Cambridge, MA 1978.

Goode, Erich u. Nachman Ben-Yehuda, *Moral Panics. The Social Construction of Deviance*. Oxford/Cambridge 1994.

Goodell, Charles Ellsworth, *Political Prisoners in the USA*. New York 1973.

Goodman, Walter, *The Committee: The Extraordinary Career of the House Committee on Un-American Activities*. New York 1968.

Gorn, Elliott J., *Dillinger's Wild Ride. The Year That Made America's Public Enemy No. 1*. Oxford/New York 2009.

–, Re-membering John Dillinger, in: James W. Cook, Lawrence B. Glickman u. Michael O'Malley (Hg.), *The Cultural Turn in U.S. History. Past, Present & Future*. Chicago 2008, S. 153–183.

–, »The Wicked World. The *National Police Gazette* and Gilded Age America«, in: *Media Studies Quarterly* 6 (1), 1992, S. 1–16.

Graham, Renee, »An Ex-Panther Defends *Panther*«, in: *Boston Globe*, 5.5.1995, S. 3.

Grathwohl, Larry u. Frank Reagan, *Bringing Down America. An FBI Informant With the Weathermen*. La Rochelle, NY 1976.

Green, Archie, *Torching the Fink Books & Other Essays on Vernacular Culture*. Chapel Hill, NC/London 2001.

–, *Wobblies, Pile Butts, and Other Heroes. Laborlore Explorations*. Urbana, IL/Chicago 1993.

Greene, Robert, *The Sting Man: Inside Abscam*. New York 1981.

Greiner, Bernd, *9/11. Der Tag, die Angst, die Folgen*. München 2011.

Griffith, Robert, *The Politics of Fear: Joseph McCarthy and the Senate*. Lexington, KY 1970.

Griffith, Robert u. Athan Theoharis (Hg.), *The Specter. Original Essays on the Cold War and the Origins of McCarthyism*. New York 1974.

Große Kracht, Klaus, »›Gouvernementalität‹ – Michel Foucault und die Geschichte des 20. Jahrhunderts«, in: *Zeithistorische Forschungen/Studies in Contemporary History* 3 (2), 2006, S. 273–276.

Gudehus, Christian, Ariane Eichenberg u. Harald Welzer (Hg.), *Gedächtnis und Erinnerung. Ein interdisziplinäres Handbuch*. Stuttgart/Weimar 2010.

Gusfield, Joseph R., *Symbolic Crusade. Status Politics and the American Temperance Movement*. Urbana, IL [2]1986.

Hacking, Ian, *The Social Construction of What?* Cambridge, MA 2000.

Hadden, Sally, *Slave Patrols. Law and Violence in Virginia and the Carolinas*. Cambridge, MA/London 2001.

Hahn, Alois (Hg.), *Selbstthematisierung und Selbstzeugnis. Bekenntnis und Geständnis.* Frankfurt a.M. 1987.

Haines, Gerald u. David Langbart, *Unlocking the Files of the FBI: A Guide to Its Record and Classification System.* Wilmington, DE 1993.

Hall, G. Stanley, *Adolescents. Its Psychology and its Relations to Physiology, Anthropology, Sociology, Sex, Crime, and Religion.* New York 1904.

Hall, Rachel, *Wanted. The Outlaw in American Visual Culture.* Charlottesville, VA/London 2009.

Halperin, Morton, Jerry J. Berman, Robert L. Borosage u. Cristine M. Marwick, *The Lawless State. The Crimes of the U.S. Intelligence Agencies.* New York 1976.

Hamilton, Henry u. John Ortiz Smykla, »Guidelines for Police Undercover Work: New Questions about Accreditation and the Emphasis of Procedure over Authorization«, in: *Justice Quarterly* 11 (1), 1994, S. 135–151.

Hamm, Mark S., »The USA Patriot Act and the Politics of Fear«, in: Jeff Ferrell, Keith Hayward, Wayne Morrison u. Mike Presdee (Hg.), *Cultural Criminology Unleashed.* London u.a. 2004, S. 287–299.

Hampf, M. Michaela, »Folterin«, in: Netzwerk Körper (Hg.), *What Can a Body Do? Praktiken und Figurationen des Körpers in den Kulturwissenschaften.* Frankfurt a.M./New York 2012, Figurationen S. 74–82.

Harney, Malachi L. u. John C. Cross, *The Informer in Law Enforcement.* Springfield, IL [2]1968.

Harper, Ida, »The Role of the ›Fringer‹ in a State Prison for Women«, in: *Social Forces* 31 (1), 1952, S. 53–60.

Harring, Sidney L., *Policing a Class Society: The Experience of American Cities, 1865–1915.* New Brunswick, NJ 1983.

Harris, Richard, *Freedom Spent.* Boston 1976.

Haskell, Thomas L., *The Emergence of Professional Social Science. The American Social Science Association and the Nineteenth-Century Crisis of Authority.* Baltimore [2]2000 (erstmals 1977).

Hayden, Sterling, *Wanderer.* New York 1963.

Hayner, Norman S. u. Ellis Ash, »The Prison as a Community«, in: *American Sociological Review* 5 (4), 1940, S. 577–583.

Haynes, Fred E., *Criminology.* New York [2]1935 (erstmals 1930).

Haynes, John Earl, *In Denial. Historians, Communism & Espionage.* San Francisco 2003.

–, »Revolt of the ›Timber Beasts‹: I.W.W. Lumber Strike in Minnesota«, in: *Minnesota History* 42 (5), 1971, S. 162–174.

– u. Harvey Klehr, *VENONA. Decoding Soviet Espionage in America.* New Haven/London 1999.

Heale, M.J., *McCarthy's Americans. Red Scare Politics in State and Nation, 1935–1965.* Athens, GA 1998.

–, *American Anticommunism: Combating the Enemy Within, 1830–1970.* Baltimore 1990.

Heap, Chad, *Slumming. Sexual and Racial Encounters in American Nightlife, 1885–1940*. Chicago/London 2009.
Hecht, George Joseph (Hg.), *The War in Cartoons. A History of the War in 100 Cartoons by 27 of the Most Prominent American Cartoonists*. New York 1919.
Hellman, Lillian, *Scoundrel Time*. London 1976.
Helmer, William J. u. Rick Mattrix, *Public Enemies. America's Criminal Past*. New York 1998.
–, *Dillinger. The Untold Story*. Bloomington, IN 1994.
Hendershot, Cyndy, *Anti-Communism and Popular Culture in Mid-Century America*. Jefferson, NC/London 2003.
Hensle, Michael P., »Denunziantentum und Diktatur: Denunziation als Mittel der Machtausübung und Konfliktaustragung im Nationalsozialistischen Deutschland«, in: *Zeitschrift für Geschichtswissenschaft* 51 (2), 2003, S. 144–161.
Hergemöller, Bernd-Ulrich, »Accusatio und denunciatio im Rahmen der spätmittelalterlichen Homosexuellenverfolgung in Venedig und Florenz«, in: Günter Jerouschek, Inge Marszolek u. Hedwig Röckelein (Hg.), *Denunziation. Historische, juristische und psychologische Aspekte*. Tübingen 1997, S. 64–79.
Herzberg, Bob, *The FBI and the Movies. A History of the Bureau on Screen and Behind the Scenes in Hollywood*. Jefferson, NC/London 2007.
Hettlage, Robert (Hg.), *Verleugnen, vertuschen, verdrehen. Leben in der Lügengesellschaft*. Konstanz 2003.
Hewitt, Steve, *Snitch! A History of the Modern Intelligence Informer*. New York/London 2010.
Higham, John, *Strangers in the Land. Patterns of American Nativism, 1860–1925*. New Brunswick, NJ/London [4]1998.
Hill, Robert (Hg.), *The FBI's RACON: Racial Conditions in the United States during World War II*. Boston 1995.
–, »The Foremost Radical among His Race: Marcus Garvey and the Black Scare, 1918–1921«, in: *Prologue* 16, Winter 1984, S. 216–222.
– (Hg.), *The Marcus Garvey and Universal Negro Improvement Association Papers*. 9 Bde., Berkeley, CA 1987–1993.
Hilliard, David, *This Side of Glory: The Autobiography of David Hilliard and the Story of the Black Panther Party*. Boston 1993.
Himes, Chester, *The Collected Stories of Chester Himes*. London 1993.
–, *The Quality of Hurt. The Autobiography of Chester Himes*. New York 1972.
–, *Cast The First Stone*. New York 1952.
Hiss, Alger, *In the Court of Public Opinion*. London 1957.
Hobson, Barbara Meil, *Uneasy Virtue. The Politics of Prostitution and the American Reform Tradition*. New York 1987.
Hoerl, Kristen, »Mario Van Peebles's *Panther* and Popular Memories of the Black Panther Party«, in: *Critical Studies in Mass Communication* 24 (3), 2007, S. 206–227.

Hofstadter, Richard, *The Paranoid Style in American Politics and Other Essays*. New York 1965.
–, *The Age of Reform. From Bryan to F.D.R.*. New York 1955.
Hohkamp, Michaela u. Claudia Ulbrich, »Wege zu einer inter- und intrakulturellen Denunziationsforschung«, in: dies. (Hg.), *Der Staatsbürger als Spitzel. Denunziation während des 18. und 19. Jahrhunderts aus europäischer Perspektive*. Leipzig 2001, S. 9–23.
Holder, Daniel, »From ›Black‹ to ›Red‹? W.E.B. Du Bois's and Paul Robeson's Responses to McCarthyism«. Unveröff. Magisterarbeit. Rheinische Friedrich-Wilhelms-Universität zu Bonn 2008.
Hollander, Toby H., »The Use of Confidential Informants in Prison Disciplinary Proceedings «, in: *New England Journal on Prison Law* 8 (2), 1982, S. 347–366.
Hoover, J. Edgar, *On Communism*. New York 1969.
–, *A Study of Communism*. New York u.a. 1962.
–, *Masters of Deceit. The Story of Communism in America and How to Fight It*. New York 1958.
–, *Persons in Hiding*. Boston 1938.
Horan, James D. *The Pinkertons. The Detective Dynasty That Made History*. New York 1967.
Horn, Eva, *Der geheime Krieg. Verrat, Spionage und moderne Fiktion*. Frankfurt a.M. 2007.
–, »›Verrat im 20. Jahrhundert‹. Zur Genealogie des Irregulären in der politischen Theorie der fünfziger und sechziger Jahre«, in: Cornelia Epping-Jäger, Torsten Hahn u. Erhard Schüttpelz (Hg.), *Freund, Feind & Verrat. Das politische Feld der Medien*. Köln 2004, S. 138–156.
–, »Bilder des Feindes: Nur was nicht erkennbar ist, braucht einen enormen Aufwand an Bildgebung«, in: *Frankfurter Rundschau*, 16.11.2001.
Horowitz, David, » Top 10 Most Dangerous Academics in America«, in: *Human Events*, 13.2.2006, S. 10.
Horowitz, Helen Lefkowitz, *Rereading Sex. Battles Over Sexual Knowledge and Suppression in Nineteenth-Century America*. New York 2002.
Hough, Emerson, *The Web: The Authorized History of the American Protective League*. Chicago 1919.
Humphries, Reynold, *Hollywood's Blacklist. A Political and Cultural History*. Edinburgh 2008.
Hunt, Alan, »Regulating Heterosocial Space: Sexual Politics in the Early Twentieth Century«, in: *Journal of Historical Sociology* 15 (1), 2002, S. 1–34.
–, »Anxiety and Social Explanation. Some Anxieties about Anxiety«, in: *Journal of Social History* 32 (3), 1999, S. 509–528.
Hyde, Charles K., »Undercover and Underground. Labor Spies and Mine Management in the Early Twentieth-Century«, in: *Business History Review* 60 (1), 1986, S. 1–27.

Ingebretsen, Edward J., *At Stake: Monsters and the Rhetoric of Fear in Public Culture.* Chicago/London 2001.

Irwin, John u. Donald R. Cressey, »Thieves, Convicts and the Inmate Culture«, in: *Social Problems* 10 (2) 1962, S. 142–155

Isserman, Maurice, *If I Had a Hammer: The Death of the Old Left and the Birth of the New Left.* New York 1987.

Isserman, Maurice u. Ellen Schrecker, »›Papers of a Dangerous Tendency‹. From Major Andre's Boot to the VENONA Files«; in: Ellen Schrecker (Hg.), *Cold War Triumphalism. The Misuse of History after the Fall of Communism.* New York 2004, S. 149–173.

Jackson, George, *Soledad Brother. The Prison Letters of George Jackson.* Chicago 1994 (erstmals 1970).

Jacobs, Bruce A., »Contingent Ties: Undercover Drug Officers' Use of Informants«, in: *British Journal of Sociology* 48 (1), 1997, S. 35–53.

–, »Undercover Deception Clues: A Case of Restrictive Deterrence«, in: *Criminology* 31 (2), 1993, S. 281–299.

Jacobs, James B., *Mobsters, Unions, and Feds. The Mafia and the American Labor Movement.* New York/London 2006.

Jacobson, Matthew Frye, *Barbarian Virtues. The United States Encounters Foreign Peoples at Home and Abroad, 1876–1917.* New York 2000.

Jäger, Siegfried, »Diskurs und Wissen. Theoretische und methodische Aspekte einer Kritischen Diskurs- und Dispositivanalyse«, in: Reiner Keller, Andreas Hirseland, Werner Schneider u. Willy Viehöver (Hg.), *Handbuch Sozialwissenschaftliche Diskursanalyse. Bd. 1: Theorien und Methoden.* Opladen 2001, S. 81–112.

James, Pearl, *Picture This! World War I Posters and Visual Culture.* Lincoln, NE/London 2009.

Jameson, Elizabeth, *All That Glitters – Class, Conflict, and Community in Cripple Creek.* Urbana, IL 1998.

Jayko, Margaret, *FBI on Trial. The Victory in the Socialist Workers Party Suit Against Government Spying.* New York u.a. 1988.

Jeffreys-Jones, Rhodri, *The FBI. A History.* New Haven, CT 2007.

–, *The CIA and American Democracy.* New Haven, CT/London 1989.

–, *Violence and Reform in American History.* New York: New Viewpoints 1978.

–, Profit over Class: »A Study in American Industrial Espionage«, in: *Journal of American Studies* 6 (3), 1972, S. 233–248.

Jenkins, Philip, *The Cold War at Home. The Red Scare in Pennsylvania, 1945–1960.* Chapel Hill, NC 1999.

Jensen, Joan M., *The Price of Vigilance.* Chicago 1968.

Jenson, Carol E., »Loyalty as a Political Weapon: The 1918 Campaign in Minnesota«, in: *Minnesota History* 43 (2), 1972, S. 42–57.

Jerouschek, Günter, »Mit Worten töten – Historische und psychologische Überlegungen zur Denunziation«, in: Inge Marszolek u. Olaf Stieglitz, *Denunziation im*

20. Jahrhundert: Zwischen Komparatistik und Interdisziplinarität. Sonderheft *Historical Social Research* 26, 2001, S. 44–55.
–, »Die Herausbildung des peinlichen Inquisitionsprozesses im Spätmittelalter und in der Frühen Neuzeit«, in: *Zeitschrift für die gesamte Strafrechtswissenschaft* 104, 1992, S. 328–360.
Johnson, Bruce, »Taking Care of Labor: The Police in American Politics«, in: *Theory and Society* 3, 1976, S. 89–117.
Johnson, Carrie, »Snitching on the Top Dog; Lowly Employees Wield Great Power at Bosses' Trials«, in: *Washington Post*, 4.2.2004, S. E01.
Johnson, David K., *The Lavender Scare. The Cold War Persecution of Gays and Lesbians in the Federal Government.* Chicago 2004.
Johnson, David R., *Policing the Urban Underworld: The Impact of Crime on the Development of the American Police.* Philadelphia 1979.
Johnson, Donald Oscar, *The Challenge to American Freedoms: World War I and the Rise of the American Civil Liberties Union.* Lexington, KY 1963.
Johnson, Elmer H., »Sociology of Confinement: Assimilation and the Prison ›Rat‹«, in: *Journal of Criminal Law, Criminology and Police Science* 51 (5), 1961, S. 528–533.
Jones, Charles E. (Hg.), *The Black Panther Party: Reconsidered.* Baltimore 1998.
Joshi, Vandana, *Gender and Power in the Third Reich: Female Denouncers and the Gestapo (1933–45).* Basingstoke 2003.
Kaminer, Wendy, »I Snoop«, in: *The American Prospect* 13 (11), 2002, S. 9.
Kammerer, Dietmar, *Bilder der Überwachung.* Frankfurt a.M. 2008.
Kamp, Joseph P., *The Fifth Column vs. the Dies Committee.* New Haven, CT 1941.
Katsampes, Paul L., »Informants: Motivations and Inducements«, in: *Police* 16, December 1971, S. 52–53.
Katz, Harry, *Cartoon America. Comic Art in the Libary of Congress.* New York 2006.
Kazal, Russel A., *Becoming Old Stock. The Paradox of German-American Identity.* Princeton 2004.
Kazan, Elia, *A Life.* New York 1988.
Kazin, Michael u. Joseph A. McCartin (Hg.), *Americanism. New Perspectives on the History of an American Ideal.* Chapel Hill, NC 2006.
Keefer, Truman Frederick, *Philip Wylie.* Boston 1977.
Keil, Hartmut, *Sind oder waren Sie Mitglied? Verhörprotokolle über unamerikanische Aktivitäten 1947–1956.* Reinbek bei Hamburg 1979.
Keller, Morton, *Regulating a New Society. Public Policy and Social Change in America, 1900–1933.* Cambridge, MA u.a. 1994.
Keller, William W., *The Liberals and J. Edgar Hoover. Rise and Fall of a Domestic Intelligence State.* Princeton 1989.
Kennedy, David, *Over Here: The First World War and American Society.* Oxford/New York 1980.
Kenny, Kevin, *Making Sense of the Molly Maguires.* Oxford/New York 1998.

–, »The Molly Maguires in Popular Culture«, in: *Journal of American Ethnic History* 14 (4), 1995, S. 27–46.

Kessel, Martina, »Gefühle und Geschichtswissenschaft«, in: Rainer Schützeneichel (Hg.), *Emotionen und Sozialtheorie. Disziplinäre Ansätze*. Frankfurt a.M./New York 2006, S. 29–47.

Kessler-Harris, Alice, *Out to Work. A History of Wage-Earning Women in the United States*. Oxford/New York 1982.

King, Robert D., »Treason and Traitors«, in *Society* 26 (5), 1989, S. 39–48.

Kirschbaum, Erik, *The Eradication of German Culture in the United States, 1917–1918*. Stuttgart 1986.

Kleinig, John, *The Ethics of Policing*. Cambridge, MA/New York 1996.

Klingaman, William K., *Encyclopedia of the McCarthy Era*. New York 1996.

Knoll, Erwin, »Filed But Not Forgotten. The FBI and *The Progressive*«, in: *Progressive* 50, October 1986, S. 24–25.

Knutson, Anne Klassen, »Breasts, Brawn and Selling a War. American World War I Propaganda Posters, 1917–1918«. Dissertation. University of Pittburgh 1997.

Koch, Friedrich, *Sexuelle Denunziation. Die Sexualität in der politischen Auseinandersetzung*. Frankfurt a.M. 1986.

Kögler, Hans-Herbert, »Situierte Autonomie. Zur Wiederkehr des Subjekts bei Foucault«, in: Stefan Deines, Stephan Jaeger u. Ansgar Nünning (Hg.), *Historisierte Subjekte – Subjektivierte Historie. Zur Verfügbarkeit und Unverfügbarkeit von Geschichte*. Berlin/New York 2003, S. 77–91.

Kohn, Stephen M., *American Political Prisoners. Prosecutions Under the Espionage and Sedition Acts*. Westport, CT 1994.

Kohser-Spohn, Christiane, »Das Private wird politisch. Denunziationen in Straßburg in der Frühphase der Französischen Revolution«, in: Michaela Hohkamp u. Claudia Ulbrich, *Der Staatsbürger als Spitzel. Denunziation während des 18. und 19. Jahrhunderts aus europäischer Perspektive*. Leipzig 2001, S. 213–269.

–, »Théories et practiques de la dénunciation (1789–1793): Analyse d'un exemple«, in: Friso Ross u. Achim Landwehr (Hg.), *Denunziation und Justiz. Historische Dimensionen eines sozialen Phänomens*. Tübingen 2000, S. 77–94.

Kolmer, Lothar, »Die denunciatio canonica als Instrument im Kampf um den rechten Glauben«, in: Günter Jerouschek, Inge Marszolek u. Hedwig Röckelein (Hg.), *Denunziation. Historische, juristische und psychologische Aspekte*. Tübingen 1997, S. 26–47.

Kornbluh, Joyce L., *Rebel Voices. An IWW Anthology*. Ann Arbor, MI 1964.

Kornweibel, Theodore, Jr., *»Investigate Everything«. Federal Efforts to Compel Black Loyalty during World War I*. Bloomington, IN 2002.

–, *Seeing Red. Federal Campaigns against Black Militancy 1919–1925*. Bloomington, IN 1998.

–, (Hg.), *Federal Surveillance of Afro-Americans (1917–1925). The First World War, the Red Scare, and the Garvey Movement*. 25 Mikrofilme u. Booklet. Frederick, MD 1986.

Koselleck, Reinhart, *Kritik und Krise. Eine Studie zur Pathogenese der bürgerlichen Welt*. Frankfurt a.M. 1973.

Kovel, Joel, *Red-Hunting in the Promised Land: Anticommunism and the Making of America*. New York 1994.

Kraft, Hartmut, *Tabu. Magie und soziale Wirklichkeit*. Düsseldorf/Zürich 2004.

Krasmann, Susanne, *Die Kriminalität der Gesellschaft. Zur Gouvernementalität der Gegenwart*. Konstanz 2003.

–, »Gouvernementalität: Zur Kontinuität der Foucaultschen Analytik der Oberfläche«, in: Jürgen Martschukat (Hg.), *Geschichte schreiben mit Foucault*. Frankfurt a.M./New York 2002, S. 79–95.

–, »Simultaneität von Körper und Sprache bei Michel Foucault«, in: *Leviathan* 23, 1995, S. 240–262.

Krüger, Gerd, »Straffreie Selbstjustiz: Öffentliche Denunzierungen im Ruhrgebiet 1923–1926«, in: *SOWI* 27 (2), 1998, S. 119–124.

Krutnik, Frank (Hg.), *›Un-American‹ Hollywood. Politics and Film in Blacklist Era*. New Brunswick, NJ/London 2007.

Kunzel, Regina, *Criminal Intimacy. Prison and the Uneven History of Modern American Sexuality*. Chicago/London 2008.

Kurins, Andris u. Joseph O'Brien, *Boss of the Bosses. The Fall of the Godfather: The FBI and Paul Castellano*. New York 1991.

Kutler, Stanley I., *The American Inquisition: Justice and Injustice in the Cold War*. New York 1982.

Kuznik, Peter J. u. James Gilbert (Hg.), *Rethinking Cold War Culture*. Washington, D.C. 2001.

Landau, Henry, *The Enemy Within. The Inside Story of German Sabotage in America*. New York 1937.

Landwehr, Achim, *Geschichte des Sagbaren. Einführung in die Historische Diskursanalyse*. Tübingen 2001.

–, »›… das ein nachbar uff den andern heimblich achtung gebe.‹ ›Denunciatio‹, Rüge und ›gute Policey‹ im frühneuzeitlichen Württemberg«, in: Friso Ross u. Achim Landwehr (Hg.), *Denunziation und Justiz. Historische Dimensionen eines sozialen Phänomens*. Tübingen 2000, S. 25–53.

Langum, David J., *Crossing over the Line. Legislating Morality and the Mann Act*. Chicago/London 1994.

Lapin, Adam, *The Un-American Dies Committee*. New York 1939.

Lardner, Ring, Jr., *I'd Hate Myself in the Morning. A Memoir*. New York 2000.

Lasch-Quinn, Elisabeth, *Black Neighbors: Race and the Limits of Reform in the American Settlement House Movement, 1890–1945*. Chapel Hill, NC 1993.

Lawes, Lewis E., *20,000 Years in Sing Sing*. New York 1932.

Leab, Daniel J., *I Was a Communist for the FBI. The Unhappy Life and Times of Matt Cvetic*. University Park, PA 2000.

–, *Confidential Files, Communist Activity in the Entertainment Industry, FBI Surveillance Files on Hollywood, 1942–1958*. Bethesda, MD 1991.

–, »Hollywood im Kalten Krieg«, in: Stiftung Deutsche Kinemathek (Hg.), *Kalter Krieg. 60 Filme aus Ost und West Berlin*. Berlin 1991, S. 204–226.
Lears, T.J. Jackson, *Rebirth of a Nation: The Making of Modern America, 1877–1920*. New York 2009.
–, *Fables of Abundance. A Cultural History of Advertising in America*. New York 1994.
–, »From Salvation to Self-Realization. Advertising and the Therapeutic Roots of the Consumer Culture, 1880–1930«, in: Richard Wightman Fox u. T. J. Jackson Lears (Hg.), *The Culture of Consumption. Critical Essays in American History, 1880–1980*. New York 1983, S. 1–38.
Leff, Mark, »The Politics of Sacrifice on the American Home Front in World War II«, in: *Journal of American History* 77 (4), 1991, S. 1296–1318.
Lemke, Thomas, *Gouvernementalität und Biopolitik*. Wiesbaden 2007.
Lenel, Brigitte, »Urspitzel Judas«, in: Markus Mohr u. Klaus Viehmann (Hg.), *Spitzel. Eine kleine Sozialgeschichte*. Berlin/Hamburg 2004, S. 27–36.
Lengermann, Patricia Madoo u. Jill Niebrugge-Brantley, *The Women Founders. Sociology and Social Theory, 1830–1930*. Boston 1998.
Levin, Murray B., *Political Hysteria in America. The Democratic Capacity for Repression*. New York 1971.
Levinson, Edward, *I Break Strikes! The Technique of Pearl L. Bergoff*. New York 1935.
Levy, David, *Maternal Overprotection*. New York 1943.
Lewis, Frederick Allen, »The American Tradition and the War«, in: *The Nation* 104, 26.4.1917, S. 485.
Lewis, George, *The White South and the Red Menace. Segregationists, Anticommunism, and Massive Resistance, 1945–1965*. Gainesville, FL 2004.
Lichtman, Robert M. u. Ronald D. Cohen, *Deadly Farce. Harvey Matusow and the Informer System in the McCarthy Era*. Urbana, IL 2004.
Liebermann, Robbie, *›My Song Is My Weapon‹: People's Songs, American Communism and the Politics of Culture*. Urbana, IL 1989.
Lindner, Robert M., *Must You Conform?* New York 1956.
Linfield, Michael, *Freedom Under Fire. U.S. Civil Liberties in Times of War*. Cambridge, MA 1990.
Link, Jürgen, »Diskursive Ereignisse, Diskurse, Interdiskurse: Sieben Thesen zur Operativität der Diskursanalyse, am Beispiel des Normalismus«, in: Hannelore Bublitz, Andrea D. Bührmann, Christine Hanke u. Andrea Seier (Hg.), *Das Wuchern der Diskurse. Perspektiven der Diskursanalyse Foucaults*. Frankfurt a.M./New York 1999, S. 148–161.
Litvak, Joseph, *The Un-Americans. Jews, the Blacklist, and Stool Pigeon Culture*. Durham, NC/London 2009.
Lowenthal, Max, *The Federal Bureau of Investigation*. New York 1950.
Lowry, Dennis T., Tarn Ching Josephine Nio u. Dennis W. Leitner, »Setting the Public Fear Agenda: A Longitudinal Analysis of Network TV Crime Reporting,

Public Perceptions of Crime, and FBI Crime Statistics «, in: *Journal of Communication* 53 (1), March 2003, S. 61–73.
Lubove, Roy, *The Progressives and the Slums. Tenement House Reform in New York City, 1890–1917*. Pittsburgh 1963.
Luebke, Frederick C., *Bonds of Loyalty. German Americans and World War I*. DeKalb, IL 1974.
Lüdtke, Alf, »Denunziation – Politik aus Liebe?«, in: Michaela Hohkamp u. Claudia Ulbrich (Hg.), *Der Staatsbürger als Spitzel. Denunziation während des 18. und 19. Jahrhunderts aus europäischer Perspektive*. Leipzig 2001, S. 397–407.
–, *Eigen-Sinn. Fabrikalltag, Arbeitererfahrungen und Politik vom Kaiserreich bis in den Faschismus*. Hamburg 1993.
– (Hg.), *Herrschaft als soziale Praxis. Historische und sozial-anthropologische Studien*. Göttingen 1991.
– u. Gerhard Fürmetz, »Denunziation und Denunzianten: Politische Teilnahme oder Selbstüberwachung?«, in: *SOWI* 27 (2), 1998, S. 80–86.
Lüthi, Barbara, *Invading Bodies. Medizin und Immigration in den USA 1880–1920*. Frankfurt a.M./New York 2009.
Luhmann, Niklas, *Vertrauen. Ein Mechanismus der Reduktion sozialer Komplexität*. Stuttgart 1968.
– u. Peter Fuchs, *Reden und Schweigen*. Frankfurt a.M. 1989.
Lumer, Hyman, *The Professional Informer*. New York 1955.
Lundstrom, Bruce D., »Sixth Amendment Right to Counsel: Limited Postindictment Use of Jailhouse Informants is Permissible«, in: *Journal of Criminal Law and Criminology* 77 (3), 1986, S. 743–774.
Lyons, Charles, *The New Censors. Movies and the Culture Wars*. Philadelphia 1997.
Maas, Peter, *The Valachi Papers*. New York 1968.
MacDonald, Dwight, »Espionage Inc.«, in: *The Nation*, 27.2.1937, S. 238–239.
MacDonnell, Francis, *Insidious Foes. The Axis Fifth Column and the American Homefront*. Oxford/New York 1995.
Mackay, James, *Allan Pinkerton: The First Private Eye*. New York 1996.
Mackey, Thomas C., *Pursuing Johns: Criminal Law Reform, Defending Character, and New York City's Committee of Fourteen, 1920–1930*. Columbus, OH 2005.
MacLean, Annie Marion, »The Sweat-Shop in Summer«, in: *American Journal of Sociology* 9 (3), 1903, S. 289–309.
–, »Two Weeks in Department Stores«, in: *American Journal of Sociology* 4 (6), 1899, S. 721–741.
Madinger, John, *Confidential Informant: Law Enforcement's Most Valuable Tool*. Boca Raton, FL 2000.
Major, Reginald, *The Panther is a Black Cat. An Account of the Early Years of the Black Panther Party – Its Origins, Its Goals, and Its Struggle for Survival*. Baltimore 2006 (erstmals 1971).
Mallmann, Klaus-Michael u. Gerhard Paul, *Herrschaft und Alltag. Ein Industrierevier im Dritten Reich*. Bonn 1991.

Mallory, Stephen L., »Informants « in: David Levinson (Hg.), *Encyclopedia of Crime and Punishment*. Thousand Oaks, CA 2002, S. 891–894.

–, *Informants. Development and Management*. Incline Village, NV 2000.

Maltby, Richard, »Made for Each Other: The Melodrama of Hollywood and the House Committee on Un-American Activities, 1947«, in: Philip Davies u. Brian Neve (Hg.), *Cinema, Politics and Society in America*. New York 1981, S. 76–96.

Mann, Reinhard, *Protest und Kontrolle im Dritten Reich. Nationalsozialistische Herrschaft im Alltag einer rheinischen Großstadt*. Frankfurt a.M./New York 1987.

Mann, Stephanie, *Safe Homes, Safe Neighborhoods: Stopping Crime Where You Live*. Berkeley 1993.

Marable, Manning, *Race, Reform, and Rebellion. The Second Reconstruction and Beyond in Black America*. London 1984.

Margolies, Edward u. Michel Fabre, *The Several Lives of Chester Himes*. Jackson, MS 1998.

Margolin, Leslie, *Under the Cover of Kindness. The Invention of Social Work*. Charlottesville, VA/London 1997.

Mariscal, Jorge, »Homeland Security, Militarism, and the Future of Latinos and Latinas in the United States«, in: *Radical History Review* 92, 2005, S. 39–52.

Marquart, James W. u. Julian B. Roebuck, »Prison Guards and ›Snitches‹: Deviance Within a Total Institution«, in: *British Journal of Criminology* 25 (3), 1985, S. 217–233.

Marsh, John (Hg.), *You Work Tomorrow. An Anthology of American Labor Poetry, 1929–1941*. Ann Arbor, MI 2011.

Marszolek, Inge, *Die Denunziantin. Die Geschichte der Helene Schwärzel 1944–1947*. Bremen 1993.

– u. Olaf Stieglitz (Hg.), *Denunziation im 20. Jahrhundert. Zwischen Komparatistik und Interdisziplinarität*. Sonderheft Historical Social Research 26, 2001.

Martin, Luther H., Huck Gutman u. Patrick H. Hutton (Hg.), *Technologien des Selbst*. Frankfurt a.M. 1993.

Martschukat, Jürgen, »Feste Banden lose schnüren. ›Gouvernementalität‹ als analytische Perspektive auf Geschichte«, in: *Zeithistorische Forschungen/Studies in Contemporary History*, Online-Ausgabe, 3 (2) 2006, URL: http://www.zeithistorische-forschungen.de/16126041-Martschukat-2-2006

–, *Die Geschichte der Todesstrafe in Nordamerika. Von der Kolonialzeit bis zur Gegenwart*. München 2002.

– (Hg.), *Geschichte schreiben mit Foucault*. Frankfurt a. M./New York 2002.

– u. Olaf Stieglitz (Hg.), *Väter, Soldaten, Liebhaber. Männer und Männlichkeiten in der Geschichte Nordamerikas. Ein Reader*. Bielefeld 2007.

– u. Steffen Patzold (Hg.), *Geschichtswissenschaft und ›performative turn‹. Ritual, Inszenierung und Performanz vom Mittelalter bis zur Neuzeit*. Köln/Weimar/Wien 2003.

Marx, Gary T., »Developments in Undercover Policing«, in: Thomas G. Blomberg u. Stanley Cohen (Hg.), *Punishment and Social Control.* New York 2003, S. 159–190.

–, »Some Reflections on Undercover: Recent Developments and Enduring Issues«, in: *Crime, Law, and Social Change* 18, September 1992, S. 193–217.

–, *Undercover. Police Surveillance in America.* Berkeley/Los Angeles 1988.

–, »Who Really Gets Stung? Some Issues Raised by the New Police Undercover Work «, in: *Crime & Delinquency* 28 (2), 1982, S. 165–193.

–, »Undercover Cops: Creative Policing or Constitutional Threat?«, in: *Civil Liberties Review* 4 (2), 1977, S. 34–33.

–, »Thoughts on a Neglected Category of Social Movement Participant: The Agent Provocateur and the Informant«, in: *American Journal of Sociology* 80 (2), 1974, S. 404–442.

Maset, Michael, *Diskurs, Macht und Geschichte. Foucaults Analysetechniken und die historische Forschung.* Frankfurt a.M./New York 2002.

Matera, Dary, *John Dillinger. The Life and Death of America's First Celebrity Criminal.* New York 2004.

Matheson, Kathy, »Activists Call on Residents to ›Start Snitching‹«, in: *Associated Press Newswires,* 5.8.2005.

Matusow, Harvey, *False Witness.* New York 1955.

Matthews, Roger, *Doing Time. An Introduction to the Sociology of Imprisonment.* Houndmills/New York 1999.

Mattingly, Carol, *Well-Tempered Women. Nineteenth-Century Temperance Rhetoric.* Carbondale, IL 1998.

Mattson, Kevin, *When America was Great. The Fighting Faith of Postwar Liberalism.* New York/London 2004.

Mauch, Christof, *The Shadow War against Hitler. Covert Operations of America's Wartime Secret Intelligence Service.* New York: Columbia University Press 2003.

May, Gary, *The Informant. The FBI, the Ku Klux Klan, and the Murder of Viola Liuzzo.* New Haven, CT/London 2005.

–, *Un-American Activities: The Trials of William Remington.* New York u.a. 1994.

May, Lary (Hg.), Recasting *America. Culture and Politics in the Age of Cold War.* Chicago 1989.

McCarthy, Joseph, *McCarthyism: The Fight for America. Documented Answers to Questions asked by Friend and Foe.* New York 1952.

McCartin, Joseph A., *Labor's Great War.* Chapel Hill, NC 1997.

McClymer, John F., *War and Welfare: Social Engineering in America, 1890–1925.* Westport, CT 1980.

McCormick, Charles, *Seeing Reds: Federal Surveillance of Radicals in the Pittsburgh Mill District.* Pittburgh 1997.

McGarry, Molly, »Spectral Sexualities: Nineteenth-Century Spiritualism, Moral Panics, and the Making of U.S. Obscenity Law«, in: *Journal of Women's History* 12 (2), 2000, S. 8–29.

McGerr, Michael E., *A Fierce Discontent. The Rise and Fall of the Progressive Movement in America, 1870–1920*. New York u.a. 2003.
McGilligan, Patrick u. Paul Buhle, *Tender Comrades. A Backstory of the Hollywood Blacklist*. New York 1997.
McGirr, Lisa, *Suburban Warriors. The Origins of the New American Right*. Princeton 2001.
McLaren, Angus, *Sexual Blackmail. A Modern History*. Cambridge, MA/London 2002.
–, *Trials of Masculinity. Policing Sexual Boundaries, 1870–1930*. Chicago 1997.
McLennan, Rebecca Mary, *Citizens and Criminals: The Rise of the American Carceral State, 1890–1935*. Dissertation. Columbia University 1999.
Melley, Timothy, *Empire of Conspiracy. The Culture of Paranoia in Postwar America*. Ithaca, NY 2000.
Mergel, Thomas, »›The Enemy in Our Midst‹. Antikommunismus und Amerikanismus in der Ära McCarthy«, in: Zeitschrift für Geschichtswissenschaft 51 (3), 2003, S. 237–257.
Mettler, Suzanne, *Soldiers to Citizens. The G.I. Bill and the Making of the Greatest Generation*. New York u.a. 2005.
Meyerowitz, Joanne, »Sex, Gender, and the Language of Reform«, in: Peter J. Kuznik u. James Gilbert (Hg.), *Rethinking Cold War Culture*. Washington, D.C. 2001, S. 106–123.
– (Hg.), *Not June Cleaver. Women and Gender in Postwar America, 1945–1960*. Philadelphia 1994.
–, *Women Adrift. Independent Wage Earners in Chicago, 1880–1930*. Chicago 1987
Milkis, Sidney M. u. Jerome M. Mileur (Hg.), *Progressivism and the New Democracy*. Amherst, MA 1999.
Miller, Arthur, *Timebends*. New York 1987.
Milliken, Stephen F.. *Chester Himes: A Critical Appraisal*. Columbia, MO 1976.
Miner, Maude, *Slavery of Prostitution: A Plea for Emancipation*. New York 1916.
Mitchell, Marcia u. Thomas Mitchell, *The Spy Who Seduced America. Lies and Betrayal in the Heat of the Cold War: The Judith Coplon Story*. Montpellier, VT 2002.
Möhring, Maren, »Die Regierung der Körper. ›Gouvernementalität‹ und ›Techniken des Selbst‹«, in: *Zeithistorische Forschungen/Studies in Contemporary History* 3 (2), 2006, S. 284–290.
Mohr, Markus u. Klaus Viehmann (Hg.), *Spitzel. Eine kleine Sozialgeschichte*. Berlin/Hamburg 2004.
Monkkonen, Eric H., *Crime, Justice, History*. Columbus, OH 2002.
Montgomery, David, *The Fall of the House of Labor. The Workplace, the State, and American Labor Activism, 1865–1925*. Cambridge, MA 1987.
Morgan, Richard, *Domestic Intelligence: Monitoring Dissent in America*. Austin 1980.
Morgan, Ted, *Reds. McCarthyism in Twentieth-Century America*. New York 2003.
Morlan, Robert L., *Political Prairie Fire: The Nonpartisan League 1915–1922*. St. Paul, MN [2]1985.

Morn, Frank, »*The Eye That Never Sleeps*«. *A History of the PINKRTON National Detective Agency*. Bloomington, IN 1982.

Morone, James A., *Hellfire Nation. The Politics of Sin in American History.* Hew Haven, CT/London 2003.

Morris, Willie, »Cell 772, or Life Among the Extremists«, in: *Commentary* 38 (4), 1964, S. 31–39.

Moylan, Charles E., »Hearsay and Probable Cause: An Aguilar and Spinelli Primer«, in: *Mercer Law Review* 25 (3), 1974, S. 741–786.

Mumford, Kevin J., *Interzones. Black/White Sex Districts in Chicago and New York in the Early Twentieth Century*. New York 1997.

Munslow, Alun, *Discourse and Culture. The Creation of America, 1870–1920*. London/ New York 1992.

Murphy, Brenda, *Congressional Theatre. Dramatizing McCarthyism on Stage, Film, and Television*. Cambridge 1999.

Murphy, Paul L., *World War I and the Origin of Civil Liberties in the United States*. New York 1979.

Murray, Robert, *Red Scare: A Study of National Hysteria, 1919–1920*. Minneapolis, MN 1955.

Nader, Ralph, Peter J. Petkas u. Kate Blackwell, *Whistleblowing. The Report of the Conference on Professional Responsibility*. New York 1972.

Nagler, Jörg, *Nationale Minoritäten im Krieg. ›Feindliche Ausländer‹ und die amerikanische Heimatfront während des Ersten Weltkriegs*. Hamburg 2000.

Natapoff, Alexandra, *Snitching. Criminal Informants and the Erosion of American Justice*. New York/London 2009.

Naumann, Klaus, »Hannah Arendt und die Ex-Kommunisten«, in: *Mittelweg 36*, 2/1993, S. 30–40.

Navasky, Victor S., *Naming Names*. New York [3]2003 (erstmals 1980).

Neff, James, *Mobbed Up: Jackie Presser's High-Wire Life in the Teamsters, the Mafia and the FBI*. New York 1989.

Nelson, Steve, *The 13th Juror. The Inside Story of My Trial*. New York 1955.

Neve, Brian, »Red Hollywood in Transition: The Case of Robert Rossen«, in: Frank Krutnik (Hg.), *›Un-American‹ Hollywood. Politics and Film in Blacklist Era*. New Brunswick, NJ/London 2007, S. 184–197.

–, »Elia Kazan's First Testimony to the House Committee on Un-American Activities, Executive Session, 14 January 1952«, in: *Historical Journal of Film, Radio and Television* 25 (2), 2005, S. 251–272.

Newton, Huey P., *War Against the Panthers. A Study of Repression in America*. New York 1996 (verfasst 1980).

–, *Revolutionary Suicide*. New York 1973.

Nichols-Pethick, Jonathan, *Open Up. The American Television Police Drama, 1981–2000*. Dissertation. Indiana University 2005.

Nickerson, Michelle, *Mothers of Conservatism. Women and the Postwar Right*. Princeton/Oxford 2012.

–, »Women, Domesticity, and Postwar Conservatism«, in: *Magazine of History* 17 (2), 2003, S. 17–21.

Nicks, Denver, *Private. Bradley Manning, Wikileaks, and the Biggest Exposure of Official Secrets in American History*. Chicago 2012.

Nietzsche, Friedrich, *Zur Genealogie der Moral. Eine Streitschrift*. Stuttgart 2007 (erstmals 1887).

Noakes, John A., »Using FBI Files for Historical Sociology«, in: *Qualitative Sociology* 18 (2), 1995, S. 271–286.

Nord, David P., »Hothouse Socialism: Minneapolis 1910–1925«, in: Donald T. Critchlow (Hg.), *Socialism in the Heartland. The Midwestern Experience, 1900–1925*. Notre Dame, IN 1986.

Norton, Mary Beth, David M. Katzman, Paul D. Rscott, Howard P. Chudacoff, Thomas G. Paterson u. William M. Tuttle, Jr., *A People and A Nation. A History of the United States*. Boston u.a. [4]1994.

Norwood, Stephen L., *Strikebreaking and Intimidation. Mercenaries and Masculinity in Twentieth-Century America*. Chapel Hill, NC 2002.

Nünning, Ansgar (Hg.), Metzler Lexikon Literatur- und Kulturtheorie. Ansätze – Personen – Grundbegriffe. Stuttgart/Weimar 1998.

Oatley, Keith, *Emotions. A Brief History*. Malden, MA 2004.

Oberschall, Anthony, »The Decline of the 1960s Social Movements«, in: *Research in Social Movements*, Conflicts *and Change. An Annual Compilation of Research* 1, 1978, S. 257–289.

O'Connor, John E. (Hg.), *American History / American Film*. New York 1991.

Odem, Mary E., *Delinquent Daughters. Protecting and Policing Adolescent Female Sexuality in the United States, 1885–1920*. Chapel Hill, NC/London 1995.

Office of War Information, in Collaboration with the Federal Bureau of Investigation, the Office of Civilian Defense, and the Petroleum Administration for War, *Information Program for the Prevention of Sabotage*. Washington, D.C. 1943.

Ogbar, Jeffrey O. G., *Black Power: Radical Politics and African American Identity*. Baltimore 2004.

Ogden, August Raymond, *The Dies Committee; a Study of the Special House Committee for the Investigation of Un-American Activities, 1938–1943*. Washington, D.C. 1943.

Ollestad, Norman, *Inside the FBI*. New York 1976.

Olmsted, Kathryn S., *Red Spy Queen: A Biography of Elizabeth Bentley*. Chapel Hill, NC 2002.

–, *Challenging the Secret Government. The Post-Watergate Investigations of the CIA and FBI*. Chapel Hill, NC/London 1996.

Opitz, Sven, *Gouvernementalität im Postfordismus. Macht, Wissen und Techniken des Selbst im Feld unternehmerischer Rationalität*. Hamburg 2004.

O'Reilly, Kenneth (Hg.), McCarthy Era Blacklisting of School Teachers, College Professors, and Other Public Employees: The FBI Responsibilities Program File and the Dissemination of Information Policy File. Bethesda, MD 1990.

– (Hg.), *›Racial Matters‹: The FBI's Secret File on Black America, 1960–1972*. New York 1989.
– (Hg.), *FBI File on the House Committee on Un-American Activities (HUAC)*. Wilmington, DE 1986.
–, *Hoover and the Un-Americans. The FBI, HUAC, and the Red Menace*. Philadelphia 1983.
Osgerby, Bill, *Playboys in Paradise. Masculinity, Youth and Leisure Style in Modern America*. Oxford/New York 2001, S. 72–73.
Oshinsky, David M., *A Conspiracy So Immense: The World of Joe McCarthy*. New York 1983.
Overstreet, Harry u. Bonaro Overstreet, *The FBI in Our Open Society*. New York: Norton 1969.
Palmer, A. Mitchell, »The Case Against the ›Reds‹«, in: *Forum* 63, 1920, S. 173–185.
Parenti, Christian, *The Soft Cage. Surveillance in America – From Slave Passes to the War on Terror*. New York 2003.
Parish, James Robert, *Prison Pictures from Hollywood: Plots, Critiques, Casts and Credits for 293 Theatrical and Made-for-Television Releases*. Jefferson, NC 1991.
Park, Robert E. (Hg.), *Principles of Sociology*. New York 1939.
Parmelee, Maurice, *Criminology*. New York 1918.
Paul, Gerhard, »Denunziation – anthropologische Konstante oder kulturelles Phänomen? Eine Tagung vom 10.–12. Oktober 2000 in Rothenburg o.d. Tauber«, in: *Zeitschrift für Geschichtswissenschaft* 12, 2000, S. 1102–1104.
Payne, Cril, *Deep Cover: An FBI Agent Infiltrates the Radical Underground*. New York 1979.
Payne, Roz, »WACing Off: Gossip, Sex, Race, and Politics in the World of FBI Special Case Agent William A. Cohendet«, in: Jama Lazerow (Hg.), *In Search of the Black Panther Party*. Durham, NC 2006, S. 158–180.
Pearson, Hugh, *The Shadow of the Panther: Huey Newton and the Price of Black Power in America*. Reading, MA 1994.
Peiss, Kathy, *Cheap Amusements. Working Women and Leisure in Turn-of-the-Century New York*. Philadelphia 1986.
Pells, Richard H., *The Liberal Mind in a Conservative Age. American Intellectuals in the 1940s and 1950s*. Hanover, NH 1989.
Pencak, William., *For God & Country: The American Legion, 1919–1941*. Boston 1989.
Perinelli, Massimo, *Liebe '47 – Gesellschaft '49. Geschlechterverhältnisse in der deutschen Nachkriegszeit. Eine Analyse des Films Liebe 47*. Hamburg 1999.
Perker, Ellison M., *Purifying America. Women, Cultural Reform, and Pro-Censorship Activism, 1873–1939*. Urbana 1997.
Peters, John P., »The Story of the Committee of Fourteen of New York«, in: *Journal of Social Hygiene* 4 (3), 1918, S. 347–388.
Peterson, Horace C. u. Gilbert C. Fite, *Opponents of War, 1917–1918*. Seattle/London 1968 (erstmals 1957).

Pethes, Nicolas u. Jens Ruchartz (Hg.), *Gedächtnis und Erinnerung. Ein interdisziplinäres Lexikon.* Reinbek bei Hamburg 2001.
Philbrick, Herbert A., *I Led 3 Lives. Citizen – ›Communist‹ – Counterspy.* New York 1952.
Pinkerton, Allan, *The Expressman and the Detective.* Chicago 1875.
–, *General Principles of Pinkerton's National Police Agency.* Chicago 1867.
Pisciotta, Alexander W., *Benevolent Repression: Social Control and the American Reformatory-Prison Movement.* New York 1994.
Pistone, Joseph, *Donnie Brasco: My Undercover Life in the Mafia.* New York 1987.
Pittenger, Mark A., »A World of Difference. Constructing the ›Underclass‹ in Progressive America«, in: *American Quarterly* 49 (1), 1997, S. 26–65.
Pivar, David J., *Purity and Hygiene. Women, Prostitution, and the ›American Plan‹, 1900–1930.* Westport, CT/London 2002.
–, *Purity Crusade. Sexual Morality and Social Control, 1868–1900.* New York u.a. 1973.
Plato, Alexander von, »Denunziation im Systemwechsel. Verhaftete, Deportierte und Lagerhäftlinge in der SBZ um 1945«, in: Inge Marszolek u. Olaf Stieglitz (Hg.), *Denunziation im 20. Jahrhundert. Zwischen Komparatistik und Interdisziplinarität.* Sonderheft *Historical Social Research* 26, 2001, S. 179–203.
Pomerantz, Charlotte (Hg.), *A Quarter-Century of Un-Americana. A Tragico-Comical Memorabilia of HUAC.* New York 1963.
Poole, W. Scott, *Monsters in America. Our Historical Obsessions With the Hideous and the Haunting.* Waco, TX 2011.
Potter, Claire Bond, »Queer Hoover: Sex, Lies, and Political History«, in: *Journal of the History of Sexuality* 15 (3), 2006, S 355–381.
–, *War on Crime: Bandits, G-Men, and the Politics of Mass Culture.* New Brunswick, NJ 1998.
Poulsen, Ellen, *Don't Call Us Molls. Women of the Dillinger Gang.* Little Neck, NY 2002.
Poveda, Tony G., »Controversies and Issues«, in: Athan Theoharis, Tony G. Poveda, Susan Rosenfeld u. Richard Gid Powers (Hg.), *The FBI. A Comprehensive Reference Guide.* New York 2000, S. 101–142.
–, *Lawlessness and Reform: The FBI in Transition.* Pacific Grove, CA 1990.
Powers, Richard Gid, *Not Without Honor: The History of American Anticommunism.* New York: Free Press 1995.
–, *Secrecy and Power: The Life of J. Edgar Hoover.* New York 1987.
–, *G-Men: Hoover's FBI in American Popular Culture.* Carbondale, IL 1983.
Pratt, Ray, *Projecting Paranoia. Conspiratorial Visions in American Film.* Lawrence, KS 2001.
Presdee, Mike, *Cultural Criminology and the Carnival of Crime.* London/New York 2000.
Preston, William, *Aliens and Dissenters: Federal Suppression of Radicals, 1903–1933.* Cambridge, MA 1963.

Quaratiello, Laura E., *On Guard! How You Can Win the War Against the Bad Guys*. Lake Geneva, WI 1994.

Rabban, David M., *Free Speech in Its Forgotten Years*. Cambridge 1997.

Rawls, Walton H., *Wake Up, America! World War I and the American Poster*. New York 1988.

Rawson, Hugh, *Wicked Words. A Treasury of Curses, Insults, Put-Downs, and Other Formerly Unprintable Terms from Anglo-Saxon Times to the Present*. New York 1989.

Reckwitz, Andreas, *Subjekt*. Bielefeld 2008.

Redden, Jim, *Snitch Culture. How Citizens Are Turned Into the Eyes and Ears of the State*. Los Angeles 2000.

Reeves, Thomas C., *The Life and Times of Joe McCarthy: A Biography*. New York 1982.

Reinhardt-Becker, Elke, »Autor«, in: Clemens Kammler, Rolf Parr u. Ulrich Johannes Schneider (Hg.), *Foucault-Handbuch. Leben – Werk – Wirkung*. Stuttgart/Weimar 2008, S. 227–229.

Rhodes, Jane, *Framing the Black Panthers. The Spectacular Rise of a Black Power Icon*. New York/London 2007.

Rickards, Maurice, *Posters of the First World War*. New York 1968.

Riesman, David, *The Lonely Crowd. A Study of the Changing American Character*. New Haven, CT 1951.

Roberts, Kevin, Frank Webster u. Michael Pickering, »Propaganda, Information and Social Control«, in: Jeremy Hawthorne (Hg.), *Propaganda, Persuasion and Polemic*. London 1987, S. 1–18.

Robin, Corey, *Fear. The History of a Political Idea*. Oxford 2004.

Robins, Natalie, *Alien Ink: The FBI's War on Freedom of Expression*. New York 1992.

Rogin, Michael P., *Ronald Reagan, the Movie and Other Episodes in Political Demonology*. Berkeley/Los Angeles 1987.

Rorty, James u. Moshe Decter, *McCarthy and the Communists*. Westport, CT 1954.

Rosen, Ruth, *The Lost Sisterhood. Prostitution in America, 1900–1918*. Baltimore 1982.

Rosenbach, Marcel u. Holger Stark, *Staatsfeind Wikileaks. Wie eine Gruppe von Netzaktivsten die mächstigsten Nationen der Welt herausfordert*. München 2011.

Rosenbaum, H. Jon u. Peter C. Sederberg (Hg.), *Vigilante Politics*. Philadelphia 1976.

Rosenwein, Barbara H., »Worrying about Emotions in History«, in: *American Historical Review* 107, 2002, S. 821–845.

Ross, Friso u. Achim Landwehr (Hg.), *Denunziation und Justiz. Historische Dimensionen eines sozialen Phänomens*. Tübingen 2000.

Rosteck, Thomas, *›See It Now‹ Confronts McCarthyism. Television Documentary and the Politics of Representation*. Tuscaloosa, AL 1994.

Rovere, Richard H., *McCarthy oder die Technik des Rufmords*. Gütersloh 1959.

Rüping, Hinrich, »Denunziation und Strafjustiz im Führerstaat«, in: Günter Jerouschek, Inge Marszolek u. Hedwig Röckelein (Hg.), *Denunziation. Historische, juristische und psychologische Aspekte.* Tübingen 1997, S. 127–145.

Ruth, David E., *Inventing the Public Enemy. The Gangster in American Culture, 1918–1934.* Chicago/London 1996.

Sabelus, Esther, *Die weiße Sklavin. Mediale Inszenierung von Sexualität und Großstadt um 1900.* Berlin 2009.

Sabin, Arthur J., *Red Scare in Court: New York versus the International Workers Order.* Philadelphia 1993.

Sälter, Gerhard, »Lokale Gemeinschaften und frühneuzeitliches Anzeigeverhalten. Zur Kooperation von Familien, Polizei und *Communities* bei Sanktionen durch *Lettres de cachet* in Paris (1697–1715)«, in: Michaela Hohkamp u. Claudia Ulbrich (Hg.), *Der Staatsbürger als Spitzel. Denunziation während des 18. und 19. Jahrhunderts aus europäischer Perspektive.* Leipzig 2001, S. 297–321.

Sale, Richard, *Traitors. The Worst Acts of Treason in American History from Benedict Arnold to Robert Hanssen.* New York 2003.

Sallis, James, *Chester Himes: A Life.* Edinburgh 2000.

Sarasin, Philipp, *Geschichtswissenschaft und Diskursanalyse.* Frankfurt a.M. 2003.

Sauerland, Karol, *Dreißig Silberlinge. Denunziation: Gegenwart und Geschichte.* Berlin 2000.

Sayers, Michael, *Sabotage! The Secret War against America.* New York 1944.

Sayre, Nora, *Running Time. Films of the Cold War.* New York 1982.

Schaar, John H., *Loyalty in America.* Berkeley 1957.

Schauz, Désirée u. Sabine Freitag (Hg.), *Verbrecher im Visier der Experten. Kriminalpolitik zwischen Wissenschaft und Praxis im 19. und frühen 20. Jahrhundert.* Stuttgart 2007.

Schickel, Richard, *Elia Kazan: A Biography.* New York 2005.

Schieder, Wolfgang u. Christof Dipper, »Propaganda«, in: Otto Brunner, Reinhart Koselleck u. Werner Conze (Hg.), *Geschichtliche Grundbegriffe: Historisches Lexikon zur politisch-sozialen Sprache in Deutschland.* 8 Bde. Stuttgart 1984, Bd. 5, S. 69–112.

Schmidt, Regin, *Red Scare. FBI and the Origins of Anticommunism in the United States, 1919–1943.* Kopenhagen 2000.

Schmidt, Sibylle, Sybille Krämer u. Ramon Voges (Hg.), *Politik der Zeugenschaft. Zur Kritik einer Wissenspraxis.* Bielefeld 2011.

Schocket, Eric, »Undercover Explorations of the ›Other Half‹, or the Writer as Class Transvestite«, in: *Representations* 64, Autumn 1998, S. 109–133.

Schott, Joseph, *No Left Turns: The FBI in Peace and War.* New York 1975.

Schrag, Clarence, »Leadership Among Prison Inmates«, in: *American Sociological Review* 19 (1), 1954, S. 37–42.

Schrecker, Ellen, »Labor and the Cold War: The Legacy of McCarthyism«, in: Robert W. Cherny, William Issel u. Kieran Walsh Taylor (Hg.), *American Labor and the Cold War.* New Brunswick, NJ/London 2004, S. 7–24.

– (Hg.), *Cold War Triumphalism. The Misuse of History After the Fall of Communism*. New York 2004.
–, *Many Are the Crimes: McCarthyism in America*. Princeton 1998.
– (Hg.), *Records of the Subversive Activities Control Board, 1950–1972*. Frederick, MD 1989.
–, *No Ivory Tower. McCarthyism and the Universities*. New York u.a. 1986.
Schulhofer, Stephen J., *The Enemy Within. Intelligence Gathering, Law Enforcement, and Civil Liberties in the Wake of September 11. A Century Foundation Report*. New York 2002.
Schultz, Bud u. Ruth Schultz, *The Price of Dissent. Testimonies to Political Repression in America*. Berkeley 2001.
– (Hg.), *It Did Happen Here. Recollections of Political Repression in America*. Berkeley 1989.
Schultz, Nancy Lusignan, *Fear Itself. Enemies Real & Imagined in American Culture*. West Lafayette, IN 1999.
Schwartz, Adina, »Issues Surrounding Use of Informants«, in: Larry E. Sullivan (Hg.), *Encyclopedia of Law Enforcement*. 2 Bde., Thousand Oakes, CA u.a. 2005, Bd. 2, S. 709–711.
Schwartz, Joel, *Fighting Poverty with Virtue: Moral Reform and America's Urban Poor, 1825–2000*. Bloomington, IN 2000.
Scott, James C., *Domination and the Arts of Resistance: Hidden Transcripts*. New Haven, CT 1990.
Scott, Joan W., »History-Writing as Critique«, in: Keith Jenkins, Sue Morgan u. Alun Munslow (Hg.), *Manifestos for History*. London/New York 2007, S. 19–38.
Seale, Bobby, *Seize the Time. The Story of the Black Panther Party and Huey P. Newton*. New York 1970.
Searle, John R., »Was ist ein Sprechakt?«, in: Uwe Wirth (Hg.), *Performanz. Zwischen Sprachphilosophie und Kulturwissenschaften*. Frankfurt a.M. 2002 (engl. erstmals 1965), S. 83–103.
Shakur, Assata, *Assata: My Story*. Chicago 1997.
Shaw, Tony, *Hollywood's Cold War*. Amherst, MA 2007.
Sheeran, Patrick F., *The Informer*. Cork 2002.
Shenk, Gerald E., *›Work or Fight!‹. Race, Gender, and the Draft in World War One*. New York 2005.
Shiekh, Irum, *Detained without Cause. Muslims' Stories of Detention and Deportation in America after 9/11*. New York 2011.
Shklar, Judith N., *American Citizenship. The Quest for Inclusion*. Cambridge, MA/London 1991.
Showalter, Elaine, *Hystorien. Hysterische Epidemien im Zeitalter der Medien*. Berlin 1997.
Sibley, Katherine A.S., *Red Spies in America. Stolen Secrets and the Dawn of the Cold War*. Lawrence, KS 2004.
Sifakis, Carl, *The Encyclopedia of American Prisons*. New York 2003.

Simmel, Georg, *Soziologie. Untersuchungen über die Formen der Vergesellschaftung.* München/Leipzig [2]1922.

Skocpol, Theda, Ziad Munson, Andrew Karch u. Bayliss Camp, »Patriotic Partnerships. Why Great Wars Nourished American Civic Voluntarism«, in: Ira Katznelson u. Martin Shefter (Hg.), *Shaped by War and Trade. International Influences on American Political Development.* Princeton 2002, S. 134–180.

Skolnick, Jerome H., *Justice Without Trial. Law Enforcement in Democratic Society.* New York 1966.

Sloan, Kay, *The Loud Silents. Origins of the Social Problem Film.* Urbana, IL/Chicago 1988.

Smist, Jr., Frank J., *Congress Oversees the United States Intelligence Community, 1947–1989.* Knoxville, TS 1990.

Smith, Robert M., *From Blackjacks to Briefcases. A History of Commercialized Strikebreaking and Unionbusting in the United States.* Athens, OH 2003.

Smith, Roger M., »Civil Liberties in the Brave New World of Antiterrorism«, in: *Radical History Review* 92, 2005, S. 170–185.

Smith-Rosenberg, Carroll, *Disorderly Conduct. Visions of Gender in Victorian America.* New York 1985.

Sova, Dawn B., *Forbidden Films. Censorship Histories of 125 Motion Pictures.* New York 2001.

Sbardellati, John, *J. Edgar Hoover Goes to the Movies. The FBI and the Origins of Hollywood's Cold War.* Ithaca, NY/London 2012.

Spiegel, Gabrielle M. (Hg.), *Practicing History. New Directions in Historical Writing after the Linguistic Turn.* New York/London 2005.

Spielman, Jean E., *The Stool-Pigeon and the Open Shop Movement.* Minneapolis 1923.

Staiger, Janet, *Bad Women. Regulating Sexuality in Early American Cinema.* Minneapolis 1995.

Stamp, Shelley, *Movie-Struck Girls.* Princeton 2000.

Stange, Margit, *Personal Property. Wives, White Slaves, and the Market in Women.* Baltimore 1998.

Stanley, Peter (Hg.), *What Did You Do in the War, Daddy? A Visual History of Propaganda Posters.* Oxford 1983.

Staples, William G., *Everyday Surveillance. Vigilance and Visibility in Postmodern Life.* Lanham, MD u.a. 2000.

–, *The Culture of Surveillance. Discipline and Social Control in the United States.* New York 1997.

Star, Alexander (Hg.), *Open Secrets: WikiLeaks, War, and American Diplomacy.* New York 2011.

Stearns, Peter N., *American Fear. The Causes and Consequences of High Anxiety.* New York/London 2006.

–, »Fear and Contemporary History«, in: *Journal of Social History* 40, 2006, S. 477–484.

Stein, Judith, *The World of Marcus Garvey: Race and Class in Modern Society.* Baton Rouge, LA 1986.

Steinberg, Peter, *The Great ›Red Menace‹. United States Persecutions of American Communists, 1947–1952.* Westport, CT 1984.

Stern, Susan, *With the Weathermen. The Personal Journey of a Revolutionary Woman.* Garden City, NY 1975.

Stewart, Tony, *Dillinger, the Hidden Truth. A Tribute to Gangsters and G-Men of the Great Depression.* Bloomington, IN 2002.

Stieglitz, Olaf, »Bilder der Rosenbergs. Die Visualisierung von Verrat in den USA im frühen Kalten Krieg«, in: André Krischer (Hg.), Verräter. Archäologie eines Deutungsmusters. Köln/Weimar/Wien 2013.

–, »Is Mom to Blame? Anti-Communist Law Enforcement and the Representation of Motherhood in Eraly Cold War U.S. Film«, in: Isabel Heinemann (Hg.), *Inventing the Modern American Family. Family Values and Social Change in 20th Century United States.* Frankfurt a.M./New York 2012, S. 244–264.

–, »Keep Quiet… But Tell!! Political Language and the 'Alert Citizen' in Second World War America«, in: Willibald Steinmetz (Hg.), *Political Languages in the Age of Extremes.* Oxford/New York 2011, S. 195–213.

–, *›100 Percent American Boys‹. Disziplinierungsdiskurse und Ideologie im Civilian Conservation Corps, 1933–1942.* Stuttgart 1999.

–, »›What I'd done was correct, but was it right?‹ Öffentliche Rechtfertigungen von Denunziationen während der McCarthy-Ära«; in: *Zeithistorische Forschungen / Studies in Contemporary History* 4 (1–2), 2007, S. 40–60.

–, »Wort-Macht, Sichtbarkeit und Ordnung: Überlegungen zu einer Kulturgeschichte des Denunzierens während der McCarthy-Ära«, in: Jürgen Martschukat (Hg.), *Geschichte schreiben mit Foucault.* Frankfurt a.M./New York 2002, S. 241–256.

–, »Sprachen der Wachsamkeit: Loyalitätskontrolle und Denunziation in der DDR und in den USA bis etwa Mitte der 1950er Jahre«, in: Inge Marszolek u. Olaf Stieglitz (Hg.), *Denunziation im 20. Jahrhundert. Zwischen Komparatistik und Interdisziplinarität.* Sonderheft *Historical Social Research* 26, 2001, S. 119–135.

– u. Christoph Thonfeld, »Denunziation als Medium des kulturalistisch erweiterten Diktaturenvergleichs: Thüringen im Nationalsozialismus, unter sowjetische Besatzung und in der frühen DDR«; in: *WerkstattGeschichte* 13 (38), 2004, S. 77–89.

Stone, Barbara S., »The John Birch Society: A Profile «, in: *The Journal of Politics* 36 (1), 1974, S. 184–197.

Straub, Jürgen, »Identität«, in: Friedrich Jaeger u. Burkhard Liebsch (Hg.), *Handbuch der Kulturwissenschaften. Bd. 1: Grundlagen und Schlüsselbegriffe.* Stuttgart 2004, S. 277–303.

Strecker, Edward, *Their Mother's Sons. The Psychiatrist Examines an American Problem.* Philadelphia 1946.

Street, Joe, »The Historiography of the Black Panther Party«, in: *Journal of American Studies* 44 (2), 2010, S. 351–375.

Strother, French, *Fighting Germany's Spies*. Toronto 1918.

Strunk, Mary Elizabeth, *Wanted Women. An American Obsession in the Reign of J. Edgar Hoover*. Lawrence, KS 2010.

Sullivan, William, *The Bureau: My Thirty Years in Hoover's FBI*. New York 1979.

Summers, Anthony, *Official and Confidential: The Secret Life of J. Edgar Hoover*. New York 1993.

Sundeen, Richard A. u. Gilbert B. Siegel, »The Use of Volunteers by Police «, in: *Journal of Police Science and Administration* 14, 1986, S. 49–61.

Sutherland, Edwin H., *Principles of Criminology*. Chicago ³1939 (erstmals 1924).

Sykes, Gresham M., *The Society of Captives. A Study of a Maximum Security Prison*. Princeton 1958.

Szymanski, Ann-Marie, »Stop, Thief! Private Protective Societies in Nineteenth-Century New England«, in: *New England Quarterly* 78 (3), 2005, S. 407–439.

Taithe, Bertrand u. Tim Thornton (Hg.), *Propaganda: Political Rhetoric and Identity 1300–2000*. Thrupp 1999, S. 1–24.

Tambiah, Stanley J., »Eine performative Theorie des Rituals«, in: Uwe Wirth (Hg.), *Performanz. Zwischen Sprachphilosophie und Kulturwissenschaften*. Frankfurt a.M. 2002, S. 210–242.

Tanenhaus, Sam, *Whittaker Chambers. A Biography*. New York 1997.

Taylor, Douglas Edward, *Hustlers, Nationalists, and Revolutionaries: African American Prison Narratives of the 1960s and 1970s*. Dissertation, University of North Carolina, Chapel Hill 2002.

Theoharis, Athan G., *The FBI & American Democracy. A Brief Critical History*. Lawrence, KS 2004.

–, »Secrecy and Power: Unanticipated Problems in Researching FBI Files«, in: *Political Science Quarterly* 119 (2), 2004, S. 271–290.

– (Hg.), *The FBI. A Comprehensive Research Guide. From J. Edgar Hoover to the X-Files*. New York 2000.

–, *A Culture of Secrecy: The Government versus the People's Right to Know*. Lawrence, KS 1998.

–, *J. Edgar Hoover, Sex, and Crime: An Historical Antidote*. Chicago 1995.

–, *From the Secret Files of J. Edgar Hoover*. Chicago 1991.

– (Hg.), *The ›Do Not File‹ File*. Bethesda, MD 1990.

– (Hg.), *The J. Edgar Hoover Confidential File*. Bethesda, MD 1990.

–, »The FBI and the American Legion Contact Program, 1940–1966«, in: *Political Science Quarterly* 100, 1985, S. 271–286.

–, *The F.B.I.: An Annotated Bibliography and Research Guide*. New York 1984.

–, »FBI Surveillance: Past and Present«, in: *Cornell Law Review* 69 (4), 1984, S. 883–894.

–, *Beyond the Hiss Case: The FBI, Congress, and the Cold War*. Philadelphia 1982.

–, *Spying on Americans. Political Surveillance from Hoover to the Houston Plan.* Philadelphia 1978.
–, *Seeds of Repression. Harry S. Truman and the Origins of McCarthyism*. Chicago 1972.
– u. John Stuart Cox, *The Boss. J. Edgar Hoover and the American Inquisition*. Philadelphia 1988.
– u. Kenneth O'Reilly (Hg.), *FBI Manuals of Instruction, Investigative Procedures, and Guidelines, 1927–1978*. Wilmington, DE 1984.
Thomas, William H., Jr., *Unsafe for Democracy. World War I and the U.S. Justice Department's Covert Campaign to Suppress Dissent*. Madison, WI 2008.
Thompson, James R. u. Gary L. Starkman, »The Citizen Informant Doctrine «, in: *Journal of Criminal Law and Criminology* 64 (3), 1973, S. 163–173.
Thonfeld, Christoph, *Sozialkontrolle und Eigensinn. Denunziation am Beispiel Thüringens 1933 bis 1949*. Köln/Weimar/Wien 2003.
Toy, Eckard V., »The Right Side of the 1960s. The Origins of the John Birch Society in the Pacific Northwest«, in: *Oregon Historical Quarterly* 105 (2), 2004, S. 260–283.
Trambo, Dalton, *The Time of the Toad. A Story of the Inquisition in America.* New York 1972.
Turkus, Burton B. u. Sid Feder, *Murder, Inc. The Story of ›the Syndicate‹*. New York 1951.
Turner, William, *Hoover's FBI: The Man and the Myth*. Los Angeles 1970.
Tyler May, Elaine, *Homeward Bound. American Families in the Cold War Era*. New York 1988.
Ungar, Sanford, *F.B.I.* Boston 1976.
U.S. Department of Justice, Federal Bureau of Investigation, *A Short History of the FBI*. http://vault.fbi.gov (01.10.2011).
–, *Annual Report of the Attorney General of the United States*. Washington, D.C. 1907.
U.S. House of Representatives, *Block by Block: A Community Guide to Retaking Our Streets and Neighborhoods from Drug Dealers. Report of the Select Committee on Narcotics Abuse and Control*. Washington, D.C. 1993.
–, 94th Congress, House Committee on Intelligence, *Hearings on U.S. Intelligence Agencies and Activities: Domestic Intelligence Programs*, 1975.
–, 83rd Congress, House Committee on the Judiciary, Subcommittee on Civil and Constitutional Rights, *Hearings oin FBI Counterintelligence Programs*, 1974.
–, HUAC, 83nd Congress, Public Hearings, *Investigation of Communist Activities in the Los Angeles Area*, Part 6, 2.6.1953.
–, HUAC, 83nd Congress, Public Hearings, *Investigation of Communist Activities in the New York Area*, Part 3, 7.5.1953.
–, HUAC, 83nd Congress, Public Hearings, *Investigation of Communist Activities in the New York Area*, Part 3, 6.5.1953.

–, HUAC, 83nd Congress, Public Hearings, *Investigation of Communist Activities in the New York Area*, Part 2, 5.5.1953.
–, HUAC, 82nd Congress, Public Hearings, *Communist Infiltration of the Hollywood Motion Picture Industry*, Part 5, 25.9.1951.
–, HUAC, 82nd Congress, Public Hearings, Communist *Infiltration of the Hollywood Motion Picture Industry*, Part 1, 21.3.1951.
U. S. Senate, *Final Report of the Select Committee to Study Governmental Operations with Respect to Intelligence Activities. Book III: Suplementary Detailed Staff Reports on Intelligence Activities and the Rights of Americans*. Washington, D.C. 1976.
U.S. Supreme Court, *Aguilar v. Texas*, 378 U.S. 108 (1964); http://supreme.justia.com/us/378/108/case.html#F1 (26.10.2010).
–, *Draper v. United States*, 358 U.S. 307 (1959); http://supreme.justia.com/us/358/307/ (26.10.2010).
–, *Nathanson v. United States*, 290 U.S. 41 (1933); http://supreme.justia.com/us/290/41/case.html (26.10.2010).
–, *Sorrells v. United States*, 287 U.S. 435 (1932); http://supreme.justia.com/us/287/435/case.html (26.10.2010).
–, *In re Quarles and Butler*, 158 U.S. 532 (1895), http://supreme.justia.com/us/158/532/case.html (26.10.2010).
Van Onselen, Charles, »Jewish Police Informers in the Atlantic World, 1880–1914«, in: *Historical Journal* 50 (1), 2007, S. 119–144.
Vaughn, Stephen, »Ronald Reagan and the Struggle for Black Dignity in Cinema, 1937–1953«, in: *Journal of African American History* 77 (1), 1992, S. 1–16.
–, *Holding Fast the Inner Lines. Democracy, Nationalism, and the Committee on Public Information*. Chapel Hill, NC 1980.
Vile, John R., *A Companion to the United States Constitution and Its Amendments*. Santa Barbara 2010.
Villa, Paula Irena, *Judith Butler*. Frankfurt a.M./New York 2003.
Villano, Anthony, *Brick Agent: Inside the Mafia for the FBI*. New York 1977.
Walker, Samuel, *In Defense of American Liberties: A History of the ACLU*. New York u.a. 1990.
–, *A Critical History of Police Reform: The Emergence of Professionalism*. Lexington, MA 1977.
Walsh, James, »Community, Surveillance and Border Control: The Case of the Minuteman Project«, in: Mathieu Deflem (Hg.), *Surveillance and Governance. Crime Control and Beyond*. Bingley 2008, S. 11–34.
Walz, Rainer, »Dörfliche Hexenverdächtigung und Obrigkeit«, in: Günter Jerouschek, Inge Marszolek u. Hedwig Röckelein (Hg.), *Denunziation. Historische, juristische und psychologische Aspekte*. Tübingen 1997, S. 80–98.
Warren, Sidney, *American Freethought, 1860–1914*. New York 1943.
Warshow, Robert, *The Immediate Experience. Movies, Comics, Theatre & other Aspects of Popular Culture*. Cambridge, MA/London 2001.
Waters, Pat u. Stephen Gillers (Hg.), *Investigating the FBI*. Garden City, NY 1973.

Weinbaum, Alys Eve, »Writing Feminist Genealogy: Charlotte Perkins Gilman, Racial Nationalism, and the Reproduction of Maternalist Feminism«, in: *Feminist Studies* 27 (2), 2001, S. 271–302.
Weinberg, S. Kirson, »Aspects of the Prison's Social Structure«, in: *American Journal of Sociology* 47 (5), 1942, S. 717–726.
Weiner, Tim, *Enemies. A History of the FBI*. New York 2012.
Weinstein, Allan, *Perjury. The Hiss-Chambers-Case*. New York 1978.
Weiss, Robert P., »Private Detective Agencies and Labour Discipline in the United States, 1855–1946«, in: *Historical Journal* 29 (1), 1986, S. 87–107.
Weissman, Dick, *Which Side Are You On? The Inside Story of the Folk Music Revival in America*. New York/London 2006.
Welch, Neil, *Inside Hoover's FBI: The Top Field Chief Reports*. Garden City, NY 1984.
Welky, David, »›We are the People!‹ Idealized Working-Class Society in the National Police Gazette«, in: *Mid-America* 84 (1–3), 2002, S. 101–127.
Wells, Robert V., *Life Flows On in Endless Songs. Folk Songs and American History*. Urbana, IL/Chicago 2009.
Welskopp, Thomas, *Amerikas große Ernüchterung. Eine Kulturgeschichte der Prohibition*. Paderborn 2010.
Wendt, Simon, »›They Finally Found Out that We Really Are Men‹: Violence, Non-Violence and Black Manhood in the Civil Rights Era«, in: *Gender & History* 19 (3), 2007, S. 543–564.
West, Mark I., »The Role of Sexual Repression in Anthony Comstock's Campaign to Censor Children's Dime Novels«, in: *Journal of American Culture* 22 (4), 1999, S. 45–49.
Westbrook, Robert, »Fighting for the American Family. Private Interests and Political Obligations in World War II«, in: Richard Wightman Fox u. T.J. Jackson Lears (Hg.), *The Power of Culture. Critical Essays in American History*. Chicago 1993, S. 195–221.
Westin, Alan F. (Hg.), *Whistleblowing! Loyalty and Dissent in the Corporation*. New York u.a. 1981.
–, »The John Birch Society«, in: *Commentary* 32 (2), 1961, S. 93–104.
Wheeler, Leigh Ann, *Against Obscenity. Reform and the Politics of Womanhood in America, 1873–1935*. Baltimore/London 2004.
Wheeler, Maurice B., »The Politics of Access. Libraries and the Fight for Civil Liberties in Post-9/11 America«, in: *Radical History Review* 92, 2005, S. 79–95.
White, Kevin, *The First Sexual Revolution. The Emergence of Male Heterosexuality in Modern America*. New York 1992.
Whitehead, Don, *Attack on Terror: The FBI against the Ku Klux Klan in Mississippi*. New York 1970.
Whitfield, Stephen J., *The Culture of the Cold War*. Baltimore [2]1996.
Wicker, Tom, *Shooting Star: The Brief Arc of Joe McCarthy*. New York 2006.
Wiebe, Robert H., *The Search for Order, 1877–1920*. New York 1967.
Wilentz, Sean, *Bob Dylan in America*. New York 2010.

Williams, Yohuru u. Jama Lazerow (Hg.), *Liberated Territory: Untold Local Perspectives on the Black Panther Party*. Durham, NC 2008.
Wilmer, Harry A., »The Role of the ›Rat‹ in the Prison«, in: *Federal Probation* 29 (1), 1965, S. 44–49
Wilson, Veronica A., »Anticommunism, Millenarianism and the Challenges of Cold War Patriarchy: The Many Lives of FBI Informant Herbert Philbrick«, in: *American CommunistHistory* 8 (1), 2009, S. 73–102.
Wilson, Woodrow, *The State. Elements of Historical and Practical Politics*. Boston 1889.
Wise, David, *The American Police State: The Government against the People*. New York 1976.
Wood, Sharon E., *The Freedom of the Streets. Work, Citizenship, and Sexuality in a Gilded Age City*. Chapel Hill, NC/London 2005.
Woods, Jeff, *Black Struggle, Red Scare. Segregation and Anti-Communism in the South, 1948–1968*. Baton Rouge, LA 2004.
Woods, Robert A. u. Albert J. Kennedy, *Young Working Girls. A Summary of Evidence from Two Thousand Social Workers*. Boston 1913.
Woodward, Bob, *The Secret Man. The Story of Watergate's Deep Throat. With a Reporter's Assessment by Carl Bernstein*. New York 2005.
Wrong, Dennis H., »Theories of McCarthyism. A Survey«, in: *Dissent* 1 (4), 1954, S. 385–392.
Wüstenbecker, Katja, *Deutsch-Amerikaner im Ersten Weltkrieg. US-Politik und nationale Identitäten im Mittleren Westen*. Stuttgart 2007.
Wylie, Philip, *Generation of Vipers*. Normal, IL 1996 (erstmals 1942).
Young Men's Christian Association, *A Memorandum Respecting New York as a Field for Moral and Christian Effort among Young Men: Its Neglected Condition; and the Fitness of the New York Young Men's Christian Association as a Principal Agency for its Due*. New York 1866.
Zerbst, F. G. u. D. E. Singleton, »The Personality Factor in Prison Discipline«, in: *Public Health Reports* 49 (46), 1934, S. 1365–1370.
Zieger, Robert H., *America's Great War: World War I and the American Experience*. Lanham, MD 2000.

Filme

100 % American, USA 1918, produziert von Famous Players – Lasky Corp. 1918. Regie: Arthur Rosen. Cast: Mary Pickford, Loretta Blake, Monte Blue, Henry Bergman, Ted Reed.
Dillinger, USA 1945, produziert von Monogram Pictures. Regie: Max Nosseck. Drehbuch Philip Yordan. Cast: Lawrence Tierney, Edmund Lowe, Anne Jeffreys.

I Was a Communist for the F.B.I., USA 1951, produziert von Warner Brothers – First National Pictures. Regie: Gordon Douglas. Drehbuch: Crane Wilburn nach der von Pete Martin aufgezeichneten und in der *Saturday Evening Post* veröffentlichten Geschichte. Cast: Frank Lovejoy, Dorothy Hart, Philip Carey.

My Son John, USA 1952, produziert von Paramount Pictures. Regie: Leo McCarey, Drehbuch: Myles Connolly u. Leo McCarey. Cast: Helen Hayes, Robert Walker, Van Heflin, Dean Jagger.

On the Waterfront, USA 1954, produziert von Columbia Pictures. Regie: Elia Kazan. Drehbuch: Budd Schulberg. Cast: Marlon Brando, Karl Malden, Lee J. Cobb.

Panther, USA 1995, produziert von Working Title/Tribeca. Drehbuch u. Regie: Mario Van Peebles, basierend auf einem Roman von Melvin Van Peebles. Cast: Kadeem Hardison, Bokeem Woodbine, Joe Don Baker, Marcus Chong, Courtney B. Vance, Nefertiti.

Pickup on South Street, USA 1953, produziert von Jules Schermer für 20th Century Fox. Regie und Drehbuch: Samuel Fuller. Cast: Richard Widmark, Jean Peters, Thelma Ritter.

Red Nightmare, USA 1962, produziert für das *Department of Defense* durch Warner Brothers Studios. Regie: George Waggner.

Salt of the Earth, USA 1954, produziert von Paul Jarrico. Regie: Herbert Biberman. Drehbuch: Michael Wilson. Cast: Rosaura Revueltas, Will Gear.

Storm Warning, USA 1951, produziert von Warner Brothers. – First National Pictures. Regie: Stuart Heisler. Drehbuch: Daniel Fuchs u. Richard Brooks. Cast: Ginger Rogers, Ronald Reagan, Doris Day, Steve Cochran, Hugh Sanders.

The Informer, USA 1935, produziert von RKO. Regie: John Ford. Drehbuch: Dudley Nichols nach dem gleichnamigen Roman von Liam O'Flaherty. Cast: Victor McLaglen, Heather Angel, Preston Foster, Margot Grahame.

The Last Temptation of Christ, USA 1988, produziert von Universal Pictures u. Cineplex Odeon Films. Regie: Martin Scorsese. Drehbuch: Paul Schrader basierend auf dem gleichnamigen Roman von Nikos Kazantzakis. Cast: Willem Defoe, Harvey Keitel, Barbara Hershey, David Bowie.

Traffic in Souls, USA 1913, produziert von Laemmle's International Motion Pictures. Regie: George Loane Tucker. Cast: Jane Gail, Ethel Grandin, William Welsh.

Register

Jürgen Martschukat

Die Ordnung des Sozialen

Väter und Familien in der amerikanischen Geschichte seit 1770

2013. 470 Seiten. Gebunden

ISBN 978-3-593-39849-5

Die Geschichte der USA aus einem völlig neuen Blickwinkel: Jürgen Martschukat schildert wichtige Etappen wie die Sklaverei, die Besiedelung des Westens, die Einwanderung aus Europa oder die Große Depression anhand einzelner Familien, insbesondere anhand der Väter. Jedes Kapitel erzählt eine Geschichte: vom Sklavenvater, der nur einen Teil seiner Familie freikaufen kann, vom Mädchen, das mit seinem Vater gen Westen aufbricht, oder vom Arbeitslosen, der die Aufgabe des Ernährers an seine Frau abgeben muss. Diese Geschichten fügen sich zu einem historischen Gesamtbild, das Menschen in vielfältigen Lebensentwürfen darstellt. Und doch, so zeigt sich, war das familiäre Ideal vom männlichen Ernährer und der Hausfrau und Mutter stets präsent. So wurde und wird mittels der Familie eine Ordnung des Sozialen hergestellt, an der die Menschen auf unterschiedliche Weise teilhaben – eine Erkenntnis, die den Kern amerikanischer Geschichte und Gegenwart offenlegt.

campus

Frankfurt. New York

www.campus.de/wissenschaft